TRIBUNAL
DO JÚRI

O GEN | Grupo Editorial Nacional – maior plataforma editorial brasileira no segmento científico, técnico e profissional – publica conteúdos nas áreas de concursos, ciências jurídicas, humanas, exatas, da saúde e sociais aplicadas, além de prover serviços direcionados à educação continuada.

As editoras que integram o GEN, das mais respeitadas no mercado editorial, construíram catálogos inigualáveis, com obras decisivas para a formação acadêmica e o aperfeiçoamento de várias gerações de profissionais e estudantes, tendo se tornado sinônimo de qualidade e seriedade.

A missão do GEN e dos núcleos de conteúdo que o compõem é prover a melhor informação científica e distribuí-la de maneira flexível e conveniente, a preços justos, gerando benefícios e servindo a autores, docentes, livreiros, funcionários, colaboradores e acionistas.

Nosso comportamento ético incondicional e nossa responsabilidade social e ambiental são reforçados pela natureza educacional de nossa atividade e dão sustentabilidade ao crescimento contínuo e à rentabilidade do grupo.

GUILHERME DE SOUZA **NUCCI**

TRIBUNAL **DO JÚRI**

10ª edição revista, atualizada e reformulada

gen | Editora FORENSE

- Fechamento desta edição: *02.02.2024*

- **Atendimento ao cliente: (11) 5080-0751 | faleconosco@grupogen.com.br**

  Uma editora integrante do GEN | Grupo Editorial Nacional
  Travessa do Ouvidor, 11 – Térreo e 6º andar
  Rio de Janeiro – RJ – 20040-040
  www.grupogen.com.br

- A Editora Forense passou a publicar esta obra a partir da 5ª edição.

- Capa: Aurélio Corrêa

- **CIP-BRASIL. CATALOGAÇÃO NA PUBLICAÇÃO**
  SINDICATO NACIONAL DOS EDITORES DE LIVROS, RJ

N876t
10. ed.

Nucci, Guilherme de Souza
Tribunal do júri / Guilherme de Souza Nucci. - 10. ed., rev., atual e reform. - Rio de Janeiro : Forense, 2024.
496 p. ; 24 cm.

Apêndice
Inclui bibliografia e índice
ISBN 978-65-5964-726-2

1. Júri - Brasil. 2. Processo penal - Brasil. I. Título.

24-88056
CDU: 343.195(81)

Gabriela Faray Ferreira Lopes - Bibliotecária - CRB-7/6643

SOBRE O AUTOR

Livre-docente em Direito Penal, Doutor e Mestre em Direito Processual Penal pela PUC-SP.

Professor Associado da PUC-SP, atuando nos cursos de Graduação e Pós-graduação (Mestrado e Doutorado).

Desembargador na Seção Criminal do Tribunal de Justiça de São Paulo.

www.guilhermenucci.com.br

SUMÁRIO

Capítulo 1

JÚRI, CONSTITUIÇÃO FEDERAL E ASPECTOS HISTÓRICOS

1.1 Princípios constitucionais do Tribunal do Júri

1.1.1 Introdução

Princípio, em visão etimológica, tem variados significados. Para o nosso propósito, vale destacar o de ser um momento em que algo tem origem; é a causa primária ou o elemento predominante na constituição de um todo orgânico.

Portanto, quando mencionamos um *princípio constitucional*, referimo-nos à base do sistema legislativo como um todo, ao menos no que se refere às normas infraconstitucionais.

O princípio constitucional há de ser respeitado como o elemento irradiador, que imanta todo o ordenamento jurídico. Além disso, é fundamental considerar existirem os princípios concernentes a cada área do Direito em particular. Por isso, há os princípios processuais penais, que independem dos constitucionais. Eles produzem, na sua esfera de atuação, o mesmo efeito irradiador de ideias e perspectivas gerais a serem perseguidas pelo aplicador da norma processual penal.

Exemplificando, a parte tem o direito de arrolar, no máximo, cinco testemunhas para serem ouvidas em julgamento no plenário do Tribunal do Júri. No entanto, invocando o princípio constitucional da plenitude de defesa, pode a defesa arrolar mais testemunhas que o número legal previsto. Em homenagem ao referido princípio, e em detrimento da norma processual penal que estabeleceu esse limite, pode o magistrado ouvir outras pessoas.

Há princípios constitucionais expressos e implícitos, como também existem os princípios processuais penais expressos e implícitos. Nesta obra, não se pretende abordar todo o cenário dos princípios constitucionais processuais penais, nem tampouco os ligados ao processo penal em geral. Voltamo-nos, primordialmente, aos princípios constitucionais explícitos, referentes ao Tribunal do Júri, enumerados no art. 5.º, XXXVIII, da Constituição Federal.

Salientamos, desde logo, a sua relevância jurídica, pois um ordenamento coerente parte dos princípios constitucionais para interpretar e aplicar as normas infraconstitucionais – e não o oposto. Infelizmente, no Brasil, tem sido hábito de operadores do Direito dar aplicabilidade quase absoluta ao disposto no Código de Processo Penal (e leis especiais correlatas), desprezando-se o disposto na Constituição Federal. Age-se como se a lei ordinária fosse mais importante do que a norma constitucional. E, pior, do que o princípio constitucional.

É preciso ocorrer uma autêntica mudança de mentalidade, adaptando-se o texto da lei ordinária ao que consta da Constituição Federal. Somente assim estaremos no caminho em busca do Estado Democrático de Direito, algo que, longe de ser utópico, depende do esforço de todos os operadores do Direito.

1.1.2 Plenitude de defesa

Inexiste autêntico *devido processo legal* (art. 5.º, LIV, CF) se não forem assegurados, aos acusados em geral, o contraditório e a ampla defesa. No processo penal, particularmente, envolvendo um dos mais valiosos bens jurídicos sob proteção constitucional, que é liberdade individual, há de se exigir o fiel cumprimento de tais garantias.

No contexto do Tribunal do Júri, entretanto, a Constituição Federal demanda maior cautela: assegura-se ao acusado a *plenitude de defesa* (art. 5.º, XXXVIII, *a*). Temos sustentado há, praticamente, uma década (consultar *Júri - Princípios constitucionais*, p. 139-141), existir diferença substancial entre *ampla defesa*, garantia aos acusados de um modo geral, e *plenitude de defesa*, elemento essencial no cenário do júri.

Em primeiro ponto, vale destacar que não se deve interpretar as normas, mormente um conjunto harmônico como a Constituição Federal, partindo-se do pressuposto de que contêm palavras ou frases inúteis e repetidas.

Outro elemento a ressaltar é a previsão, realizada *no mesmo artigo* 5.º da CF, de duas garantias fundamentais (ampla defesa e plenitude de defesa). Para alguns, tais expressões possuem o mesmo significado. Portanto, neste último prisma, aos acusados em geral garante-se a defesa ampla e aos réus dos processos em trâmite no Tribunal do Júri, identicamente, garante-se a defesa *ampla*, embora, nesse caso, teria optado o legislador pela utilização de outro termo (*plenitude*).

Vozes poderão surgir para sustentar o seguinte ponto de vista: o legislador constituinte simplesmente repetiu os princípios gerais da instituição do Júri, previstos na Constituição de 1946. Em razão disso, por puro descuido ou somente para ratificar uma ideia, acabou constando a duplicidade.

Não nos soa correta a equiparação, até pelo fato de que o estabelecimento da diferença entre ambas as garantias somente é benéfico ao acusado, com particular ênfase, em processos criminais no Tribunal Popular.

Amplo é algo vasto, largo, copioso, enquanto *pleno* equivale a completo, perfeito, absoluto. Somente por esse lado já se pode visualizar a intencional diferenciação dos termos. E, ainda que não tenha sido *proposital*, ao menos foi *providencial*.

O que se busca aos acusados em geral é a mais aberta possibilidade de defesa, valendo-se dos instrumentos e recursos previstos em lei e evitando-se qualquer forma de cerceamento. Aos réus, no Tribunal do Júri, quer-se a defesa *perfeita*, dentro, obviamente, das limitações naturais dos seres humanos.

O réu, no processo-crime comum, tem, como suporte, a defesa técnica, sem dúvida. Porém, se ela não atuar convenientemente, nem sempre precisará o juiz declarar o réu indefeso, nomeando-lhe outro advogado. Exemplificando: em alegações finais, o defensor levanta teses incompatíveis com a prova existente nos autos. Por uma questão de economia processual, buscando a celeridade do processo, vislumbrando o magistrado poder absolver o réu, sem se valer das teses ofertadas pela defesa, assim deve agir. Não haveria sentido algum em se nomear outro defensor para corrigir um erro que o juiz pode fazer de ofício, bastando sentenciar.

No Tribunal do Júri, a sustentação aos jurados de teses divorciadas das provas existentes dos autos redundará na fatal condenação ao réu. Como poderiam os juízes *leigos* suprir a deficiência da defesa, absolvendo o acusado? Jamais haveria tal condição, a menos que o órgão acusatório interferisse e pedisse, ele próprio, a absolvição, o que não é seu dever, mormente se não for a sua convicção.

No processo criminal comum – e quem milita na área bem sabe – o defensor não precisa atuar de maneira *perfeita*, sabendo *falar*, *articular*, construir os mais sólidos *argumentos*, enfim, pode cumprir seu papel de maneira apenas *satisfatória*. A ampla defesa subsiste a tal *impacto*.

No processo em trâmite no plenário do Júri, a atuação apenas *regular* coloca em risco, seriamente, a liberdade do réu. É fundamental que o juiz presidente controle, com perspicácia, a eficiência da defesa do acusado. Se o defensor não se expressa bem, não se faz entender – nem mesmo pelo magistrado, por vezes –, deixa de fazer intervenções apropriadas, corrigindo eventual excesso da acusação, não participa da reinquirição das testemunhas, quando seria preciso, em suma, atua *pro forma*, não houve, certamente, defesa *plena*, vale dizer, irretocável, absoluta, cabal.

Sob outro aspecto, é preciso considerar que o magistrado, no processo comum, *fundamenta* suas decisões, expondo, portanto, as razões que o levaram a condenar o réu. Tal sistema não ocorre no Tribunal Popular.

Os jurados simplesmente votam, condenando ou absolvendo, sem qualquer fundamentação. É parte do sigilo das votações, outro princípio constitucional da própria instituição do júri. Por tal motivo, deve-se buscar a defesa *plena* – a mais perfeita possível dentro das circunstâncias concretas. Deslizes não devem ser admitidos.

Advogados que atuam no Tribunal do Júri devem ter tal garantia em mente: a plenitude de defesa. Com isso, desenvolver suas teses diante dos jurados exige preparo, talento e vocação. O preparo deve dar-se nos campos jurídico e psicológico, pois se está lidando com pessoas leigas. O talento para, naturalmente, exercer o poder de convencimento ou, pelo menos, aprender a exercê-lo é essencial. A vocação, para enfrentar horas e horas de julgamento com equilíbrio, prudência e respeito aos jurados e às partes emerge como crucial.

Tal cenário constitui a *plenitude de defesa*, que, no processo criminal comum, não é, obviamente, indispensável. Se o advogado, ilustrando, brigar com o juiz de direito, tal situação não fará, necessariamente, com que haja condenação. Se o defensor repreender um jurado, por exemplo, ou entrar em conflito com um ou mais de um (situações como essas não são tão raras como, em primeiro momento, pode parecer), haverá uma forte tendência a conduzir o caso à condenação, especialmente se houver equilíbrio probatório e o órgão acusatório for enfático quanto à necessidade de condenação.

Deixamos de mencionar, neste subitem, qualquer necessidade de especiais qualidades para o juiz e o promotor, atuantes no Tribunal do Júri, que, certamente, devem ser exigidas, pois estamos cuidando da plenitude de *defesa* e não de acusação ou de condução do feito. No capítulo próprio, mencionaremos quais devem ser as posturas ideais do magistrado, do órgão do Ministério Público, do assistente de acusação e do réu.

Vamos além. A adoção da diferença entre *ampla defesa* e *plenitude de defesa* provoca o desequilíbrio entre as partes (acusação e defesa), devendo pender o juiz, nas questões *de direito*, em favor do defensor, logo, do acusado.

Questões como a *inovação da tese de defesa na tréplica*, somente para dar um exemplo, precisam ser consolidadas como um legítimo direito do réu. No Tribunal do Júri, onde os jurados decidem sem fundamentar e são leigos, é essencial que a defesa se valha de *todos* os instrumentos que puder. Não se defende, em hipótese nenhuma, o uso de métodos antiéticos ou ilegais. Ao contrário, sustenta-se o fiel cumprimento da lei. Onde está previsto, no Código de Processo Penal, que é vedado à defesa expor, na tréplica, uma tese ainda não abordada até então? Em ponto algum. Os defensores da *proibição* estruturam-se no princípio do *contraditório*. Ora, uma das partes há de ser a última a se manifestar, nos autos de qualquer processo, antes da decisão judicial. Afinal, no processo comum, após o oferecimento das teses defensivas, nas alegações finais, não se abre vista ao órgão da acusação para, em nome do contraditório, manifestar-se. Assim sendo, inexiste qualquer motivo para que, no júri, tal se dê.

Impedir a defesa, quando lhe ocorre ideia inédita, por vezes em decorrência da manifestação do órgão acusatório, em réplica, de levantar tese nova equivale à defenestração do princípio constitucional da plenitude de defesa. Não pode ser perfeita uma defesa manietada e cerceada.

O princípio do contraditório, no qual se baseiam alguns para considerar inviável a inovação da tese defensiva na tréplica, não é um princípio peculiar ao júri. Ao menos não o vislumbramos reiterado no art. 5.º, XXXVIII, da CF.

A adoção da diferenciação possui um significado prático, sem dúvida, mas, sobretudo, há uma visão calcada na Política Criminal. Quer-se o Tribunal Popular atuando no Brasil, onde vigora o direito codificado e os operadores do Direito passam anos e anos estudando códigos e leis especiais, porém, os jurados, em poucas horas de debate, devem decidir a sorte de alguém – condenando ou absolvendo – lastreados em *argumentos*, expostos pelas partes. E tais sustentações precisam ser absolutamente equilibradas? Por certo que não. Há que se ter a postura, até mesmo humanista, de permitir ao réu uma defesa *perfeita*.

Lembremos mais: o Tribunal do Júri é soberano (outro princípio constitucional da instituição). Suas decisões não devem ser revistas, quanto ao mérito, por tribunais togados. Por isso, é crucial que a defesa seja *plena*.

Concluindo: se, apenas para argumentar, sabedoria não houve, por parte do legislador constituinte, para diferençar *ampla defesa* de *plenitude de defesa*, tendo havido um mero acaso, reflitamos de maneira positiva. Introduziram-se, no Brasil, na Constituição Federal de 1988, duas garantias aos réus: a ampla defesa (aos acusados em geral) e a plenitude de defesa (aos réus, no Tribunal do Júri). Se ratificarmos, na prática, essa diferença, o proveito essencial para o fiel cumprimento do princípio maior – o devido processo legal – terá redobrada valia. O Tribunal Popular possuirá amplas condições de analisar os casos, ouvindo bons argumentos de ambas as partes, com particular ênfase para a defesa. E certos estaremos todos nós, integrantes da sociedade, de que o Estado Democrático de Direito se sustentou sob as sólidas bases da garantia da *plenitude de defesa*. Afinal, eventual condenação, sem fundamentação alguma, advinda da convicção íntima de leigos, ter-se-ia originado de um processo com defesa *perfeita*. Realizou-se a vontade soberana do povo. É o que basta.

Aliás, nesse contexto, o Supremo Tribunal Federal proferiu decisão, louvando-se na plenitude de defesa, no sentido de que o Conselho de Sentença – em face do quesito aberto da defesa (art. 483, III: "se o acusado deve ser absolvido", CPP) – pode absolver o réu, por *qualquer motivo*, pois é soberano em seus veredictos, além do que vigora a maior amplitude possível no tocante à defesa (vide julgado citado abaixo). De fato, mesmo que o defensor requeira a absolvição, fundado em um juízo extrapenal, como a concessão de clemência, torna-se adequado ao cenário do Tribunal do Júri.[1]

---

1. Consultar, ainda, o item 12.12 do capítulo 12.

Sob outro aspecto, nenhum direito fundamental é absoluto, comportando flexibilidade para atender outros princípios. Portanto, a plenitude de defesa precisa ser considerada nesse contexto. Um exemplo se extrai da presença do réu em audiência. Como regra, faz parte do seu direito de defesa; no entanto, se causar temor à vítima ou a alguma testemunha, pode o juiz retirar o acusado da sala de audiência, mantendo somente o defensor presente (art. 217, CPP). Outra situação anormal surgiu durante a pandemia da covid-19, nos anos de 2020 e 2021, realizando-se vários atos processuais por meio de videoconferência, sem a presença física do acusado em audiência. Consultar o julgado citado abaixo.

Admitindo, igualmente, a diferença mencionada entre a *ampla defesa* e a *plenitude de defesa*, seguindo o nosso entendimento, estão as posições de Antonio Scarance Fernandes (*Processo penal constitucional*, p. 162-163), Gustavo Badaró (*Direito processual penal*, t. II, p. 19), André Estefam (*O novo júri*, p. 13), André Mauro Lacerda Azevedo (*Tribunal do Júri*, p. 107-111). Na jurisprudência, adotando nosso entendimento:

Supremo Tribunal Federal

- "A previsão normativa do quesito genérico de absolvição no procedimento penal do júri (CPP, art. 483, III, e respectivo § 2.º), formulada com o objetivo de conferir preeminência à *plenitude de defesa*, à soberania do pronunciamento do Conselho de Sentença e ao postulado da liberdade de íntima convicção dos jurados, legitima a possibilidade de os jurados – que não estão vinculados a critérios de legalidade estrita – absolverem o réu segundo *razões de índole eminentemente subjetiva ou de natureza destacadamente metajurídica, como, p. ex., o juízo de clemência, ou de equidade, ou de caráter humanitário*, eis que o sistema de íntima convicção dos jurados não os submete ao acervo probatório produzido ao longo do processo penal de conhecimento, inclusive à prova testemunhal realizada perante o próprio plenário do júri. Doutrina e jurisprudência. – Isso significa, portanto, que a apelação do Ministério Público, fundada em alegado conflito da deliberação absolutória com a prova dos autos (CPP, art. 593, III, 'd'), caso admitida fosse, implicaria frontal transgressão aos princípios constitucionais da soberania dos veredictos do Conselho de Sentença, da plenitude de defesa do acusado e do modelo de íntima convicção dos jurados, que não estão obrigados – ao contrário do que se impõe aos magistrados togados (CF, art. 93, IX) – a decidir de forma necessariamente motivada, mesmo porque lhes é assegurado, como expressiva garantia de ordem constitucional, 'o sigilo das votações' (CF, art. 5.º, XXXVIII, 'b'), daí resultando a incognoscibilidade da apelação interposta pelo 'Parquet'. Magistério doutrinário e jurisprudencial" (HC 178856, 2.ª T., rel. Celso de Mello, 10.10.2020, v.u., grifamos).

Superior Tribunal de Justiça

- "2. O direito de presença é um dos desdobramentos do princípio da plenitude da defesa, na sua vertente da autodefesa, pois permite a participação ativa do réu, dando-lhe a possibilidade de presenciar e participar da instrução criminal e auxiliar seu advogado, se for o caso, na condução e direcionamento dos questionamentos e diligências. Entretanto, não se trata de um direito absoluto, sendo legítima a restrição, quando houver fundado motivo. 3. Na situação dos autos, a opção pelo interrogatório do agravante por meio de videoconferência justifica-se em razão da emergência sanitária vivenciada não apenas pelo Brasil, mas pelo mundo todo, diante da pandemia causada pelo novo coronavírus. Com o objetivo de minimizar os agravos causados pela disseminação da doença, os governos locais adotaram diversas medidas restritivas. 4. Portanto, não há que se falar em nulidade, seja pela presença de amparo legal para a realização do interrogatório por meio de videoconferência, especialmente considerando a necessidade da adoção do procedimento tendo em vista a situação emergencial de saúde pública vivenciada pelo mundo neste momento. 5. Agravo regimental improvido" (AgRg no HC 648.336/MS, 5.ª T., rel. Reynaldo Soares da Fonseca, 25.05.2021, v.u.).

- "(...) 3. A Carta Magna prevê a plenitude de defesa como marca característica e essencial à própria instituição do Júri, garantindo ao acusado uma atuação defensiva plena e efetiva, ensinando o doutrinador Guilherme de Souza Nucci que 'O que se busca aos acusados em geral é a mais aberta possibilidade de defesa, valendo-se dos instrumentos e recursos previstos em lei e evitando-se qualquer forma de cerceamento. Aos réus, no Tribunal do Júri, quer-se a defesa perfeita, dentro, obviamente, das limitações naturais dos seres humanos.' (NUCCI, Guilherme de Souza. *Tribunal do Júri*. 6. ed. São Paulo: Revista dos Tribunais, 2015. p. 35). 4. Havendo razoabilidade mínima no pleito da defesa, como se vislumbra do pedido pela apresentação do réu em Plenário com roupas civis, resta eivada de nulidade a decisão que genericamente o indefere. 5. A nulidade não exsurge do simples comparecimento do acusado na Sessão Plenária com as vestimentas usuais dos presos, sendo certo que diariamente julgamentos ocorrem nessa condição. 6. Desponta-se constrangimento ilegal quando, pleiteada a substituição dos trajes, dentro de uma estratégia defensiva traçada, o Juízo, sem pormenores, indefere o pedido, havendo cerceamento da plenitude de defesa do réu nesse ponto, haja vista não lhe ser proibido buscar a melhor forma, dentre dos parâmetros da razoabilidade, de se apresentar ao júri. 7. Recurso parcialmente provido para cassar a decisão do Juízo da 1.ª Vara Criminal de Poços de Caldas/MG, na Ação Penal n.º 0518.17.013273-3, de forma permitir ao réu, ora recorrente, usar roupas civis na Sessão do Tribunal do Júri" (RMS 60.575/MG, 5.ª T., rel. Ribeiro Dantas, j. 13.08.2019, v.u.).
- "2. Apesar de não se mostrar imprescindível o comparecimento do acusado na sessão de julgamento pelo Conselho de Sentença, é imperioso que se possibilite a ele exercer tal faculdade, o que somente se dará com sua prévia intimação pessoal ou ficta. (...) Nesta esteira, diante da garantia constitucional da plenitude de autodefesa, mister se faz considerar tal nulidade como absoluta, não havendo se falar em preclusão, nos termos dos art. 571, VIII, do CPP. Precedentes (AgRg no REsp n. 1.310.997/SE, Ministro Ribeiro Dantas, Quinta Turma, *DJe* 11/5/2018). (...) 4. Recurso especial provido a fim de reconhecer a nulidade absoluta dos atos praticados após a decisão de pronúncia, haja vista a ausência de intimação do recorrente quanto a esta decisão, bem como à data da sessão de julgamento no Conselho de Sentença, determinando, assim, a realização de um novo Júri, após a sua devida comunicação" (REsp 1.776.472/MS, 6.ª T., rel. Sebastião Reis Júnior, 19.02.2019, v.u.).
- "1. O réu manifestou interesse em recorrer, o que fez de forma genérica, e, ao apresentar as razões recursais, o defensor deixou de indicar em qual alínea do inciso III do art. 593 do Código de Processo Penal estaria embasado o apelo, mas requereu a revisão da dosimetria quando pleiteou essencialmente a redução da reprimenda imposta ao sentenciado. 2. A ausência de indicação de uma das alíneas do referido dispositivo, no termo ou petição de interposição, acarreta mera irregularidade se, nas razões recursais, a defesa apresenta fundamentos para o apelo e os delimita em seu pedido. Precedentes. 3. *O apego exacerbado ao formalismo – o que se diferencia do respeito às formas processuais – não pode prevalecer sobre os princípios constitucionais do contraditório e da plenitude de defesa, em evidente prejuízo ao réu.* 4. Mantido o acórdão proferido pelo Tribunal estadual, especialmente por haver sido reconhecida a existência de erro/injustiça na aplicação da pena, fator que

inclusive permitiria a concessão de habeas corpus de ofício. 5. Agravo regimental não provido" (AgRg no AREsp 1122433/GO, 6.ª T., rel. Rogerio Schietti Cruz, 12.11.2019, v.u.).

Tribunal de Justiça de São Paulo

- "3. A referência à plenitude de defesa no âmbito das garantias que cercam o Tribunal do Júri fixa um patamar mais elevado da garantia quando comparada com a ampla defesa que acompanha a cláusula geral do devido processo. A opção terminológica é proposital e, ademais, compatível com as singularidades que cercam o Tribunal do Júri" (Ap. 2144663-42.2022.8.26.0000, 16.ª C. Crim., rel. Marcos Alexandre Coelho Zilli, 26.10.2022, v.u.).

1.1.3 Sigilo das votações

Um dos princípios constitucionais regentes do Tribunal do Júri é o sigilo das votações. Estabelece o Código de Processo Penal que, após a leitura e explicação dos quesitos em plenário, não havendo dúvida a esclarecer, "o juiz presidente, os jurados, o Ministério Público, o assistente, o querelante, o defensor do acusado, o escrivão e o oficial de justiça dirigir-se-ão à sala especial a fim de ser procedida a votação" (art. 485, *caput*, CPP). "Na falta de sala especial, o juiz presidente determinará que o público se retire, permanecendo somente as pessoas mencionadas no *caput* deste artigo" (art. 485, § 1.º). Em suma, o julgamento pelos jurados se dará em plenário do Júri, esvaziado, ou em sala especial, longe das vistas do público, que continuaria em plenário.

Há uma discussão, atualmente superada pela ampla maioria tanto da doutrina, quanto da jurisprudência, a respeito da constitucionalidade da sala especial para votação. Alguns poucos sustentam que ela feriria o princípio constitucional da publicidade, previsto tanto no art. 5.º, LX, quanto no art. 93, IX. Ocorre que o próprio texto constitucional – em ambos os dispositivos – menciona ser possível limitar a publicidade dos atos processuais quando a *defesa da intimidade* ou o *interesse social ou público* assim exigirem.

Em primeiro lugar, deve-se salientar ser do mais alto interesse público que os jurados sejam livres e isentos para proferir seu veredito. Não se pode imaginar um julgamento tranquilo, longe de qualquer pressão, feito à vista do público, no plenário do júri. Note-se que as pessoas presentes costumam manifestar-se durante a sessão, ao menor sinal de um argumento mais incisivo feito pela acusação ou pela defesa. Ainda que o juiz exerça o poder de polícia na sala e possa determinar a retirada de alguém espalhafatoso de plenário, é certo que, durante a votação, essa interferência teria consequências desastrosas. Imagine-se um julgamento perdurando por vários dias, com todos os jurados exaustos e a votação final sendo realizada à vista do público em plenário. Se uma pessoa, não contente com o rumo tomado pela votação, levantar-se e ameaçar o Conselho de Sentença, poderá influir seriamente na imparcialidade do júri, ainda que seja retirada – e até presa – por ordem do juiz presidente. Anular-se-ia um julgamento tão custoso para todos, por conta dessa invasão no convencimento dos juízes leigos? Justamente porque os jurados não detêm as mesmas garantias – nem o mesmo preparo – da magistratura togada, pensou o legislador, com sapiência, na sala especial.

Não é *secreto* o julgamento, pois acompanhado pelo órgão acusatório, pelo assistente de acusação, pelo defensor e pelos funcionários do Judiciário, além de ser conduzido pelo juiz de direito. Argumentam alguns poucos que o julgamento na sala secreta poderia dar margem a acordos espúrios ou atos de corrupção, o que é ingênuo supor seja feito, se tiver que acontecer, justamente no final da sessão. Se alguém houver que ser corrompido já o será bem antes de tudo principiar ou durante o julgamento, mas não ao final, dentro da sala secreta, faltando pouco para a sentença ser lida.

Por outro lado, haveria de ser uma corrupção histórica, envolvendo *todos* os presentes – e são muitos – para que ninguém possa denunciá-la. Enfim, as vantagens da sala especial são tão evidentes, deixando os jurados à vontade para ouvir explicações do juiz, ler os autos do processo e votar sem qualquer tipo de pressão, que o interesse público está inequivocamente ao seu lado.

Ademais, há na própria Constituição o disposto no art. 5.º, XXXVIII, *b*, assegurando o sigilo das votações. Não se fala em sigilo do *voto*, entendido como a cédula individual colocada pelo jurado, contendo "sim" ou "não", dentro da urna, mas em sigilo da *votação*, que é o ato de votar. Portanto, busca-se resguardar o momento de o jurado apor o voto na urna – que é *votar* –, razão pela qual a sala especial é o lugar ideal para tanto.

É da tradição do Tribunal do Júri, inclusive em outras legislações estrangeiras, proporcionar aos jurados a votação em sala especial, longe das vistas do público. Rui Barbosa sempre considerou o sigilo da votação algo essencial à instituição do júri (*O júri sob todos os aspectos*, p. 103), o que é posição francamente majoritária atualmente. Por todos, veja-se Hermínio Alberto Marques Porto: "Tais cautelas da lei visam a assegurar aos jurados a livre formação de sua convicção e a livre manifestação de suas conclusões, afastando-se quaisquer circunstâncias que possam ser entendidas, pelos julgadores leigos, como fontes de constrangimento. Relevante é o interesse em resguardar a formação e a exteriorização da decisão" (*Júri*, p. 315).

Além disso, a reforma introduzida pela Lei 11.689/2008, buscando consagrar, cada vez mais, o sigilo das votações, impôs a apuração dos votos por maioria, sem a divulgação do quórum total, conforme se verá no item próprio, referente ao procedimento de votação na sala específica.

Superior Tribunal de Justiça

- "1. Como nas decisões proferidas pelo Tribunal do Júri são assegurados o sigilo das votações e a soberania dos veredictos, trata-se de exceção à regra contida no inciso IX do art. 93 da Constituição Federal, devendo prevalecer a íntima convicção ou certeza moral dos jurados que, na hipótese, entenderam pela legítima defesa diante de todas as provas apresentadas. 2. Ordem concedida para cassar o acórdão hostilizado do julgamento da apelação e dos embargos infringentes (fls. 90/108 e 137/161), bem como determinar que seja mantida a decisão proferida pelo Conselho de Sentença" (HC 382.582/RS, 6.ª T., rel. Sebastião Reis Junior, 04.09.2018, v.u.).
- "1. Firmou-se neste Superior Tribunal de Justiça entendimento no sentido de que nas decisões proferidas pelo Tribunal do Júri são assegurados o sigilo das votações e a soberania dos veredictos. Desse modo, não se exige motivação das decisões do Conselho de Sentença que são embasadas na íntima convicção ou certeza moral dos jurados" (HC 427.443/SP, 6.ª T., rel. Maria Thereza de Assis Moura, 15.03.2018, v.u.).

Tribunal de Justiça do Rio de Janeiro

- "(...) 5. O *sigilo das votações* impõe aos jurados o dever de silêncio, evitando, assim, que qualquer um deles possa ser influenciado pela decisão dos demais, ou seja, garante ao jurado a livre formação do convencimento acerca das questões de fato e de direito em julgamento. 6. No presente caso, houve a manifestação de um jurado sobre a valoração da pena a ser aplicada ao crime em debate, ocasionando, assim, o requerimento da Defensoria Pública para que tal manifestação constasse na ata de julgamento. 7. O fato de *o jurado se manifestar durante votação demonstra que houve perturbação da livre manifestação do*

Conselho de Sentença; manifestar-se no sentido de as penas serem baixas, dá a entender que o voto do jurado seria no sentido da condenação dos acusados, evidenciando-se, assim, afronta à norma do art. 485, § 2.º, do CPP, razão pela qual se acolhe a prefacial. 8. Revisão julgada procedente em parte, acolhendo a segunda preliminar defensiva, para reconhecer o vício alegado pela defesa e declarar a nulidade do feito a partir da sessão de julgamento do Tribunal do Júri, com fulcro no art. 563, do CPP, e, em consequência, determinar a designação imediata de novo plenário do Júri. Oficie-se" (Rev. Criminal 0039517-12.2020.8.19.0000, 3.º Grupo de Câmaras Criminais, rel. Cairo Ítalo França David, 13.04.2021, v.u., grifamos).

Tribunal de Justiça de São Paulo

- "Realização da votação em plenário que não violou o princípio do sigilo das votações ou a regra da incomunicabilidade dos jurados, pois o local foi devidamente esvaziado, ali permanecendo apenas pessoas autorizadas por lei – Inteligência do art. 485, § 1.º, do CPP" (Ap. 0003152-24.2005.8.26.0538, 8.ª C. Crim., rel. Juscelino Batista, 09.06.2022, v.u.).

1.1.4 Soberania dos veredictos

Quem é o *soberano*? Aquele que profere a primeira ou a última decisão? Ao que se saiba, em simples análise do vernáculo, cuida-se de *poder supremo*, acima do qual não há outro. Por isso, em Direito do Estado, menciona-se a importância da *soberania nacional*.

Por isso, torna-se, ao mesmo tempo, uma questão *simples* e *complexa* analisar a *soberania dos vereditos*. É algo simples se levarmos em conta o óbvio: o veredito popular é a última palavra, não podendo ser contestada, quanto ao mérito, por qualquer Tribunal togado. É, entretanto, complexo, na medida em que se vê o desprezo à referida supremacia da vontade do povo em grande segmento da prática forense.

Muitos tribunais togados não se têm vergado, facilmente, à decisão tomada pelos Conselhos de Sentença. Alguns magistrados procuram aplicar a *jurisprudência da Corte* onde exercem suas funções, olvidando que os jurados são leigos e não conhecem – nem devem, nem precisam – conhecer a jurisprudência predominante em Tribunal algum.

Jurados decidem de acordo com a sua consciência e não segundo a lei. Aliás, esse é o juramento que fazem (art. 472, CPP), em que há a promessa de seguir a consciência e a justiça, mas não as normas escritas e muito menos os julgados do País.

Conferiu a Constituição Federal, de maneira expressa, como sustentáculo do Tribunal do Júri, a garantia à soberania dos veredictos (art. 5.º, XXXVIII, *c*).

Não é possível que, sob qualquer pretexto, cortes togadas invadam o mérito do veredito, substituindo-o. Quando – e se – houver erro judiciário, basta remeter o caso a novo julgamento pelo Tribunal Popular. Porém, em hipótese alguma, pode-se invalidar o veredicto, proferindo outro, quanto ao mérito.

Dizem alguns que, se é para *absolver o réu*, tudo é possível. Somos fiéis defensores da *plenitude de defesa*, ou seja, a supremacia da defesa, *durante* o julgamento. Entretanto, findo este, havida a condenação em nome da soberania popular, não deve haver tribunal togado que possa e deva alterar o veredito.

E se o Júri errou? Vamos a algumas hipóteses: a) "errou" ao avaliar, à sua maneira, as provas exibidas em plenário pelas partes? No máximo, valendo-se do duplo grau de jurisdição, ocorrerá apelação e, provida esta, outro Conselho de Sentença promoverá a devida revisão do julgado anterior; b) "errou" porque não lhe foram oferecidas todas as provas, logo, existe *prova inédita*, o que tornaria indispensável outro julgamento? Basta que o Tribunal, em apelação ou revisão criminal, remeta o caso a novo júri.

O grande desvio, comum atualmente, é, no contexto da revisão criminal, ingressar-se no mérito, desprezar-se a decisão soberana do povo, absolvendo-se o réu. São variados os argumentos para que tal se dê. Analisaremos no capítulo concernente à revisão criminal. Porém, desde logo, adiantamos: inexiste, em nosso sentir, uma única justificativa plausível para que a vontade *soberana* do povo não deva prevalecer.

Se a participação popular no Judiciário, por meio do júri, é tão enaltecida por muitos, como mecanismo do exercício da cidadania, numa autêntica democracia, deve-se respeitar a decisão proferida, em homenagem ao princípio constitucional *expresso*: a *soberania dos vereditos*. Nas palavras de Ricardo Vital de Almeida, "patrimônio da cidadania e garantia fundamental, a soberania plena dos vereditos do Júri está acima de quaisquer pretensas justificativas que possam permitir sua negação" (*O Júri no Brasil – Aspectos constitucionais...*, p. 57).

Aos que defendem estar a *liberdade* do réu acima de qualquer princípio regente da instituição do Júri, devemos responder que não se trata de uma disputa, mas de um mecanismo constitucional, escolhido pelo Poder Constituinte Originário, para atingir o veredito justo. A Constituição Federal outorgou ao Tribunal Popular a última decisão nos casos de crimes dolosos contra a vida. Ademais, quem pode garantir que, quando o Tribunal togado der provimento a uma revisão criminal, absolvendo o réu, está realizando a *autêntica* justiça? Quem pode asseverar que a melhor avaliação da prova foi feita pelos magistrados de toga e não pelos jurados? Se a resposta for: "mas são os juízes togados os que *conhecem* o direito e, portanto, melhor sabem aplicá-lo", permitimo-nos apontar a opção político-legislativa, pois há, no Brasil, o Tribunal do Júri, com *soberania*, para decidir determinados casos. Portanto, pouco interessa o *conhecimento jurídico* de qualquer magistrado, mas o fato de que a vontade popular precisa ser acatada.

Não fosse assim, a democracia sucumbiria. Imagine-se o Tribunal Eleitoral julgando se o povo escolheu bem ou mal o candidato eleito a Prefeito, Governador ou Presidente da República? Seria consagrar uma inversão de valores inaceitável. *Soberania* é termo forte e valoroso. Precisa ser respeitado na sua integralidade.

Prestigiando a soberania dos veredictos, há decisão do STF (ver abaixo) apontando que os jurados podem decidir absolver o acusado, por qualquer razão, inclusive extrapenais, como um pedido de clemência, por exemplo. O quesito aberto (art. 483, III, CPP) indica essa viabilidade e não há como alterar essa decisão.

Expressando-se sobre o tema, Antônio José M. Feu Rosa diz que "a justiça, e, por conseguinte, os meios mais próprios de obtê-la, são direito da sociedade. Quem poderia contestar-lhe o direito de julgar e de agir em consequência disso? Que ela se engane, é possível. Mas uma questão de prerrogativa soberana não é uma questão de infalibilidade. Se para ser legítima uma atribuição qualquer da soberania devesse ser exercida duma maneira infalível, não haveria soberania possível. Mas, em caso de erro do povo, como os indivíduos, suporta muito melhor o que vem daqueles que estão investidos, em seu nome, de seus interesses, do que daqueles que lhe são estranhos" (*Júri – Comentários & jurisprudência*, p. 17).

Supremo Tribunal Federal

- "1. A absolvição pelo Tribunal do júri em razão do quesito genérico não pode ser impugnada com fundamento no art. 593, III, 'd', do Código de Processo Penal, em razão de constituir afronta à soberania dos veredictos" (HC 216.973/BA, 2.ª T., rel. Nunes Marques, 10.10.2022, v.u.).

- "1. A soberania dos veredictos é garantia constitucional do Tribunal do Júri, órgão competente para o julgamento dos crimes dolosos contra a vida; sendo a única instância exauriente na apreciação dos fatos e provas do processo. Impossibilidade de suas decisões serem materialmente substituídas por decisões proferidas por juízes ou Tribunais togados. Exclusividade na análise do mérito. 2. A introdução do quesito genérico na legislação processual penal (Lei 11.689/2008) veio claramente com o intuito de simplificar a votação dos jurados – reunindo as teses defensivas em um quesito –, e não para transformar o corpo de jurados em 'um poder incontrastável e ilimitado'. 3. Em nosso ordenamento jurídico, embora soberana enquanto decisão emanada do Juízo Natural constitucionalmente previsto para os crimes dolosos contra a vida, o específico pronunciamento do Tribunal do Júri não é inatacável, incontrastável ou ilimitado, devendo respeito ao duplo grau de jurisdição. Precedentes" (AgRg no RHC 218.697/SP, 1.ª T., rel. Dias Toffoli, red. Alexandre de Moraes, 14.09.2022, por maioria).
- "1. O Supremo Tribunal Federal (STF) tem jurisprudência consolidada no sentido de que a 'soberania dos veredictos não é princípio intangível a não admitir relativização. Decisão do Conselho de Sentença manifestamente divorciada da prova dos autos resulta em arbitrariedade a ser sanada pelo juízo recursal, a teor do art. 593, III, *d*, do Código de Processo Penal' (RHC 124.554, Rel.ª Min.ª Rosa Weber). Precedentes" (AgRg no HC 214.000/PE, 1.ª T., rel. Roberto Barroso, 21.06.2022, v.u.).

Superior Tribunal de Justiça

- "1. O art. 483, inciso III, do Código de Processo Penal, traduz uma liberalidade em favor dos jurados, os quais, soberanamente, podem absolver o acusado mesmo após terem reconhecido a materialidade e autoria delitivas. 2. Referido juízo absolutório não se reveste de caráter absoluto, podendo ser afastado, sem ofensa à soberania dos veredictos, quando ficar evidenciado que a decisão de absolvição se distancia, por completo, dos fatos constantes dos autos, mostrando-se manifestamente contrário às provas colhidas" (AgRg no REsp 1.972.674/MA, 6.ª T., rel. Laurita Vaz, 27.09.2022, v.u.).
- "O princípio da soberania dos veredictos do júri, previsto na alínea 'c' do mencionado dispositivo constitucional, tem por finalidade a preservação da essência da deliberação do Conselho de Sentença, cujo mérito não pode ser alterado pelos Tribunais, ressalvada, na hipótese em que a decisão dos jurados for manifestamente contrária à prova dos autos (art. 593, inciso III, alínea 'd', do CPP), a possibilidade de submeter o acusado a novo júri popular" (AgRg no REsp 1932029/DF, 5.ª T., rel. Reynaldo Soares da Fonseca, j. 18.05.2021, v.u.).

1.1.5 Competência para o julgamento dos crimes dolosos contra a vida

O art. 5.º, XXXVIII, *d*, da CF, assegura a competência do júri para o julgamento dos delitos dolosos contra a vida. É bem verdade que algumas posições existem sustentando ser essa competência fixa, não podendo ser ampliada, embora não haja nenhuma razão plausível para tal interpretação.

Note-se que o texto constitucional menciona ser *assegurada* a competência para os delitos dolosos contra a vida e não *somente* para eles. O intuito do constituinte foi bastante claro, visto que, sem a fixação da competência mínima e deixando-se à lei ordinária a tarefa de estabelecê-la, seria bem provável que a instituição, na prática, desaparecesse do Brasil. Foi o que houve em outros países ao não cuidarem de fixar, na Constituição, a competência do

Tribunal Popular (conferir: Portugal, art. 210; Espanha, art. 125, locais onde a instituição do júri não obtém predominância).

A cláusula pétrea, no direito brasileiro, impossível de ser mudada pelo Poder Constituinte Reformador (ou Derivado), não sofre nenhum abalo caso a competência do júri seja ampliada, pois sua missão é impedir justamente o seu esvaziamento.

Além disso, demonstrando ser possível que o Tribunal Popular julgue outros delitos, que não somente os dolosos contra a vida, encontra-se o cenário dos crimes conexos. É viável que os jurados decidam condenar ou absolver o autor de um estupro ou de ou roubo, por exemplo, bastando que o delito seja conexo ao crime doloso contra a vida. Por isso, se a competência fosse *exclusiva*, tal situação, corriqueira nos julgamentos ocorridos diariamente no Brasil, jamais se daria. Lembremos que os institutos da conexão e da continência são previstos no Código de Processo Penal, portanto, legislação ordinária. Nessa ótica:

Supremo Tribunal Federal

- "3. A orientação jurisprudencial do STF é no sentido de que 'A competência para apreciar os crimes conexos aos dolosos contra a vida é do Tribunal do Júri e é diretamente estabelecida pelo reconhecimento desta' (HC 122.287, Rel. Min. Gilmar Mendes). Hipótese em que a pronúncia de corréu por crime doloso contra a vida atrai a competência do Tribunal do Júri para julgar o crime conexo praticado por ele em coautoria com o ora agravante (associação criminosa)" (HC 171.821 AgR, 1.ª T., rel. Roberto Barroso, 13.09.2019, maioria).

Superior Tribunal de Justiça

- "1. Ao Tribunal do Júri compete o julgamento dos crimes dolosos contra a vida e dos delitos conexos, salvo os eleitorais e os militares. 2. Se os jurados votarem pela absolvição do acusado do crime doloso contra a vida, como no presente caso, afere-se que reconheceram sua competência para o julgamento do feito, logo, ao Conselho de sentença também caberá o julgamento da infração conexa. 3. Tendo sido a sentença condenatória do delito de roubo proferida por juízo absolutamente incompetente, verifica-se a ocorrência de nulidade absoluta, presente, portanto, a existência de constrangimento ilegal. 4. *Habeas corpus* não conhecido. Ordem concedida de ofício para anular a sentença do Juízo singular que julgou o delito de roubo, devendo os autos serem encaminhados ao Tribunal do Júri, competente para julgamento do crime conexo" (HC 293.895/RS, 5.ª T., rel. Ribeiro Dantas, 17.10.2019, v.u.).

Outro ponto interessante diz respeito à opção pelos "crimes dolosos contra a vida" no contexto do júri. Não nos parece exista explicação sistemática e muito menos psicológica ou ontológica. Foi uma opção de política legislativa. Um grupo qualquer de crimes havia de ser o eleito, como se disse, para garantir que o Tribunal do Júri existisse, de fato, em nosso País. Buscou-se o respaldo da Constituição de 1946, que inseriu os crimes dolosos contra a vida como da competência do júri. E, naquela ocasião, como mencionado no capítulo referente à origem histórica do Tribunal Popular, deveu-se à vontade dos *coronéis* do sertão, que, mandando matar seus oponentes, desejavam o julgamento dos seus mandatários no Tribunal do povo. Assim ocorrendo, a pressão pela absolvição seria intensa, atendendo aos anseios políticos da época e da região.

Poder-se-ia dizer que o grupo de delitos escolhido (crimes dolosos contra a vida) é o único cabível para o povo julgar. Há, no entanto, crimes mais interessantes para o júri, como, por exemplo, os que afetam os interesses difusos e coletivos (ex.: crimes ambientais ou contra as relações de consumo). Na emoção do discurso dos acusadores e defensores, que atuam no Tribunal do Júri, ouvem-se variados argumentos, como, exemplificando, ser o povo o colegiado ideal para analisar o homicídio, crime que qualquer um pode cometer, pois inserto nas mais recônditas emoções e sentimentos do ser humano. Ora, qualquer delito violento contra a pessoa humana é dramático e envolve sentimentos variados. Veja-se o caso do estupro. O que leva um homem à conjunção carnal violenta com uma mulher, certamente, não é algo racional, mas emocional ou, psicologicamente, fruto de uma perturbação.

Em visão diversa, vale destacar a posição de Aramis Nassif: "essa peculiar ação humana merece abordagem diferenciada entre as demais que envolvem a conduta antissocial. Não se trata, porém, de investigar, apenas, a sistemática jurídico-repressiva correspectiva, mas e apenas, especializar o comportamento insulado no universo criminoso para alcançar a função finalística do Tribunal do Júri. (...) O bem 'vida', cujo conceito tem atormentado os pensadores, mais especialmente os do meio jurídico, é, indubitavelmente, o mais expressivo dos bens e o mais significativo dos direitos. Com mais razão, portanto, justifica-se a necessidade da intervenção da sociedade para avaliação da conduta dos homens em seus atos de violência contra os semelhantes" (*Júri – Instrumento da soberania popular*, p. 50-52).

A análise do que sejam crimes dolosos *contra* a vida é, igualmente, polêmica. Houve época em que se debateu, vigorosamente, no Brasil, o alcance da competência do Tribunal do Júri, visando-se incluir, na sua pauta, todos os crimes que envolvessem a vida humana, como bem jurídico tutelado.

Não vingou tal entendimento, pois o conceito adotado pelo texto constitucional foi técnico, isto é, são os crimes previstos no Capítulo I (Dos crimes contra a vida), do Título I (Dos crimes contra a pessoa), da Parte Especial do Código Penal. Incluem-se na competência do Tribunal Popular, originariamente, os seguintes delitos: homicídio simples (art. 121, *caput*); privilegiado (art. 121, § 1.º), qualificado (art. 121, § 2.º), induzimento, instigação ou auxílio a suicídio ou a automutilação (art. 122), infanticídio (art. 123) e as várias formas de aborto (arts. 124, 125, 126 e 127). Além deles, naturalmente, vinculam-se os delitos conexos, aqueles que, por força da atração exercida pelo júri (arts. 76, 77 e 78, I, CPP), devem ser julgados, também, pelo Tribunal Popular.

Por fim, em nosso entendimento, devem ser acrescentadas as formas do genocídio, que equivalem a delitos dolosos contra a vida (art. 1.º, *a*, *c* e *d*, da Lei 2.889/56). A questão foi levantada, concretamente, no caso chamado "massacre de Haximu", em que vários índios ianomâmis foram assassinados por garimpeiros. Os agentes foram julgados e condenados pelo juízo monocrático federal. Cuidando-se de genocídio, entretanto, o STF firmou posição de se tratar de competência da Justiça Federal singular, ainda que envolva a morte de membros do grupo, vale dizer, não deve seguir a julgamento pelo Júri. Somente se poderia encaminhar o caso ao Tribunal Popular, se houvesse conexão com delitos dolosos contra a vida desconectados do genocídio (RE 351.487/RR, Pleno, j. 03.08.2006, m.v., rel. Cezar Peluso, *Informativo* 434). Temos posição diversa, conforme sustentamos nas notas 2 e 3 ao art. 1.º do Título "Genocídio", de nosso *Leis penais e processuais penais comentadas*, vol. 2.

Quanto à competência, entendemos, nessa hipótese, que se trata de delito da alçada federal (art. 109, XI, CF), mas não de apreciação pelo juiz singular. Cabe ao Tribunal do Júri, a ser estruturado na órbita federal, julgar os delitos comuns dolosos contra a vida. O genocídio, em muitas situações, não passa de um homicídio coletivo, realizado com intenção específica de dizimar uma determinada população ou grupo. Em suma, o genocídio pode, perfeitamente, adaptar-se ao conceito de *crime doloso contra a vida*, encaixando-se no art. 5.º, XXXVIII, *d*, da Constituição Federal.

Basileu Garcia e Esther de Figueiredo Ferraz opõem-se a esse entendimento, crendo que outras infrações penais dolosas, envolvendo a vida, mereceriam ser julgadas, igualmente, pelo júri (ver nosso *Júri – Princípios constitucionais*, p. 176-177), mas essa posição efetivamente não prevaleceu, nem na doutrina, nem na jurisprudência. Consulte-se o disposto na Súmula 603 do STF: "A competência para o processo e julgamento de latrocínio é do juiz singular e não do Tribunal do Júri".

1.2 Júri: direito e garantia humana fundamental

Inicialmente, devemos esclarecer que optamos pela corrente majoritária na doutrina, dividindo, em conceitos autônomos, porém interligados, o *direito humano fundamental* e a *garantia humana fundamental*.

Direitos humanos fundamentais são materiais ou formais. Materiais são os essenciais à existência humana, como pessoas individualizadas, cuidadas e respeitadas pelo Estado desse modo, podendo viver em liberdade, sem restrições, que não impliquem afetação aos direitos de terceiros. Qualquer Constituição de âmbito nacional precisa prever, por exemplo, o direito à vida, o direito à liberdade de ir e vir, o direito à segurança pública, entre outros (art. 5.º, *caput*, CF). Sem tais direitos, o ser humano não estaria inserido em um Estado Democrático de Direito.

Formais, por outro lado, são as posições subjetivas dos indivíduos, previstas como tais na Constituição, ainda que não sejam fundamentais à sua existência ou a qualquer outro direito considerado básico ou necessário. Exemplo disso é o direito de não ser criminalmente identificado, caso já tenha identificação civil (art. 5.º, LVIII, CF). Ora, ninguém haverá de perecer se tiver que sofrer o procedimento de identificação criminal, colhendo-se suas impressões dactiloscópicas e fotografia. Por isso, cuida-se de um direito individual fundamental simplesmente por constar do rol do art. 5.º da Constituição Federal, mas está longe de sê-lo na essência.

Garantias humanas fundamentais, também, são materiais ou formais. As materiais são as salvaguardas instituídas pelo Estado para fazer valer um direito humano fundamental. Portanto, sem elas, o direito individual pode perecer. A liberdade individual é bem jurídico essencial. Instaurando-se um processo-crime contra alguém, é indispensável conceder-lhe a segurança de ter uma *ampla defesa* (no Júri, a *plenitude de defesa*). Assim fazendo, utilizada a garantia, pode-se restringir a liberdade, aplicando-se a pena, de forma legítima.

As garantias formais são as que constam do texto constitucional, porém, se fossem extraídas, não implicariam necessário perecimento de direito humano fundamental material. Em outras palavras, são as salvaguardas criadas pelo Estado por política legislativa. Exemplo: ninguém será preso senão em flagrante delito ou por ordem escrita e fundamentada de autoridade judiciária competente (art. 5.º, LXI). É garantia fundamental, porém formal. Em outros países, existem outros órgãos, além do Judiciário, aptos a decretar a prisão de alguém. Aliás, no Brasil, antes de 1988, tal situação poderia ocorrer. Exemplo: o Ministro da Justiça tinha a possibilidade de decretar a prisão do estrangeiro, ameaçado de expulsão.

Nas palavras de Jorge Miranda, "os direitos representam só por si certos bens, as garantias destinam-se a assegurar a fruição desses bens; os direitos são principais, as garantias são acessórias e, muitas delas, adjetivas (ainda que possam ser objeto de um regime constitucional substantivo); os direitos permitem a realização das pessoas e inserem-se direta e imediatamente, por isso, nas respectivas esferas jurídicas, as garantias, só nelas se projetam pelo nexo que possuem com os direitos; na acepção jusracionalista inicial, os direitos *declaram-se*, a garantias *estabelecem-se*" (*Manual de direito constitucional*, t. 4, p. 89).

Nada mais correto. Exemplificando, o Estado *declara* o direito à vida, pois esta preexiste ao próprio direito. Porém, o Estado *estabelece* a garantia à ampla defesa aos acusados em geral.

1.2.1 O júri como garantia humana fundamental

O Tribunal do Júri é, apenas, uma garantia humana fundamental formal. Em hipótese alguma, pode-se considerá-lo garantia individual essencial. Nos países em que não há júri – e são muitos – também é viável subsistir um Estado Democrático de Direito. Juízes togados imparciais promovem o julgamento de pessoas acusadas da prática de delitos.

Aliás, fosse ele um Tribunal indispensável à democracia, deveria julgar muito mais que os crimes dolosos contra a vida. Possivelmente, haveria de deliberar sobre todos os delitos existentes no ordenamento pátrio.

Tornou-se uma garantia fundamental por influência dos nossos legisladores, que apreciavam o disposto na Constituição americana, considerando a instituição como garantia indispensável ao cidadão. Tal se deu, no Brasil, por ocasião da edição da Constituição Republicana de 1891 (lembremos que, na Constituição do Império, de 1824, o Tribunal do Júri não passava de um órgão do Poder Judiciário).

Ocorre que, em países como, por exemplo, os Estados Unidos, o júri é, de fato, uma garantia individual material. A razão é simples: muitos magistrados são eleitos pelo povo. Ora, como ser, verdadeiramente, imparcial, quando há uma campanha eleitoral por trás? Como pode o juiz Fulano julgar o réu Beltrano, sabendo que este apoiou seu oponente na eleição para ocupar o cargo de magistrado daquela Comarca? Por isso, Beltrano não será julgado por Fulano, mas invocará um Tribunal imparcial para tanto: o Tribunal do Júri. Adquire a instituição o *status* de garantia fundamental material. Sem ela, não haveria justiça imparcial e esta, sim, é exigência internacionalmente reclamada por nações democráticas.

No Brasil, a maioria dos julgamentos é proferida por juízes togados, concursados, sem qualquer influência política. Somente os integrantes de Cortes Superiores – e os componentes do denominado *quinto constitucional* (membros do Ministério Público e advogados) – são nomeados pelo Poder Executivo. Entretanto, após a posse, tornam-se vitalícios, o que lhes permite agir com imparcialidade. Não há campanha eleitoral, nem demagogia, nem renovação do mandato pelo voto popular.

Dessa forma, o Tribunal do Júri consta do art. 5.º, XXXVIII, da Constituição Federal, como uma garantia ao *devido processo legal* para o julgamento dos autores de crimes dolosos contra a vida, além dos demais delitos conexos, na forma da lei.

Desejou-se, politicamente, manter a instituição. E, para que não fosse extirpada por vontade do legislador ordinário, tornou-se cláusula pétrea, figurando no referido art. 5.º.

Somos contrários àqueles que sustentam ser o júri a garantia à liberdade do acusado. Jamais o constituinte iria criar um Tribunal que garantisse a *liberdade* do autor de um crime contra *vida humana*. Esta é direito fundamental essencial e quem contra tal direito se voltou não merece um Tribunal "especial", como se fosse uma autêntica "proteção". Se assim fosse, um simples autor de furto mereceria maior proteção, pois seu delito é menos relevante.

Insistimos ser o júri, única e tão somente, a garantia formal de que, como regra, o autor de delito doloso contra a vida seja julgado pelo Tribunal Popular. Trata-se de uma decisão política, que se vincula a inúmeros aspectos, mas também apresenta uma ligação com o aspecto de representar a instituição um direito individual, conforme se verá no próximo subitem.

1.2.2 O júri como direito humano fundamental

Formalmente, o júri pode ser considerado um direito humano fundamental, consistente na participação do povo nos julgamentos proferidos pelo Poder Judiciário. Em outras palavras, o Tribunal do Júri figura como, praticamente, a única instituição a funcionar com regularidade, permitindo que qualquer cidadão tome parte nos assuntos de um dos Poderes da República.

O juiz, no Brasil, não é eleito pelo povo. A legitimidade de sua atuação advém do fiel cumprimento da lei. Esta, sim, votada por representantes populares, e sancionada pelo Presidente da República, igualmente, eleito pelo povo.

Ao estabelecer, na Constituição Federal, como cláusula pétrea (art. 5.º, XXXVIII), que haverá júri em nosso País, termina-se por inserir o cidadão no contexto do hermético Poder Judiciário. Não deixa de ser uma vantagem, pois confere à pessoa comum um *status* de *magistrado*, julgando seus *pares* e provocando as mais diversas reações da sociedade.

O jurado vota pela "condenação" ou "absolvição" do réu, o que lhe confere *poder*, mas, sobretudo, *responsabilidade*. Essa mescla provoca o sentimento de *civismo*, extremamente interessante às nações que se pretendam democráticas.

Não se trata, entretanto, de um direito individual fundamental material. Sem o Tribunal do Júri, pode-se assegurar a participação popular em todos os Poderes da República de outras maneiras.

Para concluir, o júri é direito e garantia humanas fundamentais formais, merecendo ser respeitado, especialmente no que concerne aos princípios constantes das alíneas do art. 5.º, XXXVIII, da CF. O seu caráter *formal* não elimina a situação jurídica de figurar no rol dos direitos e garantias individuais do mencionado art. 5.º. O Poder Constituinte Originário ali o inseriu. Não devem o operador do Direito e o legislador ordinário lesar o seu *status* e as regras constitucionais que o regulam.

1.3 Aspectos históricos relevantes

O Tribunal do Júri, na sua feição atual, origina-se na Magna Carta, da Inglaterra, de 1215. Sabe-se, por certo, que o mundo já conhecia o júri antes disso. Na Palestina, havia o *Tribunal dos Vinte e Três* nas vilas em que a população fosse superior a 120 famílias. Tais Cortes conheciam a julgavam processos criminais relacionados a crimes puníveis com a pena de morte. Os membros eram escolhidos dentre padres, levitas e principais chefes de famílias de Israel.

Na Grécia, desde o Século IV a. C., tinha-se conhecimento da existência do Júri. O denominado *Tribunal de Heliastas* era a jurisdição comum, reunindo-se em praça pública e composto de cidadãos representantes do povo. Em Esparta, os Éforos (juízes do povo) tinham atribuições semelhantes às dos Heliastas (cf. Dario Martins de Almeida, *O livro do jurado*, p. 135; João Mendes Júnior, *O processo criminal brasileiro*, v. 1, p. 22-23).

Em Roma, durante a República, o Júri atuou, sob a forma de juízes em comissão, conhecidos por *quoestiones*. Quando se tornaram definitivos, passaram a chamar-se de *quoestiones perpetuoe*, por volta do ano de 155 a.C.

Nas palavras de Carlos Maximiliano, "as origens do instituto, vagas e indefinidas, perdem-se na noite dos tempos" (*Comentários à Constituição brasileira*, p. 156). Entretanto, a propagação do Tribunal Popular pelo mundo ocidental teve início, perdurando até hoje, em 1215, com o seguinte preceito: "Ninguém poderá ser detido, preso ou despojado de seus bens, costumes e liberdades, senão em virtude de *julgamento de seus pares*, segundo as leis do país" (grifo nosso).

Após a Revolução Francesa, de 1789, tendo por finalidade o combate às ideias e métodos esposados pelos magistrados do regime monárquico, estabeleceu-se o júri na França. O objetivo era substituir um Judiciário formado, predominantemente por magistrados vinculados à monarquia, por outro, constituído pelo povo, envolto pelos novos ideais republicanos.

A partir disso, espalhou-se pelo resto da Europa, como um ideal de liberdade e democracia a ser perseguido, como se somente o povo soubesse proferir julgamentos justos. Relembremos que o Poder Judiciário não era independente, motivo pelo qual o julgamento do júri apresentava-se como justo e imparcial, porque produzido por pessoas do povo, sem a participação de magistrados considerados corruptos e vinculados aos interesses do soberano.

O que teria feito o júri vir para o Brasil? Santi Romano *(Princípios de direito constitucional geral*, p. 47-48) bem explica esse fenômeno de transmigração do direito, que, do seu país de origem, segue para outros, especialmente por conta da colonização, que impõe ao colonizado ideias e leis, bem como pela própria e inata "contagiosidade do direito", nas palavras de Emerico Amari.

Porém, há de se considerar que o Brasil, às vésperas da independência, começou a editar leis contrárias aos interesses da Coroa ou, ao menos, dissonantes do ordenamento jurídico de Portugal. Por isso, instalou-se o júri em nosso País, antes mesmo que o fenômeno atingisse a Pátria Colonizadora. Assim, em 18 de junho de 1822, por decreto do Príncipe Regente, criou-se o Tribunal do Júri no Brasil, atendendo-se ao fenômeno de propagação da instituição corrente em toda a Europa. Pode-se dizer que, vivenciando os ares da época, o que "era bom para a França o era também para o resto do mundo".

Em nosso país, o júri era composto por 24 cidadãos "bons, honrados, inteligentes e patriotas", prontos a julgar os delitos de abuso da liberdade de imprensa, sendo suas decisões passíveis de revisão somente pelo Príncipe Regente.

Em 1824, a Constituição do Império colocou-o no capítulo pertinente ao Poder Judiciário (art. 151, do Capítulo Único, do Título 6.º). Os jurados, à época, poderiam julgar causas cíveis e criminais, conforme determinassem as leis, que, aliás, incluíram e excluíram espécies de delitos e causas do júri, várias vezes.

Com a proclamação da República, manteve-se o júri no Brasil, sendo criado, ainda, o júri federal, através do Decreto 848, de 1890. Sob a influência da Constituição americana, por ocasião da inclusão do júri na Constituição Republicana, transferiu-se a instituição para o contexto dos direitos e garantias individuais (art. 72, § 31, da Seção II, do Título IV). Esse resultado foi obtido em face da intransigente defesa do Tribunal Popular feita por Rui Barbosa, seu admirador inconteste.

A Constituição de 1934 voltou a inserir o júri no capítulo referente ao Poder Judiciário (art. 72), para, depois, ser totalmente retirado do texto constitucional, em 1937. Por conta disso, iniciaram-se os debates acerca da manutenção ou não da instituição no Brasil, até que o Decreto-lei 167, de 1938, confirmou a existência do júri, embora sem soberania (art. 96).

A Constituição de 1946 ressuscitou o Tribunal Popular no seu texto, reinserindo-o no capítulo dos direitos e garantias individuais como se fosse uma autêntica bandeira na luta contra o autoritarismo, embora as razões desse retorno tivessem ocorrido, segundo narra Victor Nunes Leal, por conta do poder de pressão do coronelismo, interessado em garantir a subsistência de um órgão judiciário que pudesse absolver seus capangas (*Coronelismo, enxada e voto*, p. 231-236). Não se estudou com a merecida atenção a permanência ou a extinção do júri no Brasil, mas se buscou, somente, reerguer as bases das Constituições anteriores (1890 e 1934), como ensina Marcelo Caetano (*Direito constitucional*, v. 1).

A Constituição de 1967 manteve a instituição no capítulo dos direitos e garantias individuais (art. 150, § 18), fazendo o mesmo a Emenda Constitucional de 1969 (art. 153, § 18). Ocorre que, por esta última redação, mencionou-se somente que "é mantida a instituição do júri, que terá competência no julgamento dos crimes dolosos contra a vida". Não se falou em soberania, sigilo das votações ou plenitude de defesa, fixando-se, claramente, a sua competência somente para os crimes dolosos contra a vida.

Em 1988, visualizando-se o retorno da democracia no cenário brasileiro, novamente previu-se o júri no capítulo dos direitos e garantias individuais, trazendo de volta os princípios da Carta de 1946: soberania dos vereditos, sigilo das votações e plenitude de defesa. A competência tornou-se mínima para os crimes dolosos contra a vida.

Devemos, no entanto, frisar que a reinserção, na Constituição de 1988, dos mesmos princípios constitucionais (com algumas poucas alterações) da Constituição de 1946, não foi fruto de um estudo minucioso, nem mesmo de necessidade premente. A situação equipara-se ao seguinte: se a democrática Constituição de 1946 assim visualizava o Júri, passada a época da ditadura militar (1964 a 1985), mais que natural seria a volta ao *status quo ante*.

Porém, pergunta-se: é mesmo necessária a existência do Tribunal do Júri no Brasil? As respostas, possivelmente, podem ser encontradas nas linhas antecedentes, que cuidam da análise do Tribunal Popular como direito e como garantia humanas fundamentais.

1.4 Órgão do Poder Judiciário

O júri encontra-se previsto dentre os direitos e garantias individuais (art. 5.º, XXXVIII, CF). Tal situação chegou a gerar alguma controvérsia em relação a ser a instituição não um órgão do Poder Judiciário, mas um organismo político, desligado do Judiciário, onde os jurados exerceriam o seu direito ao sufrágio, como cidadãos no exercício da cidadania (cf. James Tubenchlak, *Tribunal do Júri - Contradições e soluções*, p. 9). Essa não é a melhor posição.

É praticamente pacífico na doutrina ser o júri um órgão do Poder Judiciário, embora lhe seja reconhecida a sua especialidade. Não consta do rol do art. 92 da Constituição Federal (como órgão do Poder Judiciário), embora o sistema judiciário o acolha em outros dispositivos, tornando-o parte integrante do referido Poder da República.

São fundamentos disso: a) o Tribunal do Júri é composto por um Juiz Presidente (magistrado togado) e de vinte e um jurados, dos quais sete tomam assento no Conselho de Sentença. O magistrado togado não poderia tomar parte em um órgão meramente político, sem qualquer vínculo com o Judiciário, o que é vedado não somente pela Constituição, mas também pela Lei Orgânica da Magistratura Nacional; b) o art. 78, I, do CPP determina que "no concurso entre a competência do júri e a de *outro* órgão da jurisdição comum, prevalecerá a competência do júri" (grifamos), vindo a demonstrar que se trata de órgão do Judiciário; c) o art. 593, III, do CPP, prevê a possibilidade de recurso contra as decisões proferidas pelo júri ao Tribunal de Justiça, não tendo qualquer cabimento considerar plausível que um "órgão político" pudesse ter o mérito de suas decisões revistas, em grau de apelação, por um órgão judiciário; d) a inserção do júri no capítulo dos direitos e garantias individuais atende muito mais à vontade política do constituinte de considerá-lo cláusula pétrea do que à finalidade de excluí-lo do Poder Judiciário; e) a Constituição Estadual de São Paulo (como outras) prevê, taxativamente, ser ele órgão do Judiciário (art. 54). No mesmo sentido, encontra-se a posição de Angelo Ansanelli Júnior, ressaltando ser o júri órgão do Poder Judiciário no contexto da Constituição Estadual do Estado de Minas Gerais (*O Tribunal do Júri e a soberania dos veredictos*, p. 42).

Enfim, trata-se de um órgão especial do Poder Judiciário, que assegura a participação popular direta nas suas decisões de caráter jurisdicional. Cuida-se de uma instituição de apelo cívico, demonstrativa da importância da cidadania e da democracia na vida em sociedade.

Capítulo 2
LEGISLAÇÃO COMPARADA

2.1 Considerações iniciais[1]

Evidenciada a origem histórica da instituição do júri, bem como tendo-se em conta que, apesar de ter nascido e prosperado na antiguidade, tornou-se obscuro por longo tempo, até que a *Magna Carta* de 1215, na Inglaterra, o trouxesse de volta ao seu apogeu, espraiou-se pela Europa continental, penetrou na maioria dos sistemas jurídicos do mundo ocidental e transformou-se num símbolo de democracia e liberdade pública.

Entretanto, não é demais ressaltar que, após ter-se espalhado pelo globo, começou a declinar gradativamente até tornar-se de aplicação minoritária tanto na Europa, quanto nos demais continentes.

As razões de se manter firme em alguns países, fraquejar em outros e ter sido extinto em muitos merecem uma breve análise, a fim de diagnosticar se o júri brasileiro sofreu ou sofrerá igual fim, bem como se suas vantagens ou desvantagens terminam refletindo na aplicação dos seus preceitos constitucionais na rotina processual.

Afinal, uma instituição prestigiada e calcada no anseio popular, como ainda ocorre nos Estados Unidos, tem maior probabilidade de ter os seus princípios básicos respeitados, enquanto o desprestígio pode causar abalos consideráveis em sua estrutura.

Dessa forma, verificar o funcionamento do júri em outras nações servirá, basicamente, à constatação do tratamento que vem tendo a instituição – se em bases constitucionais ou não – bem como para auxiliar na avaliação de sua pertinência no Brasil.

Sem ingressar nas minúcias do seu mecanismo, o maior enfoque será analisar o *status* conferido ao Tribunal do Júri em cada ordenamento, facilitando o entendimento do porquê de o tribunal popular ser colocado na Constituição Federal brasileira.

---

1. Este capítulo é mantido, sem atualização, apenas para servir de parâmetro para o leitor que desejar conhecer um pouco da legislação comparada do Tribunal de Júri. Ele foi criado em 1998, constando em minha tese de Doutorado; muitos informes permanecem válidos, mas pode ter ocorrido alguma modificação legislativa.

Outra anotação merece relevo: após estudar vários ordenamentos jurídicos de inúmeros países, que tratam do júri, observamos que exclusivamente nos países situados no contexto da *common Law*, vale dizer, o Reino Unido e suas ex-colônias (Austrália, Canadá, Estados Unidos, República da Irlanda, entre outros) existe o tribunal popular tal como concebido na *Magna Carta*, ou seja, o julgamento de uma pessoa diretamente pelos seus pares, sem a participação, com direito a voto, do juiz togado. No mais, o único país, que parece ser uma exceção mundial, é o Brasil, cujo sistema insere-se no contexto do direito codificado, mas possui um júri nos moldes britânicos.

Mencionaremos alguns exemplos do funcionamento do júri nos países que não o possuem autenticamente, apesar de seus sistemas legislativos considerarem expressamente um Tribunal do Júri, o que, em verdade, não passa de um escabinado. São os casos de Portugal, Espanha e da Grécia. Por outro lado, é sabido que na Itália, na França, na Alemanha, na Bélgica, na Suíça, entre outros, prevalece abertamente o sistema dos escabinos, onde o povo participa dos julgamentos, juntamente com os juízes togados, não deixando de ser uma modalidade de júri.[2]

2.2 Inglaterra e País de Gales

A história da Inglaterra demonstra que, tradicionalmente, os direitos e garantias individuais do cidadão sempre foram respeitados e protegidos pelo processo penal, embora o elevado índice de criminalidade e a depressão econômica tenham imprimido um novo rumo a essa situação. Tem havido constantes pressões da sociedade para que os obstáculos ao trabalho policial sejam abrandados, facilitando com isso a proteção do cidadão de bem. O pensamento que está por trás dessa movimentação fundamenta-se na crença de que as liberdades públicas, quando cultivadas em excesso, burocratizam a investigação e a apuração dos crimes, deixando de poupar tempo e dinheiro do Estado. Justamente por isso, juristas britânicos vêm defendendo a criação de uma Carta de Direitos específica para a proteção dos direitos fundamentais do cidadão contra o movimento "da lei e da ordem" cada vez maior e mais influente.

O art. 6.º da Convenção Europeia dos Direitos Humanos estipula que todo acusado tem direito a um julgamento justo e público dentro de um prazo razoável, por um Tribunal independente e imparcial, com assistência jurídica e direito à inquirição de testemunhas, sendo presumido inocente até final decisão condenatória.

Em momento algum trata-se o júri como direito ou garantia fundamental, mesmo porque a Convenção destina-se aos vários países da Europa e a maioria não mais tem a instituição nos seus sistemas judiciários.

Na Inglaterra, o júri[3] ainda é a figura central da justiça, porque sempre foi o sustentáculo da liberdade e dos direitos individuais, embora, efetivamente, o seu uso atual restrinja-se a 3% de todos os julgamentos criminais.[4] A diminuição gradual teve início em 1967, quando o veredito unânime para a condenação deixou de ser exigido e, através de uma lei de 1977, várias infrações penais forma reclassificadas, de modo a impedir que os acusados exigissem, para seus casos, o julgamento pelo júri. Restam, como delitos que levam necessariamente ao

2. O traço específico do júri é a competência exclusiva dos jurados para decidir a causa (Frederico Marques, *Tratado de direito processual penal*, p. 284).
3. Fala-se *do petit jury*, pois *o grand jury* foi abolido em 1933. Continua em vigor somente nos Estados Unidos.
4. Dados fornecidos por Lidstone, Human rights in the English criminal trial, *Human rights in criminal procedure*, p. 64.

tribunal popular, o homicídio (doloso e culposo) e o estupro. De outra parte, há infrações leves que não podem ir a júri, tal como delitos de trânsito ou embriaguez em público. Além do homicídio e do estupro, existem outros delitos que podem ser julgados pelo Tribunal do Júri, conforme a gravidade que apresentem. Cabe ao juiz togado decidir se envia ou não o processo aos jurados.

Uma das principais razões para a edição da referida lei de 1977 foi a argumentação de que o julgamento pelo júri leva tempo e custa três vezes mais aos cofres públicos em comparação aos procedimentos conduzidos por magistrados togados, prejudicando a administração da justiça.

Apesar disso, muitos advogados ainda preferem trabalhar diante do júri, porque creem que os juízes togados pendem em favor do trabalho policial,[5] além do que têm maior tempo de se preparar para enfrentar a acusação. Lidstone, que realizou estudo a respeito do tema, menciona que as estatísticas não comprovam esse pendor dos causídicos. Tomando como exemplo os crimes violentos contra a pessoa, o índice de absolvição dos juízes togados é de 48% contra 46% dos Tribunais do Júri.[6]

Para tornar-se jurado, é preciso ser cidadão residente no Reino Unido há pelo menos cinco anos a contar da idade de 13 anos e ter entre 18 e 70, a menos que seja desqualificado ou inelegível.[7]

Em 1988, foi abolido o direito da defesa de promover recusas peremptórias (*peremptory challenge*) durante o processo de seleção dos jurados, porque o governo achou que estava havendo abusos. A acusação, por sua vez, pode valer-se do recurso denominado *stand by for the crown*, que significa, ao ser sorteado um jurado não desejado, solicitar que ele volte para o final da fila. Na prática, portanto, ele não voltará a ser chamado para a formação do Conselho. Raramente o acusador utiliza esse expediente. As recusas motivadas (*challenge for cause*), por sua vez, não têm limites para as partes.

Não são mais necessários vereditos unânimes, admitindo-se maioria de 10-2 ou 11-1, pelo menos.

O procedimento dos debates e votação ocorre em sala secreta e uma das razões pelas quais o julgamento é reservado é evitar que irregularidades nesse processo possam ser usadas pelas partes para dar sustentação a um recurso.[8]

A partir da edição de uma lei de 1981, os jurados estão proibidos de revelar o que ocorreu na sala secreta, após o julgamento, não podendo nem mesmo dar declarações à imprensa. Infringir essa norma é considerado crime de desobediência, com pesadas multas.

---

5. Na Inglaterra, não havendo Ministério Público, a polícia tem muita força para colher as provas preliminares que irão conduzir o suspeito a julgamento. A partir de 1985, no entanto, criou-se o DPP (*Director of Public Prossecution*), um órgão composto por advogados contratados pelo Governo para conduzir as acusações aos tribunais.
6. Human rights in the English criminal trial, *Human rights in criminal procedure*, p. 66.
7. São inelegíveis os profissionais de direito e os membros de ordens religiosas, porque suas opiniões podem influenciar sobremaneira os outros jurados, afinal, na Inglaterra, o Conselho de Sentença pode conversar entre si. São, também, inelegíveis os mentalmente doentes. São desqualificadas as pessoas sentenciadas a penas de prisão perpétua, penas privativas de liberdade superiores s cinco anos e os que tiverem sido condenados a penas privativas de liberdade superiores a três meses nos últimos dez anos.
8. Davies, Croall e Tyrer, *Criminal justice*, p. 186.

A discussão em torno da existência da instituição, longe de ter sido resolvida, encontra-se em pleno andamento. Os pontos positivos do júri baseiam-se na sua tradição e na ausência de dados concretos e graves de que se trata de um órgão nocivo ao sistema judiciário. Por outro lado, os negativos concentram-se na influência que os jurados exercem uns sobre os outros na sala secreta, alterando a imparcialidade do tribunal, bem como no fato de que há uma tendência natural a absolvições infundadas, especialmente de criminosos profissionais.

Recursos contra as decisões proferidas pelo Tribunal do Júri são possíveis, embora a doutrina reconheça que sejam muito raros os que têm provimento. Isso porque, sendo o veredito do júri imotivado, desconhecem-se as razões que levaram os jurados a decidir daquela forma. Para não invadir a soberania do veredito popular, o Tribunal de Apelação pode buscar alguma irregularidade no julgamento ou uma incorreta condução do juiz presidente para, eventualmente, dar provimento ao apelo. Na grande maioria, as sentenças são mantidas e a Corte Superior somente pode enviar o caso a outro julgamento caso provas novas surjam. A fim de evitar os erros judiciários e tendo em vista a dificuldade de revisão de uma decisão proferida no tribunal popular, o governo chegou a propor, por volta de 1991, a criação de uma comissão especial, formada por juristas e cidadãos leigos, para avaliar e investigar casos de supostos erros.[9]

Nada de concreto, até o momento, resultou do debate, embora se saiba que o percentual de julgamentos pelo júri (3%) é muito baixo para justificar a abolição de uma tão tradicional instituição britânica. A *Royal Commission on Criminal Justice* de 1993 não recomendou a extinção do Tribunal do Júri.[10]

Em síntese, no entanto, nota-se que ainda permanece a aura do júri como direito fundamental do ser humano (julgamento pelos seus pares), insculpido nas mentes britânicas há muitos séculos. Nas palavras de Lord Devlin, o júri é a "luz que mostra que a liberdade vive".[11]

2.3 Escócia

Na Escócia, o réu não tem direito de exigir um julgamento pelo júri. A decisão de encaminhá-lo ao tribunal popular é sempre da acusação e depende da gravidade do delito, dos antecedentes do acusado e do interesse público.

O sistema judiciário escocês possui acusações produzidas por órgãos públicos, de modo que é muito raro o particular chamar a si esse ônus.

O júri, quando em funcionamento, apresenta algumas diferenças básicas do sistema anglo-americano: o Conselho de Sentença é formado por 15 jurados, ao invés de 12; não há discurso de abertura, formulado pelas partes, expondo aos julgadores as suas pretensões; o primeiro momento processual é destinado à colheita da prova acusatória; não existe o procedimento denominado *voir dire*,[12] para a escolha dos jurados. Há, também, três situações particulares, concernentes aos direitos humanos: a) deve haver a chamada "confirmação da prova"; b) existe

9. Marcel Berlins e Clare Dyer, *The law machine*, p. 132; Terence Ingman, *The English legal process*, p. 189.
10. Davies, Croall e Tyrer, *Criminal justice*, p. 189.
11. *Trial by jury*, apud Marcel Berlins e Clare Dyer, *The law machine*, p. 108.
12. Significa um "julgamento incidental", ou seja, um julgamento dentro do outro. É usado para verificar a veracidade de uma confissão, a credibilidade de uma testemunha ou a imparcialidade de um jurado, antes do julgamento principal.

um terceiro tipo de veredito, que é o "não provado", além dos tradicionais "culpado" e "não culpado";[13] c) há possibilidade de ser proferido um veredito por maioria e não por unanimidade.

Vale analisar os aspectos peculiares do sistema escocês. Em primeiro lugar, a respeito do procedimento da "confirmação da prova" (*corroboration*)[14] é preciso ressaltar que se trata de um resquício da antiga regra de que um só testemunho não pode ter validade, daí por que uma só prova contra o réu seria insuficiente para a condenação. A doutrina não deixa de criticar tal postura, pois argumenta que crimes dificilmente são cometidos na presença de pelo menos duas testemunhas, a fim de possibilitar a produção de provas da acusação, através da *corroboration rule*. Afinal, muitos casos dependem da oitiva de somente uma testemunha presencial. Diferentemente da Inglaterra, onde essa regra existe só para casos excepcionais, previstos em lei, trata-se de procedimento normal na Escócia.

Quanto ao veredito "não provado", é uma decisão absolutória e o acusado não pode ser julgado novamente pelo mesmo fato. Significa que a acusação falhou ao tentar provar a culpa do réu; logo, não há provas para afirmar que o acusado é culpado, mas também inexistem evidências de que é inocente. É o equivalente à "absolvição por falta de provas" do sistema brasileiro. Faz com que o indivíduo seja considerado um "homem livre", mas com uma permanente "mancha" no seu passado.

O veredito por maioria é plenamente aceito, tal como no Brasil. A diferença é o número de votos: a maioria simples forma-se por 8 a 7.[15]

A publicidade é totalmente vedada, pois influencia o julgamento dos jurados.

É evidente que o sistema escocês não elegeu o júri como direito fundamental do cidadão, uma vez que esse tipo de julgamento fica ao critério da acusação e de outros requisitos – menos da vontade do réu.

2.4 República da Irlanda

Apesar de ser um país que adota o sistema consuetudinário, a Irlanda possui uma Constituição escrita, apresentando cláusulas relativas aos direitos fundamentais, em uma seção genérica denominada "Direitos Fundamentais", com cinco artigos (direitos individuais; família; educação; propriedade privada e religião). Na parte referente aos direitos individuais, há menção expressa de que o Estado compromete-se a prevê-los nas suas leis e fazê-los respeitados.

O direito ao julgamento pelo júri está previsto na Constituição (art. 38-5), mas comporta exceções. Geralmente, são casos que abalam seriamente a ordem pública, casos militares e infrações de menor potencial ofensivo.

Tendo em vista que a Suprema Corte já julgou inconstitucionais algumas decisões de tribunais inferiores, considerando infrações mais sérias como de menor potencial ofensivo, afastando a competência constitucional do júri para julgá-las, tem havido maior cuidado na avaliação desse tipo de delitos.

Certamente, na Irlanda, como na Inglaterra, o júri ainda desfruta do prestígio de direito fundamental do homem.

---

13. Ver sobre o tema, Antonio Magalhães Gomes Filho, *Presunção de inocência e prisão cautelar*, p. 10.
14. É a produção de provas acessórias, independentes, admissíveis e críveis para confirmar a prova inicial que existe contra o réu. Curzon, *Dictionary of law*, p. 89.
15. Na Inglaterra, que sempre exigiu a unanimidade, atualmente permite-se o veredito por maioria, mas é preciso que haja, pelo menos, 10 votos pela condenação, dos 12 possíveis.

2.5 Austrália

A Austrália era uma colônia britânica até 1900, quando se tornou independente e pôde elaborar uma Constituição escrita, que entrou em vigor no dia 1.º de janeiro de 1901. Apesar disso, continua a fazer parte da União das Nações Britânicas e tem, como chefe de Estado, a rainha da Inglaterra.[16]

Enquanto colônia, seguia as leis inglesas, embora o Tribunal do Júri somente tenha ingressado, de fato, no sistema australiano por volta de 1840.[17] Antes, casos civis e criminais eram julgados, na sua maioria, por magistrados togados, com algumas exceções.

Desde a edição da Constituição, no entanto, o júri passou a integrar o Capítulo 3, intitulado "Da Judicatura", cujo art. 80 preceitua ser da competência do tribunal popular o julgamento de todos os crimes sujeitos a denúncia escrita (*indictable offenses*), preferencialmente no local onde o delito foi perpetrado.

Existem poucas previsões, no texto constitucional, a respeito dos direitos humanos, podendo-se enumerar as seguintes: direito de adquirir propriedade em termos justos (art. 51, XXXI); julgamento pelo júri (art. 80); liberdade de ir e vir entre os Estados (art. 92); liberdade de religião (art. 116); proibição da discriminação de moradores de um Estado por outro (art. 117). Esses dispositivos têm sido interpretados de modo estreito e não amplo.

Há, no entanto, uma divergência doutrinária na Austrália, concernente à competência constitucional do tribunal popular. Para alguns, cabe ao Parlamento dizer qual infração deve ser processada por denúncia escrita (podendo ir a júri) e qual pode ser analisada num procedimento sumário (sem direito ao júri), provocando uma contradição: o que merecia ser uma verdadeira garantia constitucional - em favor do júri - terminou sendo uma mera previsão processual.[18] Outras posturas, no entanto, inclusive na jurisprudência, consideram indispensável o julgamento pelo tribunal popular nos casos de crimes graves, por ser um imperativo constitucional, não podendo ser renunciado pelo réu. A questão não está, ainda, pacificada.

Atualmente, interesses econômicos (julgamentos pelo júri são mais onerosos) e ligados à eficiência (questiona-se a lisura do júri em casos complexos e longos) têm determinado que sejam desvinculadas, cada vez mais, as infrações sujeitas ao *indirectment*. A Comissão de Revisão Constitucional vem recebendo sugestões para incluir uma emenda ao art. 80, a fim de garantir, efetivamente, o julgamento pelo júri de todas as infrações penais graves (definidas como casos que estejam sujeitos a penas privativas de liberdade superiores a dois anos), permitindo-se vereditos por maioria de votos e ainda a possibilidade de renúncia ao júri pelo acusado. Um referendo foi proposto em 1988, para sustentar referida emenda, mas foi rejeitado pelo povo.

No sistema australiano, o *grand jury* foi oficialmente abolido nos anos de 1986 e 1987, através da edição da *Crimes Grand Jurys Bill*.[19] Há também uma variação de Estado para Es-

---

16. Decidirá, por plebiscito, mascado para 1999, se adotará o regime republicano, libertando-se totalmente dos laços que mantém com o Reino Unido.

17. Não é de se estranhar, pois a Austrália era considerada uma "colônia de condenados". Os piores criminosos da Inglaterra eram para lá enviados, de modo que ficaria mesmo difícil organizar um tribunal popular. Além disso, mesmo os julgamentos, até o século XVIII, não davam direito a advogado ao réu, a acusação era promovida informalmente e o próprio juiz deveria zelar pelos interesses do acusado.

18. James Crawfort, *Australian courts of law*, p. 34.

19. James Crawfort, *Australian courts of law*, p. 85.

tado, quanto ao funcionamento do júri: alguns permitem que o réu faça a opção pelo tribunal popular e outros não; há lugares que fazem o júri decidir somente em relação à existência ou inexistência dos fatos controversos apresentados no julgamento, enquanto outros propiciam a análise direta dos jurados quanto à culpa do réu (como é o caso da Tasmânia).

É pacífica a avaliação dos juristas no sentido de que, exceto quanto ao julgamento de crimes graves, que abalam a comunidade,[20] a instituição do júri está em franco declínio no país. Na área civil, por exemplo, é raro que as partes elejam o tribunal popular para julgar o caso, pois o julgamento é considerado mais caro e menos eficiente, além do que, jurados são menos previsíveis do que os juízes togados. O único Estado australiano que ainda mantém a tradição do júri civil é Victoria.

Dizem Elizabeth Ellis, John Goldring e Chris Diekman que a diminuição dos julgamentos pelo júri é resultado de uma pressão conjunta feita pela polícia, por companhias de seguro e outros interesses camuflados, o que é lamentável, pois tais julgamentos constituem uma pressão frequente sobre as leis, para que estas não se distanciem demais do sentimento popular.[21]

Apesar de tudo, há previsão legal para outras formas de participação popular no sistema judiciário da nação, tais como o escabinado, a arbitragem e os juízes leigos de paz.

2.6 Canadá

No Canadá, os direitos e garantias individuais não estão previstos num único documento, nem tampouco existe jurisprudência específica e farta a respeito. O documento básico constitucional é o *British North America Act*, de 1867, considerado tímido em comparação com modernas Constituições de outros países.

As maiores garantias encontradas nesse documento estão contidas no seu preâmbulo, por fazer referência à Constituição não escrita da Grã-Bretanha, mencionando que o Canadá tem uma Carta Magna semelhante à do Reino Unido ("constituction similar in Principle to that of The United Kingdom...") e que seus habitantes possuem as mesmas liberdades do inglês ("liberties of Englishmen").[22]

Logo a *Magna Carta* de 1215, a *Declaração de Direitos* inglesa de 1689 e outros documentos históricos britânicos foram carregados para dentro do sistema judiciário canadense. A partir de 1960, passou a existir uma *Declaração de Direitos* canadense, embora ela não esteja incluída na Constituição, de modo que o Parlamento pode, a qualquer momento, afastar a sua aplicação pela edição de qualquer tipo de lei. Alguns juízes chamam essa *Declaração de Direitos* de um documento "quase constitucional".

Em termos gerais, a *Bill of Rights* do Canadá garante os direitos à vida, à liberdade, à segurança da pessoa e da propriedade e o direito de não ser privado de qualquer desses bens senão através do devido processo legal. Assegura, ainda, igualdade e proteção diante da lei, liberdade de religião, de manifestação do pensamento, de reunião e associação, bem como liberdade de imprensa. Veda penas cruéis ou incomuns e o exílio. Exige prisões legais, nas quais o suspeito tem o direito de saber os motivos de sua detenção, além de ter o direito de avistar-se com seu advogado. Prevê o direito ao *habeas corpus* e protege o indivíduo contra a

20. Nesses casos, ainda predomina a opinião de que somente o "julgamento dos seus pares" poderá afetar a liberdade ou a vida de alguém.
21. *Society, law & justice*, p. 20.
22. Jobson, Human rights in criminal procedure in Canadá, *Human rights in criminal procedure*, p. 313.

autoacusação, concedendo-lhe o manto da presunção de inocência. Todos têm direito a um julgamento justo.

No art. 11, diz a referida *Declaração de Direitos*: "qualquer pessoa acusada da prática de um crime tem o direito de ser presumida inocente até a prova de sua culpa, segundo a lei, num julgamento justo e público realizado por um tribunal independente e imparcial" (tradução livre).

Não há nenhuma referência expressa ao júri, que não é considerado, portanto, direito ou garantia fundamental do cidadão. Apesar de o Canadá incorporar na sua Constituição muitos princípios ingleses, o que o levou a adotar a instituição do tribunal popular (o qual julga infrações penais graves e o faz somente se o réu escolher ser julgado dessa forma), não fez a *Declaração de Direitos* de 1960 qualquer referência à instituição.

É possível, pois, que o Canadá, com o tempo, afaste o Tribunal do Júri, pois é direito de seus cidadãos um julgamento justo feito por tribunal independente e imparcial, mas não necessariamente por seus pares.

2.7 Estados Unidos

Inicialmente merece ser mencionado o art. 3.º, Seção II, item 3, da Constituição americana: "O julgamento de todos os crimes, exceto em caso de crimes de responsabilidade, será feito por júri e esse julgamento realizar-se-á no Estado em que os crimes tiverem sido cometidos; mas, quando não sejam cometidos em nenhum dos Estados, o julgamento ocorrerá na localidade ou localidades que o Congresso designar por lei".

A 6.ª Emenda da Constituição prevê que "em todos os processos criminais, o acusado tem direito a ser julgado por um júri imparcial do local onde o crime foi cometido".

Como não há menção do modo pelo qual o tribunal popular deve ser constituído, decisões jurisprudenciais fornecem o caminho a ser seguido. Em 1930, no caso *Patton v. U.S.*, 281, *U.S.* 276, 288, o magistrado Sutherland, baseando-se no sistema inglês, disse que o direito ao júri queria dizer um júri formado por 12 jurados, com um julgamento presidido por um juiz togado, com poder de direção, a fim de informar os juízes leigos sobre a lei e os fatos em discussão, bem como que a decisão deveria ser sempre unânime. Nessa mesma direção, estabeleceu-se que o júri é um *privilégio* do acusado, do qual ele pode abrir mão. Até hoje, esse é o significado do direito ao julgamento pelo Tribunal do Júri nas cortes federais, embora tais preceitos tenham sido amenizados nas estaduais.

A Suprema Corte, por sua vez, chegou a pronunciar-se a respeito, interpretando essa cláusula, e declarou que todo acusado tem o direito a ser julgado pelo júri quando a condenação puder ultrapassar uma pena privativa de liberdade de seis meses (*Baldwuin v. N.Y.*, 399, *U.S.*, 66, 1970). É direito constitucional impostergável. Apesar de os Estados Unidos serem uma autêntica Federação, cujos Estados são bastante autônomos, a aplicação da 6.ª Emenda nas cortes estaduais foi garantida pela 14.ª Emenda ("Nenhum Estado poderá aprovar ou fazer executar qualquer lei que restrinja os privilégios ou imunidades dos cidadãos dos Estados Unidos...").[23]

Além da 6.ª Emenda, que prevê o julgamento pelo júri popular para causas criminais, existem, ainda, a 5.ª e 7.ª Emendas que tratam do tribunal popular. A 5.ª prevê o direito do réu a ter a acusação contra ele formulada em crimes graves, especialmente aqueles punidos

---

23. Há decisões em sentido contrário da Suprema Corte, possibilitando aos Estados Unidos não utilizar o júri, mas são antigas (década de 30).

com pena de morte, julgada admissível pelo grande júri. Assim, nos moldes do *judicium accusationis* do direito brasileiro, o juízo de pronúncia é feito perante o *grand jury*. Na jurisdição federal, é obrigatória a existência do grande júri para todos os delitos considerados graves, embora em nível estadual sua utilização não seja indispensável.

A 7.ª Emenda trata do direito ao júri em causas cíveis, mencionando, expressamente, que "nenhum caso julgado por um júri popular poderá ser revisto por qualquer tribunal dos Estados Unidos senão em conformidade com as regras do direito comum". Apesar de conceder ao tribunal popular uma certa independência, permite, expressamente, que suas decisões sejam revistas. O importante a salientar é que tanto o tribunal leigo, quanto o togado, estarão vinculados ao mesmo sistema de direito consuetudinário, não havendo, pois, conflito nesse sentido.

Tanto o grande como o pequeno júri são formados por pessoas escolhidas, pela sorte, na comunidade onde vivem. Júris federais são constituídos necessariamente por 12 jurados, mas leis estaduais têm sido editadas diminuindo esse número, embora não exista júri formado por menos de 6 jurados.[24]

Quando houver grande júri – chamado por muitos de "o escudo e a espada" do processo penal americano[25] –, será formado por 23 pessoas, bastando o voto da maioria para aceitar a acusação contra o réu, submetendo-o, então, a julgamento perante o pequeno júri. Pesquisas indicam que somente um pequeno percentual de casos submetidos ao grande júri deixam de ser acolhidos (cerca de 3 a 8%).[26]

A formação do Conselho de Sentença é precedida do procedimento denominado *voir dire*, que significa a possibilidade de as partes fazerem perguntas aos jurados, sobre temas variados, de modo a conhecer, de antemão, seus posicionamentos interiores, podendo, então, recusá-los. Há recusas peremptórias (*challenge without cause*), que são limitadas,[27] embora o juiz presidente possa permitir um número bem maior de recusas, de acordo com seu critério.

Num júri federal, o veredito há de ser unânime, enquanto em cortes estaduais tem sido possível proferir decisões condenatórias, por maioria, desde que não se trate de infrações penais graves ou punidas com a pena de morte.[28]

O juiz presidente tem a tarefa de dirigir os trabalhos no júri, julgando a admissibilidade das provas apresentadas pelas partes e instruindo o Conselho de Sentença para julgar de acordo com a lei e os fatos. Nenhuma declaração sua, que possa influenciar os jurados, deve ser proferida.

Questão importante a ser ressaltada é que em cortes federais é permitido ao réu abrir mão do seu direito ao julgamento pelo júri, incluindo casos puníveis com a pena capital, desde que esteja devidamente aconselhado por um advogado e o faça conscientemente, além de ser necessário contar com a concordância do promotor e do juiz. Em cortes estaduais, o mesmo

---

24. É o caso da Flórida, que já foi considerado constitucional pela Suprema Corte (*Williams v. Florida*, 399, *U.S.* 78, 1970).
25. Escudo porque se situa entre o acusador e o acusado, protegendo o indivíduo contra a persecução penal opressiva e infundada; espada porque pode atuar como órgão de investigação contra um suspeito.
26. Lafave e Israel, *Criminal procedure*, p. 25.
27. Para casos sujeitos à pena de morte, por exemplo, podem as partes recusar imotivadamente até 20 jurados cada uma (Rule 24 [b] of Federal Rules of Criminal Procedure).
28. A possibilidade de condenação sem um veredito unânime foi julgada constitucional pela Suprema Corte, sob a assertiva de que a 6.ª Emenda estabeleceu o direito ao júri imparcial, mas não obrigou a unanimidade nas decisões (Apodaca *v.* Oregon, 406, U.S. 404, 1972).

ocorre, embora com diferentes limitações: alguns Estados não permitem afastar o julgamento pelo júri em casos puníveis com pena de morte; outros, nos casos de crimes graves etc. Deve ser lembrado que os Estados Unidos possuem um sistema de administração de justiça bem diferente da Europa Continental, de onde o Brasil herdou a maior parte dos seus institutos jurídicos. Não é de se espantar, pois, que possa o acusado evitar o julgamento pelo júri, inclusive admitindo diretamente sua culpa, caso em que pode ser imediatamente sentenciado. Além disso, um dos princípios básicos do direito processual americano é a "participação dos leigos", donde se vislumbra a importância que possui o Tribunal do Júri, mas permitindo, inclusive, que o juiz togado, nomeado ou eleito, conforme o caso, possa não ser bacharel em Direito. Embora seja a minoria, há vários exemplos de juízes sem formação jurídica exercendo a judicatura.

Os condenados têm sempre o direito de recorrer, especialmente quando sentenciados a penas de prisão. Estatísticas demonstram que somente 10 a 20% dos apelos são providos pelos tribunais togados.[29]

O fato é que, nos Estados Unidos, o júri é, realmente, uma garantia fundamental do cidadão, prevista na Constituição, e que precisa ser respeitada por todas as cortes (federais e estaduais).[30] Num sistema em que juízes e promotores são eleitos ou nomeados pelo Poder Executivo, inexistindo concurso público de admissão, em que prevalece o sistema do direito costumeiro, mais frágil do que o princípio da reserva legal recomendada, bem como em que se privilegia a participação do cidadão leigo na administração de justiça, o júri é uma garantia que o réu tem contra a opressão eventualmente assacada contra sua pessoa por um acusador parcial, em campanha eleitoral, buscando destacar-se na mídia, ou contra um juiz, igualmente em campanha, pretendendo mostrar aos seus eleitores ser severo no combate ao crime. Sentindo-se, pois, pressionado pela máquina estatal, pode invocar, como garantia, o julgamento pelo júri, conseguindo que seus pares decidam seu destino.

Entretanto, apesar da nítida garantia, o júri americano não tem a mesma força que o tribunal popular auferiu na Constituição brasileira, pois o réu tem possibilidade de refutar esse direito, enquanto, em nosso caso, a regra constitucional é irrenunciável.

2.8 Portugal

O Tribunal do Júri, em Portugal, está previsto na Constituição, no art. 210.º, nos seguintes termos: "1. O júri é composto pelos juízes do tribunal colectivo e por jurados e intervém no julgamento dos crimes graves, com exceção dos de terrorismo, quando a acusação ou a defesa o requeiram." Foi situado no Capítulo I (Princípios Gerais) do Título V (Tribunais), de forma que não compõe o universo dos direitos e garantias fundamentais do homem (Título II).

No Código de Processo Penal, encontra-se a competência do tribunal popular estipulada no art. 13.º, *in verbis*: "1. Compete ao tribunal do júri julgar os processos que, tendo a intervenção do júri sido requerida pelo Ministério Público, pelo assistente ou pelo arguido, respeitarem a crimes previstos no Título III e no Capítulo I do Título V, do Livro II do Código Penal. 2. Compete ainda ao tribunal do júri julgar os processos que, não devendo ser julgados pelo tribunal singular, e

29. Lafave e Israel, *Criminal procedure*, p. 29.

30. É a chamada "terra do sistema do júri", tanto para causas criminais, quanto para causas cíveis, realizando aproximadamente 120.000 julgamentos por ano, mais de 90% dos julgamentos efetivados no mundo todo. Zeisel e Kalven Jr, Judicial and arbitrational systems, apud Nádia de Araújo e Ricardo R. Almeida, *O tribunal do júri nos Estados Unidos...*, p. 211.

tendo a intervenção do júri sido requerida pelo Ministério Público, pelo assistente ou pelo arguido, respeitarem a crimes cuja pena máxima, abstratamente aplicável, for superior a oito anos de prisão. 3. O requerimento do Ministério Público e o do assistente devem ter lugar no prazo para dedução da acusação, e o do arguido no prazo de cinco dias a contar da notificação da acusação, ou da pronúncia, se a ela houver lugar. 4. O requerimento de intervenção do júri é irretractável."

Em complemento ao supramencionado, é preciso anotar os delitos sujeitos ao julgamento pelo júri, conforme o Código Penal. No Título III, estão os crimes contra a paz e a humanidade e, no Título V, Capítulo I, encontram-se os delitos contra a segurança do Estado. Entretanto, quando se tratar de terrorismo, está excluída a competência do tribunal popular.[31]

O tribunal do Júri é composto por três juízes e quatro jurados efetivos (havendo quatro suplentes, para o caso de os efetivos não poderem prosseguir), sob a presidência de um dos magistrados togados. Decidem por maioria de votos e a deliberação ocorre em sala secreta, embora sem o sigilo do voto. Ao contrário, os juízes togados e leigos conversam entre si e expõe as razões que os levam a votar num ou noutro sentido, até chegarem ao momento da votação, que se dá na seguinte ordem: primeiro votam os jurados, por ordem crescente de idade; depois, os juízes, a começar pelo de menor antiguidade de serviço. Por último, vota o presidente (art. 365.º, 4 e 5, do CPP).

O que se discute na sala secreta não fica registrado nos autos do processo. Não há possibilidade de declaração de voto e fica vedado aos magistrados e jurados divulgar o que lá dentro se passou, sob pena de responderem criminal e disciplinarmente por isso.

O júri português decide não somente sobre a matéria de fato, mas também sobre questões de direito, incluindo nestas a aplicação da pena. Os componentes do tribunal chegam a votar qual será a melhor pena a ser aplicada ao réu, vencendo, em caso de desencontro nas penas sugeridas, a que for majoritária. Exemplo: se os juízes votam pela aplicação das penas de 7, 6, 5, 4, 3, 2 e 1 ano de prisão, será aplicada a pena de 4 anos, por ser a que obteve o maior número de votos; afinal, quem votou por 7, 6 e 5 naturalmente prefere 4 anos ao invés de 3, 2 ou 1. Então, 4 anos é a pena majoritária.[32]

Conforme disposição legal, o júri só atua caso alguma das partes o requeira – a acusação ou o assistente podem fazê-lo ao deduzirem a acusação, enquanto o réu só pode fazê-lo no prazo que lhe é concedido para apresentar o rol de suas testemunhas –, observando-se, na prática, que esses requerimentos raramente acontecem. Prefere-se que o juiz togado singular decida a maioria dos casos. Nota-se que o tribunal popular não tem penetração na consciência do povo, como um direito de ser julgado o réu pelos seus pares, daí ser uma instituição em desuso. Eliana Gersão, realizando pesquisa nas Comarcas portuguesas, notou que, desde a reintrodução da instituição no país, somente em 41,5% a intervenção do júri fora requerida. E mesmo onde houve o julgamento, mencionou-se o máximo de 4 casos, o que é um número muito baixo, dada a extensão da pesquisa, que abrangeu um período de 15 anos.[33] Durante um colóquio sobre o *júri e a participação dos cidadãos na Justiça*, em dezembro de 1989, a autora pronunciou-se da seguinte forma sobre o júri em Portugal: "A participação de cidadãos no exercício do poder judicial é considerada algo de 'esquisito' e encarada com um espírito mais ou menos velado de desconfiança ou mesmo de má vontade por muitos sectores dos profissionais do direito e mesmo da opinião pública em geral".[34]

31. Lei 24/1990 (legislação portuguesa).
32. Maia Gonçalves, *Código de Processo Penal anotado*, p. 587.
33. Jurados nos tribunais: alguns dados da experiência portuguesa, p. 77.
34. *Júri e participação dos cidadãos na Justiça*, p. 1.

Aliás, rigorosamente falando, não há Tribunal do Júri em Portugal, pois a forma adotada configura, em verdade, um escabinato, onde juízes togados e leigos se reúnem para decidir uma causa, e não um tribunal popular, como no Reino Unido e nos Estados Unidos (e mesmo no Brasil) onde jurados leigos decidem sozinhos.[35]

Na Constituição, como demonstrado, não figura dentre os direitos e garantias fundamentais e, de acordo com a lei processual penal, é de aplicação facultativa. Portanto, está longe de se constituir uma garantia do ser humano.

2.9 Espanha

O art. 125 da Constituição espanhola preceitua: "Los ciudadanos podrán ejercer la acción popular y participar en la Administración de Justicia mediante la institución del Jurado, en la forma y con respecto a aquellos procesos penales que la ley determine, así como en los Tribunales consuetudinarios y tradicionales".

A Lei Orgânica do Poder Judiciário, de 1.º de julho de 1985, disciplina o júri no art. 83 e a doutrina o define como sendo um "determinado número de cidadão não pertencentes à carreira judicial, que, de maneira transitória, intervém no juízo penal para fixar, por meio dos vereditos, os fatos sobre os quais deve pronunciar-se, aplicando o Tribunal de Direito as normas jurídicas atinentes ao caso".[36]

Sua origem na Espanha tem a mesma fonte dos demais países europeus nos quais foi adotado: a Revolução Francesa e seus princípios democráticos. A primeira Constituição espanhola que ao tribunal popular fez alusão foi a de 1812, até que ingressou no sistema em 14 de setembro de 1872. Entretanto, em 3 de janeiro de 1875, a utilização do júri foi suspensa, voltando, por lei, em 20 de abril de 1888. Nessa ocasião, com competência ampliada, julgava todas as causas envolvendo delitos graves contra a vida e a honra das pessoas, delitos eleitorais e de imprensa. Em 21 de setembro de 1923, foi novamente suspenso em todas as províncias do Reino. A restauração ocorreu em 27 de abril de 1931, com competência reduzida.

Suas características principais são: participação dos cidadãos leigos na administração da justiça; pronunciamento exclusivo sobre os fatos, com aplicação do direito pelos juízes togados; natureza transitória, reunindo-se somente para a decisão de um caso concreto; não incorre em responsabilidade pela decisão que adota.[37] Lei Especial sobre o júri deverá fixar sua competência, sem deixar de levar em conta o direito do povo de participar da administração da justiça, como estabelecido na Constituição. Isso significa que não poderá a lei excluir o júri de todas as matérias.[38]

Entende a doutrina que se trata de um suporte ao sistema de liberdades públicas porque, segundo o art. 117 da Constituição, a justiça emana do povo, além de que, o art. 125, da mesma Carta, dispõe que poderão os cidadãos participar da administração da justiça. Entretanto, não faz o júri parte do rol dos direitos e garantias fundamentais, constantes no Título I, Capítulo II, Seção I, da Constituição.

---

35. Prefere-se incluí-lo como tal neste trabalho, porque a decisão majoritária está nas mãos dos jurados e a Constituição Federal e o Código de Processo Penal portugueses o consideram um "Tribunal do Júri". Eliana Gersão, no entanto, faz sua crítica a essa situação, dizendo que se trata de uma composição incompatível com a ideologia do "Tribunal do Júri", assentada na absoluta separação entre juiz e jurado, *Júri e participação dos cidadãos na Justiça*, p. 5.
36. Traduzi. Almagro, apud Gonzalez, *El processo penal*, p. 58.
37. Gonzalez, *El processo penal*, p. 59.
38. Até 1987 essa lei não fora editada.

A conclusão que se pode extrair é de ser o tribunal popular um órgão que permite ao povo participar do Poder Judiciário espanhol, mas não é uma garantia fundamental do homem. Se assim fosse, não poderia ser francamente limitado por lei ordinária, nem tampouco poderia esta decidir os casos possíveis de ir a júri e quais devem ficar na alçada do juiz togado.

2.10 Grécia

A Grécia também foi um país assolado por várias revoluções e golpes de Estado nos últimos 70 anos, o que terminou afetando seu sistema processual penal. No entanto, os direitos e garantias individuais encontram-se bem desenvolvidos e aplicados no país, atualmente.

O art. 5.º, inciso III, da Constituição preceitua que a liberdade individual é inviolável, nenhuma pessoa será processada, detida ou encarcerada, salvo nas hipóteses devidamente previstas em lei. O art. 6.º, por sua vez, fundamenta a prisão na necessidade de um mandado judicial e no dever de ser o suspeito apresentado ao juiz em, no máximo, 24 horas. Menciona, ainda, que a lei deverá prever o máximo permitido para a duração da prisão provisória. O art. 8.º prevê a garantia do juiz natural e proíbe o tribunal de exceção, enquanto o art. 9.º impõe a inviolabilidade do domicílio, da privacidade e da vida familiar. É garantido o acesso de todos ao Judiciário. Apesar disso, nada existe na Constituição para vedar o Parlamento de conceder à polícia, se desejar, poderes para invadir a esfera das liberdades públicas. Diz Tsoureli que tal situação é perigosa para a democracia, pois pode dar margem a abusos.[39]

Consideram alguns juristas gregos que o Tribunal do Júri, no país, não foi extinto, mas apenas mudou de forma. De acordo com o art. 97, § 1.º, da Constituição de 1975, crimes graves e políticos devem ser julgados por cortes mistas, compostas conforme previsão legal. A lei vigente é o Decreto 804/1971, com a retificação imposta pelo Decreto 85/1975, que aboliu o júri, tal como conhecido e utilizado no sistema anglo-americano. Foram introduzidas cortes mistas, compostas por um juiz de 2.º grau, que funciona como presidente, três juízes de 1.º grau e três jurados. Estes últimos são retirados das listas eleitorais existentes, devem ter entre 30 e 70 anos e ser residentes no local onde vão servir. Não lhes é possível ter antecedente criminal, nem estar respondendo a processo criminal. Não podem, ainda, ser membros dos Poderes do Estado (Executivo, Legislativo e Judiciário). Existe o processo de escolha dos jurados, tal como o *voir dire* americano.

A corte mista decide se o réu é culpado ou inocente, delibera sobre a sentença a ser dada e a imposição de penas acessórias. Questões puramente legais são decididas somente pelos quatro juízes togados sem a participação dos jurados. Em caso de empate, o voto do presidente é decisivo.

Esse sistema de julgamentos, no entanto, foi considerado por outra parte da doutrina grega como fator de real extinção do júri na Grécia. Disse o professor Androulakis que, "na realidade, não houve a introdução de um júri misto no nosso sistema legislativo, mas tão somente a abolição do sistema de júri. Não há mais nenhum Tribunal do Júri na Grécia.[40]

Cumpre salientar que outros países europeus estão na mesma situação: na Alemanha, por exemplo, o júri foi extinto em 1924, mas outras formas de participação popular, mescladas com os juízes togados, foram idealizadas. O mesmo fenômeno ocorreu na França e na Itália.

---

39. Human rights in pre-trial and trial procedures in Greece, *Human rights in criminal procedure*, p. 205-206.
40. Traduzi. Apud Lefki Tsoureli, Human rights in pre-trial and trial procedures in Greece, *Human rights in criminal procedure*, p. 225.

Capítulo 3

PROCEDIMENTO ESPECIAL TRIFÁSICO

3.1 Visão geral das três fases

O procedimento do júri é trifásico e especial. No Código de Processo Penal, no Livro II, Título I, foi inserido, por equívoco, como parte do "processo" (na realidade, o correto seria a denominação de *procedimento*) comum. Possivelmente, sob o enfoque anterior à Lei 11.689/2008, o início do procedimento tinha aspectos do *comum* (arts. 394 a 405, CPP) e somente na sequência se alterava completamente, adquirindo uma estrutura procedimental própria (arts. 406 a 497, CPP), nitidamente especial.

Por outro lado, há quem denomine tal procedimento de bifásico, considerando apenas a parcela referente à formação da culpa (da denúncia à pronúncia) e, posteriormente, do recebimento do libelo à decisão em plenário do Júri.

Parece-nos equivocado não considerar como autônoma a denominada *fase de preparação do plenário*, tão importante quanto visível. Após a edição da Lei 11.689/2008, destinou-se a Seção III, do Capítulo II (referente ao júri), como fase específica ("Da Preparação do Processo para o Julgamento em Plenário), confirmando-se, pois, a existência de três estágios para atingir o julgamento de mérito. Transitada em julgado a decisão de pronúncia, abre-se vista ao órgão acusatório (Ministério Público ou querelante) e ao defensor, para, em cinco dias, o oferecimento do rol de testemunhas que irão depor em plenário, até o máximo de cinco, a cada parte, além de poder juntar documentos e requerer diligência (art. 422, CPP). Nessa fase, ainda, as testemunhas que residirem fora da Comarca serão ouvidas por precatória.

Vale ressaltar, desde logo, não existir óbice algum em intimar a testemunha, assim desejando a parte, para que compareça à sessão de julgamento e preste o seu depoimento diante dos jurados. Homenageia-se o princípio da oralidade, que vige no Tribunal do Júri.

O juiz ordenará a realização das diligências pertinentes para sanar qualquer nulidade ou para o esclarecimento da verdade, além de fazer o relatório sucinto do processo, determinando a sua inclusão em pauta da reunião do Tribunal do Júri (art. 423, CPP).

O preparo do processo poderá ser feito diretamente pelo juiz presidente, que irá conduzir a sessão de julgamento no Tribunal do Júri, desde que a Comarca tenha Vara privativa do Júri. Entretanto, se a lei de organização judiciária local não atribuir ao presidente do júri a preparação do plenário, o magistrado competente assim o fará, remetendo o feito pronto até cinco dias antes do sorteio a que se refere o art. 433 do CPP (art. 424, CPP).

O anterior procedimento incidental denominado *justificação* foi absorvido, como regra, pela nova possibilidade de produção de provas na fase de preparação do plenário (segue-se o procedimento dos arts. 381 a 383 do Código de Processo Civil). Contudo, a produção antecipada de provas não pode ser simplesmente descartada pela fase intermediária entre a pronúncia e o julgamento em plenário. Imagine-se que essa fase já se encerrou e o processo aguarda o julgamento pelo Tribunal do Júri. Surgindo uma prova nova relevante, pode a parte ingressar, do mesmo modo, com a justificação (produção antecipada de provas), que deverá ser devidamente processada.

No dia da sessão de julgamento, o juiz presidente, considerando presentes todos os requisitos impostos por lei, declara abertos os trabalhos e tem início a terceira fase, quando o réu será, realmente, julgado por seus pares, os jurados. Na última fase, ocorrerá, ainda, a produção de provas e as alegações das partes diante do Conselho de Sentença.

Visualizamos, pois, três nítidas fases no procedimento especial do Tribunal do Júri.

3.1.1 A prisão cautelar nas fases do júri

Os motivos para a decretação da prisão preventiva encontram-se no art. 312 do Código de Processo Penal e, por óbvio, valem para as três fases do procedimento do júri. A visão do juiz deve voltar-se, justamente, a esse complexo contexto procedimental. Para ilustrar, se a preventiva é decretada para a garantia da ordem pública (ex.: crime grave + repercussão social + reincidência do réu), há de se manter a cautelar até o final, ou seja, quando houver o trânsito em julgado de decisão condenatória. O réu poderá ficar preso na fase de formação da culpa, passando pelo preparo ao plenário até chegar ao julgamento de mérito, estendendo-se à fase recursal. O mesmo se diga se houver conveniência para a instrução, pois o acusado estaria ameaçando testemunhas. Ora, ouvem-se testemunhas na fase da formação da culpa e também em plenário. Por isso, justifica-se a prisão cautelar nas várias fases do júri.

Superior Tribunal de Justiça

- "Considerando a natureza excepcional da prisão preventiva, somente se verifica a possibilidade da sua imposição quando evidenciado, de forma fundamentada e com base em dados concretos, o preenchimento dos pressupostos e requisitos previstos no art. 312 do Código de Processo Penal - CPP. Deve, ainda, ser mantida a prisão antecipada apenas quando não for possível a aplicação de medida cautelar diversa, nos termos previstos no art. 319 do CPP. Na hipótese dos autos, presentes elementos concretos a justificar a imposição da segregação antecipada. As instâncias ordinárias, soberanas na análise dos fatos, entenderam que restou demonstrada a maior periculosidade do recorrente, evidenciada pela gravidade concreta da conduta descrita nos autos da ação penal originária - duplo homicídio qualificado tentado, sendo que após o crime, os denunciados retornaram ao local dos fatos para intimidar as testemunhas, bem como a necessidade de assegurar a aplicação da lei penal, tendo em vista a fuga do distrito da culpa, não tendo sido encontrado para a citação pessoal e que, posteriormente, preso por outro motivo, logrou fugir da carceragem da Delegacia de Polícia de Santa Cruz Cabrália/BA. Nesse contexto, forçoso concluir que a prisão processual está devidamente fundamentada na necessidade de garantir a ordem pública, não havendo falar, portanto, em existência de evidente flagrante ilegalidade capaz de justificar a sua revogação e tampouco em aplicação de medida cautelar alternativa" (RHC 65.035/BA, 5.ª T., rel. Joel Ilan Paciornik, 16.08.2018, v.u.).

- "Em se tratando do procedimento bifásico do Tribunal do Júri, a superveniência da pronúncia não encerra a instrução criminal, tendo em vista a possibilidade de nova oitiva das testemunhas pelos jurados" (HC 221121/MG, 6.ª T., rel. Sebastião Reis Júnior, j. 15.12.2011, v.u.).

3.1.2 Duração da prisão cautelar na primeira fase

Não há prazo fixo para a prisão preventiva – como regra, a prisão decretada durante a instrução, que não se confunde com a prisão temporária, destinada à fase da investigação criminal –, respeitando-se, em qualquer estágio do processo, os princípios da razoabilidade e da proporcionalidade. Isso significa que situações concretas, como o excessivo número de réus presos, podem levar ao prolongamento da instrução, sem que se possa sustentar excesso de prazo, gerando constrangimento ilegal. Cada caso concreto deve ser analisado de *per si*, sem haver padronização.

Superior Tribunal de Justiça

- "1. Este Tribunal há muito sedimentou o entendimento de que a alegação de excesso de prazo na formação da culpa deve ser analisada à luz do princípio da razoabilidade, sendo que eventual extrapolação dos prazos processuais não decorre da simples soma aritmética. 2. A Corte de origem pontuou as particularidades do caso, especialmente o fato de que trata-se de uma ação penal instaurada em face de setenta e cinco acusados, sendo natural que a realização da citação de todos os réus e intimação para a apresentação das suas respectivas respostas à acusação demande tempo superior aos exíguos 10 dias previstos no artigo 406 do Código de Processo Penal, inclusive os recorrentes possuem advogados distintos. Através de consulta junto ao sítio eletrônico do TJRJ (Proc. n. 0433104-90.2012.8.19.0001), observa-se que feito segue tramitação regular, com a juntada de cartas precatórias. 3. Não se verifica, portanto, ilegal mora processual atribuível ao Poder Judiciário. 4. Recurso ordinário em *habeas corpus* não provido" (RHC 60.451/RJ, 5.ª T., rel. Ribeiro Dantas, 25.09.2018, v.u.).

3.2 Juízo de formação da culpa

3.2.1 Inquérito policial e outras formas de investigação

O processo-crime depende do ajuizamento da ação penal, vale dizer, o recebimento, pelo magistrado, da denúncia (ofertada pelo representante do Ministério Público) ou da queixa (petição apresentada pelo advogado do ofendido), para tramitar, conforme o procedimento previsto em lei.

O processo é uma sequência de atos, vinculados entre si, tendentes a alcançar a finalidade de propiciar ao juiz a aplicação da lei ao caso concreto, enquanto o procedimento é o modo pelo qual se desenvolve o processo, no seu aspecto interno.

No Tribunal do Júri, como visto no subitem anterior, há um procedimento complexo, constituído de três fases, para que o processo alcance o seu resultado final.

De qualquer forma, não há ação penal que possa ser legitimamente ajuizada sem haver justa causa. Portanto, é fundamental a colheita prévia de provas para que o magistrado analise a viabilidade de recebimento da peça acusatória. O processo-crime constitui natural constrangimento ao réu, podendo redundar em providências constritivas de toda ordem (prisão cautelar, busca e apreensão, invasão domiciliar, quebra de sigilo fiscal, bancário e até telefônico etc.), razão pela qual não se deve instaurá-lo levianamente.

Nos processos do júri, que lidam basicamente com os crimes dolosos contra a vida, logo, violentos, a regra é a formação do inquérito policial, como coletor de provas pré-constituídas, para instruir a denúncia ou queixa.

O inquérito policial é um procedimento administrativo preparatório da ação penal, conduzido pela polícia judiciária, tendo por finalidade formar a convicção do órgão acusatório, no sentido de oferecer ou não a denúncia ou queixa. Na realidade, o inquérito deveria ser uma *garantia* ao acusado de que não será processado sem haver elementos mínimos para tanto, devidamente demonstrados pelas provas coletadas.

Atualmente, entretanto, sofreu abalo na sua finalidade precípua. Tornou-se um instrumento que, apesar de formar um conjunto probatório pré-processual, sustentáculo da denúncia ou da queixa, também tem oferecido ao órgão acusatório, principalmente, elementos produzidos fora do contexto das garantias da ampla defesa e do contraditório, a serem utilizados em juízo. Este tem sido o seu desvio de finalidade.

Não se pode olvidar que determinadas provas, como algumas periciais, precisam ser feitas com urgência e não há condições de se aguardar o ajuizamento da ação penal, como, por exemplo, a realização do laudo de exame de corpo de delito (exame necroscópico). O cadáver precisa ser logo analisado e liberado para sepultamento.

Por esse motivo, raramente qualquer das partes (acusação ou defesa) acompanha a realização desse tipo de exame, mas pode se fazer representar por assistentes técnicos.

Em suma, perícias em geral, realizadas na fase do inquérito policial, servem de provas pré-constituídas, mesmo sem o crivo do contraditório e da ampla defesa, pela urgência com que devem ser realizadas. Podem, no entanto, ser questionadas em juízo. Lembremos, inclusive, que o perito oficial pode ser arrolado como testemunha para explicar em juízo, e em plenário do Tribunal do Júri, o conteúdo do seu laudo.

Quanto às testemunhas, muitas são ouvidas na fase do inquérito policial. O critério de escolha de quem será inquirido é do delegado, presidente do inquérito. Porém, não deve haver arbitrariedade nem perseguição. Se o órgão do Ministério Público pode requisitar (exigir legalmente) que alguma testemunha seja ouvida, é possível à defesa efetuar requerimento ao delegado no mesmo sentido (art. 14, CPP). Se tiver seu pleito indeferido, dirige-se ao magistrado. Se este também o indeferir, cabe a interposição de *habeas corpus*. Mais uma vez, insistimos, não significa tornar o inquérito um procedimento contraditório, mas contrabalançar a *força* das partes no contexto pré-processual. Imaginemos a existência de uma testemunha fundamental à defesa, que pode demonstrar, claramente, não ter sido o indiciado o autor do homicídio. É preciso que seja ouvida, ainda que apontada pela defesa. Esse depoimento pode livrar o suspeito do processo-crime, logo, seria constrangimento ilegal desprezar tal indicação somente porque feita pela defesa.

Outras testemunhas, que deverão servir de prova secundária (circunstâncias ou fatos pessoais em relação ao indiciado), não precisam ser ouvidas no inquérito. Cabe à fase da formação da culpa a sua inquirição.

No Tribunal do Júri, como já tivemos a oportunidade de salientar em outros tópicos, os jurados avaliam tanto o fato como quem o cometeu. Posteriormente, o juiz presidente, em caso de condenação, deve fixar a pena, levando em consideração inúmeras circunstâncias de ordem pessoal (art. 59, CP). Como poderá avaliar a personalidade ou a conduta social do réu se inexistirem provas nesse sentido? Por isso, parece-nos deva haver uma mudança de mentalidade por parte do órgão acusatório, apresentando, desde a fase do inquérito, testemunhas que conheçam o indiciado e possam narrar quem ele realmente é e como age socialmente. Deveriam ser ouvidas, também, testemunhas que tivessem conhecido a vítima e pudessem atestar qual era o seu comportamento (um dos elementos do art. 59 do Código Penal).

É momento de se alterar a concepção arraigada há décadas de somente se ouvir o testemunho de quem sabe algo relacionado, direta ou indiretamente, à imputação criminal. Nenhuma preocupação há com a futura fixação da pena, ao menos por parte da maioria dos representantes do Ministério Público.

A defesa ainda tem o costume de arrolar as tradicionais "testemunhas de antecedentes", que, na verdade, deveriam chamar-se *testemunhas de conduta social*, pois os antecedentes criminais são evidenciados por prova documental (a folha de antecedentes).

Se o membro do Ministério Público não conhece as pessoas certas para narrar aspectos da vida do indiciado, pode valer-se da investigação policial. Do mesmo modo que os detetives chegam ao autor de um homicídio, podem, evidentemente, apurar quem o conhece e quem sabe, ainda, como agia a vítima.

Sobre a reconstituição do crime (art. 7.º, CPP), pensamos ser mecanismo de participação facultativa, pelo prisma do indiciado. Não está ele obrigado a participar da diligência. Ninguém é obrigado a produzir prova contra si mesmo. A simulação do crime fornecerá, especialmente aos jurados, fotos e ilustrações de como se deu a execução da infração penal.

Conforme o caso – exemplo: se ele nega a autoria –, não tem sentido algum participar da reconstituição de algo que, em tese, não praticou. Caso tenha admitido o cometimento do homicídio, mas invocada, desde logo, a situação de legítima defesa, pode ser interessante a reconstituição ao próprio indiciado.

Não se faz, por óbvio, qualquer tipo de reconstituição atentatória à moralidade ou à ordem pública. Exemplos: reconstituição de um estupro (moralidade) ou de um massacre, envolvendo inúmeras pessoas (ordem pública).

Quanto aos prazos para o inquérito policial ser concluído, lembramos, em síntese, que, nos casos de réus soltos, o prazo, como regra, é de 30 dias, mas se admite prorrogação, concedida pelo juiz, ouvido o representante do Ministério Público, até quando se afigure necessário. Tratando-se de imputado preso em flagrante, por exemplo, há o prazo de 10 dias para a conclusão.

Não é demais ressaltar, também, que o Tribunal do Júri julga, em grande parte, homicídios qualificados, considerados delitos hediondos. Por isso, é viável a decretação de prisão temporária por até 30 dias, prorrogáveis, se absolutamente indispensável, por outro período de até 30 dias (art. 2.º, § 4.º, Lei 8.072/1990).

Sustentamos a posição de que, tendo sido decretada a prisão temporária, não tem cabimento, ao final dos 30 ou 60 dias, deferir-se a prisão preventiva e conceder à autoridade policial mais 10 dias para investigar. Ora, a prisão temporária foi criada justamente para facilitar o trabalho policial. Logo, se, em 30 ou 60 dias, não conseguiu findar a investigação, o caminho indicado é a soltura do indiciado. Porém, se, terminada a temporária, o órgão acusatório oferecer denúncia ou queixa e requerer a prisão preventiva, recebendo, o juiz, a peça inicial, pode, naturalmente, haver o deferimento dessa outra modalidade de prisão cautelar, que irá acompanhar a fase instrutória.

O indiciamento é o momento em que o Estado-investigação aponta, oficialmente, determinada pessoa como suspeita do cometimento do crime. É preciso, para tanto, um mínimo de provas consistentes a embasar a materialidade e a autoria. Por isso, anota-se o indiciamento, formalmente, na folha de antecedentes do indiciado. Não mais se apaga esse dado registrado, salvo por ordem judicial (impetração de *habeas corpus*, por exemplo), em casos de indiciamento completamente sem fundamento.

Faz-se, normalmente, o indiciamento no instante do interrogatório, quando também se dão a qualificação e o levantamento dos dados da vida pregressa do suspeito. Lembremos que há o direito ao silêncio. Embora do indiciamento o autor do delito não escape, pode optar por nada dizer à autoridade policial. Se desejar expressar-se, faz-se o interrogatório nos moldes dos arts. 185 a 196 do Código de Processo Penal, respeitadas, obviamente, as peculiaridades do inquérito, que é procedimento inquisitivo. Por isso, a presença do advogado é facultativa e ele não poderá intervir. O disposto no art. 188 do CPP é voltado para a fase judicial.

A tendência geral é a utilização do direito ao silêncio na fase policial, exceto no momento da prisão em flagrante, ainda assim quando se trata de indiciado *estreante*. Este acaba falando o que fez, até confessando, por absoluta ignorância de suas garantias. Embora a Constituição Federal preveja o direito à presença do advogado nesse ato, é raro isso ocorrer, afinal, o próprio preso pode dizer à autoridade policial que não tem a quem recorrer.

O criminoso habitual ou o profissional, por outro lado, já sabe que não há vantagem alguma em prestar declarações ao delegado, mormente se não foi previamente instruído por seu advogado.

Além do inquérito policial, é natural poderem existir outros instrumentos de investigação. Porém, no contexto dos crimes pertinentes ao Tribunal do Júri (delitos dolosos contra a vida), tal situação é muito rara. Ilustrando, uma Comissão Parlamentar de Inquérito (CPI) pode até, investigando o crime organizado em determinado contexto, descobrir a prática de um homicídio. Porém, nesse caso, o mais indicado é remeter as peças à polícia judiciária, muito mais apta a conduzir investigações dessa natureza.

Nada impede, entretanto, que a própria CPI colha os dados necessários, inclusive requisitando a realização de exame de corpo de delito, para, depois, remeter as peças diretamente ao Ministério Público.

Quanto às investigações criminais conduzidas direta e pessoalmente por órgão do Ministério Público, o STF autorizou-as, desde que em caráter excepcional e respeitados os direitos individuais do investigado.

Cuidando o júri dos crimes dolosos contra a vida, sabe-se que a prova testemunhal goza de uma força muito grande no contexto geral do processo. Não há, ainda, no Brasil, um aparato pericial suficiente para suprir a falta de testemunha. Ilustrando, para se conseguir realizar um exame de DNA, que, em outros países, é parte do cotidiano policial, somente em casos considerados de repercussão nacional, portanto, *famosos*. No dia a dia, o que se vê nos processos em trâmite nas Varas privativas do Júri é a prova formada, basicamente, por testemunhas.

Por isso, parece-nos fundamental que a autoridade policial, sempre que possível, providencie o reconhecimento de pessoas ou coisas, exatamente nos termos previstos nos arts. 226 a 228 do Código de Processo Penal. Se a prova for realizada formalmente, conforme demanda a lei, frutos positivos serão gerados em juízo.

O mesmo se diga em relação à realização de busca e apreensão e de escutas telefônicas. Deve-se seguir fielmente a lei. Ressaltemos que as provas serão exibidas, ao final, aos jurados, pessoas leigas, mas, muitas delas, instruídas e cultas. Por isso, um bom defensor pode evidenciar ao Conselho de Sentença a inexatidão da prova, apontando alguma falha, por descumprimento do previsto em lei, conseguindo afastá-la da apreciação do juiz leigo.

3.2.2 *Ação penal*

O direito de ação é um dos direitos humanos fundamentais, conforme dispõe o art. 5.º, XXXV, da Constituição Federal: "a lei não excluirá da apreciação do Poder Judiciário lesão ou ameaça a direito". Em seguimento, preceitua o inciso LIX, do mesmo artigo constitucional, que "será admitida ação privada nos crimes de ação pública, se esta não for intentada no prazo legal". Em suma, a meta a preservar é a garantia de que nenhuma lesão será excluída da apreciação do Poder Judiciário.

Lembremos, ainda, caber ao Estado o monopólio de distribuição de justiça e o direito de punir, vedadas, como regra, a autodefesa e a autocomposição.

A possibilidade de ingressar em juízo, pleiteando uma prestação jurisdicional, para a aplicação da lei penal ao caso concreto, por parte do Estado-acusação ou da parte ofendida, constitui a essência do direito de ação na órbita criminal.

Na ótica de Rogério Lauria Tucci, ação é a "atuação correspondente ao exercício de um direito abstrato (em linha de princípio, até porque, com ela, se concretiza), autônomo, público, genérico e subjetivo, qual seja o *direito à jurisdição*" (*Teoria do direito processual penal*, p. 79). Não há possibilidade de haver punição, na órbita penal, sem o devido processo legal, isto é, sem que seja garantido o exercício do direito de ação, com sua consequência natural, que é o direito ao contraditório e à ampla defesa.

Não foge à regra, portanto, o procedimento especial previsto para o Tribunal do Júri, dividido por fases. O direito de ação, propriamente dito, exerce-se no juízo de formação da culpa, no juízo de preparação do plenário e no juízo de mérito, que serão estudados em capítulos destacados.

Sob a ótica da legitimação ativa, a ação penal divide-se em *pública* (o autor é o Ministério Público) e *privada* (o autor é o ofendido, seu representante legal ou sucessor). A ação penal pública subdivide-se em *pública incondicionada* (o Ministério Público age independentemente de qualquer autorização ou condição) e *pública condicionada* (o Ministério Público depende da representação da vítima ou de requisição do Ministro da Justiça).

No contexto do júri, a grande maioria das ações insere-se no campo das ações públicas incondicionadas, afinal, a competência constitucional essencial da instituição volta-se aos crimes dolosos contra a vida (homicídio; induzimento, instigação ou auxílio ao suicídio ou à automutilação; infanticídio e aborto). Entretanto, não se pode descartar a existência de ações públicas condicionadas e de ações privadas.

Quanto às ações públicas condicionadas, deve-se ressaltar a possibilidade de ingresso quando houver crime conexo. O Ministério Público está legitimado a ajuizar ação penal contra o autor do homicídio, porém, para fazê-lo contra o agente do outro delito, necessita de representação da vítima.

No tocante às ações privadas, há duas possibilidades. Pode-se aplicar, igualmente, a conexão. Exemplo disso seria a apuração concomitante de uma tentativa de homicídio e de uma injúria, infrações cometidas no mesmo cenário. Haveria ação pública incondicionada quanto à tentativa de homicídio, mas ação privada no que se refere à injúria.

Uma alternativa se daria em caso de ação privada subsidiária da pública (art. 29, CPP). Se o Ministério Público não ingressar com a ação penal pública no prazo legal (como regra, cinco dias para indiciado preso; quinze dias para solto, conforme art. 46, CPP), pode o ofendido fazê-lo.

3.2.3 *Procedimento*

É a primeira fase, em juízo. Oferecida a denúncia ou queixa, acompanhada do inquérito policial, como regra, o juiz pode rejeitá-la liminarmente se não houver *justa causa* para a ação penal.

Entretanto, havendo provas suficientes da materialidade do crime e indícios suficientes de autoria, deve receber a peça acusatória, ordenando a citação do réu para responder à acusação, por escrito, no prazo de dez dias. Havendo citação por edital, computam-se os dez dias para o oferecimento da resposta escrita da data do comparecimento pessoal do acusado ou de seu defensor constituído.

No mais, se a citação por edital não for frutífera, obedece-se ao disposto no art. 366 do CPP, ou seja, o processo será suspenso, até que se localize o réu.

Na denúncia ou queixa, cabe à parte interessada arrolar até oito testemunhas, que serão ouvidas na fase de formação da culpa.

Na resposta do réu, que pode continuar a ser designada por *defesa prévia*, cabe-lhe, igualmente, arrolar até oito testemunhas, com apresentação da qualificação e pedido para intimação. Além disso, o acusado poderá arguir preliminares, alegando qualquer matéria interessante à sua defesa (vícios do processo, provas indispensáveis a produzir, inclusive pericial, causa de extinção da punibilidade etc.), oferecer documentos e justificações (art. 406, §§ 2.º e 3.º, CPP). O termo *justificações* deve ser entendido como eventuais alegações do réu, demonstrativas de ter agido sob a égide de alguma excludente de ilicitude, as denominadas *justificativas*. Não se pode compreender seja o mesmo que o procedimento incidental *justificação*, vez que este se destina à produção de provas importantes em fase que não mais admite essa situação. Logicamente, a fase que se inaugura, após o recebimento da peça acusatória e da defesa prévia tem por finalidade justamente a colheita de provas. A ausência de requerimento acerca da produção de provas pode gerar a perda do direito em decorrência da preclusão.

Poderá ofertar as exceções previstas em lei (arts. 95 a 112 do CPP).

Se a defesa prévia não for apresentada, em função do princípio da plenitude de defesa, o magistrado determinará que o defensor dativo, a ser por ele nomeado, o faça, ou abrirá vista à Defensoria Pública, que cuidará, então, do patrocínio da defesa do acusado. Preceitua o art. 408 do CPP que será aberta vista dos autos, para que, em dez dias, haja oferecimento da defesa prévia. O importante, no cenário da defesa prévia, é abrir a oportunidade para o defensor se manifestar e que ele o faça, mesmo que não adiante tese alguma, por uma questão de estratégia. Pode reservar o seu direito de expor, ao final, o conteúdo defensivo.

Fixa-se o número máximo de testemunhas em oito, para a acusação e para a defesa, porém sempre é viável que qualquer das partes pretenda ouvir mais pessoas, porque se trata de um crime complexo, com muitos acusados e várias vítimas, por exemplo, sendo viável que o magistrado defira a oitiva das excedentes. Pode-se argumentar com o princípio da busca da verdade real, para a acusação, bem como com o princípio da ampla defesa (e, também, da plenitude de defesa), para a defesa. Ademais, há dispositivo legal a autorizar essa possibilidade: CPP: "art. 209. O juiz, quando julgar necessário, poderá ouvir outras testemunhas, além das indicadas pelas partes". É preciso *fundamentar* a necessidade de inquirição de um número de testemunhas superior a oito para cada parte. Sem isso, o juiz pode indeferir e não constituir nenhum tipo de cerceamento ilegal.

Superior Tribunal de Justiça

- "Segundo entendimento do Superior Tribunal de Justiça, nos processos de competência do Tribunal do Júri, a não apresentação de alguma peça processual, tal como defesa prévia, alegações finais ou contrariedade ao libelo, por si só, não acarreta nulidade, pois a Defesa pode optar por reservar sua tese para o julgamento em plenário" (HC 88919/SP, 6.ª T., rel. Maria Thereza de Assis Moura, j. 18.08.2010, v.u.).

Tribunal de Justiça de Santa Catarina

- "Rol de testemunhas apresentados em número muito superior ao disposto no limite previsto no art. 406, § 3.º, do CPP. Imprescindibilidade dos testigos não demonstrada. Justificativas insuficientes. Peritos arrolados inicialmente que poderiam esclarecer eventuais dúvidas da defesa por intermédio de quesitos, o que, inclusive, restou oportunizado aos recorrentes. Decisão escorreita. Outrossim, insurgente que, a despeito de haver sido intimado para tanto, deixa transcorrer *in albis* o prazo para readequação do rol apresentado, não havendo possibilidade para, apenas em grau recursal, alegar nulidade" (RESE 0006909-16.2019.8.24.0045, 1.ª Câmara Criminal, rel. Ana Lia Moura Lisboa Carneiro, 11.02.2021, v.u.).

Outro ponto diz respeito a arrolar – ou não – testemunhas de defesa. Depende, mais uma vez, da estratégia adotada pelo defensor. O juiz deve zelar pela plenitude de defesa, mas precisa respeitar o estratagema programado pelo advogado ou defensor público. Entretanto, é preciso respeitar o prazo estabelecido em lei, sob pena de preclusão.

Supremo Tribunal Federal

- "A desistência da oitiva de testemunhas arroladas pela própria defesa, que inclusive poderiam vir a ser inquiridas em plenário caso algo de relevante tivessem a dizer, e o não oferecimento das alegações finais em procedimento da competência do Tribunal do Júri constituem adequada tática da acusação e da defesa de deixarem os argumentos de que dispõem para apresentação no plenário, ocasião em que poderão surtir melhor efeito, por não serem previamente conhecidos pela parte adversária. Precedentes (HC 74.631/SP, 2.ª T., rel. Min. Maurício Corrêa, *DJ* 20.06.1997; HC 92.207/AC, 1.ª T., rel. Min. Cármen Lúcia, *DJe* 26.10.2007)" (HC 103569/CE, 1.ª T., rel. Dias Toffoli, j. 24.08.2010, v.u.).

Superior Tribunal de Justiça

- "1. O prazo para a defesa apresentar rol de testemunhas está estabelecido legalmente no art. 406, § 3.º, do CPP, sob pena de preclusão, não havendo direito subjetivo da defesa em oferecê-lo posteriormente, ainda que os acusados aleguem que o primeiro contato pessoal com a defesa técnica somente aconteceu posteriormente" (AgRg no REsp 1596239/SC, 5.ª T., rel. Ribeiro Dantas, 23.02.2021, v.u.).

Tribunal de Justiça de Minas Gerais

- "No procedimento relativo aos processos de competência do Tribunal do Júri, o momento oportuno para apresentação do rol de testemunhas é a defesa prévia do acusado, a ser apresentada no prazo de 10 (dez) dias após a citação. Inteligência do art. 406, § 3.º, do Código de Processo Penal. Apresentada a defesa prévia fora do prazo assinalado, forçoso o reconhecimento da preclusão temporal na apresentação do rol de testemunhas, não havendo que se falar em erro de procedimento, pois que decorre da aplicação de norma processual. Ausente previsão legal de aditamento do rol de testemunhas, apresentado fora do prazo assinalado, também não há que se falar em erro de procedimento no reconhecimento da preclusão consumativa" (Correição Parcial 1.0000.19.096813-1/000, Conselho da Magistratura, rel. Estevão Lucchesi, 03.02.2020, v.u.).

Apresentada a defesa, ouve-se o órgão acusatório, em cinco dias, se houver preliminares ou documentos novos, em seguimento ao princípio do contraditório.

Tribunal de Justiça de Santa Catarina

- "Nulidade da manifestação do ministério público após a resposta à acusação – observância ao art. 409 do CPP, à luz da máxima do contraditório – ausência, ademais, de qualquer prejuízo à parte - mácula inexistente" (RESE 0000306-69.2019.8.24.0030, 2.ª Câmara Criminal, rel. Salete Silva Sommariva, 25.06.2019, v.u.).

Estabelece o art. 410 do CPP dever o juiz determinar a inquirição das testemunhas e a realização das diligências requeridas pelas partes no prazo máximo de dez dias. Há duas possíveis interpretações para esse prazo: a) em dez dias, todas as testemunhas devem ter sido ouvidas e todas as diligências, realizadas; b) em dez dias, analisando todos os requerimentos formulados pelas partes, determina a realização das diligências cabíveis e designa a audiência de instrução. A segunda alternativa é a mais lógica, pois seria quase impossível, à maioria das Varas do Júri, sobrecarregadas de processos, findar toda a instrução em meros dez dias. Por isso, o juiz terá o decêndio para analisar os requerimentos e proferir sua decisão.

Sobre o especial modo de inquirição de vítima e testemunha, constante do art. 400-A do CPP, consultar o item 4.5.3.1.3 do Capítulo 4.

Ademais, o art. 412 do CPP prevê o prazo de noventa dias para terminar o procedimento instrutório da formação da culpa. Fixemos, ainda, que todos esses prazos, estabelecidos para a produção de provas e término da instrução são impróprios, ou seja, se não forem cumpridos no tempo previsto em lei inexiste sanção específica para o juiz ou para qualquer parte. No entanto, caso o réu esteja preso cautelarmente, deve-se avaliar o prazo de duração da instrução com o devido cuidado para não ferir a razoabilidade e a proporcionalidade, princípios reitores da extensão da prisão antes da formação definitiva da culpa.

Tribunal de Justiça de Minas Gerais

- "Tratando-se de feito de alta complexidade, conjugado com a gravidade do crime e multiplicidade de réus, o prazo para apuração da culpa deve ser adequado ao princípio da razoabilidade e não caracteriza constrangimento ilegal o transpasse do prazo previsto no art. 412 do CPP. Havendo a devida fundamentação da prisão preventiva frente o risco à ordem pública pela liberdade da paciente, resta irretocável o decreto prisional" (HC 1.0000.21.046549-8/000, 6.ª C., rel. Bruno Terra Dias, 01.06.2021, v.u.).

Prevê-se a realização, ao menos em tese, de uma única audiência de instrução (art. 411, § 2.º, CPP), podendo o juiz indeferir as provas consideradas irrelevantes, impertinentes ou protelatórias.

Superior Tribunal de Justiça

- "5. O fato de a lei facultar às partes a apresentação de um número determinado de testemunhas não significa que todas aquelas que venham a ser arroladas serão, obrigatoriamente, ouvidas no deslinde da instrução. O cotejo das provas relevantes à elucidação da verdade real inclui-se na esfera de discricionariedade mitigada do juiz do processo, o qual, vislumbrando a existência de diligências *lato sensu* protelatórias, desnecessárias ou impertinentes aos autos, poderá indeferi-las mediante decisão fundamentada. Exegese do art. 411, § 2.º, do Código de Processo Penal" (HC 507.207/DF, 6.ª T., rel. Laurita Vaz, 19.05.2020, v.u.).

Além do empenho das partes envolvidas no processo, deve-se contar com boa dose de sorte, para que todas as pessoas, a serem ouvidas na audiência única, sejam encontradas e intimadas e ninguém falte. Há uma ordem legal expressa para a inquirição: ofendido, testemunhas de acusação e testemunhas de defesa, esclarecimento de peritos, acareações, reconhecimento de pessoas ou coisas e interrogatório do réu, finalizando-se com o debate das partes (art. 411, *caput*, CPP). Ora, se uma testemunha de acusação faltar e não for possível determinar-se, de imediato, a sua condução coercitiva – o que é comum em Comarcas grandes – o que se fará? A inversão da ordem de inquirição dependeria de expressa concordância da defesa. Por outro lado, estabelecendo-se que o interrogatório será realizado ao final, não se poderia ouvir o réu antes da testemunha faltante. Em suma, a audiência será adiada e nova data, designada. Já não haveria, então, uma única audiência.

Porém, há outro aspecto negativo a considerar. O juiz pode precisar reservar um dia inteiro de sua pauta para ouvir tantas pessoas de uma só vez, o que não é raro de acontecer em processos em trâmite na Vara do Júri, lidando com homicídios. Logo, se alguma testemunha faltar, impedindo a continuidade dos trabalhos, terá sido perdido o dia no tocante à pauta da Vara. Outra data, no futuro, será designada, mas muitas audiências se acumularão e os prazos ficarão ainda mais extensos.

A ideia da concentração das provas numa única audiência é salutar, em homenagem à celeridade processual, mas irreal para muitas sobrecarregadas pautas das Varas do Júri e das Comarcas em geral. Se tudo der absolutamente certo, o processo terá sua instrução concretizada em um único dia. Não sendo o caso, o prolongamento vai, com certeza, perturbar as futuras audiências, afinal, as pautas deverão passar a considerar a possibilidade de realização de somente uma audiência por dia, em razão do número de pessoas a ouvir de uma só vez.

De nada adianta a lei determinar o impossível: "as provas *serão* produzidas em uma só audiência" (art. 411, § 2.º, CPP), pois a busca da verdade real, a plenitude de defesa, o contraditório e, em suma, o devido processo legal precisam efetivar-se. Se não se puder colher todas as imprescindíveis provas num único ato, pouco interessa o que preceitua a lei ordinária, uma vez que os princípios constitucionais estão acima disso. Em outras palavras, a instrução deverá contar com tantas audiências quantas forem necessárias para colher todas as provas requeridas pelas partes, observando-se o critério e a sucessão legal na sua produção. Aliás, há a previsão de que o desdobramento da audiência possa ocorrer, desde que respeitada a ordem de inquirição estabelecida (art. 411, §§ 7.º e 8.º, CPP).

No mesmo sentido, concordando com a possibilidade de desdobramento da audiência de instrução: Edilson M. Bonfim e Domingos Parra Neto (*O novo procedimento do júri*, p. 16).

É preciso lembrar que o interrogatório do acusado se faz ao final, assegurando-se a ampla defesa, como consta expressamente da lei.

Tribunal de Justiça de São Paulo

- "A fórmula que determina a realização do interrogatório após a instrução foi ignorada, com o que relevantes prejuízos se abatem sobre o recorrente (CPP, art. 564, *caput*). Trata-se de norma expressa, cuja não observância acarretou supressão da possibilidade de autodefesa pelo recorrente, mediante interrogatório. É evidente que ao desrespeitar o rito previsto no art. 411 do CPP, operou-se verdadeira afronta ao devido processo legal (art. 5.º, LV, CF/88), corolário do processo penal democrático. A nulidade aqui apontada é absoluta e macula hoje, amanhã e por todo o sempre o procedimento originário" (Agravo Interno 0020542-84.2004.8.26.0362, C. Esp., rel. Guilherme G. Strenger, 03.03.2020, v.u.).

Bem inserida no art. 411, *caput*, do CPP, foi a obrigatoriedade de oitiva da vítima, o que sempre consideramos ser essencial, nos termos do art. 201 do CPP. A expressão *se possível* diz respeito à inviabilidade real de se ouvi-la (morte, por ex.). Afinal, quando existente e localizada, a pessoa ofendida muito contribui para a formação do quadro geral das provas. Deve ser ouvida, mesmo que as partes não a arrolem na denúncia ou queixa ou na defesa prévia, ficando a cargo do juiz a sua intimação.

Deve-se lembrar o disposto no art. 222 do CPP, em relação à possibilidade de expedição de carta precatória para ouvir as testemunhas de acusação ou defesa. Cabe ao juiz fixar um prazo para o cumprimento da referida precatória; ultrapassado o período estabelecido, o feito pode ser julgado, mesmo que não tenha havido o retorno. Em hipóteses excepcionais, cuidando-se de testemunha fundamental para o deslinde da causa, vale aguardar a devolução da carta, cobrando-se do juízo deprecado. Justifica-se a situação em homenagem ao princípio da verdade real ou mesmo da ampla defesa, dependendo do caso concreto.

Superior Tribunal de Justiça

- "Inexiste ilegalidade no interrogatório do acusado antes da juntada da carta precatória de oitiva de testemunha da defesa, uma vez que, conforme o disposto no art. 222, §§ 1.º e 2.º, do CPP, a expedição de carta precatória não tem o condão de suspender o trâmite da ação penal. Acórdão recorrido em conformidade com a jurisprudência desta corte" (AgRg no AREsp 986.833/PE, 6.ª T., rel. Maria Thereza de Assis Moura, 20.04.2017, v.u.).

Quanto ao emprego de algemas, a lei ressalva a situação no cenário do plenário: "não se permitirá o uso de algemas no acusado durante o período em que permanecer no plenário do júri, salvo se absolutamente necessário à ordem dos trabalhos, à segurança das testemunhas ou à garantia da integridade física dos presentes" (art. 474, § 3.º, CPP). Porém, a mesma cautela deve ser utilizada nas audiências de instrução.

Superior Tribunal de Justiça

- "5. Em relação ao uso de algemas durante a audiência, é consabido que pode ser determinado pelo magistrado quando presentes concretos riscos à segurança do acusado ou das pessoas presentes ao ato. 6. No caso, apesar de inexistir menção ao referente uso na Ata de Assentada/Deliberação, tampouco arguição de nulidade quando da audiência pela defesa, o Tribunal estadual, no acórdão, apresentou fundamentos pertinentes – periculosidade do paciente, bem como o *modus operandi* empreendido na prática delitiva – para afastar a dita ilegalidade" (HC 148640/SP, 6.ª T., rel. Sebastião Reis Júnior, 28.08.2012, v.u.).

Dispõe o art. 405, § 1.º, do Código de Processo Penal, o seguinte: "sempre que possível, o registro dos depoimentos do investigado, indiciado, ofendido e testemunhas será feito pelos meios ou recursos de gravação magnética, estenotipia, digital ou técnica similar, inclusive audiovisual, destinada a obter maior fidelidade das informações". E, no § 2.º: "no caso de registro por meio audiovisual, será encaminhado às partes cópia do registro original, sem necessidade de transcrição".

A regra é o registro das ocorrências da audiência de instrução por meio de gravação, particularmente a audiovisual. Não se trata, exclusivamente, de conferir celeridade ao feito, mas também de garantir, como a própria lei menciona, a maior fidelidade possível na colheita das provas orais.

Tal procedimento opera-se, igualmente, no cenário das duas fases do júri. Qualquer consulta das partes aos registros das gravações deve ser normalmente realizado: a) no preparo das partes para o julgamento, cada uma revê o CD/DVD (ou mídia similar) onde constam os depoimentos e anota os trechos principais; b) as partes podem mencionar o conteúdo de tais peças livremente; se alguma delas discordar do alegado, pode-se conferir de imediato; c) o plenário do Júri é o lugar adequado para a colheita da prova diante dos jurados; portanto, é preciso cessar o costume antiquado de basear todo o argumento de acusação ou defesa em provas coletadas anteriormente, na instrução destinada apenas à formação da culpa.

Encerrada a instrução, prevê-se a possibilidade de cumprimento do disposto no art. 384 do CPP (cf. art. 411, § 3.º, CPP). Diga-se o mesmo no tocante a seguir o previsto pelo art. 383, *caput*, do mesmo Código (cf. art. 418, CPP).

Terminada a instrução, as partes devem fazer as suas alegações finais oralmente. A acusação e a defesa têm vinte minutos, cada uma, prorrogáveis por mais dez. Se houver mais de um réu, cada um tem o seu tempo individualmente considerado (vinte minutos, com prorrogação de dez).

Existindo assistente de acusação, terá ele dez minutos para se manifestar. Após, a defesa terá mais dez minutos.

Este é o momento processual adequado para alegar toda falha processual existente até então, para que seja apreciada pelo magistrado, sob pena de preclusão, cuidando-se de nulidade relativa.

Supremo Tribunal Federal

- "À defesa incumbe alegar a suposta nulidade na primeira oportunidade de falar nos autos ou, conforme expressamente determinado no art. 571, I, do Código de Processo Penal, nos prazos a que se referem o art. 406 do mesmo Códex, sob pena de preclusão" (HC 174.888 ED, 2.ª T., rel. Ricardo Lewandowski, 25.10.2019, v.u.).

O importante a considerar nesse dispositivo é, realmente, implementar o princípio da oralidade no procedimento e não se fazer tábula rasa da modificação do texto legal. Portanto, as partes não devem *ditar* suas alegações finais ao serventuário da justiça que estiver encarregado de elaborar o termo da audiência, reduzindo-as por escrito. Devem dirigir-se ao magistrado e, efetivamente, tecer considerações em alto e bom som a respeito da sua versão quanto às provas colhidas.

Reduz-se a termo somente a síntese do que foi pleiteado pelas partes. Outra possibilidade é a gravação. Se esta se fizer, nada impede que os pronunciamentos sejam registrados, pois toda a audiência está sendo captada em fita ou CD magnético. Do contrário, se ainda houver a datilografia (ou estenotipia), como método de inserção dos depoimentos no papel, não há sentido para que as alegações *orais* sigam esse procedimento.

Se, porventura, em processo complexo, o juiz deferir a produção de alegações finais por escrito, devem as partes apresentá-las, em especial o acusado, em função da ampla defesa. Entretanto, há estratégia defensiva que, para não cientificar a acusação a respeito da tese a ser levantada em plenário, prefere abster-se de apresentar as alegações finais, dizendo que se reserva no direito de oferecê-las perante o Conselho de Sentença. Conforme o caso concreto, não demonstrada nenhuma negligência, deve o juiz aceitar a omissão de tais alegações.

Supremo Tribunal Federal

- "Esta Suprema Corte, inclusive, já assentou que, até mesmo o não oferecimento das alegações finais em procedimento da competência do Tribunal do Júri constitui adequada tática da acusação e da defesa de deixarem os argumentos de que dispõem para a apresentação em plenário, ocasião em que poderão surtir melhor efeito, por não serem previamente conhecidos pela parte adversária. Precedentes (HC 74.631/SP, 2.ª T., da relatoria do Ministro Maurício Corrêa, DJ de 20.06.1997; HC 92.207/AC, 1.ª T., Relatora a Ministra Cármen Lúcia, *DJe* de 26.10.2007)" (HC 108951 – RJ, 1.ª T., rel. Dias Toffoli, 08.05.2012, v.u.).

Superior Tribunal de Justiça

- "Consoante reiterado entendimento jurisprudencial do STJ, nos processos da competência do Júri Popular, até mesmo o não oferecimento de alegações finais na fase acusatória (*iudicium accusationis*) não é causa de nulidade do processo, pois o juízo de pronúncia é provisório, não havendo antecipação do mérito da ação penal, mas mero juízo de admissibilidade positivo ou negativo da acusação formulada, para que o Réu seja submetido, ou não, a julgamento perante o Tribunal do Júri, juízo natural da causa" (HC 238.315/DF, 5.ª T., rel. Laurita Vaz, 25.06.2013, v.u.).

No procedimento ordinário, adotou-se o princípio da identidade física do juiz ("o juiz que presidiu a instrução deverá proferir a sentença", art. 399, § 2.º, CPP). Em nossa visão, considerando-se ser especial o procedimento do júri, não se aplica ao caso o mesmo dispositivo, logo, não se adota a identidade física. Por outro lado, após a fase de formação da culpa, não há sentença, mas mera decisão interlocutória de admissibilidade da acusação (pronúncia). Excepcionalmente, pode haver sentença de mérito, absolvendo sumariamente o acusado. Diante disso, inexistindo *sentença condenatória*, não vemos necessidade de se acolher a identidade física do julgador.

Entretanto, para quem admita o referido princípio igualmente voltado ao procedimento do júri, deve-se lembrar do preceituado pelo antigo art. 132 do CPC/1973, vale dizer, o juiz pode ser alterado se houver convocação, licença, afastamento, promoção ou aposentadoria, passando os autos ao seu sucessor. Aplicava-se por analogia ao processo penal, de modo a tornar relativa a identidade física do magistrado. Com a revogação do referido art. 132 pelo CPC (Lei 13.105/2015), continua a jurisprudência, na esfera criminal, considerando exatamente o mesmo critério.

Quanto às possibilidades de finalização da fase de formação da culpa, há, basicamente, quatro hipóteses: a) pronúncia (considera-se admissível a acusação e o processo segue para a segunda fase); b) impronúncia (extingue-se o processo, sem julgamento de mérito); c) desclassificação (remete-se o processo a outro juízo, diante do reconhecimento da incompetência do Tribunal do Júri para o caso); d) absolvição sumária (encerra-se o processo, com julgamento de mérito, absolvendo-se o acusado). Cada uma delas será analisada em tópicos específicos.

3.2.4 Decisão judicial de finalização

3.2.4.1 Pronúncia

3.2.4.1.1 Conceito

É a decisão interlocutória mista, que julga admissível a acusação, remetendo o caso à apreciação do Tribunal do Júri. Trata-se de decisão de natureza mista, pois encerra a fase de formação da culpa, inaugurando a fase de preparação do plenário, que levará ao julgamento de mérito. Embora se trate de *decisão* interlocutória, a pronúncia mantém a estrutura de uma sentença, ou seja, deve conter o relatório, a fundamentação e o dispositivo.

3.2.4.1.2 Conteúdo e o aforismo *in dubio pro societate*

Como já mencionamos no item anterior, a *forma* da pronúncia obedece à estrutura da sentença comum. Deve conter o relatório (exposição do que ocorreu no processo, a partir da denúncia até o aventado pelas partes nas alegações finais), a fundamentação (razões pelas quais o magistrado entende viável remeter o caso à apreciação do Tribunal do Júri) e o dispositivo (declaração do artigo – ou dos artigos – no qual se encontra incurso o acusado).

A finalidade da existência de uma fase preparatória de *formação da culpa*, antes que se remeta o caso à apreciação dos jurados, pessoas leigas, recrutadas nos variados segmentos sociais, é evitar o erro judiciário, seja para absolver, seja para condenar. Porém, fundamentalmente, para evitar a condenação equivocada. Afinal, o Estado se comprometeu a evitar o erro judiciário e, não sendo possível, envidará esforços a repará-lo (art. 5.º, LXXV, CF).

Por tal motivo, além da garantia fornecida pela inicial persecução penal, consubstanciada, como regra, no inquérito policial, para que se receba, com justa causa, a denúncia ou queixa, exige-se uma instrução, sob o crivo do contraditório e com a garantia da ampla defesa, perante o juiz togado. Este, por sua vez, finda a preparação do feito, conforme já descrevemos, poderá optar pela pronúncia. Para que essa opção seja justa e legítima, o mínimo que se deve exigir é a comprovação da materialidade (prova da existência do crime) e indícios suficientes de autoria (indicativos, ainda que indiretos, porém seguros, de que foi o réu o agente da infração penal).

Quanto à materialidade, pode-se aguardar a juntada do exame de corpo de delito, quando em situação excepcional, até o julgamento de mérito, que ocorrerá em plenário do júri.

Destaque-se que há exigência para a prova da materialidade do *fato* e não do *crime*. Afinal, pode-se evidenciar ter havido o fato *homicídio*, mas que não constitui, necessariamente, um crime (ex.: foi cometido em legítima defesa).

É preciso cessar, de uma vez por todas, ao menos em nome do Estado Democrático de Direito, a atuação jurisdicional frágil e insensível, que prefere *pronunciar* o acusado, sem provas firmes e livres de risco. Alguns magistrados, valendo-se do criativo brocardo *in dubio pro societate* (na dúvida, decide-se em favor da sociedade), remetem à apreciação do Tribunal do Júri as mais infundadas causas – aquelas que, fosse ele o julgador, certamente, terminaria por absolver. Ora, se o processo somente comporta a absolvição do réu, imaginando-se ser o juiz togado o competente para a apreciação do mérito, por que o jurado poderia condenar? Dir-se-ia: porque, até o julgamento em plenário, podem surgir provas mais concretas. Nesse caso, restaria sem solução a finalidade da instrução prévia. Esta perderia completamente a sua razão de ser. Melhor seria que, oferecida a denúncia ou queixa, instruída com o inquérito ou outras provas, o juiz designasse, diretamente, o plenário do Júri.

Não é a sistemática adotada pela legislação brasileira. Demanda-se segurança e a essa exigência deve estar atrelado o magistrado que atua na fase da pronúncia. Somente deve seguir a julgamento pelo Tribunal Popular o caso que comporte, de algum modo, conforme a valoração subjetiva das provas, um decreto condenatório. O raciocínio é simples: o juiz da fase da pronúncia remete a julgamento em plenário o processo que ele, em tese, poderia condenar, se fosse o competente. Não é questão de se demandar *certeza* de culpa do réu. Porém, deve-se reclamar provas *suficientes*. Havendo a referida *suficiência*, caberá ao Conselho de Sentença decidir se condena ou absolve.

Por outro prisma, a suficiência de provas deve espelhar uma dúvida razoável. Um determinado magistrado, analisando o conjunto probatório, condenaria; outro, poderia absolver. Envolvida está a valoração da prova, que, com certeza, varia de pessoa para pessoa, logo, de juiz para juiz.

Não se remete ao Tribunal do Júri a causa *perdida*, aquela que juiz togado algum teria condições de julgar procedente, condenando o réu, desde que respeitadas a teoria da prova e o sistema constitucional de direitos e garantias fundamentais. Diante disso, mantém-se uma imperfeição no art. 413 do Código de Processo Penal, a merecer melhor análise: "se [o juiz] convencido da materialidade do fato".

O convencimento do magistrado não é, nem pode ser, puramente subjetivo ("eu acho que houve um homicídio", mas sem provas suficientes e concretas). É viável *valorar* provas existentes (ex.: determinado testemunho foi mais confiável que outro), mas não "supor", "imaginar" ou "presumir" a existência de fatos. Por isso, demanda-se *prova* da materialidade. O convencimento é objetivo (a materialidade resta induvidosa). A valoração da prova é que pode ser subjetiva (melhores são estas provas; piores são aquelas).

Exemplificando, quanto à materialidade: Fulano desapareceu; Beltrano disse que iria matá-lo. Não se acha o corpo. *Convence-se* o juiz (subjetivismo inadequado) de ter Beltrano matado Fulano; logo, haveria prova da existência do crime. Essa situação é um equívoco para a pronúncia. Somente deve seguir a julgamento pelo Júri o caso em que a materialidade é formada sem dúvida alguma. Fulano foi jogado abismo abaixo por Beltrano e o corpo sumiu. Várias pessoas viram e testemunharam. Ainda que constitua uma prova indireta da materialidade, pode-se dizer que ela se solidificou. Na melhor hipótese, o corpo é achado, submetido à necropsia e a morte é atestada por peritos.

Exemplificando, quanto à autoria: Fulano é morto por alguém. Beltrano disse a quem quisesse ouvir que iria matá-lo. É um indício tal declaração, inclusive comprovada por testemunhas. Porém, isolada, torna-se insuficiente para a pronúncia. Torna-se fundamental encontrar algo mais. Com outros indícios em mãos, o julgador forma um quadro maior e induz ter sido Beltrano o autor do crime.

Em razão do exposto, atinge-se a materialidade por meio direto (exame de corpo de delito, que constitui o exame do cadáver por peritos) ou indireto (testemunhas narram o momento da agressão e o resultado, com imensa probabilidade de ter havido morte, como o caso de se atirar alguém abismo abaixo). A autoria demanda a prova direta (testemunhas narram ter visto o crime e apontam o réu como o autor) ou indireta (colhem-se indícios suficientes de que o acusado é o autor).

Mencione-se o magistério de VICENTE GRECO FILHO, dizendo que "o raciocínio do juiz da pronúncia, então, deve ser o seguinte: segundo minha convicção, se este réu for condenado haverá uma injustiça? Se sim, a decisão deverá ser de impronúncia ou de absolvição sumária" (Questões polêmicas sobre a pronúncia, p. 119). Acrescentemos a lição de SÉRGIO MARCOS DE MORAES PITOMBO, tratando do alardeado princípio, muito utilizado nas decisões de pronúncia, do *in dubio pro societate*: "É fácil, na sequência, perceber que a expressão *in dubio pro societate* não exibe o menor sentido técnico. Em tema de direito probatório, afirmar-se: 'na dúvida, em favor da sociedade' consiste em absurdo lógico-jurídico. Veja-se: em face da contingente dúvida, sem remédio, no tocante à prova – ou melhor, imaginada incerteza – decide-se em prol da sociedade. Dizendo de outro modo: se o acusador não conseguiu comprovar o fato, constitutivo do direito afirmado, posto que conflitante despontou a prova; então, se soluciona a seu favor, por absurdo. Ainda, porque não provou ele o alegado, em face do acusado, deve decidir-se contra o último. Ao talante, por mercê judicial o vencido vence, a pretexto de que se favorece a sociedade: *in dubio contra reum*" (Pronúncia e o *in dubio pro societate*, p. 6).

No mesmo prisma, diz Jader Marques que é "forçoso concordar com a crítica, no sentido de que a dúvida não beneficia a sociedade. A dúvida gera tensão, instabilidade, medo, insegurança. A presença de indícios da autoria ou o choque entre a versão acusatória e a defensiva são situações que autorizam a pronúncia, mas não pelo fato de representarem a sobreposição do interesse social sobre o interesse individual, até porque a sociedade não tem interesse em um processo eivado de incertezas. Em tal momento processual – como em outros –, não há interesse social em conflito com o interesse individual do acusado. O que existe é apenas uma definição da continuidade do procedimento – marcado por dois juízos de admissibilidade da acusação (recebimento da denúncia e pronúncia)" (*Tribunal do júri*, p. 63). Complementa o raciocínio de André Mauro Lacerda Azevedo: "Deve sim o juiz debruçar-se sobre a prova e somente pronunciar quando haja elementos de convicção suficientes para o reconhecimento da materialidade do fato e da autoria delitiva. É o pensamento atual em contraposição àquele consistente na aplicação do princípio *in dubio pro societate* na primeira fase do júri (...). Sob esta perspectiva, o juiz exerce na pronúncia a filtragem necessária das demandas judiciais, não apenas para desafogar o Tribunal do Júri, mas, antes disso, zelar pelo devido processo legal ao assegurar que somente as causas devidamente fundadas sejam submetidas ao crivo do julgamento popular" (*Tribunal do Júri*, p. 183).

Em suma, não há um autêntico *princípio* denominado *in dubio pro societate*, mas uma expressão de cunho didático, que serve para enaltecer a passagem de uma fase de formação da culpa a uma fase de apreciação do mérito. E nessa transição há de ter um critério, consubstanciado em juízo de mera admissibilidade da imputação, sem toque de mérito, mas que garanta, minimamente, a materialidade do delito e os indícios suficientes de autoria.

Supremo Tribunal Federal

- "O sistema jurídico-constitucional brasileiro não admite nem tolera a possibilidade de prolação de decisão de pronúncia com apoio exclusivo em elementos de informação produzidos, única e unilateralmente, na fase de inquérito policial ou de procedimento de investigação criminal instaurado pelo Ministério Público, sob pena de frontal violação aos postulados fundamentais que asseguram a qualquer acusado o direito ao contraditório e à plenitude de defesa. Doutrina. Precedentes. Os subsídios ministrados pelos procedimentos inquisitivos estatais não bastam, enquanto isoladamente considerados, para legitimar a decisão de pronúncia e a consequente submissão do acusado ao Plenário do Tribunal do Júri. O processo penal qualifica-se como instrumento de salvaguarda da liberdade jurídica das pessoas sob persecução criminal. Doutrina. Precedentes. A regra 'in dubio pro societate' – repelida pelo modelo constitucional que consagra o processo penal de perfil democrático – revela-se incompatível com a presunção de inocência, que, ao longo de seu virtuoso itinerário histórico, tem prevalecido no contexto das sociedades civilizadas como valor fundamental e exigência básica de respeito à dignidade da pessoa humana" (HC 180144, 2.ª T., rel. Celso de Mello, 10.10.2020, v.u.).

Superior Tribunal de Justiça

- "II – Convém assinalar que a decisão de pronúncia encerra simples juízo de admissibilidade da acusação, satisfazendo-se, tão somente, pelo exame da ocorrência do crime e de indícios de sua autoria. A pronúncia não demanda juízo de certeza necessário à sentença condenatória, uma vez que as eventuais dúvidas, nessa fase processual, resolvem-se em favor da sociedade – *in dubio pro societate*" (AgRg no AREsp 2.170.933/TO, 5.ª T., rel. Jesuíno Rissato (Desembargador convocado do TJDFT), 25.10.2022, v.u.).
- "A decisão de pronúncia reclama, nos termos do art. 413 do Código de Processo Penal, a indicação de indícios mínimos de autoria, porquanto nessa fase vigora o princípio *in dubio pro societate*, não sendo imprescindível a certeza da prática delitiva, a qual é exigível somente para a sentença condenatória (AgRg no HC n. 514.593/CE, Ministro Antonio Saldanha Palheiro, Sexta Turma, *DJe* 13/12/2021)" (AgRg no HC 724.049/SP, 6.ª T., rel. Sebastião Reis Júnior, 15.03.2022, v.u.).
- "Embora não se admita a instauração de processos temerários e levianos ou despidos de qualquer sustentáculo probatório, nessa fase processual deve ser privilegiado o princípio

do *in dubio pro societate*. De igual modo, não se pode admitir que o Julgador, em juízo de admissibilidade da acusação, termine por cercear o *jus accusationis* do Estado, salvo se manifestamente demonstrada a carência de justa causa para o exercício da ação penal. 4. Hipótese em que a peça acusatória permite a deflagração da ação penal, uma vez que narrou fato típico, antijurídico e culpável, com a devida acuidade, suas circunstâncias, a qualificação do acusado e o rol de testemunhas, viabilizando a aplicação da lei penal pelo órgão julgador e o exercício da ampla defesa pela denúncia" (HC 445.433/PR, 5.ª T., rel. Ribeiro Dantas, 06.08.2019, v.u.).

Menciona-se, no art. 413, *caput*, do CPP, a "existência de indícios *suficientes de autoria ou de participação*" (grifamos). É o correto, pois a suficiência dos indícios torna-se elemento de segurança para que o processo seja levado a julgamento pelo Tribunal do Júri, além de poder envolver tanto a autoria como a participação, espécies diversas de concurso de pessoas.

Reiteremos que não bastam meros indícios, mas também que sejam eles *suficientes*. O indício é uma prova indireta (art. 239, CPP). Para formar o raciocínio indutivo (aquele que amplia o conhecimento de algo a partir de dados particulares, que, por si sós, nada demonstram, mas, no conjunto, sim), reclamam-se *indícios* variados. Tal medida não quer dizer absoluto convencimento acerca da autoria do delito – afinal, esse veredito compete ao Tribunal do Júri.

Supremo Tribunal Federal

- "Para a pronúncia do acusado não se exige a certeza da autoria, porém a existência de indícios, cabendo ao júri-juiz natural da causa – resolver conflitos probatórios" (ARE 749.579 AgR-PR, 1.ª T., rel. Luiz Fux, 25.06.2013, v.u.).

3.2.4.1.3 Fundamentação: materialidade, autoria e qualificadoras (inclui abordagem da questão relativa à motivação do acórdão)

Todas as decisões do Poder Judiciário devem ser fundamentadas (art. 93, IX, CF). A pronúncia não foge, naturalmente, à regra. Aliás, é de suma importância conhecer os motivos que levaram o magistrado a se convencer de que o caso merece a apreciação do Tribunal Popular. A redação do art. 413, *caput*, do CPP é bem clara ao citar o termo "fundamentadamente".

Sobre o alcance da motivação constante da pronúncia, houve por bem o legislador inserir o § 1.º ao art. 413, dispondo o seguinte: "A fundamentação da pronúncia limitar-se-á à indicação da materialidade do fato e da existência de indícios suficientes de autoria ou de participação, devendo o juiz declarar o dispositivo legal em que julgar incurso o acusado e especificar as circunstâncias qualificadoras e as causas de aumento de pena".

O novel dispositivo legal pode ser tanto inútil quanto beirar a inconstitucionalidade. Entendendo-se literalmente o texto, passar-se-ia a sustentar dever o juiz indicar, limitadamente, os elementos concernentes à materialidade do fato e os concernentes à existência dos indícios suficientes de autoria, declarando o réu incurso nos artigos legais adequados. Nenhuma afirmação ou comentário seria tecido em torno das teses de defesa, que pode ter pleiteado a absolvição do réu ou a desclassificação do delito.

Ora, assim considerando, a primeira parte é inútil, pois já era obrigação do magistrado motivar o seu convencimento acerca da materialidade do fato e dos indícios suficientes de autoria, declarando os dispositivos legais em que julgar incurso o acusado, bem como inserindo as qualificadoras e causas de aumentos pertinentes. Porém, se o objetivo tiver o escopo de vedar qualquer comentário do juiz a respeito das teses levantadas pela defesa, ignorando-as por completo, atinge-se a inconstitucionalidade, pois fere a plenitude de defesa e o preceito constitucional de que toda decisão do Poder Judiciário deve ser fundamentada, não podendo haver cerceamento por mando da lei ordinária. Nos termos da lição de Aramis Nassif, "a motivação da pronúncia é condição de sua validade, e não vício que lhe suprima eficácia, limitando-a, contudo, em intenção e extensão, a sua natureza específica" (*O novo júri brasileiro*, p. 57). No mesmo sentido, André Estefam (*O novo júri*, p. 37), André Mauro Lacerda Azevedo (*Tribunal do Júri*, p. 183).

Destarte, o magistrado precisa motivar sua decisão de pronúncia com comedimento, mas necessita abordar todos os aspectos relativos às questões levantadas pelas partes. Não será ignorando teses que se conseguirá obter uma pronúncia equilibrada em termos e expressões.

Aliás, se quisesse, poderia o juiz abordar somente aspectos ligados à materialidade do fato e aos indícios de autoria, porém de maneira contundente, de modo a viciar a decisão do mesmo modo. Logo, não é a fundamentação o ponto fulcral, mas em que termos ela é concretizada.

Pensamos que a questão relativa ao conteúdo da pronúncia, que deve ser motivada, permanece viva e extremamente relevante.

Supremo Tribunal Federal

- "2. A jurisprudência desta Corte é no sentido de que '[n]ão há falar-se em excesso quando, verificado o comedimento da linguagem, sob o ângulo dos termos da pronúncia, o Juízo limita-se à análise dos elementos colhidos na fase instrutória, sem veicular manifestação de certeza sobre a imputação' (HC 160.698, Rel. Min. Marco Aurélio)" (AgRg no RHC 217.451/PE, 1.ª T., rel. Roberto Barroso, 03.10.2022, v.u.).

Superior Tribunal de Justiça

- "6. A regra do art. 413, § 1.º, do CPP, não impede as instâncias ordinárias de analisarem, de forma comedida, sem excesso de linguagem, a tese de legítima defesa, apresentada pelo próprio acusado no seu interrogatório, no exercício da autodefesa" (AgRg nos EDcl no AREsp 359.271/PR, 5.ª T., rel. Ribeiro Dantas, 02.03.2021, v.u.).

É essencial compor a *motivação* da decisão com o *comedimento* no uso das palavras e expressões, bem como na formação do raciocínio envolvido no juízo de admissibilidade da acusação. Não é simples, nem fácil proferir uma decisão de pronúncia isenta e, realmente, imparcial. Torna-se, por vezes, tarefa mais dificultosa do que emitir uma decisão condenatória. Afinal, nesta última, pode o juiz fundamentar como quiser. É um momento reflexivo seu. Porém, na pronúncia, se houver uma fundamentação exagerada, certamente, a consequência terá por alvo o jurado.

Em pesquisa que realizamos no ano de 1997, ouvindo 574 jurados atuantes no Terceiro Tribunal do Júri da Capital do Estado de São Paulo (ver apêndice), obtivemos os seguintes dados: mais de 60% dos jurados consideram o juiz presidente a pessoa que mais inspira confiança no Tribunal do Júri; quase 20% admitiram que podem sofrer a influência da leitura da sentença de pronúncia em plenário.

Basta atuar no Tribunal Popular e a realidade é atestada: o jurado confia no juiz presidente, pois ele é, efetivamente, ao menos em tese, a parte imparcial; o jurado que ouve a leitura de uma decisão de pronúncia, excessivamente fundamentada, apontando o réu como *culpado* pelo delito tende a constituir, em sua convicção íntima, uma predisposição à condenação.

Portanto, a pronúncia não pode conter termos exagerados, nem frases contundentes (ex.: "é óbvio ser o réu o autor da morte da vítima", quando aquele nega a autoria). Porém, não pode prescindir de motivação. Do contrário, não passaria de um mero despacho de expediente. Se a defesa alega e reclama do magistrado a absolvição sumária, por legítima defesa, por exemplo, torna-se essencial que o julgador afaste a excludente e pronuncie o réu, sem, contudo, manifestar-se avesso, *terminantemente*, à tese defensiva. Assim fazendo, pode comprometer a isenção futura dos jurados, pois o defensor terá o direito de reiterar o pedido de absolvição, com base no mesmo motivo, em plenário. O caminho correto para evitar o contato dos jurados com uma pronúncia elaborada em linguagem excessiva é a decretação da sua nulidade, devendo o magistrado proferir outra em termos sóbrios.

Supremo Tribunal Federal

- "1. O excesso de linguagem posto reconhecido acarreta a anulação da decisão de pronúncia ou do acórdão que incorreu no mencionado vício; e não o simples desentranhamento e envelopamento da respectiva peça processual, sobretudo em razão de o parágrafo único do artigo 472 do CPP franquear o acesso dos jurados a elas, na linha do entendimento firmado pela Primeira Turma desta Corte no julgamento de questão semelhante aventada no HC n. 103.037, Rel. Min. Cármen Lúcia, restando decidido que o acórdão do Superior Tribunal de Justiça '... representa não só um constrangimento ilegal imposto ao Paciente, mas também uma dupla afronta à soberania dos veredictos do júri, tanto por ofensa ao Código Penal, conforme se extrai do art. 472, alterado pela Lei n. 11.689/2008, quanto por contrariedade ao art. 5.º, inciso XXXVIII, alínea 'c', da Constituição da República'. 2. *In casu*, o Superior Tribunal de Justiça reconheceu no acórdão proferido nos autos do recurso em sentido estrito qual o excesso de linguagem apto a influenciar o ânimo dos jurados; todavia, em vez de anular o ato judicial viciado, apenas determinou o seu desentranhamento, envelopamento e a certificação de que o paciente estava pronunciado. 3. *Habeas corpus* extinto, por ser substitutivo de recurso ordinário; ordem concedida, de ofício, para anular o acórdão proferido nos autos do recurso em sentido estrito, a fim de que outro seja prolatado sem o vício do excesso de linguagem" (HC 123.311, 1.ª T., rel. Luiz Fux, j. 24.03.2015, v.u.).
- "A decisão de pronúncia deve ser sucinta, exatamente para evitar que a apreciação exaustiva do 'thema decidendum' culmine por influenciar os próprios integrantes do Conselho de Sentença, que são os juízes naturais dos réus acusados e pronunciados por crimes dolosos contra a vida. Precedentes. Doutrina. O juízo de delibação subjacente à decisão de pronúncia impõe limitações jurídicas à atividade processual do órgão judiciário de que emana, pois este não poderá – sob pena de ofender o postulado da igualdade das partes e de usurpar a competência do Tribunal do Júri – analisar, com profundidade, o mérito da causa nem proceder à apreciação crítica e valorativa das provas colhidas ao longo da persecução penal. Inexistência de eloquência acusatória no conteúdo da decisão de pronúncia impugnada, que não antecipou qualquer juízo desfavorável ao paciente, apto a influir, de maneira indevida, sobre o ânimo dos jurados" (HC 113091, 2.ª T., rel. Celso de Mello, j. 12.11.2013, v.u.).

Superior Tribunal de Justiça

- "2. 'O excesso de linguagem posto reconhecido acarreta a anulação da decisão de pronúncia ou do acórdão que incorreu no mencionado vício; e não o simples desentranhamento e envelopamento da respectiva peça processual, sobretudo em razão de o parágrafo único do artigo 472 do CPP franquear o acesso dos jurados a elas, na linha do entendimento firmado pela Primeira Turma desta Corte no julgamento de questão semelhante aventada no HC n. 103.037, Rel. Min. Cármen Lúcia' (HC 123.311/PR, Relator Min. Luiz Fux,

Primeira Turma, *DJe* de 14/4/2015). 3. *Habeas Corpus* não conhecido. Ordem concedida, de ofício, para anular o feito a partir da pronúncia" (HC 503.384/SP, 5.ª T., rel. Joel Ilan Paciornik, j. 28.05.2019, v.u.).

- "1. Reconhecido pelo Tribunal *a quo* o excesso de linguagem na decisão de pronúncia, em observância ao recente entendimento firmado pelo Supremo Tribunal Federal, no sentido de que, em atenção ao art. 472 do CPP e à vedação aos pronunciamentos ocultos, não é suficiente a determinação de que seja riscado do texto da pronúncia parágrafo considerado por aquela Corte abusivo na linguagem adotada. Deve, portanto, ser declarada a nulidade do *decisum*, a fim de outro ser prolatado sem o vício apontado. 2. Recurso especial provido para anular a decisão de pronúncia e determinar o retorno dos autos ao Juízo de primeiro grau" (REsp 1.432.464/MT, 6.ª T., rel. Rogerio Schietti Cruz, j. 08.11.2018, v.u.).
- "3. Quanto à fundamentação da pronúncia, importante frisar que a tarefa do julgador, ao motivar as decisões relacionadas ao Tribunal do Júri, revela-se trabalhosa, uma vez que deve buscar o equilíbrio, a fim de evitar o excesso de linguagem sem se descurar da necessidade de fundamentação adequada, conforme preceitua o art. 93, IX, da Constituição Federal. Precedentes. 4. Malgrado consignado pelo juízo singular a locução 'não deixam dúvidas', tal assertiva referiu-se à materialidade e aos indícios de autoria, evidenciando, pois, os requisitos legais e indispensáveis para a pronúncia, nos termos do art. 413, § 1.º, do Código de Processo Penal. Não há, pois, qualquer juízo de certeza quanto à autoria delitiva, mas apenas e tão somente quanto aos seus indícios" (HC 644.097/MA, 5.ª, T., rel. Ribeiro Dantas, 01.06.2021, v.u.).

O ideal é atingir o equilíbrio entre a necessária motivação e o comedimento no uso das expressões:

Supremo Tribunal Federal

- "Nos termos do que assentado pelo Supremo Tribunal Federal, os Juízes e Tribunais devem submeter-se, quando pronunciam os réus, à dupla exigência de sobriedade e de comedimento no uso da linguagem, sob pena de ilegítima influência sobre o ânimo e a vontade dos membros integrantes do Conselho de Sentença. Excede os limites de sua competência legal o órgão judiciário que, descaracterizando a natureza da sentença de pronúncia, converte-a, de um mero juízo fundado de suspeita, em um inadmissível juízo de certeza. Precedente" (HC 103037/PR, 1.ª T., rel. Cármen Lúcia, j. 22.03.2011, v.u.).

Superior Tribunal de Justiça

- "1. No caso dos autos, não se verifica nem falta de fundamentação nem excesso de linguagem, porquanto as instâncias ordinárias se limitaram a apontar dados dos autos aptos a demonstrar a existência de prova da materialidade e de indícios suficientes de autoria, bem como admitiu as qualificadoras com fundamento nos elementos fáticos apontados na denúncia e constante nos autos, em estrita observância ao disposto no art. 413, § 1.º, do Código de Processo Penal, não se constatando, portanto, a emissão de qualquer juízo de valor. 2. Diante disso, não se cogita excesso de linguagem ou de carência na fundamentação, uma vez que as instâncias ordinárias mantiveram postura imparcial em relação aos fatos, somente apontando, com cautela e cuidado, os elementos que justificaram a decisão de pronúncia, para que sejam os agravantes submetido a julgamento pelo Tribunal do Júri, órgão constitucionalmente competente para dirimir as dúvidas e resolver a controvérsia, nos termos do art. 5.º, inciso XXXVIII, 'd', da CF/88. (...)" (AgRg no AREsp 413.136/MA, Rel. Ribeiro Dantas, Quinta Turma, j. 12.12.2017, *DJe* 19.12.2017).

- "O Superior Tribunal de Justiça é firme na compreensão de que a decisão de pronúncia deve ser comedida na apreciação das provas, mas deve conter uma mínima fundamentação para o reconhecimento das qualificadoras, deixando o juízo de valor acerca da sua efetiva ocorrência para ser apreciado por quem constitucionalmente competente, o Conselho de Sentença do Tribunal do Júri" (RHC 40.904/SC, 6.ª T., rel. Maria Thereza de Assis Moura, 21.11.2013, v.u.).

Da mesma forma que a sentença, é preciso que o acórdão seja prolatado em termos sóbrios, sob pena de influenciar os jurados, motivo pelo qual deve ser anulado, para que outra decisão seja prolatada.

Superior Tribunal de Justiça

- "1. Esta Corte Superior, acompanhando o entendimento do Supremo Tribunal Federal, orienta-se no sentido de que, uma vez reconhecido o excesso de linguagem na sentença de pronúncia ou no acórdão confirmatório, deve o *decisum* ser anulado, com a prolação de novo julgado, tendo em vista o teor do parágrafo único do art. 472 do CPP. 2. Assim, não é suficiente a determinação de que seja riscado do texto da pronúncia parágrafo considerado por aquela Corte abusivo na linguagem adotada. Deve, portanto, ser declarada a nulidade do *decisum*, a fim de outro ser prolatado sem o vício apontado (REsp 1432464/MT, Rel. Ministro Rogerio Schietti Cruz, Sexta Turma, julgado em 08/11/2018, *DJe* 26/11/2018). 3. Recurso especial parcialmente provido para anular o acórdão proferido no recurso em sentido estrito, a fim de que outro seja prolatado sem o vício do excesso de linguagem" (REsp 1.722.343/PI, 6.ª T., rel. Nefi Cordeiro, j. 17.12.2019, v.u.).
- "1. O magistrado, ao pronunciar o réu, deve ser imparcial, mencionando os indícios de autoria e a prova de materialidade, analisando, ainda, as teses levantadas por ocasião das alegações finais. Não pode, todavia, exceder da adjetivação, sob pena de invadir o campo do subjetivismo e a competência do Tribunal do Júri para apreciar os crimes dolosos contra a vida, nos termos do previsto no art. 5.º, XXXVIII, 'd', da Carta Magna. 2. O Desembargador, ao afirmar 'a asquerosa, abjeta empreitada foi contratada por preço global', avançou além dos limites que lhe são deferidos, emitindo exame crítico e valorativo dos elementos probatórios dos autos, externando comprovação incontroversa da prática criminosa, encerrando consideração capaz de exercer influência no ânimo dos integrantes do Conselho de Sentença. 3. Nos termos do art. 478 do CPP, com a redação da Lei n. 11.689/2008, as partes não poderão fazer referência à decisão de pronúncia, bem como às decisões posteriores que julgaram admissível a acusação. Remanesce, porém, a possibilidade de os jurados, caso queiram, terem acesso aos autos e, consequentemente, ao acórdão cujo excesso de linguagem foi aqui reconhecido. 4. De acordo com a jurisprudência desta Corte, 'Em observância ao entendimento firmado pelo Supremo Tribunal Federal, no sentido de que, em atenção ao art. 472 do CPP e à vedação aos pronunciamentos ocultos, nos casos de reconhecimento de excesso de linguagem, o simples desentranhamento e envelopamento da peça que incorreu no vício não é suficiente, devendo ser declarada a nulidade do acórdão hostilizado, para que outro seja prolatado' (HC 386.844/SP, Rel. Ministro Rogerio Schietti Cruz, Rel. p/ Acórdão Ministro Nefi Cordeiro, Sexta Turma, j. 04.04.2017, *DJe* 25.05.2017). 5. Agravo regimental a que se nega provimento" (AgRg no REsp 1520955/MT, Rel. Reynaldo Soares da Fonseca, Quinta Turma, j. 08.08.2017, *DJe* 23.08.2017).

Apesar de defender que a sentença de pronúncia, de fato, precisa ser proferida em termos adequados, discorda Antonio Magalhães Gomes Filho seja ela desentranhada dos autos ou anulada: "Sob esse enfoque, haverá também nulidade, mas não da decisão de pronúncia e sim do julgamento em plenário, se aos jurados forem lidas ou referidas as expressões que revelam uma opinião judicial peremptória sobre as questões relacionadas ao próprio mérito da causa" (*A motivação das decisões penais*, p. 234).

Em nosso entendimento, há nulidade relativa em relação à decisão de pronúncia, devendo outra ser prolatada, quando houver exagero do juiz, pois não se justificaria estar, nos autos, uma peça considerada válida e, ao mesmo tempo, impedir-se qualquer das partes de a utilizarem na sua exposição em plenário. Porém, é certo que, havendo pronúncia em termos exagerados, mas não exibida aos jurados, apesar de constar dos autos, inexistiu prejuízo, logo, não há necessidade de se anular o processo.

O mesmo que se ressaltou em relação à fundamentação exagerada da pronúncia deve valer para o acórdão que, dando provimento ao recurso da acusação, contra decisão de impronúncia, resolver pronunciar o acusado. Ou em relação ao acórdão confirmatório da pronúncia. Não é pelo fato de a decisão ser prolatada em 2.º grau de jurisdição que está autorizada a extravasar os limites da fundamentação, pois, igualmente, poderá exercer influência sobre o Conselho de Sentença. Qualquer exagero pode ser questionado através de *habeas corpus*, ajuizado em Tribunal Superior. Por outro lado, é preciso que, da mesma maneira que ocorre com a decisão de pronúncia, fundamente o Tribunal a decisão proferida, sem receio de invadir seara alheia - a dos jurados -, pois toda decisão do Poder Judiciário deve ser motivada. Caso a decisão do Tribunal invada o mérito, em qualquer aspecto, deve ser anulada e outra, em seu lugar, ser proferida.

Acrescente-se a precisa lição de Rogério Lauria Tucci: "Num meio-termo, sempre razoável, os contornos da decisão de pronúncia, na reformulação da legislação processual penal brasileira, deverão cingi-la a um ato decisório de concisa motivação, na qual, porém, contida fundamentação suficiente à verificação da viabilidade da acusação, determinante da sujeição do acusado a julgamento pelo Tribunal do Júri" (Tribunal do júri - Origem, evolução, características e perspectivas, p. 81).

Do mesmo modo que precisa o juiz fundamentar o seu convencimento em relação à materialidade e à autoria, necessita expor os motivos que o levam a manter eventuais qualificadoras constantes da denúncia. O ideal é seguir o meio-termo, isto é, o juiz sustenta, se for o caso, as qualificadoras, demonstrando, de maneira superficial, mas expressa, a sua harmonia com as provas produzidas ao longo da instrução. É justo e razoável tomar o acusado conhecimento dos fundamentos que levaram o juiz a determinar a sua submissão a julgamento pelo Tribunal do Júri, com base em acusação grave, consistente em homicídio *qualificado*. A falta de fundamentação pode levar à nulidade da sentença, caso o réu se sinta prejudicado pela indevida inclusão de alguma qualificadora.

Ressaltemos, entretanto, que qualificadoras completamente desvinculadas da prova existentes nos autos devem ser afastadas. As que tiverem algum lastro probatório devem ser mantidas para apreciação pelo Tribunal Popular. Para isso existe o juízo de admissibilidade da acusação, vale dizer, para que exista imparcialidade quanto à imputação, bem como *justa causa*.

Supremo Tribunal Federal

- "Uma vez reconhecido que a vítima não foi alvo de surpresa, havendo provocado o agressor, descabe a qualificadora do motivo fútil – disputa pela ocupação de uma mesa de sinuca." (HC 107.199/SP, 1.ª T., rel. Marco Aurélio, 20.08.2013, v.u.).

Superior Tribunal de Justiça

- "2. A exclusão das qualificadoras na decisão de pronúncia somente é possível se manifestamente improcedentes, sob pena de ofensa ao princípio da soberania dos veredictos. 3.

Em recurso especial, a exclusão das qualificadoras reconhecidas pelas instâncias ordinárias com base na análise das provas dos autos é incabível em razão do óbice da Súmula n. 7 do STJ. 4. Cabe ao tribunal do júri, considerando as circunstâncias do caso concreto, decidir se o *ciúme pode qualificar o crime de homicídio e ainda se caracteriza motivo fútil ou torpe*. 5. Agravo regimental desprovido" (AgRg no AREsp 1791170/SP, 5.ª T., rel. João Otávio de Noronha, 25.05.2021, v.u.).

- "6. Em relação às qualificadoras, tenho dito, reiteradamente, que as circunstâncias qualificadoras, que envolvem matéria de fato e de direito, só podem ser afastadas quando manifestamente improcedentes, ou seja, quando nenhuma versão nos autos sustentá-las (matéria de fato) ou quando as circunstâncias fáticas correspondentes, tal como descritas na incoativa, não as caracterizarem (matéria de direito). Nesse passo, tem de ser mantido o inciso IV do § 2.º do art. 121 do CP, pois a narrativa de referida elementar na inicial, no ponto em que menciona ter sido o ataque perpetrado de inopino, é juridicamente apta a caracterizá-la, visto que este tipo de investida (repentina) é análogo às hipóteses expressamente previstas no dispositivo legal mencionado. 7. Infere-se, no caso, que o Tribunal de origem concluiu, a partir da narrativa dos fatos, a presença da qualificadora atinente ao motivo torpe por disputas de grilagem de terra e desavença pessoal. Assim, não há falar, tampouco, em indevido reconhecimento dessa qualificadora. Ademais, rever os fundamentos utilizados pela Corte de origem, para concluir pelo afastamento das qualificadoras do crime de homicídio (art. 121, § 2.º, incisos I e IV, do CP), por serem manifestamente contrárias aos elementos constantes nos autos, como requer a parte recorrente, demandaria o revolvimento de matéria fático-probatória, vedado em recurso especial, segundo óbice da Súmula n. 7/STJ" (AgRg no REsp 1932029/DF, 5.ª T., rel. Reynaldo Soares da Fonseca, 18.05.2021, v.u.).
- "2. É inviável, sob pena de violação do princípio da soberania dos veredictos, a exclusão da qualificadora do recurso que dificultou a defesa da vítima, reconhecida pelo Conselho de Sentença em situação na qual, ante informações do autor intelectual do crime, sobre horários e locais das atividades de sua ex-companheira, ela foi morta com vários tiros pelo executor do homicídio. A teor do entendimento desta Corte, incide a circunstância em apreço quando constata-se a surpresa" (AgRg no HC 630.943/SP, 6.ª T., rel. Rogerio Schietti Cruz, 20.04.2021, v.u.).

Tribunal de Justiça de São Paulo

- "3. A exclusão de qualificadora, em sede de pronúncia, somente se justifica quando manifestamente improcedente. Dissimulação que, em tese, é respaldada pela prova oral. Réu que, supostamente, teria ocultado a intenção criminosa quando procurou por uma das vítimas em sua residência" (RESE 1500245-29.2019.8.26.0144, 16.ª C., rel. Marcos Alexandre Coelho Zilli, 29.06.2021, v.u.).
- "A apreciação meritória acerca das circunstâncias qualificadoras cabe ao Tribunal do Júri, e tendo sido satisfatoriamente indicadas com mínima referência na prova oral, correta a manutenção das imputações na decisão de pronúncia, para que sejam valoradas pelos juízes naturais" (RESE 0000889-33.2018.8.26.0095, 15.ª C., rel. Gilda Alves Barbosa Diodatti, 15.12.2020, v.u.).

Tribunal de Justiça do Mato Grosso do Sul

- "Somente é cabível a exclusão de qualificadora na sentença de pronúncia quando manifestamente improcedente, uma vez que cabe ao Conselho de Sentença, diante dos fatos narrados na denúncia e colhidos durante a instrução probatória, a emissão de juízo de valor acerca da conduta praticada pelo réu" (RESE 0001342-12.2014.8.12.0013, 2.ª C. Crim., rel. Luiz Gonzaga Mendes Marques, 14.08.2019, v.u.).

- "A exclusão de qualificadoras, na fase da pronúncia, somente pode ocorrer em situações excepcionais, quando totalmente divorciadas do conjunto probatório, sob pena de usurpar-se a competência constitucional do Tribunal do Júri" (RESE 0001233-58.2015.8.12.0014, 3.ª C. Crim., rel. Luiz Claudio Bonassini da Silva, 27.01.2020, v.u.).

Lembremos, ainda, que somente pode ser incluída na pronúncia, pelo magistrado, a qualificadora que constar, de algum modo, na denúncia ou queixa. Do contrário, é preciso buscar o aditamento da peça acusatória, a ser empreendido pela acusação, com a consequente oportunidade de defesa do réu.

Deve o magistrado, ao prolatar a pronúncia, aceitando a qualificadora, descrever em que consiste, por exemplo, o motivo fútil, seja ele de simples captação ou complexo. O importante é que a acusação tenha a sua atividade em plenário delineada pela decisão de pronúncia e não possa transformar a qualificadora da futilidade a seu bel prazer, em formato diverso do que foi admitido pelo juiz.

Em suma, as qualificadoras, quando aceitas, precisam ser especificadas no contexto fático, de modo a permitir à defesa uma completa visão do que a aguarda no plenário do Tribunal do Júri, quando o órgão acusatório sustentar a sua tese.

Nos termos do preceituado pelo art. 417 do CPP, é viável o aditamento da denúncia ou queixa para incluir corréus. Havendo prova, colhida durante a instrução, de que outras pessoas estão envolvidas na infração penal pela qual está o juiz pronunciando o acusado, é preciso determinar a remessa dos autos ao Ministério Público para o necessário aditamento. Tal postura não impede a pronúncia, ao contrário, aconselha, não se atrasando a instrução. Trata-se de uma situação de separação dos processos, ainda que exista conexão (art. 80, CPP). Dá-se o mesmo se houver impronúncia quanto a um réu, descobrindo-se a existência de coautores ou partícipes.

Tribunal de Justiça de Minas Gerais

- "Não se há falar em retorno dos autos ao Ministério Público em face do indício de participação de outras pessoas no delito, nos termos do art. 417 do CPP, se tais indivíduos não possuem envolvimento com os fatos narrados em exordial acusatória, guardando relação com tese investigativa diversa, de conhecimento prévio do órgão ministerial por ocasião do oferecimento da denúncia" (RESE 1.0024.17.039644-4/001, 2.ª C., rel. Matheus Chaves Jardim, 20.07.2017, v.u.).

3.2.4.1.4 Crimes conexos

Os delitos conexos são os advindos tanto de conexão (art. 76, CPP) como de continência (art. 77, CP). A conexão é a ligação existente entre infrações penais, cometidas em situações de tempo e lugar que as tornem indissociáveis, além de significar a união entre delitos, uns cometidos para que outros sejam viabilizados, ou então quando vários atos criminosos são cometidos por agentes em reciprocidade.

A continência significa a possibilidade de um fato criminoso abranger outros, tornando-os uma unidade indivisível.

As situações desencadeiam a colheita de provas em conjunto, por medida de economia processual, bem como demanda uma decisão proferida numa visão global, para evitar soluções conflitantes.

Portanto, é viável que os crimes dolosos contra a vida sejam praticados em contexto favorável ao reconhecimento da conexão ou da continência. Assim sendo, a competência do júri, considerada absoluta, atrai o julgamento dos demais delitos. Nesse sentido:

Supremo Tribunal Federal

- "É firme a jurisprudência deste Supremo Tribunal Federal no sentido de que a competência penal do Júri tem base constitucional, estendendo-se – ante o caráter absoluto de que se reveste e por efeito da *vis attractiva* que exerce – às infrações penais conexas aos crimes dolosos contra a vida. Precedentes" (RHC 98731/SC, 1.ª T., j. 02.12.2010, v.u., rel. Cármen Lúcia).

Superior Tribunal de Justiça

- "Conflito negativo de competência. Tentativa de homicídio. Vítimas: policiais militares estaduais. Contrabando, resistência e dano. Conexão. Ocorrência. Competência do Tribunal do Júri Estadual. 1. No caso, não resta configurada a competência do Tribunal do Júri federal, uma vez que as vítimas da tentativa de homicídio são policiais militares estaduais no exercício de suas funções, sendo certo, outrossim, que a motivação do delito (evitar a prisão em flagrante pela prática de crime da competência federal – contrabando) é irrelevante para a definição da competência. 2. Os demais delitos (contrabando, de competência da Justiça Federal, resistência e dano, de competência da Justiça Estadual), ao que se tem, foram praticados no mesmo contexto fático, quando os denunciados foram abordados transportando cigarro, resistiram à ordem policial, efetuaram disparos de arma de fogo contra os policiais estaduais e danificaram as viaturas. Assim, evidente a conexão nos termos do disposto no art. 78, inciso I, do Código de Processo Penal. 3. Conflito conhecido para declarar a competência da Justiça Estadual, no caso, do Tribunal do Júri Estadual de Passo Fundo, Rio Grande do Sul" (CC 153306 – RS, Terceira Seção, rel. Sebastião Reis Júnior, 22.11.2017, data de publicação: 29.11.2017).

Tribunal de Justiça de Minas Gerais

- "(...) Os delitos que sejam conexos ao crime doloso contra a vida necessariamente devem ser julgados pelo Tribunal do Júri, a teor do art. 76, I e III, c/c art. 78, I, ambos do CPP" (RSE 1.0079.16.025253-6/001, 7.ª C., rel. Sálvio Chaves, 13.12.2017, v.u.).

Entendemos não caber ao magistrado, elaborando o juízo de admissibilidade da acusação, em relação aos crimes dolosos contra a vida, analisar se é procedente ou não a imputação feita pelo órgão acusatório no tocante aos delitos conexos. No mesmo prisma, o entendimento de Aramis Nassif (*O novo júri brasileiro*, p. 63), André Estefam (*O novo júri*, p. 40) e Edilson M. Bonfim e Domingos Parra Neto (*O novo procedimento do júri*, p. 33).

Havendo infração penal conexa, incluída na denúncia, devidamente recebida, pronunciando o réu pelo delito doloso contra a vida, deve o juiz remeter a julgamento pelo Tribunal Popular os conexos, sem proceder a qualquer análise de mérito ou de admissibilidade quanto a eles. Aliás, se eram grotescos, atípicos ou inadmissíveis os tais delitos conexos, tão logo fosse oferecida a denúncia, caberia ao magistrado rejeitá-la. Entretanto, se acolheu a acusação, deve repassar ao juiz natural da causa (Tribunal do Júri) o seu julgamento.

Caberá, assim, aos jurados checar a materialidade e a prova da autoria das infrações penais conexas para haver condenação. Não tem cabimento o magistrado pronunciar pelo crime de sua competência e impronunciar pela infração penal conexa, cuja avaliação não lhe pertence. Para não se valer do termo "impronuncio", muitos juízes usam o verbo "afasto", em relação a qualquer crime conexo que lhe pareça inconveniente. Parece-nos, no entanto, mera camuflagem. Está, em verdade, impronunciando ou absolvendo sumariamente no tocante a delito secundário, que deveria acompanhar o principal, cuja avaliação de mérito não lhe cabe. Aliás, nem ao Tribunal. Não pode a Corte "afastar" o crime conexo, por entendê-lo inexistente ou frágil em provas. O Júri deve manifestar-se antes. Somente após, segue o feito, em grau de apelação, ao Tribunal.

Imagine-se o réu que responda por homicídio e resistência. Havendo pronúncia pelo crime contra a vida, deve-se remeter, automaticamente, o delito de resistência para análise dos jurados, exista ou não prova suficiente da materialidade, haja ou não provas suficientes acerca da autoria. É competente, na integralidade, o Conselho de Sentença para apreciar o crime contra a administração da Justiça. Diga-se o mesmo quanto à vedação de absolver sumariamente o réu pelo crime conexo. Nesse prisma, ver Adriano Marrey, *Teoria e prática do júri*, p. 249.

3.2.4.1.5 Referências ao tipo penal básico e suas circunstâncias

Na pronúncia, ingressam os elementos componentes do tipo básico (ex.: "matar alguém", art. 121, CP) e os integrantes do tipo derivado, ou seja, qualificadoras e causas especiais de aumento de pena (ex.: "por motivo fútil", art. 121, § 2.º, II, CP; "contra pessoa menor de 14 anos", art. 121, § 4.º, última parte, CP, "se o crime for praticado por milícia privada...", art. 121, § 6.º, CP), conforme expressamente menciona o art. 413, § 1.º, do CPP.

Não se incluem as circunstâncias genéricas de aumento ou diminuição da pena, isto é, as previstas na Parte Geral, que servem para auxiliar o juiz a fixar a pena e não a definir o tipo penal no qual está incurso o réu (ex.: matéria relacionada ao concurso de crimes), bem como as circunstâncias genéricas de agravação da pena (arts. 61 e 62, CP).

Usa-se, no entanto, a tentativa, a omissão penalmente relevante ou o concurso de pessoas, quando for o caso, porque se trata de tipicidade por extensão, integrante do tipo fundamental.

As causas de diminuição da pena, embora façam parte do tipo penal, como ocorre com o disposto no art. 121, § 1.º, do Código Penal (relevante valor social ou moral e violenta emoção, seguida de injusta provocação da vítima), não são incluídas. Há expressa vedação para a sua inclusão na decisão de pronúncia. Preceitua o art. 7.º da Lei de Introdução ao Código de Processo Penal (Dec.-lei 3.931/41) que "o juiz da pronúncia, ao classificar o crime, consumado ou tentado, não poderá reconhecer a existência de causa especial de diminuição da pena".

3.2.4.1.6 Elemento subjetivo do crime

Não deve ser inserido no questionário, quando se cuidar do dolo. A regra, em Direito Penal, é ser o dolo presumido, enquanto a culpa é expressa. Registre-se o disposto no art. 18, parágrafo único, do Código Penal: "salvo os casos expressos em lei, ninguém pode ser punido por fato previsto como crime, senão quando o pratica dolosamente".

Por isso, na decisão de pronúncia, o magistrado, ao fazer referência à possibilidade de ter o réu agredido a vítima, com a intenção de matar, precisa evitar termos contundentes ("é óbvio que o réu quis matar a vítima"), pois sendo a pronúncia a fonte do questionário, não haveria sentido em se promover a indagação aos jurados nos mesmos termos. Afinal, sempre há a possibilidade de a defesa pleitear o reconhecimento da culpa, em quesito próprio. Portanto, a análise da atuação dolosa do acusado, na decisão de pronúncia, deve ser genérica, sem conclusão categórica.

Não é demais insistir que não se insere o elemento subjetivo genérico (dolo) no questionário. Porém, quando for objeto de quesito algum delito que contiver elemento subjetivo específico (o exemplo do furto é válido: "para si ou para outrem"), deve-se incluí-lo.

Supremo Tribunal Federal

- "3. Em relação à alegação de ausência *animus necandi*, consoante reiterados pronunciamentos deste Tribunal de Uniformização Infraconstitucional, o deslinde da controvérsia sobre o elemento subjetivo do crime fica reservado ao Tribunal do Júri, juiz natural da causa, onde a defesa poderá exercer amplamente a tese contrária à imputação penal. 4. 'Embora o art. 419 do Código de Processo Penal autorize que o juiz se convença da existência de crime diverso e possa desclassificar a conduta para outro delito, tal decisão somente poderá ser adotada ante a certeza de que a conduta praticada configura outro delito. Caso contrário, havendo dúvidas quanto à tese defensiva, caberá ao Tribunal do Júri dirimi-la' (AgRg no REsp n. 1.128.806/SP, relator Ministro Rogerio Schietti Cruz, Sexta Turma, julgado em 16/6/2015, *DJe* 26/6/2015)" (HC 213.662/SP, rel. Ricardo Lewandowski, 30.03.2022).

3.2.4.1.7 A questão da coautoria e da participação

É preciso cautela para a elaboração da pronúncia quando se tratar de concurso de pessoas. A indevida mistura entre coautores e partícipes, na descrição do fato, pode levar à perplexidade dos jurados, quando a tese de acusação for exposta em plenário, acarretando problemas na elaboração do questionário e, em suma, sendo capaz de gerar nulidade absoluta. A defesa precisa ter exata noção de qual é o teor da imputação, sob pena de cerceamento.

Ilustrando, uma pronúncia cuidando de coautoria conterá, basicamente, o seguinte: "Demonstrou-se que, no dia X, na rua Y, por volta de Z horas, o réu Fulano, *juntamente com terceira pessoa*, desferiu tiros de arma de fogo em Beltrano, causando-lhe as lesões descritas no laudo de fls.". Por outro lado, cuidando-se de imputação feita a partícipe, a manifestação judicial deve dar-se de modo diverso: "Evidenciou-se, na fase de formação da culpa, que, no dia X, na rua Y, por volta de Z horas, *terceira pessoa* desferiu tiros de arma de fogo em Beltrano, causando-lhe as lesões descritas no laudo de fls.". Após, insere-se o partícipe: "O réu Fulano concorreu de qualquer modo para o crime, emprestando a arma de fogo utilizada pelo executor".

Surpresa à defesa haverá se o órgão acusatório, distanciando-se da pronúncia, apresentar, em plenário, a alegação de que o réu agiu como simples partícipe. Entretanto, na pronúncia, havia afirmado o magistrado ter o acusado atuado como autor ou coautor. Portanto, atenção especial precisa ser dedicada à pronúncia quando houver concurso de pessoas. O ideal é o juiz fixar exatamente quem é autor e quem é partícipe, cingindo o campo de atuação da acusação.

Outro equívoco grave, capaz de gerar nulidade absoluta do julgamento, é a imputação duplicada. O magistrado menciona, na pronúncia, contra idêntico réu, tanto a coautoria quanto a participação. Ora, se, em plenário, o juiz presidente constituir dois quesitos e os colocar em votação dará *duas oportunidades* ao acusador para ver o réu condenado. Se não convencer como coautor, quem sabe convence como partícipe. O erro é grave e fere a plenitude de defesa.

O acusado é coautor ou partícipe, quando houver concurso de pessoas. Os dois, certamente, ele não pode ser. Se houver dúvida, é preferível inserir na pronúncia a forma da participação, fazendo-se o mesmo no questionário. Afinal, *participar* do delito é mais amplo do que *executá-lo* diretamente (coautor).

Por outro lado, não se deve incluir na pronúncia a causa de diminuição referente à participação de menor importância (art. 29, § 1.º, CP), pois é da alçada dos jurados reconhecê-la ou não. Diga-se o mesmo no tocante à cooperação dolosamente distinta (art. 29, § 2.º, CP).

3.2.4.1.8 Prisão cautelar na pronúncia

A regra era, no passado, havendo pronúncia, ocorrer a prisão cautelar do réu, tanto que a redação dada ao antigo art. 408, § 1.º, do CPP, não provocava dúvida: o juiz deveria recomendar o acusado na prisão em que se achasse (já estaria, pois, detido e assim continuaria) ou determinaria a expedição do mandado de prisão. Posteriormente, acrescentou-se o disposto no § 2.º do referido artigo, permitindo-se a permanência em liberdade do pronunciado que fosse primário e de bons antecedentes.

Atualmente, a redação do art. 413, § 3.º, do CPP forneceu o adequado contorno ao tema. Não há mais prisão cautelar obrigatória, nem tampouco depende a liberdade do acusado de apenas dois requisitos (primariedade e bons antecedentes). Preceitua o mencionado § 3.º que "o juiz decidirá, motivadamente, no caso de manutenção, revogação ou substituição da prisão ou medida restritiva de liberdade anteriormente decretada e, tratando-se de acusado solto, sobre a necessidade da decretação da prisão ou imposição de qualquer das medidas previstas no Título IX do Livro I deste Código".

Passa-se a avaliar a necessidade da decretação da prisão cautelar, para que o réu aguarde preso o julgamento pelo Tribunal do Júri, após a pronúncia, à luz do disposto no art. 312 do CPP, vale dizer, conforme os requisitos da prisão preventiva (garantia da ordem pública, garantia da ordem econômica, conveniência da instrução, garantia de aplicação da lei penal).

Por isso, exemplificando, o réu, pronunciado por homicídio qualificado, reincidente específico (cometeu anteriormente outro homicídio qualificado), apresenta um quadro condizente com o perigo gerado à ordem pública, devendo-se decretar a sua prisão cautelar. Entretanto, a mãe que matou o filho após o parto, em estado puerperal (infanticídio), ainda que tenha antecedente criminal (foi condenada anteriormente por furto simples), não representa perigo algum à ordem pública, logo, deve permanecer em liberdade, aguardando o seu julgamento pelo Tribunal do Júri.

Tribunal de Justiça de São Paulo

- "*Habeas Corpus*. Revogação da prisão preventiva. Paciente preso e pronunciado como incurso no artigo 121, § 2.º, incisos I e IV, c.c. artigo 29, ambos do Código Penal. Decisão fundamentada. Desde que a permanência do réu em liberdade possa dar motivo a novos crimes ou cause repercussão danosa no meio social, cabe ao juiz manter a custódia cautelar como garantia da ordem pública – Indícios de autoria e prova da materialidade. Primariedade, residência fixa e trabalho lícito são circunstâncias que não impedem a medida constritiva – Inexistência de constrangimento ilegal. Ordem denegada" (HC 0052054-50.2017.8.26.0000, 6.ª C., rel. Machado de Andrade, 14.12.2017, v.u.).

Após a pronúncia, estando preso o acusado, não há um período de tempo, expresso em lei, para que o julgamento se concretize. Entretanto, há o princípio – em nosso entendimento, constitucional, ainda que implícito – da duração razoável da prisão cautelar.

Ora, se a prisão é a exceção e a liberdade, a regra, nada mais justificável que haja um limite para se manter alguém detido sem a devida condenação. Não se pode, entretanto, exigir um prazo rígido, nem se pode *inventar* um tempo qualquer, não previsto em lei.

Demanda-se, entretanto, bom senso dos magistrados de todas as instâncias. Assim sendo, tem prevalecido o critério ofertado pelo binômio *razoabilidade* (análise e checagem de todos os prazos processuais, previstos em lei, comparando-se com a situação concreta do andamento do feito: se lenta ou célere) e *proporcionalidade* (verificação e comparação entre o tempo de prisão cautelar, a pena em abstrato cominada ao crime e a potencial pena concreta a ser aplicada).

Entendemos que cada caso deve ser apreciado individualmente. Acusados de crimes, cujas penas são menores que a do homicídio qualificado (reclusão, de 12 a 30 anos), merecem especial atenção, pois a prisão cautelar extensa lhes pode significar o cumprimento integral da futura eventual pena em regime fechado (lembremos que há a detração, conforme art. 42 do Código Penal).

O ideal, em verdade, é haver celeridade na tramitação dos processos. Não nos parece haver sentido em criar mais regras para manter alguém preso, cautelarmente, sem que se discuta, antes, a morosidade excessiva dos atos jurisdicionais. Mas, enquanto a rapidez não se concretiza, cabe a cada juiz atuar com o bom senso que lhe deve ser peculiar, avaliando a necessidade da prisão e o tempo decorrido, até que se verifique o julgamento em plenário.

Não é demais lembrar o conteúdo da Súmula 21 do STJ: "Pronunciado o réu, fica superada a alegação do constrangimento ilegal da prisão por excesso de prazo na instrução". Isso não quer dizer que poderá haver período indefinido para se manter o acusado detido.

Sobre o tema:

Superior Tribunal de Justiça

- "2. É uníssona a jurisprudência desta Corte no sentido de que o constrangimento ilegal por excesso de prazo só pode ser reconhecido quando seja a demora injustificável, impondo-se adoção de critérios de razoabilidade no exame da ocorrência de constrangimento ilegal. 3. Efetivada a prisão em 21/10/2013, o réu que veio a ser pronunciado em 12/5/2016, após instrução processual complexa, com várias audiências, oitivas, pedidos de adiamento e instauração de incidência de insanidade mental, sendo ainda interpostos recurso em sentido estrito e especial, bem como a requisitadas várias diligências, na forma do art. 422 do CPP, apenas não vindo a ser realizado o júri em 11/12/2018 por ato atribuível à defesa, atualmente aguardando-se a realização da nova reunião do Conselho de sentença aprazada para 19/3/2019, de modo a não se verificar clara mora imputável aos órgãos estatais. 4. Não constitui constrangimento ilegal o excesso de prazo na instrução provocado pela defesa (Súmula 64/STJ)" (RHC 104.117/RJ, 6.ª T., rel. Nefi Cordeiro, 12.03.2019, v.u.).

Tribunal de Justiça do Paraná

- "*Habeas corpus*. Constitucional. Processual penal. Tribunal do Júri. Alegação de ausência de fundamentação cautelar idônea para a manutenção da prisão do paciente: improcedência. Demora injustificada para o julgamento no Tribunal do Júri. Ordem parcialmente concedida. 1. (...). 3. A inexistência de justificativa plausível para a excessiva demora na justificativa plausível para a excessiva demora na realização do julgamento pelo Tribunal do Júri configura constrangimento ilegal por descumprimento do art. 5.º, inc. LXXVIII, da Constituição da República, que assegura a duração razoável do processo. 4. Ordem a duração razoável do processo parcialmente concedida, para determinar ao Juízo de primeiro grau que, no prazo de cinco dias, designe a sessão de julgamento do Paciente, a ser realizada em prazo não superior a noventa dias contados de seu despacho" (HC 0042266-88.2017.8.16.0000, 3.ª C., rel. Antonio Carlos Choma, 19.12.2017, v.u.).

A ausência do réu não mais é motivo determinante para a sua prisão cautelar. Consolida-se o entendimento de ser direito seu não comparecer às audiências (ainda que tenha sido intimado), nem ser interrogado (direito ao silêncio).

A intimação da pronúncia pode fazer-se diretamente ao defensor ou ao acusado. Este, se estiver solto, não localizado, será intimado por edital (art. 420, parágrafo único, CPP).

O julgamento em plenário também poderá ocorrer sem a sua presença (art. 457, *caput*, CPP).

Cumpre destacar, finalmente, poder ser decretada a prisão cautelar, advindo a pronúncia, de réu primário e de bons antecedentes. Aliás, se a prisão preventiva, igualmente, pode ser deferida nessa mesma situação, em qualquer momento processual, não há obstáculo a tanto. Entretanto, para que o primário e de bons antecedentes seja cautelarmente detido, torna-se fundamental a presença dos requisitos do art. 312 do CPP.

Lembremos, ademais, que a maioria dos crimes julgados pelo Tribunal do Júri é formada por homicídios (simples ou qualificados), portanto, delitos, por sua própria natureza, graves. Mas somente isso não é motivação suficiente para a decretação da prisão por pronúncia (nem da preventiva). Fosse a gravidade elemento a ser considerado, de forma isolada, para a segregação cautelar de alguém, haveria de constar em lei e geraria uma situação padronizada e bizarra: todos os pronunciados por homicídio deveriam ser presos, pois *matar alguém* é uma infração grave, na essência.

Uma das regras extraídas da jurisprudência é a mantença da prisão do réu, quando pronunciado por delito grave, se já estava com a prisão preventiva decretada durante a formação da culpa. De fato, não teria sentido, justamente após a admissibilidade da acusação, remetendo-se o caso à apreciação do Tribunal Popular, soltá-lo. Eventualmente, havendo motivo para revogar a preventiva ou ocorrendo fato novo, que desautorize a manutenção da prisão em flagrante, pode o juiz reavaliar o caso, colocando o acusado em liberdade.

Aliás, se o réu foi preso cautelarmente e assim aguardou a pronúncia, basta o juiz mencionar que continuará preso pelos mesmos motivos determinantes da sua segregação provisória, sendo desnecessário fundamentar novamente.

Quanto aos delitos afiançáveis (aqueles que não se encaixam nos impedimentos previstos no art. 323 do Código de Processo Penal), dificilmente o juiz já não terá concedido anteriormente a liberdade provisória (se houve prisão em flagrante). Mas, ilustrando, pode ocorrer alteração da imputação no momento da pronúncia. A pessoa, de maus antecedentes, era acusada de homicídio qualificado e estava presa, desde o flagrante. Por ocasião da pronúncia, desclassifica-se para infanticídio (crime afiançável). Pode o juiz estabelecer fiança e permitir a liberdade provisória. É o teor do art. 413, § 2.º, do CPP.

3.2.4.1.9 Alteração da classificação do crime na pronúncia

Não está o magistrado adstrito à classificação feita pelo órgão acusatório, até mesmo porque o réu se defende dos fatos e não da definição jurídica dada na denúncia ou queixa. Assim, caso o promotor tenha descrito um homicídio, mas, ao classificar, tenha pedido a pronúncia por infanticídio, tal situação é irrelevante. O juiz simplesmente altera a classificação e pronuncia o acusado pelo crime correto (homicídio), determinante de pena mais grave.

Entretanto, é preciso considerar que, embora o art. 418 do CPP nada mencione a respeito, o reconhecimento de nova definição jurídica do fato necessita estar ligado a circunstâncias devidamente descritas na denúncia. Caso haja elementares não contidas na peça acusatória, o prejuízo para o réu torna-se evidente, uma vez que não se defendeu correta e amplamente, como lhe assegura a Constituição Federal. Nessa hipótese, é essencial que o juiz abra vista à acusação para aditar a denúncia e, em seguida, à defesa, para se manifestar a respeito, aplicando o disposto no art. 384 do CPP.

Adotar outra solução implicaria menosprezo ao devido processo legal. Nem se diga que a decisão de pronúncia é de mera admissibilidade da acusação, podendo ser alterada em plenário pelos jurados, pois acarreta inúmeras consequências ao réu, inclusive a possibilidade de ser preso, o que não pode ser ignorado.

Superior Tribunal de Justiça

- "3. Ainda que assim não fosse, nos termos do art. 418 do CPP, a *emendatio libelli* consiste na atribuição de definição jurídica diversa ao arcabouço fático descrito na inicial acusatória, ainda que isso implique agravamento da situação jurídica do réu, mantendo-se, contudo, intocada a correlação fática entre acusação e sentença, afinal, o réu defende-se dos fatos no processo penal. O momento adequado à realização da *emendatio libelli* pelo órgão jurisdicional é o momento de proferir sentença, haja vista que o *Parquet* é o titular da ação penal, a quem se atribui o poder-dever da capitulação jurídica do fato imputado. 4. Segundo a Corte local, o magistrado sentenciante não acrescentou fato novo a imputação penal, o que implicaria em *mutatio libelli*. Em verdade, 'o Ministério Público, no sumário de culpa, em seu memorial, apercebendo-se que a qualificadora do inciso IV do § 2.º do artigo 121 do Código Penal encontrava-se devidamente descrita na denúncia, apesar de nela não indicada, requereu fosse reconhecida por ocasião da pronúncia'. 5. Desse modo, não há falar em nenhuma ilegalidade perpetrada contra o réu, muito menos em necessidade de abrir vistas à defesa, especificamente, para se pronunciar sobre a referida qualificadora, como se tratasse de *mutatio libelli*. 6. *Habeas corpus* não conhecido" (HC 442.758/SP, 5.ª T., rel. Ribeiro Dantas, 19.03.2019, v.u.).

3.2.4.1.10 Intimações necessárias após a pronúncia

A decisão de pronúncia, como juízo de admissibilidade da imputação, deve ser encaminhada à ciência do acusado. Estabelece o art. 420 do CPP que "a intimação da decisão de pronúncia será feita: I – pessoalmente ao acusado, ao defensor nomeado e ao Ministério Público; II – ao defensor constituído, ao querelante e ao assistente do Ministério Público, na forma do disposto no § 1.º do art. 370 deste Código. Parágrafo único. Será intimado por edital o acusado solto que não for encontrado".

Supremo Tribunal Federal

- "(...) A intimação da sentença de pronúncia será feita pessoalmente ao acusado, ao defensor nomeado e ao Ministério Público, nos termos do art. 420, I, do Código de Processo Penal. III – O acusado deve ser intimado formalmente da nova decisão de pronúncia, ainda que nada tenha modificado quanto ao comando da primeira. Precedentes. IV – A falta de defensor constituído no momento da publicação de decisão e o transcurso do prazo recursal prejudica a garantia constitucional da ampla defesa e do contraditório. No caso concreto, a reabertura do prazo para o oferecimento de recurso ao órgão colegiado prestigia o princípio da razoabilidade e a garantia da ampla defesa e do contraditório. V – *Habeas corpus* não conhecido. VI – Ordem concedida, de ofício, para determinar a reabertura do prazo recursal" (HC 134878/DF, Segunda Turma, rel. Min. Ricardo Lewandowski, 13.12.2016, data de publicação: 13.02.2017).

Superior Tribunal de Justiça

- "A publicação do edital com o número do processo e o nome do paciente, embora com data de nascimento e filiação erradas, mostra-se suficiente para o fim ao qual se destina, tendo em vista que o paciente tinha conhecimento da ação penal e possuía advogado constituído nos autos. Tendo em vista o disposto nos arts. 420 e 431 do Código de Processo Penal - CPP, a intimação do defensor constituído acerca da data da sessão de julgamento do Tribunal do Júri torna dispensável a intimação do acusado solto que não for encontrado, como no caso dos autos, em que o paciente, tendo ciência da acusação, escolheu permanecer foragido. Nesse sentido: HC 215.956/SC, Rel. Ministro Sebastião Reis Júnior, Sexta Turma, *DJe* 16./10/.2012. (...) Não há ilegalidade na publicação do edital pelo prazo de 5 dias, considerando que a legislação não estipula prazo para tal ato, além do impetrante não ter comprovado prejuízo ao paciente. 4. *Habeas corpus* não conhecido" (HC 552.108/MS, 5.ª T., rel. Joel Ilan Paciornik, 01.06.2021, v.u.).

- "1. O artigo . 420, inciso I, do Código de Processo Penal preceitua que a intimação da decisão de pronúncia será feita pessoalmente ao acusado, exigência que não se estende ao acórdão proferido no julgamento do respectivo recurso. 2. A doutrina tem dispensado a intimação pessoal do réu que possui defensor constituído até mesmo quanto à decisão de pronúncia proferida em primeira instância, dada a relação de confiança existente entre eles, que demonstra a inequívoca ciência da submissão do réu a julgamento pelo Tribunal do Júri. 3. Na espécie, não obstante o paciente não tenha sido pessoalmente intimado do acórdão impugnado, verifica-se que o advogado por ele constituído foi devidamente notificado tanto da sessão de julgamento do recurso de apelação quanto do acórdão nele proferido por meio do Diário de Justiça Eletrônico, o que afasta a eiva articulada na impetração. Precedente. 4. Habeas corpus não conhecido" (HC 540.980/MA, 5.ª T., rel. Jorge Mussi, 20.02.2020, v.u.).
- "1. O acusado constituiu advogado para atuar no feito, pelo que tinha, portanto, plena ciência da existência da presente ação penal. Assim, é incontroverso que o réu conhece formalmente a acusação e tem ciência da imputação penal, pois, realizada a prisão em flagrante, assinada a nota de culpa e recebida a denúncia, constituiu advogado particular em busca da sua soltura, após o que se evadiu. 2. Diferentemente da hipótese em que o acusado ignora, por completo, a ação penal ajuizada em seu desfavor, uma vez que citado e intimado exclusivamente por via editalícia, a espécie impõe a incidência do parágrafo único do art. 420 do Código de Processo Penal, dada a inequívoca ciência quanto à persecução penal. 3. O dispositivo em questão é norma de natureza processual penal, de aplicação imediata, mesmo aos crimes praticados anteriormente à entrada em vigência da Lei n. 9.271/1996, que estabelece que o réu pode ser intimado da pronúncia por edital, caso esteja solto e em lugar incerto e não sabido. 4. Provido o recurso especial do *Parquet*, para restabelecer a sentença condenatória e determinar que o Tribunal de origem prossiga no julgamento da apelação criminal. 5. Agravo regimental não provido" (AgRg no AREsp 1.173.994/MG, 6.ª T., rel. Rogério Schietti Cruz, 18.02.2020, v.u.).
- "1. Conforme a jurisprudência do Superior Tribunal de Justiça, no tocante à sentença de pronúncia, não sendo localizado o Acusado, é suficiente a intimação do advogado constituído, tal como ocorreu na hipótese dos autos. 2. No procedimento do Conselho de Sentença, na forma do parágrafo único do art. 420, c.c. o art. 457 do Código de Processo Penal, é dispensável a presença do Acusado não encontrado para ser intimado, desde que, nessa hipótese, seja levada a efeito intimação via edital, sendo certo que essa determinação foi cumprida no caso dos autos" (AgRg nos EDcl no AREsp 1.365.782/SP, 6.ª T., rel. Laurita Vaz, 07.05.2019, v.u.).
- "1. Segundo o entendimento desta Corte, a intimação da pronúncia por edital, trazida pela alteração do art. 420, parágrafo único, do CPP (Lei n. 11.689/2008), somente pode ser aplicada aos acusados que se encontravam na situação processual pela legislação

vigente, com ciência certa da acusação (nova redação do art. 366 do CPP, com redação trazida pela Lei n. 9.271/1996), não se podendo admitir a conjugação das duas novas alterações para julgar à revelia em Tribunal do Júri quem jamais foi encontrado sequer para a citação ao processo (HC n. 357.696/RO, Ministro Nefi Cordeiro, Sexta Turma, *DJe* 15/8/2016 – grifo nosso). 2. No caso dos autos, não obstante tenha o crime sido cometido em 1993, há inequívoca certeza de que o réu tomou conhecimento pessoal da imputação, uma vez que, logo no início da ação penal (antes mesmo da citação por edital), constituiu advogado de sua própria escolha, que o defendeu ao longo de toda a instrução processual, tendo inclusive apresentado alegações finais. Após a decisão de pronúncia, novo causídico apresentou *habeas corpus*, pretendendo a revogação do decreto de prisão preventiva, e, marcada a sessão de julgamento, foi nomeado advogado dativo ao réu, posteriormente substituído pelo causídico contratado pelos familiares do acusado, que, declarando conhecer dos autos, foi nomeado defensor do réu, pela Juíza-Presidente do Tribunal do Júri. 3. Assim, tendo o réu permanecido foragido por longos 23 anos, furtando-se à aplicação da lei penal, a arguição de cerceamento de defesa e o pleito de nulidade da ação penal, por desconhecimento pessoal da imputação, denotam a intenção do paciente de beneficiar-se da própria torpeza, o que é expressamente vedado pelo art. 565 do Código de Processo Penal. 4. Sobre a não observância do prazo legal do edital, verifica-se que a questão não foi debatida nas instâncias de origem, o que impede o seu conhecimento por esta Corte, sob pena de indevida supressão de instância. 5. Ordem denegada" (HC 433.468/RN, 6.ª T., rel. Sebastião Reis Junior, 28.03.2019, v.u.).

Não se deve decretar a prisão cautelar sob o pretexto de se realizar qualquer espécie de intimação. Aguarda-se, apenas, a necessidade de providenciar a intimação pessoal do acusado, preso ou solto, do defensor nomeado (dativo ou defensoria pública) e do Ministério Público. Essa é a regra, consagrando a ampla defesa e, também, o acesso direto às partes que ocupam funções públicas.

No mais, quando se tratar de defensor constituído, querelante e assistente do Ministério Público, pela facilidade com que dispõem do acesso ao processo e diante da estrutura de seus escritórios, basta a intimação pela imprensa, nos moldes do art. 370, § 1.º, CPP.

Finalmente, se o réu não for localizado, para a intimação pessoal, utilizar-se-á o recurso do edital, forma ficta de comunicação de ato processual, que não permite o atraso no trâmite do feito.

3.2.4.1.11 Modificações da pronúncia após o trânsito em julgado

A decisão de pronúncia, decorrido o prazo para recurso das partes, gera apenas coisa julgada formal, ou seja, preclusão para o juiz, que não pode modificá-la, salvo por motivo superveniente, previsto em lei.

O art. 421, § 1.º, do Código de Processo Penal estabelece, como condição para a alteração da pronúncia, o surgimento de *circunstância que altere a classificação do crime*. Nesse contexto, a classificação do delito deve ser entendida como a tipificação concretizada pelo juiz, por ocasião da pronúncia. Ilustrando, ao finalizar a decisão de admissibilidade da acusação, o magistrado pronuncia o réu, para que seja submetido a julgamento pelo Tribunal do Júri, como incurso no art. 121, § 2.º, I e IV, do Código Penal. Quer-se dizer, portanto, que a imputação foi *classificada* como um homicídio duplamente qualificado ("A" matou "B" por motivo torpe e mediante recurso que dificultou a defesa da vítima).

Não havendo recurso das partes, ocorre o trânsito em julgado da decisão. Entretanto, antes do julgamento em plenário, pode emergir uma circunstância capaz de modificar a referida classificação. Imagine-se que prova superveniente, juntada aos autos, demonstre a existência de outra qualificadora (emprego de meio cruel, o que pode ser atestado por laudo médico). Deve o magistrado determinar a remessa dos autos ao Ministério Público para aditamento da denúncia (ou ao querelante para o aditamento da queixa-crime), afinal, cabe ao órgão acusatório a iniciativa da ação penal, logo, de qualquer ampliação da imputação.

Caso o representante do Ministério Público se recuse a proceder ao aditamento, pode o juiz valer-se, por analogia, do disposto no art. 28 do CPP, enviando os autos ao órgão superior do MP, podendo ser o Procurador-Geral de Justiça, que irá deliberar acerca da correção ou incorreção do mencionado aditamento.

Realizado o aditamento, instaura-se o contraditório, razão pela qual ouve-se a defesa, permitindo-se, se requerido, a produção de provas e, inclusive, um novo interrogatório do réu.

Após, o juiz profere nova decisão, alterando a pronúncia para incluir mais uma qualificadora. O julgamento pelo Tribunal Popular passaria a dar-se com base no art. 121, § 2.º, I, III e IV, do Código Penal.

Uma situação corriqueira, em matéria de alteração da decisão de pronúncia, dá-se em caso de morte da vítima, antes do julgamento em plenário. A acusação dizia respeito a uma tentativa de homicídio (art. 121, *caput*, c.c. art. 14, II, CP). Apresentada a certidão de óbito do ofendido, ouvidas as partes, aditada a peça acusatória e apurado o nexo causal entre o ferimento provocado pelo réu e o resultado *morte*, deve o julgador modificar a pronúncia para constar a incursão em homicídio consumado (art. 121, *caput*, do Código Penal).

É preciso deixar bem claro que a *circunstância superveniente*, apta a *alterar a classificação*, pode ser a introdução, nos autos, de qualquer documento, como a certidão de óbito da vítima, pouco importando o momento da morte. O único cuidado é apurar se a referida morte se deu por conta da lesão provocada pelo acusado, logo, se há nexo causal. Fora disso, o trânsito em julgado da pronúncia – meramente formal – pode e deve ser revisto, com a alteração do âmbito da acusação para homicídio consumado. No entanto, se a certidão de óbito for juntada *antes* da prolação da pronúncia e, mesmo assim, o julgador mantém a forma tentada, transitando em julgado, nada mais se pode fazer. Ocorre a preclusão para o juízo.

Superior Tribunal de Justiça

- "1. Segundo consta dos autos, a circunstância superveniente à pronúncia não é o óbito da vítima, mas sim a conclusão do exame de corpo de delito, o qual se revela imprescindível para elucidar o nexo causal. Dessa forma, verificada a existência de circunstância superveniente que altera a classificação do crime, consistente no auto de exame cadavérico indireto que atesta a existência de nexo causal entre a morte da vítima e a conduta do paciente, revela-se correto o aditamento, conforme autoriza o art. 421, § 1.º, do Código de Processo Penal" (RHC 71.313/RJ, 5.ª T., rel. Reynaldo Soares da Fonseca, 18.04.2017, v.u.).

3.2.4.1.12 Encaminhamento do processo após a preclusão da pronúncia

Estabelece o art. 421, *caput*, do CPP que, "preclusa a decisão de pronúncia, os autos serão encaminhados ao juiz presidente do Tribunal do Júri". Logicamente, a norma processual cuida da hipótese de o juiz instrutor da formação da culpa não ser o titular da Vara do Júri.

Afinal, em várias Comarcas, existindo Vara Privativa do Júri, desde o início, o processo tramita sob a condução do magistrado que, ao final, irá presidir o julgamento em plenário. Nesse caso, não há necessidade de se operar a remessa prevista no art. 421.

3.2.4.1.13 Prazo para julgamento pelo júri após a pronúncia

Inexiste um prazo específico, respeitando-se o princípio da razoabilidade, além de focar também a proporcionalidade.

Em primeiro plano, deve-se colocar à frente os casos de réus presos, pois o constrangimento é evidente. Aguarda-se o julgamento de mérito, preso, ainda que seja considerado inocente até o advento de sentença condenatória com trânsito em julgado.

Por tal prisma, é fundamental que o magistrado controle, com rigor, o tempo da prisão cautelar. Deve focar qual o delito cometido, checando a faixa de fixação da pena e o possível regime de cumprimento a ser estabelecido. Ilustre-se: pronunciado por homicídio qualificado, a faixa da pena é de reclusão de doze a trinta anos, com regime inicial fechado; pronunciado por homicídio simples, a faixa passa a ser de reclusão de seis a vinte anos, com possibilidade de regime inicial semiaberto. Por isso, não se pode deixar de computar, no tempo de prisão provisória, a eventual futura pena, em caso de condenação. Um acusado por homicídio simples, preso há mais de ano e meio, cautelarmente, ingressa num quadro de ausência de razoabilidade e proporcionalidade, visto que, se condenado, poderá receber seis anos e já terá cumprido 25% de sua reprimenda. A progressão de regime seria viável e ele poderia, inclusive, ser colocado em liberdade. Note-se que o mesmo tempo de prisão (um ano e meio) para quem é acusado de homicídio qualificado (pena de doze a trinta anos), sujeito a regime fechado, já não é tão elevado. Tudo depende do caso concreto.

O mais relevante é acompanhar cada processo, buscando inserir em pauta de julgamento, à frente, os presos, mas sem descuidar dos soltos.

Aliás, após a edição da Lei 11.689/2008, firmou-se o período de seis meses, contado do trânsito em julgado da decisão de pronúncia, para que ocorra o julgamento pelo Tribunal do Júri (art. 428, *caput*, CPP), sob pena de autorizar o desaforamento.

Entretanto, desaforar pode não resolver, pois se transfere o caso para Comarca próxima, que também pode estar repleta de processos. Nessa hipótese, ultrapassado o prazo de seis meses, inexistindo o desaforamento como medida viável para apressar o julgamento, deve o magistrado avaliar se a prisão cautelar deve permanecer.

Em suma, razoabilidade e proporcionalidade são elementos para ponderar o tempo de espera para o julgamento de mérito, após a pronúncia. Eles não oferecem medidas concretas ou inflexíveis, mas parâmetros condutores da argumentação do operador do Direito, no tocante à mantença ou não da prisão provisória.

Supremo Tribunal Federal

- "1. O Supremo Tribunal Federal entende que a aferição de eventual excesso de prazo é de se dar em cada caso concreto, atento o julgador às peculiaridades do processo em que estiver oficiando. 2. No caso, a custódia instrumental dos pacientes já ultrapassa 7 (sete) anos, tempo superior até mesmo a algumas das penas do Código Penal. Prazo alongado esse que não é de ser debitado decisivamente à defesa. 3. A gravidade da imputação não obsta o direito subjetivo à razoável duração do processo (inc. LXXVIII do art. 5.º da CF). 4. Ordem concedida" (HC 102668/PA, 1.ª T., rel. Dias Toffoli, 05.10.2010, v.u.).

3.2.4.2 Impronúncia

3.2.4.2.1 Conceito

É a decisão interlocutória mista de conteúdo terminativo, que encerra a primeira fase do processo (formação da culpa ou *judicium accusationis*), sem haver juízo de mérito. Assim, inexistindo prova da materialidade do crime ou não havendo indícios suficientes de autoria, deve o magistrado impronunciar o réu, significando julgar improcedente a denúncia ou queixa e não a pretensão punitiva do Estado. Desse modo, se, porventura, novas provas advierem, outro processo pode instaurar-se.

Ponderando sobre a decisão de impronúncia, PAULO RANGEL escreve: "No Estado Democrático de Direito não se pode admitir que se coloque o indivíduo no banco dos réus, não se encontre o menor indício de que ele praticou o fato e mesmo assim fique sentado, agora, no banco do reserva, aguardando ou novas provas ou a extinção da punibilidade, como se ele é quem tivesse de provar sua inocência, ou melhor, como se o tempo é que fosse lhe dar a paz e a tranquilidade necessárias. A decisão de impronúncia não é nada. O indivíduo não está nem absolvido nem condenado, e pior: nem vai a júri. Se solicitar sua folha de antecedentes, consta o processo que está 'encerrado' pela impronúncia, mas sem julgamento de mérito. Se precisar de folha de antecedentes criminais sem anotações, não o terá; não obstante o Estado dizer que não há os menores indícios de que ele seja o autor do fato, mas não o absolveu" (*Tribunal do Júri...*, p. 104-105).

Há, de fato, razão para a crítica formulada. Afinal, não existe similar modalidade de decisão no procedimento comum, alheio ao júri. Se as provas foram colhidas, respeitado o devido processo legal, com seus corolários principais (ampla defesa e contraditório), não se encontrando suficiência de elementos para encaminhar o caso a julgamento de mérito pelo juízo natural da causa (o Tribunal Popular), o indicado seria a absolvição. Perdeu-se a oportunidade de sanar esse estranho meio-termo, que torna a impronúncia uma *sentença provisória*, algo inconciliável com o processo penal democrático almejado pela Constituição Federal de 1988.

3.2.4.2.2 Conteúdo e fundamentação

A impronúncia deve respeitar o raciocínio inverso ao da pronúncia, vale dizer, enquanto esta demanda a prova da existência do crime e indícios suficientes de quem seja o seu autor, aquela exige o oposto. Se o juiz não vislumbrar prova segura da materialidade ou não colher das provas existentes nos autos indícios seguros acerca da autoria, outro caminho não deve haver senão impronunciar o acusado. Extingue-se o processo, sem julgamento de mérito.

Nesse sentido:

Superior Tribunal de Justiça

- "Em que pese ao acórdão consignar que há indícios de autoria aptos a pronunciar o ora paciente, diante da prova testemunhal ouvida em juízo, observa-se que se trata de testemunhos indiretos, na medida em que não foram ouvidas testemunhas presenciais do fato. 2. Esta Corte Superior possui entendimento de que a pronúncia não pode se fundamentar exclusivamente em elementos colhidos durante o inquérito policial, nem em depoimentos testemunhais indiretos, como no presente caso. Assim sendo, os testemunhos indiretos não autorizam a pronúncia, porque são meros depoimentos de 'ouvir dizer' – ou *hearsay*, na expressão de língua inglesa –, que não têm a força necessária para submeter um indivíduo ao julgamento popular. 3. Consoante a bem fundamentada decisão de impronúncia, verifica-se que a única versão em juízo apontando os autores do delito é de um informante, pai da vítima, ou seja, que presta apenas declarações, na medida em que não é compromissado e que não presenciou o fato. Contudo, essa não é a melhor posição para o deslinde da controvérsia dos autos, pois, no Estado Democrático de Direito, a força argumentativa das convicções dos magistrados deve ser extraída de provas submetidas ao contraditório e à ampla defesa. Isso porque o mínimo flerte com decisões despóticas não é tolerado e a liberdade do cidadão só pode ser restringida após a superação do princípio da presunção de inocência, medida que se dá por meio de procedimento realizado sob o crivo do devido processo legal" (HC 751.046/RS, 5.ª T., rel. Ribeiro Dantas, 16.08.2022, v.u.).

- "2. O art. 413 do Código de Processo Penal exige, para a submissão do réu a julgamento perante o Tribunal do Júri, a existência de comprovação da materialidade delitiva e de indícios suficientes de autoria ou participação no crime. 3. O acórdão que manteve a pronúncia é completamente genérico, pois não trouxe nenhum elemento concreto de prova. Embora diga que os 'depoimentos testemunhais' demonstrariam a presença de indícios mínimos de autoria, não indicou quais seriam as testemunhas e, tampouco, o conteúdo de seus depoimentos. 4. O fato de que a Vítima e testemunhas teriam reconhecido o Acusado quando o viram na antessala do Fórum, aguardando a realização da audiência de instrução e julgamento, é elemento extremamente frágil para justificar a submissão do Acusado ao Tribunal do Júri, pois absolutamente afastado das regras do disposto do art. 226 do Código de Processo Penal, o qual tem por escopo que o reconhecimento aconteça sem qualquer indução da pessoa que fará o reconhecimento. Além disso, a sentença de pronúncia não mencionou nenhum trecho dos depoimentos das testemunhas e tampouco disse como teriam elas condição de reconhecer o Agravante como autor do delito. Não se sabe, por exemplo, se foram testemunhas presenciais ou apenas de 'ouvir dizer'. 5. A simples afirmação de que as testemunhas já teriam visto o Acusado nas proximidades da casa da Vítima, mas sem a indicação concreta da ocasião em que isso teria ocorrido, não consegue estabelecer uma vinculação entre o denunciado e o crime de homicídio tentado cuja prática lhe foi atribuída. 6. Para que haja indício mínimo de autoria, o elemento probatório indicado pelo Julgador deve estabelecer um liame entre o Acusado e o fato específico cuja prática lhe é imputada na denúncia. 7. Não sendo o reconhecimento, no caso concreto, por si só, fundamento suficiente para justificar a pronúncia e, não se prestando a simples afirmação genérica de que o Acusado já teria sido visto nas proximidades da cadsa da Vítima, para corroborá-lo, ou para, de per si, autorizar a pronúncia, deve ser o Agravante impronunciado, pela falta de demonstração de indícios mínimos da autoria de crime doloso contra a vida. 8. Agravo regimental desprovido. *Habeas corpus* concedido, de ofício, para impronunciar o Agravante, nos termos do art. 414 do Código de Processo Penal" (AgRg no AREsp 1840969/TO, 6.ª T., rel. Laurita Vaz, 20.04.2021, v.u.).
- "1. A primeira etapa do procedimento bifásico do Tribunal do Júri tem o objetivo de avaliar a suficiência ou não de razões (justa causa) para levar o acusado ao seu juízo natural. O juízo da acusação (*iudicium accusationis*) funciona como um filtro pelo qual somente passam as acusações fundadas, viáveis, plausíveis, idôneas a serem objeto de decisão pelo juízo da causa (*iudicium causae*). 2. Logo, muito embora a análise aprofundada dos elementos probatórios seja feita somente pelo Tribunal Popular, não se pode admitir a pronúncia do réu, dada a sua carga decisória, fundamentada exclusivamente em testemunha que ouviu dizer, sem menção à fonte da qual teria partido a informação sobre a autoria do homicídio. 3. Na hipótese, de acordo com as premissas postas no acórdão impugnado, não há como submeter o réu a julgamento pelo Tribunal do Júri com base em seu depoimento perante a autoridade policial (alterado posteriormente em juízo, sob o fundamento de que haveria sofrido tortura na fase inquisitorial) e em

uma única declaração – diga-se, colhida apenas no inquérito –, de uma pessoa que soube por meio de comentários no bairro quem teria sido o autor do delito. 4. Agravo regimental não provido" (AgRg no REsp 1.734.734/MT, 6.ª T., rel. Rogério Schietti Cruz, 17.12.2019, v.u.).

Tribunal de Justiça do Rio Grande do Sul

- "O conjunto probatório coligido é inábil a amparar um juízo de pronúncia quanto às codenunciadas, desautorizando um juízo de admissibilidade da pretensão acusatória, nos termos do art. 414 do CPP. Com efeito, a denúncia se embasa apenas no depoimento indireto proferido pelo irmão da vítima, que foi contrariado pelos relatos de seis pessoas do ofendido inclusive. Destarte, enfraquecida a verossimilhança desta versão. Impositiva, pois, a manutenção da impronúncia das rés" (Apelação 70079442224, 3.ª C. Crim., rel. Maria de Lourdes G. Braccini de Gonzalez, 10.10.2019, v.u.).

A fundamentação da decisão de impronúncia também deve ser comedida, embora clara e detalhada. Não deve o magistrado valer-se de termos contundentes (ex.: "é mais que óbvio não ter sido o acusado o autor da infração penal"; "a acusação contra o réu é absurda"; "o acusador delira ao imaginar a existência do crime" etc.), pois o órgão acusatório tem o direito de recorrer e o Tribunal pode remeter o caso à apreciação do júri. Se assim acontecer, a decisão de impronúncia, em termos inadequados, poderá ser lida em plenário pela defesa, gerando, em tese, influência negativa sobre os jurados. Lembremos que não há proibição para a leitura da decisão de impronúncia (art. 478, I, CPP). Da mesma maneira que sustentamos a cautela no processo de motivação da decisão de pronúncia, igual postura aguarda-se do juiz de primeiro grau, que entende ser o caso de impronúncia. Sua decisão pode ser revista e o caso, apresentado aos jurados. Logo, a imparcialidade merece reger as linhas que redige.

Se a fundamentação for exagerada, parece-nos cabível que o órgão acusatório, em sua apelação, levante, como preliminar, a nulidade da decisão, para que outra seja proferida em termos sóbrios. Como não há nulidade sem prejuízo – essa é a regra que se busca consagrar em processo – a Corte deve verificar o seguinte: a) havendo, no seu entender, elementos para a pronúncia, acolhe a preliminar, determinando que o juiz profira outra decisão, em termos comedidos. Posteriormente, subindo novamente o recurso, reforma a decisão e remete o caso a júri; b) se constatar que a impronúncia é o melhor caminho a seguir, rejeita a preliminar, por economia processual, confirmando a decisão de primeiro grau.

Pode-se argumentar, por certo, que, havendo novas provas, o processo seria desarquivado e teria prosseguimento. Portanto, aquela decisão (não anulada nem desentranhada dos autos), no futuro, ainda poderia ensejar influência em relação aos jurados, caso o processo chegasse ao Tribunal Popular. Nessa hipótese, rara – diga-se a bem da verdade –, o órgão acusatório poderia ingressar com mandado de segurança para desentranhá-la dos autos. Com isso, os jurados não teriam acesso ao seu conteúdo, manifestamente favorável ao réu e não haveria quebra de igualdade entre as partes.

Defendemos, por certo, tenha o acusado direito à plenitude de defesa. Isso não quer dizer, no entanto, o direito ilimitado de fazer o que bem quiser. A lei rege o processo para manter o equilíbrio entre acusação e defesa, respeitados os princípios constitucionais. Por isso, somente quando for indispensável à plena defesa do réu, pode-se romper essa igualdade, em favor do acusado.

3.2.4.2.3 Despronúncia

É a decisão proferida pelo juiz ou pelo tribunal ao reformular a anterior sentença de pronúncia, transformando-a em impronúncia. O magistrado pode retratar-se, impronunciando o réu, após já tê-lo pronunciado, por ocasião da interposição de recurso em sentido estrito pela parte interessada (art. 589, CPP). Pode fazer o mesmo o Tribunal de Justiça, ao julgar recurso do réu. Discordando do uso do termo "despronúncia" está a posição de TUCCI, que diz ser inconsistente a diferença entre despronúncia e impronúncia, sendo preferível referir-se sempre a este último (Habeas corpus, *ação e processo penal*, p. 203-204).

Tribunal de Justiça de São Paulo

- "Médico que teria assumido o risco de produzir o resultado ao deixar de atender imediatamente a gestante. Pretendida absolvição sumária com fundamento no art. 415, III, CPP. Impossibilidade. Fato que, em tese, constituiria infração penal. Necessidade de despronúncia. Sentença parcamente fundamentada que não explora os elementos dos autos, sem o que não pode alicerçar genericamente a pronúncia no princípio *in dubio pro societate*. Abundância de laudos e pareceres indicando que o feto já estaria morto quando a ofendida chegou ao hospital. Dúvida quanto à existência de nexo causal entre a omissão e a interrupção da gestação. Ausência de indícios suficientes para a submissão do caso a Júri. Delegado de polícia, Ministério Público e Conselho Regional de Medicina que, com escora na prova técnica, declararam entender não ter havido crime de aborto. Sentença fundamentada em um parágrafo. Recurso provido em parte para despronúncia" (RESE 0001904-94.2011.8.26.0123, 16.ª C. Crim., rel. Otávio de Almeida Toledo, 12.03.2019, v.u.).

3.2.4.2.4 Cabimento de recurso do réu contra a decisão de impronúncia

Pode o acusado manifestar interesse em recorrer contra a sentença de impronúncia, uma vez que esta não gera coisa julgada material. Assim, visando à absolvição sumária, que coloca definitivamente um fim ao processo, há interesse para o oferecimento de apelação (art. 416, CPP) por parte da defesa.

Tribunal de Justiça de Minas Gerais

- "O recurso cabível contra a sentença de impronúncia é apelação, conforme expressamente previsto no artigo 416 do Código de Processo Penal, o que impede o conhecimento do recurso em sentido estrito, por evidente erro grosseiro" (RESE 10011180023647001, 4.ª C. Crim., rel. Júlio Cezar Guttierrez, 07.08.2019, v.u.).

3.2.4.2.5 Possibilidade de instauração de novo processo

O processo original, havendo impronúncia, encerrou-se. Caso o Estado consiga obter novas provas, poderá apresentar outra peça inicial, inaugurando-se processo diverso, desde que a punibilidade do réu não esteja extinta, como ocorre, se houver, por exemplo, prescrição (art. 414, parágrafo único, CPP).

Há duas espécies de provas novas: a) *substancialmente novas*: as que são inéditas, ou seja, desconhecidas até então, porque ocultas ou ainda inexistentes. Ex.: surge a arma do crime, até então desaparecida, contendo a impressão digital do acusado; b) *formalmente novas*: as que já são conhecidas e até mesmo foram utilizadas pelo Estado, mas que ganham nova versão. Ex.: uma testemunha, já inquirida, altera a versão e incrimina o réu, sem dar fundamento razoável para a modificação de comportamento.

Somente se admite a propositura de novo processo contra o réu no caso de surgirem provas *substancialmente* novas. Do contrário, a segurança exigida pelo encerramento do processo ficaria, sobremaneira, prejudicada.

3.2.4.3 Desclassificação

3.2.4.3.1 Conceito

É a decisão interlocutória simples, modificadora da competência do juízo, não adentrando o mérito, nem tampouco fazendo cessar o processo. Ensina Tornaghi que *desclassificar* é "dar-lhe [ao crime] nova enquadração legal, se ocorrer mudança de fato, novos elementos de convicção ou melhor apreciação dos mesmos fatos e elementos de prova" (*Compêndio de processo penal*, t. I, p. 323).

3.2.4.3.2 Hipóteses legais

O juiz somente desclassifica a infração penal, cuja denúncia foi recebida como delito doloso contra a vida, em caso de cristalina certeza quanto à ocorrência de crime diverso daqueles previstos no art. 74, § 1.º, do Código de Processo Penal (homicídio doloso, simples ou qualificado; induzimento, instigação ou auxílio a suicídio ou a automutilação; infanticídio ou aborto). Outra solução não pode haver, sob pena de se ferir dois princípios constitucionais: a soberania dos veredictos e a competência do júri para apreciar os delitos dolosos contra a vida.

A partir do momento em que o juiz togado invadir seara alheia, ingressando no mérito do elemento subjetivo do agente, para afirmar ter ele agido com *animus necandi* (vontade de matar) ou não, necessitará ter lastro suficiente para não subtrair, indevidamente, do Tribunal Popular a competência constitucional que lhe foi assegurada. É soberano, nessa matéria, o povo para julgar seu semelhante, razão pela qual o juízo de desclassificação merece sucumbir a qualquer sinal de dolo, direto ou eventual, voltado à extirpação da vida humana.

Superior Tribunal de Justiça

- "Para a desclassificação dos delitos pelos quais o agravante resultou pronunciado para a sua forma culposa, seria necessário que a existência do dolo fosse, de plano, afastada, por ausência de qualquer indício razoável. Porém, como consta do acórdão da origem, não há prova inequívoca da inexistência do dolo, no caso, mas, pelo contrário, há elementos nos autos que apontam para a possível participação dolosa do agravante no sinistro e para a circunstância de haver dirigido embriagado. Como não foi sumariamente afastada qualquer hipótese de o delito ter sido praticado com dolo eventual, a definição do tipo subjetivo no caso concreto deve ficar a cargo do Tribunal do Júri. Para a jurisprudência do Superior Tribunal de Justiça, não há incompatibilidade lógico-jurídica entre a forma tentada do homicídio e o dolo eventual, nos delitos de trânsito" (AgRg no HC 656.689/SP, 5.ª T., rel. Reynaldo Soares da Fonseca, 27.04.2021, v.u.).

Tribunal de Justiça do Distrito Federal

- "Para que o crime de homicídio tentado seja desclassificado para outro da competência do juiz singular, na fase de pronúncia, exige-se comprovação inequívoca da alegada ausência de *animus necandi*. Inexistindo prova cabal nesse sentido, não se pode subtrair do juízo natural a análise e julgamento do fato" (RSE 1068486, 3.ª C., rel. Jesuino Rissato, 14.12.2017, v.u.).

3.2.4.3.3 Desclassificação de um dos crimes conexos

É preciso cautela ao aplicar o disposto no art. 419, *caput*, do CPP, pois nem sempre a hipótese de desclassificação obrigará o juiz a remeter o processo a outra Vara. Ilustremos com a acusação fundada em dois homicídios.

Desclassificando um deles para lesão corporal seguida de morte, por exemplo, não cabe a separação dos processos, enviando-se o que foi desclassificado para o juízo competente e pronunciando o outro, que permaneceria na Vara do Júri. Tratando-se de infrações conexas e havendo entre elas um crime de homicídio, é natural que a lesão corporal seguida de morte deva também ser julgada pelo Tribunal Popular.

3.2.4.3.4 A possibilidade de suscitar conflito de competência

Quando o juiz desclassifica a infração penal, por entendê-la outra que não da competência do Tribunal do Júri, remetendo o processo ao juízo que considera apto a julgá-la, propicia a interposição, por qualquer das partes, de recurso em sentido estrito (art. 581, II, CPP). Caso seja esse recurso julgado e deferido, o processo continuará seu percurso na Vara do Júri. Entretanto, se não for dado provimento ao recurso, o processo segue, de fato, a outro juízo. Imagine-se, no entanto, que este magistrado, ao receber o feito, nota que o feito é, realmente, da competência do júri.

Poderia suscitar conflito ou estaria impedido de fazê-lo, tendo em vista que já haveria decisão a respeito, da qual não mais caberia mais recurso? Há duas posições, bem apontadas por Jacques de Camargo Penteado: "Para a primeira corrente, o juiz singular não poderia suscitar conflito negativo de competência para sustentar que deva ser restabelecida a classificação originária e o caso ser julgado pelo Tribunal do Júri. Ferir-se-ia a coisa julgada e o acusado seria submetido à possibilidade de condenação por fato mais grave, em face de exclusiva dinâmica judicial. Se o acusador e a vítima, ou seu representante legal, conformaram-se com a desclassificação, ao julgador não é dado promover o restabelecimento da denúncia mais gravosa. A segunda corrente sustenta que o julgador pode declarar a sua incompetência em qualquer fase procedimental e a omissão recursal das partes não vincula o magistrado afirmado competente. Aduz que, acolhida a primeira orientação, extinguir-se-ia a possibilidade de conflito negativo, pois sempre haveria preclusão para o juiz que foi apontado como competente" (*Acusação, defesa e julgamento*, p. 339-340).

Em um primeiro momento, parecia-nos ser mais correta a primeira posição, embora, atualmente, faça mais sentido, para nós, a segunda. Note-se que a competência em razão da matéria é absoluta e não pode ser prorrogada, razão pela qual, a todo instante, pode o magistrado suscitá-la, tão logo dela tome conhecimento. Além disso, há a questão do juiz natural, que é o constitucional e legalmente previsto para deliberar acerca de uma causa, incluindo-se nesse contexto o tribunal competente para dirimir o conflito de competência. Em São Paulo, cabe à Câmara Especial do Tribunal de Justiça deliberar sobre os conflitos de competência entre magistrados estaduais, não sendo, pois, atribuição de qualquer das Câmaras Criminais do Tribunal essa apreciação.

Quando se trata de conflito entre a magistratura federal e a estadual, cabe ao Superior Tribunal de Justiça decidir a respeito (art. 105, I, *d*, CF). Assim, imagine-se que um juiz estadual conclua ser incompetente para julgar um caso qualquer, remetendo o processo para a Justiça Federal. Havendo recurso (art. 581, II, CPP), o Tribunal de Justiça nega provimento. Sustentamos ser possível ao juiz federal suscitar o conflito, caso entenda não ser ele competente para julgar a infração penal, visto que a decisão do Tribunal de Justiça do Estado não o vincula. Caberá, nessa hipótese, ao Superior Tribunal de Justiça a análise final. Dessa forma, quando o juiz desclassificar, ainda que o Tribunal, por uma de suas Câmaras, confirme a decisão, a última palavra, caso haja necessidade, será dada pela Câmara Especial da Corte, quando se tratar de conflito entre juízes estaduais. Nesse sentido, a lição de Ada Pellegrini Grinover, Antonio Magalhães Gomes Filho e Antonio Scarance Fernandes (*Recursos no processo penal*, p. 175).

Na jurisprudência, adotando a primeira corrente:

Tribunal de Justiça de São Paulo

- "Em vista da imutabilidade do *decisum* que reconheceu pela incompetência da Vara do Júri, tem-se como acertada a redistribuição dos autos para a Vara Comum, ao qual não se faz possível sua recusa, notadamente via este conflito de jurisdição. (...) De outro lado, nem se poderia pensar na inexistência de coisa julgada na espécie, tendo em vista que a desconstituição do trânsito em julgado prejudicaria o réu, o que não se admite, diante da aplicabilidade do princípio do *favor rei*" (CJur 146.795-0/2, Câmara Especial, j. 18.06.2007, v.u., rel. Ademir Benedito, embora antigo, o julgado é mantido em face da raridade do assunto).

Em apoio à segunda:

Superior Tribunal de Justiça

- "Na linha do que dispõem os arts. 114 e 115 do CPP, o conflito pode ser aventado pelas partes e pelos juízos em dissídio, desde que, no caso destes, não concordem, de imediato, com a competência para julgar o caso (conflito negativo). Portanto, não se pode aceitar a coisa julgada da decisão do primeiro juízo, sob pena de considerar a possibilidade de julgamento do caso por juiz absolutamente incompetente, longe da órbita do juiz natural" (STJ, HC 43.583/MS, 5.ª T., j. 27.09.2005, v.u., rel. José Arnaldo da Fonseca, *DJ* 24.10.2005, p. 356, embora antigo, o julgado é mantido em face da raridade do assunto).

3.2.4.3.5 Reabertura de prazo para a defesa

Havendo desclassificação, será feita a remessa dos autos ao juiz competente (art. 419, *caput*, CPP). Nesse ponto, a reforma retirou a previsão para abrir vista à defesa que, desejando, poderia indicar novas testemunhas, prosseguindo-se, a partir daí, para a sentença final. Segundo cremos, não foi o caminho mais indicado.

Não há detalhamento em relação ao procedimento a ser adotado pelo juiz receptor do processo. Deverá ele reproduzir todas as provas já constantes dos autos? Poderá a defesa reclamar que o faça? Poderá a acusação fazer o mesmo? O réu será novamente interrogado? Enfim, não se sabe qual é o rito a ser seguido.

Deveria ter sido especificado qual seria o mencionado procedimento. À falta disso, convém permitir, sempre, à defesa a manifestação da plenitude de defesa, requerendo a produção de provas complementares e a juntada de documentos que lhe interessem. Depois disso, as partes poderão manifestar-se. É evidente que, dispondo de elemento novo, poderá, também, o órgão acusatório instruir o feito antes do seu julgamento.

Imagine-se, ainda, o caso de desclassificação, porque o juiz constatou a existência de circunstância que possibilita a aplicação de pena mais grave, não contida na denúncia. Deve-se seguir o disposto no art. 384 do CPP.

Sustentamos ser recomendável a abertura de vista ao representante da acusação para aditamento da denúncia (ou queixa), ouvindo-se, na sequência a defesa, que pode desejar a produção de provas. O interrogatório seria indispensável, querendo o réu (autodefesa). Exemplificando: o juiz verifica que a acusação cuidava de um homicídio simples. No curso do processo, surgem provas de que, no fundo, a vítima foi morta pelo réu, porque, estando em cativeiro, não foi pago o resgate exigido. De homicídio simples passa-se a extorsão mediante sequestro com resultado morte, cuja pena mínima é de 24 anos. Deve o Ministério Público aditar a denúncia, pois nenhuma das circunstâncias, que envolvem o crime previsto no art. 159, § 3.º, do Código Penal, foi descrita convenientemente.

Após, o réu se defende, pode produzir prova testemunhal e ser interrogado. Essa é a melhor forma de se atender ao princípio da ampla defesa, deixando de haver dois tipos de réus: aqueles que se submetem ao disposto no art. 384 do CPP (*mutatio libelli*), com as garantias daí decorrentes, e outros, que, a despeito de se alterar a classificação do crime, para algo mais grave, não constante da denúncia, ficam privados desse procedimento.

Tribunal de Justiça do Rio de Janeiro

- "1. Iniciado um processo perante uma vara de competência de Júri e ocorrendo a desclassificação de uma infração que seja de competência de outro juízo, os autos deverão ser remetidos ao magistrado competente. Inteligência do Aart. 419 c/c art. 74, § 3.º, primeira parte, ambos do CPP. No caso dos autos, em que pese a 1.ª Vara Criminal da Comarca de Campos dos Goytacazes possuir competência para apreciação de crimes dolosos contra a vida e, também, para julgamento de delitos comuns, as regras acima não podem deixar de ser observadas. Além do mais, apesar do silêncio a lei, há necessidade de se abrir vista ao membro do Ministério Público com atribuição junto ao novo juízo para que, entendendo correta a decisão de desclassificação, formule nova denúncia com a descrição dos novos fatos. No caso ora em análise, em que pese o latrocínio ser um crime complexo, em que se admite o dolo em ambos os crimes famulativos, a súmula 603 do STF já sedimentou há muito, tratar-se de crime da competência do juiz singular" (RESE 0015962-85.2001.8.19.0014, 7.ª C., rel. Andre Ricardo de Franciscis Ramos, 29.04.2021, v.u.).

Por outro lado, como regra, baseado no princípio da economia processual, não se deve permitir a reinquirição, nos mesmos termos, de quem já foi ouvido no processo, que tramitou na Vara do Júri. Entretanto, essa não pode ser uma norma imutável. Em determinados casos, surgindo ao longo da instrução elementos que demonstrem ter o réu cometido um crime muito mais grave, pode haver expresso interesse da defesa de ouvir novamente alguém, com dados fundamentais para esclarecer a nova figura típica emergente. Anteriormente, nada lhe fora indagado a respeito, por ignorância das partes e do próprio juiz. A partir da existência de nova acusação, pode tornar-se imperiosa a reinquirição de quem já foi ouvido, o que deve ser deferido pelo magistrado, pois a norma processual penal não tem o condão de afastar a aplicação do princípio constitucional da ampla defesa.

3.2.4.3.6 Possibilidade de manutenção da prisão do réu em caso de alteração da competência

Dispõe o art. 419, parágrafo único, do CPP que, "remetidos os autos do processo a outro juiz, à disposição deste ficará o acusado preso". Portanto, a alteração de competência não tem força, por si só, para possibilitar a imediata soltura do réu, por qualquer razão, em especial, pela alegação de excesso de prazo para a conclusão da instrução.

A consequência prevista em lei indica que o melhor caminho é colocar o réu à disposição do juiz competente, que poderá rever, ou não, a prisão cautelar. Uma pessoa acusada da prática de homicídio qualificado – presa preventivamente ou em flagrante – que passe a ser acusada de latrocínio, por exemplo, deve continuar presa, salvo se o magistrado competente decidir de modo diverso.

É importante que o magistrado receptor do processo delibere, claramente, com fundamentação apropriada, se a prisão cautelar será mantida ou não. Se pode ser substituída por medidas cautelares alternativas. Enfim, há de se pronunciar, com clareza, sobre a prisão provisória.

Tribunal de Justiça do Rio de Janeiro

- "Reconheço que o art. 419, parágrafo único, do CPP poderia levar ao entendimento de que estando o réu preso, ele passaria, desta forma, à jurisdição do magistrado agora competente, sem maiores explicações. O dispositivo em apreço, no entanto, não significa que o magistrado declinante não precise ou não possa reavaliar a custódia, e que tudo fica por conta daquele a quem seria submetido o processo. O entendimento parece incompatível com o art. 93, inciso IX da Constituição Federal e houve requerimento expresso do defensor do acusado, com pedido de liberdade, do qual o magistrado não se dignou a apreciar" (HC 0086742-28.2020.8.19.0000, 3.ª C., rel. Antonio Carlos Nascimento Amado, 23.02.2021, v.u.).

3.2.4.4 Absolvição sumária

3.2.4.4.1 Conceito e hipóteses legais

É a decisão de mérito, que coloca fim ao processo, julgando improcedente a pretensão punitiva do Estado. Ocorre quando o magistrado reconhece: a) estar provada a inexistência do fato; b) estar provado não ter sido o réu autor ou partícipe do fato; c) que o fato não constitui infração penal; d) estar demonstrada excludente de ilicitude (causa de exclusão do crime) ou de culpabilidade (causa de isenção de pena).

O juiz pode reconhecer, havendo certeza, lastreado nas provas dos autos, que o fato objeto da imputação inexistiu (art. 415, I, CPP). Ex.: a vítima do aventado homicídio, que havia sido empurrada pelo réu em caudaloso rio, desaparecendo, surge, ao longo da instrução, demonstrando não ter ocorrido *morte*. Logo, o acusado deve ser absolvido sumariamente.

É possível que se demonstre, entretanto, ter havido homicídio, mas as provas dos autos indiquem, com clareza, ter sido outro o autor do delito (art. 415, II, CPP). Logo, deve o réu ser absolvido sumariamente.

Outra possibilidade, mais ampla, é a evidência de que o fato ocorreu, podendo até o réu ser o seu autor, mas não constitui infração penal. Em outros termos, cuida-se de fato atípico. Qualquer excludente de tipicidade pode ser aplicada nesse contexto, como, por exemplo, verificando-se a hipótese de ter ocorrido crime impossível (art. 17, CP), deve o réu ser absolvido sumariamente.

Ressaltemos que somente comporta absolvição sumária a situação envolta por qualquer das alternativas e excludentes suprarreferidas quando *nitidamente* demonstradas pela prova colhida. Havendo dúvida razoável, torna-se mais indicada a pronúncia, pois o júri é o juízo competente para deliberar sobre o tema.

Superior Tribunal de Justiça

- "1. Na fase do *judicium accusationis*, somente se admite absolvição sumária quando houver juízo de certeza acerca de causa excludente de ilicitude ou culpabilidade, a teor do art. 415, IV, do CPP. 2. Considerando a falta de demonstração inequívoca de que o recorrido agiu, sob o pálio de causa supralegal de excludente de culpabilidade, durante a prática do ato que culminou na morte da vítima, deve a questão ser submetida ao Tribunal do Júri, notadamente por se tratar de juiz natural da causa, a fim de dirimir eventual dúvida acerca da dinâmica dos fatos" (REsp 1782240/MG, 6.ª T., rel. Nefi Cordeiro, 23.06.2020, v.u.).

Tribunal de Justiça do Distrito Federal e Territórios

- "A absolvição sumária do art. 415 do CPP exige prova cabal da inexistência do fato, de não ter sido o recorrente autor ou partícipe, de o fato não constituir infração penal ou da presença de causa de isenção de pena ou exclusão de crime, ausente no caso sob exame" (RESE 07096113920208070009, 3.ª T., rel. Nilsoni de Freitas Custodio, 15.07.2021, v.u.).

Tribunal de Justiça do Rio Grande do Sul

- "Se mesmo a impronúncia é decisão excepcional, um rigor muito maior é exigido para a absolvição sumária ou a desclassificação, que não requerem apenas a insuficiência de indícios, mas que absolutamente todo e qualquer elemento contido nos autos aponte para uma das hipóteses do art. 415 do CPP ou para a ausência de *animus necandi*" (RESE 50004497520168210057, 2.ª C., rel. Luiz Mello Guimarães, 26.04.2021, v.u.).

Tribunal Regional Federal – 1.ª Região

- "Processual penal. Homicídio doloso. CP, art. 121, § 4.º. Lesão corporal grave. Art. 129, § 1.º, I e II. Atentado contra a segurança de transporte aéreo. Art. 261, § 1.º. Concurso formal. Tribunal do Júri. Dolo eventual não configurado. Ausência de conduta penalmente atribuível. Recurso em sentido estrito provido. Absolvição sumária. 1. Provada a materialidade do delito, e havendo indícios suficientes de que os agentes são os autores, não se pode tolher o Ministério Público a tutela dos interesses da sociedade e extirpar do júri o julgamento de causa de sua competência, prevalecendo, nesta fase, o princípio *in dubio pro societate*. 2. Atua com dolo direto o agente que direciona a sua conduta com a intenção sincera de obter o resultado lesivo ao bem jurídico visado, tendo conhecimento e vontade de realização do tipo penal. O dolo eventual, por sua vez, caracteriza-se quando o agente, embora não atue de forma direcionada à concreção da ofensa ao bem jurídico tutelado pela norma, assume, com a sua conduta, o risco de produzi-la. Em casos tais, o agente tem consciência de que a sua forma de agir tem potencial para atingir o objeto de tutela de uma norma penal e provocar o resultado lesivo, o qual, embora não seja buscado, lhe é indiferente, tolerado. 3. Ausência de conduta penalmente relevante atribuível ao Recorrente, evidenciando não ser ele o autor ou partícipe na consecução dos fatos. 4. Recurso em sentido estrito provido para absolver o recorrente, com fundamento no disposto no artigo 415, II, do Código de Processo Penal" (RSE 2007.39.03.000637-7-PA, 3.ª T., rel. Mário César Ribeiro, 29.07.2017, v.u.).

Tribunal de Justiça de Minas Gerais

- "Nos termos do artigo 415, do Código de Processo Penal, a absolvição sumária somente pode ocorrer diante de prova inconteste, perceptível de plano e isenta de qualquer dúvida, acerca de alguma das circunstâncias nele referidas, sendo vedado ao magistrado, nesta fase, aprofundar-se no exame das provas, imiscuindo-se na competência do Conselho de Sentença" (RESE 0004489-27.2016.8.12.0029, 3.ª C. Crim., rel. Luiz Claudio Bonassini da Silva, 14.03.2019, v.u.).

A lei processual penal utiliza as expressões *exclusão do crime* e *isenção de pena*, que são os termos da norma penal para indicar, inclusive didaticamente, quando se trata de uma excludente de ilicitude (exclusão de crime) ou de uma excludente de culpabilidade (isenção de pena). Entretanto, tal denominação não é indicativa de ser a culpabilidade um mero pressuposto da pena, como afirma a corrente penal que adota a teoria bipartida (delito é um fato típico e antijurídico). Lembremos que o Código Penal e o Código de Processo Penal, ambos do início dos anos 40, têm inspiração nitidamente causalista – tanto que a Exposição de Motivos do Código Penal mencionava ser a culpabilidade composta por dolo e culpa – razão pela qual jamais se iria adotar uma teoria, à época, que excluísse do delito o elemento fundamental, ou seja, a culpabilidade.

Aliás, deve-se frisar que o apego à forma não é a melhor maneira de se interpretar o sentido da lei, vale dizer, nem sempre o legislador empregou a expressão "não há crime" para designar uma excludente de ilicitude ou a expressão "é isento de pena" para tratar de excludente de culpabilidade. Maiores detalhes sobre as expressões "exclua o crime" e "isento de pena" podem ser encontrados no nosso *Código Penal comentado*, nota 24 ao art. 180.

Assim, quanto às excludentes de culpabilidade, temos: a) erro de proibição (art. 21, CP); b) coação moral irresistível (art. 22, CP); c) obediência hierárquica (art. 22, CP); d) embriaguez acidental (art. 28, § 1.º, CP). Há, ainda, a situação de inimputabilidade (art. 26, *caput*, CP). Entretanto, para tal caso, somente poderá o juiz absolver sumariamente o réu se houver pedido expresso e exclusivo da defesa nesse sentido (art. 415, parágrafo único, CPP). Na realidade, adotou-se a possibilidade de levar a julgamento pelo Tribunal do Júri, quando interessar à defesa, o réu acusado da prática de qualquer delito, mesmo que o laudo o aponte como inimputável, uma vez que, em plenário, poderia ser absolvido por causa diversa (ex.: legítima defesa). Assim ocorrendo, não receberia medida de segurança.

Tribunal de Justiça de Minas Gerais

- "01. Nas hipóteses de crimes dolosos contra a vida, havendo a defesa, em sede de alegações finais, pleiteado outras teses, além do reconhecimento da inimputabilidade penal do réu por doença mental, é defeso ao juiz togado profira sentença absolutória imprópria, sob pena de invadir a competência do conselho de sentença. 02. Inteligência do artigo art. 415, parágrafo único, do CPP" (Apelação 1.0045.09.028980-7/001, 3.ª C., rel. Fortuna Grion, 19.11.2019, v.u.).

Por outro lado, é preciso considerar, também, a possibilidade de reconhecimento da excludente de culpabilidade supralegal, consistente na inexigibilidade de conduta diversa.

Lembremos que o erro de tipo comporta divergência. Há quem o insira como excludente de tipicidade, logo, do crime; outros o veem como excludente de culpabilidade. De todo modo, comporta absolvição sumária, se considerado escusável.

As excludentes de ilicitude são as seguintes: a) estado de necessidade (art. 23, I, art. 24, CP); b) legítima defesa (art. 23, II, art. 25, CP); c) exercício regular de direito (art. 23, III, CP); d) estrito cumprimento do dever legal (art. 23, III, CP).

Pode-se acrescentar, também, a excludente de ilicitude supralegal, consistente no consentimento do ofendido.

Vale ressaltar, ainda, que a semi-imputabilidade não comporta absolvição sumária, nem tampouco a impronúncia. Se o réu é considerado perturbado (art. 26, parágrafo único, CP), deve ser pronunciado normalmente, havendo prova da materialidade e indícios suficientes de autoria. Tal se dá por ser o réu culpável, merecendo, apenas, se for condenado, uma diminuição da pena.

3.2.4.4.2 Constitucionalidade da absolvição sumária

Cabe ao Tribunal do Júri o julgamento dos crimes dolosos contra a vida (art. 5.º, XXXVIII, *d*, CF), embora tenha o legislador ordinário estabelecido um correto e eficaz filtro para as acusações que não preenchem esse perfil.

A possibilidade de o magistrado togado evitar que o processo seja remetido e julgado pelo Tribunal Popular está de acordo com o espírito da Constituição. A função dos jurados é a análise de *crimes dolosos* contra a *vida*. Portanto, a inexistência de delito ou a alteração da tipicidade, passando a infração penal para a competência de juiz singular, faz cessar, *incontinenti*, a competência do júri.

Estando o juiz convencido, com segurança, desde logo, da licitude da conduta do réu, da falta de culpabilidade, da inexistência do fato, da sua atipicidade ou da inocência do réu, não há razão para determinar que o julgamento seja realizado pelo Tribunal Popular. Não fosse assim, a instrução realizada em juízo seria totalmente despicienda. Se existe, é para ser aproveitada, cabendo, pois, ao magistrado togado aplicar o filtro que falta ao juiz leigo, remetendo ao júri apenas o que for, por dúvida intransponível, um *crime doloso* contra a *vida*.

Superior Tribunal de Justiça

- "1. A Constituição Federal conferiu ao Tribunal do Júri a competência para julgar crimes dolosos contra a vida e lhe assegurou a soberania dos veredictos. Assim, em respeito ao princípio do juiz natural, somente é cabível a absolvição sumária, na firme compreensão da jurisprudência e doutrina pátrias, quando houver prova unívoca da excludente. 2. Diante da ausência de indícios suficientes de autoria da prática do crime doloso contra a vida e da existência de elementos a denotar ter o réu agido no estrito cumprimento do dever legal e em legítima defesa (fl. 665), a *absolvição sumária do acusado em nada fere os arts. 74, § 1.º, e 413, ambos do CPP*. 3. Agravo regimental não provido" (AgRg no AgRg no AREsp 1636117/MT, 6.ª T., rel. Rogerio Schietti Cruz, 20.04.2021, v.u., grifamos).

3.2.4.4.3 Recurso de ofício

Somos levados a reconhecer não mais subsistir tal hipótese. Entretanto, sempre fomos partidários da utilidade do duplo grau de jurisdição obrigatório, anteriormente previsto pelo art. 411 do CPP. Afinal, o controle das decisões de absolvição sumária, proferidas pelo juiz singular, no processo do júri, era relevante e encontrava respaldo constitucional. Registre-se que a competência para decidir acerca dos crimes dolosos contra a vida é do Tribunal do Júri (art. 5.º, XXXVIII, *d*, CF), soberano para dar qualquer destino ao caso (art. 5.º, XXXVIII, *c*, CF), de forma que o duplo grau de jurisdição somente fortalecia a instituição do júri, não permitindo que a sua competência fosse esvaziada infundadamente.

Se o magistrado absolvesse sumariamente o réu, era natural que este não apresentasse recurso, dependendo do representante do Ministério Público o questionamento da sentença. Se, porventura, o promotor não o fizesse, mas estando o juiz equivocado, deixaria o Tribunal Popular de emitir sua soberana decisão a respeito de um delito doloso contra a vida. Assim, críamos existente o chamado "recurso de ofício", justamente para servir de anteparo aos princípios regentes da instituição do júri no Brasil.

No entanto, não mais se pode considerá-lo presente. A atual redação do art. 415 do CPP, tratando da absolvição sumária, omitiu, por completo, qualquer referência ao dever do juiz de remeter ao tribunal, para reavaliação, a sua decisão. Ao contrário, inseriu-se, no art. 416 do CPP, expressamente, caber apelação contra a sentença de absolvição sumária. Ora, apelação é um recurso voluntário da parte.

Poder-se-ia dizer que o *recurso de ofício* permaneceria por força do disposto pelo art. 574, II, do CPP. É evidente que o legislador deveria ter expressamente revogado esse dispositivo. Sem tal previsão, torna-se imperiosa uma interpretação lógico-sistemática do sistema recursal.

O mencionado inciso II do art. 574 dispõe caber recurso de ofício da decisão "que absolver desde logo o réu com fundamento na existência de circunstância que exclua o crime ou isente o réu de pena, nos termos do art. 411". Ora, em primeiro lugar, não mais subsiste o conteúdo do antigo art. 411, substituído que foi pelo art. 415. Observando-se a redação deste último, inexiste qualquer referência ao recurso de ofício. Logo, a remissão feita pelo art. 574, II, do CPP, para dar sustentação ao mencionado recurso de ofício perdeu o sentido.

Sob outro enfoque, seguindo-se, apenas, o disposto pelo art. 574, II, do CPP, em interpretação literal, somente caberia o recurso de ofício quando houvesse absolvição sumária lastreada em excludente de ilicitude ou de culpabilidade. E os outros três novos casos que comportam a mesma decisão, previstos nos incisos I, II e III, do art. 415? Ficariam privados do recurso de ofício, por ausência de disposição legal a respeito. Eis, nesse contexto, o contrassenso instaurado. Não é possível supor que haja obrigatoriedade de recurso em relação a dois fundamentos da absolvição sumária, mas não se proceda da mesma forma no tocante aos outros três motivos possíveis.

Quer-se deduzir, portanto, que a supressão do recurso de ofício do art. 415 do CPP, substituto do antigo art. 411, esvaziou, por completo, a previsão feita pelo art. 574, II, do CPP.

Enfim, não mais existe o recurso de ofício no contexto da absolvição sumária no procedimento do júri.

Na doutrina, diz Aramis Nassif: "Outro avanço foi a abolição do recurso de ofício, conclusão que se alcança porque, se a norma anterior fazia expressa referência ao mesmo (art. 411), a atual omitiu-a, deixando claro a vocação do legislador. E o faz em bom tempo, pois tratava-se de medida incompatível com o sistema acusatório adotado pela Carta de 1988" (*O novo júri brasileiro*, p. 72). No mesmo prisma: Adel El Tasse (*O novo rito do Tribunal do Júri*, p. 55), André Estefam (*O novo júri*, p. 46), Edilson M. Bonfim e Domingos Parra Neto (*O novo procedimento do júri*, p. 40), André Mauro Lacerda Azevedo (*Tribunal do Júri*, p. 187).

3.3 Juízo de preparação do plenário

É a fase intermediária, entre a formação da culpa e o juízo de mérito. Antes do advento da Lei 11.689/2008, o ponto central dessa fase consistia na apresentação do libelo pelo órgão acusatório, especificando, em formato de artigos, o teor da imputação. Após, a defesa oferecia a contrariedade ao libelo.

3.3.1 Providências iniciais: os requerimentos de provas das partes

Eliminados o libelo e a contrariedade, objeto de análise em tópico abaixo, ao receber os autos, o juiz presidente do Tribunal do Júri deve providenciar a intimação do Ministério Público (ou do querelante) para que ofereça, querendo, o seu rol de testemunhas, até o máximo de cinco, para depoimento em plenário. Pode, ainda, juntar documentos e requerer diligências. A mesma intimação será encaminhada à defesa, com o idêntico objetivo e, também, no prazo de cinco dias (art. 422, *caput*, CPP). As diligências requeridas nessa fase ficam ao prudente critério do juiz para deferir ou não. É preciso registrar que eventual cerceamento ainda poderá ser questionado posteriormente, seja em plenário, com outro requerimento, seja em apelação, após a decisão do Júri.

Superior Tribunal de Justiça

- "1. O indeferimento de pedido de diligência, de acordo com o art. 422 do CPP, quando devidamente fundamentado, não configura cerceamento de defesa, por ser a discricionariedade motivada o critério norteador do juízo de necessidade" (RHC 104.117/RJ, 6.ª T., rel. Nefi Cordeiro, 12.03.2019, v.u.).
- "Assim, o 'deferimento de diligências é ato que se inclui na esfera de discricionariedade regrada do Magistrado processante, que poderá indeferi-las de forma fundamentada, quando as julgar protelatórias ou desnecessárias e sem pertinência com a instrução do processo, não caracterizando, tal ato, cerceamento de defesa (precedentes do col. STF e do STJ). Recurso desprovido' (RHC 64.595/SP, Quinta Turma, de minha relatoria, *DJe* de 30/05/2016)" (AgRg no REsp 1.621.722/RO, 5.ª T., rel. Felix Fischer, 14.08.2018, v.u.).

Lembremos que continua a ser exigível arrolar as testemunhas em caráter de imprescindibilidade, além de incluir devam elas ser intimadas por mandado, indicando sua precisa localização (art. 461, CPP). É a única maneira de se garantir a sua inquirição, caso alguma delas falte no dia do julgamento. Se a parte não mencionar o caráter de *imprescindibilidade*, não poderá exigir o adiamento da sessão, caso a testemunha deixe de comparecer, ainda que intimada.

Além disso, se houver mudança de local de julgamento, em virtude de desaforamento, a parte interessada deve requerer a oitiva de suas testemunhas por precatória, pois elas não mais serão obrigadas a comparecer em plenário.

Em princípio, trata-se de um número fixo (cinco). Há casos de processos complexos, no entanto, que terminam exigindo a inquirição, em plenário, de um maior número de pessoas. A hipótese deve ser resolvida pelo art. 209 do CPP, determinando o magistrado que outras testemunhas sejam ouvidas, além das indicadas pelas partes, por julgar necessário à busca da verdade real. São as denominadas *testemunhas do juízo*.

Cabe, pois, à parte arrolar as cinco que considera realmente *imprescindíveis*, requerendo ao juiz que ouça, ainda, outras, para melhor esclarecimento dos jurados. Trata-se de decisão pessoal do magistrado, conforme sua livre convicção, não possuindo a obrigação legal de atender à parte, mas também não fazendo dessa faculdade um instrumento de perseguição ou injustiça. Assim, deve determinar a oitiva de outras pessoas, quando realmente sentir necessário ao bom esclarecimento dos fatos debatidos no processo.

Caso indefira o requerimento formulado, a sua atitude, se injustificada e irrazoável, pode ensejar hipótese de cerceamento da acusação ou da defesa, conforme a situação. Inexiste recurso cabível para esse momento processual, embora possa a parte prejudicada, havendo apelação futura, levantar como preliminar o cerceamento ocorrido. Não deve deixar, ainda, de novamente requerer ao juiz presidente, na abertura dos trabalhos no plenário, a inquirição almejada, demonstrando que a diligência continua imprescindível no seu entendimento e fazendo consignar em ata o indeferimento, a teor do disposto no art. 571, V, CPP.

No caso da acusação, violar-se-ia, além da busca da verdade real, o princípio da soberania dos veredictos, uma vez que o Conselho de Sentença somente pode agir de modo realmente soberano se tiver total conhecimento das provas produzidas nos autos. Logo, o depoimento da testemunha poderia ser vital para esse pleno discernimento, o que motiva o cerceamento.

No caso da defesa, não há somente a possibilidade de ofensa ao princípio da soberania dos veredictos, como também a lesão ao princípio da plenitude de defesa. O procedimento é o mesmo: não cabendo recurso contra o indeferimento da produção da prova, resta renovar o pedido na abertura dos trabalhos em plenário para, depois, conforme o caso, levantar a questão como preliminar do recurso.

Nada impede, também, que o próprio jurado, durante o julgamento ou ao final dos debates, sentindo-se insatisfeito com a prova produzida e desejando ouvir mais alguém para formar o seu convencimento, exija a oitiva de alguma pessoa não arrolada ou que não pôde constar no estrito rol das cinco permitidas para plenário. Nesse caso, o juiz deve dissolver o Conselho de Sentença, marcar novo julgamento e determinar a intimação da testemunha, que não deixará de ser uma *testemunha do juízo*, pois a inquirição foi demandada pelo órgão julgador. Embora seja outro o Conselho de Sentença, a ser formado para o novo julgamento, a testemunha, cuja oitiva foi determinada pelo jurado do anterior Conselho, será inquirida como se fosse imprescindível seu depoimento para o esclarecimento da verdade dos fatos.

Caso o juiz perceba que algum jurado, por não desejar julgar o caso que lhe foi apresentado, buscou uma maneira de se livrar do encargo ao solicitar a inquirição de pessoa absolutamente dispensável, certo de que o Conselho seria dissolvido, deve tomar providência contra quem assim agiu, excluindo-o do Tribunal do Júri. Tendo havido má-fé, outras medidas ainda podem ser tomadas contra o referido jurado, apurando-se eventual prevaricação ou corrupção.

Se testemunhas residentes fora da Comarca onde se situa o Tribunal do Júri forem arroladas, deverão ser ouvidas por precatória, desde que o seu depoimento já não tenha sido prestado anteriormente. Por medida de economia processual, não há sentido algum em se colher, novamente, o testemunho de alguém que já foi ouvido na fase da formação da culpa exatamente sobre os mesmos fatos. Aliás, se a testemunha reside fora da Comarca, é provável que já tenha sido ouvida antes por precatória. Enfim, de nada adianta ouvi-la duas vezes, ambas por precatória. Uma só vez basta.

Por outro lado, quando a parte desejar ouvir, em plenário, alguma testemunha residente fora da Comarca, pode pleitear a sua intimação para que compareça na sessão de julgamento. Entretanto, é necessário que conste da intimação não ser ela obrigatória, pois ninguém tem o dever de depor em local diverso de onde reside. Em outras palavras, pode ser que a parte, conhecendo a disponibilidade da testemunha em comparecer no plenário do Tribunal do Júri, prefira seja ela intimada da data do julgamento em lugar de ser ouvida na Comarca deprecada. Sempre é mais interessante que a testemunha deponha frente aos jurados.

Dessa forma, depende do interesse da parte que arrola a testemunha. Se for pessoa que não prestou, ainda, depoimento, pode-se optar pela sua inquirição no juízo deprecado. Caso seja pessoa que já depôs, pode-se preferir a sua intimação para comparecer em plenário, sempre especificando não ser medida obrigatória.

Sobre a substituição de testemunhas, é preciso haver um relevante motivo, sob pena de preclusão. Na fase de preparação do plenário, existe um prazo para apresentar o rol de testemunhas; se ultrapassado esse prazo, como regra, não mais se pode fazê-lo. Entretanto, em seguimento ao princípio da plenitude de defesa, que vigora no âmbito do júri, deve o magistrado ter cautela para indeferir um pedido de complementação do rol ou até mesmo de substituição de pessoas anteriormente arroladas.

Tribunal de Justiça do Distrito Federal

- "Direito Processual Penal. *Habeas Corpus*. Tribunal do Júri. Sessão Plenária designada. Rol de testemunhas apresentado oportunamente pela Defensoria Pública do DF em 2013. Alteração da representação processual do réu em junho de 2017. Pedido de aditamento do rol de testemunhas a serem ouvidas no plenário do júri. Indeferimento. Preclusão consumativa. Possibilidade de substituição de testemunha anteriormente arrolada. Ordem denegada" (20170020215296, 3.ª Turma Criminal, rel. Waldir Leôncio Lopes Junior, 09.11.2017, v.u.).

É importante destacar que o provimento a recurso pelo Tribunal, determinando a realização de novo julgamento pelo júri, não se reabre, novamente, a fase de preparação do plenário, prevista nos artigos. 422 a 424 do CPP. Basta designar data para o novo julgamento.

Superior Tribunal de Justiça

- "1. Assim como era o libelo, a preparação prevista no artigo 422 do Código de Processo Penal constitui ato que precede o julgamento, no qual as partes poderão arrolar as testemunhas que serão ouvidas em Plenário, bem como requerer as diligências que entendem necessárias para a defesa das respectivas teses. 2. Quando o tribunal dá provimento ao apelo das partes para determinar a realização de um novo julgamento, pelo fato do primeiro veredicto ter sido considerado manifestamente contrário à prova dos autos, não se pode admitir que haja inovação no conjunto probatório que será levado ao conhecimento do novo Conselho de Sentença, sob pena de se desvirtuar a regra recursal prevista no artigo 593, inciso III, alínea 'd', do Código de Processo Penal, mormente em razão da norma contida na parte final do § 3.º do referido dispositivo, que impede a segunda apelação motivada na alegação em análise. 3. Na espécie, inexiste qualquer ilegalidade no indeferimento de parte das provas requeridas pela defesa, pois tendo o Tribunal estadual, ao julgar a apelação ministerial, determinado que o recorrente fosse submetido a novo julgamento pelo Tribunal do Júri, não se permite que Juiz-Presidente, ainda que invocando as inovações trazidas pela Lei 11.689/2008, repita a fase de preparação para o julgamento, concedendo às partes o direito de se manifestarem nos termos do artigo 422 do Código de Processo Penal, pois, no âmbito do mesmo procedimento, o ato de indicação das provas a serem produzidas no Plenário foi praticada sob a égide da legislação então vigente, estando abarcada pelo instituto da preclusão. Precedente. 4. Recurso desprovido" (RHC 120.356/SP, 5.ª T., rel. Jorge Mussi, 10.03.2020, v.u.).

3.3.2 A supressão do libelo e da contrariedade ao libelo

O libelo era a peça acusatória, com conteúdo fixado pela decisão de pronúncia, expondo, na forma de artigos, a matéria que seria submetida a julgamento pelo Tribunal do Júri, limitando a atuação do órgão acusatório e permitindo plena ciência, pela defesa, do que seria alegado em plenário.

No procedimento do júri, enquanto a denúncia tem por fim expor o fato delituoso para provocar um juízo de admissibilidade da acusação (pronúncia), sem invasão do mérito da causa, o libelo crime-acusatório era justamente a peça formal da acusação, que visava à exposição do fato criminoso, filtrado pela pronúncia, ao Tribunal Popular, constituindo a pretensão punitiva do Estado e pretendendo um julgamento de mérito.

Alguns processualistas sustentavam devesse essa peça ser extinta, pois seria uma formalidade inútil e fonte de nulidades. A ideia central concentrava-se na melhor elaboração dos quesitos, pelo juiz presidente, caso se baseasse diretamente na pronúncia.

Pensamos que a extinção do libelo somente seria útil, caso o juiz fosse obrigado a tornar a pronúncia específica o suficiente para não gerar à defesa qualquer surpresa em plenário. Exemplo: a acusação oferece denúncia genérica contra vários agentes de homicídio, em concurso de pessoas, sem mencionar quem agiu como coautor e quem atuou como partícipe. Durante a instrução, tais posturas emergem claras. Caberia ao magistrado, ao pronunciar os acusados, especificar quem é coautor e quem é partícipe. Se não o fizer, inexistindo libelo para suprir a deficiência, a defesa ficará prejudicada em plenário, pois haveria de se preparar para as duas hipóteses acusatórias.

Entretanto, observa-se, diante da reforma do procedimento do Tribunal do Júri, justamente o oposto: buscou-se a eliminação do libelo ao mesmo tempo em que se procurou limitar, ao máximo, a fundamentação da decisão de pronúncia. Esse binômio pode representar um sério gravame ao princípio constitucional da plenitude de defesa.

Por isso, ao comentarmos o disposto no art. 413, § 1.º, do CPP, cuidando da fundamentação da pronúncia, expusemos a necessidade de o juiz manter-se fiel à fundamentação detalhada, porém com linguagem comedida. Outra postura poderá levar a nulidades por confronto direto com princípios processuais relevantes, como a plenitude de defesa e a motivação das decisões judiciais.

Entretanto, eliminada que foi essa peça, torna-se indispensável que a pronúncia seja o mais específica possível. Sobre o tema, pronuncia-se Rogério Lauria Tucci, nos seguintes termos: "A supressão do libelo não importa na simplificação do procedimento, no qual haverá lugar, em sequência ao decurso do prazo para interposição de recurso contra a sentença de pronúncia, para o requerimento de provas, a serem produzidas no plenário do júri, e de outras diligências prévias, tidas como pertinentes e relevantes. (...) sem o libelo definha-se a contrariedade, enfraquece-se a atuação defensiva, desorienta-se a realização da prova oral em plenário e, com isso, desvigora-se a quesitação – tudo a negar (isso, sim!) a tradição conservadora da instituição do júri" (*Tribunal do júri – Origem, evolução, características e perspectivas*, p. 87-88). Seguindo a mesma trilha, Pitombo considera "gravíssima" a eliminação do libelo-crime, pois terminaria com o controle efetivo do juiz sobre a acusação: "Irromperá muito dificultoso, no momento dos debates, o juiz-presidente verificar a fidelidade e a pontualidade da acusação oral", enfraquecendo a defesa (Supressão do libelo, p. 141-142).

Uma das funções do libelo era permitir a inclusão das agravantes, que seriam sustentadas pela acusação em plenário. Não era obrigatória a menção dessas causas legais de agravamento da pena, pois não fazem parte do tipo básico, nem do tipo derivado. Poderia o órgão acusatório sustentá-las diretamente em plenário.

Entretanto, a partir da eliminação do libelo, uma alternativa não resta senão a eventual alegação e sustentação em plenário, pois, na decisão de pronúncia, não devem constar (art. 413, § 1.º, CPP).

3.3.3 Correlação entre pronúncia e questionário

Constituía medida fundamental ser o libelo o espelho fiel da pronúncia, transformando a acusação, feita na forma narrativa na denúncia e filtrada pela pronúncia, em acusação articulada, isto é, feita na forma de artigos. O propósito era limitar a atuação do órgão acusatório em plenário, que não poderia surpreender a defesa, apresentando teses distantes do libelo, que, afinal, era correlacionado com a pronúncia.

Suprimido o libelo, torna-se essencial ser a pronúncia detalhada o suficiente para limitar a atuação da acusação em plenário, fornecendo ao defensor o exato alcance da imputação.

A partir de agora, torna-se cabível sustentar a correlação entre a pronúncia e o questionário, não podendo haver surpresas, vale dizer, teses não abordadas especificamente na decisão de admissibilidade da acusação, relacionadas ao tipo penal incriminador, são vedadas ao órgão acusatório, ao atuar em plenário.

Como já mencionado anteriormente, o órgão acusatório construía o libelo baseando-se no futuro questionário. Todos os artigos transformar-se-iam em indagações (quesitos) aos jurados. Cabe à pronúncia assumir esse ônus.

3.3.4 *Avaliação das provas*

Recebidas as petições das partes, contendo os requerimentos para a produção de provas (rol de testemunhas, juntada de documentos e outras diligências), deve o magistrado deliberar a respeito, ordenando as diligências necessárias para sanar vícios e esclarecer fatos interessantes à apuração da verdade (art. 423, I, CPP).

Naturalmente, quando for apresentado apenas o rol das testemunhas a serem ouvidas em plenário, passa-se, diretamente, à fase de elaboração do relatório (art. 423, II, CPP).

Do contrário, havendo pleitos específicos para a requisição de documentos ou realização de perícias, bem como para a oitiva de alguma testemunha em particular, possivelmente inédita, surgida após a fase de formação da culpa, o juiz precisa providenciar o necessário.

Equivale esse estágio do processo à anterior *justificação* – medida de natureza cautelar, que tem por finalidade a prova de algum fato ou de qualquer relação jurídica, relevante para a constituição de prova no processo penal. Não está disciplinada pelo Código de Processo Penal, embora este a mencione, *v.g.*, art. 513.

Não está eliminada, por completo, a possibilidade de se ajuizar a justificação, como procedimento incidental. Tal se daria quando, finda a fase de preparação do plenário, aguardasse o processo o julgamento em plenário e, nesse período, surgisse prova nova, essencial ao feito, merecedora de produção *antes* da reunião dos jurados.

Segue-se, então, o previsto no Código de Processo Civil para regular a sua utilização (arts. 381 a 383, CPC). A parte que deseje promovê-la, apresenta a petição inicial (ex.: ouvir uma testemunha-chave ainda não inquirida), havendo a interferência do Ministério Público (caso não seja este o requerente). Procede-se à juntada de documentos e oitiva de testemunhas.

Não se contesta o pedido, nem há recurso contra a simples homologação, proferida pelo juiz ao final, sem qualquer apreciação de mérito. Normalmente, desenvolve-se em apenso ao processo principal. Deve contar com a audiência da parte contrária, sendo dispensável a presença do réu, pois o procedimento é meramente incidental, além de ser inexistente disposição legal a respeito. Em algumas situações, como quando houver necessidade de reconhecimento, deve-se buscar ter o acusado presente.

Nos feitos do júri, faz-se perante o juiz preparador do plenário. Quando se destinar à instrução de revisão criminal, cabe ao juiz da condenação. Indeferida a justificação, de plano, cabe apelação (art. 593, II, CPP). Entretanto, não deve ela ser indeferida, salvo quando o pedido envolver a produção de prova ilícita ou envolver questão inútil para a solução do feito, o que evidencia a ausência de interesse de agir.

A justificação não se presta a renovar a prova produzida ao longo da instrução, mas, ao contrário, dar possibilidade de inquirição de pessoa não ouvida e de concretização de prova inédita.

Superior Tribunal de Justiça

- "1. Nos termos do art. 423 do Código de Processo Penal, o Magistrado deverá deliberar sobre os requerimentos, seja para deferir a busca de novas provas, seja para providenciar diligências aptas a suprir falhas e vícios, evitando-se futuras declarações de nulidade. 2. No caso, contudo, em vez de deliberar sobre o pleito, o Juiz presidente do Tribunal do Júri omitiu-se, impossibilitando a defesa de apontar as testemunhas que entendia como necessárias para o esclarecimento dos fatos ou, ao menos, impugnar o eventual indeferimento do pedido. 3. E, como bem destacado pelo acórdão recorrido, 'o prejuízo constatado in folio não se limitou à pessoa do Acusado com a condenação, pois atingiu a própria prestação jurisdicional, já que, tendo em conta que o jurado julga de acordo com a sua convicção íntima, não há como saber como determinada prova, ou a falta dela, poderia ou não interferir na decisão de mérito.' 4. E não se pode falar de preclusão, visto que as nulidades reconhecidas foram arguidas ainda em Plenário, como determina o art. 571, inciso V, do Código de Processo Penal, conforme consta da ata da sessão de julgamento. 5. Agravo regimental a que se nega provimento" (AgRg no REsp 1858518/BA, 5.ª T., rel. Reynaldo Soares da Fonseca, 12.05.2020, v.u.).

3.3.5 Relatório do processo

Na fase de preparação do plenário, o juiz elabora o relatório sucinto do processo, contendo as principais ocorrências, sem emitir qualquer avaliação subjetiva.

Essa medida, no procedimento anterior à reforma havida em 2008, era tomada em momento completamente inadequado, ou seja, após o interrogatório do réu em plenário e oralmente (antigo art. 466, CPP). Portanto, os jurados tomavam conhecimento dos aspectos relevantes do processo que iriam julgar depois de já ter sido o acusado interrogado, o que lhes limitava a possibilidade de fazer reperguntas. Por outro lado, o relatório, feito verbalmente, deveria ser memorizado pelo Conselho de Sentença, que não teria mais condições de relembrar o que disse o magistrado com o passar do tempo, mormente em julgamentos de casos complexos.

A alteração foi positiva. O relatório será feito por escrito e incluído na pauta da reunião do Tribunal do Júri, significando, pois, que cada jurado terá uma cópia.

As principais partes do relatório são, sem prejuízo de outros dados, ao prudente critério do juiz: a) resumo do conteúdo da denúncia ou queixa; b) resumo do conteúdo da defesa prévia do réu, com suas alegações preliminares e/ou exceções; c) elenco das provas (basta enumerar e não detalhar uma por uma) colhidas ao longo do inquérito, em especial as periciais, que não são refeitas; d) elenco das provas (basta enumerar e não detalhar uma por uma) colhidas na fase de formação da culpa; e) resumo do conteúdo do interrogatório do réu, em especial, se levantou e qual foi a sua tese de autodefesa (se preferiu valer-se do direito ao silêncio, basta mencionar o fato, sem valoração alguma); f) resumo do conteúdo das alegações finais das partes; g) resumo do conteúdo da pronúncia, acolhendo e/ou rejeitando as teses das partes (se houve impronúncia, desclassificação ou absolvição sumária, expor o resumo do seu conteúdo, fazendo menção à reforma pelo Tribunal); h) exposição de pontos excepcionais, como, por exemplo, se houve decretação da prisão preventiva ou prisão em flagrante, concessão ou negativa de liberdade provisória, recurso contra a pronúncia e resultado do acórdão; i) se houve aditamento à denúncia e alteração da pronúncia, após a preclusão; j) quais as provas requeridas e, eventualmente, realizadas na fase de preparação do plenário.

O relatório poderá ser feito pelo juiz presidente do Tribunal do Júri, mas também por outro magistrado, quando este for o competente, pela lei de organização judiciária local, para o preparo do feito até a remessa ao presidente do Júri (art. 424, CPP).

Superior Tribunal de Justiça

- "4. Desnecessária apresentar a menção pormenorizada do julgamento ocorrido perante o Tribunal de Justiça no relatório do processo, bastando a alusão sucinta da anulação da primeira decisão do Tribunal do Júri decorrente do recurso de apelação, tal como aludida pelo Juiz togado, visto que em consonância com o disposto no art. 423, II, do CPP. 5. Ademais, as informações alegadas como relevantes foram mencionadas aos jurados pelo Juiz togado, durante a oitiva da psiquiatra forense, de modo que não demonstrado o prejuízo à defesa, aplica-se o princípio *pas de nullité sans grief*, disposto no art. 563, do Código de Processo Penal" (REsp 1.662.529/SP, 6.ª T., rel. Nefi Cordeiro, 21.09.2017, v.u.).

3.3.6 Desaforamento

3.3.6.1 Conceito

É a decisão jurisdicional que altera a competência inicialmente fixada pelos critérios constantes do art. 69 do Código de Processo Penal, com aplicação estrita no procedimento do Tribunal do Júri, transferindo a apreciação do caso de uma para outra Comarca. A competência, para o desaforamento, é sempre da Instância Superior e nunca do juiz que conduz o feito. Entretanto, a provocação pode originar-se tanto do magistrado de primeiro grau quanto das partes, dependendo da situação.

O desaforamento não ofende o princípio do juiz natural, porque é medida excepcional, prevista em lei, e válida, ademais, genericamente, para todos os réus (art. 427, *caput*, CPP). Aliás, sendo o referido princípio uma garantia à existência do juiz imparcial, o desaforamento se presta, com justeza, a sustentar essa imparcialidade, bem como a garantir outros importantes direitos constitucionais (como a integridade física do réu e a celeridade no julgamento).

Porém, destaque-se o alerta formulado por José Ruy Borges Pereira: "predomina o entendimento no sentido de que tal instituto não é inconstitucional, mas ressalva há de ser feita, para que somente exista desaforamento em caso de real e comprovada necessidade, já que o Princípio do Juiz Natural é garantia constitucional do acusado (art. 5.º, XXXVIII, da CF) e pressuposto para a realização de justiça, não podendo ser abandonado pela simples dificuldade na realização do julgamento na Comarca originalmente competente" (*Tribunal do Júri*, p. 30).

Superior Tribunal de Justiça

- "2. Uma vez determinado o desaforamento em razão das informações prestadas pelo Magistrado que conduzia o feito, o qual relatou dúvida sobre possível parcialidade dos jurados, não há violação ao art. 427 do Código de Processo Penal. Rever os motivos que ensejaram a medida, como pretende a defesa, esbarraria no vedado reexame de provas" (ED no AgRg nos ED no REsp 1.534.302/SC, 6.ª T., rel. Antonio Saldanha Palheiro, 19.12.2022, v.u.).

3.3.6.2 Hipóteses legais

São, basicamente, as seguintes: a) interesse da ordem pública; b) dúvida sobre a imparcialidade do júri; c) dúvida quanto à segurança pessoal do réu; d) demora para o julgamento em plenário, sem culpa do réu ou da defesa (arts. 427, *caput*, e 428, *caput*, CPP).

Quanto ao interesse da ordem pública, é a necessidade de segurança existente na Comarca onde o júri deverá reunir-se. Assim, havendo motivos razoáveis e comprovados de que a ocorrência do julgamento provocará distúrbios, gerando intranquilidade na sociedade local, constituído está o fundamento para desaforar o caso, transferindo-o para outra Comarca.

Não basta, para essa apuração, o sensacionalismo da imprensa do lugar, muitas vezes artificial, sem refletir o exato estado das pessoas. O juiz pode apurar tal fato ouvindo as autoridades locais (polícia civil, polícia militar, Ministério Público, entre outros).

Quanto à dúvida sobre a imparcialidade do júri, trata-se de questão complexa, pois as provas, normalmente, são frágeis para apontar a parcialidade dos juízes leigos. Entretanto, é, dentre todos os motivos, em nosso entender, o principal, pois compromete, diretamente, os princípios constitucionais do juiz natural e imparcial. Não há possibilidade de haver um julgamento justo com um corpo de jurados tendencioso. Tal situação pode dar-se quando a cidade for muito pequena e o crime tenha sido gravíssimo, levando à comoção geral, de modo que o caso vem sendo discutido em todos os setores da sociedade muito antes de o julgamento ocorrer.

Dificilmente, nessa hipótese, haveria um Conselho de Sentença imparcial, seja para condenar, seja para absolver, visto que a tendência a uma postura ou outra já estará consolidada há muito tempo.

Outras situações fáticas podem ocorrer, mas, como se disse, não é fácil a comprovação. Meras suposições de parcialidade não devem dar margem ao desaforamento. Porém, a dúvida – juízo de probabilidade mais intenso que a simples suposição – enseja o deslocamento de competência.

Supremo Tribunal Federal

- "II – A questão do desaforamento é matéria de ordem pública inserida no capítulo da ampla defesa. A nossa Carta Magna, ao reconhecer a instituição do júri, em seu art. 5.º, XXXVIII, determina seja assegurada a plenitude de defesa. III – Ao contrário do que decidido pelo Tribunal local, a legislação penal e processual penal não exigem o acompanhamento de provas concretas ou 'a certeza da parcialidade que pode submeter os jurados, mas tão somente fundada dúvida quanto a tal ocorrência' (HC 109.023/SP, Rel. Min. Dias Toffoli). IV – *In casu*, entendo suficientes as alegações que justificam a modificação da competência territorial, especialmente porque essa conclusão não traz qualquer dano à acusação, o que não se poderia afirmar na hipótese *a contrario sensu*" (HC 167.960 AgR, 2.ª T., rel. Ricardo Lewandowski, 14.05.2019, v.u.).
- "Presente clima contrário à almejada isenção dos jurados, cabível é a incidência do artigo 427 do Código de Processo Penal, no que o Estado-juiz deve buscar a imparcialidade atinente aos julgamentos" (HC 160.698, 1.ª T., rel. Marco Aurélio, 21.05.2019, v.u.).

Superior Tribunal de Justiça

- "2. Na espécie, o Relator, examinando as provas colacionadas nos autos, afirmou expressamente que é público e notório o latente prejuízo no que se refere à permanência do julgamento na região, mormente por tratar-se de uma pequena cidade de interior, sendo indiscutível a sensação de medo e de insegurança, inclusive em relação aos policiais, a quem tinha o dever de proteção. Portanto, permitir o julgamento por órgão jurisdicional sobre cuja imparcialidade pairam severas dúvidas, como na espécie, colocaria em risco a segurança e a soberania do corpo de jurados, assim como representaria irreparável afronta à garantia constitucional da ampla defesa" (AgRg no HC 735.863/RO, 5.ª T., rel. Reynaldo Soares da Fonseca, 24.05.2022, v.u.).
- "4. Havendo elementos concretos no sentido de que o réu, ainda que não exerça mais influência política, continua a exercer forte influência econômica e empresarial em comarca que possui pequena população, justifica-se o desaforamento, que dispensa certeza sobre a parcialidade dos jurados, sendo suficiente a existência de dúvidas quanto à sua imparcialidade" (AgRg no AREsp 1784904/PR, Rrel. Ribeiro Dantas, 5.ª. T., 16.03.2021, *DJe* 19.03.2021).

Por outro lado, a notoriedade da vítima ou do agressor não é motivo suficiente para o desaforamento. Em muitos casos, homicídios ganham notoriedade porque a vítima ou o agressor – ou ambos – são pessoas conhecidas no local da infração, certamente provocando o debate prévio na comunidade a respeito do fato. Tal situação deve ser considerada normal, pois é impossível evitar que pessoas famosas ou muito conhecidas, quando sofrem ou praticam crimes, deixem de despertar a curiosidade geral em relação ao julgamento. Somente em casos excepcionais, entretanto, cabe o deslocamento da competência.

Além disso, casos que se tornem nacionalmente notórios não podem justificar o desaforamento, mormente quando tramitam em Comarcas grandes, pois, para onde quer que sejam deslocados, haverá jurados que tomaram conhecimento dos fatos. Vários crimes, justamente por atraírem a atenção da mídia, podem despertar a atenção da sociedade, o que não pode bastar para o deslocamento de competência.

Quanto à segurança pessoal do réu, parece-nos a hipótese mais frágil, uma vez que é dever do Estado zelar pela segurança de qualquer acusado. Havendo condenação e prisão, continuará ele à disposição do Estado e sob sua proteção. Caso seja colocado em liberdade, cabe ao próprio acusado detectar se há clima para a sua permanência no local do julgamento. Enfim, somente em casos anormais e excepcionais, ocorridos nas pequenas cidades, onde o efetivo da polícia é diminuto, não havendo possibilidade de reforço, por qualquer motivo, é razoável o desaforamento.

Finalmente, quanto à demora para a realização do julgamento, constitui razão para o desaforamento, caso o julgamento não se dê após seis meses, contado do trânsito em julgado da decisão de pronúncia. Nesse cômputo, não se inclui o tempo de adiamentos, diligências ou incidentes de interesse da defesa (art. 428, § 1.º, CPP). A norma especifica que ao atraso não pode ter dado causa a defesa, excluindo o órgão acusatório. Essa discriminação é injusta, uma vez que este, em tese, também pode provocar o retardamento do feito, até mesmo para provocar, depois, o desaforamento.

Embora a lei não seja expressa, cremos indispensável que essa hipótese somente se concretize nos casos de réus presos, pois os soltos podem perfeitamente aguardar a ocorrência do julgamento por mais tempo. Entretanto, em situações excepcionais, como em caso de réu necessitando livrar-se logo da pendência do julgamento, é possível que a defesa requeira o desaforamento.

Excluiu-se, na reforma, a possibilidade de o Ministério Público requerer o desaforamento em situação de demora para a realização do julgamento (art. 428, *caput*, CPP). Não se nos afigura razoável. Imagine-se a hipótese de prescrição se avizinhando. Deveria o promotor cuidar para que houvesse o desaforamento. Assim não sendo viável, resta-lhe requerer ao juiz a imediata inclusão do feito em pauta.

Se, porventura, houver indeferimento pelo juiz, cremos caber o ingresso de desaforamento, pelo Ministério Público, fundado em motivo de interesse da ordem pública, uma vez que, desenhada a prescrição, certamente haverá impunidade, algo que, seguramente, atenta contra a tranquilidade social.

Outra questão a ser ponderada é o excesso de serviço e o número desmedido de processos em trâmite por várias Comarcas brasileiras, levando ao excesso de prazo, especialmente quando há réu preso. Há casos em que a designação de um julgamento com prazo superior a seis meses, após o trânsito em julgado da pronúncia, é a regra. Portanto, de nada adianta ocorrer o desaforamento, já que se estaria transmitindo o problema para a Comarca vizinha, onde também pode haver excesso de serviço.

Supremo Tribunal Federal

- "3. Os autos não evidenciam situação de desídia ou de injustificada demora do Poder Judiciário, o que impede o acolhimento da tese de excesso de prazo da custódia. Situação concreta em que a defesa reteve o processo por aproximadamente seis meses e o adiamento do julgamento pelo Tribunal do Júri foi motivado pelo desaforamento do feito. Além disso, o acórdão superveniente do Superior Tribunal de Justiça expediu 'recomendação ao Juízo competente para que providencie, o quanto antes, o julgamento do Recorrente perante o Júri Popular'. 4. Agravo regimental desprovido" (HC 170418 AgR, 1.ª T., rel. Roberto Barroso, 27.04.2020, v.u.).

Tribunal de Justiça de Minas Gerais

- "O acusado há de ser, sempre, o centro do universo processual e, sendo preso provisório, estando os autos aguardando a realização do julgamento em Plenário do Tribunal do Júri, tem direito ao seu imediato julgamento, conforme passou a determinar o estatuto processual penal a partir da Lei n.º 11.689/08, aplicando-se a norma insculpida no § 2.º, parte final, do art. 428, do CPP" (HC 10000181434572000, 3.ª C. Crim., rel. Fortuna Grion, 03.02.2019, v.u.).

A única solução seria desaforar o processo para qualquer Comarca do Estado, ainda que distante do lugar onde o crime se deu. Em nome da celeridade no julgamento prejudica-se, entretanto, a ideia central da competência na esfera criminal, que é garantir a apreciação do feito no lugar onde o delito se concretizou. É verdade que a lei estipula que o desaforamento deve ocorrer para outra Comarca *da mesma região, preferencialmente as mais próximas* (art. 427, *caput*, CPP). Enfim, dentre os valores em jogo, prevalece a meta da celeridade processual.

Ademais, por vezes, as Comarcas próximas também podem ter os mesmos problemas que a original. É o caso de réu com grande influência política na região. Pode-se, então, deslocar o feito para local mais distante.

Superior Tribunal de Justiça

- "IV – A competência será deslocada para o local mais próximo daquele em que originariamente tramitava o feito, caso ali não persistam os mesmos motivos que ensejaram a medida. Se persistirem e desde que o Tribunal o faça de forma fundamentada, o julgamento poderá ocorrer em localidades mais remotas. Precedentes. V – No caso, o desaforamento foi determinado para Comarca mais próxima, segundo asseverou o eg. Tribunal *a quo*, nos termos do art. 427 do CPP, não logrando a Defesa infirmar a decisão no ponto" (HC 469.316/MG, 5.ª T., rel. Felix Fischer, 18.10.2018, v.u.).

A impossibilidade de representação de desaforamento ao Tribunal pelo juiz, no caso de excesso de prazo, soa-nos injustificável. Continuou o legislador a supor que, sendo o magistrado aquele que controla a pauta dos julgamentos, teria condições de evitar o atraso. Logo, não poderia agir contra si mesmo, vale dizer, ao mesmo tempo em que permitiria o excesso, depois, pleitearia a transferência do processo para outra Comarca.

Lembra Hermínio Alberto Marques Porto que "não é encontrada justificativa para a não provocação, na hipótese, da motivação do Juiz, através da representação prevista no art. 424, *caput* [atual 427, *caput*], pois ao Juiz compete velar pelo pronto e normal encerramento do procedimento..." (*Júri*, p. 110).

Porventura, é de se ter em conta que, atualmente, muitos juízes já não conseguem "controlar" suas pautas de julgamento como desejariam, pois o excessivo número de feitos em andamento os impede. Essa seria a razão pela qual o desaforamento, por excesso de prazo, poderia ser demandado pelo próprio magistrado.

3.3.6.3 Procedimento

Ingressa-se com requerimento (Ministério Público, assistente de acusação, querelante ou acusado) ou representação (juiz, quando possível) junto à Presidência do Tribunal de Justiça (ou Regional Federal), expondo os motivos do desaforamento (art. 427, *caput*, CPP).

Distribui-se de imediato e terá preferência de julgamento na Câmara ou Turma competente (art. 427, § 1.º, CPP). Ouve-se o Ministério Público, atuando em 2.º grau.

Passa a existir a possibilidade de o relator determinar a suspensão do julgamento pelo júri (art. 427, § 2.º, CPP), quando relevantes os motivos aventados (ex.: inexistir condição de segurança para o réu).

Aliás, o ideal é que o próprio juiz do feito interrompa o curso processual e adie a sessão, aguardando o deslinde do pedido formulado no Tribunal. Mas, se não o fizer, parece-nos cabível que a medida seja pleiteada diretamente ao Tribunal.

Quando o pedido for feito pelas partes, ouve-se o magistrado da Comarca. Ninguém melhor que a autoridade judiciária encarregada de presidir o julgamento para informar a realidade da situação ao Tribunal, pois tanto a ordem pública, como a segurança do réu e até mesmo a imparcialidade dos jurados são do seu conhecimento direto.

Superior Tribunal de Justiça

- "2. Estando o juiz da causa mais próximo das partes e da própria comunidade julgadora, tem maior sensibilidade para aferir os detalhes e os problemas que envolvem o processo, motivo pelo qual, em feitos deste jaez, suas informações alcançam enorme relevância para a apreciação do pedido em tela, podendo muito bem aferir o peso de possível parcialidade do Tribunal do Júri (HC 307.963/PI, Rel. Ministro Antonio Saldanha Palheiro, Sexta Turma, julgado em 27/6/2017, *DJe* 1.º/8/2017)" (AgRg no HC 490.467/PE, 6.ª T., rel. Nefi Cordeiro, 28.03.2019, v.u.).

Lembremos, ainda, que se cuida de uma decisão de caráter jurisdicional e não administrativo, necessitando ser proferida por uma das Câmaras (ou Turmas) Criminais do Tribunal de Justiça (ou Regional Federal) e não pela Presidência do Tribunal ou outro órgão diretivo da Corte, que estaria agindo em sua competência administrativa e não jurisdicional.

Nesse sentido, concedendo ordem de *habeas corpus* para impedir a transferência de processos do júri de uma Comarca para outra, através de decisão administrativa do Conselho Superior da Magistratura de São Paulo, manifestou-se o Superior Tribunal de Justiça, através do voto do relator WILLIAM PATTERSON: "Compreendo a situação descrita e nela vislumbro a vontade de permitir a celeridade dos processos submetidos à apreciação do Tribunal do Júri. Circunstâncias excepcionais podem, na verdade, permitir conduta de tal natureza. Acontece, porém, que a questão envolve outro aspecto, de ordem formal, de reconhecida afetação ao procedimento. Isso está registrado no pronunciamento do MPF, nestes termos (fls.): 'Estabelece o art. 424 do Código de Processo Penal [atual art. 427, CPP] que o Tribunal de Apelação, diante de determinados motivos elencados, a requerimento de qualquer das partes ou mediante representação do juiz, ouvido sempre o procurador-geral, poderá desaforar o julgamento para comarca ou termo próximo'. A hipótese não é, portanto, de um procedimento administrativo, mas de medida judicial a ser determinada, no curso do processo, por órgão colegiado investido da função jurisdicional e competente para decidir. Na espécie sob análise, o desaforamento foi determinado pelo Conselho Superior da Magistratura, acolhendo voto do Exmo. Sr. Corregedor-Geral de Justiça, às fls. dos autos. De se observar, entretanto, que não detém o E. Conselho Superior da Magistratura funções jurisdicionais, cabendo-lhe, de acordo com o art. 113 do Regimento Interno do Tribunal de Justiça de São Paulo [atual art. 186, RITJSP], o exercício de funções de natureza eminentemente administrativa, afetas à inspeção e correição da Magistratura, remoção e disponibilidade de magistrados, provimento de cargos no Tribunal, julgamento de processos administrativos etc. Ademais, de se destacar ser imprescindível, para a decisão que determina o desaforamento, o pronunciamento do Procurador-Geral do Estado, a teor do art. 424 do Estatuto Processual Penal [conforme anterior redação] e art. 422, § 1.º, do Regimento Interno do Tribunal de Justiça de São Paulo [atual art. 722, RITJSP], que assim dispõe, *verbis*: 'Poderá ser desaforado para outra comarca o julgamento pelo júri: I – quando o foro do delito não oferecer condições garantidoras de decisão imparcial; II – quando a segurança pessoal do réu estiver em risco, ou o interesse da ordem pública o reclamar; III – quando, sem culpa do réu ou da defesa, o julgamento não se realizar no período de um ano, contado do recebimento do libelo [atualmente, seis meses, a contar do trânsito em julgado da pronúncia]. § 1.º Nos casos dos ns. I e II, o desaforamento poderá ser requerido por qualquer das partes, em petição dirigida ao Presidente do Tribunal de Justiça, ou solicitado pelo juiz mediante representação, ouvido sempre o Procurador-Geral. § 2.º No caso do n. III, o desaforamento poderá ser requerido pelo réu ou pelo Ministério Público'. Finalmente, não sendo o desaforamento requerido pelos réus, é imperativa a audiência de seu defensor, em obediência ao princípio da ampla defesa, conforme já decidiu o Excelso Pretório (HC 64.207, *DJU* 10.10.1986, p. 18.927; HC 63.807, *DJU* 02.03.1990, p. 1.346). Como visto, em que pese a compreensível motivação da providência, não vejo como deixar de atender às prescrições legais em comento" (STJ, HC 5.951/SP, 6.ª T., j. 05.08.1997, v.u., *DJ* 08.09.1997).

A decisão é antiga, mas merece registro. Atualmente, ilustrando, o Conselho Superior da Magistratura de São Paulo não mais autoriza, administrativamente, a transferência de processos do júri de uma Vara privativa para outra, na mesma Comarca, como ocorria na Capital, nem tampouco entre Comarcas diversas. Somente o desaforamento é capaz disso.

Não está prevista, expressamente, pelo art. 271 do CPP, a possibilidade de ser requerido o desaforamento pelo assistente de acusação. Entretanto, a Lei 11.689/2008 incluiu essa legitimação expressamente (art. 427, *caput*, CPP).

Quando a provocação para o desaforamento for feita pelo juiz ou pelo promotor, os Regimentos Internos dos Tribunais costumam prever um prazo para ouvir a defesa. É correta a adoção dessa providência para assegurar não somente o contraditório, mas, sobretudo, a plenitude de defesa, a que tem direito o acusado. A despeito de não ter a lei previsto a possibilidade de se ouvir a defesa quanto ao pedido de desaforamento feito pelo órgão acusatório ou quando provocado pelo próprio magistrado, a inclinação da jurisprudência, em homenagem à ampla defesa, sempre foi nesse sentido. Atualmente, confira-se a edição da Súmula 712 do STF: "É nula a decisão que determina o desaforamento de processo da competência do Júri sem audiência da defesa". Essa nulidade, no entanto, deve ser considerada relativa, dependente, pois, da prova do prejuízo. Pode ser que, determinado o desaforamento sem a oitiva da defesa, esta concorde plenamente com o ocorrido. Não há motivo para a anulação, o que somente implicaria desatendimento ao princípio da economia processual.

O desaforamento somente pode ser processado, conhecido e, eventualmente, provido, cuidando-se de processos prontos para julgamento em plenário do Júri, jamais durante a fase de formação da culpa. Igualmente, não se admitirá o desaforamento na pendência de recurso contra a pronúncia ou quando já tiver sido efetivado o julgamento pelo Tribunal do Júri. Neste caso, aceita-se o pedido de desaforamento se o fato ocorreu durante ou após a realização de julgamento anulado (art. 427, § 4.º, CPP).

Outra ressalva a ser feita diz respeito à subsistência dos motivos geradores do desaforamento na Comarca eleita em substituição. É óbvio que se esvazia a modificação da competência, caso seja escolhida uma Comarca próxima, padecendo dos mesmos males da anterior. Imagine-se que houve o deferimento do pedido de desaforamento porque a Comarca não tem efetivo suficiente da polícia para garantir a segurança do réu; caso seja deslocado o julgamento para Comarca contígua, com a mesma deficiência, o problema não foi sanado.

O pedido de desaforamento pode ser reiterado a qualquer momento, desde que fatos novos ou provas inéditas surjam. Assim, ainda que o julgamento já tenha ocorrido, mas, por qualquer motivo, deva ser novamente realizado (anulação do julgamento, provimento de apelação da parte por decisão contrária à prova etc.), é possível reiterar o pedido, porém com algo novo a exibir.

Superior Tribunal de Justiça

- "8. Não tendo o pedido de desaforamento sido originado de pleito do Ministério Público ou do Juízo processante, mas de um dos corréus, não há nulidade na ausência manifestação por parte da defesa dos coacusados. Não obstante, deferido o pedido em relação àquele correu, os demais agentes são também atingidos pela decisão" (HC 634.997/RN, 5.ª T., rel. Reynaldo Soares da Fonseca, 18.05.2021, v.u.).

3.3.6.4 Reaforamento

É a hipótese de, cessado o motivo que autorizou o desaforamento, tornar o processo à Comarca original, de onde foi removido pelo Tribunal. Não é procedimento legalmente admitido. Se o processo for encaminhado para julgamento em Comarca diversa, não mais retornará à origem, visto não ter sido essa situação prevista pelo Código de Processo Penal. Aliás, se ocorrer novamente algum dos requisitos do art. 427, *caput*, ou art. 428, *caput*, do CPP, na Comarca para onde foi enviado o feito, poderá haver novo desaforamento, mas para lugar diverso e não para a Comarca original.

3.4 Juízo de mérito

O juízo de apreciação do mérito da causa (*judicium causae*) constitui a terceira e última fase do procedimento do júri, até que se atinja um veredicto, dado pelos jurados, pela procedência (condenação) ou improcedência (absolvição) da ação penal.

Esse juízo final é formado por uma série de atos formais, efetivados em plenário do Tribunal do Júri. Por isso, em razão de sua complexidade, comentaremos, no próximo capítulo, o julgamento em plenário.

Capítulo 4

JULGAMENTO EM PLENÁRIO

4.1 Organização do Tribunal do Júri

O Tribunal do Júri é composto por um juiz de direito, que é o seu presidente, e por vinte e cinco jurados, sorteados dentre os alistados (art. 447, CPP). Portanto, cuida-se de um órgão colegiado formado, como regra, por vinte e seis pessoas.

Alistados são todos os selecionados pelo juiz presidente, no decorrer de um ano, para servirem no seguinte, nos termos estipulados pelo art. 425 do Código de Processo Penal. As pessoas alistadas como juradas podem servir ou não, dependendo do sorteio realizado para a composição dos grupos das sessões. Não se constitui *efetivo exercício* da função o simples alistamento.

Para cada sessão de julgamento, dos vinte e cinco sorteados, sete jurados são escolhidos, igualmente por sorteio, para compor o Conselho de Sentença, com a participação da acusação e da defesa (pelo sistema das *recusas*, como se verá em tópico próprio).

Admite-se que, para o início dos trabalhos de julgamento, possam estar presentes ao menos quinze (art. 463, CPP) dos vinte e cinco sorteados. Assim ocorrendo, dos referidos quinze, por sorteio, extraem-se os sete integrantes do Conselho de Sentença.

A organização da lista dos jurados há muito já não obedecia ao disposto no antigo art. 439 do Código de Processo Penal, que se tornara insuficiente em face da crescente demanda por julgamentos pelo Tribunal do Júri em todo o Brasil. Por isso, por resoluções ou provimentos, muitos Tribunais determinaram a ampliação da lista anual dos jurados nas Varas do Júri, especialmente nas grandes Comarcas.

A Lei 11.689/2008, dando nova redação ao art. 425 do CPP, pouca modificação trouxe ao quadro de deficiência de jurados, embora tenha aberto a possibilidade de se elevar o número dos alistados (art. 425, § 1.º, CPP). Embora devesse, não mencionou o instrumento pelo qual seria viabilizado o aumento do número de jurados. Entendemos que deva ser mantido o sistema de resolução ou provimento editado pelo Tribunal de Justiça (ou Tribunal Regional Federal).

Somente para ilustrar, no Estado de São Paulo, disciplinando o alistamento de jurados, na Comarca da Capital, o Conselho Superior da Magistratura chegou a regular o tema por

Provimento. Levando em consideração haver, no ano de 2000, um montante de mais de 25.000 processos e inquéritos em andamento nas cinco Varas do Júri da cidade de São Paulo, foi preciso elevar para 38.000 o número de jurados alistados, assim divididos: 14.000, para o 1.º Tribunal do Júri; 6.000, para o 2.º Tribunal do Júri; 6.000, para o 3.º Tribunal do Júri; 6.000, para o 4.º Tribunal do Júri, e 6.000, para o 5.º Tribunal do Júri.

A Lei Complementar 35/1979 dispõe, no art. 104, que, nos Tribunais de Justiça, haverá um Conselho de Magistratura, com função disciplinar, cujos membros natos são o Presidente, o Vice-Presidente e o Corregedor-Geral da Justiça. A competência do Conselho será estabelecida no Regimento Interno do Tribunal. Assim, estipula o Regimento Interno do Tribunal de Justiça de São Paulo que, dentre outras, cabe ao Conselho Superior da Magistratura estabelecer normas gerais e suplementares sobre matéria relativa a julgamento pelo júri. A possibilidade dessa disciplina em caráter suplementar vem autorizada tanto pela Constituição Federal (art. 125, § 1.º) como pelo Código Judiciário do Estado de São Paulo (art. 64, *caput*). Em outros Estados da Federação, outras soluções semelhantes podem ocorrer.

Menciona a lei que, anualmente, *serão* alistados vários jurados – variando o número conforme o porte da Comarca – para servirem durante o período de sessões do ano seguinte. Em tese, pois, o corpo de jurados deve ser substituído todo ano, pois, do contrário, não haveria sentido em existir o art. 425 do CPP, bastando que o magistrado fizesse a seleção uma única vez, prorrogando-a indefinidamente. Entretanto, na prática, muitos juízes preferiam reeditar a lista dos jurados, ano após ano, terminando por estabelecer a figura do *jurado profissional* (comentaremos a respeito no subitem 4.2.2 infra). Atualmente, tal prática fica vedada, pois "o jurado que tiver integrado o Conselho de Sentença nos 12 (doze) meses que antecederem à publicação da lista geral fica dela excluído" (art. 426, § 4.º, CPP), completando-se, obrigatoriamente, a lista geral (art. 426, § 5.º, CPP).

Por outro lado, a responsabilidade pela convocação de jurados é do juiz presidente do Tribunal do Júri. A acusação e a defesa podem acompanhar o processo e possuem meios de solicitar a exclusão de pessoas não recomendáveis a servir no júri, mas não podem influir, decisivamente, na escolha. Incluindo-se alguém inapto, por exemplo, cabe recurso em sentido estrito, interposto por qualquer pessoa (art. 581, XIV, CPP), embora, como regra, seja ato do órgão de acusação ou da defesa. Excluindo-se alguém da lista, cabe ao jurado afastado a legitimidade recursal.

Antes da interposição de recurso em sentido estrito contra a inclusão ou exclusão de algum jurado, cabe peticionar diretamente ao juiz presidente, afinal, a lista geral pode ser alterada de ofício, pelo magistrado, ou por provocação de qualquer pessoa do povo (art. 426, § 1.º, CPP).

O juiz deve pautar-se pela escolha de pessoas de seu conhecimento ou que possam ser indicadas por indivíduos da sua confiança, desde que preencham os requisitos legais. Ocorre que, atualmente, pelo crescimento das cidades, especialmente das Capitais, não há mais condições de o magistrado alistar jurados por conhecimento pessoal ou informação de terceiros, mesmo que oficie, como sugerido pelo referido artigo 425, § 2.º, do CPP, a autoridades locais, associações de classe e de bairro, entidades associativas e culturais, instituições de ensino em geral, universidades, sindicatos, repartições públicas e outros núcleos comunitários. Faz-se, em verdade, uma seleção aleatória, conseguindo os nomes nos cartórios eleitorais da região do Tribunal do Júri, bem como se verificando os antecedentes de cada um deles. Outros dados – se o jurado tem condições e aptidão para sê-lo – somente são apurados no caso concreto, isto é, quando ele inicia sua atividade.

A lista geral dos jurados, com indicação das respectivas profissões (o que permitirá uma avaliação inicial, pela parte, a respeito de quem é a pessoa escolhida), deve ser publicada pela imprensa (Diário Oficial) ou por editais, colocados à porta do fórum, até o dia 10 de outubro de cada ano, tudo para facilitar o conhecimento geral acerca dos alistados (art. 426, *caput*, CPP). Até o dia 10 de novembro, a lista pode ser alterada de ofício, pelo juiz, ou por provocação de qualquer pessoa do povo.

Superior Tribunal de Justiça

- "IV – É entendimento da doutrina e da jurisprudência que o jurado deve ter vínculos profissionais, pessoais, familiares ou comunitários com a comarca sede do Tribunal do Júri, entretanto, não se exige que o jurado, necessariamente, resida na comarca que sedia o julgamento. No caso, além de não ter sido comprovada a mudança de endereço do jurado no ano em que ele constou da lista geral, ficou constatado o vínculo com o local do julgamento, notadamente porque o jurado compareceu a todas as reuniões periódicas" (AgRg no RHC 96.462/RJ, 5.ª T., rel. Felix Fischer, 16.08.2018, v.u.).

Preceitua-se que, juntamente com a lista, sejam transcritos e publicados os arts. 436 a 446 do CPP, que dispõem sobre a função do jurado (art. 426, § 2.º, CPP).

Após, ocorrendo a publicação definitiva, esses nomes serão colocados em cartões iguais, contendo os endereços, guardados em urna própria, sob a responsabilidade do magistrado e fiscalização do órgão do Ministério Público, de advogado indicado pela Seção local da Ordem dos Advogados do Brasil e de defensor indicado pelas Defensorias Públicas (art. 426, § 3.º, CPP).

A lista de jurados suplentes também se fazia necessária na maioria das Comarcas (antigo art. 441, CPP). Eram escolhidos nos mesmos moldes dos titulares. Muitas Varas do Júri organizavam a lista dos jurados suplentes, convocando-os, também, para a sessão, quando ficava evidenciado que somente com os titulares não seria possível completar o número mínimo para instalar os trabalhos. Em julgamentos particularmente complexos, ou com vários réus, a cautela impunha que o magistrado convocasse os 21 titulares (número anterior) e já procedesse à convocação de suplentes. Impedimento não havia, pois a lista dos suplentes devia ser igualmente publicada e era de conhecimento geral, não surpreendendo as partes.

Com a reforma havida em 2008, não mais existe a lista dos suplentes. Convocam-se os 25 titulares. Se não houver o *quorum* mínimo (15), na abertura dos trabalhos, o juiz presidente sorteará tantos suplentes quantos forem necessários, designando nova data para o julgamento (art. 464, CPP). Consignam-se os nomes dos suplentes sorteados na ata, remetendo-se o expediente de convocação, observado o disposto pelos arts. 434 e 435 do CPP (art. 465, CPP).

A opção legislativa não nos parece seja prática, nem confira especial idoneidade ao novo sorteio, realizado na sessão frustrada pela falta de *quorum* mínimo. Confiar em apenas 25 titulares sorteados, para que, ao menos, 15 compareçam, parece-nos arriscado, mormente em casos complexos e de difícil organização da sessão de julgamento.

Entretanto, cuida-se de procedimento legal, que deve ser respeitado, sob pena de nulidade. Esse vício, entretanto, soa-nos relativo, dependente, pois, de prova do prejuízo. Se as partes concordarem com o sorteio de suplentes previamente, convocando-os, também, para a sessão de julgamento, nenhuma lesão de direito advirá a qualquer dos interessados.

4.2 Jurados

4.2.1 Requisitos e escusas para ser jurado

Os jurados serão selecionados dentre cidadãos de notória idoneidade, com mais de 18 anos, isentos os maiores de 70 anos, que requeiram sua dispensa (art. 436, *caput*, c.c. art. 437,

IX, CPP). É o denominado *jurado virtual*, aquele que preenche todos os requisitos para ser alistado. O serviço do júri é obrigatório e sua recusa, por motivação de convicção religiosa, filosófica ou política, poderá levar à perda ou suspensão dos direitos políticos, caso não preste serviço alternativo, conforme o caso (art. 438, CPP).

Tribunal de Justiça do Distrito Federal e Territórios

- "1. O serviço prestado ao tribunal do júri é considerado serviço público relevante e é imposto a todos os brasileiros (art. 436, CPP), excetuados os casos de isenção (art. 437, CPP), dentre os quais aqueles que o requererem, demonstrando justo impedimento? (art. 437, X, CPP). 2. Nesse compasso, o art. 438 do mesmo diploma legal, com a alteração introduzida pela Lei n.º 11.689/2008, estabeleceu hipótese de recusa ao serviço do júri fundada no direito fundamental da liberdade de consciência e de crença, na forma do art. 5.º, VI, da Constituição Federal, possibilitando ao convocado a prestação de serviço alternativo. 3. A prova pré-constituída, trazida aos autos, evidencia que o impetrante efetivamente é Pastor-Presidente da Igreja Cristã Família de Deus em Santa Maria – DF, não cabendo ao Judiciário questionar as razões de foro íntimo ligadas à crença do impetrante para não prestar serviços como jurado, mas tão somente avaliar se os elementos apresentados se coadunam com a escusa de consciência em razão de crença religiosa ou de convicção filosófica ou política, a fim de que seja imposto ao impetrante, alternativamente, o dever de prestar serviço. 4. Revela-se, portanto, justificável a recusa do impetrante em assumir a função de verdadeiro juiz, no Tribunal do povo, se a sua crença religiosa estabelece o dever de amparar, ao invés de julgar. 5. Ordem concedida" (MS 07198307020228070000, C. Crim., rel. Josapha Francisco dos Santos, 05.10.2022, v.u.).

Lembremos, em primeiro lugar, constituir a idade de 18 anos o mínimo legalmente imposto para que o cidadão brasileiro assuma a função de *juiz leigo*, integrando o Tribunal do Júri. A Lei 11.689/2008 promoveu a redução da idade de 21 para 18 anos, com o que não podemos concordar. Embora a pessoa possa ser considerada civil e penalmente capaz para vários atos, é preciso maior maturidade para atingir a posição de magistrado. Registremos que, após a edição da Emenda Constitucional 45/2004, passou-se a demandar dos candidatos à carreira da magistratura o mínimo de três anos de atividade jurídica, após se sagrar bacharel em direito (art. 93, I, CF). Significa, pois, que o juiz necessitaria ter, como regra, em torno de 25 anos para assumir o cargo. Da mesma forma, um Ministro do Supremo Tribunal Federal necessita ter, pelo menos, 35 anos de idade (art. 101, *caput*, CF).

Podem-se compreender os bons propósitos do legislador de buscar integrar o jovem, possivelmente iniciando sua atividade universitária, nos trabalhos do Tribunal do Júri. Olvida-se, no entanto, que o julgamento, sem fundamentação e por meio de voto secreto, é uma responsabilidade ímpar, demandando preparo e razoável experiência de vida. Por certo, muitos jovens, com 18 anos, já possuem a necessária experiência, mas outros tantos, em número incalculável, não têm a estrutura suficiente para compreender as teses expostas e o grau de responsabilidade que se lhes é apresentado. Tanto é realidade que ainda perdura a atenuante obrigatória para o agente que comete delitos com menos de 21 anos (art. 65, I, CP), devendo-se tal preceito ao grau de imaturidade ainda persistente na formação do jovem adulto.

No mesmo prisma, alertam Edilson M. Bonfim e Domingos Parra Neto: "A modificação é arriscada e contraditória. Arriscam-se à constituição de Conselhos de Sentença pessoas demasiadamente jovens, sem maior vivência nos problemas da vida e do mundo, que, conquanto estudem, trabalhem e sejam honestas, ainda não adquiriram uma gama mínima de tirocínio que tal sorte de serviço exige. Contraditória, porque não há como se exigir notória idoneidade a um jovem de 18 anos de idade, uma vez que recém-adquirida a capacidade para os atos da vida civil (art. 5.º do Código Civil)" (*O novo procedimento do júri*, p. 67-68).

Somente a prática poderá demonstrar como se sairão os jurados com mais de 18 anos. Entretanto, segundo o disposto no art. 436, § 1.º, do CPP, nenhum cidadão poderá ser excluído dos trabalhos em razão de vários fatores, mas não se mencionou o elemento *idade*. Por isso, o juiz presidente, captando, na sua Comarca, a inviabilidade de alistar pessoas com mais de 18, porém menos de 21 anos, poderá excluir o jurado que demonstre imaturidade. Não haverá a incidência da proibição do art. 436, § 1.º, do CPP.

A isenção, prevista no art. 437, IX, do CPP, elevando a idade para 70 anos, soa-nos, de certa forma, incompreensível. A pessoa é considerada idosa a partir dos 60 anos, conforme dispõe a Lei 10.741/2003, motivo pelo qual deveria ter sido mantida essa limitação. Isso não deveria significar uma proibição para atuar no Tribunal do Júri, porém uma mera isenção. Se, porventura, o maior de 60 anos quisesse atuar como jurado poderia fazê-lo, o que, aliás, está de acordo com os princípios do Estado Democrático de Direito, norteando a proteção e a integração do idoso. Preceitua o art. 230 da Constituição Federal que a "família, a sociedade e o Estado têm o dever de amparar as pessoas idosas, assegurando sua *participação na comunidade*, defendendo sua *dignidade* e bem-estar e garantindo-lhes o direito à vida" (grifamos).

No mesmo prisma, o Estatuto do Idoso (Lei 10.741/2003) preceitua ser "obrigação do Estado e da sociedade, assegurar à pessoa idosa a liberdade, o respeito e a dignidade, como pessoa humana e sujeito de direitos civis, políticos, individuais e sociais, garantidos na Constituição e nas leis" (art. 10). E, no § 1.º, VI, do mesmo artigo, estipula que o idoso tem direito à "participação na vida política, na forma da lei". Logo, permitir que o maior de 60 anos continue ligado aos interesses da sua comunidade, valendo-se da sua experiência de vida para julgar o semelhante, que não deixa de ser participação política na esfera do Poder Judiciário, é conduta positiva e desejável.

Em suma, a elevação da idade de isenção não tem sentido algum, mas a ressalva de que é necessário o pedido de dispensa foi positivamente inserida.

Excetuam-se da obrigatoriedade do serviço do júri: a) o Presidente de República e os Ministros de Estado; b) os Governadores de Estado e seus Secretários; c) os membros do Congresso Nacional, das Assembleias Legislativas e Distrital e das Câmaras Municipais; d) os Prefeitos Municipais; e) os Magistrados e membros do Ministério Público e da Defensoria Pública; f) os servidores do Poder Judiciário, do Ministério Público e da Defensoria Pública; g) as autoridades e servidores da polícia e da segurança pública; h) os militares em serviço ativo; i) os cidadãos maiores de 70 anos que requeiram sua dispensa; j) aqueles que o requererem, demonstrando justo impedimento (art. 437, CPP).

A última hipótese, inserida na reforma, está em harmonia com o que, atualmente, o juiz presidente do Tribunal do Júri tem procurado fazer, ou seja, dispensar, também, outras pessoas, que não se encontram nesse rol, quando a dificuldade em participar fique claramente demonstrada, por requerimento devidamente instruído por documentos. Exemplificando, seria o caso do profissional de vendas, quando a paralisação do seu trabalho, para servir o júri, implique em prejuízo efetivo para seu ganho mensal.

A apuração da *notória idoneidade* (aptidão manifesta ou competência publicamente reconhecida) não deixa de ser, na prática e como regra, uma utopia. Especialmente em grandes centros urbanos, torna-se humanamente impossível que o juiz atuante no Tribunal do Júri, necessitando do alistamento de inúmeros jurados, consiga ter conhecimento pessoal suficiente de cada um dos que forem chamados. Aliás, nem mesmo em Comarcas do interior, salvo em pequenas comunidades, é viável provocar o alistamento de pessoas *notoriamente* capacitadas para servir o júri. Por isso, tem-se disseminado o método aleatório, com busca em cartórios eleitorais e listas formuladas de maneira fortuita, como já mencionado anteriormente. A única cautela que se exige é a checagem do nome do jurado junto aos órgãos competentes, ao menos para se apurar se não possui antecedentes criminais.

Outro ponto, que reputamos fundamental, é a alfabetização. Não é possível que o jurado analfabeto consulte os autos do processo e tome conhecimento das provas nele encartadas, por sua própria conta, sem quebrar a incomunicabilidade. Por isso, é preciso interpretar com cautela a proibição feita pelo art. 436, § 1.º, do CPP, no sentido de que não podem ser excluídos os cidadãos em razão de *grau de instrução*. É evidente que podem ser afastados do serviço do júri os analfabetos, pois nenhum grau de instrução possuem. No mesmo sentido, está o magistério de André Estefam: "não se trata de excluí-lo por conta de seu grau de instrução, mas por não ostentar aptidão mínima para atuar no julgamento. O juiz leigo deve dominar a língua falada e escrita, caso contrário, jamais terá condições de verificar os autos do processo para ter o contato direto com a prova produzida" (*O novo júri*, p. 27).

Além disso, o jurado virtual precisa gozar de saúde mental, viabilizando a compreensão plena do que lhe for apresentado, oralmente, em plenário do Júri. Quanto à saúde física, depende do caso concreto. É natural que uma pessoa deficiente, porque lhe falta um dos braços, pode tomar parte do serviço do júri, enquanto outra, surda-muda, não tem condições de captação dos elementos expostos pelas partes. Inexistiria razão plausível para se colocar um intérprete, nesse caso, até pelo fato de que, determinadas indagações ou questões a serem feitas pelo ou para o deficiente, poderia provocar a quebra da incomunicabilidade, afinal, um terceiro (intérprete) poderia tomar conhecimento de certas dúvidas ou tendências do jurado, que não lhe dizem respeito.

É essencial, ainda, que esteja no gozo de seus direitos políticos, uma vez que exerce função no Poder Judiciário, inerente à sua cidadania. Além disso, ser brasileiro constitui requisito para a atuação como magistrado. Em algumas situações, é imperioso ser brasileiro nato (Ministro do Supremo Tribunal Federal, conforme art. 12, § 3.º, IV, CF). Noutros casos, basta ser brasileiro, o que, normalmente, encontra previsão na lei de organização judiciária de cada Estado. Ilustrando, em São Paulo, confira-se o disposto no art. 135, I, do Decreto-lei complementar 3/1969.

A inclusão de pessoa inapta a ser jurada ou a exclusão daquela que preenche todos os requisitos legais dá margem à interposição de recurso em sentido estrito, dirigido ao Presidente do Tribunal de Justiça (art. 581, XIV, c/c art. 582, parágrafo único, CPP).

O efetivo exercício da função de jurado, consistente na composição do Conselho de Sentença, ao menos uma vez, constitui serviço público relevante, estabelecendo presunção de idoneidade moral, bem como assegurando prisão especial, em caso de crime comum, até o julgamento definitivo. Além disso, quando estiver em igualdade de condições, o jurado tem preferência nas licitações públicas e no provimento, mediante concurso, de cargo ou função pública, bem como nos casos de promoção funcional ou remoção voluntária (arts. 439 e 440, CPP).

Equiparados que são aos magistrados togados, em relação ao exercício funcional, podem os jurados responder por concussão, corrupção, prevaricação, além de outros delitos pertinentes aos funcionários públicos (art. 445, CPP).

4.2.2 Nível cultural do jurado e a figura do jurado profissional

O Tribunal do Júri estrutura-se, basicamente, pela meta de ser o réu julgado por seus *pares*, vale dizer, por pessoas do povo, sem a investidura no cargo de juiz. Costuma-se levantar o seguinte ponto, que se torna controverso: o grau de cultura e formação intelectual do jurado. Alguns sustentam dever o jurado ser escolhido dentre pessoas de qualquer camada social, inclusive dos que não possuem instrução elevada, apesar de alfabetizados. Outros se manifestam no sentido de preservar o melhor grau de conhecimento possível, extraindo os jurados das camadas intelectualmente mais favorecidas da sociedade.

Em primeiro lugar, cumpre analisar o que vem a ser um *par*. Parece-nos constituir apenas a pessoa humana, o semelhante, parceiro, sem nenhuma distinção, pois todos são iguais perante a lei na medida de sua igualdade (art. 5.º, *caput*, CF). Logo, não há nenhum impedimento para se escolher pessoa inculta para compor o serviço do júri.

Não é demais lembrar que, no Tribunal Popular, julga-se o *fato* e seu *autor*, ou seja, os jurados apreciarão não somente o crime, como fato concreto, mas também quem o cometeu, como ser humano, merecedor ou não do castigo representado pela condenação. Teses jurídicas são debatidas em plenário à luz da sensibilidade humana e conforme o entendimento da pessoa comum, leiga, que possui bom senso, como regra, mas não é obrigada a conhecer as leis penais.

O ideal seria a possibilidade de se convocar jurados de todas as camadas sociais, de diversos níveis econômicos e culturais, porém assegurando-se um grau de conhecimento mínimo para que o próprio réu não termine prejudicado. Lembremos que a incompreensão de determinadas teses, por mais didáticas que sejam as partes durante a exposição, pode levar a condenações injustificadas ou, também, a absolvições ilógicas.

Para que tal nível ideal fosse alcançado, tornar-se-ia indispensável ser a sociedade brasileira mais bem estruturada e preparada, ao menos no campo educacional, o que não é realidade. Por isso, não se devendo excluir pessoas, somente porque são, aparentemente, incultas, porém alfabetizadas, é preciso compreensão e melhor trato com as decisões proferidas pelo Tribunal do Júri. De nada adianta avaliar, em grau de recurso, o veredito dos jurados, como se fosse o espelho fiel do preceituado pelo ordenamento jurídico pátrio. Ao contrário, cabe ao tribunal togado captar que a composição do Tribunal Popular, apta constitucionalmente a decidir o mérito da causa, é heterogênea, envolvendo pessoas de diferenciadas camadas de renda e nível cultural, de modo que a sensibilidade humana pode sobrepor-se à lógica processual.

Por experiência pessoal, verificamos que os jurados mais preparados intelectualmente sempre tiveram maior disposição em captar a essência das teses jurídicas, embora fossem leigos, realizando julgamentos mais próximos à letra da lei. Os jurados incultos tinham a tendência de abstrair as teses e julgar o ser humano, tal como ele se apresentava. Ilustrando, o jurado de melhor nível intelectual esforçava-se a entender o significado de princípios constitucionais fundamentais, como a presunção de inocência ou o direito ao silêncio. Outro, mais limitado, com menor instrução, apresentava a tendência de levar em consideração os antecedentes do acusado, além de se filiar ao entendimento de que *quem cala consente*, desprezando, pois, o direito constitucional, que todos possuem, de não produzir prova contra si mesmo.

Pelo exposto, a opção por uma escolha aleatória é o princípio básico e necessário. Entretanto, se o juiz tiver condições de indicar, para o alistamento, o maior número possível de pessoas intelectualmente mais preparadas, melhor será à instituição do júri e maior resguardo haverá ao próprio réu, cujos direitos e garantias humanas fundamentais poderão ser eficientemente preservados, de acordo com a compreensão apresentada pelos julgadores leigos.

Entretanto, o art. 436, § 1.º, do CPP, introduzido pela Lei 11.689/2008, veda a exclusão por motivo de classe social ou econômica e grau de instrução, dentre outros fatores. Tal situação não altera o que antes expusemos. Os jurados precisam ter um mínimo de preparo para o exercício da sua importante função de julgar o semelhante, sem fornecer fundamentação para o veredito. Por isso, cabe ao juiz presidente, sem promover exclusões aleatórias e calcadas em puro preconceito, no tocante a pessoas menos instruídas, controlar o nível de eficiência dos jurados do seu Tribunal.

O interesse da instituição do júri, formando-se de maneira eclética, deve ser preservado, mas sem acarretar danos irreparáveis aos relevantes interesses das partes, mormente do réu. Logo, expor as teses de acusação e de defesa a um Conselho de Sentença minimamente esclarecido é fundamental, sob pena de cerceamento de direitos fundamentais, como a plenitude de defesa, não podendo haver nenhum tipo de vedação em lei ordinária que suplante os princípios constitucionais.

A figura do denominado *jurado profissional* constitui-se do jurado alistado e, posteriormente, convocado, cuja permanência, no Tribunal do Júri, tornar-se-ia duradoura. Debatia-se se a estabilidade na função seria positiva ou negativa. Certamente, há os dois aspectos. O lado positivo configura-se pela segurança e pelo conhecimento que o jurado adquire ao longo do tempo em que atua no Conselho de Sentença. O contato com as partes e, logicamente, com as teses jurídicas que lhe são apresentadas faz com que se torne experiente, conseguindo distinguir entre o ideal e o real, entre o discurso falacioso e o autêntico, enfim, passa a ter melhor noção dos casos a julgar. Por outro lado, sob o aspecto negativo, o jurado passa a ter simpatia ou antipatia por determinada parte, particularmente quando se repete, com certa frequência, o órgão acusatório e o integrante da tribuna da defesa. Perde o jurado a sua naturalidade e também a ingenuidade do ser humano leigo e comum, sem contato com o universo jurídico, passando a interpretar, ao seu modo, as teses oferecidas. A ideia de imparcialidade plena do jurado, como membro da sociedade, a quem se apresenta um caso inédito, cujos argumentos serão igualmente novos, pode ser deixada de lado, quando se trata do denominado *jurado profissional*.

O meio-termo parece ser a solução ideal. A renovação sistemática pode afastar bons jurados, vocacionados e interessados, prontos a realizar justiça, recebendo e interpretando os casos com a melhor intenção possível. De outra parte, manter o mesmo corpo de jurados, sem qualquer modificação ao longo dos anos, pode levar à solidificação de ideias e à imutabilidade de vereditos.

A solução adotada pela reforma não nos parece positiva. Será excluído da lista geral o jurado que tiver integrado o Conselho de Sentença nos doze meses antecedentes à publicação da mencionada lista (art. 426, § 4.º, CPP). Anualmente, pois, a lista dos jurados será completada (art. 426, § 5.º, CPP).

O caminho ideal estava previsto no anteprojeto de reforma do júri, pois a exclusão se daria por um período de dois anos, mas não em definitivo. Portanto, o cidadão que realmente apreciasse a instituição do Tribunal Popular poderia retornar a tomar assento no Conselho de Sentença. Evitar-se-ia o *jurado profissional*, porém não se afastaria definitivamente quem fosse vocacionado para a função.

No entanto, como ventilado acima, há obrigatoriedade de renovação do corpo de jurados, devendo o juiz realizar o sorteio periodicamente, excluindo da lista os que integraram o Conselho de Sentença nos últimos 12 meses (art. 426, § 4.º, CPP), sob pena de nulidade.

Supremo Tribunal Federal

- "1. O art. 426, § 4.º, do Código de Processo Penal proíbe a participação de um mesmo jurado na lista geral em dois anos consecutivos, mas não impede que seja convocado para participar de mais de um julgamento no Tribunal do Júri naquele período de 12 meses" (HC 167.348 ED, 1.ª T., rel. Alexandre de Moraes, 29.03.2019, v.u.).

Superior Tribunal de Justiça

- "II – O alistamento de jurados, segundo o disposto no art. 425 e §§ do CPP, é realizado para que exerçam suas funções durante o curso do ano respectivo. Não pode o jurado que integrou o Conselho de Sentença participar na lista geral do ano seguinte, a fim de se evitar a figura do 'jurado profissional'. Inteligência do art. 426 do CPP" (AgRg no RHC 96.462/RJ, 5.ª T., rel. Felix Fischer, 16.08.2018, v.u.).

4.2.3 Recusas e proibição de exclusão ao serviço do júri

Estabelece o art. 438 do CPP que "a recusa ao serviço do júri fundada em convicção religiosa, filosófica ou política importará no dever de prestar serviço alternativo, sob pena de suspensão dos direitos políticos (...)". Sob a ótica constitucional, preceitua o art. 5.º, VIII, CF, que "ninguém será privado de direitos por motivo de crença religiosa ou de convicção filosófica ou política, salvo se as invocar para eximir-se de obrigação legal a todos imposta e recusar-se a cumprir prestação alternativa, fixada em lei".

Por outro lado, no art. 15, IV, também da Constituição, consta que "é vedada a cassação de direitos políticos, cuja perda ou suspensão só se dará nos casos de: (...) IV – recusa de cumprir obrigação a todos imposta ou prestação alternativa, nos termos do art. 5.º, VIII".

Portanto, quando alguém se recusar a exercer a função de jurado, invocando motivos de ordem religiosa (ex.: proibição imposta por determinada religião de julgar o semelhante), de ordem filosófica (ex.: considerar que a instituição do júri não é o melhor mecanismo de apurar a verdade dos fatos) ou de ordem política (ex.: não desejar colaborar com qualquer órgão do Estado), poderá enfrentar restrições. A Constituição ressalva a possibilidade de se prestar serviço alternativo, *fixado em lei*. Passam a existir, a partir da edição da Lei 11.689/2008, as regras para tanto.

Superior Tribunal de Justiça

- "3. No caso em exame, a paciente, ao requerer a retirada do seu nome da lista de participantes do corpo de jurados, informou que não teria 'condições psicológicas para participar do Conselho de Sentença, na qualidade de jurada em sessão de julgamento', pois teria 'prévia disposição para absolver (art. 449, III, CPP), em razão de seu posicionamento no sentido de que nenhum cidadão comum é competente o suficiente para julgar seus semelhantes', fundamento que transparece convicção filosófica, o que justifica a aplicação do dever de prestar serviço alternativo, nos moldes do art. 438 do CPP" (HC 299.553/MG, 5.ª T., rel. Ribeiro Dantas, 19.09.2017, v.u.).

O serviço alternativo consiste no exercício de atividades de caráter administrativo, assistencial, filantrópico ou mesmo produtivo no Poder Judiciário, na Defensoria Pública, no Ministério Público ou na entidade conveniada para tal fim (art. 438, § 1.º, CPP). O juiz fixará o serviço alternativo atendendo aos princípios da proporcionalidade e da razoabilidade (art. 438, § 2.º, CP).

Estabelecer em lei as regras para o serviço alternativo foi medida positiva, pois se atendeu ao reclamo constitucional. A ideia de encaminhar o cidadão aos órgãos vinculados à Justiça parece-nos válida, uma vez que a recusa se deu em relação à participação no Tribunal do Júri, órgão do Poder Judiciário.

Entretanto, o legislador perdeu a oportunidade de ser mais preciso e evitar, com isso, problemas futuros ao não especificar por quanto tempo e sob quais critérios esse serviço alternativo se daria. Não é suficiente, obviamente, deixar à livre escolha do magistrado tal fixação, desde que respeite a proporcionalidade e a razoabilidade.

A amplitude dos parâmetros pode levar ao excesso. A única vantagem é que tal medida deverá ser excepcional, pois é raríssimo o caso de o cidadão assumir, claramente, diante do juiz que não pretende tomar parte no Júri por motivação religiosa, filosófica ou política. Prefere dar qualquer outra desculpa e não exercer a função.

Entretanto, se assim ocorrer, pensamos que o serviço alternativo não pode durar mais que um dia - afinal, é a média de trabalho de uma sessão plenária no Tribunal Popular.

Recusando-se o cidadão ao serviço alternativo, o juiz deve instaurar procedimento para ouvir o jurado e colher as suas razões, enviando ao Presidente do Tribunal, que o encaminhará ao Ministério da Justiça e Segurança Pública, para as providências cabíveis, no tocante à suspensão dos direitos políticos.

Ressaltemos que não há previsão de suspensão dos direitos políticos, caso a recusa se dê por motivos diversos (ex.: necessidade imposta pela profissão ou por estado de saúde temporariamente abalado). Nesse caso, depende do juiz a avaliação dessa motivação, conforme possibilidade estabelecida pelo art. 437, X, do CPP.

A Lei 11.689/2008 introduziu um rol de elementos concernentes à qualidade do cidadão para vedar a sua exclusão do serviço do júri. Em tese, pareceu positiva tal inserção, mas a especificação de uma lista de atributos é sempre complexa e ineficiente. Mencionou-se que "nenhum cidadão poderá ser excluído dos trabalhos do júri ou deixar de ser alistado em razão de cor ou etnia, raça, credo, sexo, profissão, classe social ou econômica, origem ou grau de instrução" (art. 436, § 1.º, CPP).

Olvidou-se, por exemplo, a procedência nacional, constante do art. 1.º da Lei 7.716/1989, bem como a idade e a orientação sexual, constantes do art. 2.º da Lei 11.340/2006. Na realidade, o que se pretende demonstrar é a inviabilidade de uma listagem. Bastaria mencionar que nenhum cidadão deve ser excluído do serviço do júri com base em qualquer motivação de ordem discriminatória e incompatível com os direitos e garantias humanas fundamentais.

Por outro lado, seria inconcebível admitir que o réu pudesse, pelos mesmos critérios discriminatórios, escolher ou vetar pessoas para figurarem como jurados em seu julgamento.

Lembremos, ainda, que a recusa definitiva em participar do serviço do júri, calcada nos critérios de ordem religiosa, política e filosófica, leva à prestação alternativa. Porém, a recusa momentânea em tomar parte no serviço do júri, quando injustificada, acarretará a multa de um a dez salários mínimos, conforme a condição econômica do jurado (art. 436, § 2.º, CPP). Fixada pelo juiz, deve tornar-se dívida ativa da Fazenda.

4.3 Preparo da sessão de julgamento

Após o trânsito em julgado da decisão de pronúncia, ingressa-se na fase de preparação do plenário, cuja parte principal foi cuidada no item 3.3. Restam, no entanto, alguns pontos complementares para que se possa dar início à fase do juízo de mérito, em plenário do Tribunal do Júri.

Ultrapassada a fase em que as partes arrolam suas testemunhas, juntam documentos e requerem diligências, o magistrado providenciará a produção das provas necessárias.

Após, designará dia e hora para a realização da sessão plenária, determinando a intimação das partes (membro do Ministério Público, querelante e seu defensor, quando houver, assistente da acusação, se existir, réu e seu defensor) e das pessoas a serem ouvidas no dia do julgamento (testemunhas, vítima, se houver, peritos, se necessário), nos termos do art. 431 do CPP.

Superior Tribunal de Justiça

- "Esta Corte Superior de Justiça já decidiu que, em se tratando de decisão de pronúncia e não tendo sido o acusado localizado para ser intimado da decisão, basta a intimação do defensor constituído.(...) O mesmo entendimento se aplica à intimação da sessão de julgamento do Tribunal do Júri, uma vez que o art. 431 do Código de Processo Penal, ao disciplinar a intimação das partes da sessão de julgamento do Júri, faz referência à aplicação, no que couber, ao disposto a respeito da intimação da decisão de pronúncia" (HC 215956/SC, 6.ª T., rel. Sebastião Reis Júnior, 02.10.2012, v.u.).

O assistente de acusação somente será admitido para atuar em plenário se tiver requerido a sua habilitação até cinco dias antes da data da sessão da qual pretenda participar (art. 430, CPP). Não se deve confundir a figura do assistente de acusação, que simboliza o ofendido, com a de seu advogado.

Superior Tribunal de Justiça

- "3. Como é cediço, a assistência é deferida ao ofendido, ao seu representante legal, ou, no caso de morte da vítima, ao seu cônjuge, ascendente, descendente ou irmão, na forma do na forma do art. 268, do CPP, não se confundindo a figura do assistente com a do seu advogado, embora este deva ser constituído para atuar no processo no interesse daquele. Na hipótese vertente, não há se falar na incidência do prazo previsto no art. 430, do CPP, visto que este se refere ao 'requerimento de habilitação' de assistente de acusação, e não à mera 'substituição do patrono" do assistente de acusação já habilitado no feito" (AgRg no REsp 1.814.988/PR, 5.ª T., rel. Reynaldo Soares da Fonseca, 17.12.2019, v.u.).

Antes de iniciada a reunião periódica, será afixada na porta do edifício do Tribunal do Júri a lista dos processos a serem julgados, obedecida a ordem estabelecida pelo art. 429, *caput*, CPP (art. 429, § 1.º, CPP).

Com relação à preferência para o julgamento, em primeiro lugar, estão os réus presos e, dentre eles, os que estiverem há mais tempo na prisão. Em igualdade de condições, os precedentemente pronunciados (art. 429, *caput*, CPP).

Entretanto, o referido art. 429, *caput*, estabelece a viabilidade de se romper essa ordem desde que haja *motivo relevante*, entendido como o motivo de interesse público ou mesmo de interesse individual, desde que superior ao do acusado preso. O controle da pauta pelo juiz é fundamental para que balanceie os julgamentos de presos e soltos, assegurando vagas para os primeiros, mas sem perder de vista os demais. Afinal, réus soltos também devem ser julgados rapidamente e ter a sua situação definida. Portanto, embora os magistrados devam reservar, em suas pautas, vagas suficientes para os réus presos, não podem evitar de marcar julgamentos de acusados soltos, sob pena de levar muitos casos à prescrição e, além disso, gerar impunidade somente por conta da liberdade auferida.

De outra sorte, há réus que desejam livrar-se o mais cedo possível da acusação que lhes é feita, não sendo razoável que, estando com o julgamento designado, um réu preso, pronunciado recentemente, passe à sua frente. Há Varas do Júri sobrecarregadas de serviço, com pautas lotadas, de modo que, designando julgamentos somente de acusados presos, é possível que os soltos jamais consigam o veredicto do Tribunal Popular. Logicamente, tal situação ocorre, em particular, nos grandes centros urbanos, onde a violência é mais intensa e a deficiência do Judiciário se mostra mais visível.

Sobre o confronto entre a celeridade processual imposta por leis diferentes, deve-se levar em conta o de maior relevo no caso concreto. Conforme o exemplo abaixo, proveniente de julgado, o réu preso tem prevalência sobre outros processos, tais como o que envolve vítima idosa.

Uma alternativa para assegurar a celeridade do andamento do processo, em que há vários réus presos, é o desmembramento, expressamente previsto no art. 80 do Código de Processo Penal ("será facultativa a separação dos processos quando (...) pelo excessivo número de acusados e para não lhes prolongar a prisão provisória (...) o juiz reputar conveniente a separação"). Separam-se os feitos justamente para garantir o menor tempo de prisão provisória possível aos acusados segregados.

É legalmente viável, dependendo da lei de organização judiciária de cada Estado, que o processo seja preparado por outro magistrado, que não o juiz presidente do Tribunal do Júri. Não nos parece o ideal, pois quem irá presidir a sessão de julgamento tem melhor condição de saber quais diligências indispensáveis pendem de realização, bem como quais vícios ainda restam a serem sanados (art. 424, *caput*, CPP).

A reconstituição do crime, se ainda não tiver sido concretizada, a juízo do magistrado, pode ser determinada na fase de preparação do plenário. Por vezes, surge algum dado novo, que desperta no órgão acusatório ou na defesa o interesse para a referida reconstituição, de modo que haveria o requerimento para a sua produção. Não é prova vedada, nessa fase processual, somente porque constou do art. 7.º do CPP como atribuição da autoridade policial.

Não é demais ressaltar, quanto às testemunhas, deverem ser intimadas as que foram arroladas pelas partes. Se residirem em outra Comarca, expede-se carta precatória. Parece-nos que somente serão ouvidas, por esse meio, as testemunhas que ainda não tiverem prestado o seu depoimento em juízo. Afinal, caso tenham dado declarações na fase de formação da culpa, mesmo que por precatória, torna-se desnecessário que sejam novamente inquiridas.

Por outro lado, se as partes desejaram a intimação de qualquer testemunha para que *compareça* à sessão de julgamento, tal procedimento não pode ser obstado. No entanto, deve ser consignado no texto da precatória não estar a testemunha obrigada a comparecer, para que não haja um constrangimento desautorizado em lei. Afinal, quem reside em Comarca diversa do foro onde o processo tramita, deve ser ouvido, como regra, por precatória, motivo pelo qual a intimação da testemunha para *comparecer* à sessão do Tribunal do Júri não pode ganhar o contexto de algo compulsório.

Sob outro aspecto, impedir a expedição da precatória, visando à intimação de quem reside fora do local onde o júri vai realizar-se, pode constituir cerceamento de acusação ou de defesa, uma vez que a testemunha, ciente da data do julgamento, tem a possibilidade de comparecer espontaneamente, aprimorando a produção da prova.

A realização das sessões de julgamento dar-se-á conforme dispuser a lei de organização judiciária de cada Estado (art. 453, CPP). Não há mais sentido, em face do excessivo número de processos a ser apreciado, promover reuniões do Tribunal do Júri em poucos dias ao longo do ano. Há, na maioria das capitais e grandes cidades brasileiras, sessões de julgamento diárias, de modo a vencer o volume de serviço existente.

Organizada a pauta, o juiz presidente designará dia e hora para realizar o sorteio dos jurados, intimando-se o Ministério Público, a Ordem dos Advogados do Brasil (seção local) e a Defensoria Pública. É interessante observar que não se cientifica nenhuma parte específica, mas instituições, somente para demonstrar a lisura do procedimento (art. 432, CPP).

Superior Tribunal de Justiça

- "1. O artigo 432 do Código de Processo Penal prevê a notificação do Ministério Público, da Ordem dos Advogados do Brasil e da Defensoria Pública para acompanharem o sorteio da lista de jurados, inexistindo qualquer previsão legal para a cientificação dos patronos dos acusados para tal ato" (AgRg no AREsp 1.260.812/MG, 5.ª T., rel. Jorge Mussi, 07.06.2018, v.u.).

A portas abertas, realiza-se o sorteio, presidido pelo magistrado, cabendo-lhe retirar as cédulas até completar o número de 25 jurados (art. 433, CPP). O referido sorteio deve dar-se entre o 15.º e o 10.º dia útil antecedente à instalação da reunião (art. 433, § 1.º, CPP). Não se adia a audiência de sorteio, em razão do não comparecimento *das partes* (art. 433, § 2.º, CPP), exceto, por óbvio, se houver falha na intimação, constatada antes mesmo de se realizar o sorteio.

Por outro lado, a referência feita no § 2.º do art. 433 do CPP, quanto ao *não comparecimento das partes* é um equívoco, porque o juiz não está obrigado a intimar as *partes* de cada um dos processos criminais que serão submetidos a julgamento. A idoneidade do sorteio pode ser verificada pelas instituições expressamente nominadas no art. 432 (MP, OAB, Defensoria Pública). Aqueles que irão atuar efetivamente no processo (promotor do caso, assistente de acusação, defensor constituído pelo réu ou nomeado, defensor público designado) não são intimados do referido sorteio. Então, a parte final deste dispositivo deve ser lida da seguinte forma: "não comparecimento *de representante de qualquer das instituições nomeadas no artigo 432*".

Convém destacar o fato de existirem inúmeros Tribunais do Júri, como os das grandes cidades, que necessitam de mais grupos de 25 jurados para compor o seu quadro. Um único agrupamento seria insuficiente, tendo em vista a realização de um número elevado de julgamentos diários. Diante disso, sorteiam-se vários grupos de 25 jurados, cada qual ligado a um dos plenários existentes na Comarca. A cada 25 nomes retirados da urna maior, colocam-se em outra urna menor, cuja chave ficará em poder do juiz presidente. Reduz-se tudo a termo pelo escrivão, em livro próprio.

Sob aspecto diverso, se o juiz sortear mais de 25 jurados para compor um grupo, trata-se de mera irregularidade, pois o objetivo é a formação de um agrupamento de onde se extrairá o número de sete jurados para o Conselho de Sentença. Assim, um número maior não compromete a lisura da escolha aleatória dos juízes leigos. Entretanto, há julgados entendendo cuidar-se de nulidade relativa.

De todo modo, a parte interessada, ao aventar a referida nulidade, porque havia um número maior que 25 na formação do grupo, precisa demonstrar o prejuízo sofrido. Dificilmente, conseguirá fazê-lo, pois, conforme expusemos, o maior número somente favorece a aleatoriedade do procedimento. Convém destacar que muitos juízes sorteiam alguns jurados a mais, para julgamentos muito importantes, justamente para que o número mínimo (15 jurados, art. 463, CPP) de comparecimento (*quorum*) seja atingido com segurança. Ilustrando, o magistrado sorteia 30 jurados, em lugar de 25; a chance de comparecerem ao tribunal pelo menos 15 é muito maior.

Dentre os jurados alistados, aquele que não for sorteado poderá ter seu nome incluído para as reuniões futuras (art. 433, § 3.º, CPP).

Vale ressaltar que o momento adequado para a impugnação do jurado depende do motivo e de quem faz a reclamação. Tratando-se de inidoneidade ou menoridade (ser pessoa abaixo dos 18 anos), conforme prevê o art. 436, *caput*, do Código de Processo Penal, qualquer pessoa do povo pode encaminhar a impugnação ao juiz presidente, até o dia 10 de novembro, pois a lista geral é publicada no átrio do fórum para conhecimento público (art. 435, CPP). Entretanto, cuidando-se de impedimentos e suspeições (arts. 448 e 449, CPP), o momento correto é o do sorteio dos jurados para a composição do Conselho de Sentença, pois é este colegiado que irá julgar o mérito da causa.

Logo, não se impugna o jurado sorteado para compor a lista dos 25 de cada grupo por conta de suspeição ou impedimento. Há de se ressaltar a possibilidade de qualquer das instituições referidas no art. 432 (MP, OAB e Defensoria), por seus membros, impugnar o jurado em face do não preenchimento dos requisitos legais, tais como a inidoneidade ou a menoridade, pois essa reclamação não possui prazo legal definido para as mencionadas instituições.

Sob outro aspecto, qualquer pessoa do povo pode fazê-lo até a data limite de 10 de novembro de cada ano, visto ser a lista publicada em 10 de outubro. O MP, a OAB e a Defensoria não têm prazo específico para isso.

Supremo Tribunal Federal

- "Realizado o sorteio dos jurados na forma e com a antecedência exigidas pela legislação, eventual arguição de suspeição ou impedimento deve ser feita em Plenário, sob pena de preclusão. Precedentes. As nulidades do julgamento devem ser arguidas em Plenário, logo depois que ocorrerem, sob pena de preclusão. Ordem denegada" (HC 120746, 1.ª T., rel. Roberto Barroso, 19.08.2014, v.u.).

Superior Tribunal de Justiça

- "2. Não há falar em nulidade decorrente do sorteio dos jurados e da publicidade da lista do Tribunal do Júri, considerando-se que o sorteio dos jurados foi acompanhado pelas instituições competentes e que a defesa teve condições de examinar impedimento e suspeição dos jurados, inexistindo, portanto, demonstração do prejuízo advindo das alegações" (AgRg no HC 542.734/MG, 6.ª T., rel. Nefi Cordeiro, 05.03.2020, v.u.).

Tribunal de Justiça de Minas Gerais

- "A existência de erro material no nome de uma das juradas integrantes do sorteio previsto no artigo 433 do Código de Processo Penal não gera nulidade" (Apelação Criminal 1.0074.18.002625-9/001, 3.ª C., rel. Maria Luíza de Marilac, 05.05.2020, v.u.).

O Código de Processo Penal passa a disciplinar, como forma de convocação dos jurados, a intimação pelo correio ou por qualquer outro meio hábil (art. 434, CPP). Há muito tempo, buscando agilizar o serviço forense, os cartórios já passaram a expedir, autorizados por portarias dos juízes, cartas registradas pelo correio. Em alguns locais, até o telefone é utilizado para tanto. Com o advento da Lei 9.271/1996, deu-se nova redação ao § 2.º do art. 370 do CPP, resultando o seguinte: "Caso não haja órgão de publicação dos atos judiciais na comarca, a intimação far-se-á diretamente pelo escrivão, por mandado, *ou via postal com comprovante de recebimento*, ou por qualquer outro meio idôneo" (grifo nosso).

Quanto aos advogados, faz-se da maneira mais célere possível, geralmente pela intimação pessoal, quando o causídico comparece ao cartório para analisar o processo. Pode ser feita por meio eletrônico ou mesmo pelo correio. Em caso de dúvida, quanto ao recebimento, faz-se por oficial de justiça.

Desse modo, se há algumas décadas, a regra, ao realizar intimações, era a forma pessoal, através de mandados, comprovando-se por certidão do oficial de justiça o ato realizado, é preciso considerar que o fator *modernidade* está presente, inclusive pelo advento do denominado processo judicial informatizado.

A intimação por via postal já era uma realidade. Não se pode afastar, futuramente, outras formas de aprimoramento, desde que seguras, como, *v. g.* a intimação por e-mail, comprovado o recebimento.

Diante do exposto, a Lei 11.689/2008 inseriu a modificação necessária para conferir harmonia entre a lei e a prática forense, aceitando a intimação pelo correio e abrindo a possibilidade de outros meios hábeis serem utilizados.

Naturalmente, quando falhar a intimação pelo correio, resta ao juiz socorrer-se do oficial de justiça, que buscará encontrar o jurado pessoalmente.

Estabelece o art. 434 do CPP: "Os jurados sorteados serão convocados pelo correio ou por qualquer outro meio hábil para comparecer no dia e hora designados para a reunião, *sob as penas da lei*". Quer-se crer seja o preceituado pelo art. 442 do CPP: "Ao jurado que, sem causa legítima, deixar de comparecer no dia marcado para a sessão ou retirar-se antes de ser dispensado pelo presidente será aplicada multa de 1 (um) a 10 (dez) salários mínimos, a critério do juiz, de acordo com a sua condição econômica".

Logo, havendo penalidade expressamente prevista na lei processual penal, não se deve aplicar o disposto no art. 330 do Código Penal (crime de desobediência). Este delito somente se configura caso exista expressa previsão para que seja cumulativo com outra sanção (ex.: art. 458, em relação à testemunha faltante). Portanto, existente penalidade no Código de Processo Penal ao jurado ausente, sem que haja a clara alusão à possibilidade de ação penal pela desobediência, não se configura o referido crime na hipótese do art. 434, *caput*, CPP.

Quando tiver desculpa razoável para deixar de comparecer deve fazê-la chegar ao juiz, com comprovação idônea, até o momento da chamada dos jurados. Afinal, será avaliada a *legítima causa*, para não estar presente, quando se instalar a sessão.

O comparecimento do jurado sorteado e intimado é obrigatório. O serviço que presta é considerado relevante ao interesse público e nenhum desconto poderá ocorrer em seus vencimentos ou salário, caso falte ao trabalho (art. 441, CPP).

Lamentavelmente, inexiste, na legislação brasileira, a previsão de remuneração pelos serviços prestados pelo jurado. No mínimo, haveria ele de ser reembolsado pelos gastos que teve para o comparecimento à sessão de julgamento.

Quando o juiz presidente dispensar o jurado que, sorteado e intimado, compareceu à sessão, deverá fazê-lo por decisão motivada, constante em ata (art. 444, CPP).

Todo o disposto aos jurados titulares, em relação às dispensas, faltas e escusas, bem como à equiparação no tocante à responsabilidade criminal, estende-se aos suplentes (art. 446, CPP), o que nos parece óbvio, pois são jurados do mesmo modo, embora sorteados em momento diverso.

O preparo da sessão de julgamento exige do juiz presidente atenção para o equilíbrio entre os processos colocados em pauta. Segundo o disposto no art. 429 do CPP, salvo motivo relevante, devem ter preferência: a) os réus presos; b) dentre os presos, os que estiverem há mais tempo na prisão (em virtude do processo do júri, naturalmente); c) em igualdade de condições, os precedentemente pronunciados.

A regra imposta demanda aplicação com cautela. Há comarcas – normalmente, em grandes metrópoles – onde o número de réus presos supera as vagas existentes, na pauta, para a realização das sessões plenárias. Se tal situação se der, é preciso que o magistrado divida, com critério, os processos a serem julgados. A inserção descontrolada de réus presos para as sessões pode levar à inviabilidade dos julgamentos dos acusados soltos, o que conduziria, invariavelmente, a resultados danosos (perda da qualidade da prova – desaparecimento de testemunhas ou o esquecimento dos fatos por parte de quem deva depor – além de haver a chance de prescrição).

É motivo de interesse público que não ocorra prescrição e que réus soltos, contra os quais pesa imputação tão grave quanto a que é dirigida aos presos, sejam julgados com igual celeridade. O controle da pauta pelo juiz é fundamental, para que balanceie os julgamentos de presos e soltos, assegurando vagas para os primeiros, mas sem perder de vista os demais.

Eventual preterição da ordem estabelecida pelo art. 429 do CPP, sem justo motivo, pode dar ensejo à impetração de *habeas corpus*. Configuraria constrangimento ilegal, em tese, permanecer um réu preso aguardando o seu julgamento, enquanto acusados soltos são colocados à frente. Além disso, conforme o caso, pode também ensejar o pedido de desaforamento (art. 428, CPP).

4.4 As partes em plenário

4.4.1 Juiz presidente

O Tribunal do Júri, como já visto, é um órgão colegiado, integrante do Poder Judiciário, composto por 26 juízes. Convocam-se 25 jurados para a sessão de julgamento, além de ser o condutor dos trabalhos o juiz presidente. Após a instalação da sessão, com a presença mínima de 15 jurados, promove-se a composição do Conselho de Sentença. A Turma Julgadora é constituída por 7 integrantes.

A figura do juiz presidente é fundamental. Em pesquisa que realizamos, por ocasião da elaboração de nossa tese de doutoramento, entrevistando 574 jurados, pudemos constatar que a pessoa a despertar o maior índice de confiança, no Tribunal Popular, é, justamente, o magistrado togado (60,40%).

Não se está, com essa constatação, avaliando a função, nem tampouco a pessoa do magistrado. Deve-se focar a relevância e a responsabilidade do juiz na condução dos trabalhos. Atuar como presidente, no Tribunal do Júri, ao contrário do que muitos pensam, é tarefa árdua e depende de um conhecimento apurado, não somente das leis e da jurisprudência vigente, mas também de aspectos ligados ao trato com o ser humano.

O juiz togado, presidindo a sessão, da qual participam os jurados, o órgão acusatório, o réu e seu defensor, por vezes o assistente de acusação, além de testemunhas, vítima, peritos, bem como os serventuários da justiça, necessita de um equilíbrio acentuado e um conhecimento exato das suas atribuições.

Menciona-se, ainda, que o juiz presidente nada mais faz do que coordenar as atividades dos demais, logo, seu trabalho seria simplificado e de pouca valia. Quem assim se posiciona, certamente, nunca acompanhou, com seriedade, o desenvolvimento de uma sessão de julgamento no Tribunal Popular. Ou, se o fez, cuidou-se de julgamento simples, ocorrido em poucas horas, sem nenhum obstáculo à frente. Para se constatar a proeminência do trabalho judicial, torna-se essencial acompanhar o desenrolar de um julgamento relativo a processo complexo, repleto de questões a serem resolvidas de pronto em plenário, por vezes com acirradas disputas entre as partes, sem contar, ainda, com a eventual participação secundária da plateia.

O controle e a polícia da sessão, para que tudo transcorra em clima tranquilo, sem interferência indevida na atuação das partes, nem haja agressão ao réu ou à eventual vítima, além de se possibilitar aos jurados que, realmente, conheçam a causa a ser julgada, são funções básicas do magistrado.

A responsabilidade do juiz presidente, portanto, é das mais exigidas. A maioria das falhas, que podem redundar em vícios insanáveis, anulando-se, posteriormente, o julgamento, advém da má direção do magistrado togado. Por isso, antes de se pensar na figura do juiz como aquele que desenvolve o "simples" trabalho de coordenação das atividades alheias, lembremos que toda e qualquer impugnação levantada pela parte, sob questão de fato ou de direito, deve ser resolvida de imediato, sem que se possa ter maior reflexão. O juiz, no Tribunal do Júri, chamado a decidir, por exemplo, se uma prova pode ou não ser exibida aos jurados, não promove o processo à conclusão, leva-o para casa, medita por horas e, depois, profere a decisão. Deve fazê-lo de pronto.

Demanda-se, portanto, ao presidente do Tribunal Popular, uma postura serena, equidistante das partes, humanizada e cautelosa no trato, mas sempre firme e elucidativa em suas decisões. O respeito às partes e ao réu é outra exigência quanto ao comportamento do magistrado, exposto que está ao julgamento da população, acompanhando o desenrolar dos trabalhos.

O juiz presidente possui a árdua tarefa de coordenar os debates, por vezes acalorado, entre as partes. Ingressa, nesse contexto, a avaliação do direito ao *aparte*. Como controlar o aparte, sem se desgastar ou perder a autoridade, ao menos naquela sessão? Como proporcionar a justa medida entre a manifestação intervencionista de uma das partes durante a exposição da outra?

Sempre defendemos ser o aparte um direito. Logo, tem cabimento o seu exercício, ainda que uma das partes com ele não concorde. Por isso, cabe ao magistrado exercer o controle sobre as intervenções, não somente para garantir o seu exercício, mas também para impedir que se torne um *discurso paralelo* e interminável. Atualmente, em face da Lei 11.689/2008, torna-se um direito expresso em lei (art. 497, XII, CPP).

Espera-se, naturalmente, que as decisões judiciais, tomadas oralmente, embora registradas em ata, durante a sessão de julgamento, sejam fielmente respeitadas pelas partes. Não há cabimento em revolta ou insurgência contra o decidido pelo magistrado, a ponto de uma ou outra parte resolver se retirar do plenário, prejudicando, por óbvio, o término da sessão. Seria um autêntico desrespeito não somente ao Poder Judiciário, mas também a cada um dos jurados, particularmente, que se deslocaram de seus afazeres para enfrentar um dia extenuante de trabalho, sem nenhum tipo de remuneração, mas somente para cumprir seu dever cívico.

Inexiste, pois, qualquer civilidade no tocante à atitude *de protesto* consistente em deixar o plenário quando a decisão do magistrado é contrária ao que foi pleiteado ou aguardado pela parte. Para isso, existe o direito de reclamar, inscrevendo-se em ata o requerimento, dando ensejo à interposição futura do recurso cabível.

Outro ponto relevante é a permanência do magistrado durante todo o desenrolar da sessão de julgamento. É defeso ao juiz presidente ausentar-se do plenário por tempo demasiado. Afinal, como já se expôs, qualquer intercorrência, mormente entre as partes, depende da sua pronta intervenção e decisão. Ilustrando, se a acusação está expondo sua tese e menciona algo que não é permitido, sofrendo, então, o protesto da defesa, para que o juiz decida se a razão está com o órgão acusatório ou com o defensor, é fundamental ter ouvido o que se passou. Se estava ausente do plenário, sua decisão irá depender do testemunho de terceiros. Essa não é a finalidade da consagração do princípio da oralidade no Tribunal do Júri. Por isso, a presença do juiz é essencial, constituindo falha, por vezes insanável, a sua ausência prolongada.

Quanto ao poder de polícia da sessão e às demais atribuições do juiz, consultar o Capítulo 7 *infra*.

4.4.2 Ministério Público

Os crimes julgados pelo Tribunal do Júri, como regra, envolvem ações públicas incondicionadas. Logo, o titular para a sua propositura é o Ministério Público. Mencionem-se, como exemplos, os crimes dolosos contra a vida, justamente os que dão suporte constitucional para a atuação do Tribunal Popular (art. 5.º, XXXVIII, *d*, CF): homicídio; induzimento, instigação ou auxílio ao suicídio ou à automutilação; infanticídio e aborto (arts. 121 a 128, CP).

Não se pode descartar, naturalmente, a possibilidade de estar no polo ativo o ofendido, em ação penal privada. Há, basicamente, duas hipóteses para tanto: a) um crime conexo, cometido no mesmo cenário do delito doloso contra a vida, cuja ação seja de iniciativa privada. Haveria, então, o órgão acusatório ingressando com ação penal em relação ao crime doloso contra a vida, enquanto, no mesmo processo, existiria a queixa-crime, promovida pelo ofendido, quanto ao delito de ação privada; b) caso o Ministério Público não apresente denúncia no prazo legal, torna-se viável o ingresso da parte ofendida, em juízo, com queixa, valendo-se da ação penal privada subsidiária da pública (art. 29, CPP). Neste caso, atuaria o membro do Ministério Público como fiscal da lei, podendo retomar o polo ativo em situação de inércia do ofendido.

Consideramos o Ministério Público, em sua atuação na esfera criminal, quando no polo ativo, como parte imparcial. Tal medida se deve ao fato de poder o membro da instituição ter a possibilidade de, expondo suas razões, pleitear a absolvição do réu, ainda que em plenário, no Tribunal do Júri.

Para que possa fazê-lo, na medida em que já houve pronúncia e convocação da sessão de julgamento formal, parece-nos indispensável que o órgão do Ministério Público *fundamente* em detalhes a sua posição. Não se pode aceitar que o pedido de absolvição envolva um critério discricionário e subjetivo. Isso significa ser totalmente dissociado da legalidade um pleito de absolvição sustentado em poucos minutos, diante de jurados, muitas vezes surpresos, afirmando o promotor ser essa a sua opinião, sem maiores esclarecimentos.

Assim ocorrendo, estaria a sociedade indefesa, pois o seu representante subtraiu-se à tarefa legal de expor o conteúdo do processo e as provas existentes. Não somente esse aspecto, mas também – e sobretudo – ferido estaria o princípio da legalidade. A ação penal pública, uma vez ajuizada, não comporta desistência. É obrigatório o ajuizamento, logo, torna-se identicamente necessário o seu término. Eis o motivo pelo qual o membro do Ministério Público, se entender cabível a absolvição do réu ou a aplicação de redutores de pena, tem o dever de expor, detidamente, as suas razões.

Lembremos, ainda, do princípio constitucional, regente da instituição do júri, concernente à soberania dos vereditos. Ora, somente é soberano, verdadeiramente, quem tem conhecimento e dados suficientes a respeito do que lhe é colocado para julgamento. Como se pode dizer que o Conselho de Sentença é soberano para apreciar a causa se os elementos fundamentais para tanto não lhe são transmitidos? A quem, legalmente, cabe expor as provas existentes nos autos senão ao Ministério Público? Por isso, quando o membro da instituição, levianamente, requer a absolvição, em poucos minutos, alegando aos jurados ser aquela a sua opinião, está ferindo a obrigatoriedade da ação penal – tal atitude implica em desistência camuflada – além de prejudicar a soberania do veredito do Tribunal Popular.

Se é pacífico o entendimento de que o júri pode condenar o réu, ainda que o Ministério Público requeira a absolvição, não menos correto é a afirmativa de que a soberania quanto à apreciação das provas demanda a exposição do conteúdo do processo. A posição pessoal – independência funcional – do promotor será respeitada, sem dúvida, na exata medida em que se respeite o Conselho de Sentença. A prova precisa ser exposta aos jurados de maneira detalhada e sem omissões. Após, pode o membro do Ministério Público expressar aos jurados a sua opinião sobre o caso.

Outro ponto que nos parece saliente é a atuação do órgão do Ministério Público, como parte imparcial, ao confrontar seus atos em relação aos da defesa. O julgamento pelo Tribunal do Júri não é uma arena de debates sem limites ou fronteiras. Cuida-se de um momento solene, onde se reúne um colegiado do Poder Judiciário, para apreciar uma causa importante, envolvendo seres humanos, motivos pelos quais não há lugar para chicanas gratuitas. Eis por que o membro do Ministério Público deve atuar de maneira realmente imparcial, ainda que se proponha a sustentar, na íntegra, a acusação e pedir a condenação do réu a uma pena elevada.

A função do Ministério Público, em plenário do júri, não é atacar a defesa, nem tampouco injuriar o réu. Não pode, ainda, ofender testemunhas e muito menos o magistrado ou qualquer jurado. Sua liberdade de tribuna não lhe confere imunidade agressiva. Eventual proteção conferida pelo art. 142, I, do Código Penal ("ofensa irrogada em juízo, na discussão da causa, pela parte ou por seu procurador"), se possível, deve ser evitada em presença dos jurados. Dita-nos a experiência que os juízes leigos não toleram, como regra, atitudes deselegantes e manifestações deseducadas. A grosseria não faz a parte "ganhar" a causa; ao contrário, evidencia a sua fraqueza e insensibilidade; muitas vezes, a sua própria insuficiência de conhecimento. A meta do membro do Ministério Público é sustentar a sua convicção, que se deve dar pela exposição do conteúdo da acusação, das provas e dos argumentos jurídicos para, ao final, pleitear a justa condenação do réu, conforme seu entendimento.

Consciente da destacada posição que ocupa – de parte imparcial – o Ministério Público deve abster-se de promover ofensas a quem quer que seja, até pelo relevantíssimo fato de ser ele o representante da sociedade, embora não eleito para tal mister.

Coibir os excessos de linguagem das partes é tarefa do juiz presidente (art. 497, III, CPP). As partes, devendo respeito não à pessoa do magistrado, mas ao Poder Judiciário, precisam acatar as suas advertências.

Existindo assistente de acusação, o ideal é que, por acordo, divida o tempo da acusação entre ambos, sem necessidade da intervenção do juiz presidente, assegurando que cada qual fale o período de tempo razoável.

Noutro prisma, assim como o magistrado, não deve o promotor ausentar-se do plenário, pois qualquer manifestação indevida da defesa poderá ocorrer e nem sempre cabe ao juiz presidente obstá-la. Em variadas situações, há necessidade do protesto da parte contrária, razão pela qual a presença do órgão acusatório é essencial.

A ausência por curto período é tolerável. Entretanto, prolongando-se demasiadamente o tempo, significa um abandono da tribuna de acusação, o que não pode permitir o juiz presidente. Se, chamado a retornar, não o fizer, pode-se dissolver o Conselho de Sentença, redesignar o julgamento e oficiar à chefia do Ministério Público, comunicando o evento e solicitando providências. Em caso de réu preso, conforme a situação, caberá a sua soltura, pois o constrangimento ilegal (atraso no julgamento) foi causado pelo membro do Estado-acusação.

4.4.3 Assistente de acusação

É a posição ocupada pelo ofendido, quando ingressa na ação penal promovida pelo Ministério Público. Atua no polo ativo, em autêntico litisconsórcio, ainda que seja considerado como parte secundária na relação processual.

Costumava-se defender que a atuação do ofendido, como assistente de acusação, tinha por finalidade exclusiva garantir a condenação a fim de obter um título executivo para demandar, no cível, a reparação do dano. Atualmente, sabe-se que a vítima (ou sua família) nem sempre tem interesse na indenização. Por vezes, o ingresso, no juízo penal, tem um forte conteúdo moral, vale dizer, busca-se a condenação do réu apenas para que fique estampada a sua conduta ilícita e, portanto, injusta.

Conforme previsto pelo art. 271 do CPP, "ao assistente será permitido propor meios de prova, requerer perguntas às testemunhas, aditar o libelo [hoje extinto pela Lei 11.689/2008] e os articulados, participar do debate oral e arrazoar os recursos interpostos pelo Ministério Público, ou por ele próprio, nos casos dos arts. 584, § 1.º, e 598".

A atuação ainda não está completa. Pensamos deva-se ampliá-la, como, por exemplo, ter o assistente de acusação o direito autônomo de arrolar as testemunhas que desejasse ouvir – e não somente fazer reperguntas às existentes.

Em plenário, tem o direito de se manifestar, porém dentro do tempo reservado à acusação. Por isso, o ideal é que entre em acordo com o membro do Ministério Público, para que possam dividir o tempo de exposição. Em caso de divergência insanável, intervém o juiz presidente, promovendo a justa divisão do tempo, tudo a depender do que cada um deles pretende expor.

A posição do assistente de acusação, em particular, no plenário do Tribunal do Júri, deve ser comedida e equilibrada. Não ocupa a tribuna da acusação para dirigir ofensas gratuitas ao réu e muito menos ao seu defensor. Cumpre-lhe, embora não precise atuar com imparcialidade, sustentar a acusação e pleitear a condenação, sugerindo, se for o caso, a pena a ser aplicada. Este último pleito é dirigido ao juiz presidente.

Parece-nos fundamental que entre em harmonia com o membro do Ministério Público, pois deslizes seus certamente refletirão na posição acusatória como um todo. As teses precisam ser coerentes com as expostas pelo Ministério Público. Admite-se, no entanto, maior rigor do assistente de acusação, que não é parte *imparcial*. Aliás, soaria estranho justamente o oposto, ou seja, a atuação e o pedido do assistente de acusação consistirem em soluções mais brandas do que a pleiteada pelo Ministério Público. Porém, ainda que tal se dê, não há nada que possa fazer o juiz presidente, pois a liberdade de sustentação dos pontos de vista das partes necessita prevalecer.

A ausência do assistente de acusação do plenário é inofensiva, não consistindo em causa de nulidade. Afinal, não é ele o titular da ação penal.

A sua admissão, para atuar em plenário, deve realizar-se ao menos cinco dias antes da data da sessão, salvo quando já estiver funcionando no processo anteriormente (art. 430, CPP).

Tribunal de Justiça do Rio Grande do Sul

- "1. A *Assistente* foi *habilitada* nos autos da Ação Penal em 22 de junho de 2010 e, desde então, passou a ser intimada de todos os atos processuais, inclusive da Sessão Plenária do Tribunal do *Júri* ocorrida em 13 de junho de 2019, solenidade em que não compareceu, embora estivesse devidamente intimada pela Nota de Expediente n.º 21/2019. De acordo com o disposto no art. 271, § 2.º, do Código de Processo Penal, o processo prosseguirá regularmente, independente de nova intimação do *assistente* à acusação *habilitado*, mesmo que não tenha comparecido a qualquer um dos atos da instrução ou do julgamento. Assim, desnecessária nova intimação de *assistente* devidamente cadastrada nos autos. 2. Desnecessidade de *habilitação* prévia específica para atuação na Sessão Plenária, tal como previsto no art. 430 do CPP, visto se tratar de parte já cadastrada no feito e que foi regularmente intimada para o julgamento. 3. No que tange ao prazo de 15 dias do parágrafo único do artigo 598 do CPP, trata-se de exceção concedida a *assistentes* não *habilitados* nos autos. Portanto, tratando-se de parte *habilitada* desde o início, como é o caso em análise, aplica-se o prazo ordinário de 05 dias, constante no art. 593 do CPP. Apelação intempestiva" (Recurso em Sentido Estrito 70083031534, 3.ª C., rel. Rinez da Trindade, 12.03.2020, v.u.).

4.4.4 *O acusado e a questão das algemas*

O réu é a parte direta e autenticamente interessada no deslinde da causa. Embora representado por seu defensor, tem ele, no processo criminal, a possibilidade de atuação pessoal. Não deve o juiz presidente, por isso, descuidar, em momento algum, da autodefesa, em especial no Tribunal do Júri.

Em virtude disso, a começar do momento destinado ao interrogatório, durante a fase de formação da culpa, deve o juiz proporcionar ao acusado a utilização dos instrumentos constitucionais voltados à garantia da plena defesa. O direito ao silêncio (art. 5.º, LXIII, CF) deve ser o primeiro a ser lembrado ao réu. Portanto, logo após a leitura da denúncia ou queixa, dando-lhe ciência da imputação, indagará o magistrado se o acusado deseja se manifestar ou prefere permanecer calado. Optando pelo silêncio, encerra-se o termo e nenhuma consequência processual dessa situação poderá advir. Resolvendo manifestar-se, ser-lhe-ão formuladas as indagações previstas no art. 187 do CPP.

A mesma fase, relativa ao interrogatório, repetir-se-á no plenário do Tribunal do Júri. É certo ter o réu o mesmo direito ao silêncio. Entretanto, diante do Conselho de Sentença, torna-se mais arriscada a posição de se calar, deixando de fornecer qualquer tipo de esclarecimento acerca da imputação. Infelizmente, não se pode olvidar que, diante dos jurados – pessoas leigas e não conhecedoras do ordenamento jurídico – a possibilidade de ser mal compreendido, caso opte pelo silêncio, é muito mais acentuada.

Segundo nos parece, inclusive visando à realização da plenitude de defesa, cremos ser fundamental o interrogatório do acusado em plenário, dando a sua versão a respeito dos fatos que lhe são imputados. Somente em casos raros e excepcionais (ex.: cuidando-se de réu inseguro, que se manifesta de maneira truncada, sem raciocínio coerente, o silêncio pode ser a opção mais adequada), deve-se seguir a postura de permanecer calado. Se esta for a solução mais apropriada, torna-se conveniente que o defensor reserve parte do seu tempo de exposição para esclarecer aos jurados o conteúdo e o alcance garantista do preceito constitucional relativo ao direito ao silêncio, bem como o importante significado do art. 186, parágrafo único, do Código de Processo Penal ("o silêncio, que não importará em confissão, não poderá ser interpretado em prejuízo da defesa").

Quando se realizar o interrogatório em plenário, convém ressaltar terem os jurados o direito de dirigir perguntas ao réu, embora por intermédio do magistrado presidente, pois são juízes e, mais importante, avaliarão o mérito da causa (art. 474, § 2.º, CPP).

Por outro lado, prestando suas declarações, deve o juiz presidente anotar as teses defensivas levantadas diretamente pelo réu, pois elas precisam constar do questionário, conforme o caso. É a aplicação da autodefesa, em seguimento ao preceito constitucional da plenitude de defesa.

Não cabe, exclusivamente, à defesa técnica a apresentação de teses. O acusado, no sistema processual brasileiro, é convidado a dar, pessoalmente, a sua versão, defendendo-se. Logo, suas alegações não podem ser ignoradas, como se não existissem. Aqueles que conferem prevalência à defesa técnica esquecem-se de que o réu é ouvido pelo magistrado em forma direta, inexistindo razão para deixar de considerar a sua manifestação.

Por fim, nunca é demais ressaltar que o réu merece respeito e, por pior que possa parecer a imputação que lhe for feita, precisa ser condignamente tratado. Aliás, para que o devido processo legal se realize, torna-se essencial o respeito à pessoa humana. Lembremos que o delito em apreciação pode ter sido grave e o acusado pode ser considerado perigoso, o que não justifica qualquer maltrato ou menosprezo por parte das autoridades encarregadas de sua custódia. O Estado deve dar o exemplo de bem agir, por seus representantes, de forma que a postura ideal é a de garantia da segurança, mas com respeito à dignidade de quem se encontra em julgamento.

Manter o réu algemado o tempo todo, especialmente no momento em que é interrogado, quase sem poder expressar-se, gesticulando com dificuldade, nunca nos pareceu a melhor medida. Em primeiro plano, deve-se destacar que o juiz leigo não tem o mesmo preparo do magistrado togado para ignorar solenemente a apresentação do acusado com algemas. É possível destacar-se em sua mente que os grilhões representariam tanto um símbolo de perigo, quanto de culpa.

Em outros países, como ocorre nos Estados Unidos e no Reino Unido, busca-se preservar a imagem do réu, permitindo-lhe que se sente ao lado do seu defensor no plenário, sem o uso de algemas. Sabe-se, por certo, que a imagem da pessoa submetida a julgamento compõe o quadro idealizado pelos jurados acerca do caso, sendo impossível controlar o grau de emotividade gerado, quando o acusado ingressa no recinto algemado e assim permanece o tempo todo. Estando em disputa interesses fundamentais da pessoa humana e havendo um julgamento a ser proferido sem fundamentação, através do voto secreto, torna-se mais lógico evitar, a qualquer custo, a má apresentação do acusado diante de seus julgadores. É a consagração do princípio constitucional da plenitude de defesa.

Com o advento da Lei 11.689/2008, tornou-se regra a não utilização das algemas, salvo por motivos excepcionais: "Não se permitirá o uso de algemas no acusado durante o período em que permanecer no plenário do júri, salvo se absolutamente necessário à ordem dos trabalhos, à segurança das testemunhas ou à garantia da integridade física dos presentes" (art. 474, § 3.º, CPP).

Por isso, cabe ao Estado garantir a segurança de todos em plenário, não sendo crível supor que a utilização das algemas seja indispensável. Cabe ao juiz presidente decidir sobre a utilização das algemas ou não, embora seja sempre recomendável, ao menos durante o interrogatório – momento crucial para o réu diante dos jurados –, que elas não estejam presentes. Pontes de Miranda, tratando da origem do *habeas corpus*, explica que, "nesse tempo, em caso de prisão preventiva, o acusado não devia ser tratado como os indivíduos já condenados, recusando-se à prisão o caráter de pena. Por isso mesmo, o paciente havia de comparecer à justiça *com as mãos e os pés livres*" (*História e prática do* habeas corpus, p. 23, grifamos).

Superior Tribunal de Justiça

- "3. No presente caso, verifica-se que a fundamentação apresentada pelas instâncias ordinárias para a utilização de algemas no acusado em plenário mostra-se suficiente, pois a medida restou decretada para garantir a segurança dos presentes, principalmente porque calcada na participação de testemunha protegida, que relatou ter sofrido ameaças realizadas por familiar do réu, bem como histórico anterior de necessidade de contenção desse acusado durante o ato processual; a diminuta dimensão da sala, que enseja uma proximidade física entre os réus e as demais pessoas e o reduzido número de agentes de segurança do qual dispunha o Fórum, não havendo qualquer ilegalidade na medida" (AgRg nos EDcl no REsp 1.966.633/SP, 5.ª T., rel. Reynaldo Soares da Fonseca, 08.03.2022, v.u.).
- "2. Esta Corte Superior consagra o entendimento de que o uso de algemas constitui medida que somente deve ser empregada em casos excepcionais, que devem ser justificados. Na hipótese dos autos, houve, de modo claro, a indicação das razões pelas quais foi necessário o uso das algemas, em especial a complexidade do feito, que envolve quatro denunciados, alguns com periculosidade destacada, bem como para a garantia dos trabalhos e a integridade física de todos os presentes (incluindo estudantes e familiares dos acusados), tendo em vista que foram designados pelo sistema prisional apenas quatro agentes para fazer a escolta dos denunciados, naquela ocasião, o que não destoa da jurisprudência do Superior Tribunal de Justiça. 3. Diante da conclusão do Tribunal distrital, de que o uso de algemas foi determinado para garantir a ordem dos trabalhos e a integridade física dos presentes na sessão de julgamento, é evidente que o exame da pretensão recursal implicaria o reexame do acervo fático-probatório dos autos, providência descabida em virtude do disposto na Súmula 7/STJ" (AgRg no AREsp 1.940.402/DF, 6.ª T., rel. Sebastião Reis Júnior, 05.04.2022, v.u.).

Questão interessante é exposta por Adel El Tasse, manifestando a sua contrariedade em relação ao denominado *banco dos réus*, local onde se insere o acusado no Tribunal do Júri: "O uso do banco dos réus além de ser, conforme acima exposto, manifestamente inconstitucional, contraria o sentido de humanização de toda justiça criminal, a que historicamente - desde as primeiras concepções punitivas, baseadas nas ofensas aos totens pelo homem primitivo até os tempos atuais - tem conduzido o mundo e se constitui em expediente absolutamente inaplicável, por força da atual redação fornecida pelo Código de Processo Penal ao Júri, em que não há sequer um dispositivo a utilizar a terminologia banco dos réus" (*O novo rito do Tribunal do Júri*, p. 130).

Em nossa visão, embora não nos pareça inconstitucional o denominado *banco dos réus*, pois a simples posição na sala de julgamento não é apta a desenhar tal grau de ofensa à plenitude de defesa, cremos ser viável a modificação estrutural do Tribunal do Júri. Percorre-se, na doutrina e na modificação das leis processuais penais, o modelo do sistema acusatório, com o fim de assegurar ao réu a mais adequada igualdade diante do acusador. Entretanto, um dos fatores a adequar o sistema acusatório ao quadro brasileiro consistiria, justamente, na adoção do feitio das salas americanas de julgamento, onde réu e acusador concentram-se lado a lado, ambos de frente ao juiz presidente. E não há qualquer privilégio para o órgão acusatório sentar-se à direita do magistrado, enquanto o réu ocupa outra tribuna, mais afastada e, na maioria dos casos, rebaixada fisicamente.

Enfim, como modelo ideal, deve-se atingir a plena igualdade em todos os prismas, inclusive na acomodação dos lugares no plenário do júri.

4.4.5 Defesa

A defesa pode ser constituída pelo réu ou nomeada pelo juiz. Neste último caso, o defensor é um advogado dativo. Atualmente, entretanto, prescinde-se da nomeação do magistrado quando se trata de defensor público, pois é advogado concursado, integrante dos quadros estatais.

A tarefa da defesa é árdua no Tribunal do Júri, exigindo-se, em muitos casos, desenvolva-se acima do empenho do órgão acusatório. Afinal, a Constituição Federal determina que, no Tribunal Popular, seja assegurada a *plenitude de defesa* (art. 5.º, XXXVIII, *a*).

Como já mencionamos no tópico relativo aos princípios constitucionais do júri, a garantia de plenitude de defesa significa uma linha defensiva o mais próximo possível da perfeição, respeitadas, naturalmente, as limitações do ser humano. Não pode o defensor apresentar falhas graves, em hipótese alguma. Se tal se der, cabe ao magistrado considerar o réu indefeso, providenciando-lhe outro causídico para o patrocínio da causa.

O defensor, no Tribunal do Júri, deve ter em mente que, ao lado de todas as prerrogativas que possui como advogado, detém um *status* constitucional diferenciado, para que atue em nome do acusado, isto é, possui o instrumento da *plena* defesa. Fazer valer essa força normativa é um desafio, pois implica, muitas vezes, em confrontar com o órgão acusatório, de modo veemente, porém respeitoso, além de buscar, com insistência, formar o convencimento do juiz presidente.

A atuação sob o manto da plenitude de defesa envolve o resguardo de posições francamente favoráveis ao réu. Não se pode, no Tribunal Popular, abrir mão desse incansável mister.

Por isso, o defensor, no júri, precisa, dentre outros fatores: a) necessariamente ter contato com o acusado, seja como advogado constituído, o que é mais natural, seja como dativo ou defensor público. Esse contato gera confiança e cria laços entre defensor e defendido, o que somente pode ter por consequência a obtenção dos melhores e mais apurados dados para a promoção da linha defensiva; b) deve orientar o réu em todos os sentidos, esclarecendo-o a respeito das teses que serão utilizadas e das possíveis soluções a serem concretizadas por ocasião do julgamento. O acusado, bem informado, terá noção do que lhe poderá acontecer, desde o princípio, sem manter falsas ilusões. Em virtude disso, ambos – acusado e defensor – devem harmonizar a autodefesa e a defesa técnica; c) o defensor não deve tentar impedir o réu de se defender pessoalmente, quando houver os interrogatórios. Ao contrário, cabe-lhe orientar o acusado a apresentar a versão que desejar, porém, buscando sintonizá-la, se possível, com a tese técnica a ser oferecida ao Tribunal do Júri; d) reclama-se que conheça, detalhadamente, o processo e todas as provas nele constantes. Não há possibilidade, por mais criativo ou talentoso que seja o defensor, de se garantir a plenitude de defesa em relação ao causídico que ignora o conteúdo dos autos; e) o rol das testemunhas deve ser fornecido sempre com conhecimento das pessoas a serem ouvidas. Se alguma delas for completamente estranha, a cautela impõe não seja arrolada. A mera confiança em parentes ou amigos do acusado, que fornecem nomes para servir como testemunhas de defesa, é pueril e inadequada à promoção de uma linha de atuação segura; f) se houver necessidade, seja para a fase da formação da culpa, seja para a fase realizada em plenário, o número legal pode ser ultrapassado. Essa é uma das relevantes contribuições da plenitude de defesa; g) o defensor deve, sempre, apresentar suas alegações finais, ainda que possa ser concisa e sem adentrar em teses envolvendo excludentes de ilicitude ou culpabilidade. Deixar escoar o prazo sem qualquer resposta ao juízo constitui atitude de desrespeito à plenitude de defesa; h) a análise da decisão de pronúncia, evitando-se aceitar que ela contenha excesso de fundamentação, é indispensável. Uma pronúncia "condenatória" ou "vexatória" para o réu, certamente, provocará forte influência nos jurados, o que prejudicará a defesa; i) no mesmo prisma, não se deve aceitar seja a pronúncia vazia de fundamentação. Ninguém deve ser levado a julgamento pelo Tribunal do Júri, sem prova certa da materialidade e indícios *suficientes* de autoria, o que implica em motivação eficiente por parte do juiz; j) a interposição de recurso em sentido estrito, contra a decisão de pronúncia, merece estudo cauteloso. Havendo provas abundantes e, verificando o defensor que o magistrado não tinha outra opção, desnecessário se torna o recurso, que somente tomará tempo e terminará por produzir acórdão confirmatório. Este, por seu turno, pode conter afirmativas desnecessárias, confirmando ser o acusado o autor do delito ou ratificando a necessidade de que seja julgado pelo Tribunal Popular, o que não seria útil à defesa. No entanto, a apresentação do recurso pode ser tática adequada se o objetivo é postergar o julgamento pelo júri, por qualquer razão (ex.: em cidade pequena, busca-se fazer com que a comunidade deixe de comentar o crime havido, valendo-se, então, do decurso do tempo); k) em plenário, o defensor deve estar presente em todos os momentos. A saída de cena, sem deixar substituto, pode ser fatal à plenitude de defesa, pois algum ato processual pode realizar-se sem a forma prevista em lei, não havendo, a tempo, a impugnação cabível; l) a apresentação de teses subsidiárias e alternativas é medida eficiente, quando o caso comportar. O defensor tem o dever de levantar todas as teses possíveis para beneficiar o réu; m) a inovação da tese na tréplica é um direito, decorrente, dentre outros fatores, da plenitude de defesa. Não deve o defensor abrir mão disso. Por óbvio, a utilização da inovação na tréplica é medida de exceção, ou seja, não deve ser usada como regra. Surgindo argumentos novos, muitas vezes em função do alegado pela acusação na réplica, pode o defensor inovar na sua tese, quando se manifestar em tréplica; n) analisar detidamente os quesitos formulados pelo juiz e, se possível, havendo tempo, explicá-los aos jurados, do ponto de vista da defesa, é outra meta relevante; o) impugnar os quesitos defeituosos, no momento final da sua leitura, precisa ser realizado, sob pena de se materializar a preclusão.

Esses são apenas alguns dados importantes para a postura do defensor no Tribunal do Júri, mas, evidentemente, não se esgota a vasta linha defensiva a ser adotada, em cada julgamento, conforme as peculiaridades concretas que surgirem.

Vale destacar que, da mesma forma que o órgão acusatório necessita respeitar a defesa, cabe ao defensor agir com ética e zelo. As prerrogativas do advogado somente ganham o brilho devido se forem bem utilizadas, em prol da boa atuação, respeitando-se os demais participantes e também a figura do juiz presidente.

O defensor, embora vinculado aos interesses do réu, constituindo, pois, parte *parcial*, não precisa desenvolver uma linha defensiva sem lógica ou calcada em argumentos pífios. Negar o óbvio não é meta de nenhum integrante da tribuna da defesa. Dessa forma, se o réu admite a autoria, inexiste razão plausível para que o defensor a negue, muitas vezes desmentindo o próprio acusado. Medidas descompassadas, que causem perplexidade aos jurados, são incompatíveis com a plenitude de defesa.

Logicamente, pode o defensor hábil contrapor-se a argumentos do réu, sem ofendê-lo ou desmenti-lo. Imagine-se que o acusado assuma a autoria e alegue legítima defesa. O defensor, por sua vez, não vê supedâneo para tal tese em face da prova existente nos autos. Ao dirigir-se aos jurados, deve esclarecer que esse é o ponto de vista pessoal do acusado, que merece respeito e atenção. Porém, além dele, outros aspectos podem ser considerados. E, sob tal enfoque, invoca outras teses subsidiárias, possivelmente as mais sólidas, que irão, realmente, contribuir para o interesse do defendido.

Se o acusado negar a autoria, mas as provas demonstrem o contrário, cabe à defesa argumentar do mesmo modo: ser esse o ponto de vista pessoal do réu. Portanto, supondo-se que ele não tenha razão, somente para argumentar – dirá a defesa – pode-se levantar que a pessoa que desferiu o tiro, *seja quem for*, agiu em legítima defesa. Nota-se, pois, que o defensor não desmentiu o acusado, mas pôde defendê-lo com a melhor tese técnica possível.

Atuar na tribuna da defesa, no Tribunal do Júri, é missão peculiar e realmente destacada, pois demanda conhecimento jurídico seguro, flexibilidade para o trato com outras pessoas, didática particular para expor ideias, frieza para enfrentar, diante do público, revezes inesperados, estrutura emocional para defender o cliente, sem ultrapassar as fronteiras da ética profissional, agilidade no raciocínio para que as impugnações orais, inscritas em ata, sejam imediatamente promovidas, quando falhas se apresentarem, firmeza para sustentar as prerrogativas do advogado, sem avançar para o campo do desrespeito e da ofensa; enfim, o advogado necessita apreciar a instituição do júri e ser para esta vocacionado.

4.5 Procedimento em plenário

4.5.1 Solenidades iniciais e o empréstimo de jurados de outro plenário

O juiz, ao ingressar no plenário, deve certificar-se de estarem presentes o membro do Ministério Público, o assistente de acusação (se houver), o réu e seu defensor.

Como regra, as partes já se encontram em plenário. Portanto, cabe ao magistrado decidir os casos de isenção e dispensa de jurados, que, eventualmente, lhe forem apresentados, bem como analisar, se houver, pedido de adiamento do julgamento, formulado por qualquer dos interessados. Suas deliberações serão consignadas em ata (art. 454, CPP).

Não mais se indaga, diretamente, do réu seu nome, sua idade e se tem advogado (antiga redação do art. 449, *caput*, CPP). Na realidade, tal omissão não significa a impossibilidade de o acusado se manifestar ao juiz presidente, demonstrando sua insatisfação em face da defesa que lhe está sendo proporcionada. Atento ao princípio constitucional da plenitude de defesa, deve o magistrado colher o reclamo, inscrever em ata e deliberar a respeito. Tal situação pode ocorrer, quando o réu nunca foi visitado pelo defensor nomeado (se estiver preso), nem teve oportunidade de reunir-se com o advogado dativo ou defensor público (caso esteja solto), deixando de ter confiança no profissional que pretende patrocinar a causa.

Afora a peculiar situação de falta de confiança no defensor nomeado, quando o réu está desprovido de defesa, é natural que já se saiba disso antes da sessão plenária, de modo que o juiz nem mesmo irá instalar oficialmente os trabalhos. Haverá adiamento, com nomeação de outro defensor para cuidar dos interesses do acusado.

Em seguida, o juiz deve recolher de dentro da urna as cédulas, contendo os nomes dos jurados que compareceram. Em tese, devem ser achadas vinte e cinco cédulas (art. 462, CPP), embora o número mínimo, para o início dos trabalhos, seja quinze (art. 463, CPP). Aliás, quando o escrivão, antes mesmo do ingresso do magistrado no plenário, nota que, dentre os jurados titulares presentes, inexiste número suficiente, avisa o juiz, que providenciará o sorteio dos suplentes.

Contadas as cédulas e feita a chamada para atestar, publicamente, estarem os jurados no local, colocam-se as referidas cédulas de volta na urna, que é fechada. O juiz, então, anuncia que está instalada a sessão, pois é o que basta, determinando ao oficial que faça o pregão – anúncio público do processo a ser julgado, nome do réu e artigo em que está incurso.

Todas as falhas ocorridas após a prolação da decisão de pronúncia devem ser alegadas ao juiz presidente do Tribunal do Júri *até a instalação dos trabalhos* da sessão plenária, sob pena de preclusão. Naturalmente, essas são as nulidades relativas, pois as absolutas não precluem e podem ser aventadas em qualquer fase do processo – e mesmo após o trânsito em julgado da decisão condenatória.

Alguns juízes apreciam reunir-se com os jurados, antes mesmo de iniciada a sessão, para passar-lhes algumas instruções acerca do funcionamento do Tribunal do Júri. É fundamental, em homenagem ao princípio da publicidade, que as partes fiquem cientes disso e possam tomar parte do evento.

Por ocasião da verificação do *quorum* mínimo (quinze jurados) para a instalação da sessão, havendo número insuficiente, sempre foi prática relativamente comum a convocação de outros jurados, que foram chamados para participar do julgamento em plenário diverso, embora no mesmo Tribunal do Júri. A Lei 11.689/2008, que alterou as regras quanto ao procedimento do Tribunal do Júri, não fez expressa menção a tal situação. É certo ter citado o sorteio de suplentes, para suprir a falha (art. 464, CPP). Entretanto, ainda assim, há Tribunais do Júri com vários plenários, de modo que existem outros jurados potencialmente à disposição.

Em nosso entendimento, diante das enormes dificuldades do Judiciário para manter a celeridade dos julgamentos, mormente nos Tribunais do Júri, deve-se admitir o empréstimo de jurados de um plenário para outro, a fim de perfazer o número mínimo de quinze, previsto em lei para a instalação dos trabalhos. Não é demais lembrar que todos os jurados são convocados para o mesmo dia, à mesma hora, variando, apenas, o plenário para o qual são designados, porém no mesmo Tribunal. É o que ocorre em grandes cidades. Assim, basta que as partes, querendo, consultem as relações dos jurados para determinado dia, abrangendo todos os plenários, a fim de tomarem conhecimento de quais serão os prováveis juízes leigos a compor o Conselho de Sentença. Logo, segredo não há, nem se deixa de seguir o ritual da publicação do edital.

A convocação é pública e seu resultado também. Se a praxe forense consagrou essa prática, todos sabem, na realidade, que o jurado pode vir de qualquer dos plenários de determinado

Tribunal do Júri, conforme o dia marcado para o julgamento. Enfim, sem haver surpresa, nem tampouco infringência à lei, cremos acertada a providência, até mesmo para buscar o que o jurisdicionado efetivamente deseja: a celeridade no trâmite processual.

A isso acrescente-se ser muito rara a checagem dos nomes dos jurados, previamente, para que qualquer das partes se prepare, a fim de interpor, no momento do sorteio, a exceção de suspeição fundamentada (ou mesmo apresente a recusa peremptória). Em geral, as partes tomam conhecimento da lista (contendo o nome e a profissão dos jurados sorteados para a sessão) no próprio dia do julgamento e promovem as aceitações ou recusas de modo aleatório, sem critérios objetivos, porém baseados apenas em valorações subjetivas, surgidas no momento em que o jurado é sorteado para compor o Conselho de Sentença. Outros comentários serão apresentados no próximo subitem, que trata da formação do referido Conselho de Sentença.

Se não for possível instalar a sessão de julgamento, por falta de *quorum*, outra data deva ser designada para data compatível com a pauta da Vara do Júri, o que pode significar dias, semanas ou meses após.

4.5.2 Verificação da presença das partes e das testemunhas (arroladas em caráter de imprescindibilidade) e formação do Conselho de Sentença

Aberta a sessão, verificadas as escusas apresentadas pelos jurados, o juiz retira as cédulas da urna, empreende a conferência e retorna aquelas que correspondam aos jurados efetivamente presentes. Anuncia o processo a ser submetido a julgamento e ordena seja feito o pregão (art. 463, CPP).

Logo após, a parte interessada em levantar alguma nulidade ocorrida após a pronúncia (art. 571, V, CPP) deve pedir a palavra ao juiz presidente, manifestando-se a respeito e colocando os seus fundamentos. A parte contrária será ouvida imediatamente e o magistrado decidirá. Entendendo ser caso de nulidade absoluta, deve declará-la, não mais realizando a sessão. Se não acolher o pedido, anota-se em ata o ocorrido, prosseguindo-se no julgamento.

O adiamento da sessão deve ser postura excepcional, em virtude das várias formalidades que são preenchidas para viabilizar o julgamento, significando um elevado custo ao Judiciário e, também, às pessoas chamadas a colaborar (jurados, testemunhas, peritos etc.).

Ausente o membro do Ministério Público, inexiste possibilidade de se realizar a sessão (art. 455, CPP). Não há mais alternativa para a nomeação de promotor *ad hoc* (para atuar em determinado ato processual), pois as funções institucionais do Ministério Público somente podem ser exercidas por membros de carreira. A conduta do juiz presidente é avaliar o motivo pelo qual o comparecimento deixou de ocorrer. Havendo justificativa plausível, designa-se outra sessão e todos saem intimados. Se não houver motivação razoável, comunica-se o fato ao Procurador-Geral para que tome as medidas administrativas cabíveis e, conforme o caso, designe outro representante da instituição para atuar em plenário. De todo modo, outra sessão será marcada.

O mesmo procedimento se adotará em caso de ausência do defensor. Se for justificada a falta, adia-se a sessão para dia desimpedido. Se injustificada, além do adiamento, comunica-se a Seção competente da Ordem dos Advogados do Brasil para que tome as medidas administrativas cabíveis (art. 456, CPP). Tratando-se de defensor público, dá-se ciência à Defensoria Pública, para a mesma finalidade.

A ausência injustificada do defensor constituído permitirá o adiamento somente uma vez. Para a sessão seguinte, com o prazo mínimo de dez dias, será intimada a Defensoria Pública (art. 456, § 2.º, CP). Logicamente, poderá o réu constituir outro defensor, que se apresentará no dia marcado para o julgamento, assumindo o patrocínio da causa. Do contrário, caberá ao defensor público atuar em defesa do réu. Em Comarcas onde não houver defensoria pública, o juiz nomeará defensor dativo.

Não se adiará a sessão por ausência do assistente de acusação ou do advogado do querelante. Neste último caso, duas podem ser as situações geradas. Se o advogado do querelante, em ação privada, faltar sem justa causa, poderá ocorrer perempção, julgando-se extinta a punibilidade do réu. Se o advogado do querelante, em ação privada subsidiária da pública, ausentar-se sem justificativa razoável, afasta-se o ofendido do polo ativo, retomando o posto o Ministério Público, designando-se nova data para o julgamento.

A ausência do réu solto, em plenário, não mais provocará o adiamento da sessão de julgamento, nem permitirá ao juiz presidente a decretação da prisão preventiva. É a nova previsão feita pela Lei 11.689/2008 (art. 457, *caput*, CPP).

Superior Tribunal de Justiça

- "III – Na hipótese em foco, a Corte de origem afirmou que o paciente, após ter sido pessoalmente intimado da sentença de pronúncia, evadiu-se do sistema prisional, e, segundo a própria impetração continua foragido até o presente. Além disso, decorrido 9 (nove) anos da fuga, a Corte local atestou a realização de intimação por meio de edital da sessão do Tribunal do Júri, conforme previsto na Lei 11.689/2008. De mais a mais, o Tribunal de origem asseverou que o paciente 'acompanhava o andamento dos autos e tinha plena ciência da data designada para o seu julgamento, tanto que contratou advogado para pleitear o adiamento da sessão e defendê-lo em plenário'. Nessa senda, o Tribunal *a quo* assegurou que a intimação editalícia cumpriu a sua finalidade, conforme o art. 3.º e 457 do Código de Processo Penal e art. 244 da Lei Adjetiva Civil. IV – Nesse contexto, não se vislumbra a existência de nulidade, uma vez que: a) o réu foi intimado pessoalmente da decisão de pronúncia; b) a intimação da sessão do Tribunal do Júri ocorreu por meio de edital, segundo a Lei 11.689/2008, que possui aplicação imediata aos processos em curso; c) o paciente detinha ciência inequívoca sobre a data da realização do julgamento pelo Conselho de Sentença. Precedentes" (AgRg no HC 562.733/SP, 5.ª T., rel. Felix Fischer, j. 28.04.2020, v.u.).
- "2. No procedimento do Conselho de Sentença, na forma do parágrafo único do art. 420, c.c. o art. 457 do Código de Processo Penal, é dispensável a presença do Acusado não encontrado para ser intimado, desde que, nessa hipótese, seja levada a efeito intimação via edital, sendo certo que essa determinação foi cumprida no caso dos autos" (AgRg nos EDcl no AREsp 1.365.782/SP, 6.ª T., rel. Laurita Vaz, j. 07.05.2019, v.u.).
- "4. A ausência do acusado na sessão de julgamento perante o Tribunal do Júri não justifica, por si só, a decretação da prisão preventiva para assegurar a aplicação da lei penal, sobretudo, quando não há registro de que tenha se furtado aos atos processuais anteriores. Ademais, o art. 457 do Código de Processo Penal autoriza a realização da sessão de julgamento sem a presença do réu. Assim, é prescindível a presença do paciente para julgamento pelo Tribunal do Júri. 5. Recurso ordinário em *habeas corpus* provido para revogar a prisão preventiva do recorrente" (RHC 100.716/MG, 5.ª T., rel. Jorge Mussi, j. 13.11.2018, v.u.).

Se o acusado tem direito ao silêncio, a sua participação no julgamento em plenário faz parte do seu direito de audiência, do qual pode abrir mão. No Tribunal do Júri, diante de jurados leigos, não nos parece aconselhável que o réu se ausente, pois a autodefesa ficará prejudicada e o Conselho de Sentença não terá nenhum contato com a figura do imputado, muitas vezes determinante para a avaliação global do caso posto em análise.

Entretanto, é fundamental que tenha havido regular intimação das partes, especialmente do acusado, ainda que por edital (ver a jurisprudência *supra*).

A ausência do réu preso é, como regra, falha do Estado. Somente se deve relevar a situação, adiando o julgamento e mantendo a custódia cautelar, em situações excepcionais. Do contrário, inexistindo motivo razoável, convém ao juiz presidente determinar a soltura do acusado, por excesso de prazo quanto ao término da instrução. Somente o bom senso poderá determinar qual o melhor caminho a seguir. A despeito disso, o art. 457, § 2.º, do CPP, com sua nova redação, prevê o adiamento, quando o preso não for apresentado, salvo se houver pedido de dispensa da sua presença, subscrito por ele e por seu advogado.

Com relação ao pedido de dispensa da presença, parece-nos decorrência lógica do princípio da igualdade. Se o réu solto pode deixar de comparecer, torna-se natural que o preso também possa fazê-lo. Porém, quanto ao adiamento *obrigatório*, somos levados a discordar. Somente haverá o adiamento, *sem a soltura do acusado*, quando o motivo para a não apresentação for considerado razoável. Do contrário, a prisão cautelar pode evidenciar-se excessiva, quanto ao prazo, por culpa de agentes estatais.

Atualmente, nada impede o julgamento, no Tribunal do Júri, realizado sem a presença do acusado em plenário.

Superior Tribunal de Justiça

- "Com o advento da Lei n. 11.698/2008, é possível a submissão do réu pronunciado à sessão de julgamento no Tribunal do Júri, ainda que não tenha sido pessoalmente intimado da decisão de pronúncia, sendo prescindível sua presença em plenário" (HC 215956/SC, 6.ª T., rel. Sebastião Reis Júnior, 02.10.2012, v.u.).

Inexiste recurso contra a decisão do juiz determinando o adiamento do julgamento. Entretanto, se ele o faz imotivadamente, sem o amparo das hipóteses legais, pode ser representado pelas partes, comunicando-se o fato à Corregedoria-Geral da Justiça. O mesmo se dá no tocante à negativa do magistrado em adiar a sessão. Posteriormente, se houve irregularidade, a parte que se sentir prejudicada deve levantar tal falha em preliminar de apelação.

O não comparecimento de testemunha devidamente intimada para a sessão, sem motivo justo, implica na fixação de multa (um a dez salários mínimos, conforme a sua condição econômica), nos termos do art. 458 do CPP, sem prejuízo da apuração do crime de desobediência. Para tanto, é fundamental que, no mandado de intimação, conste a expressa advertência quanto à possibilidade de ser a testemunha processada por desobediência, caso não se apresente sem razão legítima. Cuidando-se de intimação via postal, somente se pode tratar de eventual delito de desobediência no caso de ter sido feita a advertência supra referida e ter sido recebida pessoalmente a carta do correio. Resta, ainda, a possibilidade de se determinar a condução coercitiva (aplicação do disposto no art. 461, § 1.º, CPP).

Por outro lado, a testemunha que comparecer não poderá sofrer nenhum desconto em seus vencimentos ou salário (art. 459, CPP).

Para haver o adiamento da sessão de julgamento, em caso de falta de testemunha, torna-se fundamental averiguar se a parte a arrolou em *caráter de imprescindibilidade*, indicando a sua localização (art. 461, *caput*, CPP). Recordemos que o momento processual para apresentar o rol ocorre logo após o trânsito em julgado da decisão de pronúncia. Invocada, nessa oportunidade, a imprescindibilidade do depoimento, o juiz pode determinar a condução coercitiva imediata da testemunha faltosa, paralisando-se momentaneamente a sessão. Em cidades grandes, a diligência é inviável, como regra. Adia-se a sessão e a condução coercitiva se fará no futuro.

Supremo Tribunal Federal

- "A falta de qualquer das testemunhas arroladas para deporem em plenário do julgamento pelo Tribunal do Júri justificará o adiamento da sessão, desde que alguma das partes tenha requerido sua intimação, declarando expressamente não prescindir do depoimento e com indicação de seu paradeiro para intimação. Precedentes." (HC 110524/SP, 1.ª T., rel. Cármen Lúcia, 22.05.2012, v.u.).

Superior Tribunal de Justiça

- "2. As testemunhas que residem em comarca diversa do local de julgamento estão desobrigadas de comparecer à sessão plenária. Nesse contexto, sua presença no julgamento pelo Tribunal do Júri é ônus das partes, inexistindo ilegalidade na decisão de dispensa proferida pelo Juízo *a quo*" (AgRg no REsp 1.966.376/SP, 6.ª T., rel. Rogerio Schietti Cruz, 25.10.2022, v.u.).
- "1. Segundo texto do art. 461, do CPP, o julgamento não será adiado se a testemunha deixar de comparecer, salvo se uma das partes tiver requerido a sua intimação por mandado, na oportunidade de que trata o art. 422 deste Código, declarando não prescindir do depoimento e indicando a sua localização. 2. No caso, entretanto, o juízo empreendeu esforços para localizar a testemunha, adiou várias sessões de julgamento, conseguindo, ao final, efetuar a intimação. Ocorre que, embora a parte tenha juntado posteriormente atestado médico justificando a ausência da testemunha, isso por si só não nulifica o julgamento do júri popular" (HC 468.805/PR, 5.ª T., rel. Reynaldo Soares da Fonseca, j. 12.03.2019, v.u.).

De todo modo, para que se possa adiar a sessão, torna-se essencial analisar se a parte interessada indicou o paradeiro onde a pessoa podia ser encontrada para intimação com a antecedência necessária, conforme as peculiaridades locais. Realiza-se o julgamento se a testemunha não for localizada no local apontado pela parte interessada, assim certificado pelo oficial de justiça (art. 461, § 2.º, CPP).

A parte, naturalmente, poderá intervir e indicar ao magistrado, logo na abertura dos trabalhos – ou antes do dia da sessão plenária, por petição –, quando o depoimento for crucial para a apuração da verdade real, outro paradeiro da testemunha, desde que apresente alguma prova a respeito, valendo, conforme o caso, o adiamento da sessão para que se possa buscar a pessoa faltante.

Desde o momento do início dos trabalhos, deve-se cuidar para que as testemunhas presentes permaneçam incomunicáveis. Evitando-se, ainda, qualquer conturbação à ordem, dividem-se, em locais diversos, as de acusação e as de defesa, de modo que não possam ouvir os depoimentos umas das outras (art. 460, CPP).

A quebra da incomunicabilidade das testemunhas constitui nulidade relativa, dependente, pois, da prova do prejuízo para qualquer das partes.

Superior Tribunal de Justiça

- "7. Tendo a defesa dispensado a oitiva de testemunha faltante, a demonstrar que não era imprescindível, bem como sendo noticiado que a mesma testemunha assistiu parte da sessão plenária, inclusive outro depoimento testemunhal, a configurar quebra da incomunicabilidade, justifica-se o juízo não querer realizar a oitiva dela na condição de testemunha do juízo por falta de conveniência" (AgRg no REsp 1796340/MT, 5.ª T., rel. Joel Ilan Paciornik, j. 16.06.2020, v.u.).

Na sequência, o juiz presidente dá início ao sorteio de sete jurados, que irão compor o Conselho de Sentença (art. 467, CPP).

Antes, porém, os jurados presentes (o número chamado é de vinte e cinco, mas se aceita o mínimo de quinze) ouvirão os impedimentos e as suspeições para servir no Conselho de Sentença (art. 466, *caput*, CPP). Se algum deles, ao ser chamado pelo magistrado, por ter o nome sorteado, estiver incurso em qualquer das hipóteses de impedimento ou suspeição deve apontar o motivo e declinar.

O desrespeito aos impedimentos é apto a gerar nulidade absoluta, passível de reconhecimento a qualquer tempo, mesmo depois do trânsito em julgado.

São impedidos de servir no mesmo Conselho: a) marido e mulher; b) ascendente e descendente; c) sogro e genro ou nora; d) irmãos e cunhados, durante o cunhadio; e) tio e sobrinho; f) padrasto e madrasta ou enteado (art. 448, CPP); g) pessoas que mantenham união estável, reconhecida como entidade familiar (art. 448, § 1.º, CPP). Dos impedidos servirá o que tiver sido sorteado em primeiro lugar (art. 450, CPP).

Observe-se que a prova relativa ao parentesco ou laço familiar deve ser feita no ato do sorteio do jurado, quando este mesmo não declinar, pela parte interessada em afastá-lo. No caso de união estável, admite-se tanto a prova documental (ex.: sentença proferida em processo cível reconhecendo essa situação) quanto a prova testemunhal (pessoas podem ser chamadas para demonstrar essa situação diante do juiz presidente).

São, ainda, impedidos, por força do disposto pelo art. 448, § 2.º, do CPP: a) ascendente, descendente, sogro, genro, nora, irmão, cunhado, durante o cunhadio, sobrinho, primo do juiz, do promotor, do advogado de defesa, do assistente de acusação, da autoridade policial, de auxiliar da justiça, de perito, do réu ou da vítima (art. 252, I, CPP); b) pessoa que tiver desempenhado qualquer função ou servido como testemunha no processo (art. 252, II, CPP); c) quem tiver tomado parte, como jurado, em anterior julgamento do mesmo feito (art. 252, III, CPP), inclusive de corréu; d) quem tiver interesse no deslinde da causa ou possuir cônjuge ou parente, consanguíneo ou afim em linha reta ou colateral até o 3.º grau, que o tenha (art. 252, IV, CPP).

Superior Tribunal de Justiça

- "1. Não há se falar em ofensa aos dispositivos que tratam do impedimento e da suspeição, porquanto os arts. 252, 253 e 254, todos do Código de Processo Penal, se referem apenas ao parentesco até o terceiro grau. Na hipótese, contudo, trata-se de parentesco em quinto grau, motivo pelo qual não há se falar em ofensa à norma infraconstitucional. 2. Importante registrar, ademais, que, tanto no Supremo Tribunal Federal quanto no Superior Tribunal de Justiça, prevalece o entendimento no sentido de que o rol de causas de impedimento do julgador é taxativo, não sendo possível a 'criação pela via da interpretação (RHC n. 105.791/SP, Relatora Ministra Cármen Lúcia, Segunda Turma, *DJe* 1.º.02.2013)' (HC 477.943/PR, rel. Ministro Joel Ilan Paciornik, 5.ª T., j. 26.03.2019, *DJe* 03.04.2019). 3. Quanto às hipóteses de suspeição, ainda que sejam consideradas como rol exemplificativo, é imperativa a demonstração de efetivo prejuízo à imparcialidade do julgador, situação que, no caso dos autos, demandaria o revolvimento dos fatos e das provas, o que é vedado pelo enunciado n. 7 da Súmula do Superior Tribunal de Justiça. 4. Agravo regimental a que se nega provimento" (AgRg no REsp 1857774/RS, 5.ª T., rel. Reynaldo Soares da Fonseca, 23.06.2020, v.u.).
- "5. O *caput* do artigo 448 do Código de Processo Penal estabelece que são impedidos de servir no mesmo Conselho marido e mulher, ascendente e descendente, sogro e

genro ou nora, irmãos e cunhados, durante o cunhadio, tio e sobrinho, padrasto, madrasta ou enteado, ao passo que o § 1.º do referido dispositivo acrescenta que 'o mesmo impedimento ocorrerá em relação às pessoas que mantenham união estável reconhecida como entidade familiar', e o § 2.º dispõe que 'aplicar-se-á aos jurados o disposto sobre os impedimentos, a suspeição e as incompatibilidades dos juízes togados'. 6. O fato de um dos jurados ser marido da cunhada da irmã da vítima não se enquadra em quaisquer das hipóteses de impedimento ou suspeição, tratando-se de vínculo que, por si só, não demonstra amizade íntima entre as partes. Doutrina. 7. A defesa cingiu-se a alegar que o marido da cunhada da irmã da vítima teria proximidade com o ofendido, inexistindo qualquer comprovação da amizade íntima entre eles, o que impede o reconhecimento da parcialidade do jurado" (HC 535.530/PE, 5.ª T., rel. Jorge Mussi, 03.12.2019, v.u.).

Tribunal de Justiça de São Paulo

- "Pleito de reconhecimento de nulidade por ausência de paridade na lista dos jurados para formação do Conselho de Sentença. Inexistência de irresignação da Defesa no momento oportuno. Inteligência do art. 571, inciso VIII, do Código de Processo Penal. Formação do Conselho de Sentença por pessoas do sexo feminino que não acarreta a imparcialidade dos jurados. Ausência de suspeição ou impedimento dos membros do Conselho de Sentença" (Apelação Criminal 1501907-34.2018.8.26.0024, 16.ª C., rel. Leme Garcia, 30.03.2020, v.u.).

Tribunal de Justiça de Minas Gerais

- "Se o Ministério não recusou os Jurados, tampouco comprovou que se tratavam de estudantes de Direito e alunos do defensor do réu, não há que se falar em nulidade do Júri, mormente porque estudantes não figuram no rol das pessoas impedidas/excluídas de atuarem como Jurados, a teor dos artigos 437, 448 e 449 do Código de Processo Penal" (Apelação 0105815-63.2012.8.13.0701, 4.ª C., rel. Júlio Cezar Guittierrez, 22.11.2017, v.u.).
- "A jurada, genitora do único Perito Criminal que atuou no processo, está impedida de votar, nos termos do art. 280 c/c art. 252, I, c/c art. 448, § 2.º, todos do CPP. Tendo em vista que o impedimento gera a presunção absoluta (*juris et de jure*) de parcialidade do Jurado, juiz leigo, necessário que o acusado seja submetido a novo julgamento perante o Tribunal do Júri" (Apelação 0024011-92.2015.8.13.0111, 6.ª C., rel. Furtado de Mendonça, 22.05.2018, v.u.).

São, também, impedidos, de acordo com o art. 449, I a III, do CPP: a) o jurado que tiver funcionado em julgamento anterior do mesmo processo, seja qual for a causa determinante do julgamento posterior; b) o jurado que, em caso de concurso de pessoas, houver integrado o Conselho de Sentença que julgou o corréu; c) o jurado que tiver manifestado prévia disposição para condenar ou absolver o réu.

As duas primeiras hipóteses são comprováveis por documentos. A última, entretanto, admite tanto a prova documental (ex.: uma declaração proferida em jornal ou revista) quanto a prova testemunhal ou outro meio idôneo. Lembremos que essa prova deve ser oferecida pela parte interessada em excluir o jurado quando ele for sorteado. Entretanto, convém registrar que a participação, no Conselho de Sentença, de jurado impedido gera nulidade absoluta, enquanto a participação de jurado suspeito produz nulidade relativa. Desse modo, se a causa de impedimento não for alegada no momento próprio, inviável se torna a convalidação do julgamento. A qualquer tempo pode ser apontada a nulidade, pois de natureza absoluta.

Porém, se a causa de suspeição não for alegada logo após o sorteio do jurado, ocorrerá preclusão e não mais poderá servir de base para a anulação do processo.

A hipótese prevista no inciso III do art. 449 do CPP (manifestação de prévia disposição para condenar ou absolver o réu), na essência, não é de impedimento, mas de suspeição, tendo sido inserida neste contexto legal de forma errônea.

São suspeitos, por força do disposto pelo art. 448, § 2.º, do CPP: a) quem for amigo íntimo ou inimigo capital do réu ou da vítima (art. 254, I, CPP); b) quem estiver respondendo a processo por fato análogo ou possua cônjuge, ascendente ou descendente que esteja (art. 254, II, CPP); c) quem, por si ou por seu cônjuge, ou parente consanguíneo, ou afim, até o 3.º grau, inclusive, sustentar demanda com o réu ou a vítima ou que responder a processo que será julgado por qualquer das partes (art. 254, III, CPP); d) quem tiver aconselhado réu ou vítima (art. 254, IV, CPP); e) quem for credor ou devedor, tutor ou curador, do réu ou da vítima (art. 254, V, CPP); f) quem for sócio, acionista ou administrador de sociedade interessada no processo (art. 254, VI, CPP).

As incompatibilidades, mencionadas pelo art. 448, § 2.º, do CPP, nada mais são do que as causas de suspeição, quando proclamadas de ofício pelo magistrado ou pelo jurado. Em suma, incompatível é o juiz que se considera suspeito para o julgamento da causa.

Os jurados porventura excluídos por impedimento, suspeição ou incompatibilidade são computados para o efeito de constituição do *quorum* mínimo (quinze) para os trabalhos terem início (art. 451, CPP).

O juiz presidente tomará, ainda, o cuidado de alertar os jurados do dever de incomunicabilidade, ou seja, assim que forem sorteados não mais se expressarão sobre a matéria contida no processo. Somente em votação, na sala especial, por meio do voto secreto, darão o seu veredito. A infringência ao dever de incomunicabilidade acarreta a exclusão do Conselho de Sentença e multa (art. 466, § 1.º, CPP). Se houver a exclusão, naturalmente, o julgamento torna-se prejudicado e uma nova sessão será designada. Em caso de má-fé do jurado, pode-se até mesmo apurar eventual crime de prevaricação.

Logicamente, não há o dever de mudez. Podem os jurados, mormente nos intervalos, conversar entre si sobre assuntos diversos. O que lhes é vedado é articular qualquer tema relativo ao processo em julgamento. Para tanto, controla a incomunicabilidade um oficial da justiça, que lançará certidão a esse respeito nos autos (art. 466, § 2.º, CPP).

Embora não deva manifestar sua opinião sobre os assuntos processuais, é lógico poder o jurado extrair dúvidas quanto às provas e quanto às alegações das partes. Além disso, pode ter interesse em saber como se dará o mecanismo de julgamento. Enfim, com prudência, o juiz presidente deve informar o jurado em relação aos seus questionamentos, sempre o alertando a fazer perguntas de forma a não deixar transparecer qualquer espelho de sua convicção quanto ao mérito da causa.

Superior Tribunal de Justiça

- "1 – É vedado aos jurados, segundo disposição processual penal, comunicarem-se entre si acerca do mérito do julgamento. 2 – Na espécie, em plena fala da acusação, em plenário, uma jurada afirmou que havia crime. O juiz togado limitou-se, segundo a ata do julgamento, a repreendê-la, seguindo o Júri até o final. 3 – Segundo o art. 466, § 1.º do Código de Processo Penal, acontecimento deste jaez seria motivo para dissolução do conselho de sentença que, se não realizada, mostra a existência de nulidade flagrante. 4 –

Ordem concedida, *ex officio*, para declarar nulo o Júri, determinando a imediata soltura do paciente que esteve em liberdade durante todo o processo" (HC 436.241/SP, 6.ª T., rel. Maria Thereza de Assis Moura, 19.06.2018, v.u.).

- "1. O art. 466, § 1.º, do CPP, impõe a incomunicabilidade dos jurados, dispondo que, uma vez sorteados, serão advertidos pelo Juiz Presidente acerca da vedação de comunicar-se entre si e com outrem, bem como de manifestar opinião sobre o processo, no intuito de evitar que qualquer deles exerça indevida influência no ânimo de decidir dos demais. 2. A solicitação de esclarecimentos pelos Jurados é possível, cabendo ao Juiz Presidente o controle das expressões empregadas pelos membros do Júri, evitando, dessa forma, que expressem opinião quanto ao mérito da causa. 3. No caso, sobreveio a condenação do réu, em decorrência da repetição da votação do quesito absolutório, realizada a requerimento do órgão acusador a pretexto de extirpar eventual contradição na votação, em cujo contexto se externou a manifestação de um dos membros do Conselho de Sentença, denotando aos demais membros do Tribunal do Júri juízo de valor sobre o resultado do julgamento, em manifesta quebra da incomunicabilidade" (AgRg no AREsp 568.650/DF, 5.ª T., rel. Jorge Mussi, 24.04.2018, v.u.).

Tribunal de Justiça de São Paulo

- "Alegada quebra da incomunicabilidade dos jurados, que teria consistido em comentário em voz alta de uma das juradas. Inocorrência. Certificação, pelos Oficiais de Justiça, de que não houve qualquer comunicação com o Conselho de Sentença e entre os jurados durante o julgamento. Ademais, consoante o próprio relato do impetrante, o comentário teria sido feito após a votação do quesito, de modo que não poderia ter influenciado os demais jurados. Inexistência de nulidade flagrante" (HC 2133323-09.2019.8.26.0000, 1.ª C., rel. Diniz Fernando, 12.08.2019, v.u.).

A incomunicabilidade não se dá somente entre os jurados. Estes também ficam impedidos de manter qualquer conversação com pessoas estranhas aos trabalhos. Qualquer contato com o mundo exterior ao plenário pode implicar quebra do sigilo, anulando-se o julgamento. Por isso, o jurado não pode falar ao telefone, nem receber ou passar qualquer tipo de mensagem (eletrônica, por carta, bilhete etc.). Em caso de recado urgente, um serventuário da justiça cuidará de fazer a mensagem chegar ao destinatário. Pode-se até amenizar a incomunicabilidade, permitindo que o jurado fale ao telefone com familiar apenas para avisar do seu sorteio para a sessão de julgamento.

Durante a sessão, sob a presidência do juiz, a este cabe zelar pela incomunicabilidade, sempre contando com o auxílio dos funcionários. Lembremos que a comprovada quebra da incomunicabilidade, tratando-se de assunto pertinente ao processo em julgamento, gera nulidade absoluta.

Não havendo exclusões em relação a impedimentos ou suspeições (são as recusas motivadas), quando houver o sorteio de cada nome, o juiz presidente ouve a defesa e, em seguida, a acusação, para que manifestem a *aceitação* ou *recusa* em relação ao jurado. São as denominadas recusas imotivadas ou peremptórias. Elas prescindem de qualquer motivação, concedendo à parte total liberdade para não aceitar o jurado sorteado.

Cada parte (acusação e defesa) pode recusar até três jurados de maneira imotivada (art. 468, CPP). Se houver mais de um réu, eles podem incumbir um só defensor para fazer as recusas (art. 469, *caput*, CPP). Porém, assim não desejando, cada um dos acusados tem direito a três recusas.

Superior Tribunal de Justiça

- "3. O artigo 433 do Código de Processo Penal preceitua que o sorteio dos jurados é público, ao passo que o artigo 435 do mencionado diploma legal dispõe 'serão afixados na porta do edifício do Tribunal do Júri a relação dos jurados convocados, os nomes do acusado e dos procuradores das partes, além do dia, hora e local das sessões de instrução e julgamento'. 4. Dada a publicidade do sorteio, cabe às partes analisar previamente a lista dos jurados, a fim de verificar a ocorrência de possível suspeição, impedimento ou mesmo inconveniência da participação de determinada pessoa no julgamento, recusando-a no momento em que é formado o Conselho de Sentença. Inteligência do artigo 468 da Lei Penal Adjetiva. Doutrina. Jurisprudência do STJ e do STF" (HC 535.530/PE, 5.ª T., rel. Jorge Mussi, 03.12.2019, v.u.).

Buscando evitar a cisão do julgamento de corréus, a reforma dificultou o procedimento: "a separação dos julgamentos somente ocorrerá se, em razão das recusas, não for obtido o número mínimo de 7 (sete) jurados para compor o Conselho de Sentença" (art. 469, § 1.º, CPP).

Prevê-se, ainda, que o jurado recusado imotivadamente, por qualquer das partes, seja excluído da sessão, prosseguindo-se o sorteio para a formação do Conselho de Sentença com os demais remanescentes (art. 468, parágrafo único, CPP).

De fato, tornou-se custosa a separação dos julgamentos. Ilustrando, caso estejam presentes somente quinze jurados e existam dois corréus. Sorteado o primeiro jurado, o juiz confere com o defensor de um deles se o aceita ou recusa. Imaginando-se que recuse o jurado, será este dispensado. Anota-se a recusa do primeiro corréu. Deve-se, de toda forma, consultar o outro defensor e o órgão acusatório. Estes podem aceitar o jurado, mas ele será excluído. Somente para argumentar, suponhamos que o primeiro defensor recuse os três jurados sorteados na sequência e o segundo defensor, bem como o promotor os aceitem. Estarão excluídos, porém o primeiro defensor não mais pode recusar. Sorteia-se o quarto jurado e ouve-se o segundo defensor, que o recusa. Colhe-se a manifestação do Ministério Público. Por suposição, este aceita o jurado. Sorteando-se o quinto e o sexto jurados, também são recusados pelo segundo defensor e aceitos pelo promotor. Serão excluídos e a defesa não mais pode recusar. O sétimo jurado é sorteado, ouvindo-se a acusação, que o recusa. Será dispensado. O oitavo e o nono jurados também são recusados pelo órgão acusatório. Excluídos, observa-se que, dos quinze restaram apenas seis. Logo, houve o *estouro de urna*, vale dizer, não se obteve o número de sete para compor o Conselho de Sentença.

Nessa hipótese, o julgamento há de ser separado. Segundo o disposto pelo art. 469, § 2.º, do CPP, deverá ser colocado em julgamento o corréu acusado de autor do fato. Em situação de coautoria, respeita-se a regra do art. 429 do CPP.

Utilizando, ainda, o exemplo supramencionado. Se não existirem as nove recusas, todas diferenciadas, é possível haver um remanescente de sete para compor o Conselho de Sentença e não haverá a cisão.

Existindo vários réus, cada qual recusando, separadamente, três jurados, também é possível levar à separação, por não se obter o número mínimo de sete.

Por outro lado, é sempre cauteloso que o órgão acusatório procure acompanhar as recusas e aceitações do corréu que pretende seja julgado em primeiro lugar. Assim fazendo, propiciará a discussão em torno de quem deverá ser considerado autor ou partícipe, além de, em igualdade de condições, poder escolher o acusado a ter o caso avaliado em primeiro plano, afinal, as recusas e aceitações da defesa e da acusação coincidem.

Dificultou-se, sem dúvida, a cisão do julgamento de corréus. Entretanto, há um ponto não abordado pela reforma do Tribunal do Júri. Diminuiu-se o tempo de manifestação das partes (art. 477, *caput*, CPP). Se houver mais de um réu, o tempo das partes será acrescido de uma hora e elevado ao dobro o da réplica e o da tréplica (art. 477, § 2.º, CPP). E, existindo mais de um defensor (ou acusador), dividirão o tempo entre si, sem exceder o prazo total (art. 477, § 1.º, CPP).

Em suma, não havendo possibilidade de separação do julgamento, existindo dois réus, cada defensor somente poderá se manifestar em uma hora e quinze minutos. Em tréplica, cada um falará uma hora. Entretanto, o órgão acusatório terá duas horas e meia para o tempo inicial e duas horas para a réplica.

Não vemos como compatibilizar esse cerceamento da defesa com o princípio constitucional da plenitude de defesa. Note-se que, antes, existia maior possibilidade de cisão do julgamento para que se garantisse tempo normal de manifestação para cada réu. Por isso, restringindo-se a viabilidade de separação, se o tempo for insuficiente, torna-se essencial que os defensores invoquem o referido princípio constitucional da plenitude de defesa para que o juiz presidente lhes destine maior período para manifestação.

Os réus não podem ficar prejudicados somente pelo fato de que o legislador ordinário deseja julgamentos conjuntos e da forma mais célere possível.

Impõe a lei (art. 469, § 2.º, CPP) que, em caso de separação dos julgamentos, seja avaliado em primeiro lugar o acusado a quem se atribuiu a autoria do fato, ou, em caso de coautoria, aplica-se o critério de preferência do art. 429 (presos em primeiro lugar; dentre os presos, os que estiverem há mais tempo na prisão; em igualdade de condições, os que estiverem há mais tempo pronunciados).

Tribunal de Justiça de Minas Gerais

- "De acordo com o art. 469, § 2.º, do Código de Processo Penal, em caso de separação dos julgamentos, 'será julgado em primeiro lugar o acusado a quem foi atribuída a autoria do fato ou, em caso de coautoria, aplicar-se-á o critério de preferência disposto no art. 429 deste Código'. Assim, se a autoria do crime de homicídio for atribuída a todos os acusados, deve-se respeitar a regra prevista no art. 429 do *Codex*, o que foi observado no presente caso" (Apelação Criminal 1.0005.03.000578-8/001, 1.ª C., rel. Flávio Leite, 14.05.2019, v.u.).

Há alguns pontos olvidados pela reforma. Em primeiro lugar, menospreza-se a soberania dos vereditos populares. Pouco importa quem será julgado em primeiro lugar, pois todos os corréus estão, igualmente, pronunciados e devem ser levados a julgamento pelo Tribunal Popular, competente constitucionalmente para tanto.

Por isso, se o executor for absolvido, por qualquer razão, o mandante pode ser, em julgamento posterior, condenado. São dois Conselhos de Sentença diversos, com soberanias individualizadas.

Ademais, impôs a lei o impedimento de que o jurado participante do julgamento de determinado corréu tome assento no Conselho que vá julgar o outro acusado (art. 449, II, CPP). São pessoas do povo totalmente diversas, podendo avaliar o caso como bem quiserem.

Outro ponto interessante é a nomenclatura utilizada. Sabe-se que o Código Penal não optou, explicitamente, pela denominação de coautor ou partícipe para os concorrentes no caso de concurso de agentes. Coube à doutrina essa tarefa. Portanto, ao mencionar que, em caso de separação dos julgamentos, deverá ser julgado em primeiro lugar o autor (quando há somente um) ou o coautor (quando há mais de um autor), quer-se concluir que o partícipe ficará para segundo plano. Ocorre que o mandante do crime, pela teoria objetivo-formal, nada mais é do que o partícipe do delito. Ficaria, então, para o segundo julgamento. Mas, quem adote a teoria objetivo-individual (teoria do domínio do fato), considera o mandante coautor (ou autor do fato), tanto quanto o é o executor. Por isso, poderia ele ser julgado em primeiro lugar. Qual foi a teoria adotada pela reforma processual penal? Não se explicitou, logo, na prática, se a pretensão era evitar que o mandante de um crime fosse julgado à frente do executor, pode ter sido em vão. Tudo depende da teoria adotada pelo magistrado em relação ao concurso de agentes.

Lembremos que, para contornar essa disposição defeituosa (art. 469, § 2.º, CPP), basta que o órgão da acusação opte pela teoria do domínio do fato e alegue ao magistrado que pretende ver julgado em primeiro lugar o mandante do crime, a quem considera coautor (da mesma forma que o executor) e com quem coincidiram as recusas e aceitações da acusação e da defesa. Restaria a aplicação do mencionado art. 469, § 2.º, do CPP, para o partícipe realmente secundário. Nesse caso, entretanto, o próprio órgão acusatório não teria interesse algum em promover o seu julgamento em primeiro lugar.

Em nossa visão, no entanto, a soberania dos vereditos deve ficar acima dessa disposição. Pouco importa quem seja julgado em primeiro lugar e qual a solução dada, pois outro Conselho de Sentença deverá apreciar, livremente, o caso relativo ao corréu.

Havendo várias recusas, motivas e imotivadas, é possível não haver número suficiente para formar o Conselho de Sentença (é o que se chama de "estouro de urna"). Adia-se a sessão para data desimpedida (art. 471, CPP). O adiamento pode ocorrer quando há um só réu e tantas foram as recusas das partes (motivadas e imotivadas) que não há sobra de sete pessoas para formar o corpo de jurados. Pode, ainda, dar-se o adiamento quando, existindo mais de um réu, as recusas das partes fundamentaram-se em motivadas e imotivadas, de sorte a não permitir o remanescente de sete jurados para nenhum dos acusados. São situações muito raras, uma vez que as partes preferem valer-se das recusas imotivadas, em lugar de oferecer provas de cada recusa motivada que resolverem levantar.

O sistema da recusa peremptória foi idealizado para dar liberdade à parte de não aceitar determinado jurado, por motivos particulares, incompatíveis com as causas oficiais de impedimento ou suspeição. Não há, na legislação brasileira, um método prévio ao julgamento para que as partes selecionem os jurados. Estes, como já se mencionou anteriormente, são recrutados aleatoriamente, muitos advindos de listas de cartórios eleitorais. Logo, não se sabe o perfil de cada um. Na prática, portanto, as partes, partindo de elementos conhecidos, como a profissão, o endereço onde residem, bem como outros dados que conseguirem apurar, resolvem aceitar ou recusar alguém por fatores subjetivos. Por vezes, há acerto; noutros casos, afasta-se um jurado de bom nível, por mero preconceito de variada ordem. Nunca se saberá ao certo se a parte tinha real motivo para recusar alguém, do mesmo modo que jamais se poderá atestar o acerto em aceitar o sorteado.

É possível arguir a suspeição do juiz, do membro do Ministério Público, de qualquer jurado ou de funcionário, nos termos do art. 470 do CPP. Assim, tão logo sejam instalados os trabalhos, deve a parte interessada em levantar a suspeição do juiz presidente, do promotor (no caso de ser a defesa que argui) ou de qualquer funcionário o fazer de imediato, apresentando as provas que possuir. Cabe ao arguente levar testemunhas, se for o caso, ou documentos para exibição em plenário. Aceita a suspeição, o julgamento será adiado para o primeiro dia desimpedido. Rejeitada, realiza-se o julgamento, embora todo o ocorrido – inclusive a inquirição das testemunhas – deva constar da ata. Futuramente, caberá ao Tribunal analisar se houve ou não a suspeição. Caso seja arguida contra o jurado, deve ser levantada tão logo seja ele sorteado, procedendo-se da mesma forma, isto é, com a apresentação imediata das provas. Por vezes, quando a suspeição é arguida, o próprio juiz, promotor, funcionário ou jurado, contra quem ela é dirigida, pode reconhecê-la de pronto.

Quando mais de um acusado possuir um único defensor, não se pode prejudicá-los somente porque constituíram, para patrocinar seus interesses, um só advogado. É direito de cada acusado aceitar ou recusar, por si só, o jurado sorteado, ou, se preferir, incumbir que as recusas sejam feitas em conjunto com outro. Dessa forma, caso a defesa deseje manter o julgamento unido, estando presente um só advogado, dirá ao juiz que fará as aceitações e recusas dos jurados por todos os réus de uma só vez. Nessa ótica, a lição de Adriano Marrey (*Teoria e prática do júri*, p. 286). Ensina José Parada Neto que, "em caso de mais de um réu, com mais de um defensor, falará por último o de inscrição mais antiga na OAB, embora a lei permita que um só se incumba das recusas" (A defesa no plenário do júri, p. 169).

Formado o Conselho de Sentença, com todos os presentes em pé, solenemente, produzir-se-á o juramento. Exortará o magistrado: "Em nome da lei, concito-vos a examinar esta causa com imparcialidade e a proferir a vossa decisão de acordo com a vossa consciência e os ditames da justiça" (art. 472, *caput*, CPP). Os jurados, nominalmente chamados, responderão: "assim o prometo".

Nunca é demais ressaltar que os juízes leigos prometem decidir a causa de acordo com parâmetros calcados na *consciência* e nos *ditames da justiça* e jamais na lei. Quer isso significar, nitidamente, constituir o Tribunal do Júri uma corte desvinculada de decisões legalistas, motivo pelo qual não deve o tribunal togado pretender reformar os vereditos que estejam em desacordo com a "jurisprudência predominante" ou com determinada "posição doutrinária". Os jurados precisam decidir com base em princípios próprios de justiça e bom senso. Com isso, seguem o que lhes determinou a consciência. Foi o juramento extraído dessa maneira e deve ser respeitado pelos magistrados de toga.

É evidente que todo juiz comete erros e os jurados também estão sujeitos a tanto. Por isso, consagrando-se o direito ao duplo grau de jurisdição, submete-se a decisão a tribunal de segundo grau. A corte togada, no entanto, deve verificar, apenas, se o veredito se dissociou, ou não, das provas constantes dos autos – e não da *valoração* das provas. Exemplificando, o júri pode decidir que o motivo do réu, para matar, foi torpe. Não cabe ao tribunal proferir julgamento valorativo, avaliando não ser torpe o referido motivo. Porém, se o júri atesta como torpe um motivo inexistente, pois em contraste com as provas dos autos, é lógico dever a corte togada determinar novo julgamento.

Assim que for formado o Conselho de Sentença, os jurados receberão cópias da pronúncia (ou de decisões posteriores que julgaram admissíveis a imputação, se for o caso) e do relatório do processo (art. 472, parágrafo único, CPP).

O mesmo Conselho poderá examinar mais de um processo no mesmo dia, se as partes concordarem, prestando outro compromisso a cada novo feito (art. 452, CPP). Nesse caso, não se farão aceitações ou recusas repetidamente.

Superior Tribunal de Justiça

- "2. No presente caso, a Corte de origem concluiu que a entrega de cópia da Decisão de Pronúncia aos Jurados não se mostra ilegal, pelo contrário, tem o condão de dar ciência adequada ao Conselho de Sentença acerca do caso que será submetido a julgamento, não configurando prejuízo à Defesa (e-STJ fls. 2264). Assim, verifica-se que a entrega de cópias da pronúncia, nos termos da previsão inserta no artigo 472 do CPP, não pode ser tida como prejudicial a acusada, uma vez que não atingiu o ânimo dos jurados" (AgRg no AgRg no AREsp 2.144.022/MG, 5.ª T., rel. Reynaldo Soares da Fonseca, 25.10.2022, v.u.).

4.5.3 *Produção de provas*

4.5.3.1 *Inquirição da vítima, das testemunhas e acareação (a questão da retirada do réu de plenário)*

A primeira parte da instrução do processo, em plenário, é reservada à inquirição da vítima e das testemunhas.

Finalmente, suprindo a lacuna anteriormente existente, faz-se expressa referência à necessidade de se ouvir o ofendido, se possível (estando vivo e em local certo e conhecido), bem como as demais pessoas arroladas pelas partes (art. 473, *caput*, CPP).

Torna-se, pois, evidente, dever o juiz presidente determinar a intimação da vítima para comparecer em plenário, a fim de ser ouvida, tenha sido arrolada ou não por qualquer das partes.

É certo que a vítima não deve ser considerada testemunha, tanto que a sua inquirição é regida em capítulo diferenciado do que é destinado à prova testemunhal, mas não menos correto é afirmar que se trata de meio de prova fundamental. Note-se o preceituado em lei: "*sempre que possível*, o ofendido será qualificado e perguntado sobre as circunstâncias da infração, quem seja ou presuma ser o seu autor, as provas que possa indicar, tomando-se por termo as suas declarações" (art. 201, *caput*, CPP, com grifo nosso).

O ofendido não presta o compromisso de dizer a verdade (não é testemunha) e será ouvido em *declarações*. A sua colaboração, entretanto, não pode ser desprezada, pois pode representar um importante fator para a busca da verdade real.

A vítima é obrigada a comparecer e prestar declarações. Se, intimada para tanto, deixar de se fazer presente, pode o magistrado determinar a sua condução coercitiva (art. 201, § 1.º, CPP).

Nos julgamentos ocorridos no Tribunal do Júri, não é raro que a defesa, em lugar de somente apresentar aos jurados as virtudes do réu, promova, de algum modo, o *julgamento* da vítima, inclusive quando esta faleceu. Em outros termos, no Tribunal Popular, não se aprecia a causa em ótica exclusivamente técnica, pois o juiz natural é pessoa leiga. Julga-se o fato (ex.: homicídio) e, também, o autor do fato (réu). Para avaliar a amplitude desse cenário, insere-se, no mais das vezes, a figura do ofendido, para que seja analisado igualmente pelo Conselho de Sentença. Desse modo, terminam avaliadas as condutas do agressor (acusado) e do agredido (vítima), para se chegar ao veredito de culpa ou inocência.

Ressalte-se que, havendo a soberania dos vereditos (art. 5.º, XXXVIII, *c*, CF), torna-se impossível evitar que os jurados julguem o réu à luz da avaliação feita acerca da vítima. Por isso, em julgamentos populares, é viável ocorrer absolvição (os argumentos jurídicos, portanto, perdem o relevo), somente porque o ofendido foi considerado má pessoa, enquanto o réu foi avaliado como pessoa de reputação sem mancha, com ótimo conceito na comunidade onde vive.

Sabe-se que a palavra da vítima é importante para o juiz togado, que fará uma análise técnica da prova colhida para o julgamento do caso, mas, para os jurados, a presença e a manifestação do ofendido são, realmente, cruciais. O contraste entre o afirmado pelo acusado e a declaração da vítima será analisado e avaliado pelo Conselho de Sentença, havendo a natural opção pela narrativa que se constituir mais verossímil e convincente. Parece-nos, pois, deva o juiz presidente providenciar, sempre que viável, a intimação da vítima para comparecimento em plenário.

Na sequência, serão ouvidas as testemunhas arroladas pela acusação, além de, eventualmente, as que forem indicadas pelo assistente de acusação ou pelo juiz, de ofício. Quanto ao assistente de acusação, pode propor meios de prova (art. 271, CPP), logo, constituindo a prova testemunhal um dos meios de prova, parece-nos natural que lhe seja viável indicar testemunhas. O único óbice deve ser o número legal. Exemplificando, se o Ministério Público arrolou apenas quatro testemunhas para oitiva em plenário, cabe ao assistente indicar mais uma, formando o total de cinco para a acusação.

Colocada a depor, quem primeiro fará perguntas à testemunha é o juiz presidente.[1] Depois, passa-se a palavra a quem a arrolou (se a testemunha foi indicada pela acusação, ao promotor e, na sequência, ao assistente, se houver; se a testemunha foi apresentada pela defesa, ao defensor).

Nos termos do art. 473, *caput*, do Código de Processo Penal, deve-se assegurar às partes o direito de realizar as reperguntas desejadas *diretamente* à testemunha, seguindo-se o modelo inglês e não o sistema presidencialista, regente da instrução monocrática. Por isso, é dispensável que a parte se volte ao juiz, faça a repergunta para que, após, o magistrado a repita à testemunha, como se fosse um autêntico *tradutor* da questão. Esta já era uma posição consagrada na doutrina: Antonio Magalhães Gomes Filho (*Direito à prova no processo penal*, p. 153-154), Marcelo Fortes Barbosa (A acusação no plenário do júri, p. 150), José Parada Neto (*A defesa no plenário do júri*, p. 176), Cabral Netto (*Instituições de processo penal*, p. 148).

Entretanto, vedou-se aos jurados a mesma forma de inquirição, obrigando-os a formular suas indagações por meio do juiz presidente (art. 473, § 2.º, CPP).

Se, porventura, alguma parte abusar do seu direito à repergunta direta, pressionando ou agredindo a testemunha e não respeitando as intervenções o juiz, pode este determinar que as reperguntas passem a ser feitas por seu intermédio, adotando-se a forma presidencialista. Não haverá nulidade, por completa ausência de prejuízo ao interessado. A prova será colhida, entretanto, arranhando-se o princípio da oralidade, que garante maior dinâmica ao Tribunal do Júri, mas nem por isso deixará de ser coletada, de forma que se trata de mera irregularidade.

Além disso, qualquer pergunta indevida, fora de contexto, invasiva à intimidade da testemunha, impertinente, enfim, em descompasso ao objeto do processo pode – e deve – ser indeferida pelo magistrado. Não há cerceamento de acusação ou de defesa.

Quando a testemunha terminar seu depoimento, não está, automaticamente, dispensada. Iniciados os trabalhos no Tribunal do Júri, todas as testemunhas presentes passam a ser *testemunhas do júri* e não mais da acusação ou da defesa, ao menos para efeito de desistência ou dispensa. Portanto, findo o seu relato, indagará o juiz presidente se *todos* os presentes interessados a dispensam (primeiro, consulta a parte que a arrolou; em seguida, a parte contrária; ao final, os jurados). Caso não seja dispensada, deve permanecer na sala onde se encontrava, incomunicável, até o final da sessão. Tal medida, muitas vezes, pode ser necessária para concretizar eventual acareação ou para garantir que a testemunha seja inquirida novamente.

---

1. Note-se a falta de harmonia nas reformas da legislação processual penal (a mesma situação se encontra na parte penal). Em 2008, duas leis editadas na mesma data (9 de junho de 2008), 11.689 (procedimento do júri) e 11.690 (outros pontos do CPP) chegam a propor diferentes formas de inquirição. Neste art. 473, quem inicia a inquirição é o juiz (como sempre fez). No art. 212, o juiz seria o último a inquirir. O ponto que sempre sustentamos é não haver sentido em tomar a forma de realização do ato processual como o fulcro da questão. Pouco importa, na prática, se o juiz faz perguntas antes ou depois das partes, pois o principal é a sua atuação *imparcial*. Diante disso, qualquer inversão ocorrida pode gerar, no máximo, nulidade relativa, dependente da prova do prejuízo.

Da mesma forma, durante a inquirição, ilustrando, se o Ministério Público, após ouvir a terceira das cinco pessoas que arrolou, desistir das outras duas, é preciso que o magistrado consulte o assistente de acusação, se houver, a defesa e os jurados se concordam com a referida desistência. Sendo positiva a resposta, as testemunhas não ouvidas serão dispensadas. Do contrário, devem ser ouvidas. Igual procedimento será adotado para a testemunha arrolada pelo juízo ou pela defesa.

Entretanto, a não adoção desse procedimento de consulta prévia à parte contrária e aos jurados constitui nulidade relativa, sujeitando-se à avaliação do prejuízo sofrido, e, no caso do júri, precisa contar, ainda, com o protesto na ata da parte inconformada com a dispensa.

Refere-se o art. 473, § 3.º, do CPP à possibilidade de se realizar a acareação (arts. 229 e 230, CPP). Esta constitui um ato processual, presidido pelo juiz, que coloca frente a frente depoentes, com o fim de confrontar e comparar declarações anteriormente prestadas, que apresentem contradições ou divergências. Visa-se, com isso, apurar a verdade real.

Cabe ao magistrado deliberar sobre a sua realização, conforme vislumbrar a real necessidade, em face das eventuais contradições existentes. O simples pedido da parte não é suficiente para obrigar o juiz a produzir esse confronto.

Além disso, pode-se requerer o reconhecimento de pessoas e de coisas, esclarecimento de peritos e leitura de peças.

Superior Tribunal de Justiça

- "1. Torna-se irrepetível, nos termos do art. 473, § 3.º, do Código de Processo Penal, a inquirição em plenário de testemunha cuja intimação restou frustrada, por se encontrar em lugar incerto e não sabido. Assim, viável a exibição de seu depoimento colhido de forma audiovisual, sob contraditório, no sumário da culpa, eis que equivale à 'leitura de peça a que se refiram' que dispõe o citado dispositivo legal" (AgRg no AgRg no AREsp 1201518/RN, 5.ª T., rel. Jorge Mussi, j. 21.02.2019, v.u.).

No plenário do Tribunal do Júri, diversamente do que ocorre na Vara Criminal comum, muitas vezes, o confronto surte algum efeito, pois os jurados podem observar as expressões e as reações das duas pessoas colocadas face a face. Como os juízes leigos não decidem fundamentadamente, podem levar em conta o depoimento de uma determinada testemunha, em detrimento de outra, justamente porque *notaram* quem estaria mentindo. Cuida-se de uma percepção subjetiva, sem dúvida, porém inafastável quando se trata de prova produzida diante do Conselho de Sentença.

A acareação pode dar-se entre quaisquer pessoas envolvidas no julgamento, tal como disposto no art. 229, *caput*: entre acusados, entre acusado e testemunha, entre testemunhas, entre acusado ou testemunha e vítima e entre vítimas.

É importante ressaltar que, também em plenário, pode-se aplicar o disposto no art. 217, *caput*, do CPP: "Se o juiz verificar que a presença do réu poderá causar humilhação, temor, ou sério constrangimento à testemunha ou ao ofendido, de modo que prejudique a verdade do depoimento, fará a inquirição por videoconferência e, somente na impossibilidade dessa forma, determinará a retirada do réu, prosseguindo na inquirição, com a presença do seu defensor". Neste caso, deverão constar do termo a ocorrência e os motivos que a determinaram.

Em suma, o mais importante é garantir a isenção do depoimento da testemunha ou das declarações do ofendido, sem descuidar da ampla defesa. Por isso, a presença física do réu pode ser afastada, mas o seu defensor sempre permanece, acompanhando os trabalhos.

4.5.3.1.1 Falso testemunho

Durante a colheita da prova testemunhal é possível que alguém profira declarações distorcidas da realidade (afirma algo falso, nega ou cala a verdade), constituindo, em tese, o delito de falso testemunho, previsto no art. 342 do Código Penal.

No procedimento comum, a prova é destinada ao juiz togado, que, em sentença, avaliando o mérito da imputação, pode considerar falso qualquer dos depoimentos coletados. Assim fazendo, profere a sua decisão quanto ao réu (condenando ou absolvendo), mas determina a extração de cópias das peças do processo, remetendo-as à autoridade policial para que seja apurado o delito de falso testemunho (art. 211, *caput*, CPP).

No procedimento do júri, a prova volta-se ao Conselho de Sentença. Logo, somente o colegiado de jurados poderia afirmar que alguém falseou a verdade. Por isso, torna-se essencial a existência de quesito específico, indagando se determinada testemunha afirmou algo não correspondente à realidade ou calou a verdade.

Dirige-se o quesito aos jurados, que, se respondido afirmativamente, permite haver a apuração do delito pela autoridade competente. Não há julgamento de mérito sobre eventual crime de falso testemunho. O Conselho de Sentença apenas positiva que, no seu entendimento, houve tergiversação por parte de alguém.

Preceitua o art. 211, parágrafo único, do CPP poder ocorrer a apresentação da testemunha à autoridade policial. Nesse caso, não se trata, também, de momento para lavrar o auto de prisão em flagrante. Afinal, o crime é condicionado, o que torna inviável a situação de flagrância. Note-se que, findo o depoimento falso, estaria consumado o delito. Nesse instante, em tese, deveria haver a *voz de prisão em flagrante*. Porém, não é cabível, por duas situações básicas: a) a testemunha pode retratar-se até a sentença ser proferida (art. 342, § 2.º, CP), tornando o fato atípico; b) os jurados precisam afirmar que consideraram falso o depoimento.

Posteriormente, decorrido um razoável espaço de tempo, após o término do depoimento, votando-se afirmativamente ao quesito sobre o falso testemunho, não está ocorrendo a *consumação* do crime, autorizando a prisão em flagrante. Atinge-se, somente, o preenchimento da condição de procedibilidade, permitindo-se a apuração da infração penal. Portanto, o encaminhamento à autoridade policial, se houver (é facultativo), tem a finalidade exclusiva de promover a instauração do inquérito, com a colheita dos dados da testemunha para dar início à investigação.

Debate-se, ainda, quem teria a iniciativa para a inclusão do quesito sobre o falso testemunho no questionário. Parece-nos inquestionável dever ser atribuição da parte que se sentir prejudicada pelo depoimento considerado não autêntico. Cabe, pois, ao órgão acusatório ou à defesa.

Não vemos sentido na atuação de ofício do juiz presidente, nem tampouco na permissão de que os jurados assim o requeiram. Se o magistrado incluir o quesito de falso testemunho por sua conta, sem qualquer requerimento da parte, afasta-se de sua posição de neutralidade, indicando considerar a possibilidade de alguém ter mentido. Essa situação pode alterar a avaliação da prova por parte dos jurados, caso eles suponham mentirosa uma testemunha que, antes da atitude do juiz, não lhes havia despertado a atenção. Por outro lado, se qualquer dos jurados pedir a inclusão do quesito, sinalizará, igualmente, que, na sua visão, alguém mentiu. Haveria quebra da incomunicabilidade, com influência sobre os demais integrantes do Conselho de Sentença.

Em suma, cabe à parte prejudicada solicitar a inclusão do quesito ao juiz presidente. Vale ressaltar que, sem o quesito, parece-nos inviável a apuração do crime de falso testemunho, quando o depoimento advier de procedimento do júri, pois a valoração da prova somente se faz, quanto ao mérito, pelos jurados. Somente estes têm a possibilidade de reconhecer se houve, em tese, o crime do art. 342 do CP. E o fazem por meio do quesito próprio, uma vez que o veredito popular, quanto ao mérito da acusação, não é fundamentado, pois extraído pelo voto secreto de cada um dos jurados.

4.5.3.1.2 Inquirição de índio

A obrigatoriedade de nomeação de intérprete para a testemunha dá-se, apenas, quando esta não souber se expressar no idioma nacional (art. 223, CPP).

O índio, quando aculturado, tendo perfeita noção do português, dispensa a intervenção de mediador.

4.5.3.1.3 Respeito à inquirição de vítima e testemunha

A Lei 14.245, de 22 de novembro de 2021, inseriu os arts. 400-A e 474-A no Código de Processo Penal, nos seguintes termos: "Art. 400-A. Na audiência de instrução e julgamento, e, *em especial, nas que apurem crimes contra a dignidade sexual*, todas as partes e demais sujeitos processuais presentes no ato deverão zelar pela integridade física e psicológica da vítima, sob pena de responsabilização civil, penal e administrativa, cabendo ao juiz garantir o cumprimento do disposto neste artigo, vedadas: I – a manifestação sobre circunstâncias ou elementos alheios aos fatos objeto de apuração nos autos; II – a utilização de linguagem, de informações ou de material que ofendam a dignidade da vítima ou de testemunhas" (grifamos); "Art. 474-A. Durante a instrução em plenário, todas as partes e demais sujeitos processuais presentes no ato deverão respeitar a dignidade da vítima, sob pena de responsabilização civil, penal e administrativa, cabendo ao juiz presidente garantir o cumprimento do disposto neste artigo, vedadas: I – a manifestação sobre circunstâncias ou elementos alheios aos fatos objeto de apuração nos autos; II – a utilização de linguagem, de informações ou de material que ofendam a dignidade da vítima ou de testemunhas".

O Projeto de Lei 5.096/2020, que foi convertido na Lei 14.245/2021, foi inspirado pelo caso da influenciadora Mariana Ferrer, que teria sido vítima de estupro de vulnerável, por ter sido dopada e violentada durante uma festa em Santa Catarina, em 2018. Durante o julgamento, realizado por videoconferência, em cenas divulgadas pela Internet, a ofendida sofreu uma pressão intensa, por meio de perguntas realizadas pelo defensor do acusado, não bloqueadas pelo juiz. A inquirição invadiu a privacidade e a intimidade da vítima, questionando aspectos relativos à sua vida pessoal, inclusive se valendo de fotografias íntimas. O advogado do réu a teria ofendido, afirmando que fez poses "ginecológicas" nas fotos e que jamais teria uma filha "do nível da blogueira".[2] O magistrado, que presidia os trabalhos, não interveio em favor da vítima, impedindo o constrangimento ou as ofensivas perguntas.

Ao final, o acusado foi absolvido e a sentença de primeiro grau, confirmada pelo Tribunal de Justiça de Santa Catarina. O ponto em questão não concerne à análise da inocência ou da culpa do réu e, portanto, se houve, realmente, um estupro. Em verdade, o que se debateu no Parlamento, ora transformado em lei, foi o respeito e o cuidado que se deve ter com toda e qualquer vítima de crimes sexuais, pois constituem delitos lesivos à dignidade da pessoa

2. Disponível em: https://g1.globo.com/politica/noticia/2021/10/27/lei-mariana-ferrer-senado-aprova-projeto-que-pune-ofensa-a-vitima-durante-julgamento.ghtml. Acesso em: 28 out. 2021; e https://veja.abril.com.br/brasil/senado-aprova-lei-mariana-ferrer-para-proibir-humilhacoes-em-audiencias/. Acesso em: 28 out. 2021.

humana, de modo que a maneira pela qual a pessoa ofendida é tratada durante a investigação ou o processo criminal pode conduzi-la a uma segunda forma de vitimização, gerando maiores traumas.

Pouco importa se o delito ocorreu ou não, se o acusado deve ser condenado ou absolvido, pois o tratamento dispensado à vítima do crime sexual precisa ser remodelado, no Brasil, como um método indispensável para evitar maior sofrimento. Aliás, essa conduta respeitosa precisa ser utilizada para todas as pessoas ofendidas por qualquer infração penal. Diante disso, busca-se coibir as inquirições feitas na fase policial ou na judicial, de modo ríspido e humilhante, pois esse procedimento termina por afastar, ainda mais, a vítima dos órgãos estatais de repressão ao crime; afinal, ela já sofreu a intimidação e o trauma causados pela infração penal, sendo inconcebível que enfrente, justamente diante de um tribunal, outra maneira de experimentar vexame e aviltamento.

A introdução dos mencionados artigos busca proteger qualquer vítima de crime, embora se faça expressa referência à particularidade da pessoa ofendida de crime contra a dignidade sexual, no art. 400-A do CPP, que se refere à instrução comum, quando as provas são colhidas para o julgamento de juiz singular. Os crimes sexuais são processados perante o juízo comum. Entretanto, como a lei tem por finalidade tutelar qualquer vítima, é natural que se introduzisse, igualmente, a mesma cautela no cenário do Tribunal do Júri e do Juizado Especial Criminal. Além do mais, quando um crime sexual for cometido em conexão a um delito doloso contra a vida, será processado e julgado pelo Tribunal Popular.

As novas regras impõem o dever, para as partes e outros sujeitos processuais, de zelar pela integridade física e psicológica da vítima – em particular, por óbvio, da parte psicológica, pois em juízo não se tem notícia de agressão física à pessoa ofendida. Para tanto, atribui-se ao juiz, que preside a audiência ou o julgamento em plenário, a atribuição de assegurar o cumprimento dessa proteção, impedindo qualquer manifestação acerca de fatos não constantes dos autos, significando a devida *imunidade* quanto à vida privada e seu comportamento na intimidade, como regra. No entanto, há um conflito de direitos, que haverá de ser superado na prática: a dignidade da vítima, resguardando-se a sua intimidade, mormente no campo sexual, em confronto com a ampla defesa (e plenitude de defesa), cabível a todo acusado. Por vezes, avaliar o comportamento da pessoa ofendida pode interessar à linha defensiva do acusado, não somente em crimes sexuais, mas em diversos outros casos. Além disso, é possível *introduzir* nos autos alguns fatos referentes à vida privada da vítima, por meio de documentos ou mesmo de prova testemunhal. A partir daí, tanto o promotor quanto o defensor podem fazer perguntas à vítima, referentes a *fatos constantes dos autos*. Pode-se argumentar, então, que o foco da questão se vincula à *forma* como se faz a pergunta ou o *modo* como se produz a inquirição, evitando-se comentários pessoais dos envolvidos no processo, como, por exemplo, dizer o defensor à vítima que "jamais teria uma filha como você"; tal opinião é completamente desnecessária e termina sendo ofensiva, sem que se justifique por conta do direito de defesa.

Outro ponto vedado refere-se à utilização de linguagem, informação ou material ofensivo à dignidade da vítima ou de testemunhas (ampliou-se, nesta hipótese, a proteção à testemunha). É justamente o que expressamos no parágrafo anterior: muitas vezes, o que se torna ofensivo, invasivo e humilhante é a forma de se fazer uma pergunta e não o seu conteúdo. A par disso, outro aspecto ligado ao constrangimento de quem é ouvido em juízo concerne às inadequadas opiniões expostas pelas partes (acusação ou defesa) em relação à pessoa da vítima ou da testemunha. Pode-se agir de modo inconveniente e, portanto, ilegal, ao proferir ofensas, ao oferecer informes relativos ao indivíduo inquirido ou ao apresentar um material, que traga consigo, para confrontar quem é ouvido (ex.: apresentar uma revista, onde há fotos da vítima, em posições pornográficas).

Impõe-se em lei a responsabilidade civil, penal e administrativa para quem lesar a integridade física ou psicológica da vítima, naturalmente, em juízo, a parte psicológica. Quanto à responsabilidade civil, dependerá de ação proposta por quem se sentir ofendido, pleiteando, no juízo próprio, indenização por danos morais. No tocante à responsabilidade administrativa, cabe a cada entidade de classe apurar a conduta e punir o ofensor (advogado à OAB; MP à Corregedoria e ao Conselho Nacional do Ministério Público; magistrado à Corregedoria e ao Conselho Nacional de Justiça; defensor público à Corregedoria do órgão). Em relação à parte penal, referindo-se à parte (acusado) ou seu representante em juízo (advogado), bem como ao órgão acusatório (promotor ou advogado assistente da acusação), deve-se buscar o tipo penal adequado que, como regra, estará no cenário dos crimes contra a honra (calúnia, difamação ou injúria). Dificilmente se poderá valer do crime de coação no curso do processo (art. 344, CP), pois o tipo concerne a quem utiliza violência (coação física) ou grave ameaça (coação moral), algo que não ocorre, como regra, em juízo. Quando esse delito ocorre, concretiza-se antes ou depois da inquirição.

Entretanto, há uma particularidade no tocante ao magistrado, que preside a instrução, pois se criou a ele um dever de impedir o resultado, nos termos do art. 13, § 2.º, do Código Penal ("a omissão é penalmente relevante quando o omitente devia e podia agir para evitar o resultado. O dever de agir incumbe a quem: a) tenha por lei obrigação de cuidado, proteção ou vigilância"). Por lei, torna-se o juiz o garantidor da integridade física e psicológica da vítima (e, também, da testemunha, no caso do inciso II dos arts. 400-A e 474-A do CPP). Em consequência, não impedindo a atuação do acusador ou do defensor, quanto ao tratamento ofensivo destinado à vítima (ou testemunha), torna-se partícipe.

Há um outro dispositivo legal a merecer análise, pois o art. 142, I, do Código Penal considera uma hipótese de exclusão do crime (imunidade judiciária) a ofensa imputada em juízo, na discussão da causa, pela parte ou seu procurador (*in verbis*: "Art. 142. Não constituem injúria ou difamação punível: I – a ofensa irrogada em juízo, na discussão da causa, pela parte ou por seu procurador"). É fundamental destacar que essa imunidade envolve apenas a parte, não abrangendo a vítima ou a testemunha.

Especificamente quanto ao advogado, o art. 133 da Constituição Federal delineia a sua inviolabilidade por seus atos e manifestações no exercício da profissão, porém *nos limites da lei*.

Portanto, a Constituição Federal estabelece *condições* para essa inviolabilidade profissional: os limites impostos por lei. Exemplo disso consta dos artigos mencionados do Código de Processo Penal (arts. 400-A e 474-A), não permitindo ofensas à vítima (ou testemunha) de um crime. Ademais, entre dois relevantes valores – dignidade da pessoa humana e imunidade profissional do advogado –, deve prevalecer o princípio regente, previsto no art. 1.º, III, da Constituição Federal.

Sob outro ângulo, pode-se argumentar que poderia haver outro conflito, entre valores muito importantes, tais como a dignidade da pessoa e o direito à ampla defesa, mas, mesmo assim, não é preciso, nem ético ou indispensável, ofender vítima ou testemunha para se atingir uma defesa tecnicamente adequada. Em suma, a lei aprovada pelo Congresso Nacional parece-nos adequada à situação hoje vivenciada pela prática forense no Brasil.

4.5.3.2 Relatório do processo e leitura de peças

Houve profunda mudança em relação à elaboração do relatório do processo e à possibilidade de leitura de peças.

Quanto ao relatório, já abordado no Capítulo III, cabe ao magistrado organizá-lo, por escrito, de maneira sucinta, na fase de preparação do plenário (art. 423, II, CPP).

Depois, cópias do relatório serão distribuídas aos jurados (art. 472, parágrafo único, CPP).

Logo, deixa de existir o relatório oralmente produzido pelo juiz, durante a instrução em plenário.

Quanto à leitura de peças, somente serão admitidas as que disserem respeito às provas colhidas por carta precatória e às provas cautelares, antecipadas ou não repetíveis.

As provas relacionadas às cartas precatórias, normalmente destinadas à colheita de testemunhos, não serão refeitas em plenário. Por isso, cuidando-se de depoimento importante, pode a parte interessada requerer a sua leitura.

Quanto às provas cautelares, dizem respeito à colheita feita ainda na fase policial, como regra. São as provas periciais, que não podem aguardar, sob pena de haver perecimento do seu objeto. Exemplos: o exame necroscópico, o exame de local, o exame do instrumento do crime etc.

Eventualmente, dentre as cautelares, podem ser incluídas outras, como o resultado de uma busca e apreensão ou de uma escuta telefônica.

As provas antecipadas são as que se podem perder, caso não sejam produzidas antes mesmo da fase instrutória adequada. Ex.: uma testemunha muito idosa, que tenha presenciado o delito, pode ser ouvida antecipadamente e seu depoimento, por vezes, não será repetido em plenário.

As denominadas provas não repetíveis podem ser tanto parte das cautelares e das antecipadas como algo autônomo. Neste caso, pode-se ilustrar com o depoimento de qualquer testemunha, ouvida na fase da formação da culpa, mas cujo nome não foi incluído no rol das pessoas a serem ouvidas em plenário. Cuida-se de prova não repetível, logo, seu depoimento pode ser lido. Essa situação é viável, na medida em que há possibilidade de se ouvir oito testemunhas de acusação e oito de defesa durante a instrução prévia. Em plenário, o número é reduzido para cinco testemunhas para cada parte. Logo, há algumas que não mais serão inquiridas. Por isso, justifica-se a leitura do depoimento.

Elimina-se, com o atual dispositivo, a leitura desgastante de peças inúteis ou de interesse reduzido para a apuração da verdade real. Portanto, ilustrando, se qualquer das partes juntar um livro ou um artigo nos autos e pretender que ele seja lido, deve o juiz indeferir o pleito. Não se trata de prova de natureza cautelar, antecipada ou não repetível.

Se tiver interesse, a parte, durante o seu tempo de manifestação, promoverá a leitura do que bem quiser. Porém, não se poderá obrigar os jurados a ouvir horas e horas de peças desnecessárias ao deslinde da causa.

A leitura de textos não pode representar um mecanismo para *ganhar tempo*, *cansar as partes* ou *servir a outros interesses escusos*. Inexiste cabimento, pois, para a parte solicitar a leitura do processo "de capa a capa", como se fosse o magistrado obrigado a determinar a leitura de cada "termo de juntada" ou "guia de recolhimento de custas" existente nos autos, como se fazia anteriormente à reforma trazida pela Lei 11.689/2008.

Registre-se, por fim, poderem as partes providenciar a entrega de cópias de peças do processo aos jurados. Nesse caso, entretanto, com maior razão, sem nenhum comentário ou marca.

Sobre a leitura de peças:

Superior Tribunal de Justiça

- "1. Torna-se irrepetível, nos termos do artigo 473, § 3.º, do Código de Processo Penal, a inquirição em plenário de testemunha cuja intimação restou frustrada, por se encontrar em lugar incerto e não sabido. Assim, viável a exibição de seu depoimento colhido de forma audiovisual, sob contraditório, no sumário da culpa, eis que equivale à 'leitura de peça a que se refiram' que dispõe o citado dispositivo legal. 2. Para alterar a conclusão da Corte de origem no sentido de que não se trataria de prova irrepetível seria necessário a incursão na seara fático-probatória dos autos, o que encontra óbice na Súmula n. 7/STJ. (...)" (AgRg no AgRg no AREsp 1.201.518/RN, 5.ª T., rel. Jorge Mussi, j. 21.02.2019, v.u.).

4.5.3.3 Perícia

A prova pericial, como regra, é pré-constituída, logo, de natureza cautelar. É elaborada muito antes de o processo estar em termos para julgamento em plenário do Tribunal do Júri. Normalmente, concretiza-se na fase extrajudicial, quando os órgãos estatais competentes a viabilizam (ex.: o laudo necroscópico é realizado pelo Instituto Médico Legal durante o trâmite do inquérito policial). No máximo, quando não há sobra de tempo, por se tratar de indiciado preso, pode haver o recebimento de denúncia ou queixa, com posterior apresentação da prova pericial, mormente em se cuidando de evidência da materialidade do delito. Porém, antes da pronúncia, deverá estar juntada aos autos.

Desse modo, torna-se difícil haver a produção de prova pericial em plenário. O que, na realidade, pode ocorrer é a inquirição do perito (ou dos peritos) subscritor do laudo encartado nos autos. Essa medida é viável não somente pelo princípio da busca da verdade real, mas também pelo princípio da oralidade, regente do julgamento no Tribunal do Júri. Ademais, a possibilidade está prevista pelo art. 159, § 5.º, I, do CPP, com a redação dada pela Lei 11.690/2008.

Tal medida é, também, expressamente autorizada pelo art. 473, § 3.º, do CPP. Por isso, pode o perito ser intimado a comparecer em plenário, para prestar esclarecimentos quanto ao laudo, a pedido de qualquer das partes, bem como, de ofício, pelo magistrado. Os jurados, eventualmente, se não ficarem satisfeitos, durante a sessão plenária, com a análise da prova pericial, feita pelas partes, poderão, igualmente, exigir a presença do perito para prestar depoimento. Tal medida deve ser postulada ao final dos debates (art. 480, § 1.º, CPP). Se tal situação ocorrer, naturalmente, o Conselho de Sentença daquele dia será dissolvido, marcando-se outra data para o julgamento, quando, então, o perito será intimado para depor e outros jurados avaliarão os esclarecimentos prestados (art. 481, CPP).

Úteis são as elucidações de peritos quando o laudo envolve questão ligada à sanidade mental. Sabe-se, por certo, ser complexo o processo de determinação do estado de imputabilidade ou de inimputabilidade do réu à época do fato, conforme dispõe o art. 26, *caput*, do Código Penal. Igualmente abrangente é a situação do semi-imputável (art. 26, parágrafo único, do Código Penal). Por isso, torna-se interessante arrolar o perito para ser ouvido em plenário, podendo explicar aos jurados, com maior simplicidade, os termos técnicos utilizados para constatar ser o acusado imputável, semi-imputável ou inimputável.

Esses esclarecimentos do perito devem ser considerados como um complemento da prova pericial.

Lembremos, ainda, que a parte pode arrolar, *como testemunha* – e não em caráter de prova pericial –, qualquer especialista para confirmar ou contestar o conteúdo do laudo pericial. Portanto, o depoimento, nesse contexto, integra o rol da prova testemunhal.

4.5.3.4 Documentos e prazo para a sua juntada (a questão relativa à folha de antecedentes do réu)

Documento é toda base material disposta a concentrar e expor um pensamento, uma ideia ou uma manifestação de vontade, servindo para expressar e provar um fato ou acontecimento juridicamente relevante. Os documentos podem ser escritos, fotos, fitas de vídeo e som, desenhos, esquemas, gravuras, disquetes, CDs, DVDs etc.

Como regra, são juntados aos autos antes da decisão de pronúncia. Logo, são de conhecimento das partes, que, sobre eles, podem expressar sua opinião – ou produzir contraprova.

Regrando a juntada de documentos em plenário, dispõe o art. 479 do CPP que "durante o julgamento não será permitida a leitura de documento ou a exibição de objeto que não tiver sido juntado aos autos com a antecedência mínima de 3 (três) dias úteis, dando-se ciência à outra parte". No parágrafo único do referido artigo consta: "Compreende-se na proibição deste artigo a leitura de jornais ou qualquer outro escrito, bem como a exibição de vídeos, gravações, fotografias, laudos, quadros, croqui ou qualquer outro meio assemelhado, cujo conteúdo versar sobre a matéria de fato submetida à apreciação e julgamento dos jurados".

Destina-se a evitar qualquer lesão ao princípio do contraditório, voltado a qualquer das partes, bem como ao da plenitude de defesa, particularmente concentrado no interesse do réu. Portanto, os documentos utilizados em plenário do Júri terão sido ofertados, para ciência, antecipadamente. Nenhuma parte será colhida de surpresa, de maneira a prejudicar a sua linha de argumentação.

O prazo de três dias úteis é computado a partir da data do julgamento, voltando-se no tempo e valendo-se do critério do processo penal em geral. Portanto, se a data do julgamento ocorrerá no dia 10 (quarta-feira), o documento pode ser juntado aos autos até o dia 5 (sexta-feira). Tal se dá pelo fato de se exigir, com o advento da Lei 11.689/2008, o transcurso de dias úteis. Desse modo, computando-se os três dias anteriores ao dia 10, terminaria no domingo (dia 7), que não é dia útil. Transfere-se, pois, para o dia 5 (a sexta anterior).

É mais que evidente, ainda, caso se dê a juntada nesse prazo, deva o cartório providenciar a *imediata* ciência da parte contrária. Se esta não acontecer, pode-se prejudicar a realização do julgamento, com o adiamento da sessão.

A lei é clara ao dispor dever haver a *ciência* à parte contrária, *com antecedência mínima* de três dias úteis do julgamento. Logo, a singela juntada aos autos de qualquer documento, sem que a outra parte *tome ciência efetiva, no tríduo útil anterior à data do julgamento*, a respeito de sua existência, acarreta o cerceamento indesejável.

Superior Tribunal de Justiça

- "3. Consoante a jurisprudência deste Superior Tribunal, eventuais nulidades decorrentes da inobservância do art. 479 do Código de Processo Penal são de natureza relativa, exigindo, dessa forma, a demonstração de efetivo prejuízo em observância ao disposto no art. 563 do Código de Processo Penal que traz a máxima *pas de nullité sans grief*, o que não ocorreu in casu, pois, conforme delineado no acórdão impugnado não houve prejuízo à defesa, afastando, assim, o requisito surpresa, na medida em tinha conhecimento da situação processual do ora recorrente. 3. Inviável a análise quanto à ocorrência de efetivo prejuízo, nos termos delineado pela defesa, pois necessário o revolvimento da matéria fático-probatória, inviável na via estreita do *writ* (AgRg no HC 529.220/SC, Ministro Ribeiro Dantas, 5.ª T., *DJe* 08.09.2020)" (AgRg no HC 633.085/SP, 6.ª T., rel. Sebastião Reis Júnior, 23.02.2021, v.u.).
- "I – Consignado expressamente no v. acórdão reprochado, 'diante do fato do réu ter afirmado perante o Conselho de Sentença que não responde a nenhum outro processo, e sabendo que tal não era verdade, o ilustre Promotor de Justiça, no uso de suas atribuições, sem mostrar qualquer tipo de documento aos jurados, apenas mencionou que o réu esta sim sendo processado pela prática de outro crime, no caso estupro de vulnerável' (fl.

2.142, grifei), motivo pelo qual não se caracterizou a ofensa ao art. 479 do CP" (AgRg no REsp 1897812/PR, 5.ª T., rel. Felix Fischer, 15.12.2020, v.u.).

- "2. A violação ao art. 479 do Código de Processo Penal – CPP, conforme precedentes, acarreta nulidade relativa, devendo ser alegada oportunamente e demonstrado o efetivo prejuízo. 2.1. No caso concreto, a defesa não registrou em ata da sessão de julgamento pelo Tribunal do júri. 2.2. Ainda, o Tribunal de origem constatou que não houve prejuízo para a defesa, eis que a condenação foi decorrente de todo um acervo probatório, sendo certo que para se afastar tal conclusão seria necessário o revolvimento fático-probatório, vedado conforme Súmula 7 do STJ" (AgRg no AREsp 1473832/DF, 5.ª T., rel. Joel Ilan Paciornik, 22.09.2020, v.u.).
- "1. Na hipótese, a defesa alega ofensa ao art. 479 do CPP, ao argumento de o que o Promotor trouxe informação nova aos autos durante os debates do Tribunal do Júri, qual seja, de que não teria ocorrido o trânsito em julgado da ação penal do delito de furto, conforme certificava a referida decisão, na medida em que havia recurso a ser julgado. 2. A jurisprudência deste Superior Tribunal de Justiça, eventuais nulidades decorrentes da inobservância do art. 479 do Código de Processo Penal são de natureza relativa, exigindo, dessa forma, a demonstração de efetivo prejuízo em observância ao disposto no art. 563 do Código de Processo Penal que traz a máxima *pas de nullité sans grief*, o que não ocorreu *in casu*, pois, conforme delineado no acórdão impugnado não houve prejuízo à defesa, afastando, assim, o requisito surpresa, na medida em tinha conhecimento da situação processual do ora recorrente" (AgRg no HC 529.220/SC, 5.ª T., rel. Ribeiro Dantas, 01.09.2020, v.u.).
- "1. 'O art. 479 do Código de Processo Penal determina que, durante o julgamento, só será permitida a leitura de documento ou a exibição de objeto que tenham sido juntados aos autos com a antecedência mínima de 3 dias úteis e com a ciência da outra parte. Este prazo de 3 dias úteis se refere também à ciência da outra parte, ou seja, tanto a juntada aos autos do documento ou objeto a ser exibido quando do julgamento, bem como a ciência desta juntada à parte contrária, devem ocorrer no prazo de 3 dias úteis previsto no art. 479 do Código de Processo Penal' (REsp 1.637.288/SP, rel. Ministro Rogerio Schietti Cruz, rel. p/ acórdão Ministro Sebastião Reis Júnior, 6.ª T., j. 08.08.2017, *DJe* 1.º.09.2017). 2. No caso, sendo consignado que o documento juntado pelo *Parquet* foi liberado à defesa no dia 30.10.2018, e o julgamento pelo Júri realizado em 1.º.11.2018, imperativo o reconhecimento do desrespeito à norma legal. Somado a isso, tem-se o reconhecimento pelo Tribunal de origem do efetivo prejuízo à defesa, o que denota a existência de nulidade" (AgRg no REsp 1828768/MS, 6.ª T., rel. Antonio Saldanha Palheiro, 16.06.2020, v.u.).
- "O artigo 479 da Lei Processual Penal veda a leitura de documento ou a apresentação de objeto que não tiver sido juntado aos autos com a antecedência mínima de 3 (três) dias úteis, dando-se ciência à outra parte, sendo certo que, na hipótese que se apresenta, o vídeo reproduzido em plenário instruiu a ação penal desde o princípio, tendo apenas sido desentranhado o DVD dos autos e guardado em cofre da Vara Criminal da Comarca, para fins de preservação da prova, onde permaneceu à disposição dos interessados" (AgRg no AREsp 486.618/SC, 5.ª T., rel. Jorge Mussi, 15.03.2018, v.u.).

Documentos juntados fora do prazo estipulado pelo art. 479 do CPP não poderão ser utilizados pela parte interessada durante os debates. Para tanto, na abertura dos trabalhos, sentindo-se prejudicada, a parte que o juntou a destempo, mas o considera relevante, pedirá a palavra para requerer o adiamento da sessão. Evidentemente, caso o juiz indefira, por achar que o documento juntado é totalmente inútil à prova, realiza-se o julgamento, anotando-se em ata o protesto do interessado. Discutir-se-á o indeferimento judicial em eventual futura apelação. A nulidade, nesse caso, é relativa, dependente de prova do prejuízo, sob o ângulo do princípio da busca da verdade real.

O ideal, portanto, é juntar o documento muito tempo antes da data da sessão, permitindo-se a ciência à parte contrária, em prazo superior aos três dias úteis anteriores ao julgamento.

É válido ressaltar, em complemento ao exemplo já dado linhas acima, que, em homenagem à busca da verdade real, situações insólitas podem ocorrer, merecendo tratamento especial. Imagine-se que um documento inédito chega às mãos da parte interessada na véspera do julgamento. É óbvio que poderá ser apresentado em juízo, inclusive no dia da sessão, sem respeito ao disposto no art. 479 do CPP, desde que seja relevante e não haja má-fé de quem o exibe, somente com o fito de adiar os trabalhos. Não se pode utilizar um preceito garantidor do contraditório para afastar do contexto probatório um documento extremamente importante para a acusação ou para a defesa. Nessa hipótese, cabe ao magistrado, tomando conhecimento do referido documento, determinar o adiamento da sessão, com ciência à outra parte para manifestação ou produção de contraprova.

Outro ponto a observar é o termo utilizado pela lei: "ciência". É preciso cautela para averiguar o exato alcance da medida constante do art. 479, *caput*, do CPP. Se a função da norma é preservar o contraditório e, também, a plenitude de defesa, torna-se indispensável interpretar a *ciência* como algo concreto, real, efetivo. Não se trata, pois, de uma *simulação* de ciência. É preciso segurança. Exemplificando: o documento é juntado no dia 5 (sexta), com julgamento marcado para o próximo dia 10; providencia-se a intimação da parte contrária no próprio dia 5, porém no final do expediente; ocorre que, o dia 5 é uma sexta-feira, o que inviabiliza o acesso da parte ao mencionado documento; assim acontecendo, a parte somente terá vista do documento no dia 8, dois dias antes da data do julgamento. A situação retratada é lesiva ao contraditório e não pode subsistir.

Em suma, a juntada de qualquer documento, referente ao caso em julgamento, deve ser feita com tempo antecedente suficiente para que a *ciência efetiva* da parte contrária ocorra pelo menos três dias úteis antes da data da sessão.

O desrespeito a essa regra, provoca a anulação do julgamento; entretanto, trata-se de nulidade relativa, dependente de prova do prejuízo.

Supremo Tribunal Federal

- "Não há nulidade por terem sido juntadas aos autos do processo principal – e eventualmente relevadas em julgamento plenário do Tribunal do Júri – provas emprestadas de outro processo-crime. Precedentes" (HC 109.909/SP, 2.ª T., rel. Cármen Lúcia, 12.03.2013, v.u.).

Qualquer escrito pode ser considerado um documento. Entretanto, há determinados escritos não concernentes, diretamente, ao fato em julgamento. Por tal motivo, dispôs o art. 479 do CPP estarem imunes à proibição os jornais e outros escritos, bem como vídeos, gravações, fotografias, laudos, quadros, croqui e outros meios semelhantes, cujo conteúdo não versar sobre a matéria de fato discutida no processo. Exemplo disso é a exibição aos jurados de reportagens que cuidam da violência urbana, com o objetivo de evidenciar o perigo do porte e do uso de arma de fogo. Com isso, a parte (acusação ou defesa) pretende sustentar aos jurados que o réu (ou a vítima) agiu de maneira arriscada ao portar revólver no dia do fato. Ora, a reportagem em questão não diz respeito à imputação formulada na denúncia ou queixa, referindo-se a uma discussão genérica sobre os níveis de violência da sociedade atual. Inexiste vedação para sua apresentação em plenário, ainda que não tenha sido juntada aos autos previamente.

No entanto, uma entrevista dada por qualquer testemunha do caso a um jornal, em relação ao crime apurado no processo, configura cenário diferente. A reportagem, havendo intenção de sua exibição aos jurados, precisa ser juntada com tempo necessário para conhecimento da parte contrária.

Quando a acusação ou a defesa pretender exibir qualquer objeto apreendido, é evidente poder fazê-lo, sem comunicação alguma à parte contrária nos três dias úteis antecedentes à sessão de julgamento. Tal medida se dá pelo fato de ser o objeto parte das provas constantes dos autos, logo, de conhecimento das partes. Assim, basta requerer ao magistrado que lhe seja entregue, por exemplo, o pedaço de pau usado pelo réu para agredir a vítima, a fim de ser mostrado aos jurados.

Outro ponto é a exibição de materiais ou produtos levados pela parte ao plenário para servir de base aos debates. Não há vedação alguma, desde que se cuidem de coisas desligadas diretamente do fato em julgamento. Imagine-se que o instrumento do crime (uma faca) perdeu-se. Nada impede que o acusador ou o defensor exiba uma faca qualquer, levada pelo interessado, somente para ilustrar determinada situação. É preciso que fique claro aos jurados (algo que o juiz presidente pode informar) tratar-se de instrumento trazido pela parte e não utilizado pelo réu (ou vítima) no caso concreto.

Diga-se o mesmo de gráficos, quadros, desenhos, ilustrações etc., a serem exibidos aos jurados, sem vinculação direta com o fato em julgamento. Cuida-se da liberdade de manifestação da parte, em plenário, sem que haja qualquer ofensa ao contraditório, uma vez que não se está lidando com *provas* ligadas à imputação debatida. E assim também o uso de aparelhos, instrumentos ou mecanismos.

Superior Tribunal de Justiça

- "1. A exibição e leitura em plenário de reportagens genéricas acerca da violência policial não contraria o disposto no art. 479 do Código de Processo Penal, uma vez que, consoante dispõe seu parágrafo único, a antecedência mínima e a ciência à outra parte são exigidas apenas quanto aos elementos probatórios que possuam relação direta com os fatos submetidos ao Tribunal do Júri" (AgRg no REsp 1.654.684/SP, 6.ª T., rel. Nefi Cordeiro, 04.09.2018, v.u.).
- "2. Nessa linha, esta Corte Superior, também, decidiu que a referência feita pelo *Parquet* durante os debates no julgamento perante o Tribunal do Júri, dos antecedentes do réu, não se enquadra nos casos apresentados pelo art. 478, incisos I e II, do Código de Processo Penal, inexistindo óbice à sua menção por quaisquer das partes (HC n. 333.390/MS, Rel. Ministro Sebastião Reis Júnior, Sexta turma, julgado em 18/8/2016, *DJe* 5/9/2016)" (AgRg no REsp 1.815.397/RS, 5.ª T., rel. Reynaldo Soares da Fonseca, 18.06.2019, v.u.).
- "1. Consta dos autos que a utilização de retroprojetor por parte da acusação apenas ampliou fotos que já existiam nos autos, não trazendo ao corpo de jurados nenhuma informação nova, que necessitasse da ciência da defesa pelo prazo mínimo de 3 dias, até porque as fotos já eram do seu conhecimento. Aplica-se a Súmula 7/STJ quanto ao entendimento de ter sido necessária a ampliação das fotos para mostrar ferimentos ocasionados na vítima, quando atingida por cinco tiros pelas costas" (AgRg no AREsp 99.776/PE, 6.ª T., rel. Sebastião Reis Júnior, j. 16.09.2014, *DJe* 01.10.2014).

A folha de antecedentes do réu ou da vítima é outro documento que pode ser exibido em plenário. A cautela, logicamente, é providenciar a sua juntada aos autos com prazo suficiente (três dias úteis antes do julgamento) para a ciência da parte contrária, afinal, é documento ligado ao processo. O aspecto relevante, ao menos no tocante à folha de antecedentes do réu, é o devido esclarecimento aos jurados de que não se julga o passado do acusado, mas somente a imputação concretizada na denúncia ou queixa, posteriormente filtrada pela pronúncia. Esse alerta, por um respeito ao princípio constitucional da plenitude de defesa, se requerido, pode ser feito diretamente pelo juiz presidente.

No mais, se a folha de antecedentes servir para explorar qualquer aspecto ligado à personalidade ou à conduta social do réu ou da vítima, pode a parte interessada dela fazer uso.

Superior Tribunal de Justiça

- "1. 'A teor do art. 478, I, do Código de Processo Penal, é vedada a referência de certas peças que integram os autos da ação penal em plenário do Tribunal do Júri, a impingir aos jurados o argumento da autoridade. A jurisprudência desta Corte Superior é firme em assinalar que o rol previsto nesse dispositivo legal é taxativo.' 'A folha de antecedentes do acusado é peça que compõe a instrução processual de qualquer feito criminal e não há nenhum constrangimento em juntar tal documento aos autos. Ademais, o próprio Código de Processo Penal impõe que seja perguntado ao acusado, em plenário, sobre seus antecedentes criminais, nos termos da previsão do art. 474 do diploma processual penal, ao dispor sobre a aplicabilidade das disposições do art. 187 da lei adjetiva ao interrogatório no júri.' (AgRg no REsp 1.815.618/RS, rel. Ministro Rogerio Schietti Cruz, 6.ª T., j. 18.08.2020, *DJe* 26.08.2020). 2. Agravo regimental desprovido" (AgRg no REsp 1738292/RS, 6.ª T., rel. Antonio Saldanha Palheiro, 01.06.2021, v.u.).
- "1. A teor do art. 478, I, do Código de Processo Penal, é vedada a referência de certas peças que integram os autos da ação penal em plenário do Tribunal do Júri, a impingir aos jurados o argumento da autoridade. A jurisprudência desta Corte Superior é firme em assinalar que o rol previsto nesse dispositivo legal é taxativo. 2. A folha de antecedentes do acusado é peça que compõe a instrução processual de qualquer feito criminal e não há nenhum constrangimento em juntar tal documento aos autos. Ademais, o próprio Código de Processo Penal impõe que seja perguntado ao acusado, em plenário, sobre seus antecedentes criminais, nos termos da previsão do art. 474 do diploma processual penal, ao dispor sobre a aplicabilidade das disposições do art. 187 da lei adjetiva ao interrogatório no júri. 3. Agravo regimental não provido" (AgRg no REsp 1815618/RS, 6.ª T., rel. Rogerio Schietti Cruz, 18.08.2020, v.u.).
- "2. É firme a jurisprudência desta Corte Superior no sentido de que o art. 478 do CPP contempla rol exaustivo, de modo que as restrições que as partes podem fazer referências durante os debates em Plenário são somente aquelas expressamente previstas no mencionado dispositivo. 3. Nesse contexto, este Superior Tribunal de Justiça tem admitido referências aos antecedentes penais em Plenário, porquanto tais documentos não estão inclusos no rol de peças processuais cuja referência é proibida, nos termos do art. 478 do CPP. 4. Ademais, consoante asseverado pelo Tribunal de origem, não há nos autos comprovação de que a referência feita pelo Parquet aos antecedentes penais tenha se concretizado como argumento de autoridade prejudicial ao réu. Desse modo, a desconstituição das conclusões alcançadas pela Corte local, no intuito de abrigar a pretensão defensiva de nulidade do julgamento, com base na alegada utilização de argumento de autoridade em prejuízo do réu, demandaria necessariamente aprofundado revolvimento do conjunto probatório, providência vedada em sede de recurso especial. Incidência da Súmula n. 7/STJ" (AgRg no AgRg no AREsp 1632413/SP, 5.ª T., rel. Reynaldo Soares da Fonseca, 12.05.2020, v.u.).

Anteriormente, tivemos a oportunidade de sustentar devesse a lei vedar a apresentação da folha de antecedentes do acusado – como se faz em outros países – para evitar que os jurados a levassem em conta no tocante à formação do seu convencimento quanto ao crime em julgamento. Pensamos, entretanto, atualmente, ser mais conveniente permitir a utilização da folha de antecedentes, *desde que* para demonstrar outros aspectos (como personalidade do acusado) não ligados à culpa. Para tanto, se o órgão acusatório fizer mau uso da liberdade que possui, pretendendo fazer ver aos jurados que, por ter antecedentes criminais, merece o réu ser considerado culpado, deve o juiz presidente intervir, fornecendo o esclarecimento preciso quanto ao princípio constitucional da presunção de inocência, alertando os membros do Conselho de Sentença a ignorar a folha como prova da culpa do réu no caso em julgamento.

Lembremos, ainda, que a exibição de qualquer documento, fora do prazo legal fixado pelo art. 479 do CPP, deve ser objeto de protesto imediato da parte que se sentir prejudicada. Trata-se de nulidade relativa. Calando-se, ocorrerá a preclusão, não mais podendo se valer da falha para sustentar a nulidade do julgamento.

Supremo Tribunal Federal

- "Ao contrário de afrontar o princípio constitucional da soberania do veredito do Tribunal do Júri, a exibição de documentos nitidamente capazes de influenciar no ânimo dos jurados, sobre os quais a acusação não teve a oportunidade de examinar no prazo legal previsto no art. 479 do Código de Processo Penal, justifica a necessidade de realização de um novo julgamento pelo Tribunal do Júri" (HC 102442/MT, 1.ª T., j. 26.10.2010, v.u., rel. Cármen Lúcia).

Superior Tribunal de Justiça

- "1. O art. 479 do Código de Processo Penal dispõe acerca da necessidade de juntada de documentos ou objetos que serão utilizados pelas partes na sessão plenária dentro do prazo legal de 3 (três) dias úteis a contar do dia designado para o julgamento, em obediência aos princípios do contraditório, da não surpresa, da lealdade processual e da paridade de armas. Referida disposição normativa alcança os jornais, escritos, vídeos, gravações, fotografias, laudos, quadros, croqui ou qualquer meio assemelhado que digam respeito diretamente à situação fática submetida a julgamento pelo Conselho de Sentença. 2. Se o documento ou objeto não guarda relação direta com os fatos retratados nos autos e imputados ao agente, desnecessária sua juntada dentro do tríduo legal. 3. Referências doutrinárias e repertórios jurisprudenciais que não digam respeito ao caso submetido a julgamento não estão abrangidos pela proibição constante do art. 479 do CPP. 4. Eventuais nulidades decorrentes da inobservância do art. 479 do Código de Processo Penal são de natureza relativa e, como tal, exigem a demonstração de efeito prejuízo pela parte dita prejudicada. Máxima *pas de nullite sans grief*. Precedentes" (REsp 1339266/DF, 6.ª T., rel. Maria Thereza de Assis Moura, *DJ* 03.06.2014).

4.5.3.5 Interrogatório e referência ao silêncio do réu, ausência de interrogatório, uso de algemas, decisão de pronúncia ou outra subsequente. O registro, a gravação e a transmissão do julgamento

O juiz presidente interrogará o réu pela forma estabelecida no Livro I, Título VII, Capítulo III, com as alterações introduzidas pela Seção XI (art. 474, CPP).

O interrogatório judicial é o ato processual representativo, primordialmente, da primeira manifestação, em juízo, da autodefesa. Confere-se a oportunidade ao acusado de se dirigir diretamente ao juiz, apresentando a sua versão acerca dos fatos que lhe foram imputados pela acusação, bem como em relação às provas produzidas. Embora seja o ato final da instrução, pode o réu indicar meios de prova, que merecem atenção do magistrado e, quando pertinentes, precisam ser providenciados. É natural poder o acusado, desejando, confessar ou mesmo permanecer em silêncio, fornecendo apenas seus dados de qualificação.

O interrogatório policial é o que se realiza durante o inquérito, quando a autoridade policial ouve o indiciado, acerca da imputação indiciária. Pode o suspeito, igualmente, valer-se do seu direito de permanecer calado ou confessar, se preferir.

Quando realizado em plenário, diante dos jurados, ganha particular relevo. Como já tivemos a ocasião de mencionar, cremos fundamental seja o réu orientado pelo defensor a fornecer a sua versão a respeito dos fatos constantes da peça acusatória. É evidente ser aplicável o direito ao silêncio (art. 5.º, LXIII, CF; art. 186, parágrafo único, CPP), não devendo ser interpretado, em tese, em prejuízo da defesa. Porém, como ter a certeza de que os juízes leigos efetivamente levarão em consideração o direito de permanecer calado como algo natural e, acima de tudo, constitucional? Porventura, pode-se estar diante de algum jurado (ou mais de um) que não compreenda a atitude do réu em preferir deixar a defesa a cargo de seu advogado, formando convicção íntima de culpa, embora não manifestada em momento algum, até pelo fato de que os vereditos do Conselho de Sentença independem de motivação.

Em situações excepcionais, pode ser mais adequado o silêncio à manifestação em interrogatório, porém, assim ocorrendo, é preciso que o defensor reserve uma parte do tempo de sua argumentação para explicitar aos jurados o direito constitucional a permanecer calado, sem que desse fato se possa extrair qualquer consequência negativa ao acusado.

O interrogatório em plenário, assim como o realizado em juízo, divide-se em *interrogatório de qualificação* (colheita de dados pessoais, tais como nome, naturalidade, idade, estado civil, filiação, profissão etc.), *interrogatório de mérito* (colheita da versão do réu a respeito da imputação acusatória) e *interrogatório de individualização* (coleta de dados acerca da vida pessoal, tais como as oportunidades sociais que teve desde a infância até o momento do delito, vida pregressa, se sofreu alguma condenação e chegou a cumprir pena, além de todos os dados familiares e sociais possíveis). A última parte (interrogatório de individualização) foi ressaltada pela Lei 10.792/2003, ao modificar a redação do art. 187 do CPP. Maiores detalhes podem ser encontrados na nota 17 ao art. 187 do nosso *Código de Processo Penal comentado*. Cuida-se de questionamento essencial para eventual aplicação da pena, mas, no Tribunal do Júri, termina compondo o quadro geral de análise do caso em julgamento. Relembremos que, no Tribunal Popular, julga-se não somente o fato criminoso, porém, sobretudo, a *pessoa* do réu. Avaliam os jurados, inclusive, a *pessoa* da vítima. Por isso, todos os dados ofertados no interrogatório terminam por auxiliar a formação do convencimento do Conselho de Sentença.

Ao finalizar as suas indagações, em lugar de se seguir o preceituado pelo art. 188 do CPP, indagando o juiz às partes se desejam mais algum esclarecimento, porventura esquecido quando da sua inquirição, sendo que eventuais reperguntas seriam feitas por seu intermédio, o art. 474, § 1.º, do CPP, lamentavelmente, optou por formato diverso.

As perguntas feitas pelo órgão acusatório (Ministério Público, assistente de acusação ou querelante) e pela defesa serão dirigidas, diretamente, ao acusado. Coloca-se em evidente risco a garantia da plenitude de defesa, pois as partes, em particular, a acusação, podem promover indagações inadequadas, impertinentes ou agressivas ao réu. É viável a ocorrência de pressão e de embate entre parte e acusado, o que é totalmente indesejável, especialmente diante dos jurados.

Pode-se dizer que o juiz presidente ficaria atento às reperguntas impertinentes ou inadequadas e obstaria a sua realização. No entanto, a indagação ou a agressão já teria sido feita e o réu poderia até ter respondido. O magistrado nem sempre será mais rápido do que a dinâmica da *pergunta-resposta*, obstando a situação constrangedora.

Além disso, permitindo que a parte repergunte diretamente ao réu, cria-se mais um elemento de divergência e fator de atrito entre o juiz presidente e as partes que tiverem suas indagações vetadas.

Se a intenção foi copiar o sistema americano, cuida-se de lapso grave. Registremos que, no júri americano, quando o réu se coloca para depor, tem o dever de dizer a verdade, razão pela qual a acusação, promovendo perguntas diretas, pode levá-lo à confissão involuntária. Em nosso sistema, o acusado não é obrigado a dizer a verdade e pode, inclusive, permanecer em silêncio.

Uma alternativa viável, para contornar qualquer prejuízo, seria o réu, instruído por seu defensor, a cada repergunta que lhe fizer o órgão acusatório (Ministério Público, assistente de acusação ou querelante), caso não lhe agrade o tom ou o conteúdo, invocar o direito ao silêncio. Assim, o acusado responderia somente as indagações formuladas pelo juiz presidente, por seu defensor e pelos jurados. É direito seu calar-se a qualquer momento, ainda que durante o interrogatório.

Aos jurados, caberia à defesa explicar a indevida introdução da forma de pergunta direta feita pela acusação ao réu, motivo pelo qual, para se resguardar, pode ele invocar um direito constitucional, que é o silêncio, aliás, conectado a outro, a plenitude de defesa.

Não olvidou a Lei 11.689/2008 o direito às reperguntas dos jurados, afinal, são eles os destinatários maiores da produção da prova, pois julgam o mérito da causa. No entanto, de maneira tímida, determinou que os jurados fizessem as indagações por intermédio do juiz presidente, consagrando o sistema presidencialista (art. 474, § 2.º, CPP). Outra incoerência. Os juízes do mérito é que poderiam promover reperguntas diretamente ao réu. Eles é que irão decidir a causa e não precisam da tutela do magistrado togado, *filtrando* suas dúvidas quando bem quisesse.

É natural que, se pudessem fazer as reperguntas diretamente, haveriam de ser alertados pelo juiz para não deixarem transparecer a sua convicção. No mais, a liberdade deveria ser plena.

Havendo mais de um réu submetido a julgamento na mesma sessão, devem ser interrogados em sequência. O ideal é que o primeiro seja interrogado sozinho, sem a presença dos demais. Em seguida, interrogando-se o segundo, pode aquele que já foi ouvido permanecer em plenário e assim sucessivamente. Se tal procedimento não for respeitado, trata-se de nulidade relativa, dependente, pois, de prova de prejuízo para a parte.

A Lei 11.689/2008 introduziu duas vedações relevantes, que sempre foram objeto de controvérsia durante o julgamento. Em primeiro lugar, não se permite, como regra, a utilização de algemas no acusado, durante o período em que permanecer no plenário do júri. Em caráter excepcional, para garantir a segurança geral, pode-se usar as algemas (art. 474, § 3.º, CPP).

A medida é correta. A imagem do réu, preso a grilhões, é desagradável e pode induzir em erro o jurado menos atento, gerando, porventura, a figura da culpa. Além do mais, torna-se constrangedor assistir um réu prestando suas declarações, em interrogatório, algemado, sem nem poder se expressar com liberdade e assinando seu depoimento com imensa dificuldade.[3]

---

3. Quando o julgamento for filmado, não há necessidade de assinatura do termo de interrogatório. Mesmo assim, o acusado, especialmente quando for interrogado, frente a frente com os jurados, estando algemado, termina por gerar uma imagem negativa.

Passa a ser a regra, portanto, que o Estado cumpra seu dever e garanta a segurança do recinto do plenário do Tribunal do Júri, podendo o acusado preso, nesse ambiente, permanecer sem algemas.

Entretanto, em situações excepcionais, quando forem julgados réus comprovadamente perigosos, mormente os ligados a organizações ou associações criminosas, quando hipóteses de resgate são potencialmente viáveis, pode-se determinar que o acusado permaneça algemado. Ressaltemos, no entanto, o conteúdo da lei: quando *absolutamente necessário* (art. 474, § 3.º, CPP).

Superior Tribunal de Justiça

- "7. O emprego de algemas durante o julgamento plenário não viola a Súmula vinculante n.º 11 do Supremo Tribunal Federal, quando necessário para garantir a segurança de todos os presentes, como demonstrado pelo Juiz Presidente do Tribunal do Júri no caso" (HC 507.207/DF, 6.ª T., rel. Laurita Vaz, 19.05.2020, v.u.).

Em segundo lugar, introduziu-se uma vedação passível de gerar nulidade ao processo. Proíbe-se qualquer menção ao silêncio do acusado, à ausência de interrogatório, ao uso de algemas durante os debates, à sentença de pronúncia ou a qualquer decisão posterior que acolha a admissibilidade da acusação, sob pena de nulidade (art. 478, I e II, CPP), *como argumento de autoridade*, de forma a beneficiar ou prejudicar o réu.

Esse rol é taxativo, não podendo ser aumentado, salvo em virtude de lei.[4]

Supremo Tribunal Federal

- "1. As vedações do inciso I do art. 478 estão contidas em rol taxativo e dele não consta qualquer vedação à leitura de sentença condenatória proferida em desfavor de agente envolvido na mesma prática delituosa. 2. Agravo regimental a que se nega provimento" (HC 155.941 AgR, 1.ª T., rel. Alexandre de Moraes, 17.08.2018, maioria).

Superior Tribunal de Justiça

- "7. É firme a jurisprudência desta Corte Superior no sentido de que o art. 478, do CPP contempla rol exaustivo, de modo que as restrições ao que as partes podem fazer referências durante os debates em Plenário são somente aquelas expressamente previstas no mencionado dispositivo. Precedentes" (AgRg no REsp 1.814.988/PR, 5.ª T., rel. Reynaldo Soares da Fonseca, 17.12.2019, v.u.).

Podemos até compreender o bom propósito do legislador, buscando evitar o comum equívoco, na avaliação das provas, por parte dos jurados, ao levarem em consideração determinados *símbolos* de culpa, tais como as algemas ou o silêncio do réu em seu interrogatório. Entretanto, olvida-se que a análise do quadro probatório é feita por um colegiado leigo, sob critérios pessoais e não divulgados, motivo pelo qual inúmeros outros fatores podem ser considerados sem que possuam supedâneo legal. Exemplo disso é a própria simpatia

4. A maioria dos julgados aponta ser um rol exaustivo, que não pode ser ampliado. Mas há casos excepcionais a justificar a ampliação, conforme indicamos na jurisprudência coletada neste capítulo (conferir o REsp 1828666/SC do STJ).

ou antipatia gerada pelo réu ou pela vítima, pelo acusador ou pelo defensor. Cuida-se de elemento impossível de ser controlado.

Por isso, é preciso cautela na interpretação do dispositivo. Se o promotor, por exemplo, expuser aos jurados que o réu está preso, por ser considerado perigoso e autor de vários outros delitos, tal informe é autêntico e não se liga diretamente às algemas, razão pela qual não pode ser considerado invasivo e uma infração ao art. 478, I, do CPP (tanto que a folha de antecedentes pode ser juntada e mostrada aos jurados). Por outro lado, a referência direta às algemas, explorando essa imagem do acusado em plenário, para despertar temor nos jurados, pode significar prejuízo ao réu.

Quanto à ausência de interrogatório ou ao silêncio do acusado, a simples menção de que o réu não foi ouvido e, portanto, não deu a sua versão dos fatos é insuficiente para gerar argumento de autoridade e anular o julgamento. Diversamente pode acontecer se o órgão acusatório explorar, em detalhes, o silêncio, sem mostrar aos jurados constituir um direito constitucional e legal do acusado; ao contrário, invocando a surrada afirmação de que *quem cala consente*, pode gerar prejuízo e provocar a nulidade.

A correta solução é o impedimento ao uso de algemas em plenário, o que foi previsto, como regra (art. 474, § 3.º, CPP), bem como a não utilização do direito ao silêncio diante dos jurados, como propusemos linhas acima. E se, eventualmente, for usado o direito de permanecer calado, cabe ao defensor explicar, em detalhes, aos jurados o seu alcance e significado.

Por outro lado, a pronúncia ou outras decisões, proferidas em termos comedidos, mas fundamentada, poderia ser lida aos jurados ou usada como parte da sustentação de qualquer das partes, pois se cuida de documento lícito entranhado aos autos. O ponto principal é a referência a ser utilizada como *argumento de autoridade*, representando extrair da pronúncia ou de decisão posterior confirmando-a um conteúdo desvirtuado da sua autêntica função no processo. Sabe-se que, proferida em termos sóbrios e equilibrados, a pronúncia ou o acórdão que a confirma não tem outra meta a não ser *filtrar* a acusação, permitindo que chegue a julgamento pelo Tribunal Popular. Nada mais que isso. Utilizada, portanto, pelo órgão acusatório como *se fosse a voz do juízo togado para apontar a culpa do réu* foge completamente à sua finalidade no processo e isto pode prejudicar o acusado. O *argumento de autoridade* seria o mesmo que dizer: *não sou eu que estou dizendo que o acusado é culpado, mas o juiz, que entende de leis*. Cuida-se de distorcer o propósito da mera admissibilidade da acusação e, por isso, não deve ser utilizado.

Já tivemos oportunidade de expor a nossa contrariedade a essa vedação; porém, alguns *casos concretos nos convenceram do acerto do dispositivo*, caso seja usado qualquer dos elementos constantes do art. 478, I e II, do CPP, de má-fé, com o nítido propósito de beneficiar ou prejudicar o acusado. O abuso de direito constitui um ilícito, a merecer a devida reparação; no caso, por meio da anulação do julgamento. Entretanto, é preciso que a parte prejudicada peça o registro em ata do episódio, tal como se deu, para que o tribunal superior possa avaliar o conteúdo da argumentação de maneira apropriada. Se não o fizer quando houver a alegação abusiva, preclui a viabilidade de questionar o emprego de qualquer dos elementos destacados pelo art. 478, I e II, do CPP.

Mesmo assim, chama a atenção o fato de a lei indicar a nulidade se for utilizada a pronúncia, outra decisão similar ou uso de algemas, como argumento de autoridade, para *beneficiar* o réu. Ora, em virtude da plenitude de defesa, essa vedação nos soa incongruente.

De qualquer forma, os jurados podem ter acesso aos autos e ler a pronúncia ou decisão posterior, razão pela qual é relevante destacar que essa peça precisa ser elaborada com equilíbrio, sem qualquer afirmação contundente de culpa e sem rechaçar em detalhes enfáticos uma tese defensiva, para que não influencie o membro do Conselho de Sentença.

O jurado receberá cópia da pronúncia (art. 472, parágrafo único, CPP). O órgão acusatório fará a sua exposição nos termos limitadores da pronúncia, pois não há mais libelo (art. 476, *caput*, CPP).

Supremo Tribunal Federal

- "Alegado desrespeito ao art. 5.º, LVI, ante a negativa de desentranhamento das peças processuais que faziam menção às provas reputadas ilícitas rechaçado no julgamento do RHC 137.368, anteriormente impetrado pela defesa: 'A denúncia, a pronúncia, o acórdão e as demais peças judiciais não são provas do crime, pelo que, em princípio, estão fora da regra de exclusão das provas obtidas por meios ilícitos – art. 5.º, LVI, da CF. A legislação, ao tratar das provas ilícitas e derivadas, tampouco determina a exclusão de peças processuais que a elas façam referência – art. 157 do CPP. Não se pode impedir que os jurados tenham conhecimento da própria realização da prova ilícita e dos debates processuais que levaram a sua exclusão. As limitações ao debate em plenário são pontuais e especificadas nos arts. 478 e 479 do CPP, com redação dada pela Lei 11.689/2008. A exclusão de prova ilícita não é contemplada nas normas de restrição ao debate'. Eventual contrariedade a direito não decorreria diretamente da vedação de utilização de provas obtidas por meios ilícitos (art. 5.º, LVI, da CF). 6. Negado provimento ao agravo regimental" (ARE 1037746 AgR, rel. Gilmar Mendes, 2.ª T., j. 01.08.2017, v.u.).
- "O artigo 478, I, do CPP, mercê de vedar, durante os debates, referências à decisão de pronúncia e às posteriores que julgaram admissível a acusação, não impede, na forma do artigo 480, § 3.º, do mesmo Código, que os jurados tenham acesso aos autos e, obviamente, ao conteúdo da pronúncia, caso solicitem ao juiz presidente, do que resulta a possibilidade de serem influenciados pelo excesso de linguagem que, *in casu*, ocorreu. 6. Recurso ordinário em *habeas corpus* ao qual se dá provimento para anular a decisão de pronúncia, a fim de que outra seja proferida" (RHC 109068/DF, 1.ª T., rel. Luiz Fux, *DJ* 14.02.2012).

Superior Tribunal de Justiça

- "II – No caso concreto, como já decido anteriormente, não restou configurada qualquer flagrante ilegalidade ou nulidade, na medida em que o silêncio do acusado não foi efetivamente utilizado em seu desfavor, seja pela ausência de demonstração concreta de prejuízo, pois o agravante exerceu sua autodefesa em Plenário, apesar de ter se utilizado do direito constitucional de permanecer em silêncio no seu interrogatório judicial preliminar, seja porque a simples menção em Plenário pelo d. membro do *Parquet* de citação literária ('A lógica das provas em matéria criminal, de Nicola Framarino del Malatesta' – fl. 63) não configura argumento de autoridade" (AgRg no HC 728.160/SC, 5.ª T., rel. Jesuíno Rissato (Desembargador convocado do TJDFT), 26.04.2022, v.u.).
- "2. Sobre a interpretação do art. 478, I, do CPP, o acórdão recorrido encontra-se em conformidade com a jurisprudência deste STJ, ao afirmar que a simples menção à decisão de pronúncia pela acusação, sem utilizá-la como argumento de autoridade, não invalida eventual condenação (e-STJ, fl. 549) – até mesmo porque os jurados têm acesso à referida decisão. 3. Outrossim, ao contrário do que afirma o agravante, o reconhecimento da nulidade exige, sim, a demonstração do prejuízo, conforme a concepção que atualmente predomina na Quinta Turma desta Corte Superior" (AgRg no AREsp 842.384/TO, 5.ª T., rel. Ribeiro Dantas, 20.04.2021, v.u.).
- "1. A menção ao silêncio do acusado, em seu prejuízo, no Plenário do Tribunal do Júri, é procedimento vedado pelo art. 478, II, do CPP. No entanto, a mera referência ao silêncio do acusado, sem a exploração do tema, não enseja a nulidade. Precedente. 2. No caso dos

autos, o Promotor tão somente noticiou o motivo pelo qual a sessão plenária anterior havia sido anulada, fora do contexto do julgamento. Além disso, o réu apresentou sua versão dos fatos perante os jurados e o que foi demonstrado não é o bastante para justificar a anulação da sessão do Tribunal do Júri. 3. O Tribunal *a quo* não afastou a prova cuja licitude é ora impugnada, porquanto é oriunda de fonte independente, não guardou nenhuma relação com a anulação anterior e foi produzida sob o crivo do contraditório e da ampla defesa" (AgRg no REsp 1575615/SP, 6.ª T., rel. Rogerio Schietti Cruz, 10.03.2020, v.u.).

- "2. A menção ao silêncio do acusado, em seu prejuízo, no Plenário do Tribunal do Júri, é procedimento vedado pelo art. 478, II, do Código de Processo Penal. No entanto, a mera referência ao silêncio do acusado, sem a exploração do tema, não enseja a nulidade. Na hipótese, não é possível extrair dos elementos constantes dos autos se houve ou não a exploração, pela acusação em plenário, do silêncio do réu em seu desfavor (HC 355.000/SP, Ministro Rogerio Schietti Cruz, 6.ª T., *DJe* 27.08.2019) (AgRg no AREsp 1558779/MT, rel. Ministro Sebastião Reis Júnior, 6.ª T., *DJe* 19.12.2019). 2.1. No caso concreto, não se extrai do acórdão recorrido e da ata de julgamento, que a assistente da acusação fez menção ao silêncio do réu em seu prejuízo. 3. Agravo regimental desprovido" (AgRg no AREsp 1665572/MG, 5.ª T., rel. Joel Ilan Paciornik, 24.11.2020, v.u.).

A vedação imposta pelo art. 478, I e II, do CPP, em nosso entendimento, não precisaria ter sido incluída em lei, caso as partes atuassem com lisura e ética no tocante aos seus argumentos oferecidos à apreciação dos jurados.

Em princípio, se o jurado pode ler as peças do processo, inclusive a pronúncia e a decisão que a confirma; se essas peças estão licitamente nos autos, produzidas em termos sóbrios e equilibrados, não há impedimento de ser algum trecho lido por qualquer das partes. Quanto à ausência de interrogatório, quer-se crer seja o produzido na fase de formação da culpa, pois se o réu se valer do direito constitucional ao silêncio e não quiser ser interrogado perante os jurados, por óbvio, todos saberão bem disso. E extrairão as suas próprias ilações quanto ao silêncio do réu.[5] Quanto às algemas, se forem indispensáveis, os membros do Conselho de Sentença certamente verão o acusado, em plenário, usando-as. Em face disso, cada um dos jurados formará a sua própria convicção a respeito.

Aliás, uma particular situação merece ser evitada. Imagine-se que o defensor pleiteie, no início da sessão, em público, diante dos jurados, a retirada das algemas. Por certo, o juiz-presidente ouvirá o Ministério Público e, na sequência, decidirá, expondo as razões pelas quais vai manter o réu algemado (afinal, se não fosse necessário, ele já estaria sem as algemas desde o início). A sua fundamentação terminará por conter uma dose indeclinável de indicação de periculosidade do acusado e deverá apontar as falhas de segurança do local, o que pode gerar algum juízo de valor negativo na mente dos jurados.[6] O ideal é que o defensor

---

5. Temos recomendado que, no Tribunal do Júri, salvo situação excepcional, deve o réu concordar com o interrogatório, justamente para não gerar nos jurados – que são leigos – a ideia de que pretende ocultar alguma coisa. Pode até recusar-se a responder a perguntas formuladas pelo órgão acusatório, invocando o direito ao silêncio, mas será mais favorável que se disponha a responder ao juiz, ao defensor e aos jurados.
6. CPP: art. 474, § 3.º: "Não se permitirá o uso de algemas no acusado durante o período em que permanecer no plenário do júri, salvo se *absolutamente necessário à ordem dos trabalhos, à segurança das testemunhas ou à garantia da integridade física dos presentes*" (grifamos). Note-se que o juiz deverá fundamentar sua decisão nesses elementos.

se dirija, antes do plenário, ao juiz para pleitear a retirada das algemas; se for indeferido, os jurados não tomarão conhecimento. Entretanto, não nos parece correto requerer a retirada das algemas em público e, depois das explicações e indeferimento feito pelo juiz, pretender apontar alguma nulidade, por ter prejudicado o réu.

Outro aspecto seria a menção proposital dos elementos vedados pelo art. 478, I e II, do CPP, afirmando, também, com clareza, tratar-se de argumento de autoridade, com o que poderia gerar uma falha processual, inscrita em ata, para usar, depois, anulando o julgamento. Há razões para tanto, pois a parte pode pretender adiar a solução, para amealhar mais provas ou para provocar a prescrição. Enfim, qualquer motivo, inclusive o fato de perceber não estar se saindo bem naquele plenário. Se isso ocorrer, deve-se utilizar o preceituado pelo art. 565 do CPP: "nenhuma das partes poderá arguir nulidade *a que haja dado causa*, ou para que tenha concorrido, ou referente a formalidade cuja observância só à parte contrária interesse" (grifamos).

Aliás, por precaução, em especial quando há julgamentos longos, que levam dias, é fundamental a atenção do juiz-presidente para impedir o uso de argumento de autoridade, com base nos fatores do art. 478, I e II, do CPP, interrompendo a parte que tente fazê-lo e instruindo os jurados a desconsiderar o mencionado argumento. Cabe ao juiz presidente, conforme dispõe o art. 497, III: "dirigir os debates, *intervindo em caso de abuso*, excesso de linguagem ou mediante requerimento de uma das partes".[7]

Sobre o registro do julgamento, determina o art. 475, *caput*, do CPP que, se possível, o registro do interrogatório e dos depoimentos seja feito por meios ou recursos de gravação magnética, eletrônica, estenotipia ou técnica similar. O objetivo é *obter maior fidelidade e celeridade na colheita da prova*. Porém, sem fornecer maiores detalhes, preceitua que a transcrição do registro, feita a degravação, constará dos autos (art. 475, parágrafo único, CPP).

Ora, não há sentido em se promover a celeridade na colheita dos depoimentos, por meio de uma filmagem, para, depois, ser designado um funcionário da justiça para transcrever horas e horas de captação. Os DVDs (ou outro material apto ao registro) que estão nos autos são a forma mais precisa de se tomar conhecimento dos depoimentos, em detalhes, sem qualquer deturpação. Eis a fidelidade plena das declarações. Portanto, é evidente que não precisam ser transcritas. Devem seguir nos autos para serem ouvidas por membros de Cortes Superiores. Faz-se uma cópia de segurança, arquivando-se em cartório. Encontra-se o processo penal em fase de informatização, buscando-se, cada vez mais, a diminuição do uso do papel. A reforma do CPP já se pode considerar antiga, pois ocorreu em 2008. Dessa época para cá, inúmeras alternativas tecnológicas foram surgindo e, a partir de 2020, em decorrência da pandemia da covid-19, chegou-se às audiências e sessões dos tribunais integralmente realizadas por videoconferência.

Por certo, no tocante ao Tribunal do Júri, o contato pessoal é essencial, mas o registro pode ser realizado de variadas maneiras, cada vez mais aperfeiçoadas. Entretanto, se ainda houver o uso de estenotipia, é preciso a transcrição.

Sobre a captação dos depoimentos:

Superior Tribunal de Justiça

- "1 – Não caracteriza cerceamento de defesa o indeferimento de diligência referente às transcrições de depoimentos realizados por meio audiovisual, com objetivo de apresentar

7. Seria exatamente a mesma atitude para coibir a utilização da tese, proclamada inconstitucional e, portanto, vedada pelo STF, referente à legítima defesa da honra (ver o item 12.12 do Capítulo XII desta obra).

a prova produzida aos jurados em plenário, na hipótese em que o magistrado entendeu que, apesar do volume baixo, as gravações dos depoimentos eram audíveis, pois cabe ao juiz, na esfera de sua discricionariedade, negar motivadamente a realização das diligências que considerar desnecessárias ou protelatórias" (HC 468.971/SP, 6.ª T., rel. Rogerio Schietti Cruz, 08.10.2019, v.u.).

- "III – Esta Corte de Justiça, nada obstante, tem entendimento no sentido de que não é obrigatória a degravação dos depoimentos e interrogatório colhidos no plenário do Tribunal do Júri, salvo se a ausência importar em prejuízo devidamente comprovado, nos termos do art. 563 do CPP. IV – No caso sob exame, entretanto, não se está a falar apenas e tão somente da ausência de degravação, mas na ausência do próprio interrogatório da paciente, considerando a certidão relativa à impossibilidade de recuperação do ato, que não permaneceu gravado nos sistemas competentes, a impossibilitar o exame do seu conteúdo. V – Considerando a natureza jurídica do interrogatório como importante meio de defesa, a sua ausência nos autos configura evidente cerceamento desse direito. *Habeas corpus* não conhecido. Ordem concedida de ofício para reconhecer cerceamento de defesa, configurado pela ausência do interrogatório da paciente perante o Conselho de Sentença, devendo o ato ser novamente realizado, renovando-se todos os consecutivos" (HC 422.114/RS, 5.ª T., rel. Felix Fischer, 24.04.2018, v.u.).
- "Há determinação legal no sentido de não ser necessária a degravação de depoimentos colhidos por meio audiovisual, nos termos no artigo 405, § 2.º do CPP. Há mais, o Conselho Nacional de Justiça orienta no mesmo sentido. 3. A colheita da prova efetuada na primeira fase do Júri, caso dos autos, poderá ser repetida em plenário, podendo, nessa etapa, incidir o art. 475, parágrafo único do CPP" (HC 239454/RS, 6.ª T., rel. Maria Thereza de Assis Moura, *DJ* 18.06.2014).

O disposto pelo art. 475 do CPP não gera o direito de gravação e transmissão por qualquer meio de comunicação (TV, rádio, internet etc.) para nenhuma das partes. Ao contrário, o ideal é preservar a imagem do acusado, em função do princípio da dignidade da pessoa humana, evitando-se transformar o julgamento no plenário em evento de diversão pública.

4.5.4 Debates em plenário

4.5.4.1 Tempo para manifestação inicial das partes e limite da acusação

Após a colheita de provas, iniciam-se os debates. A acusação e a defesa terão uma hora e meia para cada uma, quando julgado somente um réu (art. 477, *caput*, CPP). Havendo mais de um, o tempo eleva-se para duas horas e meia a cada parte (art. 477, § 2.º, CPP).

Dispõe o art. 476, *caput*, que, "encerrada a instrução, será concedida a palavra ao Ministério Público, que fará a acusação, *nos limites da pronúncia* ou *das decisões posteriores que julgaram admissível a acusação*, sustentando, se for o caso, a existência de circunstância agravante". Demonstra-se a indispensável correlação entre o conteúdo da pronúncia e a acusação feita em plenário, sob pena de surpreender o defensor do réu, colocando em risco o seu direito à *plenitude de defesa* e gerando nulidade.

Superior Tribunal de Justiça

- "3. Compete ao Ministério Público, nos termos do art. 476 do Código de Processo Penal, sustentar, se for o caso, a existência de circunstância agravante (AgRg no REsp n.

1.919.373/PR, Ministro Ribeiro Dantas, Quinta Turma, *DJe* 20/9/2021)" (AgRg no REsp 1.964.221/PR, 6.ª T., rel. Sebastião Reis Júnior, 26.04.2022, v.u.).

- "7. No caso, esclareceu o Tribunal de Justiça que a atenuante da confissão espontânea não foi apresentada durante os debates em plenário, não sendo possível, assim, a sua aplicação, nos termos do art. 492, inciso I, alínea *b*, do Código de Processo Penal. Tal orientação encontra-se em harmonia com a jurisprudência desta Corte, não havendo, portanto, constrangimento ilegal a ser reparado" (AgRg no HC 751.214/MS, 6.ª T., rel. Antonio Saldanha Palheiro, 14.11.2022, v.u.).
- "1. Desde a reforma introduzida no procedimento do júri pela Lei 11.689/2008, não é mais necessário que as circunstâncias agravantes constem na pronúncia ou sejam quesitadas aos jurados. Para que sejam aplicadas pelo juízo sentenciante, basta que tenha ocorrido debate em plenário – o que, segundo o Tribunal local, aconteceu no presente caso (e-STJ, fl. 2.423). 2. Outrossim, o fato que embasa o reconhecimento da agravante (qual seja, a violência contra a mulher) vem bem exposto desde a denúncia (e-STJ, fls. 5-6), como também reconheceu o acórdão (e-STJ, fl. 2.418)" (AgRg no AREsp 1263061/DF, 5.ª T., rel. Ribeiro Dantas, 11.05.2021, v.u.).
- "1. Consoante o art. 476 do CPP, nos debates em plenário após encerrada a instrução, o Ministério Público fará a acusação nos limites da pronúncia. 1.1. No caso concreto, o Ministério Público argumentou também pela condenação por dolo eventual, haja vista que os jurados decidem por íntima convicção. Compulsando a denúncia e a sentença de pronúncia, verifica-se que a tentativa de homicídio doloso foi imputada sem especificação da modalidade do elemento subjetivo. Considerando que o tipo legal abrange o dolo direto e o dolo eventual, não ficou caracterizado o excesso de acusação. 1.2. Não se pode descurar, ademais, que a imputação de conduta dolosa engloba tanto o dolo direto quanto o eventual, não se verificando, dessarte, ofensa ao princípio da congruência. Aliás, a equiparação entre o dolo direto e o dolo eventual decorre do próprio texto legal, não se revelando indispensável apontar se a conduta foi praticada com dolo direto ou com dolo eventual, 'tendo em vista que o legislador ordinário equiparou as duas figuras para a caracterização do tipo de ação dolosa' (HC 147.729/SP, rel. Ministro Jorge Mussi, 5.ª T., j. 05.06.2012, *DJe* 20.06.2012). (AgRg no REsp 1658858/RS, rel. Ministro Reynaldo Soares da Fonseca, 5.ª T., j. 18.06.2019, *DJe* 28.06.2019). 2. Agravo regimental desprovido" (AgRg no REsp 1845152/RS, 5.ª T., rel. Joel Ilan Paciornik, 28.04.2020, v.u.).

Ocorre que, para a defesa, não existe vantagem alguma em realizar o julgamento de mais de um acusado, pois as duas horas e meia deverão ser divididas entre os defensores. Imagine-se a presença de três réus: cada defensor terá somente 50 minutos para produzir sua argumentação. Essa é a razão pela qual a defesa, havendo mais de um acusado, busca cindir o julgamento, por meio das recusas peremptórias aos jurados (ver no item 4.5.2 *supra*, cuidando da formação do Conselho de Sentença). Atualmente, entretanto, a reforma dificultou a separação dos julgamentos, de modo que é preciso basear-se no princípio constitucional da plenitude de defesa para não restar a defesa com um prazo exíguo para manifestação.

Excepcionalmente, pode-se admitir a utilização de apenas duas horas e meia para a sustentação eficaz da tese defensiva envolvendo mais de um réu. Tal se dá nos casos em que a linha de defesa é exatamente a mesma (ex.: negativa de autoria para todos). Do contrário, havendo teses variadas e alternativas, seria recomendável a cisão, para que cada defensor tivesse uma hora e meia integrais para sustentar sua argumentação. Aliás, deve o juiz presidente, de ofício, zelando pela aplicação do princípio constitucional da plenitude de defesa, analisar se a existência de vários réus, contando com diferentes defensores, em apenas duas horas e meia, não constituirá um sério gravame para a exposição das teses. Caso essa hipótese se concretize, o magistrado deve intervir, provocando, se necessário, o desmembramento do processo. Ou, ainda, o aumento do tempo de manifestação para cada defensor.

Coexistindo, na tribuna de acusação, o membro do Ministério Público, que falará em primeiro lugar (art. 476, § 1.º, CPP), e o assistente de acusação, a divisão do tempo (uma hora e meia) deve ser realizada, em comum acordo, pelos envolvidos. Em situação de divergência, o juiz marcará o tempo a cada um (art. 477, § 1.º, CPP). Como regra, deve haver a igualitária divisão do tempo.

Se a acusação for promovida pelo ofendido (casos de ação privada), falará o promotor após o acusador particular (art. 476, § 2.º, CPP). O tempo deve ser dividido entre ambos nos termos supraexpostos. Não está obrigado o membro do Ministério Público, naturalmente, a sustentar a condenação, como fez o acusador particular, podendo dele discordar, apresentando o seu ponto de vista, com inteira liberdade. A não participação do Ministério Público constitui nulidade relativa, dependente de prova do prejuízo.

4.5.4.1.1 Exigência de protesto da parte após a ocorrência de falha ou vício (a questão do *depoimento pessoal*)

A dinâmica dos debates em plenário, seguindo o princípio da oralidade, exige que as partes fiquem atentas ao desenvolvimento dos atos processuais. Cada falha ou vício surgido em plenário deve ser imediatamente questionado e indicado ao juiz presidente, que deverá saná-lo. Se o requerimento da parte for indeferido pelo magistrado, far-se-á o registro em ata. Do mesmo modo, se for aceito, a parte que se considerar prejudicada deve pedir o registro na ata.

O que não se pode tolerar é o questionamento de eventuais irregularidades ocorridas durante o julgamento em plenário, sem que haja qualquer registro em ata ou protesto no tempo oportuno.

Um dos fatores relevantes, tendentes a causar discórdia entre as partes, é o denominado *depoimento pessoal*, que pode levar os jurados a formar o convencimento em falsas premissas. O órgão da acusação, incluindo o seu eventual assistente, bem como o defensor não podem expor fatos dos quais tenham tido experimentação pessoal relacionada à imputação. Cuida-se de *prova ilegítima*, visto que a parte não é testemunha – não estando sob o compromisso de dizer a verdade – para ter credibilidade suficiente de modo a gerar convicção, num ponto ou outro, ao Conselho de Sentença. Aliás, se fosse o promotor ou o defensor, de fato, testemunha do fato em julgamento, não poderia atuar no processo. Ilustrando, não tem cabimento a parte dizer que esteve no local do crime, viu o cadáver e pode atestar que houve alteração da sua posição, diferentemente do que constou no laudo da perícia.

Nem tudo que a parte menciona na sua sustentação pode ser considerado como depoimento pessoal, pois há fatos da vida, de conhecimento geral, que podem ser mencionados livremente, como, por exemplo, dizer que a região onde o homicídio foi cometido é *perigosa e qualquer um poderia ter matado a vítima;* ou, ainda, que *revistas publicaram certa reportagem mostrando os vários crimes cometidos pelo acusado anteriormente.* É fundamental diferençar a opinião pessoal do depoimento pessoal. A primeira faz parte da linha de argumentação da parte, que tem tribuna livre no júri; a segunda é elemento de prova, destinado a gerar o convencimento do Judiciário.

De qualquer forma, como já exposto, se a parte entender que a outra está prestando depoimento pessoal, deve arguir tal situação ao juiz presidente e requerer que fique constando da ata exatamente o que foi falado. Cabe ao magistrado determinar a anotação para eventual futura análise do tribunal.

Superior Tribunal de Justiça

- "5. Eventuais afirmações do advogado do assistente da acusação, tio de uma das vítimas, na sessão de julgamento, de que em sua família não existiam 'bandidos', 'usuários de drogas' e 'mentirosos', não passam de mera argumentação, no calor dos debates, não tendo o condão de anular o julgamento, como pretendido. Outrossim, a jurisprudência desta Corte Superior é firme no sentido de que o reconhecimento de eventual nulidade, relativa ou absoluta, exige a comprovação de efetivo prejuízo, vigorando o princípio *pas de nulité sans grief*, previsto no art. 563, do CPP. Na espécie, a defesa não logrou demonstrar o prejuízo concreto decorrente da argumentação do assistente de acusação" (AgRg no REsp 1.814.988/PR, 5.ª T., rel. Reynaldo Soares da Fonseca, 17.12.2019, v.u.).

4.5.4.1.2 Utilização de recursos audiovisuais ou outros meios de exposição de teses e argumentos – a questão do tempo específico para isso

A falta de expressa previsão legal não afasta a possibilidade do uso, pelas partes, de mecanismos variados para a formação do convencimento dos jurados.

Exige-se, apenas, para que não haja surpresa à parte contrária, a prévia informação do instrumento a ser utilizado. No mais, pode-se valer a acusação ou a defesa dos recursos modernos, que julgar interessantes.

Além disso, deve-se ressaltar que, em plenário do júri, vigora a mais ampla possibilidade de argumentação das partes, pois é justamente esse o espírito da instituição. Acusação e defesa têm a função de informar e convencer os jurados acerca de suas teses, não se podendo coibir manifestações e opiniões próprias levantadas pelos debatedores. Não se confunda isto com a prestação de depoimento pessoal, situação irregular, como expusemos no item anterior, apta a gerar nulidade, caso fique demonstrado prejuízo à parte contrária.

Superior Tribunal de Justiça

- "Havendo relação dos fatos com a mídia exibida perante o Tribunal do Júri, não se há falar em sua impertinência. (...) Não configura vilipêndio ao artigo 479 do Código de Processo Penal o fato de o Representante do Ministério Público ter utilizado a apresentação em plenário de peças processuais em *power point*. Tais peças processuais já se encontravam nos autos antes mesmo da sentença de pronúncia, não constituindo documentos novos de modo a exigir a antecedência de 3 dias úteis para sua utilização em plenário" (HC 174006/MS, 6.ª T., rel. Alderita Ramos de Oliveira, 14/08/2012, v.u.).

É preciso lembrar que, quando solicitada a exibição aos jurados, desde a fase de preparação do plenário, deve ocupar o tempo reservado à leitura de peças, ou seja, como se peças documentais fossem. Não retira tempo da parte, que o mantém íntegro para o debate.

4.5.4.2 Controle do tempo e a possibilidade de dilação

Outra questão relevante diz respeito ao exato cumprimento do tempo. Sem dúvida, deve o juiz presidente controlar a efetividade do período reservado a cada uma das partes, não permitindo o excesso. Afinal, se a acusação se manifestar em uma hora e quarenta minutos, por exemplo, por respeito à igualdade das partes, caberá à defesa idêntico tempo. Entretanto, a dilação do período de manifestação não pode ser adotada como regra, pois permite a extensão inapropriada dos debates, além do permitido em lei.

Ressalte-se, no entanto, mais uma vez, a posição particular da defesa, abrigada pelo princípio constitucional da plenitude de defesa. Em situação extravagante, envolvendo processo complexo, com várias provas a analisar e inúmeras teses a desenvolver, pode a defesa requerer ao juiz presidente a dilação de seu tempo. Em período razoável, sem exageros, o magistrado deve deferir, de modo a assegurar ao réu a *plena* oportunidade de defesa. Convém ressaltar que, no Tribunal do Júri, garante-se a *plenitude da defesa* e não da acusação, razão pela qual a extensão do tempo para o defensor não implica, de modo algum, na dilação, por igual período, para o órgão acusatório.

Se as partes concordarem em haver a extensão do período de manifestação para ambas, igualmente, assim caminhará a decisão do juiz, ressalvando, sempre, dever tratar-se de processo *complexo* e em situação *excepcional*. No mais, ocorrendo divergência, o tempo da defesa pode ser superior ao da acusação, pois se cumpre o disposto na Constituição Federal (plenitude de defesa) em detrimento da lei ordinária (CPP).

4.5.4.3 Acordo das partes em plenário e pedido de absolvição feito pela acusação

Somos, em princípio, contrários aos *acordos* promovidos entre acusação e defesa para a exposição do caso aos jurados. Na prática, antes mesmo de ingressar em plenário, muitas vezes com a complacência do juiz presidente, as partes já chegaram a um consenso quanto ao destino do processo. "Resolvem" ser mais indicada a absolvição do acusado ou a sua condenação por homicídio simples, sem a aplicação das qualificadoras constantes da pronúncia, por exemplo.

Ora, a legislação processual penal não acolhe a transação nessas hipóteses. Ademais, cuida-se de princípio constitucional a soberania dos vereditos, valendo dizer que o Conselho de Sentença é o órgão supremo a deliberar sobre a imputação. Não é demais relembrar que o processo já passou por inúmeras fases até atingir o ápice, que é o julgamento em plenário. Houve denúncia (ou queixa), formação da culpa perante o juiz togado e pronúncia (admissibilidade da acusação), por vezes confirmada por acórdão. Quisesse o órgão acusatório pleitear a absolvição, poderia tê-lo feito anteriormente, indicando ao juiz, por ilustração, ser mais indicada a impronúncia ou a absolvição sumária. Desejasse promover uma acusação calcada em homicídio simples, valeria, em alegações finais, pleitear o afastamento das eventuais qualificadoras. O que não se pode admitir é o *acordo*, quando esta forma de atuação implica em burla ao poder decisório outorgado, pela Constituição Federal, ao povo (competência do júri para o julgamento de crimes dolosos contra a vida).

Dessa forma, quando ambas as partes ingressam em plenário para, rapidamente, encerrar o caso, manifestando-se, cada uma, em poucos minutos, pleiteando a absolvição, pode-se estar diante de tergiversação. Não há soberania alguma caso o Conselho de Sentença deixe de obter subsídios para a apreciação da prova. Se o órgão acusatório não cumprir o seu papel, expondo o caso, detalhadamente, aos jurados, é lógico que estes não podem adivinhar o que dos autos consta.

Sem provas, sem dados, sem elementos, outro caminho não há senão seguir o pleiteado pelas partes. Em outras palavras, soberania alguma existe. Seria, apenas, um arremedo de supremacia da vontade popular.

Mais grave ainda é o *acordo* para condenar o réu. Ferem-se os princípios da soberania dos veredictos, da competência para o julgamento de crimes dolosos contra a vida e da plenitude de defesa. Advogados constituídos ou defensores públicos lidam com a indisponibilidade do direito de defesa e da liberdade individual, motivo pelo qual não devem, em hipótese alguma, promover *transações* com a acusação, cuidando da sorte do acusado.

Se a prova é precária para a sustentação das qualificadoras, por exemplo, não há que se concordar com a acusação para pedir a condenação por homicídio simples. Basta que o defensor argumente ser viável o afastamento das qualificadoras. O membro do Ministério Público pode sugerir a decisão em igual prisma. Cada parte, no entanto, precisa expor sua tese, em tempo razoável, para o Conselho de Sentença.

Por vezes, podem-se encontrar situações teratológicas em plenário do júri, sem que o juiz presidente interfira, em favor do acusado. Este, em seu interrogatório, ilustrando, sustenta a negativa de autoria ou uma tese absolutória (legítima defesa, *v. g.*). Entretanto, durante os debates, acusação e defesa *acordam* ser o melhor caminho a condenação por homicídio simples ou privilegiado, desprezando, por completo, o desejo de ser absolvido, manifestado expressamente pelo réu. O que permite ao magistrado não zelar pela plenitude de defesa? Pensamos ser injustificada a posição de acolher o *determinado* pelas partes, na medida em que inexiste transação nesse cenário. Ao contrário, detectado o acordo em prejuízo do desejo do réu, deve este ser declarado indefeso e outro julgamento designado, com defensor diverso cuidando de seus interesses.

Não se nega, em hipótese alguma, a liberdade de atuação das partes, muito menos a independência funcional do membro do Ministério Público. Porém, não há direitos absolutos e supremos, merecendo haver coexistência harmônica entre todos.

Em prisma diferenciado, FREDERICO MARQUES e BORGES DA ROSA não admitem, por exemplo, que o promotor possa pedir a absolvição do réu no plenário, tendo em vista que a norma processual penal preceitua que o acusador *lerá o libelo* [peça existente antes da reforma] e *produzirá a acusação*, implicando num comando legal, não passível de afastamento. De outra parte, se, à época da pronúncia, pediu a acusação a pronúncia, não pode o promotor *desistir* da palavra, pedindo a absolvição (FREDERICO MARQUES, *A instituição do júri*, p. 186). Tal posição foi contraposta por ROBERTO LYRA, afirmando que seria pura má-fé, perseguição e arbítrio pretender a condenação de alguém contra a verdade e contra as provas. Ao defender a sociedade, busca o acusador realizar justiça (*Teoria e prática da promotoria pública*, p. 97).

Parece-nos, no entanto, poder o membro do Ministério Público pedir a absolvição, ainda que, anteriormente, outro promotor tenha insistido, em alegações finais, na culpa do réu. Trata-se da independência funcional. Mas o correto é mostrar aos jurados a prova existente, explanando a razão pela qual o processo chegou àquele ponto e o porquê foram eles intimados a comparecer à sessão e escolhidos para julgar o caso. Não estão no Conselho de Sentença à toa, para ouvir, em poucos minutos, um pedido de absolvição, como se o órgão acusatório fosse o verdadeiro juiz da causa.

Exposta a prova e justificados os fundamentos do processo ter atingido a fase de julgamento em plenário, cuida-se de alternativa ao órgão do Ministério Público explicar aos jurados a sua visão do caso, pedindo, se o caso, a absolvição. O que se nos afigura insustentável é o pedido de improcedência da ação ser apresentado como *fato consumado*, sem qualquer respeito aos jurados, pois nem mesmo se apresentaria o contexto probatório ao Conselho de Sentença.

O juiz presidente tem o dever constitucional de zelar pela soberania e competência do Tribunal do Júri e pela plenitude defesa do réu.

4.5.4.4 Réu ou sociedade indefesa

Não vemos nenhum óbice à declaração de estar o réu indefeso, caso haja *acordo* indevido entre as partes, em particular quando a condenação é o objeto do pacto. Assim acontecendo, quando a defesa concordar com a acusação quanto à procedência da ação, pode (e deve) o juiz encerrar a sessão, considerando indefeso o acusado e registrando o ocorrido em ata.

Após, terá o réu prazo para constituir outro defensor e, se não o fizer, ser-lhe-á nomeado um defensor dativo ou indicado um defensor público. Oficia-se à Ordem dos Advogados do Brasil para a tomada das providências institucionais cabíveis.

A medida encontra respaldo constitucional (zelo pela plenitude de defesa) e legal (art. 497, V, CPP).

Idêntica posição adotará o magistrado caso se depare com outros fatores de deficiência da defesa: sustentação de tese incompatível com a prova existente; defesa de teses alternativas contraditórias; demonstração de ignorância das provas dos autos, dentre outros elementos.

Ponto fundamental a ser avaliado, no caso concreto, diz respeito ao tempo de manifestação da defesa e à abordagem dos principais elementos constantes dos autos. Exemplificando, extrai-se de julgamento pelo Tribunal do Júri uma acusação calcada em homicídio duplamente qualificado em concurso material com estupro, resultando em condenação a cinquenta anos de reclusão, aplicada as penas máximas para todos os delitos. A defesa manifestou-se, em plenário, primeiramente, por vinte e quatro minutos, enquanto a acusação expôs sua tese em duas horas e dois minutos (atualmente, o tempo é de uma hora e meia). Em seguida, na réplica, o órgão acusatório valeu-se de trinta e um minutos (era o tempo máximo, antes da reforma), enquanto a defesa utilizou seis minutos. Não bastasse, o réu admitiu a autoria em relação ao estupro, negando em relação aos outros dois delitos. A defesa técnica negou a autoria no tocante aos três crimes, não fazendo menção à manifestação do réu. O processo foi anulado pelo STF:

Supremo Tribunal Federal

- "Quando mais grave o crime, devem-se observar, com rigor, as franquias constitucionais e legais, viabilizando-se o direito de defesa em plenitude. (...)" (HC 85.969/SP, 1.ª T., j. 04.09.2007, v.u., rel. Marco Aurélio, embora antigo, é raro encontrar um julgado avaliando esse tema no STF).

Por outro lado, a declaração de estar a sociedade indefesa parece-nos igualmente viável. A ação penal pública é obrigatória e não deve depender da discricionariedade do Ministério Público. Aliás, se qualquer fator de discricionariedade pudesse ser exercitado já não teria sido oferecida a denúncia (ou teria sido pedida a impronúncia ou absolvição sumária). Atingindo a fase do plenário, cabe ao órgão acusatório zelar pela soberania do Tribunal Popular, expondo aos jurados a prova existente, independentemente da posição pessoal que o promotor possa adotar.

Se a acusação se manifestar em poucos minutos, pedindo a absolvição ou a condenação, de modo a deixar o Conselho de Sentença perplexo, pois nenhuma informação lhe foi passada, cabe ao juiz interferir. O sentido da expressão *estar a sociedade indefesa* é figurativo. Espelha o descaso do órgão acusatório em relação ao Tribunal do Júri e seus preceitos constitucionais (soberania dos vereditos e competência para apreciar crimes dolosos contra a vida).

O juiz presidente pode declarar a sociedade indefesa, dissolver o Conselho de Sentença e designar outra sessão de julgamento, inscrevendo o evento em ata. Oficiará ao Procurador-Geral de Justiça solicitando a designação de outro membro do Ministério Público para sustentar a acusação em plenário. Ou, no âmbito da instituição, o que não cabe ao Judiciário decidir, possa determinar o Procurador-Geral de Justiça que o mesmo promotor cumpra seu mister, promovendo a acusação na futura sessão designada.

Da mesma forma que se espera do juiz presidente a direção da sessão, conduzindo com imparcialidade as questões que lhe forem apresentadas, aguarda-se de cada uma das partes o fiel cumprimento à sua função legal e constitucional. Expor a prova aos jurados é obrigação do Ministério Público. Defender o réu, a todo custo, é a missão da defesa. Ambos devem agir com ética e respeito ao processo, independentemente de formarem suas próprias convicções e linhas de atuação.

Portanto, é possível ao promotor pedir o que bem entenda, desde que se manifeste, no seu tempo, expondo o contexto probatório ao Tribunal do Júri, pois ninguém pode fazê-lo em seu lugar. Aliás, somente poderia ser suprida a deficiência do órgão oficial se houvesse assistente de acusação. Na mesma linha, espera-se da defesa a atuação precisa para amparar o acusado. Pode, até mesmo, pedir a condenação, desde que uma alternativa inexista, ainda assim com alguma minorante ao réu (privilégio, diminuição de pena, desclassificação etc.). Não há sentido algum em pedir a defesa, ilustrando, a condenação por homicídio qualificado, nos exatos termos da denúncia e do libelo [peça existente antes da reforma]. Se assim ocorresse, seria a defesa técnica completamente inútil, algo que não se pode acolher de forma impassível.

4.5.4.5 Anterior leitura do libelo

Estabelecia o antigo art. 471 do CPP, como primeiro ato da abertura dos debates, pelo órgão acusatório, fosse feita a leitura do libelo e dos dispositivos da lei penal em que se achasse incurso o réu. O objeto era dar ciência ao Conselho de Sentença do alcance da imputação e de sua adequação às normas penais.

O libelo era feito de forma articulada, justamente para facilitar o seu entendimento e o seu alcance, podendo os jurados captar, de pronto, o que deveriam julgar no caso que lhes fosse apresentado.

Entretanto, sempre foi possível que o promotor, na ânsia de bem desenvolver o seu mister, olvidasse a leitura dessa peça, passando diretamente à sua manifestação. Por outro lado, era ainda razoável que, ao invés de promover uma leitura maçante e burocrática da peça, preferisse explicá-la de forma minuciosa, oralmente, aos jurados.

Enfim, de uma maneira ou de outra, já era jurisprudência consolidada pelos tribunais pátrios constituir a falta de leitura do libelo em plenário mera irregularidade, não sendo capaz de determinar a anulação do julgamento.

Com o advento da Lei 11.689/2008, encerrada a instrução, concedida a palavra ao Ministério Público, produzirá este órgão a acusação, *nos limites da pronúncia*, podendo sustentar, livremente, se for o caso, a existência de circunstâncias agravantes (art. 476, *caput*, CPP).

Por isso, abolido o libelo, passa a ser o espelho limitador da manifestação do acusador em plenário a própria decisão de pronúncia. Essa é a razão pela qual temos sustentado dever o juiz proferir a decisão referida em termos minuciosos, embora sem ingressar em qualquer avaliação de mérito.

4.5.4.6 O direito ao aparte

A dinâmica dos debates no plenário do Tribunal do Júri, onde se consagra o princípio processual da oralidade, demanda a possibilidade de ocorrência do aparte. Constitui este o direito que a parte possui de interromper o discurso da outra, durante sua manifestação, para, brevemente, expor algum ponto controverso ou prestar algum esclarecimento, no interesse maior do Conselho de Sentença.

Não havia, certamente, expressa previsão legal para tanto. Entretanto, admitia o art. 3.º do Código de Processo Penal a aplicação supletiva dos princípios gerais de direito. Ora, era inquestionável ter-se tornado o aparte, ao longo de vários anos, uma atividade comum no plenário do júri. Sagrou-se um direito, pois, pela força do costume e da tradição. Defendendo, igualmente, o aparte, por força da tradição: Marcelo Fortes Barbosa (A acusação no plenário do júri, p. 154), Badaró (*Direito processual penal*, t. II, p. 56-57).

Em contrário, sustentando que somente pode ser concedido caso a parte contrária o conceda: José Parada Neto (A defesa no plenário do júri, p. 177).

A Lei 11.689/2008 passa a admiti-lo como parte integrante dos debates, atribuindo ao juiz presidente o seu controle: "regulamentar, durante os debates, a intervenção de uma das partes, quando a outra estiver com a palavra, podendo conceder até 3 (três) minutos para cada aparte requerido, que serão acrescidos ao tempo desta última" (art. 497, XII, CPP).

O procedimento adequado para o uso do aparte, no entanto, sem se valer da intermediação do juiz presidente, é pleitear a concessão de breve espaço para manifestação à parte que está discursando em seu tempo regulamentar. Esta, por sua vez, pode conceder de imediato o período para a exposição de uma ideia ou esclarecimento de um ponto, como também pode pedir que o interveniente aguarde mais um pouco, até que determinado plano expositivo seja concluído. Não haveria necessidade de nenhuma intervenção do juiz presidente.

Supondo-se haver cortesia e ética, as partes sempre entrariam em acordo quanto à utilização do aparte e, até mesmo, em relação ao seu não uso por qualquer delas.

Não se deve confundir o aparte com o denominado *discurso paralelo*, significando este a manifestação da parte contrária, sem autorização de quem está discursando, provocando a sobreposição de falas e, consequentemente, a ininteligência por parte dos jurados a respeito do que se passa e das ideias desenvolvidas. Cabe, nesta hipótese, a interferência do juiz presidente, coibindo o discurso não autorizado e causador de confusão. A parte advertida pelo magistrado deve calar-se, aguardando o seu tempo para manifestação regular ou esperando que o aparte seja concedido por quem está discursando. Quando a acusação ou a defesa deixa de respeitar o alerta do juiz para que não conturbe a sessão, ingressa-se no cenário da ilegalidade, pois cabe ao magistrado *regular os debates* (art. 497, III e XII, CPP).

Invadindo-se a seara da ilegalidade, convém, em caso de insistência, ao juiz presidente interromper a sessão, registrando o evento em ata. Se, reunindo-se com as partes, não houver acordo, em relação à ordem dos trabalhos, uma alternativa inexiste senão a dissolução do Conselho de Sentença e a designação de outra data para o julgamento. Nesse caso, no entanto, a parte que conturbou, de maneira definitiva, a sessão, deve ser afastada. Cuidando-se do defensor, pode o magistrado declarar o réu indefeso, concedendo-lhe prazo para escolha de outro advogado, ou, quando for a hipótese, nomeando-se ou indicando-se defensor diverso. Tratando-se de membro do Ministério Público, oficia-se ao Procurador-Geral de Justiça para que designe outro membro da instituição.

Por outro lado, a interrupção momentânea da sessão pode servir, também, ao juiz presidente para esclarecer aos jurados como funciona o correto uso do direito ao aparte, de modo que o Conselho de Sentença saiba, precisamente, qual das partes está conturbando, ilegalmente, os trabalhos.

Tendo em vista que o direito ao aparte passou a ser previsto em lei, o tempo para a sua utilização será de no máximo três minutos, sempre advinda a sua fixação do bom senso e da tradição. Lembremos que esse tempo será acrescido à parte contrária.

Cuida-se de breve espaço, voltado à explicação de algum ponto controverso ou ao pedido de esclarecimento de qualquer dúvida ou contradição. O exagero na utilização do aparte, sem que haja concordância de quem o concedeu, deve ser considerado *usurpação do tempo regulamentar*, devendo o magistrado descontar o espaço tomado, permitindo que a parte prejudicada manifeste-se além do tempo regulamentar.

Quando as partes têm bons propósitos e agem de modo ético jamais o aparte se torna um dilema. A rápida intervenção de um, permitida por quem se manifesta, é absorvida pelos debates, somente constituindo positivo cenário ao convencimento dos jurados.

Em caso de discordância sistemática em conceder o aparte solicitado, aquele que o requereu pode dirigir-se ao magistrado presidente. Este, por sua vez, considerando o aparte um direito, pode interferir, possibilitando a rápida intervenção de quem pleiteia (até três minutos). Aquele que se julgar prejudicado – seja pela concessão do aparte pelo juiz, em momento inadequado, ou pela negativa deste em deferi-lo, bem como pelo excesso de tempo concedido – pode solicitar o registro em ata, com o fito de, posteriormente, arguir a nulidade do julgamento, somente se houver prejuízo manifesto.

4.5.4.7 Réplica e tréplica

O acusador *poderá* replicar, em uma hora, e a defesa treplicar, em igual tempo (art. 477, *caput*, CPP). Havendo mais de um réu, o tempo é computado em dobro (art. 477, § 2.º, CPP).

A lógica dos debates impõe a conclusão de ser a réplica um direito exclusivo da acusação, que, se utilizado, acarreta o direito natural à tréplica, em homenagem ao contraditório e à ampla defesa.

Se o promotor não se valer do tempo para a réplica, não pode a defesa exigir que o faça, nem tampouco utilizar o momento da tréplica. A manifestação da acusação possui um período obrigatório e outro, facultativo. A primeira parte (uma hora e meia, como regra) destina-se à sustentação da acusação, expondo a prova e apresentando a tese cabível. A segunda parte (uma hora e meia, também como regra) tem por objetivo a apresentação da versão defensiva.

Encerrados os debates obrigatórios, resta ao órgão acusatório dar-se por satisfeito, passando-se, então, à fase de conclusão do julgamento, ou solicitar o direito à réplica (contrapor com argumentos ou contestar determinada versão) para renovar a tese esboçada na sua primeira exposição, com o fim de esmiuçar o alegado, afastando determinadas dúvidas porventura plantadas pela linha defensiva. Assim ocorrendo, torna-se evidente dever a defesa valer-se da tréplica (resposta dada a uma réplica) para, novamente, sustentar o anteriormente alegado, buscando convencer os jurados do acerto da sua posição.

Nenhum sentido nos parece ter a consulta formulada ao promotor se pretende utilizar o direito à réplica, para, negado este, propor-se a tréplica à defesa, que, em verdade, acabou de se manifestar. Como se pode *treplicar* a si mesma? Logo, não há direito de defesa calcado em duas horas e meia de exposição (uma hora e meia + uma hora de tréplica). O que existe é o direito à réplica, para aclarar pontos levantados em plenário pelo defensor. Em seguida, atento ao contraditório e à ampla defesa, concede-se o direito à resposta aos argumentos expostos pela acusação. Finaliza-se, pois, o cenário dos debates.

Por outro lado, deve o órgão acusatório, ao ser consultado sobre o direito à réplica, simplesmente negá-lo, quando, obviamente, não for utilizá-lo. Não lhe cabe tecer qualquer comentário. Se o fizer, permite a abertura do tempo completo (uma hora) para o defensor usar a tréplica.

Há que se ressaltar, entretanto, ser o direito à réplica pertencente ao *acusador*, seja ele do Ministério Público, seja particular. Por isso, existindo assistente, deve ele ser consultado sobre a intenção de se valer da réplica, ainda que o promotor tenha declinado do direito.

Menciona a lei (art. 476, § 4.º, CPP) poder o acusador replicar e a defesa treplicar, sendo admissível a *reinquirição de testemunha já ouvida em plenário*. Parece-nos lógico que elas sejam novamente ouvidas *dentro do tempo* da parte que requereu a sua reinquirição, que, nesta situação, não pode ser indeferida pelo juiz presidente, sob pena de cerceamento da acusação ou da defesa, conforme o caso. Não fosse assim, a parte poderia abusar, aumentando consideravelmente o seu tempo de manifestação. Além de uma hora para a réplica, poderia o promotor, por exemplo, ouvir, novamente, a principal testemunha de acusação, o que iria relembrar aos jurados fatos relevantes. O mesmo poderia fazer a defesa, no tocante à sua testemunha. O julgamento seria estendido indevidamente e por prazo indeterminado. Assim, se a parte desejar reinquirir alguém, deve fazê-lo dentro do seu tempo para a réplica ou tréplica.

Superior Tribunal de Justiça

- "5.1. A dispensa ao direito de réplica pela acusação que justifica sucintamente dizendo-se confiante não configura o uso do direito de réplica, porque prazo para réplica não lhe é aberto, nada é acrescentado de relevante, argumentos de defesa não são rechaçados e nem se pode presumir que tenha sido suficiente para imbuir sentimento de condenação nos jurados" (AgInt no AREsp 971.119/SP, 5.ª T., rel. Joel Ilan Paciornik, 02.08.2018, v.u.).

4.5.4.8 Inovação da tese defensiva na tréplica

Temos sustentado, em vários de nossos escritos, ser perfeitamente admissível a inovação da tese de defesa por ocasião da tréplica. Há várias razões a suportar essa posição.

Em primeiro lugar, deve-se ressaltar o princípio constitucional da plenitude de defesa. O acusado deve ter a mais adequada defesa possível, incluindo, por óbvio, a arguição de qualquer tese, sempre que a lei assegurar o direito de manifestação do defensor. Não haveria nenhum sentido em se omitir argumentos próprios à absolvição ou à atenuação da pena somente porque foram levantados durante a final exposição da defesa.

A principal objeção à inovação da tese concentra-se na potencial ofensa ao contraditório, pois o órgão acusatório não poderia novamente se manifestar. Ora, demanda ressaltar que uma das partes há de falar por último, pois seria infindável o julgamento quando se buscasse ouvir, sempre, a cada nova interpretação do mesmo fato, a parte contrária. Por ser mais lógico e adequado à plenitude de defesa, é natural que o defensor seja o último a se manifestar.

Outro relevante ponto consiste em melhor analisar o conteúdo do princípio do contraditório, que se destina a garantir à parte contrária uma manifestação segura acerca de alguma *prova nova* apresentada ou sobre alguma alegação, expondo *fato novo*, passível de alterar o rumo da causa. Não se destina à *imortalização* dos debates sobre teses jurídicas, interpretando-se a prova, de maneira interminável.

É o que se dá no procedimento comum, perante o juiz singular. As partes, finda a colheita da prova, expõem, em alegações finais, a sua versão sobre a necessidade de condenação ou absolvição do réu. Primeiramente, manifesta-se o órgão acusatório. Na sequência, abre-se vista à defesa. Após, é momento destinado ao magistrado para a sentença. Não se retorna o prazo à acusação para apresentar seu ponto de vista sobre o alegado na peça de defesa. Se assim ocorresse, haveria de, outra vez, falar o defensor. Inexistiria um fim, pois, indefinidamente, cada parte poderia levantar argumento jurídico novo, dando ensejo à pretensa aplicação do contraditório. O mesmo procedimento deve ocorrer no júri. As partes usam o tempo proporcionado pela lei para expor todas as teses possíveis, avaliando as provas existentes. Os jurados escolherão a que mais os convencer.

Soa ilógico dever calar-se a defesa, no momento da tréplica, quando lhe pode ocorrer argumentação jurídica diferenciada do anteriormente exposto, somente porque se há de preservar o *direito ao contraditório* da acusação. Aliás, a nova tese pode advir justamente do alegado pelo promotor na réplica.

Havendo a possibilidade real de se levantar uma tese inovadora – não fatos novos, nem prova nova – é de ser aceita a situação pelo juiz presidente, que providenciará a inclusão do quesito pertinente. Eventualmente, frise-se, a arguição de uma tese nova na tréplica, quando feita de má-fé, pode até prejudicar a defesa, pois demonstrará aos jurados a ausência de lógica e de nexo em sua atividade. Conforme a gravidade do que for feito pelo defensor, pode o juiz presidente considerar o réu indefeso (ex.: vem-se afirmando, desde o início, a legítima defesa; subitamente, na tréplica, o defensor, sem qualquer sustentação nas provas, passa a defender a negativa de autoria, tornando insustentável a possibilidade de êxito, merecendo a intervenção do magistrado).

Sob outro aspecto, nada impede, também, que o defensor, inovando na tréplica, permita ao órgão acusatório o aparte necessário às observações pertinentes sobre a nova tese. Relembremos ser o aparte um direito. Garante-se, com isso, a manifestação da acusação – que não há de ser extensa, uma vez que o tempo da própria tréplica é exíguo –, sem que se perca de vista o principal: garantir a plenitude de defesa.

Ademais, a atividade do órgão de acusação, mormente quando se trata do Promotor de Justiça, é empreender uma acusação imparcial, significando, pois, que não está atrelado o acusador a rebater cada argumento levantado pela defesa e, sim, a sustentar o teor do contido na pronúncia. Se o fizer com eficiência, expondo as provas aos jurados e pedindo a condenação, nada do que a defesa fale poderá afetar a visão do Conselho de Sentença a respeito do caso. Dessa forma, inócua seria a inovação na tréplica.

Posicionam-se favoravelmente à inovação da tese defensiva na tréplica os magistrados DIRCEU DE MELLO e CELSO LIMONGI. Pronuncia-se a respeito Celso Limongi:

Tribunal de Justiça do Estado de São Paulo

- "Não se pode dizer que a acusação fica prejudicada. Aliás, pelo contrário, conta o Dr. Promotor com várias vantagens sobre a defesa, uma das quais é poder não optar pela réplica, com o que a defesa poderá perder seus melhores e mais fortes argumentos, se, os deixar, como com frequência acontece, para a tréplica. De qualquer forma, não é a defesa que deve ser certa e determinada, mas, exatamente, a imputação, como, com propriedade, ensina JOSÉ FREDERICO MARQUES (*Elementos de direito processual penal*, v. II, p. 153). A defesa pode sempre apresentar a tese que bem entenda, seja nos processos de júri, seja nos que correrem perante o juiz singular e tem o direito de falar em último lugar. À acusação cabe prever os argumentos que o acusado pode apresentar, pois, afinal, se trata de questão técnica e não mero exercício de imaginação. Acresce que nenhum artigo existe no estatuto processual penal que proíba a apresentação de nova tese da defesa na tréplica, pelo que, com a vênia devida aos que entendem de outra forma, o MM. Juiz não poderia solicitar aos jurados que desconsiderassem a nova tese apresentada pelo Dr. Defensor, do que resulta a nulidade do processo" (Ap. 130.336-3/8/SP, 5.ª C., j. 09.12.1992, m.v., com declarações de vencedor e vencido, rel. Celso Limongi, embora antigo, muito relevante para o tema).

No mesmo acórdão, ensina Dirceu de Mello:

- "Entendo, com efeito, que falar por último (tréplica), com possibilidade, inclusive, de modificar linha de defesa até então seguida, é uma das poucas vantagens que se oferece ao réu nos julgamentos pelo júri (...). Assim, quantas vezes, ante a ausência de réplica do Promotor, fica o Defensor impedido de expor, aos jurados, argumentos que, pressuroso, teria reservado para a oportunidade da tréplica... Nesse quadro é que, de minha parte, sempre entendi possível, ao Defensor, alterar a linha da defesa na tréplica. E modo de evitar surpresa seria adiantar-se a acusação na réplica, alertando os jurados sobre o que, à undécima hora, representaria modificação de comportamento do patrono do réu. Afinal, por isso é que o julgamento pelo júri se desenvolve oralmente em sua fase decisiva, garantida às partes, amplamente, o direito de sustentar seus pontos de vista e, por antecipação ou não, rebater os contrários".

São contrários à inovação feita pela defesa Hermínio Alberto Marques Porto, Adriano Marrey, Tourinho Filho e Dante Busana. Igualmente, encontra-se a posição de Aramis Nassif: "Estou convencido de que a tese defensiva apresentada durante a tréplica fere não só o princípio do contraditório, como, também, um dos que dele derivam, qual seja, o da lealdade processual" (*O novo júri brasileiro*, p. 124).

Superior Tribunal de Justiça

- "A inovação de tese defensiva na fase de tréplica, no Tribunal do Júri, viola o princípio do contraditório, porquanto impossibilita a manifestação da parte contrária acerca da *quaestio*" (AgRg no REsp 1306838/AP, 6.ª T., rel. Sebastião Reis Júnior, 28.08.2012, v.u.).

Há de se destacar a decisão do Superior Tribunal de Justiça que, a despeito de infirmar a tese da inovação de conteúdo na tréplica, permite que o defensor se valha da menção ao quesito genérico de absolvição, mesmo que por clemência:

Superior Tribunal de Justiça

- "1. A inovação de conteúdo na tréplica viola o princípio do contraditório, pois, embora seja assegurada ao defensor a palavra por último – como expressão inexorável da ampla e plena defesa – tal faculdade, expressa no art. 477 do CPP, não pode implicar a possibilidade de inovação em momento que não mais permita ao titular da ação penal refutar seus argumentos. Tal entendimento, todavia, não se aplica à tese de clemência, uma vez que o quesito previsto no art. 483, III, do Código de Processo Penal é obrigatório, independentemente do sustentado em plenário, em razão da garantia constitucional da plenitude de defesa, cuja ausência de formulação acarreta nulidade absoluta. 2. Na hipótese, embora haja sido pugnada a absolvição genérica sem conteúdo na tréplica, não identifico a ocorrência de nenhum prejuízo à acusação, nem mesmo violação do contraditório. Isso porque não se pode aceitar haver sido o Ministério Público surpreendido pela defesa – razão de ser da norma processual inserta no art. 482, parágrafo único, do CPP –, especialmente porquanto, pela ata de julgamento, a defesa apenas sustentou a tese absolutória sem conteúdo, ou seja, aquela prevista obrigatoriamente em lei. 3. Recurso especial conhecido e não provido" (REsp 1.451.538/DF, 6.ª T., rel. Rogerio Schietti Cruz, 08.11.2018, v.u.).

4.5.4.8.1 Inovação da tese acusatória em plenário

A modificação do conteúdo da acusação, deixando de corresponder exatamente ao constante da pronúncia, significa cerceamento à defesa e acarreta falha insanável, gerando nulidade absoluta.

Embora os jurados tenham plena soberania para julgar o caso, a defesa não pode ser surpreendida pela alteração dos limites acusatórios. Aliás, é para isso que serve a decisão de pronúncia: estabelecer as fronteiras para a atuação do órgão acusatório.

É preciso considerar que o réu goza da garantia da *plenitude de defesa*, inexistindo, do lado oposto, a plenitude de acusação. Assim sendo, esta é sempre clara, nítida e previsível.

4.5.4.9 Pedido de esclarecimento das partes e dos jurados

Trata-se de providência perfeitamente viável, durante os debates, sem que implique quebra da incomunicabilidade, nem tampouco antecipação de julgamento (art. 480, *caput*, CPP).

O jurado tem o direito de se informar da melhor maneira possível, pois somente isso pode garantir a efetiva soberania da instituição. Desse modo, quando alguma das partes narrar fato ou indicar prova que gere dúvida no espírito do jurado – mormente àquele que recebeu cópias do processo e está acompanhando as manifestações por meio delas –, é natural pedir esclarecimento, a fim de verificar se a narrativa feita corresponde ao que está, realmente, constando dos autos.

O mesmo método poder ser adotado pela parte, solicitando à outra, que indique a peça do processo à qual faz referência.

A cautela obriga que o jurado peça a indicação da folha dos autos por intermédio do juiz presidente, a fim de evitar cenas constrangedoras de partes que, indagadas diretamente, de modo parcial, indicam dados errados ou mesmo começam um processo de convencimento incompatível com o esclarecimento puro e simples solicitado. Aliás, a dúvida de um jurado pode ser também de outros, de forma que a informação prestada poderá ser útil aos demais.

Nada impede, ainda, que o jurado deseje obter do juiz alguma informação relativa ao julgamento, não implicando em juízo de valor, nem análise de prova, relativa a questão de direito. Imagine-se o jurado, desejando saber se determinado artigo ou lei, citado pela parte, realmente existe, buscando ler o seu texto. Cabe ao magistrado prestar o esclarecimento e, sendo o caso, encaminhar ao jurado o Código Penal ou outra peça legal pertinente.

Tribunal de Justiça do Rio Grande do Sul

- "Preliminar de quebra do sigilo da votação dos jurados. Inocorrência. Não ocasiona quebra do sigilo do voto o questionamento realizado pelo jurado, por escrito, e lido apenas pela Juíza Presidente, pela defesa e pelo Ministério Público, sobre como responder a um quesito. Artigo 480 do Código de Processo Penal permite a realização de questionamentos e pedidos de esclarecimento pelos jurados. Inexistência de nulidade" (Apelação 70074309790, 3.ª Câmara Criminal, rel. Diogenes Vicente Hassan Ribeiro, 03.04.2019, v.u.).

4.5.5 Finalização em plenário

4.5.5.1 Fase de esclarecimento aos jurados

Encerrados os debates, deve o juiz presidente indagar dos jurados se estão preparados a julgar ou desejam qualquer outro esclarecimento (art. 480, § 1.º, CPP).

A finalização dos trabalhos, em plenário, espelha a derradeira oportunidade para inscrever em ata eventuais falhas ocorridas, sob pena de preclusão.

Superior Tribunal de Justiça

- "2. As nulidades ocorridas em plenário do Tribunal do Júri devem ser arguidas no momento em que acontecem, devendo ser registradas na ata de sessão de julgamento, sob pena de serem fulminadas pela preclusão, nos termos da previsão contida no art. 571,

inciso VIII, do CPP. No caso, ausente irresignação da Defesa na ata de julgamento, não há como se reconhecer o suposto vício no questionário" (REsp 1.449.981/AL, 6.ª T., rel. Laurita Vaz, 12.11.2019, v.u.).

Os jurados devem responder singelamente "sim", quando se sentirem habilitados a realizar o julgamento. Almejando maiores informes, podem expor ao magistrado qual é a fonte da dúvida – de direito ou de fato. Aliás, basta que um jurado manifeste hesitação e o juiz deve procurar solucionar o impasse.

A incerteza pode basear-se em questões de direito ou de fato. Quanto às matérias jurídicas, é evidente poder o magistrado esclarecer diretamente, sem necessidade de adiar a sessão, dissolver o Conselho de Sentença ou valer-se de terceiros. Ilustrando, o leigo pode ter interesse em saber se determinando preceito legal, citado nos debates, existe realmente ou não. Em qualquer situação, quando o jurado expuser sua dúvida, é essencial que não deixe transparecer qual é o seu convencimento, nem o magistrado deve responder expressando sua posição pessoal acerca do caso em julgamento.

Em relação à matéria de fato, dispõe o art. 480, § 2.º, do CPP, poder o juiz prestar o informe de maneira direta à vista dos autos. *Questão de fato* é a que se refere à matéria probatória, debatida em plenário. Assim, pode o jurado desejar saber do juiz, por exemplo, se determinada testemunha realmente disse que o réu foi visto no lugar do crime com a arma na mão. A dúvida pode ter-se mantido na mente do juiz leigo, justamente porque uma das partes sustentou que sim, enquanto a outra defendeu que não. O magistrado, à vista dos autos, pode ler o trecho do depoimento da testemunha ao jurado ou mandar que o escrivão desse modo proceda.

A intervenção das partes pode ocorrer, desde que o juiz presidente mantenha a ordem dos trabalhos, não permitindo a reabertura dos debates. Nada impede que o jurado deseje relembrar, por exemplo, qual foi a tese sustentada pela acusação ou pela defesa, bem como qual foi o sentido de determinada frase pronunciada pelo acusador ou pelo defensor. Nessa situação, o juiz convidará a parte a esclarecer, diretamente, ao jurado o que pretendeu dizer ou sustentar. Sendo um informe breve, mormente quando feito com a expressa concordância da parte contrária, enriquece os dados coletados pelo Conselho de Sentença para formar o seu convencimento.

Nessa fase, os jurados terão acesso aos autos e aos instrumentos do crime (art. 480, § 3.º, CPP).

Outra possibilidade é o levantamento de dúvida intransponível. Nessa situação, deve o juiz presidente dissolver o Conselho de Sentença, designar outra data para o julgamento e buscar solucionar a incerteza (art. 481, *caput*, CPP).

Como regra, a dúvida considerada insuperável precisa calcar-se em questão de fato, pois não haveria sentido em impasse de ordem jurídica. Aliás, se este existisse, de nada adiantaria designar outra sessão, pois inviável a solução. Exemplo disso seria o jurado acreditar injusta a tese da acusação ou da defesa, quando fundada em lei. Ora, marcar outra data para o julgamento, por conta disso, seria completamente inútil. Em verdade, se tal situação ocorresse somente demonstraria a inaptidão do jurado para tomar parte do Tribunal do Júri.

A questão de fato, entretanto, pode fundar-se em elemento probatório, o que, por si só, permite a continuidade da instrução. Imagine-se que o jurado manifeste incerteza quanto ao conteúdo do depoimento de determinada testemunha, desejando ouvir outra pessoa referida nos autos, mas que não compareceu em plenário. Torna-se impossível concluir o julgamento. A testemunha referida necessita ser ouvida e, para tanto, somente se viabilizaria a colheita do depoimento em sessão futura. É o disposto pelo art. 481, *caput*, do CPP.

Vale ressaltar que o julgamento a ser designado não contará com o mesmo Conselho de Sentença, de modo que a testemunha referida será ouvida por jurados diversos. Ainda assim, deve-se compreender que a dúvida pertenceu ao corpo de jurados e não a uma ou outra pessoa, individualmente considerada.

Cuidando-se de prova pericial, o juiz, após dissolver o Conselho de Sentença, nomeará perito e formulará quesitos, facultando o mesmo às partes, além de indicação de assistentes técnicos, em cinco dias (art. 481, parágrafo único, CPP).

O juiz presidente, entendendo ser a incerteza manifestada pelo jurado inconsistente, poderá buscar solução para o impasse, sem haver a necessidade de dissolução do Conselho, com a consequente redesignação do julgamento. Não é caso de forçar o jurado a julgar, mas de explicar qual a utilidade da diligência demandada. Por vezes, aquele que expressou hesitação pode dar-se por convencido e decidir empreender o julgamento.

A negativa do magistrado em realizar a prova solicitada ou qualquer atitude obrigando o jurado a proferir o veredito, contra a sua natural vontade, enseja nulidade. Nesse ponto, portanto, é fundamental o registro em ata da ocorrência, devendo qualquer das partes agir para fomentar o protesto.

Superior Tribunal de Justiça

- "1. O deferimento de diligências é ato que se inclui na esfera de discricionariedade regrada do Magistrado processante, que poderá indeferi-las de forma fundamentada, quando as julgar protelatórias ou desnecessárias e sem pertinência com a instrução do processo, não caracterizando, tal ato, cerceamento de defesa (precedentes do col. STF e do STJ) (RHC 64.595/SP, Rel. Ministro Felix Fischer, Quinta Turma, *DJe* 30/05/2016). 1.1. No caso concreto, a diligência que acarretou a dissolução do Conselho nos termos do art. 481 do CPP foi a necessidade de oitiva de determinada testemunha para esclarecimento de fato. Diante de tentativa frustrada de realização da diligência, o magistrado entendeu por sua prescindibilidade e autorizou nova sessão de julgamento, ante as demais provas sobre o fato e a alteração da composição do Conselho de Sentença que não estava impedido de suscitar novamente a aplicação do art. 481 do CPP" (AgRg no AREsp 1.193.160/MG, 5.ª Turma, rel. Joel Ilan Paciornik, 09.10.2018, v.u.).

4.5.5.2 Exposição, explicação dos quesitos e alegação de nulidade

Segundo a lei (art. 484, CPP), a leitura dos quesitos e a explicação do significado legal de cada um (consequência do seu reconhecimento ou de sua negativa para a solução do caso) deve ser feita, pelo juiz presidente, em plenário, na presença de todos (partes, jurados, plateia). Na prática, no entanto, o magistrado termina por explicar aos jurados o conteúdo do questionário em sala especial, quando já se encontram todos reunidos para o julgamento. Nesse momento processual, longe das vistas do público, o corpo de jurados fica mais à vontade para solicitar esclarecimentos e consultar os autos, o que, aliás, é direito do Conselho de Sentença. Não há prejuízo se assim for feito, logo, constituiria mera irregularidade, inviável para a anulação da sessão.

Cremos, no entanto, deva o magistrado fazer a leitura dos quesitos em plenário, à vista do público, que ficará esclarecido sobre o método de julgamento, bem como pelo fato de poder qualquer das partes fazer reclamações, resolvidas, então, de plano. Prestigia-se o princípio constitucional da publicidade.

Em qualquer hipótese, entretanto, não cabe ao juiz presidente explicar aos jurados, minuciosamente, as teses expostas, as consequências da condenação ou da absolvição e a quantidade de penas a que fica sujeito o réu, pois tudo pode servir de influência para a formação da convicção do juiz leigo. Exemplificando, se o magistrado disser que a votação afirmativa a determinado quesito levará o acusado a uma condenação de, pelo menos, 12 anos de reclusão, pode terminar pressionando o Conselho de Sentença a negar a indagação. Às partes incumbe esclarecer aos jurados, com detalhes, o sentido da votação, as consequências, as penas, dentre outros fatores. O juiz presidente fica encarregado de demonstrar aos jurados como se desenvolve o julgamento, quais quesitos representam a tese da acusação e quais deles dizem respeito à da defesa. Pode, portanto, a cada quesito que for votado, esclarecer que o voto "sim" condena e o "não" absolve, ou vice-versa. Cabe-lhe, ainda, alertar aos jurados o que cada parte solicitou: "a acusação pede que respondam 'sim'; a defesa pede o 'não'".

O momento processual adequado para questionar a forma, a ordem, o modo e o conteúdo das indagações redigidas pelo magistrado é logo após a sua leitura e explicação em plenário. Do contrário, silenciando, haverá preclusão, não mais podendo alegar qualquer nulidade a parte que deixou transcorrer sem qualquer protesto esse instante.

Supremo Tribunal Federal

- "O momento oportuno para a insurgência contra nulidades a respeito dos quesitos formulados no tribunal do júri deve ser em plenário, logo depois de ocorrerem, sob pena de preclusão. Leitura do art. 571, VIII, do CPP ('Art. 571. As nulidades deverão ser arguidas: (...) VIII – as do julgamento em plenário, em audiência ou em sessão do tribunal, logo depois de ocorrerem'). Precedentes: HC 105.391/SC, rel. Min. Cármen Lúcia, 1.ª T., j. 01.03.2011; RHC 99.787/RJ, rel. Min. Dias Toffoli, 1.ª T., j. 14.09.2010; HC 97.064/RS, rel. Min. Joaquim Barbosa, 2.ª T., j. 07.12.2010; HC 96.469/RJ, rel. Min. Ayres Britto, 1.ª T., j. 09.06.2009" (HC 104776/MG, 1.ª T., rel. Luiz Fux, j. 02.08.2011, v.u.).

Superior Tribunal de Justiça

- "1. Segundo o art. 484, parágrafo único, do CPP, ainda em plenário, o juiz-presidente explicará aos jurados o significado de cada quesito. No presente caso, a Juíza explicou aos jurados que, segundo entendimento do STJ, é preciso apenas a participação do menor para configurar o crime de corrupção de menores. Ora, não há que se falar em nulidade processual em razão do suposto excesso de atuação dos atos da magistrada que presidiu a sessão de julgamento, uma vez que esta apenas explicou o significado do quesito relacionado à materialidade do crime de corrupção de menores, posto em julgamento aos jurados, facilitando, com isso, a votação" (AgRg no AREsp 1423025/AL, 5.ª T., rel. Reynaldo Soares da Fonseca, 04.08.2020, v.u.).
- "3. Segundo a dicção do art. 484 do Código de Processo Penal, após formular os quesitos o juiz-presidente os lerá, indagando às partes se têm qualquer objeção a fazer, o que deverá constar obrigatoriamente em ata. E, nos termos do art. 571, VIII, do diploma alhures mencionado, as nulidades deverão ser arguidas, no caso de julgamento em plenário, tão logo ocorram" (AgRg no HC 123.330/RS, 6.ª T., rel. Antonio Saldanha Palheiro, 26.11.2019, v.u.).
- "1. Comprovado por outros meios que, na sessão do júri, a magistrada questionou as partes se tinham requerimentos ou reclamações a fazer, conforme dispõe o art. 484 do CPP, não há falar em nulidade do julgamento" (AgInt no HC 422.707/MT, 6.ª Turma, rel. Nefi Cordeiro, 26.02.2019, v.u.).

É evidente que a nulidade absoluta, uma vez instalada, poderá ser questionada a qualquer momento, ainda que não tenha havido protesto por ocasião da leitura. Saliente-se, no entanto, que a grande maioria dos problemas envolvendo a redação dos quesitos abrange nulidade relativa, dependente da prova do prejuízo. Por isso, se a parte não concordar com alguma falha do magistrado deve insurgir-se tão logo seja indagada se concorda com o questionário. Esse também é o instante para aventar a não inclusão de tese levantada durante os debates em plenário.

Por outro lado, não está o magistrado obrigado a atender ao requerimento formulado pela parte insurreta, pois pode considerá-lo, dentro do seu prudente arbítrio, incorreto ou inútil. Ainda assim, deve fazer constar a ocorrência da ata do julgamento, para que, havendo recurso, possa o Tribunal analisar a pertinência do protesto tempestivamente realizado.

Outros requerimentos, além das questões relativas aos quesitos, podem ser formulados pela parte ao juiz. Este, por sua vez, buscará solucionar de imediato o pleito. Se a acusação ou defesa requerer a produção de prova ou a realização de diligência, salvo situações excepcionais, deve o magistrado indeferir o pedido.

Terminada a leitura dos quesitos e realizada a explicação necessária, bem como atendido os eventuais reclamos das partes, o juiz presidente anunciará que o julgamento será realizado em sala especial ou, na falta desta, solicitará aos presentes (réu e plateia) que deixem o recinto (art. 485, § 1.º, CPP).

O esvaziamento da sala ocorre pelo fato de dever a votação ser sigilosa, em lugar separado de onde se encontra o público, como garante o art. 5.º, XXXVIII, *b*, da Constituição Federal. Podem permanecer o órgão acusatório (Ministério Público ou querelante, por seu advogado), o defensor, o assistente da acusação, se houver, e os funcionários da justiça. O magistrado, conduzindo a votação, proporcionará, desse modo, ambiente tranquilo e sereno aos jurados.

Durante a votação, "o juiz advertirá as partes de que não será permitida qualquer intervenção que possa perturbar a livre manifestação do Conselho e fará retirar da sala quem se portar inconvenientemente" (art. 485, § 2.º, CPP).

Superior Tribunal de Justiça

- "1. Nos termos do antigo art. 481 [atual, 485, § 2.º] do Código de Processo Penal, a manifestação das partes durante a votação dos quesitos, demonstrando aos jurados aquiescência ou discordância, conforme os votos forem proferidos, deve ser coibida. Todavia, eventualmente, pode a parte pedir a palavra para expressar algum protesto ou formular requerimento, o que não pode ser considerado, sempre, um ato de perturbação. 2. No caso, rejeitou o magistrado a tese de perturbação do andamento da votação ao argumento de que a manifestação ministerial não afetara a livre manifestação dos jurados. Para se chegar à conclusão diversa seria necessário o reexame dos elementos fático-probatórios dos autos, o que é vedado em tema de *habeas corpus*. 3. Não tendo o impetrante logrado demonstrar o prejuízo causado à defesa do paciente, inviável a pretensão de anulação do julgamento, em observância ao quanto estabelecido no art. 563 do Código de Processo Penal. Precedentes. 4. Ordem denegada" (HC 119781 AC 2008/0243677-8, 6.ª T., rel. Maria Thereza de Assis Moura, *DJ* 01.09.2011).

Capítulo 5
QUESTIONÁRIO

5.1 Conceitos de questionário e quesito

O questionário é a peça elaborada pelo juiz presidente, contendo os quesitos, correspondentes às questões de fato e de direito expostas pelas partes em plenário, além de dizer respeito ao conteúdo da pronúncia, destinados aos jurados para a realização do julgamento em sala especial. Nas palavras de Hermínio Alberto Marques Porto, "o questionário é uma peça que contém um conjunto de perguntas – os quesitos – dirigidas aos sete jurados que integram o Conselho de Sentença (Código de Processo Penal, art. 457) [atual art. 467, CPP], destinadas à coleta da decisão sobre a imputação, classificadamente posta pela decisão de pronúncia (art. 408, § 1.º [atual art. 413, § 1.º, CPP]) com consequente articulação pelo libelo (art. 417) [hoje, não mais existente], e sobre teses em Plenário que tenham sido postuladas pela defesa técnica" (*Julgamento pelo Tribunal do Júri – Questionário,* p. 198).

O quesito é uma indagação objetiva, espelhando uma questão de fato, embora possa conter aspecto jurídico, destinada aos jurados, durante a votação, para atingir o veredito, a ser respondida de maneira sintética, na forma afirmativa ou negativa (art. 482, parágrafo único, CPP). A manifestação do Conselho de Sentença, em relação a cada um dos quesitos apresentados, envolve, certamente, a emissão de uma opinião ou de um juízo de valoração.

Convém, desde logo, mencionar o texto do art. 482, parágrafo único, do Código de Processo Penal: "os quesitos serão redigidos em proposições afirmativas, simples e distintas, de modo que cada um deles possa ser respondido com suficiente clareza e necessária precisão. Na sua elaboração, o presidente levará em conta os termos da pronúncia ou das decisões posteriores que julgaram admissível a acusação, do interrogatório e das alegações das partes". Não é tarefa fácil elaborar quesitos, devendo o juiz presidente ter atenção suficiente, durante os debates, para captar as teses expostas, bem como durante o interrogatório, com o fim de buscar o conteúdo da autodefesa.

Superior Tribunal de Justiça

- "3. O recorrente aponta, em um primeiro momento, ofensa ao art. 482, *caput* e parágrafo único, do CPP, em virtude da redação dos quesitos relativos às qualificadoras. No que concerne ao quesito referente ao feminicídio, afirma que não poderia constar referência à Lei 11.340/2006 e que deveria ter sido mantido o termo 'extraconjugal'. Contudo, a supressão do número da lei e a inclusão do termo 'extraconjungal' não alteraria em nada a compreensão do quesito, o qual, ademais, guarda estreita observância com os termos da denúncia e da pronúncia. 4. No que concerne ao quesito referente ao recurso que dificultou a defesa da vítima, o recorrente afirma que sua redação gerou confusão e perplexidade nos jurados, uma vez que a menção à 'exigência do réu' não está de acordo com o acórdão que confirmou a pronúncia e que o uso das palavras 'réu' e 'acusado' dificulta a defesa do réu. A Corte local assentou que 'a redação do quesito é uma perfeita correspondência ao que está descrito na denúncia, cuja narrativa não foi modificada em sede de pronúncia e decisão confirmatória'. Ademais, quanto à utilização das palavras 'réu' e 'acusado', tem-se manifesta a irrelevância da argumentação trazida, haja vista se tratarem de palavras sinônimas. 5. Como é cediço, 'apenas pode-se considerar nulo o julgamento realizado pelo Tribunal do Júri quando os quesitos forem apresentados com má redação ou, ainda, com redação complexa, a ponto de dificultar o entendimento dos jurados, o que não restou comprovado no presente caso' (HC 53.512/MG, rel. Ministro Nefi Cordeiro, 6.ª T., j. 19.03.2015, *DJe* 27.03.2015). 6. No que diz respeito ao quesito da qualificadora do meio cruel, por ausência de 'descrição de como teria sido essa asfixia mecânica', verifico que o Tribunal de origem assentou se tratar de alegação preclusa, porquanto não foi oportunamente impugnado. Ademais, consignou que 'a redação do quesito está em perfeita consonância com a denúncia e a pronúncia'. Nesse contexto, conforme jurisprudência desta Corte, tem-se que 'a impugnação à formulação dos quesitos deve ocorrer no julgamento em Plenário, sob pena de preclusão, nos termos do art. 571, inciso VIII, do Código de Processo Penal, ressalvadas as nulidades absolutas, não configuradas na hipótese. Precedentes da Suprema Corte e deste Tribunal' (HC 507.207/DF, rel. Ministra Laurita Vaz, 6.ª T., julgado em 19.05.2020, *DJe* 12.06.2020)" (AgRg no AREsp 1631652/RS, 5.ª T., rel. Reynaldo Soares da Fonseca, 18.05.2021, v.u.).

- "8. Não gera nulidade o fato de o quesito indagar se o agente concorreu de qualquer modo para a consumação do crime, sendo indiferente o veículo no qual se encontrava a vítima, já que todos os envolvidos, em ambos os carros, dirigiram-se ao local do crime, tendo em vista que o que é relevante para a definição de sua responsabilidade penal é o ter concorrido para o crime, pouco importando a natureza dessa participação tratando-se, repita-se, de mera irregularidade" (HC 628.708/GO, 5.ª T., rel. Ribeiro Dantas, 23.03.2021, v.u.).

No Brasil, o legislador brasileiro seguiu o modelo francês de júri, embora a origem moderna da instituição tenha ocorrido na Inglaterra, como já visto, razão pela qual não se indaga dos jurados simplesmente se o réu é *culpado* ou *inocente*. Entretanto, a reforma do Tribunal do Júri, ocorrida em 2008, aproximou o modelo de votação do sistema norte-americano, consubstanciado no veredito único em relação à culpa ou inocência. Em nosso sistema legislativo, há um quesito indagando se o réu deve ser absolvido ou condenado.

Porém, continua-se atribuindo ao Conselho de Sentença a tarefa de apreciar fatos, e não matéria pura de direito. Por isso, considera-se o jurado um *juiz do fato*, enquanto o presidente da sessão de julgamento é o *juiz do direito*. Sem dúvida, existem críticas razoáveis a essa posição, demonstrando FREDERICO MARQUES que todo juízo realizado pelos jurados não se desvincula jamais do direito, pois ao afirmar, por exemplo, que o réu, em determinado dia, local e hora, desferiu tiros na vítima, causando-lhe lesões corporais (normalmente, é o conteúdo dos primeiros quesitos nos questionários relativos a homicídio), está o Conselho de Sentença, em última análise, procedendo a uma verificação de tipicidade (*A instituição do júri*, p. 11 e 33).

Realmente, esse entendimento é parcialmente correto. Porém, há de se destacar estarem os jurados respondendo sobre fatos, terminando por refletir, de modo indireto, teses jurídicas. Afirmar ter o réu desferido tiros no ofendido é bem diferente de afirmar que ele cometeu homicídio. Essa conclusão será extraída pelo conjunto das respostas dadas aos quesitos, particularmente aos primeiros, isto é, exige-se seja afirmado ter a vítima sofrido lesões e ser o acusado o responsável, causando-lhe a morte.

O mesmo se verifica quando algumas teses defensivas são votadas. Não se indaga do Conselho de Sentença, por exemplo, se o réu merece uma diminuição de pena, mas se agiu sob o domínio de violenta emoção logo após provocação injusta da vítima. É natural que as respostas dadas a tais quesitos levarão o juiz a concluir pela existência ou inexistência da causa de diminuição de pena, não obstante sejam essas perguntas *fatos* e não *teses*.

Ambos os sistemas têm suas vantagens e desvantagens. Enquanto o sistema anglo-americano preceitua deverem os jurados, reunidos em sala secreta, deliberar se o réu é culpado ou inocente, conversando entre si e deixando a aplicação da pena, quando for o caso, inteiramente ao critério do magistrado, o sistema brasileiro, originário do francês, torna o questionário uma verdadeira peregrinação em busca da solução jurídica para o caso oferecido a julgamento. Por vezes, o Conselho de Sentença votará inúmeros quesitos até chegar a uma solução. É verdade que, com a edição da Lei 11.689/2008, atenuou-se a via-crúcis para atingir o veredito, mas não está totalmente eliminada a votação em vários questionamentos.

A vantagem do sistema anglo-americano é facilitar o trabalho dos jurados para a busca do veredito, tendo em vista não terem eles que responder a um questionário extenso, contendo perguntas, muitas vezes, ininteligíveis ao leigo. Levando-se em conta serem as decisões tomadas em absoluto sigilo e sem qualquer fundamentação, desnecessário seria transformar a aceitação ou recusa das teses das partes em questões destacadas e minuciosas. Por outro lado, o benefício do sistema adotado no Brasil é permitir às partes envolvidas uma visão mais apurada do modo e das razões pelas quais o Conselho de Sentença resolveu condenar ou absolver o réu. Logicamente, torna-se mais fácil recorrer contra um veredito que, em detalhes, demonstra qual foi exatamente o ponto aceito ou não aceito pelo júri, do que contra uma decisão que se limita a dizer unicamente ser o réu culpado ou inocente.

5.2 A redação, a ordem dos quesitos e as consequências da votação

5.2.1 Fato principal

O primeiro quesito a ser elaborado e dirigido ao Conselho de Sentença deve relacionar-se ao *fato principal*, porém no aspecto concernente à materialidade (art. 483, I, CPP). Entende-se por fato principal a tipicidade correspondente ao delito doloso contra a vida, justamente a infração penal que atrai a competência do Tribunal do Júri. Logo, se vários forem os delitos imputados, em primeiro plano, indaga-se acerca da ocorrência do crime doloso contra a vida, seja ele qual for. Somente após, fixada a competência do Tribunal Popular, passa-se à análise de outras infrações. Afinal, caso seja negada a existência do delito doloso contra a vida, outros crimes passarão à análise do juiz togado.

Por materialidade deve-se compreender a prova da existência de algo, no caso, do fato lesivo à vítima.

Por melhor técnica, deve-se verificar a materialidade e a autoria de um homicídio, por exemplo, desdobrando-se o *fato principal* em três enfoques: na primeira questão, indaga-se acerca da ocorrência de lesão corporal contra a vítima, cometida por pessoa indeterminada (art. 483, I, CPP); na segunda, o questionamento relaciona-se com o nexo causal entre a lesão provocada e o resultado morte (art. 483, I, CPP). Assim fazendo, possibilita-se, ao Conselho de Sentença, o reconhecimento progressivo do evento criminoso. Sabendo-se que, para se atingir o homicídio, passa-se, necessariamente, pela prática de uma lesão corporal, a primeira indagação se dá em relação a tal aspecto. Afinal, podem os jurados negar o cometimento da lesão, o que implicará a absolvição do réu (porque foi negada a existência do fato *lesão*), bem como podem reconhecer o primeiro quesito, admitindo como certa a prática da lesão corporal, mas negar o segundo, afirmando não ter havido nexo de causalidade. Esta última negativa equivale a dizer que o resultado *morte* não adveio da lesão provocada seja por quem for, permanecendo, pois, para julgamento somente o delito de lesão corporal, em outro juízo, ou pode significar que os jurados entenderam não ter tido o agressor a intenção de causar a morte, porém somente a lesão, o que, da mesma forma, termina na análise exclusiva da lesão corporal. E, mais uma vez, em outra Vara, competente para o caso.

Se a separação entre a materialidade de uma lesão corporal e o nexo de causalidade quanto ao resultado *morte* não fosse feita, seria praticamente impossível que o Conselho de Sentença afirmasse, de maneira lógica, não ser o órgão judiciário competente para julgar o caso. Imagine-se que a pergunta fosse a seguinte: "No dia X, às tantas horas, na Rua Y, na cidade Z, a vítima Beltrana recebeu tiros de arma de fogo, que lhe causaram ferimentos, determinantes de sua morte?". A resposta "não" implicaria imediata negação de um homicídio, sem maiores desdobramentos. A resposta "sim" levaria ao reconhecimento, no mínimo, de um homicídio consumado. E se tivesse havido uma lesão intencional, por parte do agressor, mas jamais lhe tendo passado pela mente o resultado *morte*? Como haveria a negativa do nexo intencional? De outra parte, havendo uma causa relativamente independente e superveniente, que por si só tivesse provocado o resultado, a lesão corporal seria da responsabilidade do agressor, mas não a morte da vítima. Porém, afirmando-se, no primeiro quesito, que certa pessoa *matou* Beltrana chega-se à inviabilidade do *corte* da ligação causal entre conduta e resultado.

Por isso, constituindo o homicídio um delito progressivo, que contém, invariavelmente, uma lesão corporal, primeiramente, indaga-se do Conselho de Sentença a existência do delito-base (lesão). Na sequência, pergunta-se sobre o crime mais grave e consequencial (homicídio).

A terceira indagação, fruto da reforma introduzida pela Lei 11.689/2008, diz respeito diretamente ao réu sob julgamento, indagando-se acerca da autoria ou da participação (art. 483, II, CPP).

Em suma, passa-se a formar a materialidade em primeiro lugar para, na sequência, incluir a autoria, o que nos soa lógico. Verificaremos a forma de redação nos modelos de questionários.

5.2.2 Correspondência entre os quesitos e a pronúncia

É fundamental salientar deverem todos os quesitos, ao menos os que se vinculam à imputação formulada pelo órgão acusatório, na denúncia (ou queixa), ter correspondência com a pronúncia, cuja finalidade primordial é *filtrar* o âmbito da acusação. Com isso, o réu conhece perfeitamente o alcance e o conteúdo da acusação que lhe é feita.

No mais, os quesitos que disserem respeito às teses de defesa terão correspondência com as alegações sustentadas em plenário, tanto pelo defensor como, também, pelo próprio réu, neste caso, em seu interrogatório (autodefesa).

Por outro lado, algumas questões, ligadas ao interesse da acusação, viabilizam-se, igualmente, para constar do questionário, se alegadas diretamente em plenário, como ocorre com as agravantes. Estas são apenas causas legais genéricas de elevação da pena, motivo pelo qual podem ser arguidas pelo órgão acusatório diretamente em plenário.

Relembre-se ter a pronúncia o encargo de bem delinear os termos da acusação, constituindo dever o juiz bem analisar a imputação, para acolhê-la total ou parcialmente, em termos claros e precisos, embora com linguagem comedida e neutra.

O questionário será, então, elaborado tendo por base o conteúdo da pronúncia e das teses sustentadas pelas partes em plenário. A par disso, deixar de inserir quesito obrigatório provoca a nulidade insanável do julgamento, conforme estipula a Súmula 156 do Supremo Tribunal Federal: "É absoluta a nulidade do julgamento pelo Júri por falta de quesito obrigatório".

5.2.3 Os quesitos de circunstâncias do fato principal. O reconhecimento de agravantes e atenuantes

O delito é constituído, essencialmente, do tipo básico (ex.: "matar alguém"). Entretanto, nada impede que esteja cercado de outros elementos de ordem variada, que são as circunstâncias (ex.: "por motivo fútil"; "valendo-se de meio cruel" etc.).

O preceituado em lei (art. 483, I e V, CPP) tem por finalidade inserir em quesitos autônomos o *fato principal* e suas *circunstâncias*. Por isso, as qualificadoras e as causas de aumento (causas legais de aumento de pena e conectadas ao tipo penal), eventualmente constantes da imputação, devem ser objeto de quesitos independentes. Haverá tantos quesitos quantas forem as qualificadoras ou as causas de aumento de pena.

Vale lembrar que, em respeito à plenitude de defesa, as teses benéficas ao réu devem ser indagadas *antes* aos jurados. Por isso, primeiro são apresentados os quesitos referentes às causas representativas de privilégios e de diminuição de pena (é o teor da Súmula 162 do STF e do art. 483, IV, CPP); somente após, ingressam os quesitos relativos às qualificadoras e às situações de aumento de pena.

O art. 483 do CPP não faz nenhuma referência às circunstâncias legais consistentes em agravantes e atenuantes, que não se confundem, por óbvio, com as causas de aumento ou diminuição da pena. Logo, inexiste a obrigatoriedade de inserção do quesito relativo às atenuantes, que passam a ser de indagação facultativa, uma vez invocadas pela defesa em plenário. Nesse caso, o quesito deve referir-se, especificamente, à atenuante sustentada pelo defensor, ou mesmo pelo órgão acusatório.

Não está o juiz presidente autorizado a inserir qualquer tese defensiva, não pleiteada expressamente pelo réu ou seu defensor, logo, também não pode incluir quesito sobre atenuante.

Cuidando-se de Tribunal Popular, encarregado constitucionalmente de decidir crimes dolosos contra a vida, cabe-lhe, como instância soberana, acolher ou rejeitar toda a matéria de fato que envolver a infração penal submetida à sua apreciação. Por isso, parece-nos correto que também agravantes e atenuantes devessem ser questionadas aos jurados. Porém, o art. 483 do CPP, após o advento da Lei 11.689/2008, não mais exige quesitação obrigatória acerca dessas circunstâncias legais dos arts. 61 a 66 do Código Penal.

Reforça-se o entendimento de que as agravantes e atenuantes constituem matéria de fixação da pena, pertinente ao juiz presidente. No entanto, em face da soberania dos veredictos e da plenitude de defesa, cremos que não se poderia afastar da apreciação dos jurados um quesito específico sobre atenuante, quando requerido expressamente em plenário. Diante disso, o reconhecimento pelo Conselho de Sentença obrigaria o magistrado a levá-la em consideração na individualização da pena. O mesmo se diga se a defesa requerer aos jurados que neguem, expressamente, agravante sustentada pela acusação em plenário, retirando o seu reconhecimento do juiz e passando ao Conselho de Sentença.

Há posições variadas na jurisprudência:

Superior Tribunal de Justiça

- "1. De acordo com a jurisprudência desta Corte Superior, especificamente quanto ao procedimento do Tribunal do Júri, para que seja possível a incidência da atenuante da confissão espontânea, exige-se que o Réu confesse a prática da infração perante os Jurados ou que a Defesa Técnica sustente a matéria durante os debates orais, o que não ocorreu na hipótese dos autos. Assim, não há como reconhecer a atenuante da confissão espontânea, tendo em vista que não foi comprovada sua utilização para a formação do convencimento dos Julgadores" (AgRg no HC 748.242/SP, 6.ª T., rel. Laurita Vaz, 28.11.2022, v.u.).
- "2. De mais a mais, em se tratando 'de julgamento realizado perante o Tribunal do Júri, todavia, considerando a dificuldade em se concluir pela utilização pelos jurados da confissão espontânea para justificar a condenação, este Superior Tribunal de Justiça firmou o entendimento de que é suficiente que a tese defensiva tenha sido debatida em plenário, seja arguida pela defesa técnica ou alegada pelo réu em seu depoimento' (AgRg no AREsp n. 1.754.440/MT, relator Ministro Ribeiro Dantas, Quinta Turma, julgado em 2/3/2021, *DJe* 8/3/2021)" (AgRg no REsp 2.010.303/MG, 6.ª T., rel. Antonio Saldanha Palheiro, 14.11.2022, v.u.).

Permitir que a lei ordinária retire dos jurados a apreciação de matéria fática, seja de que espécie normativa for, pode ser fatal à soberania dos vereditos populares, no âmbito da competência para os crimes dolosos contra a vida.

Quem garante que, em seguida, não poderia o legislador extirpar da apreciação dos jurados, igualmente, as qualificadoras, os privilégios, as causas de aumento e as de diminuição de pena? Nem se diga que elas fazem parte da tipicidade, enquanto as agravantes e atenuantes, não. Esse argumento é inoperante, na exata medida em que o Tribunal do Júri deve julgar crimes dolosos contra a vida, podendo, em tese, cuidar somente do tipo básico (houve ou não homicídio). Porém, se assim fosse, a sua real competência seria diminuída e aviltada. Quando a Constituição Federal impõe o julgamento de delitos dolosos contra a vida, quer-se compreender o cenário global dessas infrações penais e não somente uma parcela da tipicidade.

Não se está diante do Júri americano, com regras próprias, inserido no cenário do direito consuetudinário. Inexiste, no Brasil, a viabilidade para se atribuir ao Conselho de Sentença a resposta a uma singela pergunta: "o réu é culpado ou inocente". Depende-se do direito codificado para chegar à conclusão de que o acusado é culpado ou inocente e, mais importante, se vai cumprir uma pena "x" ou "y", logo, se vai preso ou não. A tese da defesa, em variadas situações, não diz respeito à pura absolvição. Esta pode ser completamente inviável. Trabalha-se, então, diante das leis escritas vigentes, com teses alternativas para que o acusado possa ser contemplado com uma condenação, porém amena. Eis o campo de atuação das partes em torno das várias circunstâncias do crime. Por vezes, é muito mais indicado lutar pela condenação por homicídio privilegiado, *v. g.*, do que insistir em uma absolvição impossível. Esse é o motivo pelo qual não se pode permitir que o Conselho de Sentença decida somente se o réu é culpado ou inocente.

Imaginemos que o defensor consiga convencer o Conselho de Sentença de que o réu praticou um homicídio privilegiado, sendo esta a única tese viável para o caso. Se a decisão dos jurados fosse circunscrita a proclamar ser o acusado "culpado" ou "inocente", haveriam de declará-lo culpado. Entretanto, caso a fixação da pena fosse integralmente da competência do juiz togado, este poderia não aceitar a tese do privilégio e a condenação ficaria longe do almejado pela defesa.

Portanto, existente a plenitude de defesa, não se pode, em hipótese alguma, reduzir o alcance das teses defensivas, benéficas ao réu, quando invocadas no Tribunal do Júri. Diante disso, considerando-se que o legislador manteve a apreciação das causas de aumento e de diminuição, bem como das qualificadoras e privilégios pelo júri, torna-se medida consequencial a possibilidade de se demandar a feitura de quesitos próprios a respeito das agravantes e atenuantes.

No mínimo, essa viabilidade deve ser assegurada à defesa, que possui, especificamente, o princípio constitucional da plenitude de sua atuação no Tribunal Popular como meta a seguir.

Temos defendido, inclusive, que até mesmo o crime continuado, como tese benéfica à defesa, causador igualmente da diminuição da pena, não é matéria afeta ao juiz presidente apenas. Se invocada pela defesa, deve haver a inclusão no questionário.

Finalmente, outro argumento válido é a força da tradição, no Tribunal do Júri, em relação à atenuante inominada, prevista no art. 66 do Código Penal, dizendo respeito a "circunstância relevante, anterior ou posterior ao crime, embora não prevista expressamente em lei". Em muitos casos, o Conselho de Sentença, dentro da sua soberania, resolve aceitá-la como forma de *clemência* ao réu. O juiz togado raramente o faz. Subtrair, pois, da apreciação dos jurados as teses francamente benéficas à defesa é atentar contra o princípio constitucional da plenitude de defesa. Logo, deve prevalecer a norma constitucional em detrimento a qualquer entendimento que privilegie a lei ordinária.

5.2.4 As teses de defesa no questionário

A Lei 11.689/2008 introduziu uma modificação considerável no contexto do Tribunal do Júri, simplificando o questionário, ao menos no que tange às teses de defesa.

Não mais é necessário que o defensor sustente, por exemplo, a legítima defesa e o magistrado elabore vários quesitos a esse respeito. Basta um: "o jurado absolve o acusado?".

Aliás, é vedada a redação de quesitos específicos, dizendo respeito a teses absolutórias, tais como legítima defesa, estado de necessidade, erro de tipo etc.

Superior Tribunal de Justiça

- "Na hipótese, inexiste flagrante ilegalidade pois, não obstante o reconhecimento de que a legítima defesa foi objeto de debate no plenário, inexiste a obrigatoriedade sobre quesito específico da tese defensiva, não se vislumbrando qualquer reparo na quesitação, cuja formulação atentou-se ao disposto na norma processual, com espeque no artigo 483, § 2.º, do Código de Processo Penal, findando, ainda, o magistrado por ler e explicar as perguntas aos jurados, não havendo, nesse proceder, qualquer manifestação desdouro das partes" (HC 194170/SP, 6.ª T., rel. Maria Thereza de Assis Moura, *DJ* 04.02.2014).
- "O Superior Tribunal de Justiça tem entendimento firme no sentido de que o quesito genérico de absolvição, previsto no art. 483, III, do Código de Processo Penal, deve ser formulado independente das teses sustentadas em Plenário, em observância ao princípio da plenitude da defesa e soberania dos veredictos. 4. A conclusão no sentido de que a decisão dos jurados, em razão apenas da resposta positiva aos questionamentos sobre a materialidade e autoria do crime, mostra-se contrária à prova dos autos configura não só um esvaziamento do conteúdo do quesito genérico de absolvição, como também ofensa à soberania dos veredictos. 5. Evidenciado que o Tribunal de origem, ao dar provimento ao recurso de apelação interposto pela acusação para determinar a submissão do paciente a novo julgamento, utilizou como fundamento único o fato de os jurados terem respondido positivamente aos quesitos relacionados à autoria e materialidade do crime, concluindo que a decisão dos jurados se encontra contrária à prova dos autos, deve ser cassado o acórdão

hostilizado e restabelecida a decisão absolutória de primeiro grau. 6. *Writ* não conhecido. Ordem de *habeas corpus* concedida de ofício, para cassar o acórdão que determinou a submissão do paciente a novo julgamento, devendo ser restabelecida a decisão absolutória de primeiro grau" (HC 276627/RJ, 6.ª T., rel. Sebastião Reis Júnior, *DJ* 03.12.2013).

Entretanto, continuam a valer as outras teses defensivas, em formato de quesitos, quando disserem respeito às circunstâncias do crime, implicando a quantificação da pena.

É lógico poder a defesa sustentar, como tese única, a negativa do fato principal, ou seja, que o réu não agrediu, de qualquer forma, a vítima. Por isso, à pergunta formulada pelo juiz, referente à autoria ou participação, pedirá a defesa a resposta "não". Nesse caso, tornar-se-ia desnecessária a elaboração de outro quesito específico, pois bastaria negar a pergunta já constante do questionário.

Porém, a lei exige seja incluído o quesito referente à possibilidade de absolvição do réu em todos os questionários. E será ele submetido à votação sempre que forem respondidas afirmativamente as questões concernentes à materialidade do fato e sua autoria.

Evidencia-se, desse modo, a *necessidade* de ter a defesa, em todas as situações, uma tese subsidiária – ainda que a principal seja a negativa de autoria. Afinal, se os jurados afirmarem a autoria por parte do réu, o juiz perguntará se este deve ser absolvido. Ora, para tanto, torna-se imperiosa a sustentação de qualquer tese pelo defensor que, ao menos em teoria, propicie o acolhimento dessa proposição.

Aliás, pode-se até mesmo argumentar com a pura *clemência*. O acusado matou a vítima, mas merece ser absolvido. Para tanto, o Conselho de Sentença responderá afirmativamente aos quatro primeiros quesitos. E, dentro de sua soberania, não se pode questionar o seu direito a proferir tal veredito. Nada impede que haja recurso do órgão de acusação, buscando demonstrar a completa dissociação em face das provas dos autos.

O Supremo Tribunal Federal deverá decidir, em plenário, a respeito dessa tese, vale dizer, caso o Conselho de Sentença absolva o acusado, com fundamento no quesito genérico, caberá – ou não – recurso por parte do órgão acusatório. Conforme expusemos no item 12.12 do capítulo 12, cremos ser prudente não fechar a porta totalmente para o recurso do órgão acusatório, quando o júri absolver o acusado, em primeiro julgamento. Os jurados, como os juízes togados, podem errar e, para tanto, o princípio do duplo grau de jurisdição merece ser aplicado. Se, no segundo julgamento, houver nova absolvição, encerra-se a questão. Por outro lado, conferir o caráter absoluto à primeira decisão do júri, absolvendo o acusado, sem qualquer respaldo na prova dos autos e mesmo no pedido da defesa é muito arriscado. Imagine-se a absolvição de um neonazista que assassinou, por puro ódio, uma pessoa discriminada, seja pela cor da pele, seja por orientação sexual, dentre outros fatores. Soa-nos profundamente injusto que isto ocorra, sem ao menos haver a viabilidade de submeter o caso a novo julgamento pelo Tribunal Popular. Note-se a preocupação do Pretório Excelso para afastar a tese da legítima defesa da honra no cenário do feminicídio porque ofende o princípio maior da dignidade da pessoa humana. Outras situações podem surgir, motivo pelo qual a abertura para um recurso do órgão acusatório precisa ser mantida.

Supremo Tribunal Federal

- "1. A soberania dos veredictos é garantia constitucional do Tribunal do Júri, órgão competente para o julgamento dos crimes dolosos contra a vida; sendo a única instância exauriente na apreciação dos fatos e provas do processo. Impossibilidade de suas decisões serem materialmente substituídas por decisões proferidas por juízes ou Tribunais togados. Exclusividade na análise do mérito. 2. A introdução do quesito genérico na legislação processual penal (Lei 11.689/2008) veio claramente com o intuito de simplificar a votação dos jurados – reunindo as teses defensivas em um quesito –, e não para transformar o corpo de jurados em 'um poder incontrastável e ilimitado'. 3. Em nosso ordenamento jurídico, embora soberana enquanto decisão emanada do Juízo Natural constitucionalmente previsto para os crimes dolosos contra a vida, o específico pronunciamento do Tribunal do Júri não é inatacável, incontrastável ou ilimitado, devendo respeito ao duplo grau de jurisdição. Precedentes. 4. A apelação não substitui a previsão constitucional de exclusividade do Tribunal do Júri na análise de mérito dos crimes dolosos contra a vida, pois, ao afastar a primeira decisão do Conselho de Sentença, simplesmente, determina novo e definitivo julgamento de mérito pelo próprio Júri. 5. Sendo constitucionalmente possível a realização de um novo julgamento pelo próprio Tribunal do Júri, dentro do sistema acusatório consagrado pelo nosso ordenamento jurídico como garantia do devido processo legal, não é possível o estabelecimento de distinção interpretativa para fins de recursos apelatórios entre acusação e defesa, sob pena de ferimento ao próprio princípio do contraditório, que impõe a condução dialética do processo (par conditio). 6. Agravo Regimental provido" (RHC 218.697 AgR, 1.ª T., rel. Alexandre de Moraes, 14.09.2022, maioria).

- "I – '[Se] ao responder o quesito genérico o jurado pode absolver o réu sem especificar os motivos, e, assim, por qualquer fundamento, não há absolvição com tal embasamento que possa ser considerada 'manifestamente contrária à prova dos autos' (HC 176933/PE, Rel. Min. Celso de Mello, redator p/ acórdão Min. Gilmar Mendes, Segunda Turma). II – Agravo a que se nega provimento" (HC 216.921 AgR, 2.ª T., rel. Ricardo Lewandowski, 14.09.2022, v.u.).
- "1. A absolvição pelo Tribunal do júri em razão do quesito genérico não pode ser impugnada com fundamento no art. 593, III, 'd', do Código de Processo Penal, em razão de constituir afronta à soberania dos veredictos" (HC 216.973 AgR, 2.ª T., rel. Nunes Marques, 10.10.2022, v.u.).
- "Impugnabilidade de absolvição a partir de quesito genérico (art. 483, III, c/c § 2.º, CPP) por hipótese de decisão manifestamente contrária à prova dos autos (art. 593, III, 'd', CPP). Absolvição por clemência e soberania dos veredictos. 3. O Júri é uma instituição voltada a assegurar a participação cidadã na Justiça Criminal, o que se consagra constitucionalmente com o princípio da soberania dos veredictos (art. 5.º, XXXVIII, 'c', CF). Consequentemente, restringe-se o recurso cabível em face da decisão de mérito dos jurados, o que resta admissível somente na hipótese da alínea 'd' do inc. III do art. 593 do CPP: 'for a decisão dos jurados manifestamente contrária à prova dos autos'. Em caso de procedência de tal apelação, o Tribunal composto por juízes togados pode somente submeter o réu a novo julgamento por jurados. 4. Na reforma legislativa de 2008, alterou-se substancialmente o procedimento do júri, inclusive a sistemática de quesitação aos jurados. Inseriu-se um quesito genérico e obrigatório, em que se pergunta ao julgador leigo: 'O jurado absolve o acusado?' (art. 483, III e § 2.º, CPP). Ou seja, o Júri pode absolver o réu sem qualquer especificação e sem necessidade de motivação. 5. Considerando o quesito genérico e a desnecessidade de motivação na decisão dos jurados, configura-se a possibilidade de absolvição por clemência, ou seja, mesmo em contrariedade manifesta à prova dos autos. Se ao responder o quesito genérico o jurado pode absolver o réu sem especificar os motivos, e, assim, por qualquer fundamento, não há absolvição com tal embasamento que possa ser considerada 'manifestamente contrária à prova dos autos'. 6. Limitação ao recurso da acusação com base no art. 593, III, 'd', CPP, se a absolvição tiver como fundamento o quesito genérico (art. 483, III e § 2.º, CPP). Inexistência de violação à paridade de armas. Presunção de inocência como orientação da estrutura do processo penal. Inexistência de violação ao direito ao recurso (art. 8.2.h, CADH). Possibilidade de restrição do recurso acusatório. Ordem concedida,

de ofício, para invalidar o acórdão proferido pelo E. Tribunal de Justiça, restabelecendo-se, em consequência, a decisão proferida pelo Conselho de Sentença, que absolveu a ora paciente com base no art. 483, III, do CPP" (HC 185068, 2.ª T., rel. Celso de Mello, rel. para o acórdão: Gilmar Mendes, 20.10.2020, maioria).

Superior Tribunal de Justiça

- "3. Ressalvado meu ponto de vista, a Terceira Seção do STJ firmou o entendimento de que a anulação da decisão absolutória do Conselho de Sentença (ainda que por clemência), manifestamente contrária à prova dos autos, segundo o Tribunal de Justiça, por ocasião do exame do recurso de apelação interposto pelo Ministério Público (art. 593, inciso III, alínea 'd', do Código de Processo Penal), não viola a soberania dos veredictos. 4. Na hipótese, o Tribunal de origem, com base em percuciente apreciação probatória, concluiu, de forma fundamentada, pela contrariedade da decisão dos jurados às provas dos autos, por entender haver evidente dissonância entre a sentença absolutória e os elementos probatórios carreados aos autos. 5. Destaque-se que a contradição não é de cunho jurídico, de interpretação ou aplicação da norma. A contradição é fática, residente no claro antagonismo entre as respostas dadas pelos jurados e todo o arcabouço fático-probatório produzido no processo (AgRg no HC 561.448/AC, rel. Ministro Antonio Saldanha Palheiro, 6.ª T., j. 04.08.2020, *DJe* 10.08.2020)" (HC 634.610/RO, 5.ª T., rel. Reynaldo Soares da Fonseca, 09.03.2021, v.u.).
- "1. A jurisprudência desta Corte Superior é firmada no sentido de que 'a absolvição do réu pelos jurados, com base no art. 483, III, do CPP, ainda que por clemência, não constitui decisão absoluta e irrevogável, podendo o Tribunal cassar tal decisão quando ficar demonstrada a total dissociação da conclusão dos jurados com as provas apresentadas em plenário. Assim, resta plenamente possível o controle excepcional da decisão absolutória do Júri, com o fim de evitar arbitrariedades e em observância ao duplo grau de jurisdição. Entender em sentido contrário exigiria a aceitação de que o conselho de sentença disporia de poder absoluto e peremptório quanto à absolvição do acusado, o que, ao meu ver não foi o objetivo do legislador ao introduzir a obrigatoriedade do quesito absolutório genérico, previsto no art. 483, III, do CPP' (HC n. 313.251/RJ, relator Ministro Joel Ilan Paciornik, Terceira Seção, julgado em 28/2/2018, *DJe* 27/3/2018)" (AgRg no REsp 1.303.683/AL, 6.ª T., rel. Antonio Saldanha Palheiro, 11.02.2020, v.u.).
- "2. A absolvição do réu pelos jurados, com base no art. 483, III, do CPP, ainda que por clemência, não constitui decisão absoluta e irrevogável, assim, resta plenamente possível o controle excepcional da decisão absolutória do Júri, com o fim de evitar arbitrariedades e em observância ao duplo grau de jurisdição. Entender em sentido contrário exigiria a aceitação de que o conselho de sentença disporia de poder absoluto e peremptório quanto à absolvição do acusado, o que, ao meu ver não foi o objetivo do legislador ao introduzir a obrigatoriedade do quesito absolutório genérico previsto no art. 483, III, do CPP. 3. A Terceira Seção do Superior Tribunal de Justiça consolidou o entendimento de que 'não ofende a soberania dos veredictos a anulação de decisão do Tribunal do Júri que se mostre manifestamente contrária a prova dos autos, ainda que os jurados tenham respondido positivamente ao terceiro quesito formulado nos termos do art. 483, § 2.º, do CPP (...)' (AgRg no AREsp n. 1.116.885/RS, 6.ª T., rel. Min. Nefi Cordeiro, *DJe* 15.05.2020). Precedentes" (AgRg no AREsp 1567450/MG, 5.ª T., rel. Joel Ilan Paciornik, 22.09.2020, v.u.).

Tribunal de Justiça de São Paulo

- "O quesito obrigatório do artigo 483, III, do Código de Processo Penal, introduzido pela Lei n.º 11.689/08, veicula a possibilidade da absolvição lastreada na íntima e livre convicção dos jurados, que pode adotar tal solução em acolhimento a alguma tese defensiva, à sua interpretação da prova dos autos, mas também por motivação alheia a tais teses e às provas produzidas, como razões supralegais, humanitárias, clemência ou outras inerentes à convicção do julgador natural. Diante da autorização legal (positivada neste quesito obrigatório) de prolação de decisão absolutória desvinculada das provas e teses de defesa e da impossibilidade de conhecimento da motivação do julgamento absolutório, quando decorrente de afirmação a tal quesito, improcede pleito de novo julgamento ao argumento de ter sido o decisum impugnado contrário à prova dos autos. Soberania dos vereditos preservada. Recurso ministerial desprovido" (Apelação Criminal 0025908-56.2017.8.26.0554, 15.ª Câm. Criminal, rel. Gilda Alves Barbosa Diodatti, 08.12.2022, v.u.).

Possivelmente, pode o Tribunal, em caso de apelação, tendo em vista decisão manifestamente contrária à prova dos autos, determinar novo julgamento. No entanto, a decisão absolutória poderá ocorrer pela segunda vez e não mais caberá qualquer recurso.

Se o defensor nada alegar para propiciar a absolvição do réu, embora a tese principal seja a negativa de autoria, conforme a situação, pode o magistrado declarar o acusado indefeso, ferida que foi a plenitude de defesa.

A alteração do quadro relativo ao questionário cuida de *simplificação*, mas não de modificação da essência do que se alega em plenário. Por isso, para que se faça a pergunta "o jurado absolve o acusado?", depende-se da apresentação de tese condizente durante os debates.

Disciplina o art. 483 do CPP quais são os quesitos obrigatoriamente formulados aos jurados. Estabelece-se, inclusive, a sua ordem: a) primeiro inciso, o relativo à materialidade do fato; b) segundo inciso, o concernente à autoria ou participação; c) terceiro inciso, se o acusado deve ser absolvido.

No § 2.º do art. 483 vislumbra-se: "Respondidos afirmativamente por mais de 3 (três) jurados os quesitos relativos aos incisos I e II do *caput* deste artigo *será formulado* quesito com a seguinte redação: O jurado absolve o acusado?" (grifamos).

Debate-se se o quesito do inciso III seria obrigatório ou facultativo, conforme a tese apresentada pela defesa. Ilustrando, se o defensor sustenta a negativa de autoria, apenas, diante dos jurados, uma vez que esta seja negada, não haveria razão para propor o quesito genérico da absolvição, já que não foi objetivo de solicitação defensiva. Nesse prisma, o tal quesito seria facultativo.

Parece-nos, entretanto, uma visão desfocada do objetivo da reforma trazida pela Lei 11.689/2008. A ideia básica é consagrar o princípio constitucional regente da instituição do júri, qual seja a *soberania dos vereditos* (art. 5.º, XXXVIII, *c*, CF), associado ao outro princípio de igual envergadura, a *plenitude de defesa* (art. 5.º, XXXVIII, *a*, CF).

O Tribunal do Júri é composto por jurados, pessoas leigas em Direito, extraídas das mais distintas classes sociais. Podem decidir como bem quiserem, sem dar fundamento ao seu voto. Eis porque o réu precisa de todas as garantias possíveis, as mais efetivas e eficazes. Outra não foi a meta do legislador, ao fixar, como obrigatório, o quesito abrangente da defesa. Os jurados devem ter, sempre, a oportunidade de apreciar livremente a materialidade e a autoria do fato. Após, com base em inúmeras teses defensivas viáveis, mas também a existência da mera clemência, o Tribunal do Júri tem o direito constitucional impostergável de absolver o acusado, se assim desejar.

Em nossa visão, sabendo que o quesito (inciso III, art. 483) é obrigatório e será oferecido à apreciação dos jurados, deve o defensor, ainda que pretenda negar a autoria, ter disponível qualquer tese subsidiária, para apresentar ao Conselho de Sentença, quando da apreciação do quesito indagando se o réu deve ser absolvido.

O acusado pode ser considerado *indefeso* pelo magistrado, caso o defensor se limite a discutir unicamente a materialidade ou autoria, ignorando outras teses, que poderão servir de lastro ao referido quesito.

Finalmente, no Brasil, adotou-se um perfil condizente com a soberania atribuída constitucionalmente ao Tribunal Popular. Tal como em outros países, ao responder ao quesito genérico da defesa, está o povo dizendo se julga o réu culpado ou inocente. E ponto. Pouco interessam seus motivos.

Por certo, pode o órgão acusatório recorrer, alegando ao Tribunal que inexistem teses viáveis para sustentar a absolvição do acusado. Dado provimento ao apelo, o máximo que será feito constituirá no refazimento do julgamento; porém, se os jurados, novamente, quiserem absolver o réu, por qualquer razão, ainda que fora do contexto do Direito, nada mais se poderá fazer. Isso é soberania.

Ademais, a plenitude de defesa clama pelo terceiro quesito. Sem maiores confusões, em particular, contra os interesses do réu, haverá, em todo julgamento, um quesito obrigatoriamente formulado aos jurados acerca de sua possível absolvição.

Simplificou-se a elaboração da tese defensiva, inserindo-a num único quesito, mas também se abriu a chance de ser o réu absolvido por *vontade popular*, mesmo que ao arrepio da lei escrita. Leigos julgam o ser humano, além do fato. Não devem nenhuma satisfação ao Judiciário togado, em relação ao seu veredito.

É preciso compreender o real alcance da instituição do júri, desatrelando-o dos juízos togados comuns, que devem satisfação à lei e à motivação das suas decisões.

Em suma, o quesito do inciso III é de redação obrigatória, como demonstra a singela leitura do art. 483 do CPP, encontrando-se em perfeita harmonia com os princípios constitucionais que regem o Tribunal Popular.

Verifique-se na jurisprudência:

▶ Pelo caráter obrigatório do quesito genérico da defesa

Superior Tribunal de Justiça

- "4. Ademais, em atenção a sistemática adotada com o advento da Lei n. 11.689/2008, que instituiu o quesito genérico acerca da absolvição do acusado, a jurisprudência desta Corte firmou a compreensão no sentido de que não há que se falar em contradição no reconhecimento da materialidade e autoria, seguida da absolvição do acusado, ainda que a negativa de autoria seja a única tese defensiva, competindo ao órgão acusador, se assim o entender, manejar oportuno recurso visando a anulação do julgamento, caso o veredicto dos jurados possa ser considerado manifestamente contrário à prova dos autos" (AgRg no AREsp 568.650/DF, 5.ª T., rel. Jorge Mussi, j. 24.04.2018, v.u.).

Destaquemos que as teses referentes à desclassificação do delito devem ter prioridade em relação às que dizem respeito ao crime doloso contra a vida. Em outros termos, quando a defesa alegar ter o réu concretizado delito diverso do que lhe foi imputado, é preciso questionar o Conselho de Sentença sobre isso, em primeiro plano, como regra, pois se está indagando acerca de sua própria competência.

Pela sistemática adotada na elaboração dos quesitos, temos o seguinte: a) tratando-se de desclassificação própria (alterar de homicídio para lesão corporal), continua não havendo necessidade de indagação específica. Basta que a defesa solicite aos jurados que neguem o segundo quesito, dizendo respeito ao nexo causal do homicídio ou da tentativa de homicídio; b) alegando-se a prática de crime culposo, deve o magistrado inserir o quesito logo após os quesitos que cuidem do fato principal (após o segundo ou do terceiro, dependendo da situação concreta existente, conforme o delito imputado ao réu), conforme estipula o art. 483, § 4.º, CPP.

A resposta positiva a tal indagação gera a desclassificação imprópria e o caso passa à competência do juiz presidente (art. 492, § 1.º, CPP).

Superior Tribunal de Justiça

- "3. Se houver inversão da ordem dos quesitos, em dissonância com a orientação desta Corte Superior a respeito do art. 483, § 4.º, do CPP, será necessário verificar se foi oportunizado aos jurados analisar as teses de absolvição e desclassificação, a fim de concluir pela ocorrência de prejuízo que justifique a anulação do julgamento. Não há nulidade se ambas as teses são, ao fim e ao cabo, apreciadas pelo Conselho de Sentença. 4. Em contrapartida, estará configurado o prejuízo para o réu se, em decorrência da inversão dos quesitos, o Conselho de Sentença acolher o pleito defensivo de desclassificação, sem que haja sido apreciada a tese principal, qual seja, a absolvição. 5. Na espécie, não há falar em prejuízo, e, portanto, em nulidade, uma vez que, a despeito da inversão dos quesitos absolutório e desclassificatório, ambas as teses foram apreciadas – e rejeitadas – pelos jurados" (REsp 1849862/RS, 6.ª T., rel. Rogerio Schietti Cruz, 15.09.2020, v.u.).
- "1. No Tribunal do Júri, a formulação dos quesitos atende a ordem legal do art. 483 do CPP. Dispondo o § 4.º do referido artigo do CPP acerca da possibilidade de se quesitar a tese de desclassificação após o 2.º (autoria e participação) ou 3.º (absolvição) quesitos, cabe às instâncias de origem analisarem qual seria a tese principal e subsidiária da defesa. 2. A jurisprudência desta Corte Superior de Justiça firmou-se no sentido de que estando a defesa assentada em tese principal absolutória (legítima defesa) e tese subsidiária desclassificatória (ausência de *animus necandi*), e havendo a norma processual permitido a formulação do quesito sobre a desclassificação antes ou depois do quesito genérico da absolvição, a tese principal deve ser questionada antes da tese subsidiária, pena de causar enorme prejuízo para a defesa e evidente violação ao princípio da amplitude da defesa (REsp 1.509.504/SP, rel. Ministra Maria Thereza de Assis Moura, 6.ª T., j. 27.10.2015, *DJe* 13.11.2015). 3. No presente caso, não houve absolvição, mesmo especificamente questionada. Embora em momento inadequado, os jurados responderam de maneira negativa ao quesito referente à desclassificação para o delito, mantendo o Tribunal do Júri competente para o julgamento do feito. E, posteriormente, o Conselho de Sentença foi questionado a respeito da absolvição, denegando-a. Assim, mesmo sendo incorreta a ordem de questionamento, não houve alteração no resultado do julgamento, mantendo-se a condenação por homicídio qualificado (art. 121, § 2.º, incisos II e IV, do CP). Houvesse sido estabelecida a ordem correta, seria negada a absolvição e após mantido o reconhecimento do crime de homicídio, com igual condenação. As duas teses foram devidamente analisadas e respondidas pelos jurados, não podendo se falar em prejuízo para o envolvido. Portanto, ainda que fosse o caso de inversão na ordem dos quesitos, como postulado pela defesa, não haveria prejuízo ao acusado, uma vez que os jurados acabaram também enfrentando ao responder negativamente o quesito relativo à absolvição a tese defensiva da negativa de autora, e a rechaçaram. Precedentes. 4. O Tribunal local, soberano na análise do conjunto fático-probatório, concluiu pela existência de prova acerca da ocorrência do homicídio qualificado, estando a condenação apoiada nos elementos de convicção formados durante a instrução. Assim, para alterar a conclusão a que chegaram as instâncias ordinárias, no sentido de que as pretensas condutas reconhecidas

pelo Conselho de Sentença ao acusado se mostram completamente dissociadas das provas dos autos, tendo ele agido em legítima defesa, bem como a não ocorrência das qualificadoras da surpresa e do motivo fútil, como requer a parte recorrente, demandaria, necessariamente, o revolvimento do acervo fático-probatório delineado nos autos, providência incabível em sede de recurso especial, ante o óbice contido na Súmula 7/STJ. 5. As instâncias ordinárias apresentaram fundamentação expressa e idônea para motivação da perda do cargo público, ressaltando que a gravidade do crime praticado (homicídio qualificado) era de fato incompatível com o cargo de policial, bem como o apontamento do requisito objetivo, uma vez que a pena imposta coadunaria na perda do cargo, em atenção ao disposto no art. 92, inciso I, alínea 'b' do Código Penal" (AgRg no AgRg no AREsp 1863493/DF, 5.ª T., rel. Reynaldo Soares da Fonseca, 15.06.2021, v.u.).

- "1. No Tribunal do Júri, a formulação dos quesitos atende a ordem legal do art. 483 do CPP. Dispondo o § 4.º do referido artigo do CPP acerca da possibilidade de se quesitar a tese de desclassificação após o 2.º (autoria e participação) ou 3.º (absolvição) quesitos, cabe às instâncias de origem analisarem qual seria a tese principal e subsidiária da defesa. 2. A jurisprudência desta Corte Superior de Justiça firmou-se no sentido de que estando a defesa assentada em tese principal absolutória (legítima defesa) e tese subsidiária desclassificatória (ausência de *animus necandi*), e havendo a norma processual permitido a formulação do quesito sobre a desclassificação antes ou depois do quesito genérico da absolvição, a tese principal deve ser questionada antes da tese subsidiária, pena de causar enorme prejuízo para a defesa e evidente violação ao princípio da amplitude da defesa (REsp n. 1.509.504/SP, Rel. Ministra Maria Thereza de Assis Moura, Sexta Turma, julgado em 27/10/2015, *DJe* 13/11/2015). 3. No presente caso, embora em momento inadequado, os jurados responderam de maneira negativa ao quesito referente à desclassificação para o delito de lesão corporal grave, mantendo o Tribunal do Júri competente para o julgamento do feito. E, posteriormente, o Conselho de Sentença foi questionado a respeito da absolvição, denegando-a. Assim, mesmo sendo incorreta a ordem de questionamento, não houve alteração no resultado do julgamento, mantendo-se a condenação por homicídio tentado. Houvesse sido estabelecida a ordem correta, seria negada a absolvição e após mantido o reconhecimento do crime tentado, com igual condenação por homicídio tentado. As duas teses foram devidamente analisadas e respondidas pelos jurados, não podendo se falar em prejuízo para o envolvido. Precedentes" (AgRg no REsp 1.796.864/SP, 5.ª T., rel. Reynaldo Soares da Fonseca, 07.05.2019, v.u.).

A busca pela simplificação do questionário apresenta falhas. Uma delas diz respeito à possibilidade de desclassificação imprópria, como tese subsidiária, decorrente do excesso das excludentes de ilicitude. Não há, segundo a lei, lugar próprio para a sua quesitação. Há de se adaptar o questionário, mas não se pode perder a tese. Ver o item 5.5.11 neste capítulo.

Quando a desclassificação for a tese principal (de homicídio doloso para culposo, por exemplo), insere-se o quesito antes da pergunta sobre a possibilidade de absolvição do réu (art. 483, § 4.º, CPP). No entanto, imaginemos que há, em plenário, alegação de legítima defesa. Não mais se subdivide em quesitos, existindo somente um: "o jurado absolve o acusado?". Porém, durante os debates, o órgão acusatório pode ter sustentado que a legítima defesa não é viável, por ter ocorrido excesso (doloso ou culposo). Em decorrência disso, os jurados poderão negar o quesito relativo à absolvição, não significando, entretanto, que determinarão a condenação por homicídio doloso. E, também, não se pode transferir para o juiz presidente a livre opção entre excesso doloso ou culposo. Cremos ser indispensável a redação de um quesito específico, quando defendido pela defesa, no sentido de ter sido o excesso culposo. Nesse caso, respondido afirmativamente, desclassifica-se o crime e a competência segue para o juiz singular.

Se o excesso foi doloso, basta negar o quesito relativo ao excesso culposo. Se o excesso for acidental ou exculpante, devem os jurados responder afirmativamente ao quesito relativo à absolvição do réu ("o jurado absolve o acusado?").

A indagação sobre o excesso culposo deve ser equiparada a uma causa de diminuição de pena (art. 483, IV, CPP), pois, na essência, o é. Tem conteúdo desclassificatório, levando à diminuição da pena, sem dúvida.

O mesmo procedimento deve ser seguido em relação às demais excludentes de ilicitude. Na legítima defesa, a indagação sobre o excesso decorre do não reconhecimento quanto ao uso dos meios necessários ou quanto à moderação na sua utilização. No caso do estado de necessidade, o excesso decorre do reconhecimento de que a conduta adotada pelo agente, para contornar o perigo atual, era evitável. Quanto ao exercício regular de direito, o excesso se dá quando se considera não ter ocorrido *regularidade* no exercício do direito. E, finalmente, quanto ao estrito cumprimento do dever legal, o excesso surge quando se afirma não ter sido o *dever* cumprido tal como previsto em lei.

Caso os jurados neguem o quesito em relação à possibilidade de absolvição e o juiz deixe de indagar ao Conselho de Sentença se foi culposo o excesso, conforme alegado pela defesa, gera-se nulidade absoluta.

Por outro prisma, é preciso ressaltar, novamente, ter o réu direito – dentro da plenitude de defesa que a Constituição lhe assegura – tanto à autodefesa, quanto à defesa técnica. Finalmente, tal situação foi reconhecida expressamente em lei, conforme se vê da atual redação do art. 482, parágrafo único, do CPP.

A primeira (autodefesa) é exposta em seu interrogatório, diante dos jurados. A segunda (defesa técnica) diz respeito às teses levantadas por seu defensor, transformando em linguagem formal muito do alegado pelo próprio acusado. Não é demais observar poder haver discrepância entre o aventado pelo réu e o sustentado por seu defensor técnico. Este não é obrigado a apoiar uma tese que julgue incoerente, somente porque o réu a levantou em seu interrogatório. Portanto, fazendo as necessárias retificações, explanará aos jurados o que entende cabível para proporcionar ao seu cliente a *plena* defesa.

Entretanto, o alegado pelo acusado não pode ser deixado de lado, sem a menor atenção. Ele também tem o direito de ser ouvido pelo juiz presidente e suas alegações precisam transformar-se em quesitos, se for o caso, para os jurados apreciarem. Não é pelo fato de, à primeira vista, a sua narrativa ser incoerente em face da prova constante dos autos que merece ser desprezada.

O defensor, jamais desacreditando ou ofendendo seu próprio patrocinado, sob pena de torná-lo indefeso, pode explicar aos jurados a diferença entre autodefesa e defesa técnica, permitindo diga o réu o que bem entender, na sua ótica, em sua própria defesa.

O magistrado, por seu turno, formulará os quesitos cabíveis, abrangendo tanto o aventado pelo defensor quanto pelo réu. No momento do julgamento, na sala especial, pode até orientar o Conselho de Sentença de que o quesito em votação é tese do réu e não do defensor, bem como que outro quesito qualquer é o alegado, especificamente, pela defesa técnica. Caso esta encampe, no entanto, a tese do réu, poderá oferecer outras alternativas, todas submetidas à idêntica apreciação dos jurados.

Enfim, não há razão plausível para excluir a tese do réu do questionário, a pretexto de que somente o defensor tem condições de eleger a melhor linha defensiva. Lembremos que os jurados são leigos e também o é, muitas vezes, o réu, motivo pelo qual o afirmado pelo acusado pode convencer o Conselho de Sentença que vai julgá-lo, independentemente da técnica do alegado.

Em relação às teses defensivas, é vedado ao juiz incluir qualquer quesito, ainda que benéfico ao réu, se não houver requerimento do defensor ou alegação do próprio acusado. Naturalmente, o requerimento da defesa pode estar implícito na sustentação de suas ideias em plenário. A plenitude de defesa não comporta a parcialidade do magistrado, pois o princípio do juiz natural envolve a sua conduta imparcial.

5.2.5 *As causas de aumento e de diminuição da pena*

São circunstâncias legais, vinculadas ao tipo penal, provocadoras de elevação ou redução da pena, conforme o caso. O art. 483, V, do CPP menciona as qualificadoras ou causas de aumento de pena, reconhecidas na pronúncia ou em decisões posteriores (acórdão ou mesmo outra pronúncia por fato superveniente) que julgaram admissível a acusação. Por outro lado, o art. 483, IV, do CPP, refere-se às causas de diminuição de pena alegadas pela defesa. Olvidou-se, por lapso, a hipótese de existência de privilégios. Entretanto, se as causas de diminuição podem constar do questionário, é lógico poderem, igualmente, as causas configuradoras de privilégios.

As causas de aumento e de diminuição da pena podem ser aplicadas em quantidades fixas (ex.: o juiz elevará a pena em um terço) ou variáveis (ex.: o juiz diminuirá a pena de um a dois terços). Tratando-se de circunstâncias legais, conexas ao tipo, podem provocar o rompimento do máximo em abstrato previsto para o delito, bem como do mínimo. Uma tentativa de homicídio, por exemplo, cuja pena-base tenha sido fixada em seis anos (mínimo legal em abstrato), pode comportar uma diminuição de um a dois terços abaixo desse montante. Em outra ilustração, se a pena do homicídio qualificado estiver fixada em trinta anos, havendo a incidência da causa de aumento de um terço (art. 121, § 4.º, parte final, CP, por exemplo), pode-se romper esse teto.

Cada causa de aumento e cada causa de diminuição devem figurar em quesitos autônomos.

Como ordem de preferência, respeitado o princípio da plenitude de defesa, em primeiro lugar, devem ser postas, para indagação, as causas que disserem respeito à diminuição da pena. Somente após, pergunta-se acerca das circunstâncias que permitem a elevação da pena. É o conteúdo da Súmula 162 do STF.

Quanto às qualificadoras, são circunstâncias legais que permitem a alteração da faixa de fixação abstrata da pena (ex.: o homicídio simples tem pena de reclusão de seis a vinte anos; o qualificado possui pena de reclusão de doze a trinta anos). Os privilégios porventura existentes provocam o mesmo efeito de diminuição da faixa de fixação abstrata da pena (ex.: a corrupção passiva tem pena de reclusão de dois a doze anos, e multa; a figura privilegiada possui pena de detenção, de três meses a um ano, ou multa).

5.2.6 *Julgamento envolvendo mais de um réu ou mais de um crime*

Em julgamentos contando com mais de um réu, torna-se essencial que o juiz presidente elabore, no mesmo questionário, uma série de quesitos para cada um dos acusados (art. 483, § 6.º, CPP). Se os réus sofrerem mais de uma imputação, cada crime constará de uma série (art. 483, § 6.º, CPP). Portanto, imaginemos a existência de dois réus, acusados da prática de três delitos. O magistrado preparará um questionário com duas séries de quesitos por acusado, cada uma delas subdividida em três outras séries, dizendo respeito aos delitos imputados.

Dividindo os quesitos em séries, colocará o fato principal e todas as demais circunstâncias, em sua respectiva série. Note-se que será votada sempre, em primeiro lugar, a série concernente ao crime contra a vida, atrativa da competência, para julgar os demais, para o Tribunal do Júri. Dessa forma, desclassificada a infração dolosa contra a vida, os outros delitos serão julgados pelo juiz presidente e não mais pelo Conselho de Sentença (art. 492, § 1.º, CPP).

Destaque-se que a absolvição de um corréu, por qualquer causa, não implica prejuízo para a votação dos questionários referentes aos demais. Aliás, tal consequência é decorrência natural da soberania dos veredictos. Os jurados podem perfeitamente absolver um corréu, reconhecendo uma excludente de ilicitude qualquer, por sentirem haver prova suficiente para tanto, condenando outros, embora a situação pareça idêntica.

Superior Tribunal de Justiça

- "1. Nos termos do art. 483, § 6.º, do CPP, havendo mais de um crime ou mais de um acusado, os quesitos serão formulados em séries distintas. 2. Hipótese em que os crimes de roubo foram perpetrados mediante ação única, atingindo o patrimônio de três vítimas, não sendo utilizadas pela acusação nem pela defesa teses distintas para cada uma delas. 3. Há preclusão pela ausência de oposição da defesa quanto à formulação dos quesitos, em série única, relativos aos delitos de roubo, praticados em concurso formal. 4. 'A alegação de nulidade por vício na quesitação deverá ocorrer no momento oportuno, isto é, após a leitura dos quesitos e a explicação dos critérios pelo Juiz-presidente, sob pena de preclusão, nos termos do art. 571 do CPP' (HC 217.865/RJ, rel. Ministro Rogerio Schietti Cruz, 6.ª T., *DJe* 24.05.2016)" (REsp 1860184/RS, 6.ª T., rel. Nefi Cordeiro, 25.08.2020, v.u.).

5.2.7 *Redação objetiva e clara dos quesitos*

A advertência legal, constante do art. 482, parágrafo único, do CPP, é correta e deve ser fielmente seguida: "Os quesitos serão redigidos em *proposições afirmativas, simples e distintas, de modo que cada um deles possa ser respondido com suficiente clareza e necessária precisão.* Na sua elaboração, o presidente levará em conta os termos da pronúncia ou das decisões posteriores que julgaram admissível a acusação, do interrogatório e das alegações das partes" (grifamos).

Exige-se, para tanto, dedicação, atenção e estudo do juiz presidente, pois a tarefa de elaboração dos quesitos não é tão simples quanto possa parecer.

As indagações precisam ser feitas em proposições simples, transparecendo clareza e permitindo que não haja dubiedade. Não há cabimento em fazer quesitos complexos, estendendo-se na narrativa e levando o jurado a não guardar na memória, ao final da leitura, nem mesmo o início da pergunta.

Deve-se, ainda, evitar qualquer tipo de indagação na forma negativa. Apenas para ilustrar: "O réu não possuía outra conduta a não ser a que adotou?". As respostas dadas pelos jurados ("sim" ou "não") sempre seriam duvidosas. Ao responder afirmativamente, não se sabe se o Conselho de Sentença está considerando que o réu tinha outra conduta ou se está ratificando que não possuía outra conduta. O mesmo se dá ao responder negativamente. Pode sinalizar que não havia outra conduta, mas também que havia outra ação a desenvolver. Melhor seria a seguinte forma: "A conduta adotada pelo réu era a única possível?".

Justamente por consistir atividade complexa a redação dos quesitos, somente se pode decretar a sua nulidade em casos extremados, quando gerar aos jurados integral perplexidade. Em suma, a nulidade absoluta é exceção. Deve-se fazer o possível para captar o sentido da quesitação, evitando-se refazer a votação ou mesmo o julgamento.

Superior Tribunal de Justiça

- "7. Quesitos complexos com má redação ou com formulação deficiente geram a nulidade do julgamento do tribunal do júri, por violação do art. 482, parágrafo único, do CPP. 8. Reconhecida a má redação do quesito sobre a autoria, com a consequente nulidade do julgamento do júri, fica prejudicada a análise de alegação de nulidade do quesito relativo às circunstâncias qualificadoras" (AgRg no AREsp 1.758.233/DF, 5.ª T., rel. João Otávio de Noronha, 15.03.2022, maioria).

5.2.8 Agravantes e atenuantes

São causas legais genéricas, não vinculadas ao tipo penal, que servem para orientar o juiz no processo de fixação da pena, sugerindo aumento ou diminuição, conforme a situação concreta.

As agravantes e atenuantes, como regra, previstas nos arts. 61 a 66 do Código Penal, não precisam constar da denúncia, nem da pronúncia. As partes podem sustentá-las diretamente em plenário do Tribunal do Júri.

As alegações das partes, no tocante às agravantes e atenuantes, deveriam levar o juiz presidente a preparar quesitos específicos para cada uma delas. Entendemos que as circunstâncias do crime, no Tribunal do Júri, atuando soberanamente, devem ser reconhecidas pelo Conselho de Sentença, do contrário, inexistem juridicamente. No entanto, a Lei 11.689/2008 permitiu que as agravantes e atenuantes fossem sustentadas pelas partes em plenário e *diretamente* consideradas pelo juiz presidente no momento da sentença (art. 492, I, *b*, CPP). Consultar o subitem 5.2.3 *supra*, onde melhor expomos nosso ponto de vista a esse respeito.

Outro enfoque importante diz respeito à consideração de uma agravante, como questão independente, quando ela encontra definição, na lei penal, igualmente como qualificadora do crime. Ilustrando: o motivo fútil constitui qualificadora do homicídio (art. 121, § 2.º, II, CP), mas também agravante para qualquer outro delito (art. 61, II, *a*, CP). Assim ocorrendo, tem preferência para a imputação a qualificadora, devendo ser articulada, se for o caso, na denúncia, para posterior acolhimento na pronúncia. Se a qualificadora do motivo fútil não for considerada como tal e restar afastada da imputação, é defeso à acusação, em plenário, inseri-la como agravante. Seria a burla ao princípio do *ne bis in idem* (não haverá dupla punição pelo mesmo fato, nem dupla acusação pelo mesmo fato). Por outro lado, se a qualificadora ingressou como tal e, acolhida ou rejeitada pelos jurados, teve a avaliação merecida, não se pode levantar, de novo, a mesma cena, agora com a roupagem de agravante. Nem pode o juiz presidente levá-la em conta na sentença condenatória.

Em suma, é vedado ao órgão acusatório invocar qualquer circunstância legal de elevação da pena, em plenário, quando já foi rejeitada pelo Judiciário, por ocasião da pronúncia. Se o fizer, o juiz presidente não a incluirá dentre os quesitos, nem a levará em consideração na sentença. Tal situação, se ocorresse, constituiria nítida burla aos princípios constitucionais da legalidade, da ampla defesa e do contraditório. Afinal, as circunstâncias constantes da tipicidade derivada (como ocorre com as qualificadoras) fazem parte do crime como um todo, motivo pelo qual necessita ser objeto de contraditório e de ampla oportunidade de defesa. Diversamente ocorre com as agravantes genéricas, que não têm correspondência com a tipicidade (exemplo: reincidência): estas podem ser requeridas pelo órgão acusatório em plenário, ainda que não tenham sido objeto de debate prévio.

5.2.9 Método e consequências da votação (a não divulgação do resultado)

A reforma de 2008 trouxe, em nossa visão, aprimoramento para o sistema de votação, em particular no que se refere à divulgação do resultado dos votos proferidos. Buscou-se, finalmente, respeitar tanto o sigilo das votações quanto a soberania dos vereditos.

Sempre defendemos a impropriedade de que tribunais togados tentassem interpretar os vereditos dos jurados, conforme o quórum da votação de cada um dos quesitos. Nunca foi e não é necessário, pois as decisões são tomadas pelo Conselho de Sentença por maioria de votos e sob o manto da soberania dos vereditos.

Por outro lado, ao divulgar o resultado final da votação, não havia sentido algum, em nome do sigilo das votações, proclamar que o Conselho de Sentença respondeu "sim" a determinado quesito por unanimidade. Ora, é mais que evidente ter sido violado o sigilo, pois todos ficam sabendo, exatamente, o que os outros votaram.

Assim, submetido à votação um quesito qualquer, quando a resposta afirmativa ou negativa atingir mais de três votos, cessa a votação. Portanto, por exemplo, indagando-se se o réu participou do homicídio da vítima, caso os jurados respondam, por quatro votos, "não", estará o acusado absolvido e não mais se apura voto algum (art. 483, §§ 1.º e 2.º, CPP).

Esse método deve ser adotado em todo o questionário.

Supremo Tribunal Federal

- "(...) 2. O veredicto do júri resta imune de vícios acaso não conste o número de votos no Termo de Julgamento no sentido afirmativo ou negativo, não só por força de *novatio legis*, mas também porque a novel metodologia preserva o sigilo e a soberania da deliberação popular. 3. O veredicto do júri obedecia ao disposto no art. 487 do CPP, que dispunha: 'Após a votação de cada quesito, o presidente, verificados os votos e as cédulas não utilizadas, mandará que o escrivão escreva o resultado em termo especial e que sejam declarados o número de votos afirmativos e o de negativos'. 4. A Lei 11.689/2008 alterou a regra, passando a dispor, *verbis*: 'Art. 488. Após a resposta, verificados os votos e as cédulas não utilizadas, o presidente determinará que o escrivão registre no termo a votação de cada quesito, bem como o resultado do julgamento'. 5. *In casu*, a impetrante se limita a defender que '(...) o método de apuração dos votos usado pelo magistrado Presidente da sessão, bem como a deficiência do Termo de Votação consistente na falta de consignação dos votos afirmativos e negativos colhidos dos jurados, acarreta nulidade absoluta por não permitir ao assistido saber qual foi o efetivo resultado do julgamento, afrontando, portanto, o princípio constitucional da ampla defesa'. 6. É cediço na Corte que: a) no processo penal vigora o princípio geral de que somente se proclama a nulidade de um ato processual quando há a efetiva demonstração de prejuízo, nos termos do que dispõe o art. 563 do CPP, *verbis*: 'Nenhum ato será declarado nulo, se da nulidade não resultar prejuízo para a acusação ou para a defesa'; b) nesse mesmo sentido é o conteúdo do Enunciado da Súmula 523 do STF: 'No processo penal, a falta de defesa constitui nulidade absoluta, mas a sua deficiência só o anulará se houver prova de prejuízo para o réu'. 7. A doutrina do tema assenta, *verbis*: 'Constitui seguramente a viga mestra do sistema das nulidades e decorre da ideia geral de que as formas processuais representam tão somente um instrumento para correta aplicação do direito; sendo assim, a desobediência às formalidades estabelecidas pelo legislador só deve conduzir ao reconhecimento da invalidade do ato quando a própria finalidade pela qual a forma foi instituída estiver comprometida pelo vício' (Grinover, Ada Pellegrini. *As nulidades no processo penal*. 7. ed. Ed. RT, 2001, p. 28). 8. É que o processo penal pátrio, no que tange à análise das nulidades, adota o sistema da instrumentalidade das formas, em que o ato é válido se atingiu seu objetivo, ainda que realizado sem obediência à forma legal. Tal sistema de apreciação das nulidades está explicitado no item XVII da Exposição de Motivos do Código de Processo Penal, segundo o qual 'não será declarada a nulidade de nenhum ato processual, quando este não haja influído concretamente na decisão da causa ou na apuração da verdade substancial. Somente em casos excepcionais é declarada insanável a nulidade'. 9. Outrossim, é cediço na Corte que: '(...) O princípio do *pas de nullité sans grief* – corolário da natureza instrumental do processo – exige, sempre que possível, a demonstração de prejuízo concreto à parte que suscita o vício, ainda que a sanção prevista seja a de nulidade absoluta do ato' (HC 93868/PE, rel. Min. Cármen Lúcia, 1.ª T., *DJe* 16.12.2010). À guisa de exemplo, demais precedentes: HC 98403/AC, rel. Min. Ayres Britto, 2.ª T., *DJe* 07.10.2010; HC 94.817, rel. Min. Gilmar Mendes, 2.ª T., *DJe* 02.09.2010; HC 98403/AC, rel. Min. Ayres Britto, 2.ª T., *DJe* 07.10.2010; HC 94.817, rel. Min. Gilmar Mendes, 2.ª T.,

DJe 02.09.2010. 10. *In casu*, colhe-se que não houve a efetiva demonstração de prejuízo para a defesa, e por isso não há que se falar em nulidade do julgamento pela ausência de consignação dos números de votos afirmativos e negativos do Conselho de Sentença. 11. A doutrina do tema assenta: 'O sistema, que reputo aperfeiçoado em relação ao americano e ao inglês, encontra uma contradição: a decisão unânime dos jurados compromete a ideia de sigilo, pelo que merece seja repensada a ordem de que sejam declarados o número de votos afirmativos e o de negativos (art. 488, última parte, CPP). Parece-me correta a sugestão de que, alcançada a maioria de uma das opções (sim ou não), o magistrado encerre a verificação das respostas (...)' (Nassif, Aramis. *O novo júri brasileiro*. Porto Alegre: Livraria do Advogado, 2009, p. 25). 12. Com efeito, o art. 487 do CPP determinava que os votos emitidos pelo Conselho de Sentença deveriam ser registrados no Termo de Votação. Contudo, há que se verificar que a ausência dessa consignação não gerava prejuízo ao réu. Aliás, esse raciocínio já vinha sendo adotado pela jurisprudência e doutrina, *verbis*: '(...) A providência, segundo entendemos, é desaconselhável, por várias razões. A primeira delas é que, sendo a votação resguardada pelo sigilo e não devendo o jurado dar satisfação de como votou, caso seja unânime, está devassada a posição dos jurados. Em segundo lugar, dá margem indevida a especulações de como desejou votar o Conselho de Sentença, fazendo com que surjam interpretações de que a votação, num sentido para determinado quesito, é incompatível com a votação, noutro sentido, para outro quesito. Ora, se o jurado quer mudar de ideia nada impede que isto se dê, motivo pelo qual é inviável esse procedimento. Em terceiro lugar, vê-se que muitas decisões dos tribunais, analisando a ocorrência ou não de nulidade, terminam se baseando na votação, alegando que, de acordo com a contagem, o voto deste ou daquele jurado não alterou o resultado. Enfim, o ideal seria apenas registrar o 'sim' ou 'não', sem a contagem explicitada. A lei, no entanto, necessita ser alterada para que isto seja implementado' (Nucci, Guilherme de Souza. *Manual de processo penal e execução penal*. 3. ed. Ed. RT, 2007, p. 758). 13. O art. 487 do CPP foi revogado pela Lei 11.689/2008, aprimorando assim o sistema de votação do júri, já que não se faz mais necessário constar quantos votos foram dados na forma afirmativa ou negativa, respeitando-se, portanto, o sigilo das votações e, consectariamente, a soberania dos veredictos. 14. Parecer do *parquet* pela denegação da ordem. 15. Ordem denegada" (HC 104308/RN, 1.ª T., rel. Luiz Fux, j. 31.05.2011, m.v.).

5.2.10 Julgamento dos crimes conexos

Atraídos tais crimes para o contexto do Tribunal do Júri, devem ser julgados pelos jurados, ainda que ocorra a absolvição do réu, no tocante ao crime doloso contra a vida. Afinal, *absolver* é ingressar no mérito da imputação (aceitando a competência) para considerar o acusado inocente.

Tal medida permite e afirma a competência do Conselho de Sentença para finalizar a apreciação, voltando-se aos demais crimes conexos, mesmo que não sejam dolosos contra a vida.

Não importa o motivo da absolvição, se por negar a materialidade, a autoria ou afirmar o quesito genérico da defesa (o jurado absolve o acusado?).

A única maneira de se evitar o julgamento dos crimes conexos é a hipótese da desclassificação do crime doloso contra a vida (ver o item 7.2 do Capítulo 7). Nesse caso, o Conselho de Sentença terá afirmado não ser da sua competência o delito contra a vida, logo, nem mesmo os conexos o são.

Superior Tribunal de Justiça

- "2. Se os jurados votarem pela absolvição do acusado do crime doloso contra a vida, como no presente caso, afere-se que reconheceram sua competência para o julgamento do feito, logo, ao Conselho de sentença também caberá o julgamento da infração conexa" (HC 293.895/RS, 5.ª T., rel. Ribeiro Dantas, 17.10.2019, v.u.).

- "Na situação em que é imputada ao acusado a prática de mais de um crime doloso contra a vida, se não houver a desclassificação imprópria de todos eles, ou seja, se remanescer um crime de competência do Tribunal do Júri caberá a este o julgamento de todos os delitos conexos ou em relação de continência, inclusive os que tenham sido objeto de eventual desclassificação. Aplicação do art. 81, c/c o art. 492, § 2.º, do Código de Processo Penal" (HC 230194/ES, 6.ª T., rel. Sebastião Reis Junior, 16.08.2012, v.u.).

5.3 Modelos de quesitos relacionados aos crimes dolosos contra a vida

Os modelos serão apresentados de forma separada e autônoma, servindo a cada tópico para o qual foram criados. Por uma questão didática, apresentaremos o questionário tal como exige o tema (ex.: tratando-se de *homicídio simples*, não haverá a inserção de teses específicas de defesa, nem outros elementos, como delitos conexos, *aberratio ictus* etc.).

5.3.1 Homicídio

5.3.1.1 Homicídio simples

1. No dia ____, às ____ horas, no interior do estabelecimento comercial situado na ____, bairro de ____, nesta Comarca, a vítima "F" recebeu tiros de arma de fogo, causando-lhe as lesões descritas no laudo necroscópico de fls. ____?[1]

2. Essas lesões deram causa à morte da vítima?[2]

3. O réu "R", qualificado a fls. ____, concorreu para o crime, desferindo os disparos de arma de fogo contra a vítima "F"?[3]

Ou:

3. O réu "R, qualificado a fls. ____, concorreu para o crime, desferindo, juntamente com terceiras pessoas, os disparos de arma de fogo contra a vítima "F"?[4-5]

Ou:

3. O réu "R", qualificado a fls. ____, concorreu para o crime, emprestando a arma de fogo utilizada por terceira pessoa para desferir os disparos contra a vítima "F"?[6]

---

1. O 1.º quesito do homicídio cuida, sempre, da materialidade de uma lesão corporal. Se afirmado pelos jurados, passa-se ao 2.º quesito, que cuidará do nexo causal.
2. O 2.º quesito, no homicídio, faz o vínculo da lesão corporal, afirmada no 1.º, com o resultado morte, significando ter havido homicídio. Se os jurados negarem o 2.º quesito, ocorre a desclassificação própria.
3. Trata-se de quesito relativo à autoria (art. 483, II, CPP).
4. Trata-se de quesito relativo à coautoria (art. 483, II, CPP). Na realidade, a única diferença terminológica entre *autor* e *coautor* é a existência de um só (autor) ou mais de um (coautores).
5. Não se deve inserir a expressão "com vontade de matar" (ou *animus necandi*) no quesito, pois fecharia questão quanto à existência de homicídio, consumado ou tentativa, na forma dolosa, impedindo os jurados de promover a desclassificação, se acreditarem que houve homicídio culposo.
6. Trata-se de quesito relativo à participação (art. 483, II, CPP).

4. O jurado absolve o acusado?[7]

5. [Se alegadas pela defesa, ingressam eventuais causas de diminuição da pena, como, por exemplo, ter o réu agido impelido por motivo de relevante valor moral – art. 121, § 1.º, CP.]

6. [Se alegadas e constantes da pronúncia, ingressam causas de aumento específicas, como, por exemplo, ter o crime sido cometido contra menor de 14 anos ou mais de 60 anos – art. 121, § 4.º, parte final, CP.]

7. [Se forem sustentadas em plenário, ingressam as atenuantes em tantos quesitos quantas forem as causas genéricas de diminuição da pena – arts. 65 e 66, CP.][8]

8. [Se forem alegadas em plenário, ingressam as agravantes em tantos quesitos quantas forem as causas genéricas de elevação da pena – arts. 61 e 62, CP.][9]

• Consequências da votação

1. Negado o primeiro quesito, o réu deve ser absolvido. Há alguns fundamentos básicos para essa postura do Conselho de Sentença: a) estão certos de que a vítima não sofreu tiro algum no dia dos fatos (negativa da materialidade); b) estão em dúvida se houve agressão à vítima no dia dos fatos (negativa da materialidade com fundamento no princípio do *in dubio pro reo*); c) estão certos de que o ofendido sofreu agressão, mas não corresponde à retratada pelo laudo de exame de corpo de delito (negativa da materialidade, tal como posta na imputação); d) estão em dúvida se a agressão sofrida pelo ofendido redundou nas lesões descritas no laudo (negativa da materialidade, tal como posta na imputação, servindo-se do princípio do *in dubio pro reo*). Eventuais crimes conexos existentes devem ser apreciados pelo Conselho de Sentença. Na verdade, ao absolver o réu, os jurados ingressaram no mérito da causa, negando a materialidade, permanecendo competentes para outros pontos do questionário, relativos a séries diversas.

2. A dúvida gerada em relação ao dia, hora, local ou espécie de instrumento não deve conduzir, como regra, à negativa ao primeiro quesito. Pode cuidar-se de mero equívoco de descrição de fato secundário. Imagine-se a inserção, logo no registro da ocorrência pela polícia, do errôneo lugar onde os fatos se deram (nome da rua, por exemplo). Haverá, muito

7. Este passa a ser o quesito único, reunindo todas as teses de defesa, voltadas à absolvição do réu. Em plenário, o defensor pode alegar a legítima defesa, por exemplo, como tese principal, bem como a inexigibilidade de conduta diversa, como tese secundária. Ambas, no entanto, ficarão arregimentadas sob este quesito único. Desse modo, se os jurados responderem "sim", absolvem o acusado, sem que se possa saber se o motivo foi a legítima defesa ou a inexigibilidade de conduta diversa. Parece-nos, de fato, irrelevante esse conhecimento, pois o importante é destacar ser o Conselho de Sentença soberano em seus vereditos.

8. Defendemos a tese de que as atenuantes podem e devem ser indagadas aos jurados, mormente quando solicitadas expressamente pela defesa que assim seja feito, em homenagem ao princípio constitucional da plenitude de defesa, além de se respeitar a soberania dos vereditos do Júri. Este quesito inexistirá para os que sustentarem caber, exclusivamente, ao juiz presidente a análise das atenuantes aventadas pelas partes em plenário, no momento da sentença condenatória.

9. Defendemos a tese de que as agravantes podem e devem ser indagadas aos jurados, mormente quando solicitadas expressamente pela defesa que assim seja feito, em homenagem ao princípio constitucional da plenitude de defesa, além de se respeitar a soberania dos vereditos do Júri. Este quesito inexistirá para os que sustentarem caber, exclusivamente, ao juiz presidente a análise das agravantes, aventadas pela acusação em plenário, no momento da sentença condenatória.

provavelmente, a repetição do equivocado logradouro por todo o trâmite do processo, mas a situação pode ser aclarada em plenário e, caso o juiz altere a redação do quesito, por conta disso, não implicaria em cerceamento de defesa. Entretanto, não se pode padronizar essa possibilidade. Por vezes, o lugar onde os fatos ocorreram representa o fulcro da argumentação defensiva. Assim sendo, a alteração do mencionado local, sem concordância da defesa, diretamente realizada no questionário, implicará em cerceamento da defesa, com consequente geração de nulidade.

3. Afirmado o primeiro quesito, o Conselho de Sentença admitiu a prática de uma lesão corporal (sem qualificar como leve, grave ou gravíssima). Principiou o reconhecimento de um homicídio e de sua competência para julgar o caso. Porém, depende-se, para a continuidade do julgamento pelos jurados, do acolhimento do segundo quesito.

4. Negado o segundo quesito, o Conselho de Sentença afastou de sua competência (desclassificação própria) a possibilidade de julgar o caso. Havia admitido a prática de uma lesão corporal, mas, repudiando o nexo causal entre esta e o resultado morte, deixa de considerar a existência de um homicídio. Há motivos para tanto: a) os jurados se convenceram de que a lesão praticada não foi suficiente para levar ao resultado *morte* (pode ter havido causa superveniente relativamente independente que por si só provocou o resultado); b) podem estar em dúvida quanto à existência do nexo causal, aplicando o princípio geral do *in dubio pro reo*. Desloca-se a competência para o julgamento do delito principal ao juiz presidente. Não se vota nenhum outro quesito, encerrando-se os trabalhos dos jurados. Se houver crimes conexos, cabe ao magistrado a sua apreciação.

5. Afirmado o segundo quesito, o Conselho de Sentença firma a sua competência para o julgamento, pois reconheceu a prática de um homicídio doloso contra a vida. Passará a analisar, especificamente, o terceiro quesito, que diz respeito à autoria ou participação.

6. Negado o terceiro quesito, estará absolvido o réu. Houve um homicídio, mas ele não tomou parte no evento. Afirmado o terceiro quesito, passa-se a deliberar sobre a sua absolvição ou condenação.

7. Afirmado o quarto quesito, o réu estará absolvido. O motivo não mais ficará expresso, ao menos quando a defesa apresentar várias teses. Negado, haverá condenação e outros quesitos serão votados, dizendo respeito a causas de diminuição ou elevação da pena.

5.3.1.2 Homicídio simples hediondo

Quesitos 1 e 2: iguais ao homicídio simples.

3. A conduta do agressor representou atividade típica de grupo de extermínio, tendo em vista ... (colocar o motivo, como, por exemplo, "o seu objetivo de eliminar todas as pessoas consideradas suspeitas da prática de crimes em seu bairro")?[10]

Demais quesitos: iguais ao homicídio simples, inclusive no tocante à autoria, coautoria ou participação, que virá a seguir.

---

10. Sustentamos a inviabilidade de existência do "homicídio simples hediondo" (consultar o item 12.3 do Capítulo 12). Porém, aceitando-se a possibilidade, fizemos a sugestão de quesito, destacando que não é matéria a ser decidida, com exclusividade, pelo juiz presidente, pois é nitidamente matéria de fato e não de direito. O reconhecimento dessa situação equivale a uma outra tipificação, pois qualifica o delito como hediondo, o que resultará em vários prejuízos para o réu, em especial durante a execução da pena. Segue-se, então, a ordem determinada pelo art. 483, § 5.º, do CPP.

5.3.1.3 *Tentativa de homicídio simples*

1. No dia ____, às ____ horas, no interior do estabelecimento comercial situado na ____, bairro de ___, nesta Comarca, a vítima "F" recebeu tiros de arma de fogo, causando-lhe as lesões descritas no laudo de exame de corpo de delito de fls. ____?[11]

2. O réu "R" concorreu para o crime, desferindo os tiros de arma de fogo na vítima "F"?

3. Assim agindo, deu início à execução de um crime de homicídio, que somente não se consumou por circunstâncias alheias à sua vontade, consistentes em ... (descrever, sinteticamente, o obstáculo. Por exemplo, "ter sido impedido pela chegada da polícia militar". A especificação do evento fático faz com que o quesito distancie-se mais do aspecto meramente jurídico da tentativa, conforme previsto no art. 14, II, do Código Penal)?[12]

Demais quesitos: iguais ao homicídio simples.

Nota específica para a tentativa:

É possível que se trate de uma tentativa de homicídio sem que tenha havido qualquer lesão à vítima, a denominada *tentativa branca* ou *incruenta*. Nesse caso, o primeiro quesito terá substituída a expressão "causando-lhe as lesões descritas no laudo de exame de corpo de delito de fls. ____" pela seguinte "sem atingi-lo?".

Sobre a ordem dos quesitos:

Superior Tribunal de Justiça

- "2.3. Quanto à ordem dos quesitos sobre o homicídio tentado, foi observado o regramento disposto no art. 483, § 5.º, do CPP, estando justificada a não apresentação do quesito absolutório diante dos jurados terem negado a ocorrência da tentativa de homicídio, o que acarretou a desclassificação e fez cessar a competência deles para continuar o julgamento da causa" (AREsp 1.883.314/DF, 5.ª T., rel. Joel Ilan Paciornik, 25.10.2022, v.u.).

5.3.1.4 *Homicídio com causa específica de diminuição da pena (homicídio privilegiado)*[13]

Quesitos 1 a 4: iguais ao homicídio simples.

5. O réu agiu impelido por motivo de relevante valor social, consistente em ... (descrever qual foi o motivo. Ex.: "eliminar o tráfico ilícito de drogas praticado pela vítima nas escolas do bairro")?

---

11. O 1.º quesito da tentativa de homicídio cuida, sempre, da materialidade de uma lesão corporal. Se afirmado pelos jurados, passa-se ao 2.º quesito, que cuidará da autoria.

12. A afirmação ao terceiro quesito confirma o crime doloso contra a vida, embora na figura tentada. A negativa, por seu turno, produz o mesmo efeito de desclassificação própria, já estudado no item referente ao homicídio simples. Obedece-se a ordem determinada pelo art. 483, § 5.º, do CPP.

13. Tecnicamente, inexiste em nosso ordenamento jurídico a figura do homicídio privilegiado, que demandaria, em face da presença de determinadas circunstâncias, a diminuição concomitante das penas mínima e máxima, abstratamente fixadas para o delito. Ex.: o homicídio privilegiado deveria ter uma pena, *v. g.*, de reclusão, de dois a oito anos, em lugar da prevista para a figura simples, ou seja, reclusão de seis a vinte anos. Por isso, a realidade do art. 121, § 1.º, do Código Penal, nada mais representa do que um homicídio simples, com causa de diminuição de pena (de um sexto a um terço).

Ou:

5. O réu agiu impelido por motivo de relevante valor moral, consistente em ... (descrever qual foi o motivo. Ex.: "impedir que o ofendido continuasse a ameaçar sua filha, a quem já havia estuprado anteriormente")?[14-15]

Ou:

5. O réu agiu sob o domínio de violenta emoção, logo em seguida a injusta provocação da vítima, consistente em ... (descrever o fato. Ex.: "ter-lhe desfechado violenta surra justificada pelo fato de ambos torcerem para times diversos de futebol")?[16]

Demais quesitos: iguais ao homicídio simples.

---

14. A possibilidade de um quesito único, envolvendo os motivos de relevante valor social e moral é possível, porém somente em casos excepcionais. Na realidade, tal situação seria admissível se o motivo for duvidoso, ou seja, pode ser caracterizado como de relevante valor social ou moral, dependendo do prisma adotado por quem interpreta o fato. Poderia ser redigido, então, um quesito dúplice: "O réu agiu impelido por motivo de relevante valor social ou moral, consistente em ... (ex.: "ter eliminado a vítima, que, frequentemente, vendia drogas ao seu filho?"). Registremos que, para a redação envolver os dois motivos, deve haver sustentação expressa em plenário por qualquer das partes, mas, especialmente, pela defesa.
15. Outra hipótese excepcional diria respeito à existência de dupla motivação, concentrada, porém, no mesmo fato. Se o agente eliminou o traficante da região, que também estuprou anteriormente sua filha, torna-se viável inserir ambos os quesitos, vale dizer, o relativo ao motivo de relevante valor social (ligado ao tráfico) e o pertinente ao valor moral (vinculado ao estupro). Ressaltemos serem apenas exemplos e não significa a possibilidade real de se matar o traficante ou o estuprador e, automaticamente, representar a prática de um homicídio *privilegiado*. Não se aprova a ideia da prática de crimes motivados por *fazer justiça pelas próprias mãos*. Por isso, para que as situações adotadas como ilustrações processuais para a elaboração dos quesitos venham a se concretizar como causas de diminuição da pena devem estar envoltas por inúmeros fatores, de modo a evidenciar uma valoração positiva na motivação da conduta do réu.
16. Um importante lembrete deve ser feito em relação ao confronto possível entre as causas de diminuição de pena (relevante valor social ou moral e domínio de violenta emoção logo após provocação injusta da vítima) e as atenuantes (praticamente as mesmas) previstas no art. 65, III, *a* e *c*, do CP. Podem conviver, pois há sutis, mas reais, diferenças entre elas. A defesa, portanto, pode requerer ao juiz presidente a elaboração de dois quesitos relativos, por exemplo, ao relevante valor social (um, como causa de diminuição da pena; outro, como atenuante, ao final do questionário). Tal medida se justifica pela intensidade diversa entre a causa de diminuição da pena e a atenuante. Ao mencionar a circunstância legal do art. 121, § 1.º, do CP, faz-se constar o termo *impelido* por relevante valor social ou moral, representando uma força propulsora mais significativa do que consta do cenário das atenuantes (agir *por motivo* de relevante valor social ou moral). A mais vigorosa, se houver, constitui causa de diminuição da pena. Não demonstrada essa força motriz, passa-se à figura secundária consubstanciada pela atenuante. Podem os jurados, pois, votar ambas as situações relativas ao mesmo motivo de relevante valor social ou moral. O mesmo se diga, para aplicação, quanto à violenta emoção. No art. 121, § 1.º, do Código Penal, faz-se menção ao *domínio* (poder ou forte influência) de violenta emoção *logo em seguida* (ato contínuo) à injusta provocação da vítima. A atenuante refere-se apenas à existência de *influência* (inspiração, sugestão) de violenta emoção, provocada por ato injusto da vítima, sem expressar o elemento temporal (logo após ou logo em seguida). Podem coexistir. Negada a mais contundente (causa de diminuição de pena), é viável que o juiz insira, pelo prisma da atenuante, a mesma pergunta, feitas as adaptações necessárias.

- Consequências da votação

1. O reconhecimento de qualquer das causas de diminuição da pena, pelo Conselho de Sentença, torna *obrigatória* para o juiz a redução da pena. Seria completamente ilógico, mormente em face do princípio constitucional da soberania dos vereditos, submeter a questão aos jurados, obter uma resposta afirmativa e haver desprezo por parte do magistrado togado, encarregado, unicamente, de aplicar a pena. Resta ao juiz presidente a graduação da diminuição – de um sexto a um terço. Levará em consideração, diante das provas dos autos, a intensidade da motivação para o réu, valorando o quão *impelido* foi para agir como atuou. O mesmo se diga em relação ao grau de *injustiça* da conduta da vítima, provocando no acusado um *domínio* de violenta emoção. Essas situações, por si sós, são variáveis de caso para caso, dando ensejo a diversas formas para a aplicação da pena. Nessa ótica, confira-se o disposto no art. 492, I, *c*, do CPP: "em seguida, o presidente proferirá sentença que: I – no caso de condenação: (...) c) imporá os aumentos ou diminuições da pena, em atenção às causas admitidas pelo júri".

2. A negativa à causa de diminuição *impede* o magistrado de considerá-la na aplicação da pena. Seria, igualmente, inaceitável que o soberano veredito popular tenha firmado posição no sentido de inexistir a situação fática, para, depois, o juiz presidente aplicar a redução como se não houvesse manifestação alguma do Conselho de Sentença.

5.3.1.5 *Homicídio qualificado*

5.3.1.5.1 Qualificadoras subjetivas[17]

Quesitos 1 a 4: iguais ao homicídio simples.

5. O réu agiu mediante paga, consistente em ... (descrever como se deu o fato. Ex.: "ter recebido a quantia de R$ __ para eliminar a vítima")?

Ou:

5. O réu agiu em virtude de promessa de recompensa, consistente em ... (descrever as circunstâncias fáticas. Ex.: "receber a quantia de R$ ___ após a eliminação da vítima")?

Ou:

5. O réu agiu por motivo torpe, consistente em ... (descrever em que bases se construiu a motivação torpe. Ex.: "atuar, no seu bairro, como *justiceiro*, buscando eliminar pessoas consideradas envolvidas com o crime")?[18]

---

17. São as circunstâncias que se ligam ao motivo do agente. São excludentes entre si, ou seja, inserida uma delas, não se pode apresentar outra, pois seria ilógico supor que alguém matasse outrem por motivo igualmente torpe e fútil.

18. Vale-se a lei, na construção desta qualificadora, da interpretação analógica. Mencionam-se dois exemplos de motivos torpes (paga e promessa de recompensa) para, em seguida, generalizar: "ou outro motivo torpe". Torpe significa abjeto, vil, repugnante, asqueroso. Na realidade, procura-se explicitar um motivo particularmente baixo no campo moral, como elemento impulsionador para o cometimento do homicídio. Se é certo que *matar alguém*, por si só, é conduta reprovável, logo, criminosa, as razões que levam o agente a fazê-lo são extremamente variáveis. Pode-se abranger desde um motivo considerado *relevante*, do ponto de vista moral (vide os casos de homicídio *privilegiado*), até o motivo tachado de especialmente repulsivo à moral média (torpe). Nesse contexto, torna-se útil a menção prévia do homicídio por paga ou promessa de recompensa, tido por *mercenário*. Mata-se por dinheiro ou outro interesse material. A impossibilidade de esgotar

Ou:

5. O réu agiu por motivo fútil, consistente em ... (descrever a base fática da motivação. Ex. "ter eliminado a vítima simplesmente porque antipatizava com o seu jeito expansivo de ser")?[19]

Ou:

5. O réu agiu para assegurar a execução de crime anterior, consistente em ... (descrever como se deram os fatos. Ex.: "ter eliminado a vítima, que atuava como segurança, no estabelecimento onde se realizava o furto")?[20]

Demais quesitos: iguais ao homicídio simples.

5.3.1.5.2 Qualificadoras objetivas[21]

Quesitos 1 a 4: iguais ao homicídio simples.

5. O réu agiu mediante o emprego de veneno, consistente em ... (descrever como se deu a execução. Ex.: "ministrar uma dose do produto 'X' na refeição da vítima")?

Ou:

5. O réu agiu mediante o emprego de fogo, consistente em ... (descrever a maneira da execução. Ex.: "ter incendiado o veículo onde se encontrava a vítima")?

Ou:

5. O réu agiu mediante o emprego de explosivo, consistente em ... (descrever o modo pelo qual houve a execução do crime. Ex.: "ter provocado a explosão do barraco onde a vítima se encontrava, valendo-se do produto 'Y'")?

Ou:

5. O réu agiu mediante o emprego de tortura, consistente em ... (descrever a maneira pela qual atuou o agente. Ex.: "ter provocado várias lesões contínuas na vítima, de forma a prolongar o seu sofrimento até o resultado morte")?

---

todas as formas de torpeza fez com que o tipo penal se valesse da interpretação analógica. Por isso, é fundamental que a qualificadora, em particular, quando calcada no *motivo torpe*, seja bem detalhada, de modo a deixar claro aos jurados qual é o móvel propulsor do delito.

19. O motivo fútil é inserido na lei penal de maneira genérica e aberta, sem padrões de comparação, como ocorre com o motivo torpe. Considera-se essencial, portanto, a sua detalhada descrição na composição do quesito, para que não se abra aos jurados um leque indeterminado de opções quanto ao modo de agir do autor. *Fútil* é o motivo reles, irrelevante, insignificante. Pondera-se a desproporcionalidade evidente entre a conduta de matar e o fator que a impulsionou. Não há, por óbvio, regras fixas, dependendo da análise concreta de cada situação. O importante é manter o propósito de bem descrever aos jurados o motivo qualificador, conforme deve emanar da pronúncia.

20. Há, ainda, as formas correlatas destinadas a assegurar a ocultação, a impunidade ou a vantagem de outro crime. São motivos particularmente torpes.

21. São as que dizem respeito ao modo de execução do crime. Podem coexistir entre elas, desde que apresentem coerência fática (ex.: o delito pode ser praticado com emprego de explosão e à traição; porém, não há viabilidade de se cometer o crime à traição e de emboscada, ao mesmo tempo). Elas também se harmonizam com as qualificadoras subjetivas (ex.: o crime pode ser cometido por motivo torpe e emprego de veneno).

Ou:

5. O réu agiu por meio insidioso, consistente em ... (descrever como se deu a insídia. Ex.: "ter ministrado à vítima uma dosagem excessiva do medicamento que estava acostumada a tomar todas as noites")?

Ou:

5. O réu agiu por meio cruel, consistente em ... (descrever a crueldade. Ex.: "isolar a vítima, impedindo-lhe a alimentação, para que morresse de inanição")?

Ou:

5. O réu agiu por meio de que pudesse resultar perigo comum, consistente em ... (descrever o mecanismo a gerar o perigo coletivo. Ex.: "provocar a queda de móvel de elevado peso sobre a rua, por onde caminhava a vítima e outras pessoas")?

Ou:

5. O réu agiu à traição, consistente em ... (descrever como se materializou a forma traiçoeira. Ex.: "colher a vítima pelas costas, enquanto conversava com terceiros")?

Ou:

5. O réu agiu de emboscada, consistente em ... (descrever a emboscada. Ex.: "aguardar a passagem da vítima pelo local, colocando-se à espreita de maneira camuflada")?

Ou:

5. O réu agiu mediante dissimulação, consistente em ... (descrever a forma dissimulada. Ex.: "fingir dirigir um efusivo e amistoso cumprimento à vítima, antes de alvejá-la")?

Ou:

5. O réu agiu mediante recurso que dificultou a defesa da vítima, consistente em ... (descrever o modo em que se deu a utilização do recurso. Ex.: "atirar-lhe no rosto um punhado de areia, o que lhe conturbou a visão")?

Ou:

5. O réu agiu mediante recurso que tornou impossível a defesa da vítima, consistente em ... (descrever a maneira em que se deu a dificuldade gerada para a vítima. Ex.: "agredi-la enquanto dormia")?

Ou:

5. O réu agiu contra mulher por razão da condição de sexo feminino, consistente em (...)?

Nota: há dois caminhos para completar o quesito: a) consistente em violência doméstica ou familiar?; b) consistente em menosprezo ou discriminação à condição de mulher? Ver o subitem específico do feminicídio.

Ou:

5. O réu agiu contra autoridade, consistente em delegado da Polícia Federal, no exercício da função (ou em razão dela)? (procurar as autoridades na composição dos artigos 142 e 144 da Constituição Federal)

Ou:

5. O réu agiu contra agente, consistente em investigador de polícia (ou detetive da polícia civil), no exercício da função (ou em razão dela)? (procurar agentes na composição dos artigos 142 e 144 da Constituição Federal)

Ou:

5. O réu agiu contra integrante do sistema prisional, consistente em carcereiro do estabelecimento penal ____ (nome), no exercício da função (ou em razão dela)?

Ou:

5. O réu agiu contra integrante da Força Nacional de Segurança Pública, no exercício da função (ou em razão dela)?

Ou:

5. O réu agiu contra o cônjuge da (autoridade, agente, integrante do sistema prisional, integrante da Força Nacional), em razão dessa condição?

Ou:

5. O réu agiu contra companheiro(a) da (autoridade, agente, integrante do sistema prisional, integrante da Força Nacional), em razão dessa condição?

Ou:

5. O réu agiu contra ______ (especificar qual o parente consanguíneo até terceiro grau) da (autoridade, agente, integrante do sistema prisional, integrante da Força Nacional), em razão dessa condição?

Demais quesitos: iguais ao homicídio simples.[22]

• Consequências da votação

1. O reconhecimento de uma qualificadora proporciona a alteração da faixa de fixação da pena, que passa de reclusão de seis a vinte anos para a de reclusão de doze a trinta anos. Considerou-se, na elaboração do tipo penal, a particular gravidade das circunstâncias descritas nos incisos do § 2.º do art. 121 do Código Penal. Por isso, o tipo básico ("matar alguém"), quando cometido por motivação específica ou de maneira particularizada, pode ser considerado *qualificado*, ou seja, mais grave. Em virtude do aumento razoável da pena, nos patamares mínimo e máximo, abstratamente focados, demanda-se maior cuidado na elaboração dos quesitos, para que o detalhamento da circunstância seja realmente efetivado. Não se pode admitir, mormente em casos sem complexidade fática, a construção de quesitos genéricos (ex.: "o réu agiu por motivo torpe?"). Assim ocorrendo, possibilita-se aos jurados a aceitação de qualificadoras de maneira leviana, pois cada um dos componentes do Conselho de Sentença poderia elaborar, mentalmente, a sua própria visão do que venha a ser um motivo torpe. Quando o quesito fecha a descrição da torpeza, resta ao jurado acatar aquela motivação ou rejeitá-la, porém não tem a faculdade de "criar" a sua própria motivação torpe.

2. Há a possibilidade de convivência entre qualificadoras, em especial as objetivas (incisos III e IV, do § 2.º, do art. 121 do CP) com as subjetivas (incisos I, II e V do mesmo dispositivo legal). No caso das subjetivas, elege-se somente uma delas, pois são excludentes (há, somente, um motivo predominante, a ponto de gerar a qualificadora). As objetivas podem ser imputadas concomitantemente, dependendo da situação concreta. Em outros termos, é perfeitamente viável que o agente mate a vítima por motivo torpe, com emprego de fogo e

22. Lembrar que as agravantes inseridas no questionário não podem figurar como mera repetição de qualquer das qualificadoras objetivas anteriormente indagadas aos jurados. Aliás, ainda que as qualificadoras objetivas não tenham constado do questionário, é defeso à acusação sustentar e pretender a elaboração de quesito relativo a agravante similar. Ou mesmo pretender que o juiz leve em conta alguma delas na sentença condenatória. A matéria constante do art. 121, § 2.º, II, do CP, deve ser objeto da imputação desde a denúncia e ser admitida pela pronúncia. Logo, inexiste forma de tergiversar, fazendo com que conste somente como agravante, sabido que esta prescinde de admissibilidade pela pronúncia e pode ser pedida diretamente em plenário.

valendo-se de recurso que dificulte a defesa (art. 121, § 2.º, incisos I, III e IV, CP). Quando se apresenta ao Conselho de Sentença esse universo para a votação, uma vez reconhecidas as três qualificadoras, deve o juiz presidente levar todas elas em consideração para a fixação da pena. Em primeiro lugar, dá-se cumprimento ao princípio regente do Tribunal do Júri, que é soberania dos veredítos. Em segundo, as circunstâncias do crime são particularmente graves e encontram respaldo para a sua ponderação na aplicação da pena em outros artigos do Código Penal. Por isso, embora uma das qualificadoras sirva para a alteração da faixa de fixação da pena, que passa para reclusão, de doze a trinta anos, as outras duas podem ser inseridas como agravantes, pois têm previsão legal (art. 61, II, *c* e *d*, CP). Ainda que não tivessem respaldo no cenário das agravantes, certamente poderia o magistrado levá-las em conta dentre os fatores descritos no art. 59 do Código Penal (circunstâncias judiciais), que são abertos o suficiente para abrigá-las.

3. As qualificadoras objetivas podem conviver com as causas de diminuição previstas no art. 121, § 1.º, do Código Penal. Remetemos o leitor para o Capítulo 12.

4. As qualificadoras não podem ser desdobradas em mais de um quesito para cada uma. Em outros termos, o motivo fútil, por exemplo, deve constar em uma única indagação. Se fosse desdobrado, causaria perplexidade aos jurados, pois não se trata de tese jurídica, mas de matéria fática, que comporta, como regra, um só quesito. Não desconhecemos a possibilidade de existir qualificadora que, para a sua completa descrição fática, envolve cenário complexo e difícil, mormente para se encaixar numa única pergunta. Por isso, como solução, parece-nos viável fazer constar o seguinte, ilustrando: "o réu agiu por motivo fútil, como explicitado em plenário pelo órgão acusatório". Faz-se constar da ata qual foi a narrativa complexa feita pela acusação para justificar a ocorrência do motivo fútil. Os jurados se lembrarão do que ouviram e o tribunal poderá certificar-se do que foi alegado ao proceder a leitura da ata.

5. Reiterando o tema, as qualificadoras que forem rejeitadas não podem ser novamente indagadas, noutro quesito, agora com a roupagem de agravantes. Seria um subterfúgio, com o fim de questionar duas vezes a mesma circunstância fática, contornando a soberana decisão dos jurados. Se o Conselho de Sentença afastou o uso de meio cruel, a título de qualificadora, é evidente não poder ser indagado, como agravante, o mesmo tema. Aliás, se qualquer circunstância tem previsão no art. 121, § 2.º, como qualificadora, desse modo deve constar da imputação, desde o início, ingressando na pronúncia. Se não houve a inserção nessa fase precedente, é vedado ao órgão acusatório levantar, em plenário, a agravante correspondente à figura da qualificadora, como se constituísse um fato completamente diferente. Ilustrando, o motivo torpe, no cenário do homicídio, deve ingressar, se for o caso, como qualificadora. Se tal não se der, é defeso o ingresso como agravante, em qualquer fase do julgamento.

6. As qualificadoras não se comunicam aos coautores e partícipes, salvo se estes tinham ciência da sua existência e aquiesceram com a sua configuração. Portanto, a motivação fútil do executor principal pode ser assimilada pelo partícipe, que lhe deu amparo. O meio cruel usado pelo executor pode ser objeto de aceitação pelo mandante. Depende, pois, do caso concreto. Deve-se evitar, no contexto geral, a responsabilidade penal objetiva, que consistiria em transmitir a qualificadora a todos os concorrentes do crime, ainda que eles nem mesmo tivessem ciência da sua ocorrência. Afinal, há diferença entre concordar com a prática de um crime de homicídio simples e aquiescer em que se dê a tortura para chegar ao resultado *morte*. Por isso, o disposto no art. 30 do Código Penal deve ser interpretado com restrição. Não se comunicam as circunstâncias e as condições de caráter pessoal, nem tampouco as de caráter objetivo, se não estiverem envoltas pelo dolo dos agentes. É o que expusemos na nota 16 ao art. 30 do nosso *Código Penal comentado*.

5.3.1.5.3 Feminicídio

Defendemos que essa circunstância qualificadora tem caráter objetivo. Ver o item 12.4.1 do Capítulo 12 no tocante à fundamentação.

5.3.1.6 Homicídio culposo

Quesitos 1 a 3: iguais ao homicídio simples.

4. A conduta do réu, provocando a morte da vítima, decorreu de culpa, consistente em ... (descrever em que consistiu a ação desatenciosa, com infringência ao dever de cuidado objetivo. Ex.: "ter disparado a arma enquanto a testava, logo após ter encerrado a sua limpeza")?[23-24]

5. As consequências da infração atingiram o próprio agente de forma tão grave que a sanção penal se torna desnecessária, uma vez que ... (descrever a situação fática pertinente. Ex.: "a vítima era seu filho, causando-lhe, portanto, profundo remorso, com a geração de situação depressiva aguda")?[25]

Ou:

5. O jurado absolve o acusado?[26]

Demais quesitos: iguais ao homicídio simples.[27]

---

23. Temos sustentado que a culpa, por ser uma conduta desatenciosa, infringindo o dever de cuidado objetivo, com previsibilidade do resultado, mas sem desejá-lo, pode dar-se de variadas formas. Pode-se inserir no quesito qualquer das modalidades descritas no art. 18, II, do Código Penal (imprudência, negligência e imperícia). Ocorre que, na essência, são formatos correlatos de desatendimento de regras de cautela, muitas vezes complexos para serem diferenciados. Portanto, o mais relevante é descrever exatamente *como* se deu a culpa, no campo fático, e não sob qual *espécie* (imprudência, negligência ou imperícia) ela se deu. Evitando, pois, confusão entre as referidas espécies, parece-nos mais adequada a simples descrição de como se deram os fatos. Com isso, impede-se de os jurados deixarem de acolher o quesito somente porque discordaram da "classificação" feita (imprudência, negligência ou imperícia).
24. A explicação da tese em plenário é essencial. Para que se opere a desclassificação, torna-se fundamental que a defesa esclareça, convenientemente, aos jurados como se dá a culpa e quais são seus elementos. Afinal, o termo *culpa* pode ser confundido com o vulgar "falta", "crime", "erro", ou seja, ser "culpado" como contrário de "inocente".
25. O perdão judicial (art. 121, § 5.º, CP) envolve circunstâncias fáticas e tese jurídica favorável ao réu. Por isso, àqueles que sustentam a competência do Conselho de Sentença para continuar a votação do questionário, ainda que tenha sido reconhecido um homicídio culposo, deve-se proporcionar a inclusão do quesito específico referente ao perdão. Pensamos, entretanto, ser da alçada do juiz presidente, conforme mencionamos no item 2 das consequências da votação.
26. Para os que sustentam ser o perdão judicial uma causa de mera declaração de extinção da punibilidade, sem qualquer sentido condenatório, parece-nos mais adequada a formulação do quesito genérico em relação à simples absolvição do acusado. Os que defenderem tratar-se o perdão de sentença condenatória, cuja punibilidade não se perfaz, a formulação adequada seria a anterior.
27. Reconhecido o homicídio culposo – repetimos – parece-nos o correto haver a desclassificação e a transferência da competência ao juiz presidente. Assim sendo, torna-se possível aplicar, quando viável, a suspensão condicional do processo (maiores detalhes, conferir a nota 302 ao art. 492 do nosso *Código de Processo Penal comentado*). Para os que defendem a mantença

- Consequências da votação

1. A afirmativa ao quarto quesito elimina o dolo do agente, acolhendo a forma culposa. Por isso, ocorre a denominada desclassificação imprópria. Há quem sustente que os jurados chegaram a um veredito quanto ao mérito e deve haver condenação por parte do juiz, vinculada a essa decisão do Conselho de Sentença. Assim entendendo, continua-se a votação, indagando-se sobre outras causas de elevação ou diminuição da pena, bem como ingressando-se nos quesitos porventura presentes quanto a crimes conexos. Em nosso ponto de vista, tal não se dá. Não importa o modo pelo qual houve a desclassificação para crime que não é da alçada do Tribunal do Júri. Na realidade, o Conselho de Sentença concluiu ter agido o réu com culpa, reconhecendo a sua incompetência para o deslinde da causa. Deve-se considerar prejudicada a votação a partir daí. Passa-se o feito à apreciação do juiz presidente, inclusive no tocante aos eventuais crimes conexos. O magistrado está apto a decidir a respeito do crime *culposo* contra a vida. Pode condenar ou absolver, dentro do seu livro convencimento fundamentado. É-lhe possível, ainda, aplicar os benefícios da suspensão condicional do processo, pois a pena mínima prevista para o delito é de um ano de detenção (art. 89, Lei 9.099/95).

2. Outro importante ponto para referendar a segunda posição, ou seja, ocorrendo a desclassificação imprópria o caso deve passar à apreciação do juiz presidente concentra-se na existência de outras teses relevantes a levar em conta. As causas de aumento de pena, próprias do homicídio culposo. Prevê-se a possibilidade da elevação da pena em um terço se o crime resultar da inobservância de regra técnica de profissão, arte ou ofício, ou se o agente deixar de prestar imediato socorro à vítima, não procurar diminuir as consequências do seu ato ou fugir para evitar a prisão em flagrante. Se tais situações ocorrerem – e somente são possíveis de serem analisadas se o delito for culposo – como fariam os jurados para considerar existentes ou inexistentes tais aspectos? Não haveria quesitos formulados para isso, nem teria ocorrido debate em plenário sobre o tema. Ficariam alijados do contexto condenatório sem fundamento plausível. Entretanto, passando-se o caso à avaliação do juiz togado, vislumbrando-se alguma dessas alternativas, há possibilidade de se abrir vista ao órgão acusatório para aditar a denúncia, inserindo a causa de aumento e proporcionando à defesa a resposta que tiver. A decisão condenatória (ou absolutória) seria posteriormente dada pelo magistrado. Outra alternativa, em caso de homicídio culposo, é a aplicação do perdão judicial (art. 121, § 5.º, CP). Deslocada a competência para o magistrado, teria ele condições de julgar extinta a punibilidade pelo advento do perdão. Nesta última hipótese, entretanto, por se tratar de tese favorável ao réu, poderia ser solicitada a inclusão de quesito específico pela defesa, ainda que se considerasse vinculado o Conselho de Sentença quanto à votação geral do questionário, ao reconhecer o homicídio culposo. Por isso, sugerimos o modelo de quesito.

3. A negativa ao quesito reafirma ter havido homicídio doloso, afinal, o dolo é implícito e a culpa, expressa. Negada esta, o reconhecimento aos primeiros quesitos dá conta de ter havido um homicídio doloso. Continua a votação quanto aos demais quesitos existentes.

---

da competência do Conselho de Sentença, pode-se votar, na sequência, se for o caso, a única agravante compatível com a figura culposa (em nosso entendimento), que é a reincidência. Sobre a posição dos que defendem as agravantes gerais do art. 61 também aos delitos culposos, consultar a nota 33 ao art. 61 do nosso *Código Penal comentado*.

5.3.1.7 *Homicídio com causa de aumento de pena referente a milícia privada e grupo de extermínio ou circunstâncias específicas do feminicídio*

Quesitos 1 a 4: iguais ao homicídio simples.

5. O crime foi cometido por milícia privada, sob o pretexto de prestação de serviço de segurança?[28]

Ou

5. O crime foi cometido por grupo de extermínio?

Ou:

5. O crime foi cometido contra gestante?

Ou:

5. O crime foi cometido contra parturiente, nos primeiros três meses após o parto?

Ou:

5. O crime foi cometido contra menor de 14 anos?

Ou:

5. O crime foi cometido contra maior de 60 anos?

Ou:

5. O crime foi cometido contra pessoa deficiente?

Ou:

5. O crime foi cometido na presença de descendente (especificar: filho, neta) da vítima?

Ou:

5. O crime foi cometido na presença de ascendente (especificar: pai, avó) da vítima?

- Consequência da votação

Se os jurados responderem afirmativamente ao quesito 5, a pena deve ser elevada de um terço até a metade. O critério de elevação obedece ao grau de periculosidade à paz pública apontado pelo agrupamento. Cuidando-se de um só exterminador, o aumento se situa em um terço; considerando-se a atuação de vários integrantes da milícia, a pena pode atingir o aumento de metade.

Tratando-se das causas de aumento do feminicídio, afirmando-se esse quesito, a pena será elevada de um terço até a metade. O critério de elevação depende do caso concreto, merecendo fundamentação específica por parte do julgador. Imagine-se que o agente mate gestante, que espera gêmeos, o aumento pode se dar na fração da metade. Por outro lado, o agente mata a parturiente, dois meses depois do parto, sem qualquer lesão ao recém-nascido,

---

28. Esta causa de aumento, introduzida pela Lei 12.720/2012, deve ser aplicada com cautela, evitando-se a incidência do *bis in idem*. Se o homicídio for praticado por agente intitulado *exterminador* ou *integrante de milícia privada*, cuida-se, em verdade, de motivação torpe – como é da tradição da jurisprudência brasileira. Assim sendo, se esta for a única circunstância especial do crime, deve figurar como qualificadora apenas, não se utilizando o juiz da causa de aumento do § 6.º, que nem mesmo será quesitada aos jurados. Porém, caso o homicídio contenha outras circunstâncias qualificadoras (exemplo: crueldade e traição), estas podem ser indagadas como tais, enquanto a atuação do agente em milícia ou grupo de extermínio passa a ser a causa de aumento, quesitada à parte ao Conselho de Sentença.

o aumento pode dar-se à fração de um terço. São apenas exemplos, pois o mais relevante é extrair o montante da elevação da pena do caso tal como delineado no mundo real.

5.3.2 Induzimento, instigação ou auxílio a suicídio ou a automutilação

5.3.2.1 Induzimento, instigação ou auxílio a suicídio ou a automutilação[29]

1. No dia ____, às _____ horas, na residência situada na ____, bairro de ____, nesta Comarca, a vítima "X" foi induzida[30] (instigada[31] ou auxiliada[32]) ao cometimento de suicídio, consistente em ... (descrever como se deu o induzimento, instigação ou auxílio. Ex.: "tendo sido convencida de que a melhor forma de contornar a doença grave da qual padecia seria atentando contra a própria vida")?

Ou:

1. No dia ____, às _____ horas, na residência situada na ____, bairro de ____, nesta Comarca, a vítima "X" foi induzida (instigada ou auxiliada) ao cometimento de automutilação, consistente em ... (descrever como se deu o induzimento. Ex.: "tendo sido convencida de que a autolesão seria uma forma de demonstração de coragem")?

2. O réu "C", qualificado a fls.___, concorreu para o crime, dando diretamente o conselho para que a vítima "D" se matasse?[33]

Ou:

2. O réu "C", qualificado a fls. ___, concorreu para o crime, dando, juntamente com terceira pessoa, o conselho para que a vítima "D" se matasse?[34]

Ou:

2. O réu "C", qualificado a fls. ___, concorreu para o crime, instigando terceira pessoa a induzir a vítima "D" a se matar?[35]

3. O jurado absolve o acusado?

4. O crime foi cometido por motivo egoístico, consistente em... (descrever o fato; ex.: "se livrar do encargo de cuidar da idosa vítima")?

---

29. A Lei 13.968/2019 inseriu a figura formal do crime no *caput* do art. 122 sem exigir qualquer resultado naturalístico (lesão ou morte), bastando a conduta de induzir, instigar ou auxiliar suicídio ou automutilação (causar lesão a si mesmo, porém existindo o dolo eventual de chegar ao suicídio). Essa é uma infração de menor potencial ofensivo (a pena máxima prevista é de dois anos); por isso, cabe transação. No entanto, se esta não for viável, nos termos legais (já tenha sido pactuada antes, dentro dos últimos cinco anos, por exemplo), cabe o julgamento pelo Tribunal do Júri, por ter sido incluída no capítulo dos crimes dolosos contra a vida. Por isso, ofertamos o modelo de quesitação. Há mais um ponto relevante: se houver a incidência das causas de aumento previstas nos §§ 3.º, 4.º e 5.º, afasta-se a figura da infração de menor potencial ofensivo (a pena máxima supera os dois anos), logo, pode seguir ao júri. Antes, porém, é possível a aplicação da suspensão condicional do processo (a pena mínima não supera um ano). Caso não seja viável o *sursis* processual, segue a julgamento pelo Tribunal Popular.
30. *Induzir* significa dar a ideia a quem não a possui.
31. *Instigar* significa incentivar uma ideia já existente.
32. *Auxiliar* significa uma forma concreta de agir, dando apoio material ao ato da vítima.
33. Quesito na forma de autoria.
34. Quesito na forma de coautoria.
35. Quesito na forma de participação.

Ou:

4. O crime foi cometido por motivo torpe, consistente em... (descrever o fato; ex.: receber a herança que lhe foi destinada por testamento)?

4. O crime foi cometido por motivo fútil, consistente em... (descrever o fato; ex.: antipatizar com a vítima)?

5. O crime foi cometido contra menor de 18 e maior de 14 anos?[36]

Ou:

5. O crime foi cometido contra pessoa com a capacidade de resistência diminuída, consistente em... (descrever o fato; ex.: vítima com retardamento mental)?[37]

6. A conduta do agente foi praticada por meio da rede mundial de computadores (ou rede social ou por transmissão em tempo real)?[38]

7. O agente é líder do grupo... (descrever)?[39]

Ou:

7. O agente é coordenador da rede virtual... (descrever)?[40]

Demais quesitos (atenuantes e agravantes): iguais ao homicídio simples.

5.3.2.2 Formas qualificadas pelo resultado lesão grave ou gravíssima[41]

1. No dia ____, às ____ horas, na residência situada na ____, bairro de ___, nesta Comarca, a vítima "D" foi induzida (instigada ou auxiliada) ao cometimento de suicídio (ou automutilação), ... (descrever como se deu o induzimento, instigação ou auxílio. Ex.: "tendo sido convencida de que a melhor forma de contornar a doença grave da qual padecia seria atentando contra a própria vida")?

2. Essa conduta levou a vítima a tentar cometer suicídio, o que lhe causou as lesões graves (ou gravíssimas), descritas no laudo de exame de corpo de delito de fls. ___?[42]

3. O réu "C", qualificado a fls.___, concorreu para o crime, dando diretamente o conselho para que a vítima "D" se matasse (ou se automutilasse)?[43]

---

36. Esta causa de aumento é de natureza objetiva, podendo ser aplicada juntamente com alguma das causas de aumento de fundo subjetivo previstas no inciso I do § 3.º do art. 122.
37. Esta causa de aumento é de natureza objetiva, podendo ser aplicada juntamente com alguma das causas de aumento de fundo subjetivo previstas no inciso I do § 3.º do art. 122.
38. Esta causa de aumento é de natureza objetiva, podendo ser aplicada juntamente com alguma das causas de aumento de fundo subjetivo previstas no inciso I do § 3.º do art. 122.
39. Esta causa de aumento é de natureza objetiva, podendo ser aplicada juntamente com alguma das causas de aumento de fundo subjetivo previstas no inciso I do § 3.º do art. 122.
40. Esta causa de aumento é de natureza objetiva, podendo ser aplicada juntamente com alguma das causas de aumento de fundo subjetivo previstas no inciso I do § 3.º do art. 122.
41. Art. 122, § 1.º, do Código Penal.
42. O delito previsto no art. 122, § 1.º, do Código Penal é condicionado, não admitindo tentativa. Por isso, há duas possibilidades de consumação, se a vítima praticar automutilação ou tentar o suicídio: a) sofrer lesão corporal grave (art. 129, § 1.º, CP); b) sofrer lesão corporal gravíssima (art. 129, § 2.º, CP), cuja pena é de reclusão, de 1 a 3 anos. Cabe suspensão condicional do processo (pena mínima de um ano). Se não for viável, segue a julgamento pelo júri.
43. Quesito na forma de autoria.

Ou:

3. O réu "C", qualificado a fls. ___, concorreu para o crime, dando, juntamente com terceira pessoa, o conselho para que a vítima "D" se matasse (ou se automutilasse)?[44]

Ou:

3. O réu "C", qualificado a fls. ___, concorreu para o crime, instigando terceira pessoa a induzir a vítima "D" a se matar (ou se automutilar)?[45]

4. O jurado absolve o acusado?

5. [Se alegadas e constantes da pronúncia, ingressam as causas de aumento específicas, como descritas no item 5.3.2.1 *supra*]

Demais quesitos (atenuantes e agravantes): iguais ao homicídio simples.

5.3.2.3 *Forma qualificada pelo resultado morte*[46]

1. No dia ____, às ____ horas, na residência situada na ____, bairro de ___, nesta Comarca, a vítima "D" foi induzida (instigada ou auxiliada) ao cometimento de suicídio, ... (descrever como se deu o induzimento. Ex.: "tendo sido convencida de que a melhor forma de contornar a doença grave da qual padecia seria atentando contra a própria vida")?

2. Essa conduta levou a vítima a cometer suicídio, conforme laudo necroscópico de fls. __?

Quesitos 3 a 5: conforme o item 5.3.2.2.

5.3.2.4 *Auxílio por omissão*[47]

1. No dia ____, às ___ horas, no interior do hospital __, situado na ___, bairro de ___, nesta Comarca, a vítima "F", que desejava cometer suicídio, ... (descrever como se deu a ação. Ex.: "ingeriu vários frascos de remédios de uso controlado")?

2. Essa conduta levou a vítima a cometer suicídio, ingerindo dose excessiva do medicamento, conforme laudo necroscópico de fls. ___?[48]

---

44. Quesito na forma de coautoria.

45. Quesito na forma de participação.

46. O delito previsto no art. 122, § 2.º, do Código Penal é condicionado, não admitindo tentativa. Por isso, consuma-se quando a vítima praticar automutilação e atingir a morte ou se suicidar, cuja pena é de reclusão, de 2 a 6 anos.

47. Há duas posições em relação à possibilidade de se cometer o crime por intermédio da omissão, aceitando e rejeitando a hipótese. Embora o verbo do tipo diga respeito a uma conduta ativa (prestar auxílio), não vemos óbice para a aceitação da omissão penalmente relevante. Portanto, aqueles que assumem a posição de garante (art. 13, § 2.º, CP) podem responder pelo crime. É a corrente que nos parece mais adequada.

48. O delito previsto no art. 122 do Código Penal é condicionado, nas formas dos §§ 1.º e 2.º, não admitindo tentativa. Por isso, há duas possibilidades de consumação, que redundam em penas diversas. Se a vítima atinge o suicídio, a pena é de reclusão, de dois a seis anos. Se ao tentar praticar o suicídio, apenas se fere gravemente, a pena é de reclusão de um a três anos. Caso a vítima tente o suicídio nada sofrendo ou resultando somente lesões leves, a condição não se preenche e o fato se torna atípico.

Ou:

2. Essa conduta levou a vítima a tentar cometer suicídio, ingerindo dose excessiva do medicamento, o que lhe causou as lesões graves (ou gravíssimas), descritas no laudo de exame de corpo de delito de fls. ___?

3. O réu "E", qualificado a fls.___, tinha o dever de impedir o resultado, tendo em vista ser o enfermeiro responsável por guardar e ministrar o medicamento de uso controlado utilizado pela vítima "F", que estava internada com distúrbios psiquiátricos?[49]

Demais quesitos: iguais aos do item 5.3.2.1

---

49. A posição de garante constitui o cenário da omissão penalmente relevante, que faz parte da tipicidade derivada (art. 13, § 2.º, CP), devendo ser descrita no questionário e apreciada pelos jurados.

50. O infanticídio nada mais é, na essência, do que uma forma *privilegiada* de homicídio, possuindo pena mais branda (detenção de dois a seis anos). Entretanto, por ter sido destacado do contexto do homicídio, ganhando *status* autônomo no art. 123 do Código Penal, assim deve ser considerado. Porém, não se pode olvidar a possibilidade de ser julgada uma pessoa pela morte de um recém-nascido e terminar condenada por homicídio. Afinal, os jurados não estão obrigados, de acordo com o princípio constitucional da soberania dos vereditos, a acatar a tese de que houve infanticídio. Podem considerar ter a mãe matado o filho, sem dúvida, mas sem os requisitos próprios do infanticídio. Embora pronunciada por infanticídio, a ré pode ser condenada por homicídio. Inexiste qualquer lesão à defesa, uma vez que o caso em julgamento diz respeito a um homicídio, embora com contornos favoráveis. Se tais circunstâncias benéficas forem aparadas pelo Conselho de Sentença, não se pode alegar cerceamento de defesa. É algo esperado, contra o que pode a defesa, antecipadamente, expor sua tese em plenário. Ao contrário, acusada de infanticídio, não comprovado o estado puerperal, por exemplo, o que houve, em verdade, foi um homicídio. Seria uma desclassificação para crime de maior gravidade, igualmente da competência constitucional do Tribunal do Júri. Em posição contrária, com a devida vênia, ferindo preceito constitucional, estão as posições de Marrey e Silva Franco: "Se foi *pronunciada* como incursa na sanção do art. 123 do CP, o Conselho de Sentença não poderá negar o quesito relativo a ter a acusada agido 'sob a influência do estado puerperal', já admitido na sentença que a submeteu a julgamento pelo Júri. Não há possibilidade de desclassificação *in pejus*, para homicídio (simples ou qualificado), tanto mais que esse tipo penal (cujo reconhecimento seria consequente à afirmativa do 3.º quesito das lesões, ou atos agressivos, ou omissivos, ter resultado a morte do recém-nascido) já foi afastado pelo juiz da pronúncia, 'inspirado no princípio da especialidade', no concurso aparente de normas. Se o Conselho de Sentença, contrariamente à classificação da pronúncia preclusa, decidir negar o quesito relativo propriamente ao infanticídio, será por não estar devidamente esclarecido" (*Teoria e prática do júri*, p. 650). Ora, em primeiro lugar, o juiz da pronúncia não é o juiz natural da causa, pois se trata de delito doloso contra a vida. Ele apenas proferiu uma decisão de admissibilidade da acusação. Pouco importa tenha feito com base em infanticídio, pois o mérito será julgado pelos jurados. Por outro prisma, segundo sustentam os referidos autores, de nada adianta o júri negar o quesito relativo à influência do estado puerperal. Se nada resolve, para que colocá-lo em votação? Para obter um parecer dos jurados? Inexiste tal possibilidade. A *reformatio in pejus* é da essência desse tipo de julgamento, que se encontra nas mãos do povo e não de juiz togado. Reitere-se ser o infanticídio, no fundo, um homicídio privilegiado. Não se surpreende a defesa quanto aos fatos alegados. A mãe matou o filho e deve responder por seu ato, se for considerada culpada. Ora, negado

5.3.3 *Infanticídio*[2]

5.3.3.1 *Infanticídio consumado*

1. No dia ____, por volta de ____ horas, no interior do hospital ____, situado na ____, bairro de __, nesta Comarca, a vítima "H" sofreu golpes de faca,[51-52] que lhe causaram as lesões descritas no laudo de exame de corpo de delito de fls. ____?[53-54]

---

o estado puerperal ou a situação temporal (durante ou após o parto), não se cuidou de infanticídio, mas de homicídio. Aliás, o mesmo se diga se os jurados negarem a condição de *filho* em relação à vítima. Essa é a soberania do Tribunal Popular. Não há sentido algum em, refutados os requisitos do infanticídio, terminar o juiz condenando-a justamente por infanticídio. Que justiça seria essa? Pior seria pensar em absolvição. O Conselho de Sentença afirma que a mãe matou o filho, embora não o tenha feito sob influência do estado puerperal. Não preenchido o tipo penal do art. 123 do CP, o caminho seria a absolvição? Com qual justificativa? Preclusão da decisão de pronúncia? O crime não pode ficar impune, pois foi reconhecido expressamente pelo júri, sem qualquer causa excludente de ilicitude ou de culpabilidade. Acima dos preceitos processuais penais ordinários encontra-se a norma constitucional: é assegurada a soberania dos veredictos. Para evitar tal situação, Hermínio Alberto Marques Porto propõe o quesito único ("___ Dia, hora e local, a ré A, sob a influência do estado puerperal, durante o parto (ou logo após o parto), matou seu filho, causando-lhe as lesões descritas no laudo de fls.?"). Afirmado em bloco, condena-se por infanticídio. Negado em conjunto, absolve-se (*Júri*, p. 282-283). São soluções doutrinárias advindas de interpretação isolada dos preceitos processuais penais ordinários, sem deixar prevalecer o princípio constitucional. Imagine-se que a ré, no seu interrogatório, em plenário, afirme não ter agido sob estado puerperal, mas plenamente consciente de que eliminava seu filho recém-nascido. O quesito único provocaria a absolvição da acusada, pois os jurados o negariam, afinal, não houve a influência do estado puerperal. Nada mais injusto e contrário à soberania dos veredictos.

51. A condição de *filho* da ré deve ser objeto de quesito à parte, pois implica em situação fática da competência dos jurados, tais como o *estado puerperal* e *logo após o parto*. O Conselho de Sentença, conforme a prova apresentada, deve ter autonomia para negar a filiação (imagine-se que a ré atacou pessoa diversa, que não era seu filho). Logo, a pronúncia por infanticídio, como já exposto em nota anterior, não pode servir de bloqueio à soberania dos veredictos.

52. Preferimos extrair o termo "recém-nascido", que seria complemento da descrição do sujeito passivo "filho", de modo a evitar que a situação temporal seja indagada dos jurados por duas vezes, podendo prejudicar a ré. Indagar-se-á, em quesito próprio, se a lesão foi cometida durante ou logo após o parto. Portanto, diz respeito a ser nascente ou recém-nascido. Não se poderia incluir essa adjetivação no primeiro quesito e, depois, indagar novamente em quesito autônomo.

53. Não vemos razão para desdobrar esse primeiro quesito, advindo, como preliminar, a pergunta "a ré..., no dia..., por volta de... horas, no (indicar o local), nesta cidade (ou Comarca), deu à luz uma criança de sexo (tal), a termo e com vida?" (cf. Marrey e Silva Franco, *Teoria e prática do júri*, p. 648). Se a acusada não deu à luz criança alguma, inexiste fato a ser julgado. Se a criança nasceu morta, cuida-se de crime impossível. De qualquer forma, todas essas matérias podem ser inseridas, por óbvio, no primeiro quesito, indagando se a ré desferiu golpes na vítima, causando-lhe lesões. Caso o filho tenha nascido morto, a resposta será negativa. Caso não tenha dado à luz criança alguma, igualmente a resposta será negativa, pois não se pode agredir quem não existe.

54. Nos moldes do homicídio, a primeira indagação deve dizer respeito às lesões corporais, integrantes, logicamente, do crime de infanticídio. Afirmado este quesito, mas negado o próximo, ocorrerá a desclassificação própria. A tese do quesito único, proposta por Hermínio Alberto Marques Porto (*Júri*, p. 283), encontra outro óbice na possibilidade de haver desclassificação. Afinal, reconhecido o quesito, está a mãe condenada por infanticídio, quando, na verdade, pode ter somente ferido seu filho. Para solucionar esse impasse, o mesmo autor propõe que, *se pretender a desclassificação*,

2. Essas lesões deram causa à morte da vítima?[55]

3. A ré "G", qualificada a fls. ___, concorreu para o crime desferindo os golpes de faca na vítima "H"?[56]

4. A vítima "H" era filho da ré?[57]

5. A ré agiu sob a influência do estado puerperal?[58]

6. A ré agiu durante o parto ou logo após?[59]

7. O jurado absolve a acusada?[60]

---

pode a defesa técnica pedir o desdobramento em dois quesitos (o primeiro contendo as lesões e o segundo, o resultado morte). Ora, se a defesa técnica não pedir o desdobramento, impede-se o Conselho de Sentença, dentro da sua mais apurada soberania, reconhecer a situação de corte do nexo causal. Se tal hipótese é perfeitamente possível no cenário do homicídio, precisa ser identicamente viável no infanticídio. Por isso, o quesito único é inadequado.

55. Negado o segundo quesito, reconhece-se a prática de lesões corporais, transferindo-se a competência para o julgamento ao juiz presidente. Cessada está a atividade do Tribunal do Júri. Tem o magistrado inteira liberdade para julgar o caso. Pode avaliar as lesões sofridas pela criança e aplicar a pena cabível: lesões leves, graves ou gravíssimas. Diz Hermínio Alberto Marques Porto dever o juiz fixar, nesse caso, a pena referente às lesões leves, ainda que tenham ocorrido lesões graves (*Júri*, p. 283-284). Assim ensina, calcado na mesma ideia de que não poderia haver *reformatio in pejus*. Não vemos nenhuma razão técnica para tal situação se dar. A pena mínima da tentativa de infanticídio é de um ano e quatro meses de detenção. A pena mínima da lesão grave é de um ano de reclusão; a relativa às lesões gravíssimas, dois anos de reclusão. Se a defesa técnica acredita ser a primeira penalidade a mais favorável, deve pedir aos jurados que reconheça a tentativa de infanticídio. Porém, se houver a desclassificação, conforme a decisão soberana dos jurados, o juiz togado deve aplicar a pena conforme a nova figura típica surgida. Não se pode argumentar com a tese da *reformatio in pejus* em função de penas abstratas, que *poderiam* ser aplicadas. A reforma em prejuízo do réu é garantia envolvendo instrumentos processuais diversos, em particular, assegura que o acusado não recorra para *piorar* sua situação processual. Não pode ter qualquer relação com outros mecanismos processuais de desclassificação, mormente tendo em vista a soberania e a particular situação, no contexto do processo penal brasileiro, do Tribunal do Júri. A ideia central da vedação da *reformatio in pejus* diz respeito a permitir que o acusado se valha do recurso que deseje e, havendo triunfo, somente poderá ter melhorada sua situação. Estender-se a mesma vedação para outros institutos não condiz com a sistemática processual ideal, em especial, mais uma vez se diga, no cenário do júri.

56. Quesito na forma de autoria.

57. Como já exposto em nota anterior, a condição de *filho* da ré deve ser objeto de quesito à parte, pois implica em situação fática da competência dos jurados, tais como o *estado puerperal* e *logo após o parto*. O Conselho de Sentença, conforme a prova apresentada, deve ter autonomia para negar a filiação (imagine-se que a ré atacou pessoa diversa, que não era seu filho). Logo, a pronúncia por infanticídio não pode servir de bloqueio à soberania dos vereditos.

58. A autonomia das circunstâncias fáticas é plenamente condizente com a igual soberania dos jurados para afirmar ou negar qualquer matéria de fato. Aliás, negado este quesito, prejudica-se o próximo, pois se afasta o infanticídio, reconhecendo-se um homicídio. Votam-se outras teses defensivas, agravantes e atenuantes, se o caso.

59. É característica do infanticídio o cometimento da agressão letal durante o parto ou logo após. Portanto, é fundamental indagar sobre tal aspecto, que é matéria de fato, logo, da competência do júri, aos jurados. Se for negado o requisito de tempo, não houve infanticídio, mas homicídio. Votam-se outras teses de defesa, agravantes e atenuantes, se o caso.

60. Este quesito deve ser proposto depois que foi configurado inteiramente um crime de infanticídio ou que tenha sido negado algum quesito fundamental, migrando para a forma de homicídio. De

8. [Se houver, ingressam os quesitos específicos levantados pela defesa, relativos a causas de diminuição da pena.]

9. [Se forem sustentadas em plenário, ingressam as atenuantes em tantos quesitos quantas forem as causas genéricas de diminuição da pena – arts. 65 e 66, CP.]

10. [Se forem sustentadas em plenário, ingressam as agravantes em tantos quesitos quantas forem as causas genéricas de elevação da pena – arts. 61 e 62, CP.]

5.3.3.2 Tentativa de infanticídio

1. No dia ____, por volta de ____ horas, no interior do hospital ____, situado na ____, bairro de __, nesta Comarca, a vítima "H" sofreu golpes de faca, que lhe causaram as lesões descritas no laudo de exame de corpo de delito de fls. ____?[61]

2. A ré "G" concorreu para o crime, desferindo os golpes de faca na vítima "H"?[62]

3. A conduta da ré deu início a um crime de infanticídio que somente não se consumou por circunstâncias alheias à sua vontade?[63]

4. A vítima era filho da ré?

5. A ré agiu sob a influência do estado puerperal?

6. A ré agiu durante o parto ou logo após?

7. [Se houver, ingressam os quesitos específicos levantados pela defesa, relativos a eventual causa de diminuição da pena.]

8. [Se forem sustentadas em plenário, ingressam as atenuantes em tantos quesitos quantas forem as causas genéricas de abrandamento da pena – arts. 65 e 66, CP.]

9. [Se forem sustentadas em plenário, ingressam as agravantes em tantos quesitos quantas forem as causas genéricas de elevação da pena – arts. 61 e 62, CP.]

---

toda forma, consolidada a tipicidade, indaga-se, agora, se a ré deve ser absolvida, com base em alguma excludente de ilicitude ou culpabilidade.

61. Consultar as notas formuladas à forma consumada.

62. Quesito em forma de autoria.

63. Quesito colocado na ordem de votação determinada pelo art. 483, § 5.º, do CPP.

64. O objetivo dos modelos, neste tópico, é explorar a questão pertinente ao concurso de agentes no infanticídio. Com relação aos outros desdobramentos em relação às respostas aos quesitos, consultar os itens anteriores.

65. A questão relativa à possibilidade de ocorrência tanto de coautoria quanto de participação, no caso de infanticídio, encontra respaldo majoritário na doutrina penal. Maiores detalhes podem ser encontrados na nota 18 ao art. 30 do nosso *Código Penal comentado*. Em síntese, no entanto, devemos relembrar que, em matéria de concurso de pessoas, adotamos a teoria monística (art. 29, CP), ou seja, quem de qualquer forma concorre para o crime incide nas penas a ele cominadas. Portanto, não importa o número de concorrentes para a prática da infração penal: há um único delito e vários coautores e partícipes. O infanticídio é uma forma privilegiada de homicídio, embora prevista em tipo penal autônomo (art. 123, CP). Quando a mãe mata o filho maior de idade, responde por homicídio. Se o fizer em relação ao recém-nascido, estando ela em estado puerperal, durante ou logo após o parto, responde por infanticídio. Logo, deve-se eleger uma (art. 121, CP) ou outra forma (art. 123, CP).

5.3.3.3 *Concurso de pessoas*[4-5]

5.3.3.3.1 Coautoria em relação à mãe

1. No dia ____, por volta de ____ horas, no interior do hospital ____, situado na ____, bairro de __, nesta Comarca, a vítima "H" sofreu golpes de faca, que lhe causaram as lesões descritas no laudo de exame de corpo de delito de fls. ____?

2. Essas lesões deram causa à morte da vítima?

3. A ré "G", qualificada a fls. ___, concorreu para o crime desferindo, juntamente com terceira pessoa, os golpes de faca na vítima "H"?[66]

4. A vítima "H" era filho da ré?

5. A ré agiu sob a influência do estado puerperal?

6. A ré agiu durante o parto ou logo após?

7. O jurado absolve a acusada?

8. [Se houver, ingressam os quesitos específicos levantados pela defesa, relativos a causas de diminuição da pena.]

9. [Se forem sustentadas em plenário, ingressam as atenuantes em tantos quesitos quantas forem as causas genéricas de diminuição da pena – arts. 65 e 66, CP.]

10. [Se forem sustentadas em plenário, ingressam as agravantes em tantos quesitos quantas forem as causas genéricas de elevação da pena – arts. 61 e 62, CP.]

5.3.3.3.2 Coautoria em relação a terceiro

1. No dia ____, por volta de ____ horas, no interior do hospital ____, situado na ____, bairro de __, nesta Comarca, a vítima "H" recebeu golpes de faca, que lhe causaram as lesões descritas no laudo de exame de corpo de delito de fls. ____?

2. Essas lesões deram causa à morte da vítima?

3. O réu "M", qualificado a fls. ___, concorreu para o crime, desferindo os golpes de faca, juntamente com terceira pessoa?

Escolhida, pelo princípio da especialidade, a figura típica do art. 123, em função das características particulares apresentadas pelo sujeito ativo (mãe em trabalho de parto ou logo após), forma-se um único delito, pouco importando quantos outros contribuírem para o resultado. Respondem todos por infanticídio. O rompimento da unidade do delito poderia ser feito, se – e somente se – o tipo penal permitisse (como, aliás, constou do art. 235 do CP, reservando duas modalidades de penas: *caput* e § 1.º, para exemplificar). Não havendo tal permissão, ofende-se a legalidade caso se pretenda inserir a mãe da vítima no art. 123 e a pessoa que a auxiliou no art. 121. Ademais, as condições e circunstâncias de caráter pessoal comunicam-se aos demais concorrentes, quando elementares do delito (art. 30, CP), justamente o caso do infanticídio. Sintetizando, pode-se acolher tanto a coautoria quanto a participação nesse contexto. Aqueles que não admitem poder o terceiro desenvolver atos executórios contra a vida da criança recém-nascida, juntamente com a mãe, certamente, defendem deva o estranho responder por homicídio, quebrando a unidade da infração penal. Somente para argumentar, se assim ocorrer, nada impede que a defesa do terceiro, em plenário, quando se estiver diante de um questionário de homicídio, levante a tese da *unidade do crime* aos jurados, pretendendo a inclusão de um quesito específico para que os jurados reconheçam ter o terceiro tomado parte em delito de infanticídio, promovendo a desclassificação, caso aceita a proposição. É a soberania dos vereditos prevalecendo sobre teses jurídicas defendidas pela doutrina ou pela jurisprudência. Portanto, perfeitamente viável que ocorra.

66. Quesito na forma de coautoria.

4. A terceira pessoa era mãe da vítima?[67-68]

5. A terceira pessoa agiu sob a influência do estado puerperal?

6. A terceira pessoa agiu durante o parto ou logo após?

7. O jurado absolve o acusado?

8. [Se houver, ingressam os quesitos específicos levantados pela defesa, relacionados a eventuais causas de diminuição da pena]

9. [Se forem sustentadas em plenário, ingressam as atenuantes em tantos quesitos quantas forem as causas genéricas de abrandamento da pena – arts. 65 e 66, CP]

10. [Se forem sustentadas em plenário, ingressam as agravantes em tantos quesitos quantas forem as causas genéricas de elevação da pena – arts. 61 e 62, CP]

5.3.3.3.3 Participação

1. No dia ____, por volta de ____ horas, no interior do hospital ____, situado na ____, bairro de __, nesta Comarca, a vítima "H" recebeu golpes de faca, que lhe causaram as lesões descritas no laudo de exame de corpo de delito de fls. ____?

2. Essas lesões deram causa à morte da vítima?

3. O réu "M" concorreu para a prática do crime, ... (descrever como se deu a participação do estranho. Ex.: "vigiando o local para que a execução não sofresse nenhuma interrupção")?[69]

4. A terceira pessoa era mãe da vítima?

5. A terceira pessoa agiu sob a influência do estado puerperal?

6. A terceira pessoal agiu durante o parto ou logo após?

7. O jurado absolve o acusado?

8. [Se houver, ingressam os quesitos específicos levantados pela defesa, relativos a eventuais causas de diminuição da pena.]

9. [Se forem sustentadas em plenário, ingressam as atenuantes em tantos quesitos quantas forem as causas genéricas de abrandamento da pena – arts. 65 e 66, CP.]

10. [Se forem sustentadas em plenário, ingressam as agravantes em tantos quesitos quantas forem as causas genéricas de elevação da pena – arts. 61 e 62, CP.]

---

67. Insere-se o quesito relativo à condição pessoal da terceira pessoa (mãe) para que o agente (coautor) seja beneficiado pela aplicação da figura do infanticídio. Negado o terceiro quesito, estão prejudicados os quarto e quinto quesitos, passando-se à votação dos demais.

68. Esta é outra hipótese de possível desclassificação de infanticídio para homicídio, tornando mais grave a imputação em face da soberania dos vereditos do Tribunal do Júri.

69. Após ter sido fixado claramente o contexto do fato principal, passa-se a indagar do Conselho de Sentença acerca do partícipe. Este é o concorrente que não pratica a conduta típica (não executa o delito diretamente), mas presta apoio para que outrem o faça. Registremos que, em nome da soberania dos vereditos populares, constitucionalmente assegurada, os jurados podem afastar a participação em um infanticídio, considerando ter havido participação em homicídio. Tal situação não pode ser afastada, a pretexto de ter ocorrido a "preclusão" da sentença de pronúncia. A delimitação da acusação não vincula o Tribunal do Júri, mas somente o Estado-acusação, ao menos no contexto onde se apresentam teses similares aos jurados, que haverá de optar pela mais justa, sob o seu ponto de vista. Basta que neguem os próximos quesitos.

- Consequências da votação
  Consultar as notas de rodapé dos itens supraexpostos, que já abordaram a questão.

5.3.4 *Aborto*[70]

5.3.4.1 *Aborto provocado pela gestante*

1. No dia ___, às ___ horas, no interior da residência situada na _____, bairro de ____, nesta Comarca, foram desferidos golpes com instrumento contundente contra o útero de "B", atingindo o feto em gestação, causando-lhe as lesões descritas no laudo de fls. __?[71-72]

2. Em consequência disso, houve a provocação do aborto?

3. A ré "B" desferiu os golpes com instrumento contundente contra seu próprio útero?

4. O jurado absolve a acusada?

5. [Se houver, ingressam os quesitos específicos levantados pela defesa, relativos a eventuais causas de diminuição da pena]

6. [Se forem sustentadas em plenário, ingressam as atenuantes em tantos quesitos quantas forem as causas genéricas de abrandamento da pena – arts. 65 e 66, CP]

7. [Se forem sustentadas em plenário, ingressam as agravantes em tantos quesitos quantas forem as causas genéricas de elevação da pena – arts. 61 e 62, CP]

5.3.4.2 *Tentativa de autoaborto*

1. No dia ___, às ___ horas, no interior da residência situada na _____, bairro de ____, nesta Comarca, foram desferidos golpes com instrumento contundente contra o útero de "B", atingindo o feto em gestação, causando-lhe as lesões descritas no laudo de fls. __?

2. A ré "B" desferiu os golpes com instrumento contundente contra seu próprio útero?

---

70. Algumas formas de aborto possuem pena mínima de um ano de detenção (art. 124, CP) ou reclusão (art. 126, CP), o que admite a suspensão condicional do processo (art. 89, Lei 9.099/95). Entretanto, se não couber o benefício, o julgamento se dá pelo Tribunal do Júri.

71. O aborto é um delito contra a vida, focando o feto ou embrião, como bem jurídico tutelado. Desdobra-se, pois, como o homicídio. É preciso questionar a respeito da materialidade, desdobrando-se em lesões e, em seguida, indagando-se sobre o resultado morte (aborto). Pode, afinal, ter havido mera tentativa ou somente lesões atípicas no feto.

72. Discordamos daqueles que inserem quesito próprio, antes ou depois do principal, referente à existência da gravidez ou de estar o feto vivo. Ora, tais situações são pressupostos naturais para a ocorrência do crime de aborto, da mesma forma que a vida humana é pressuposto óbvio para haver homicídio. Não se pergunta se a vítima estava viva, ao receber a agressão, que lhe causou lesões, levando-a à morte. Por isso, não há que se indagar o mesmo no cenário da gestação. Se a gravidez era psicológica, o crime torna-se impossível. Se o feto morrera no útero antes da agressão da mãe, igualmente. Para tanto, nem se chegaria a plenário do júri, pois a perícia, muito antes, já teria evidenciado tal situação, atestando o objeto absolutamente impróprio. Seria raro, quase impossível, ultrapassar todas as fases da formação da culpa sem ter noção de que a mulher não estava, de fato, grávida, ou que o feto estava vivo antes dos golpes. Porém, se assim ocorrer, basta que os jurados neguem o primeiro quesito (se ela não estava grávida, logo, inexistente o feto) ou o segundo (havia feto, mas ele já estava morto, então, não poderia ter havido aborto).

3. Em consequência disso, iniciou a execução de um crime de aborto que somente não se consumou por circunstâncias alheias à sua vontade?[73]

4. O jurado absolve a acusada?

5. [Se houver, ingressam os quesitos específicos levantados pela defesa, relativos a eventuais causas de diminuição da pena.]

6. [Se forem sustentadas em plenário, ingressam as atenuantes em tantos quesitos quantas forem as causas genéricas de abrandamento da pena – arts. 65 e 66, CP.]

7. [Se forem sustentadas em plenário, ingressam as agravantes em tantos quesitos quantas forem as causas genéricas de elevação da pena – arts. 61 e 62, CP.]

5.3.4.3 Participação

1. No dia __, às ___, no interior da residência situada na ___, bairro de ___, nesta Comarca, terceira pessoa desferiu golpes com instrumento contundente contra seu próprio útero, atingindo o feto em gestação, causando-lhe as lesões descritas no laudo de fls. __?

2. Em consequência disso, a terceira pessoa provocou aborto em si mesma?

3. O réu "T" concorreu para o crime instigando a terceira pessoa a provocar o aborto, pois seria a melhor forma de contornar a gravidez indesejada?[74]

4. O jurado absolve o acusado?

5. [Se houver, ingressam os quesitos específicos levantados pela defesa, relativos a eventuais causas de diminuição da pena.]

6. [Se forem sustentadas em plenário, ingressam as atenuantes em tantos quesitos quantas forem as causas genéricas de abrandamento da pena – arts. 65 e 66, CP.]

7. [Se forem sustentadas em plenário, ingressam as agravantes em tantos quesitos quantas forem as causas genéricas de elevação da pena – arts. 61 e 62, CP.]

• Consequências da votação

1. Quanto ao aborto consumado, a negativa ao primeiro quesito implica absolvição, por fatores variados: a) não houve a agressão ao feto; b) não está bem evidenciada tal agressão (*in dubio pro reo*); c) a mulher não estava grávida.

2. A afirmativa ao segundo quesito confirma ter ocorrido aborto consumado. A negativa a este quesito leva à absolvição da ré, pois a lei penal não prevê nenhum tipo penal tutelando a integridade física do feto ou embrião. Logo, se ele sofreu eventual lesão, mas não foi o suficiente para causar-lhe a morte, o fato é atípico. E não se pode presumir ter havido a tentativa de aborto por ausência de acusação nesse sentido.

3. Porém, é possível que a acusação seja, desde logo, de uma tentativa de aborto.

Segue-se o disposto no tópico 5.3.4.2 *supra*. Afirmados os quesitos, pode-se condenar a ré por tentativa de aborto. Negado qualquer deles, implica em absolvição.

---

73. Quesito da tentativa inserido conforme a ordem de votação determinada pelo art. 483, § 5.º, do CPP.

74. O tipo penal do art. 124 do Código Penal somente admite a figura da participação (incentivo, auxílio, apoio moral, sem execução). Se o agente atuar ao lado da gestante para eliminar o feto deve ser enquadrado na figura típica do art. 126 do Código Penal.

4. Na série da participação, a afirmativa ao terceiro quesito provoca a condenação do réu. A negativa, por óbvio, leva à absolvição.

5.3.4.4 Aborto com o consentimento da gestante

1. No dia ___, às ___ horas, no interior da residência situada na _____, bairro de ____, nesta Comarca, foram desferidos golpes com instrumento contundente contra o útero de "B", atingindo o feto em gestação, causando-lhe as lesões descritas no laudo de fls. __?[75-76]

2. Em consequência disso, houve a provocação do aborto?

3. A ré "B" permitiu que os golpes, referidos no primeiro quesito, fossem desferidos por terceira pessoa?

4. O jurado absolve a ré?

5. [Se houver, ingressam os quesitos específicos levantados pela defesa, relativos a eventuais causas de diminuição da pena.]

6. [Se forem sustentadas em plenário, ingressam as atenuantes em tantos quesitos quantas forem as causas genéricas de abrandamento da pena – arts. 65 e 66, CP.]

7. [Se forem sustentadas em plenário, ingressam as agravantes em tantos quesitos quantas forem as causas genéricas de elevação da pena – arts. 61 e 62, CP.]

- Consequências da votação

São as mesmas referentes ao item 5.3.4.1.

5.3.4.5 Aborto causado por terceiro sem o consentimento da gestante

1. No dia ___, às ___ horas, no interior da residência situada na _____, bairro de ____, nesta Comarca, foram desferidos golpes com instrumento contundente contra o útero de "V", atingindo o feto em gestação, causando-lhe as lesões descritas no laudo de fls. __?[77-78]

2. Em consequência disso, houve a provocação do aborto?

3. O aborto foi realizado sem o consentimento da gestante?

4. A ré "J" desferiu os golpes com instrumento contundente contra a vítima "V"?

5. O jurado absolve a ré?

6. [Se houver, ingressam os quesitos específicos levantados pela defesa, relativos a eventuais causas de diminuição da pena.]

7. [Se forem sustentadas em plenário, ingressam as atenuantes em tantos quesitos quantas forem as causas genéricas de abrandamento da pena – arts. 65 e 66, CP.]

8. [Se forem sustentadas em plenário, ingressam as agravantes em tantos quesitos quantas forem as causas genéricas de elevação da pena – arts. 61 e 62, CP.]

---

75. Ver a nota 61 *supra*.
76. Ver a nota 62 *supra*.
77. Ver a nota 61 *supra*.
78. Ver a nota 62 *supra*.

- Consequências da votação

1. A afirmativa ao primeiro quesito inicia o reconhecimento do crime de aborto. A aceitação ao segundo quesito fecha o contexto de ter havido aborto. O terceiro, acolhido, fecha o tipo penal do art. 125 do CP. Em caso de negativa, desclassifica-se para a forma prevista no art. 126 do CP. O quarto é relativo à autoria.

2. A afirmativa ao primeiro quesito, com a negativa ao segundo, afasta a ocorrência de delito doloso contra a vida. Por isso, remanesce, para a decisão do juiz presidente, eventual lesão corporal sofrida pela gestante, em virtude da atuação da agente.

3. Conforme a situação, pode-se incluir o quesito específico em relação ao resultado mais grave previsto no art. 127 do Código Penal (lesões graves ou morte da gestante).

5.3.4.6 *Aborto causado por terceiro com o consentimento da gestante*

1. No dia ___, às ___ horas, no interior da residência situada na _____, bairro de ____, nesta Comarca, foram desferidos golpes com instrumento contundente contra o útero de "V", atingindo o feto em gestação, causando-lhe as lesões descritas no laudo de fls. __?[79-80]

2. Em consequência disso, houve a provocação do aborto?

3. O aborto foi realizado com o consentimento da gestante?

4. A ré "L" desferiu os golpes descritos no primeiro quesito?

5. O jurado absolve a ré?

6. [Se houver, ingressam as teses de defesa relativas a eventuais causas de diminuição da pena.]

7. A gestante era menor de quatorze anos à época do aborto?

Ou:

7. A gestante era alienada ou débil mental à época do aborto?

Ou:

7. O consentimento da gestante foi obtido mediante fraude, consistente em... (descrever o método fraudulento. Ex.: "afirmar que a intervenção cirúrgica seria para garantir a vida do feto")?

Ou:

7. O consentimento da gestante foi obtido mediante o emprego de grave ameaça, consistente em... (descrever a forma da grave ameaça. Ex.: "uso de arma de fogo")?

Ou:

7. O consentimento da gestante foi obtido mediante o emprego de violência, consistente em... (descrever a maneira violenta. Ex.: "desferir vários socos na vítima, até que ficasse inerte")?

8. [Se forem sustentadas em plenário, ingressam as atenuantes em tantos quesitos quantas forem as causas genéricas de abrandamento da pena – arts. 65 e 66, CP.]

9. [Se forem sustentadas em plenário, ingressam as agravantes em tantos quesitos quantas forem as causas genéricas de elevação da pena – arts. 61 e 62, CP.]

79. Ver a nota 61 *supra*.

80. Ver a nota 62 *supra*.

- Consequências da votação

1. Além das expostas em referência ao item 5.3.4.5, o que se altera neste caso é a possibilidade de os jurados negarem o terceiro quesito. Ora, da mesma forma que a soberania dos vereditos pode conduzir à desclassificação do art. 125 para o art. 126, como explicitado anteriormente, nada impede que haja a migração do art. 126 para o art. 125, se assim for o convencimento do Conselho de Sentença. Por isso, tendo havido aborto e negando os jurados que o agente o tenha cometido com o consentimento da gestante, deve-se presumir que não houve tal assentimento. Por isso, transfere-se a tipificação para a forma do art. 125 do CP.

2. A afirmativa ao sétimo quesito leva, igualmente, à elevação da pena, com forma equivalente ao aborto praticado por terceiro sem o consentimento válido da gestante (art. 125, CP).

5.3.4.7 Hipóteses de crime qualificado pelo resultado: lesão corporal de natureza grave ou morte da gestante

1. No dia ___, às ___ horas, no interior da residência situada na _____, bairro de _____, nesta Comarca, foram desferidos golpes com instrumento contundente contra o útero de "V", atingindo o feto em gestação, causando-lhe as lesões descritas no laudo de fls. __?[81-82]

2. Em consequência disso, houve a provocação do aborto?

3. O aborto foi realizado com o consentimento da gestante?[83]

4. A ré "L" concorreu para o crime desferindo os golpes mencionados no primeiro quesito?

5. O jurado absolve a ré?

6. [Se houver, ingressam os quesitos específicos levantados pela defesa, relativos a eventuais causas de diminuição da pena.][84]

7. Em consequência dos atos realizados para a prática do aborto,[85] a gestante sofreu as lesões corporais descritas no laudo de exame de corpo de delito de fls.___?

8. Essas lesões são de natureza grave?

Ou:

7. Em consequência dos atos realizados para a prática do aborto, a gestante sofreu as lesões corporais descritas no laudo de exame de corpo de delito de fls.___?

8. Essas lesões deram causa à morte da gestante?

9. [Se forem sustentadas em plenário, ingressam as atenuantes em tantos quesitos quantas forem as causas genéricas de abrandamento da pena – arts. 65 e 66, CP.]

10. [Se forem sustentadas em plenário, ingressam as agravantes em tantos quesitos quantas forem as causas genéricas de elevação da pena – arts. 61 e 62, CP.]

---

81. Ver a nota 61 *supra*.
82. Ver a nota 62 *supra*.
83. O resultado qualificador somente é aplicável às figuras dos artigos 125 e 126, pois não se pune a autolesão no ordenamento jurídico brasileiro. Por isso, não se emprega o resultado mais grave quando a própria gestante investe contra si mesma, típica situação prevista pelo art. 124 do CP. O exemplo de quesito diz respeito ao art. 126. Poderia ter sido construído, igualmente, "sem o consentimento da gestante" (figura do art. 125, CP).
84. Antes da inserção do quesito relativo ao resultado qualificador, que agrava particularmente a pena, devem ser analisados os quesitos levantados pela defesa.
85. Pode-se colocar apenas a menção aos "atos realizados para a prática do aborto", independentemente de este último ter se concretizado ou não, pois o foco é o resultado mais grave advindo disso: lesão grave ou morte da gestante.

5.4 Modelos de quesitos relacionados aos crimes conexos[86]

5.4.1 *Lesões corporais*

5.4.1.1 *Lesão corporal simples*[87]

1. No dia ___, às ___ horas, na Rua ____, bairro de ___, nesta Comarca, a vítima "Z" recebeu golpes de faca, que lhe causaram as lesões descritas no laudo de exame de corpo de delito de fls. ___?

2. O réu "W", qualificado a fls. ___, concorreu para o crime, desferindo os golpes referidos no primeiro quesito?[88]

3. O jurado absolve o acusado?

4. [Se houver, ingressam os quesitos específicos levantados pela defesa, relacionados a eventuais causas de diminuição da pena.]

5. [Se forem sustentadas em plenário, ingressam as atenuantes em tantos quesitos quantas forem as causas genéricas de abrandamento da pena – arts. 65 e 66, CP.]

6. [Se forem sustentadas em plenário, ingressam as agravantes em tantos quesitos quantas forem as causas genéricas de elevação da pena – arts. 61 e 62, CP.][89]

5.4.1.2 *Lesão corporal grave*[90]

1. No dia ___, às ___ horas, na Rua ____, bairro de ___, nesta Comarca, a vítima "Z" recebeu golpes de faca, que lhe causaram as lesões descritas no laudo de exame de corpo de delito de fls. ___?

---

86. Sobre os crimes conexos, verificar o item 3.2.4.1.4 do Capítulo 3. Em síntese, havendo crimes conexos – advindos tanto por conexão quanto por continência – deve o juiz presidente cuidar de incluí-los em séries separadas dos delitos dolosos contra a vida. Em primeiro lugar, deve-se votar o crime doloso contra a vida, pois, ocorrendo a desclassificação para infração diversa, a competência para julgar passa ao magistrado togado. E, se o delito principal migrou para a apreciação do juiz presidente, seguem-lhe o mesmo caminho os crimes conexos.

87. O crime é de menor potencial ofensivo, embora possa ser cometido no mesmo cenário em que houve, paralelamente, contra outra vítima, um homicídio. Por isso, a conexão. Como regra, a lesão simples demanda a representação da vítima, viabilizando a atuação do Ministério Público. Ademais, é possível haver transação. Porém, impossibilitada esta, por qualquer razão, pensamos que o caminho correto é a separação do processo. O júri cuida do delito doloso contra a vida; o JECRIM cuida da lesão corporal simples, que é infração de menor potencial ofensivo. Cada juízo mantém a sua competência, constitucionalmente fixada. Porém, para aqueles que defendem a aplicação do disposto no art. 60 da Lei 9.099/95, que determina o respeito às regras de conexão e continência, pode-se apurar o delito de lesões simples em procedimento próprio adequado à infração mais relevante (homicídio), cujo juiz natural é o Tribunal do Júri. Por isso, manteremos os modelos de quesitos para este cenário.

88. Quesito com a forma de autoria.

89. Lembrar que pode haver causa específica de aumento de pena se a lesão voltar-se contra menor de 14 anos ou maior de 60 anos (art. 129, § 7.º, CP). Porém, há que se ter cuidado para evitar o *bis in idem*. Se a situação for de violência doméstica, aplicam-se o §§ 9.º e 10.

90. São as previstas no art. 129, § 1.º, do Código Penal. Tendo em vista a pena mínima, abstratamente prevista, equivalente a um ano de reclusão, admite-se a suspensão condicional do processo (art.

2. O réu "W" concorreu para o crime, desferindo os golpes referidos no primeiro quesito?

3. O jurado absolve o acusado?

4. [Se houver, ingressam os quesitos específicos levantados pela defesa, relativos a causas de diminuição de pena.]

5. Essas lesões geraram, para a vítima, incapacidade para as suas ocupações habituais por mais de trinta dias?[91-92]

Ou:

5. Essas lesões geraram, para a vítima, perigo de vida, consistente em... (fazer referência à situação fática modeladora do perigo de vida)?

Ou:

5. Essas lesões provocaram a debilidade permanente de... (descrever qual membro, sentido ou função) da vítima?

5. Essas lesões provocaram a aceleração do parto da vítima?[93]

6. [Se forem sustentadas em plenário, ingressam as atenuantes em tantos quesitos quantas forem as causas genéricas de abrandamento da pena – arts. 65 e 66, CP.]

7. [Se forem sustentadas em plenário, ingressam as agravantes em tantos quesitos quantas forem as causas genéricas de elevação da pena – arts. 61 e 62, CP.][94-95]

5.4.1.3 Lesão corporal gravíssima[96]

1. No dia ___, às ___ horas, na Rua ___, bairro de ___, nesta Comarca, a vítima "Z" recebeu golpes de faca, que lhe causaram as lesões descritas no laudo de exame de corpo de delito de fls. ___?

2. O réu "W" concorreu para o crime desferindo os golpes referidos no primeiro quesito?[97]

3. O jurado absolve o acusado?

4. [Se houver, ingressam os quesitos específicos levantados pela defesa, relativos a eventuais causas de diminuição de pena.]

89, Lei 9.099/95). Porém, se o benefício não puder ser concedido, por qualquer razão, respeita-se a conexão e deverá ser a infração julgada pelo Tribunal do Júri.

91. Os quesitos relativos à gravidade das lesões dizem respeito a qualificadoras, logo, devem seguir após as teses defensivas.

92. Não nos parece deva haver a descrição das ocupações habituais, por ser expressão autoexplicativa. Entretanto, se o tema se tornar polêmico em plenário, pretendendo a acusação ou a defesa debater quais são as referidas ocupações habituais, deve o juiz inserir a descrição no quesito.

93. Parece-nos explicação suficiente mencionar o texto legal, exceto se qualquer das partes pretender esmiuçar, em plenário, como se deu a referida *aceleração de parto*. Assim ocorrendo, pode tornar-se necessária a descrição no quesito.

94. Lembrar que há causa de aumento específica, caso ocorra hipótese de violência doméstica (art. 129, § 10, CP).

95. Ver a nota 79 *supra*.

96. São as previstas no art. 129, § 2.º, do Código Penal, embora não exista a rubrica especial, em lei, denominando-as de lesões *gravíssimas*. Essa nomenclatura adveio da doutrina.

97. Quesito na forma de autoria.

5. Essas lesões geraram, para a vítima, incapacidade permanente para o trabalho?[98]

Ou:

5. Essas lesões geraram, para a vítima, enfermidade incurável, consistente em... (fazer referência à situação fática modeladora da enfermidade incurável)?

Ou:

5. Essas lesões provocaram a perda de... (descrever qual membro, sentido ou função) da vítima?

Ou:

5. Essas lesões provocaram a inutilização de... (descrever qual membro, sentido ou função) da vítima?

Ou:

5. Essas lesões causaram, na vítima, deformidade permanente, consistente em... (descrever o modelo fático envolvendo a referida deformidade)?

Ou:

5. Essas lesões provocaram aborto na vítima?[99]

6. [Se forem sustentadas em plenário, ingressam as atenuantes em tantos quesitos quantas forem as causas genéricas de abrandamento da pena – arts. 65 e 66, CP.]

7. [Se forem sustentadas em plenário, ingressam as agravantes em tantos quesitos quantas forem as causas genéricas de elevação da pena – arts. 61 e 62, CP.][100-101]

5.4.1.4 *Lesão corporal seguida de morte*

1. No dia ___, às ___ horas, na Rua ____, bairro de ___, nesta Comarca, a vítima "Z" recebeu golpes de faca, que lhe causaram as lesões descritas no laudo de exame de corpo de delito de fls. ___?

2. O réu "W" concorreu para o crime, desferindo os golpes referidos no primeiro quesito?[102]

3. O jurado absolve o acusado?

4. [Se houver, ingressam os quesitos específicos levantados pela defesa, relativos a eventuais causas de diminuição de pena.]

5. As lesões provocadas causaram a morte da vítima, sem que o agente tenha querido o resultado ou assumido o risco de produzi-lo?[103]

---

98. Não nos parece deva haver a descrição da forma como se daria a incapacitação permanente, por ser expressão autoexplicativa. Entretanto, se o tema se tornar polêmico em plenário, pretendendo a acusação ou a defesa debater quais são as possibilidades de trabalho do ofendido, deve o juiz inserir a descrição no quesito.
99. Parece-nos explicação suficiente mencionar apenas o texto legal, exceto se qualquer das partes pretender esmiuçar, em plenário, como se deu o referido *aborto*. Assim ocorrendo, pode tornar-se necessária a descrição no quesito.
100. Ver a nota 84 *supra*.
101. Ver a nota 79 *supra*.
102. Quesito na forma de autoria.
103. O resultado *morte* equivale a uma qualificadora, motivo pelo qual deve ser colocado após as teses de defesa. Cuida-se de um crime qualificado pelo resultado, com reflexo na majoração da pena.

6. [Se forem sustentadas em plenário, ingressam as atenuantes em tantos quesitos quantas forem as causas genéricas de abrandamento da pena – arts. 65 e 66, CP.]

7. [Se forem sustentadas em plenário, ingressam as agravantes em tantos quesitos quantas forem as causas genéricas de elevação da pena – arts. 61 e 62, CP.]

• Consequências da votação

1. O reconhecimento do primeiro quesito implica na admissão da prática de uma lesão corporal, pouco importando se leve, grave, gravíssima ou seguida de morte.

2. Discordamos dos modelos de quesitos seguintes: "3) O réu..., assim agindo, quis o resultado morte?; 4) O réu..., assim agindo, assumiu o risco de produzir o resultado morte?" (cf. Marrey e Silva Franco, *Teoria e prática do júri*, p. 637). Há, em nosso entendimento, um equívoco insuperável. Os autores propõem que os dois primeiros quesitos sejam idênticos ao do homicídio simples quanto à materialidade, autoria e letalidade. Portanto, o júri reconheceria que o réu agrediu a vítima e produziu lesões que foram a causa determinante da morte. Ora, os jurados admitiram, então, o cometimento de um *homicídio*, a princípio, inclusive, *doloso*. Se houvesse um terceiro quesito, incluindo o elemento subjetivo *culpa*, como, aliás, os mesmos autores propõem (cf. Marrey e Silva Franco, *Teoria e prática do júri*, p. 636), reconhecido este, estaria o réu condenado por homicídio culposo (ou haveria a desclassificação imprópria e quem julgaria, livremente, seria o juiz presidente, como temos sustentado). Inexiste quadro inédito, diverso da desclassificação imprópria, pertinente ao homicídio culposo, caso ocorra a inserção dos dois quesitos relativos ao *querer final* do agente ("não quis a morte", "não assumiu o risco de produzi-la"), pois tal situação apenas afasta o *dolo* (direto e eventual) quanto ao resultado morte. E se o dolo é afastado, não se considerando a hipótese de responsabilidade penal objetiva, somente a culpa pode tomar-lhe o lugar. Em outras palavras, se o Conselho de Sentença reconhecer que houve um homicídio e afastar o dolo quanto ao resultado *morte*, está, simplesmente, reconhecendo que a morte da vítima se deu por culpa do réu. A condenação plausível – e única possível – seria por homicídio culposo. Não há diferença substancial entre esse modelo de questionário e o proposto para o homicídio culposo. Em ambos, houve homicídio e, nos dois, o resultado *morte* foi provocado por culpa (imprudência, negligência ou imperícia). A lesão corporal seguida de morte é uma lesão corporal dolosa, acompanhada de um resultado (morte) culposo (crime preterdoloso, por excelência). Portanto, para que o Tribunal do Júri avalie a infração, posta na pronúncia dessa forma, deve-se inserir o resultado *morte* como se qualificadora fosse, já contendo o elemento subjetivo que nega o dolo direto ou eventual.

5.4.1.5 Circunstâncias legais para a diminuição da pena

Remetemos o leitor para o item 5.3.1.4, que cuida das mesmas circunstâncias no cenário do homicídio (motivo de relevante valor social ou moral ou sob o domínio de violenta emoção, logo em seguida a injusta provocação da vítima), logo, os quesitos são os mesmos.

Entretanto, a aplicação dessas causas de diminuição da pena volta-se ao contexto das lesões leves (art. 129, *caput*, CP), graves (art. 129, § 1.º, CP), gravíssimas (art. 129, § 2.º, CP) e seguidas de morte (art. 129, § 3.º, CP). Porém, as consequências são diversas: a) diminui-se a pena de um sexto a um terço, no cenário das lesões graves, gravíssimas e seguidas de morte (art. 129, § 4.º, CP); b) substitui-se a pena privativa de liberdade por multa no contexto das lesões simples (art. 129, § 5.º, CP).

5.4.1.6 *Lesão culposa*[104]

1. No dia ___, às ___ horas, na Rua ____, bairro de ___, nesta Comarca, a vítima "Z" recebeu um golpe de faca, que lhe causou a lesão descrita no laudo de exame de corpo de delito de fls. ___?

2. A conduta do agressor decorreu de culpa, consistente em ... (descrever em que consistiu a ação desatenciosa, com infringência ao dever de cuidado objetivo. Ex.: "ter manipulado a faca, na frente da vítima, como forma de assustá-la")?[105]

3. O réu "W" concorreu para o crime, desferindo o golpe referido no primeiro quesito?[106]

4. O jurado absolve o acusado?

5. As consequências da infração atingiram o próprio agente de forma tão grave que a sanção penal se torna desnecessária, uma vez que ... (descrever a situação fática pertinente. Ex.: "a vítima era seu filho, causando-lhe, portanto, profundo remorso, com a geração de situação depressiva aguda")?[107]

6. [Se forem sustentadas em plenário, ingressam as atenuantes em tantos quesitos quantas forem as causas genéricas de abrandamento da pena – arts. 65 e 66, CP.]

7. [Se forem sustentadas em plenário, ingressam as agravantes em tantos quesitos quantas forem as causas genéricas de elevação da pena – arts. 61 e 62, CP.][108]

5.4.1.7 *Causas de aumento de pena para a figura culposa*

1. No dia ___, às ___ horas, na Rua ____, bairro de ___, nesta Comarca, a vítima "Z" recebeu um golpe de faca, que lhe causou a lesão descrita no laudo de exame de corpo de delito de fls. ___?

---

104. Cuida-se de infração de menor potencial ofensivo. Consultar a nota 78 referente ao crime de lesões simples.

105. Temos sustentado que a culpa, por ser uma conduta desatenciosa, infringindo o dever de cuidado objetivo, com previsibilidade do resultado, mas sem desejá-lo, pode dar-se de variadas formas. Pode-se inserir no quesito qualquer das modalidades descritas no art. 18, II, do Código Penal (imprudência, negligência e imperícia). Ocorre que, na essência, são formatos correlatos de desatendimento de regras de cautela, muitas vezes complexos para serem diferenciados. Portanto, o mais relevante é descrever exatamente *como* se deu a culpa, no campo fático, e não sob qual *espécie* (imprudência, negligência ou imperícia) ela se deu. Evitando, pois, confusão entre as referidas espécies, parece-nos mais adequada a simples descrição de como se deram os fatos. Com isso, impede-se que os jurados deixem de acolher o quesito somente porque discordaram da "classificação" feita (imprudência, negligência ou imperícia).

106. Tratando-se de crime na forma culposa, a materialidade do fato desdobra-se para abranger tanto o evento lesivo quanto a forma como se deu. Após, indaga-se a respeito da autoria.

107. O perdão judicial (art. 129, § 8.º, CP) envolve circunstâncias fáticas e tese jurídica favorável ao réu. Por isso, deve-se proporcionar a inclusão do quesito específico referente ao perdão, quando alegado pela defesa.

108. A única agravante compatível com a figura culposa (em nosso entendimento) é a reincidência. Sobre a posição dos que defendem as agravantes gerais do art. 61 também aos delitos culposos, consultar a nota 33 ao art. 61 do nosso *Código Penal comentado*.

2. A conduta do agressor decorreu de culpa, consistente em ... (descrever em que consistiu a ação desatenciosa, com infringência ao dever de cuidado objetivo. Ex.: "ter manipulado a faca, na frente da vítima, como forma de assustá-la")?[109]

3. O réu "W" concorreu para o crime, desferindo o golpe referido no primeiro quesito?[110]

4. O jurado absolve o acusado?

5. O crime resultou de inobservância de regra técnica de profissão (arte ou ofício, conforme o caso), consistente em... (descrever como se deu a situação de inobservância)?[111]

Ou:

5. Após o crime, o réu deixou de prestar imediato socorro à vítima, por ter... (descrever como se deu a omissão. Ex.: "abandonado o local logo após")?[112]

Ou:

5. Após o crime, o réu não procurou diminuir as consequências do seu ato, por ter... (descrever como se deu a situação. Ex.: "deixado o local, sem buscar ajuda das autoridades competentes")?[113]

Ou:

5. O réu fugiu do local, após o crime, de modo a evitar a prisão em flagrante?[114]

6. [Se forem sustentadas em plenário, ingressam as atenuantes em tantos quesitos quantas forem as causas genéricas de abrandamento da pena – arts. 65 e 66, CP.]

7. [Se forem sustentadas em plenário, ingressam as agravantes em tantos quesitos quantas forem as causas genéricas de elevação da pena – arts. 61 e 62, CP.][115]

---

109. Temos sustentado que a culpa, por ser uma conduta desatenciosa, infringindo o dever de cuidado objetivo, com previsibilidade do resultado, mas sem desejá-lo, pode dar-se de variadas formas. Pode-se inserir no quesito qualquer das modalidades descritas no art. 18, II, do Código Penal (imprudência, negligência e imperícia). Ocorre que, na essência, são formatos correlatos de desatendimento de regras de cautela, muitas vezes complexos para serem diferenciados. Portanto, o mais relevante é descrever exatamente *como* se deu a culpa, no campo fático, e não sob qual *espécie* (imprudência, negligência ou imperícia) ela se deu. Evitando, pois, confusão entre as referidas espécies, parece-nos mais adequada a simples descrição de como se deram os fatos. Com isso, impede-se que os jurados deixem de acolher o quesito somente porque discordaram da "classificação" feita (imprudência, negligência ou imperícia).

110. Tratando-se de crime na forma culposa, a materialidade do fato desdobra-se para abranger tanto o evento lesivo quanto a forma como se deu. Após, indaga-se a respeito da autoria.

111. Temos defendido ser inaplicável essa causa de aumento, por se tratar de um autêntico *bis in idem*, afinal, a não observância de regra técnica confunde-se com a própria infringência do dever de cuidado objetivo. Maiores detalhes, consultar a nota 41 ao art. 121 do nosso *Código Penal comentado*.

112. Conforme a situação concreta, o réu não está obrigado a ficar no local, por se sentir ameaçado, por exemplo, de linchamento, ou se a vítima for socorrida por terceiros.

113. Esta circunstância complementa a anterior. Se o agente foi obrigado a deixar o local, sob pena de ser agredido por terceiros, deve, ao menos, buscar evitar maiores consequências de seu ato, chamando a polícia ou o corpo de bombeiros, por exemplo.

114. Pensamos ser inconstitucional essa causa de aumento. Qualquer pessoa pode evitar a autoacusação e, por consequência, a própria prisão. Maiores detalhes, consultar a nota 46 ao art. 121, do nosso *Código Penal comentado*.

115. A única agravante compatível com a figura culposa (em nosso entendimento) é a reincidência. Sobre a posição dos que defendem as agravantes gerais do art. 61 também aos delitos culposos, consultar a nota 33 ao art. 61 do nosso *Código Penal comentado*.

5.4.1.8 Violência doméstica[116]

1. No dia ___, às ___ horas, na Rua ___, bairro de ___, nesta Comarca, a vítima "Z" recebeu um golpe de face, que lhe causou a lesão descrita no laudo de exame de corpo de delito de fls. ___?

2. O réu "W" concorreu para o crime, desferindo o golpe referido no primeiro quesito?

3. O jurado absolve o acusado?

4. A vítima é mãe do réu?[117]

5. A mãe do réu é pessoa portadora de deficiência, consistente em... (descrever qual é a deficiência)?[118]

6. [Se forem sustentadas em plenário, ingressam as atenuantes em tantos quesitos quantas forem as causas genéricas de abrandamento da pena – arts. 65 e 66, CP.]

7. [Se forem sustentadas em plenário, ingressam as agravantes em tantos quesitos quantas forem as causas genéricas de elevação da pena – arts. 61 e 62, CP.]

5.4.1.9 Causa de aumento para violência doméstica com resultado qualificador (§§ 1.º a 3.º)[119]

Após o quesito 5, na lesão corporal grave, na lesão corporal gravíssima e na lesão corporal seguida de morte, acrescentar:

6 – O réu praticou o fato contra seu pai, com quem convivia, prevalecendo-se das relações domésticas?[120]

Seguem-se quesitos sobre eventuais atenuantes e agravantes.

5.4.1.10 Causa de aumento de lesão contra autoridade e seus agentes

Aplica-se a qualquer espécie de lesão corporal dolosa. Após os quesitos defensivos e, se houver, os relativos a qualificadoras ou resultado qualificador, acrescentar:

O réu praticou o fato contra autoridade, consistente no delegado de polícia Fulano de Tal, que se encontrava no exercício da sua função?[121]

---

116. Não se aplica à violência doméstica o disposto na Lei 9.099/95 (art. 41, Lei 11.340/2006).

117. A lesão voltada contra ascendente, descendente, irmão, cônjuge ou companheiro, ou com quem conviva ou tenha convivido o agente, ou, também, prevalecendo-se das relações domésticas, de coabitação ou de hospitalidade, provoca a tipificação especial do art. 129, § 9.º, CP.

118. Insere-se este quesito se for o caso. Lembrar que a agressão contra deficiente físico ou mental acarreta aumento de um terço da pena, quando no contexto da violência doméstica (art. 129, § 11, CP).

119. Art. 129, § 10: "Nos casos previstos nos §§ 1.º a 3.º deste artigo, se as circunstâncias são as indicadas no § 9.º deste artigo, aumenta-se a pena em 1/3 (um terço)".

120. Art. 129, § 9.º: "Se a lesão for praticada contra ascendente, descendente, irmão, cônjuge ou companheiro, ou com quem conviva ou tenha convivido, ou, ainda, prevalecendo-se o agente das relações domésticas, de coabitação ou de hospitalidade". O quesito deve acompanhar qualquer das situações descritas no § 9.º.

121. Art. 129, § 12: "Se a lesão for praticada contra autoridade ou agente descrito nos arts. 142 e 144 da Constituição Federal, integrantes do sistema prisional e da Força Nacional de Segurança Pública, no exercício da função ou em decorrência dela, ou contra seu cônjuge, companheiro ou

5.4.1.11 *Qualificadora para agressão contra mulher, por razão da condição do sexo feminino*[122]

Destina-se esta qualificadora à lesão simples, justamente para qualificá-la. Não se aplica à lesão corporal grave, gravíssima ou seguida de morte, pois são delitos mais sérios e têm preferência sobre esta qualificadora. Portanto, após os quesitos defensivos da lesão simples, ingressa:

O réu praticou o fato contra sua companheira Fulana de Tal, valendo-se das relações domésticas?[123]

5.4.2 *Rixa*[124]

1. No dia ___, às ___ horas, no estabelecimento comercial denominado __, situado na ____, no bairro de __, nesta Comarca, ocorreu uma rixa, consistente em... (descrever como se deu, faticamente, a rixa, em especial, quanto ao número de contendores, sem citá-los nominalmente. Ex.:"confusão generalizada, com troca de agressões recíprocas, entre quatro pessoas")?[125]

2. O réu "E" tomou parte na rixa?

3. A participação do réu tinha a finalidade de separar os contendores?[126]

4. O jurado absolve o acusado?

5. Durante (ou "decorrente da") a rixa, a vítima "L" sofreu as lesões corporais descritas no laudo de exame de corpo de delito de fls. ___?

6. Essas lesões eram de natureza grave?[127]

---

parente consanguíneo até terceiro grau, em razão dessa condição, a pena é aumentada de um a dois terços". O quesito da causa de aumento deve situar-se em alguma das situações descritas no § 12.

122. Art. 129, § 13: "Se a lesão for praticada contra a mulher, por razões da condição do sexo feminino, nos termos do § 2.º-A do art. 121 deste Código: Pena – reclusão, de 1 (um) a 4 (quatro anos)".

123. "§ 2.º-A Considera-se que há razões de condição de sexo feminino quando o crime envolve: I – violência doméstica e familiar; II – menosprezo ou discriminação à condição de mulher". Como já expusemos no tocante ao feminicídio, essas circunstâncias têm natureza objetiva, dizendo respeito à vulnerabilidade feminina no lar e na família, bem como em outros relacionamentos, quando é menosprezada ou discriminada. Portanto, pode conviver com agravantes subjetivas, como motivo torpe ou fútil.

124. Cuida-se de infração de menor potencial ofensivo. Consultar a nota 78 feita no tocante às lesões simples.

125. A rixa é um tipo penal aberto, pois a própria interpretação do termo "rixa" depende da doutrina e da jurisprudência. Tem-se entendido haver a necessidade de, pelo menos, três contendores para que um quarto possa ingressar em rixa. Por isso, quanto melhor for a descrição fática do que houve mais elucidativa será a resposta dos jurados.

126. A separação da participação em rixa e da finalidade desse ingresso em dois quesitos é a melhor opção, pois permite a melhor avaliação por parte dos jurados. Além de fornecer a mais adequada avaliação de qual foi o veredito popular (afirmar a participação e negar a intenção de separar, simplesmente negar a participação ou ainda afirmar tanto a participação quanto a intenção de separar).

127. O Código Penal prevê, como título do delito, apenas a lesão corporal grave, abrangendo os §§ 1.º e 2.º do Código Penal. Entretanto, a doutrina e a jurisprudência consideram a modalidade do § 2.º como lesão corporal gravíssima. Nada impede que o juiz assim insira no quesito, se for o caso.

Ou:

6. Essas lesões causaram a morte da vítima?

7. [Se houver, ingressam os quesitos específicos levantados pela defesa, referentes a eventual causa de diminuição da pena.]

8. [Se forem sustentadas em plenário, ingressam as atenuantes em tantos quesitos quantas forem as causas genéricas de abrandamento da pena – arts. 65 e 66, CP.]

9. [Se forem sustentadas em plenário, ingressam as agravantes em tantos quesitos quantas forem as causas genéricas de elevação da pena – arts. 61 e 62, CP.]

• Consequências da votação

1. A resposta afirmativa ao primeiro quesito dá início ao reconhecimento da rixa, que precisa formar-se, integralmente, com a resposta negativa ao terceiro quesito. Porém, antes de se mencionar a finalidade de participação, torna-se necessário indagar a respeito de quem ingressou, logo, a autoria.

2. As respostas afirmativas aos quinto e sexto quesitos provocam o reconhecimento de um crime qualificado pelo resultado, na modalidade preterdolosa (houve dolo de perigo na conduta antecedente - rixa - e culpa quanto ao resultado lesões graves ou morte). Lembremos que os delitos de perigo (dolo de perigo) somente comportam resultados qualificadores inspirados pela culpa. É incompatível que a conduta antecedente ocorra em virtude de dolo de perigo e a consequente, mera decorrência, dê-se em face do dolo de dano.

3. A negativa ao primeiro quesito leva à absolvição do réu, por ausência de materialidade. A negativa ao segundo quesito, igualmente, pois afasta a autoria. A afirmativa ao terceiro elimina a tipicidade. Na realidade, introduziu o legislador, no tipo penal do art. 137, do CP, um elemento que seria próprio da análise da ilicitude (poder separar os contendores, como se fosse uma legítima defesa de terceiro). Porém, analisa-se como uma autêntica possibilidade de exclusão da tipicidade.

5.4.3 Crimes contra a honra[128-129-130]

5.4.3.1 Calúnia

1. No dia ___, às ___ horas, na residência localizada na ____, no bairro de ___, nesta Comarca, a vítima "Y sofreu uma calúnia, tendo-lhe sido imputado, falsamente, que ___ (des-

---

128. Os crimes contra a honra são de ação privada, como regra, cabendo a iniciativa da ação penal ao ofendido. Por isso, se eles forem conexos aos delitos dolosos contra a vida, deverá ser oferecida queixa-crime, pela vítima, juntamente com a denúncia do Ministério Público, para, ao final, haver pronúncia envolvendo todos os delitos. Nada impede, pois, que, em plenário, seja o acusado julgado não somente pela infração penal contra a vida, mas igualmente pelo crime contra a honra.

129. Muitas formas constituem infrações de menor potencial ofensivo. Defendemos a possibilidade de aplicação da transação também às hipóteses de crimes de ação penal privada (nota 62 ao art. 76 do nosso *Leis penais e processuais comentadas*, vol. 2). No entanto, quanto ao juízo competente para apurar a infração, consultar a nota 78 feita à lesão simples.

130. Art. 141: "As penas cominadas neste Capítulo aumentam-se de um terço, se qualquer dos crimes é cometido: I – contra o Presidente da República, ou contra chefe de governo estrangeiro; II – contra funcionário público, em razão de suas funções; III – na presença de várias pessoas, ou por

crever o fato definido como crime, elemento do tipo do art. 138 do CP. Ex.: "emitiu cheque sem suficiente provisão de fundos, em poder do sacado, como forma de adquirir produtos no estabelecimento comercial denominado ___"[131])?

2. O réu "T" concorreu para o crime, proferindo a imputação referida no primeiro quesito?

3. O réu agiu com ânimo específico de denegrir a reputação da vítima?[132]

4. O jurado absolve o acusado?

5. [Se forem sustentadas em plenário, ingressam as atenuantes em tantos quesitos quantas forem as causas genéricas de abrandamento da pena – arts. 65 e 66, CP.]

6. [Se forem sustentadas em plenário, ingressam as agravantes em tantos quesitos quantas forem as causas genéricas de elevação da pena – arts. 61 e 62, CP.]

• Consequências da votação

1. A resposta afirmativa ao primeiro quesito inicia o reconhecimento do crime de calúnia, que somente se completará se também o segundo e o terceiro quesitos contarem com resposta positiva.

2. A negativa ao primeiro quesito provoca a absolvição do réu, assim como a afirmativa ao primeiro e a negativa ao segundo ou ao terceiro.

3. Naturalmente, afirmar o quarto quesito também leva à absolvição, embora, nesse caso, não se possa saber exatamente por que o júri assim agiu.

5.4.3.1.1 Calúnia por propagação ou divulgação

1. Terceira pessoa, no dia ___, às ___ horas, na residência localizada na ____, no bairro de ___, nesta Comarca, caluniou a vítima "Y", imputando-lhe, falsamente, que ___ (descrever o fato definido como crime, elemento do tipo do art. 138 do CP. Ex.: "emitiu cheque sem suficiente provisão de fundos, em poder do sacado, como forma de adquirir produtos no estabelecimento comercial denominado ___"[133])?

2. O réu "S", qualificado a fls. __, no dia __, às ___, na Praça ___, no bairro ___, nesta Comarca, tornou o fato conhecido, divulgando-o a várias pessoas?[134]

3. O réu sabia ser falsa a imputação?[135]

---

meio que facilite a divulgação da calúnia, da difamação ou da injúria; IV – contra pessoa maior de 60 (sessenta) anos ou portadora de deficiência, exceto no caso de injúria. § 1.º – Se o crime é cometido mediante paga ou promessa de recompensa, aplica-se a pena em dobro. § 2.º Se o crime é cometido ou divulgado em quaisquer modalidades das redes sociais da rede mundial de computadores, aplica-se em triplo a pena". Essas causas de aumento podem ser aplicadas em qualquer dos crimes contra a honra e devem ser inseridas, quando existentes, após os quesitos da defesa.

131. A conduta criminosa corresponde ao tipo penal do art. 171, § 2.º, VI, do Código Penal.

132. A pergunta quanto ao elemento específico do tipo é fundamental, pois se consagrou na doutrina e na jurisprudência que o crime contra a honra não prescinde do ânimo especial de macular a imagem positiva que a vítima possui em sociedade. Portanto, o dolo está implícito no primeiro quesito, mas não é suficiente. Torna-se essencial a indagação sobre o elemento subjetivo específico.

133. A conduta criminosa corresponde ao tipo penal do art. 171, § 2.º, VI, do Código Penal.

134. A figura da propagação ou divulgação também é prevista como crime de calúnia (art. 138, § 1.º, CP).

135. A ciência acerca da falsidade da imputação é elemento do tipo e deve ser objeto de quesito próprio.

4. O réu agiu com o intuito específico de denegrir a reputação da vítima?[136]

5. O jurado absolve o acusado?

6. [Se forem sustentadas em plenário, ingressam as atenuantes em tantos quesitos quantas forem as causas genéricas de abrandamento da pena – arts. 65 e 66, CP.]

7. [Se forem sustentadas em plenário, ingressam as agravantes em tantos quesitos quantas forem as causas genéricas de elevação da pena – arts. 61 e 62, CP.]

• Consequências da votação

1. Para se viabilizar a condenação, torna-se preciso obter a resposta afirmativa aos quatro primeiros quesitos. A negativa a qualquer deles conduz à absolvição.

2. O delito, nessa forma, é dependente de situação anterior, consistente em haver imputação falsa, por terceiro, de fato definido como crime. Somente se pode propalar ou divulgar o que já aconteceu. Ainda que o autor da calúnia seja absolvido, por ausência de ânimo específico de macular a imagem da vítima, é possível que quem divulga a notícia tenha o referido ânimo. Portanto, cabe a condenação.

5.4.3.2 Difamação

1. No dia ___, às ___ horas, na residência localizada na ___, no bairro de ___, nesta Comarca, a vítima "N" sofreu difamação, tendo-lhe sido imputado fato ofensivo à sua reputação, consistente em ___ (descrever o fato ofensivo, elemento do tipo do art. 139 do CP. Ex.: "deixar de pagar suas dívidas regularmente nos estabelecimentos comerciais ___ e ___"[137])?

2. O réu "P" concorreu para o crime, realizando a imputação referida no primeiro quesito?

3. O réu agiu com ânimo específico de denegrir a reputação da vítima?[138]

4. O jurado absolve o acusado?

5. [Se forem sustentadas em plenário, ingressam as atenuantes em tantos quesitos quantas forem as causas genéricas de abrandamento da pena – arts. 65 e 66, CP.]

6. [Se forem sustentadas em plenário, ingressam as agravantes em tantos quesitos quantas forem as causas genéricas de elevação da pena – arts. 61 e 62, CP.][139]

• Consequências da votação

1. A resposta afirmativa ao primeiro quesito inicia o reconhecimento do crime de difamação, que somente se completará se também o segundo e o terceiro quesitos contarem com respostas positivas.

---

136. No mesmo sentido já abordado, torna-se fundamental inquirir a respeito da especial vontade de macular a honra objetiva da vítima.

137. O fato ofensivo pode ser verdadeiro ou falso, pois o importante é ter potencial para macular a imagem da vítima em relação a terceiros.

138. A pergunta quanto ao elemento específico do tipo é fundamental, pois se consagrou na doutrina e na jurisprudência que o crime contra a honra não prescinde do ânimo especial de macular a imagem positiva que a vítima possui em sociedade. Portanto, o dolo está implícito no primeiro quesito, mas não é suficiente. Torna-se essencial a indagação sobre o elemento subjetivo específico.

139. Além de eventuais agravantes, se houver causas de aumento de pena (art. 141, CP), devem estas ser descritas na denúncia e constar da pronúncia, a fim de poderem ser inseridas no questionário.

2. A negativa ao primeiro ou ao segundo quesito provoca a absolvição do réu, assim como a afirmativa ao primeiro e ao segundo, mas a negativa ao terceiro.

5.4.3.3 *Injúria*

1. No dia ___, às ___ horas, no clube localizado na ____, no bairro de ___, nesta Comarca a vítima "M" sofreu injúria, tendo-lhe sido ofendida a dignidade ou o decoro, consistente em ___ (descrever a ofensa, elemento do tipo do art. 140 do CP. Ex.: "ter sido chamado, publicamente, de 'ladrão' e 'estelionatário'"[140])?

Ou:

1. No dia ___, às ___ horas, no clube localizado na _____, no bairro de ____, nesta Comarca, a vítima "M" sofreu injúria, tendo-lhe sido ofendida a dignidade ou o decoro, atingida que foi, em público, por violento tapa no rosto? (cuida-se da forma da injúria real, descrita no art. 140, § 2.º, do Código Penal).

Ou:

1. No dia ___, às ___ horas, no clube localizado na ____, no bairro de ___, nesta Comarca, a vítima "M" sofreu injúria, tendo-lhe sido ofendida a dignidade ou o decoro, consistente em ___ (descrever a ofensa, elemento do tipo do art. 140, § 3.º, do CP. Ex.: "ter sido chamado, publicamente, de 'velhote decrépito'"[141])?

2. O réu "D" concorreu para o crime, proferindo a injúria tal como descrita no primeiro quesito?

3. O réu agiu com ânimo específico de atingir a autoestima da vítima?[142]

4. O jurado absolve o acusado?

5. [Se forem sustentadas em plenário, ingressam as atenuantes em tantos quesitos quantas forem as causas genéricas de abrandamento da pena – arts. 65 e 66, CP.]

6. [Se forem sustentadas em plenário, ingressam as agravantes em tantos quesitos quantas forem as causas genéricas de elevação da pena – arts. 61 e 62, CP.][143]

• Consequências da votação

1. A resposta afirmativa ao primeiro quesito inicia o reconhecimento do crime de injúria, que somente se completará se também o segundo e o terceiro quesitos contarem com respostas positivas.

---

140. A injúria caracteriza-se, basicamente, por ofensas pessoais, não se vinculando à descrição de fatos. Por óbvio, nem se questiona se são verdadeiras ou falsas, pois ninguém tem o direito de ofender outrem.

141. A injúria qualificada caracteriza-se, basicamente, por ofensas pessoais, ligadas a elementos referentes a raça, cor, etnia, religião, origem ou a condição de pessoa idosa ou portadora de deficiência, não se vinculando à descrição de fatos. Por óbvio, nem se questiona se são verdadeiras ou falsas, pois ninguém tem o direito de ofender outrem.

142. A pergunta quanto ao elemento específico do tipo é fundamental, pois se consagrou na doutrina e na jurisprudência que o crime contra a honra não prescinde do ânimo especial de macular a imagem positiva que a vítima possui em sociedade ou, no caso da injúria, de atingir o amor-próprio ou a autoestima do ofendido. Portanto, o dolo está implícito no primeiro quesito, mas não é suficiente. Torna-se essencial a indagação sobre o elemento subjetivo específico.

143. Além de eventuais agravantes, se houver causas de aumento de pena (art. 141, CP), devem estas ser descritas na denúncia e constar da pronúncia, a fim de poderem ser inseridas no questionário.

2. A negativa ao primeiro ou ao segundo quesito provoca a absolvição do réu, assim como a afirmativa ao primeiro e ao segundo, mas a negativa ao terceiro.

5.4.4 *Crimes contra a liberdade individual*

5.4.4.1 *Constrangimento ilegal*[144]

1. No dia ___, na Av. ____, altura do número __, bairro de ____, nesta Comarca, após a ocorrência do fato descrito no primeiro quesito da primeira série,[145] a vítima "R" foi constrangida, mediante o emprego de violência, tendo sido agarrada à força pelo braço e arrastada pela via pública, de modo a que deixasse o local contra a sua vontade?[146]

2. O réu "E", qualificado a fls. ___, concorreu para o crime, praticando o constrangimento descrito no primeiro quesito?[147]

3. O jurado absolve o acusado?

4. [Se houver, ingressam os quesitos específicos levantados pela defesa, relativos a eventuais causas de diminuição da pena.]

5. [Se forem sustentadas em plenário, ingressam as atenuantes em tantos quesitos quantas forem as causas genéricas de abrandamento da pena – arts. 65 e 66, CP.]

6. [Se forem sustentadas em plenário, ingressam as agravantes em tantos quesitos quantas forem as causas genéricas de elevação da pena – arts. 61 e 62, CP.][148]

5.4.4.2 *Acumulação material*[149]

1. Em razão da violência utilizada pelo réu "E", descrita no primeiro quesito da série anterior, a vítima "R" sofreu as lesões corporais descritas no laudo de exame de corpo de delito de fls. ___?

2. Essas lesões eram de natureza grave, consistente em __ (descrever em qual hipótese se encaixa)?[150]

---

144. O constrangimento ilegal é infração de menor potencial ofensivo. Consultar a nota 78 relativa à lesão simples.

145. O fato principal é o homicídio, que permite a conexão com os outros delitos. Por isso, a referência ao primeiro quesito da primeira série diz respeito à agressão contra a vítima fatal. Se os jurados reconheceram essa prática, terminam por votar os quesitos do crime conexo.

146. Foram inseridos, na descrição do constrangimento ilegal, todos os elementos fáticos componentes do tipo legal do art. 146 do CP (como se deu a violência e qual foi o ato coercitivo que a lei não manda).

147. Quesito na forma de autoria.

148. Além de eventuais agravantes, se houver causas de aumento de pena (art. 146, § 1.º, CP), devem estas ser descritas na denúncia e constar da pronúncia, a fim de poderem ser inseridas no questionário. A sua inserção será feita antes da indagação quanto às atenuantes, conforme art. 483, V, CPP.

149. O Código Penal, adotando para determinadas situações o sistema da acumulação material (maiores detalhes podem ser encontrados na nota 101-A ao art. 69 do nosso *Código Penal comentado*), permite que a violência utilizada para a consecução do constrangimento ilegal seja punida à parte, como delito autônomo. Por isso, em série diversa, deve ser objeto de quesitos próprios.

150. Se as lesões eram simples, este quesito não será formulado. Porém, pode-se indagar a natureza das lesões, se forem graves (art. 129, § 1.º, CP) ou gravíssimas (art. 129, § 2.º, CP).

3. O jurado absolve o acusado?

4. [Se houver, ingressam os quesitos específicos levantados pela defesa, porventura ligados a causas de diminuição da pena.]

5. [Se forem sustentadas em plenário, ingressam as atenuantes em tantos quesitos quantas forem as causas genéricas de abrandamento da pena – arts. 65 e 66, CP.]

6. [Se forem sustentadas em plenário, ingressam as agravantes em tantos quesitos quantas forem as causas genéricas de elevação da pena – arts. 61 e 62, CP.]

5.4.4.3 Ameaça[151]

1. No dia ___, na Av. ____, altura do número __, bairro de ____, nesta Comarca, após a prática do fato descrito no primeiro quesito da primeira série,[152] a vítima "O" foi ameaçada, ouvindo, em altos brados, que iria ser morta caso resolvesse prestar depoimento em relação ao que acabara de assistir? [deve-se descrever o meio e como se deu a ameaça, tal como previsto no tipo penal do art. 147, CP.]

2. O réu "P", qualificado a fls. ___, concorreu para o crime proferindo a ameaça descrita no quesito anterior?

3. O jurado absolve o acusado?

4. [Se houver, ingressam os quesitos específicos levantados pela defesa, referentes a eventuais causas de diminuição da pena.]

5. [Se forem sustentadas em plenário, ingressam as atenuantes em tantos quesitos quantas forem as causas genéricas de abrandamento da pena – arts. 65 e 66, CP.]

6. [Se forem sustentadas em plenário, ingressam as agravantes em tantos quesitos quantas forem as causas genéricas de elevação da pena – arts. 61 e 62, CP.]

5.4.4.4 Perseguição

1. Nos dias __, ___, ___ e ___,[153] na Rua ____, n. ____, sempre no período noturno, nesta Comarca, antes da prática do fato descrito o primeiro quesito da série anterior,[154] a vítima "M" foi perseguida, reiteradamente, por meio de ameaças à sua integridade física e invasões em seu domicílio, de modo a perturbar-lhe tanto a liberdade como a privacidade?

2. O réu "R", qualificado a fls. __, concorreu para o crime promovendo a perseguição descrita no quesito anterior?

---

151. O crime de ameaça é infração de menor potencial ofensivo, dependente, inclusive, de representação da vítima. Sobre a apuração e processo, consultar a nota 78 relativa à lesão simples.

152. O fato principal é o homicídio, que permite a conexão com os outros delitos. Por isso, a referência ao primeiro quesito da primeira série diz respeito à agressão contra a vítima fatal. Se os jurados reconheceram essa prática, terminam por votar os quesitos do crime conexo.

153. O delito é habitual, razão pela qual somente se configura se ficar comprovada a reiteração de condutas. Trata-se de crime dependente de representação (art. 147-A, § 3.º, CP).

154. O crime principal é o homicídio ou uma tentativa, permitindo a conexão com outros delitos. Em particular, os perseguidores (*stalkers*) agem contra a vítima inúmeras vezes, podendo chegar ao resultado mais grave consistente em tentativa ou homicídio consumado. O crime do art. 147-A deve ser punido juntamente com o delito gerador da violência, nos termos do § 2.º deste artigo ("As penas deste artigo são aplicáveis sem prejuízo das correspondentes à violência").

3. O jurado absolve o acusado?

4. [Se houver, ingressam os quesitos das teses defensivas].

5. O crime foi praticado contra [criança, adolescente, idoso, mulher, mediante o concurso de duas ou mais pessoas ou mediante o emprego de arma]?[155]

6. [Se forem sustentadas em plenário, ingressam as atenuantes em tantos quesitos quantas forem as causas genéricas de abrandamento da pena – arts. 65 e 66, CP]

7. [Se forem sustentadas em plenário, ingressam as agravantes em tantos quesitos quantas forem as causas genéricas de elevação da pena – arts. 61 e 62, CP]

5.4.5 Crimes contra o patrimônio

5.4.5.1 Furto simples

1. No dia ___, por volta de __ horas,[156] no interior do estabelecimento comercial situado na ___, bairro de ___, nesta Comarca, houve a subtração de [coisa móvel.] (mencionar qual foi o objeto subtraído. Ex.: "o aparelho de TV, descrito no auto de apreensão de fls. __), pertencente à vítima "L"?

2. O réu "Q", qualificado a fls. ___, concorreu para o crime, subtraindo, para si,[157] os objetos descritos no primeiro quesito?

3. O jurado absolve o acusado?

4. [Se houver, ingressam os quesitos específicos levantados pela defesa, relativos a eventuais causas de diminuição da pena.]

5. [Se forem sustentadas em plenário, ingressam as atenuantes em tantos quesitos quantas forem as causas genéricas de abrandamento da pena – arts. 65 e 66, CP.]

6. [Se forem sustentadas em plenário, ingressam as agravantes em tantos quesitos quantas forem as causas genéricas de elevação da pena – arts. 61 e 62, CP.]

5.4.5.2 Tentativa de furto simples

1. No dia ___, por volta de __ horas,[158] no interior do estabelecimento comercial situado na ___, bairro de ___, nesta Comarca, deu-se início à subtração de [coisa móvel.] (mencionar qual foi o objeto subtraído. Ex.: "o aparelho de TV, descrito no auto de apreensão de fls. __), pertencente à vítima "L", que somente não se consumou por circunstâncias alheias à vontade do agente?[159]

---

155 Art. 147-A: "§ 1.º A pena é aumentada de metade se o crime é cometido: I – contra criança, adolescente ou idoso; II – contra mulher por razões da condição de sexo feminino, nos termos do § 2.º-A do art. 121 deste Código; III – mediante concurso de 2 (duas) ou mais pessoas ou com o emprego de arma".

156. Pode-se inserir "após os fatos descritos na série anterior" (referindo-se ao delito doloso contra a vida) ou "pouco antes dos fatos descritos na série anterior" (idem), dependendo do caso concreto.

157. Ou "para outrem", dependendo da situação fática ocorrida.

158. Pode-se inserir "após os fatos descritos na série anterior" (referindo-se ao delito doloso contra a vida) ou "pouco antes dos fatos descritos na série anterior" (idem), dependendo do caso concreto.

159. No caso de crimes conexos, especialmente os que não revestem a forma progressiva (como o homicídio), torna-se inviável a redação do quesito de tentativa desvinculado do fato principal,

2. O réu "Q", qualificado a fls. ___, concorreu para o crime, promovendo o início da subtração, para si,[160] do objeto descrito no quesito anterior?

3. O jurado absolve o acusado?

4. [Se houver, ingressam os quesitos específicos levantados pela defesa, relativos a eventuais causas de diminuição da pena.]

5. [Se forem sustentadas em plenário, ingressam as atenuantes em tantos quesitos quantas forem as causas genéricas de abrandamento da pena – arts. 65 e 66, CP.]

6. [Se forem sustentadas em plenário, ingressam as agravantes em tantos quesitos quantas forem as causas genéricas de elevação da pena – arts. 61 e 62, CP.]

5.4.5.3 Furto qualificado

1. No dia ___, por volta de __ horas,[161] no interior do estabelecimento comercial situado na ___, bairro de ___, nesta Comarca, houve a subtração de [coisa móvel] (mencionar qual foi o objeto subtraído. Ex.: "o aparelho de TV, descrito no auto de apreensão de fls. __), pertencente à vítima "L"?

2. O réu "Q", qualificado a fls. ___, concorreu para o crime, subtraindo, para si,[162] o objeto descrito no primeiro quesito?

3. O jurado absolve o acusado?

4. [Se houver, ingressam os quesitos específicos levantados pela defesa, relativos a eventuais causas de diminuição da pena.][163-164]

5. Para atingir o objeto desejado, o réu rompeu o [obstáculo] (fazer a descrição. Ex.: vidro da janela, o que lhe possibilitou o ingresso no local onde estava a coisa, conforme laudo de fls.__)?[165-166]

6. [Se forem sustentadas em plenário, ingressam as atenuantes em tantos quesitos quantas forem as causas genéricas de abrandamento da pena – arts. 65 e 66, CP.]

7. [Se forem sustentadas em plenário, ingressam as agravantes em tantos quesitos quantas forem as causas genéricas de elevação da pena – arts. 61 e 62, CP.]

---

como sugere o art. 483, § 5.º, do CPP. Pensamos que o referido art. 483 diz respeito aos crimes dolosos contra a vida, onde é possível indagar acerca do fato principal (lesão corporal), depois em relação à autoria e, somente após, a respeito da tentativa de homicídio.

160. Ou "para outrem", dependendo da situação fática ocorrida.

161. Pode-se inserir "após os fatos descritos na série anterior" (referindo-se ao delito doloso contra a vida) ou "pouco antes dos fatos descritos na série anterior" (idem), dependendo do caso concreto.

162. Ou "para outrem", dependendo da situação fática ocorrida.

163. Lembrar que os quesitos da tese defensiva devem vir antes das qualificadoras do crime, nos mesmos moldes em que se faz no cenário do crime doloso contra a vida.

164. Defendemos a possibilidade de aplicação da figura do privilégio (art. 155, § 2.º, CP) tanto ao furto simples quanto ao qualificado. Por isso, o quesito a ele relativo deve vir antes de qualquer qualificadora, pois é tese favorável à defesa. Maiores detalhes podem ser encontrados na nota 20 ao art. 155 do nosso *Código Penal comentado*.

165. Esta é a qualificadora do art. 155, § 4.º, I, do CP.

166. Se, em lugar de qualificadora, houver a incidência da causa de aumento de crime cometido durante o repouso noturno (art. 155, § 1.º, CP), ingressa o quesito pertinente neste mesmo ponto, após os da defesa.

5.4.5.4 *Roubo simples próprio*

1. No dia ___, por volta de __ horas,[167] no interior do estabelecimento comercial situado na ___, bairro de ___, nesta Comarca, houve a subtração de [coisa móvel] (mencionar qual foi o objeto subtraído. Ex.: "a bolsa, contendo várias peças, conforme descrição feita no auto de apreensão de fls. __), pertencente à vítima "M"?

2. O crime foi cometido mediante o emprego de violência, consistente em (descrever a forma da violência ou da grave ameaça ou outro recurso. Ex.: "ter sido desferido forte empurrão na vítima, lançando-a ao chão, sem possibilidade de resistência")?[168-169]

3. O réu "Y", qualificado a fls. __, concorreu para o crime, promovendo a subtração, para si,[170] com emprego de violência, descrita nos quesitos anteriores?[171]

4. O jurado absolve o acusado?

5. [Se houver, ingressam os quesitos específicos levantados pela defesa, referentes a eventuais causas de diminuição da pena.]

6. [Se forem sustentadas em plenário, ingressam as atenuantes em tantos quesitos quantas forem as causas genéricas de abrandamento da pena – arts. 65 e 66, CP.]

7. [Se forem sustentadas em plenário, ingressam as agravantes em tantos quesitos quantas forem as causas genéricas de elevação da pena – arts. 61 e 62, CP.]

- Consequências da votação

1. A negativa ao primeiro quesito provoca a absolvição do réu, por ausência de materialidade.

2. Entretanto, afirmado o primeiro, mas negado o segundo, desclassifica-se o delito para furto. Continua-se a votação.

3. A negativa ao terceiro provoca a absolvição por negar a autoria imputada. A afirmativa aos três primeiros quesitos ainda não significa condenação, pois o Conselho de Sentença, por qualquer razão, pode afirmar o quarto e, com isso, determinar a absolvição do acusado.

---

167. Pode-se inserir "após os fatos descritos na série anterior" (referindo-se ao delito doloso contra a vida) ou "pouco antes dos fatos descritos na série anterior" (idem), dependendo do caso concreto.

168. Há posição doutrinária sustentando que somente o roubo impróprio pode ser praticado em conexão com o crime doloso contra a vida (cf. MARREY e SILVA FRANCO, *Teoria e prática do júri*, p. 613), com o que não podemos concordar. O roubo próprio é perfeitamente compatível com as figuras da conexão e da continência, nas suas variadas formas (arts. 76 e 77, CPP). Imagine-se que, no mesmo cenário, "A" tente matar "B", enquanto "C" rouba "D". São delitos conexos a serem julgados pelo Tribunal do Júri (art. 76, I, CPP). Aliás, outra possibilidade seria "A" roubar "D" e, consumada a infração penal, resolver matar a vítima que o perseguiu, sem conseguir. Não se trata de latrocínio, uma vez que o roubo já estava consumado quando "A" deliberou matar "D". Logo, seria um roubo seguido de uma tentativa de homicídio, ambos da competência do júri.

169. O roubo é crime complexo, que, para sua configuração, demanda a união do furto com outra figura típica (ameaça ou lesões corporais, *v. g.*). Por isso, deve-se dividir o questionamento aos jurados, permitindo-lhes que, conforme o seu convencimento, possam desclassificar o fato de roubo para furto. Se for construído quesito único, envolvendo a subtração e a violência, não será possível a condenação apenas por furto, caso os jurados entendam que houve subtração, mas sem violência contra a pessoa.

170. Ou "para outrem", dependendo da situação fática ocorrida.

171. Quesito na forma de autoria.

5.4.5.5 *Roubo simples impróprio*

1. No dia ___, por volta de __ horas,[172] no interior do estabelecimento comercial situado na ___, bairro de ___, nesta Comarca, houve a subtração de [coisa móvel] (mencionar qual foi o objeto subtraído. Ex.: "a bolsa, contendo várias peças, conforme descrição feita no auto de apreensão de fls. __), pertencente à vítima "D"?

2. Logo após a subtração da [coisa] (descrever qual o objeto, tal como foi feito no primeiro quesito), empregou-se violência contra a vítima, para assegurar a detenção do objeto, consistente em (descrever a forma da violência ou da grave ameaça ou outro recurso. Ex.: "ter sido desferido um forte soco em seu rosto")?[173]

3. O réu "N", qualificado a fls. ___, concorreu para o crime, promovendo a subtração, para si,[174] com emprego de violência, da forma descrita nos quesitos anteriores?

4. O jurado absolve o acusado?

5. [Se houver, ingressam os quesitos específicos levantados pela defesa, ligados a eventuais causas de diminuição de pena.]

6. [Se forem sustentadas em plenário, ingressam as atenuantes em tantos quesitos quantas forem as causas genéricas de abrandamento da pena – arts. 65 e 66, CP.]

7. [Se forem sustentadas em plenário, ingressam as agravantes em tantos quesitos quantas forem as causas genéricas de elevação da pena – arts. 61 e 62, CP.]

5.4.5.6 *Roubo com causas de aumento (ou qualificado)*[175]

1. No dia ___, por volta de __ horas,[176] no interior do estabelecimento comercial situado na ___, bairro de ___, nesta Comarca, houve a subtração de [coisa móvel.] (mencionar qual foi o objeto subtraído. Ex.: "a bolsa, contendo várias peças, conforme descrito no auto de apreensão de fls. __), pertencente à vítima "J"?

2. O crime foi cometido mediante o emprego de violência, consistente em (descrever a forma da violência ou da grave ameaça ou outro recurso. Ex.: "ter sido desferido forte empurrão na vítima, lançando-a ao chão, sem possibilidade de resistência")?[177]

---

172. Pode-se inserir "após os fatos descritos na série anterior" (referindo-se ao delito doloso contra a vida) ou "pouco antes dos fatos descritos na série anterior" (idem), dependendo do caso concreto.

173. O roubo impróprio concretiza-se quando, no cenário da subtração, o agente emprega a violência ou grave ameaça, em seguida ao apossamento da coisa, de modo a garantir a impunidade do crime ou a detenção do objeto. Por isso, diversamente do roubo próprio, a ação violenta ou ameaçadora não tem por fim constituir o acesso do autor à coisa desejada; ele já detém a coisa, embora precise usar a força para mantê-la consigo.

174. Ou "para outrem", dependendo da situação fática ocorrida.

175. Embora o crime de roubo não possua qualificadora em sentido estrito, tornou-se praxe forense designar a figura do art. 157, § 2.º, do CP, como roubo *qualificado*. Afinal, as causas de aumento de pena não deixam de ser *qualificadoras em sentido amplo*.

176. Pode-se inserir "após os fatos descritos na série anterior" (referindo-se ao delito doloso contra a vida) ou "pouco antes dos fatos descritos na série anterior" (idem), dependendo do caso concreto.

177. Consultar as notas do roubo simples próprio.

3. O réu "N", qualificado a fls. ___, concorreu para o crime, promovendo a subtração, para si,[178] com emprego de violência, da forma descrita nos quesitos anteriores?

4. O jurado absolve o acusado?

5. [Se houver, ingressam os quesitos específicos levantados pela defesa, relativos a eventuais causas de diminuição da pena.][179]

6. O réu estava acompanhado de dois outros comparsas, que o auxiliaram na execução do crime?[180]

7. [Se forem sustentadas em plenário, ingressam as atenuantes em tantos quesitos quantas forem as causas genéricas de abrandamento da pena – arts. 65 e 66, CP.]

8. [Se forem sustentadas em plenário, ingressam as agravantes em tantos quesitos quantas forem as causas genéricas de elevação da pena – arts. 61 e 62, CP.]

5.4.5.7 Roubo seguido de morte (latrocínio)

1. No dia ___, por volta de __ horas,[181] no interior do estabelecimento comercial situado na ___, bairro de ___, nesta Comarca, houve a subtração de [coisa móvel.] (mencionar qual foi o objeto subtraído. Ex.: "o valor, em dinheiro, equivalente a R$ ___, que estava no cofre), pertencente à vítima "B"?

2. O crime foi cometido mediante o emprego de violência, consistente em (descrever a forma da violência ou da grave ameaça ou outro recurso. Ex.: "terem sido desferido tiros de arma de fogo contra a vítima, causando-lhe as lesões descritas no laudo de fls.__")?[182]

3. O réu "N", qualificado a fls. ___, concorreu para o crime, promovendo a subtração, para si,[183] com emprego de violência, da forma descrita nos quesitos anteriores?

4. O jurado absolve o acusado?

5. [Se houver, ingressam os quesitos específicos levantados pela defesa, relacionados a eventuais causa de diminuição da pena.][184]

---

178. Ou "para outrem", dependendo da situação fática ocorrida.

179. Lembrar que os quesitos da tese defensiva devem vir antes das causas de aumento do crime, nos mesmos moldes em que se faz no cenário do crime doloso contra a vida.

180. Não se pode incluir, no terceiro quesito, a expressão "juntamente com terceiras pessoas", tendo em vista que se trata de causa de aumento específica (concurso de duas ou mais pessoas). Por isso, se for inserida a referida expressão no primeiro quesito – e reconhecida na primeira votação –, já não haveria sentido em promover a votação à parte, permitindo que os jurados a negassem, se entenderem cabível. Dessa forma, o terceiro quesito não deve trazer o concurso de outros agentes, permitindo-se a indagação isolada, seguindo-se o disposto no art. 157, § 2.º, II, CP. O mesmo se diga das demais causas de aumento. É preciso cautela para não incluí-las diretamente nos primeiros quesitos, invalidando a votação à parte, como determina a lei.

181. Pode-se inserir "após os fatos descritos na série anterior" (referindo-se ao delito doloso contra a vida) ou "pouco antes dos fatos descritos na série anterior" (idem), dependendo do caso concreto.

182. Consultar as notas do roubo simples próprio.

183. Ou "para outrem", dependendo da situação fática ocorrida.

184. Lembrar que os quesitos da tese defensiva devem vir antes das causas de aumento do crime, nos mesmos moldes em que se faz no cenário do crime doloso contra a vida.

6. Essas lesões causaram a morte da vítima?[185-186]

7. [Se forem sustentadas em plenário, ingressam as atenuantes em tantos quesitos quantas forem as causas genéricas de abrandamento da pena – arts. 65 e 66, CP.]

8. [Se forem sustentadas em plenário, ingressam as agravantes em tantos quesitos quantas forem as causas genéricas de elevação da pena – arts. 61 e 62, CP.]

• Consequências da votação

1. Negado o primeiro quesito, o réu está absolvido.

2. Afirmado o primeiro, mas negado o segundo, desclassifica-se para furto. Continua a votação, embora esteja prejudicado o quesito relativo ao resultado morte.

3. Afirmados os dois primeiros e negado o terceiro, absolve-se o réu por negativa de autoria. Se afirmados os três primeiros, ainda há a possibilidade de haver a absolvição quando da apreciação do quarto quesito. Entretanto, negado este, não havendo outras teses de defesa, coloca-se em votação o quesito relativo à causa de aumento ou resultado qualificador. Se afirmado, haverá condenação por latrocínio. Negado, condena-se o réu por roubo, afinal, os jurados não aceitaram o nexo causal entre a violência praticada pelo agente e a morte do ofendido.

5.4.5.8 Extorsão simples

1. No dia __, por volta de __ horas,[187] na ____, bairro de ___, nesta Comarca, houve constrangimento em relação à vítima "V", mediante ameaça de morte,[188] valendo-se o agente de sua força física superior, a retirar dinheiro do estabelecimento bancário onde mantinha conta, com o intuito de obter o valor sacado?

2. O réu "X", qualificado a fls. __, concorreu para o crime, promovendo o constrangimento contra a vítima, com fim de obter o dinheiro, para si,[189] da forma descrita no quesito anterior?

3. O jurado absolve o acusado?

4. [Se houver, ingressam os quesitos específicos levantados pela defesa, relacionados a eventuais causas de diminuição da pena.]

5. [Se forem sustentadas em plenário, ingressam as atenuantes em tantos quesitos quantas forem as causas genéricas de abrandamento da pena – arts. 65 e 66, CP.]

6. [Se forem sustentadas em plenário, ingressam as agravantes em tantos quesitos quantas forem as causas genéricas de elevação da pena – arts. 61 e 62, CP.]

---

185. Diversamente da figura do homicídio, em que se inclui o nexo de causalidade entre a violência e o resultado morte no segundo quesito, no caso de roubo seguido de morte, deve-se registrar que a morte do ofendido constitui causa de elevação da pena. Na verdade, um resultado qualificador, que permite atingir nova faixa de fixação da pena (reclusão, de 20 a 30 anos). Portanto, a morte da vítima não é elemento constitutivo essencial do tipo penal do roubo (como é no caso do homicídio). Deve ser destacado o resultado qualificador e colocado, em formato de quesito, após a tese de defesa.

186. Tratando-se de lesões graves, basta substituir o evento *morte* pela descrição das referidas lesões graves.

187. Pode-se inserir "após os fatos descritos na série anterior" (referindo-se ao delito doloso contra a vida) ou "pouco antes dos fatos descritos na série anterior" (idem), dependendo do caso concreto.

188. Diversamente da figura do roubo, pode-se incluir, em quesito único, a utilização de violência ou grave ameaça, pois o crime de extorsão deixaria de existir caso fosse negada a utilização de qualquer desses recursos. Lembremos que o delito de constrangimento ilegal, figura para a qual poderia ser desclassificado o crime de extorsão, também envolve violência ou grave ameaça.

189. "Ou para outrem".

5.4.5.9 *Tentativa de extorsão simples*

1. No dia ___, por volta de ___ horas, na ___, bairro de ___, nesta Comarca, buscou-se constranger a vítima "H", mediante ameaça de morte, valendo-se o agente de sua força física superior, a retirar dinheiro do estabelecimento bancário onde mantinha conta, com o intuito de obter esse valor, sem que tivesse havido o saque, por circunstâncias alheias à sua vontade?[190-191]

2. O réu "E", qualificado a fls. ___, concorreu para o crime, promovendo o constrangimento contra a vítima "H", com o intuito de obter valores para si, da forma descrita no quesito anterior?

3. O jurado absolve o acusado?

4. [Se houver, ingressam os quesitos específicos levantados pela defesa, relacionados a eventuais causas de diminuição da pena.]

5. [Se forem sustentadas em plenário, ingressam as atenuantes em tantos quesitos quantas forem as causas genéricas de abrandamento da pena – arts. 65 e 66, CP.]

6. [Se forem sustentadas em plenário, ingressam as agravantes em tantos quesitos quantas forem as causas genéricas de elevação da pena – arts. 61 e 62, CP.]

5.4.5.10 *Extorsão com causa de aumento (ou qualificada)*[192]

1. No dia ___, por volta de ___ horas,[193] na ____, bairro de ____, nesta Comarca, houve constrangimento em relação à vítima "G", mediante ameaça de morte,[194] valendo-se o agente de sua força física superior, a retirar dinheiro do estabelecimento bancário onde mantinha conta, com o intuito de obter o valor sacado?

2. O réu "U", qualificado a fls. ____, concorreu para o crime, praticando o constrangimento contra a vítima "G", com o intuito de obter o valor sacado, para si, da forma descrita no quesito anterior?

3. O jurado absolve o acusado?

---

190. Sustentamos a possibilidade de haver tentativa no crime de extorsão, embora se trate de delito formal. Há três estágios para a ocorrência da extorsão: a) a fase do constrangimento; b) a fase em que a vítima faz algo contra sua vontade; c) a fase em que o agente obtém o que deseja. A tentativa dá-se exatamente entre o final da primeira fase e antes do início da segunda, quando houver interrupção por circunstâncias alheias à vontade do autor. Se a segunda fase realizar-se, ainda que a terceira não seja atingida, o crime está consumado. Se a terceira aperfeiçoar-se, cuida-se somente do exaurimento do crime. Mais detalhes podem ser encontrados na nota 41 ao art. 158 do nosso *Código Penal comentado.*
191. Sobre a tentativa ser incluída no primeiro quesito, consultar a nota 156 à tentativa de furto (subitem 5.4.5.2).
192. Embora o crime de extorsão não possua qualificadora em sentido estrito, tornou-se praxe forense designar a figura do art. 158, § 1.º, do CP, como extorsão *qualificada*. Afinal, as causas de aumento de pena não deixam de ser *qualificadoras em sentido amplo*.
193. Pode-se inserir "após os fatos descritos na série anterior" (referindo-se ao delito doloso contra a vida) ou "pouco antes dos fatos descritos na série anterior" (idem), dependendo do caso concreto.
194. Diversamente da figura do roubo, pode-se incluir, em quesito único, a utilização de violência ou grave ameaça, pois o crime de extorsão deixaria de existir caso fosse negada a utilização de qualquer desses recursos. Lembremos que o delito de constrangimento ilegal, figura para a qual poderia ser desclassificado o crime de extorsão, também envolve violência ou grave ameaça.

4. [Se houver, ingressam os quesitos específicos levantados pela defesa, relacionados a eventuais causas de diminuição da pena.][195]

5. O réu estava acompanhado de dois outros comparsas, que o auxiliaram na execução do crime?[196]

6. [Se forem sustentadas em plenário, ingressam as atenuantes em tantos quesitos quantas forem as causas genéricas de abrandamento da pena – arts. 65 e 66, CP.]

7. [Se forem sustentadas em plenário, ingressam as agravantes em tantos quesitos quantas forem as causas genéricas de elevação da pena – arts. 61 e 62, CP.]

5.4.5.11 Extorsão seguida de morte

1. No dia __, por volta de __ horas,[197] na ____, bairro de ___, nesta Comarca, houve constrangimento à vítima "O", mediante o emprego de vários socos,[198-199] que lhe causaram as lesões descritas no laudo de fls. __, a retirar dinheiro do estabelecimento bancário onde mantinha conta, com o intuito de ser obtido o valor sacado?

2. O réu "U", qualificado a fls. ___, concorreu para o crime, praticando o constrangimento contra a vítima "O", com o intuito de obter o valor sacado, para si, da forma descrita no quesito anterior?

3. O jurado absolve o acusado?

4. [Se houver, ingressam os quesitos específicos levantados pela defesa, relacionados a eventuais causas de diminuição da pena.]

---

195. Os quesitos da tese de defesa devem ser inseridos antes da votação relativa às causas de aumento, nos mesmos moldes em que se faz com o homicídio e outros crimes dolosos contra a vida.

196. Não se pode incluir, nos primeiros quesitos, a expressão "juntamente com terceiras pessoas", tendo em vista que se trata de causa de aumento específica (concurso de duas ou mais pessoas). Por isso, se for inserida a referida expressão nos primeiros quesitos – e reconhecida na primeira votação –, já não haveria sentido em promover a votação à parte, permitindo que os jurados a negassem, se entenderem cabível. Dessa forma, os primeiros quesitos não devem trazer o concurso de outros agentes, permitindo-se a indagação isolada, seguindo-se o disposto no art. 158, § 1.º, CP. O mesmo se diga da outra causa de aumento. É preciso cautela para não incluí-la diretamente no primeiro quesito, invalidando a votação à parte, como determina a lei.

197. Pode-se inserir "após os fatos descritos na série anterior" (referindo-se ao delito doloso contra a vida) ou "pouco antes dos fatos descritos na série anterior" (idem), dependendo do caso concreto.

198. Diversamente da figura do roubo, pode-se incluir, em quesito único, a utilização de violência ou grave ameaça, pois o crime de extorsão deixaria de existir caso fosse negada a utilização de qualquer desses recursos. Lembremos que o delito de constrangimento ilegal, figura para a qual poderia ser desclassificado o crime de extorsão, também envolve violência ou grave ameaça.

199. Para que o quesito seja redigido de forma mais objetiva, não se inclui a expressão "mediante violência", que está substituída pela espécie de violência (mediante socos).

5. Essas lesões causaram a morte da vítima?[200-201]

6. [Se forem sustentadas em plenário, ingressam as atenuantes em tantos quesitos quantas forem as causas genéricas de abrandamento da pena - arts. 65 e 66, CP.]

7. [Se forem sustentadas em plenário, ingressam as agravantes em tantos quesitos quantas forem as causas genéricas de elevação da pena - arts. 61 e 62, CP.]

5.4.5.12 Extorsão mediante sequestro simples

1. No dia __, por volta de __ horas, na ___, bairro de ___, nesta Comarca,[202] a vítima "Z" foi sequestrada, com o fim de se obter o valor de R$ ___, como preço do resgate?

2. O réu "W", qualificado a fls. __, concorreu para o crime, praticando o sequestro com a finalidade de obtenção, para si, do valor descrito no quesito anterior?

3. O jurado absolve o acusado?

4. [Se houver, ingressam os quesitos específicos levantados pela defesa, relacionadas a eventuais causas de diminuição da pena.]

5. [Se forem sustentadas em plenário, ingressam as atenuantes em tantos quesitos quantas forem as causas genéricas de abrandamento da pena - arts. 65 e 66, CP.]

6. [Se forem sustentadas em plenário, ingressam as agravantes em tantos quesitos quantas forem as causas genéricas de elevação da pena - arts. 61 e 62, CP.]

5.4.5.13 Extorsão mediante sequestro com causa de aumento (ou qualificada)[203]

1. No dia __, por volta de __ horas, na ___, bairro de ___, nesta Comarca,[204] a vítima "C" foi sequestrada, com o fim de se obter o valor de R$ ___, como preço do resgate?

2. O réu "E", qualificado a fls. ___, concorreu para o crime, praticando o sequestro, com a finalidade de obter, para si, o valor descrito no quesito anterior?[205]

---

200. Diversamente da figura do homicídio, em que se inclui o nexo de causalidade entre a violência e o resultado morte no segundo quesito, no caso de extorsão seguida de morte, deve-se registrar que a morte do ofendido constitui causa de elevação da pena. Na verdade, um resultado qualificador, que permite atingir nova faixa de fixação da pena (reclusão, de 20 a 30 anos). Portanto, a morte da vítima não é elemento constitutivo essencial do tipo penal da extorsão (como é no caso do homicídio). Deve ser destacado o resultado qualificador e colocado, em formato de quesito, após a tese de defesa.

201. Tratando-se de lesões graves, basta substituir o evento *morte* pela descrição das referidas lesões graves.

202. Pode-se inserir a situação do delito doloso contra a vida, ocorrida antes, durante ou depois do sequestro, conforme se dê no caso concreto (ex.: "após os fatos descritos na série anterior"). Há várias hipóteses de conexão e continência aplicáveis ao cenário.

203. Embora o crime de extorsão não possua qualificadora em sentido estrito, tornou-se praxe forense designar a figura do art. 159, § 1.º, do CP, como extorsão mediante sequestro *qualificada*. Afinal, as causas de aumento de pena não deixam de ser *qualificadoras em sentido amplo*.

204. Pode-se inserir a situação do delito doloso contra a vida, ocorrida antes, durante ou depois do sequestro, conforme se dê no caso concreto (ex.: "após os fatos descritos na série anterior"). Há várias hipóteses de conexão e continência aplicáveis ao cenário.

205. Quesito na forma de autoria.

3. O jurado absolve o acusado?

4. [Se houver, ingressam os quesitos específicos levantados pela defesa, relacionados a eventuais causas de diminuição da pena.][206]

5. O sequestro durou mais de 24 horas?

6. [Se forem sustentadas em plenário, ingressam as atenuantes em tantos quesitos quantas forem as causas genéricas de abrandamento da pena – arts. 65 e 66, CP.]

7. [Se forem sustentadas em plenário, ingressam as agravantes em tantos quesitos quantas forem as causas genéricas de elevação da pena – arts. 61 e 62, CP.]

5.4.5.14 Extorsão mediante sequestro com resultado morte

1. No dia __, por volta de __ horas, na ___, bairro de ___, nesta Comarca,[207] a vítima "P" foi sequestrada, com o fim de se obter o valor de R$ ___, como preço do resgate?

2. O réu "I", qualificado a fls. ___, concorreu para o crime, praticando o sequestro, com o intuito de obter, para si, o valor descrito no quesito anterior?

3. O jurado absolve o acusado?

4. [Se houver, ingressam os quesitos específicos levantados pela defesa, relacionados a eventuais causas de diminuição da pena.][208]

5. O réu submeteu a vítima a maus-tratos, durante o período de cativeiro, ocasionando-lhe as lesões corporais descritas no laudo de fls. __ ?[209]

6. Essas lesões deram causa à morte da vítima?[210-211]

---

206. Os quesitos da tese de defesa devem ser inseridos antes da votação relativa às causas de aumento, nos mesmos moldes em que se faz com o homicídio e outros crimes dolosos contra a vida.

207. Pode-se inserir a situação do delito doloso contra a vida, ocorrida antes, durante ou depois do sequestro, conforme se dê no caso concreto (ex.: "após os fatos descritos na série anterior"). Há várias hipóteses de conexão e continência aplicáveis ao cenário.

208. Os quesitos da tese de defesa devem ser inseridos antes da votação relativa às causas de aumento, nos mesmos moldes em que se faz com o homicídio e outros crimes dolosos contra a vida.

209. O roubo e a extorsão contêm a violência no tipo básico, de modo que o resultado qualificador (morte) prescinde de qualquer outra descrição precedente. Na situação da extorsão mediante sequestro, não se exige o elemento *violência* no tipo fundamental (art. 159, *caput*, CP), razão pela qual, advindo o resultado mais grave (morte ou lesões graves), a lei menciona "se do fato resulta...". Por isso, é imperioso destacar, em quesito específico, qual foi o fato gerador da lesão. Na sequência, estabelecendo o nexo causal entre a violência praticada e o resultado morte, insere-se outro quesito.

210. Diversamente da figura do homicídio, em que se inclui o nexo de causalidade entre a violência e o resultado morte no segundo quesito, no caso de extorsão mediante sequestro seguida de morte, deve-se registrar que a morte do ofendido constitui causa de elevação da pena. Na verdade, um resultado qualificador, que permite atingir nova fixa de fixação da pena (reclusão, de 24 a 30 anos). Portanto, a morte da vítima não é elemento constitutivo essencial do tipo penal da extorsão mediante sequestro (como é no caso do homicídio). Deve ser destacado o resultado qualificador e colocado, em formato de quesitos próprios, após a tese de defesa.

211. Tratando-se de lesões graves, basta substituir o evento *morte* pela descrição das referidas lesões graves.

7. [Se forem sustentadas em plenário, ingressam as atenuantes em tantos quesitos quantas forem as causas genéricas de abrandamento da pena – arts. 65 e 66, CP.]

8. [Se forem sustentadas em plenário, ingressam as agravantes em tantos quesitos quantas forem as causas genéricas de elevação da pena – arts. 61 e 62, CP.]

- Consequências da votação

1. Negado o primeiro quesito, absolve-se o réu, por ausência de materialidade.

2. Afirmado o primeiro quesito e negado o segundo, absolve-se o acusado por negativa de autoria. Afirmados os dois primeiros, mas negado o terceiro, também ocorre absolvição, pois alguma tese de defesa foi acolhida.

3. Para que se dê o resultado qualificador (se resulta morte), torna-se indispensável o reconhecimento concomitante dos dois outros quesitos (quinto e sexto). O quinto fixa o fato gerador das lesões; o sexto estabelece o nexo causal com a morte da vítima. A negativa a qualquer um deles impede a condenação pelo resultado qualificador (lesões graves ou morte).

5.4.6 Crimes contra a liberdade sexual

5.4.6.1 Estupro

1. No dia __, por volta de __ horas, no interior da residência situada na ___, bairro de ___, nesta Comarca, a vítima "E" foi constrangida, mediante grave ameaça (descrever a forma da grave ameaça ou da violência. Ex.: "exercida pelo emprego de arma de fogo") à conjunção carnal?[212]

2. O réu "A", qualificado a fls. ___, concorreu para o crime, praticando o constrangimento descrito no quesito anterior?[213]

3. O jurado absolve o acusado?

4. [Se houver, ingressam os quesitos específicos levantados pela defesa, relativos a eventuais causas de diminuição da pena.]

5. [Se forem sustentadas em plenário, ingressam as atenuantes em tantos quesitos quantas forem as causas genéricas de abrandamento da pena – arts. 65 e 66, CP.]

6. [Se forem sustentadas em plenário, ingressam as agravantes em tantos quesitos quantas forem as causas genéricas de elevação da pena – arts. 61 e 62, CP.]

5.4.6.2 Estupro com causa de aumento

1. No dia __, por volta de __ horas, no interior da residência situada na ___, bairro de ___, nesta Comarca, a vítima "E" foi constrangida, mediante grave ameaça (descrever a forma da grave ameaça ou da violência. Ex.: "exercida pelo emprego de arma de fogo") à conjunção carnal?

2. O réu "A", qualificado a fls. ___, concorreu para o crime, praticando o constrangimento descrito no quesito anterior?[214]

3. O jurado absolve o acusado?

---

212. Não é preciso descrever o ato "conjunção carnal", pois, no direito brasileiro, consagrou-se a teoria restritiva, em sua interpretação, referindo-se apenas à introdução do pênis na vagina. Se alguma dúvida houver nesse sentido, cabe às partes expor aos jurados o conceito formulado na imputação.

213. Quesito na forma de autoria.

214. Quesito na forma de autoria.

4. [Se houver, ingressam os quesitos específicos levantados pela defesa, relativos a eventuais causas de diminuição da pena.]

5. O réu é irmão da vítima?[215]

6. [Se forem sustentadas em plenário, ingressam as atenuantes em tantos quesitos quantas forem as causas genéricas de abrandamento da pena – arts. 65 e 66, CP.]

7. [Se forem sustentadas em plenário, ingressam as agravantes em tantos quesitos quantas forem as causas genéricas de elevação da pena – arts. 61 e 62, CP.]

5.4.6.3 *Estupro de vulnerável*

1. No dia __, por volta de __ horas, no interior da residência situada na ___, bairro de ___, nesta Comarca, a vítima "E", menor de 14 anos à época do fato, manteve conjunção carnal?

2. O réu "A", qualificado a fls. ___, concorreu para o crime, praticando o ato sexual descrito no quesito anterior?[216]

3. O jurado absolve o acusado?

4. [Se houver, ingressam os quesitos específicos levantados pela defesa, relativos a eventuais causas de diminuição da pena.]

5. [Se forem sustentadas em plenário, ingressam as atenuantes em tantos quesitos quantas forem as causas genéricas de abrandamento da pena – arts. 65 e 66, CP.]

6. [Se forem sustentadas em plenário, ingressam as agravantes em tantos quesitos quantas forem as causas genéricas de elevação da pena – arts. 61 e 62, CP.]

5.4.6.4 *Estupro com resultado morte*[217]

1. No dia __, por volta de __ horas, no interior da residência situada na ___, bairro de ___, nesta Comarca, a vítima "E" foi constrangida, mediante violência, consistente em... (descrever a forma da violência. Ex.: "ter recebido vários socos, até que ficasse desacordada"), causando-lhe as lesões descritas no laudo de fls. __, à prática de ato libidinoso, consistente em... (descrever qual foi o ato. Ex.: "coito anal")?

2. O réu "B", qualificado a fls. ___, concorreu para o crime, praticando o constrangimento descrito no quesito anterior?[218]

3. O jurado absolve o acusado?

4. [Se houver, ingressam os quesitos específicos levantados pela defesa, relativos a eventuais causas de diminuição da pena.][219]

---

215. As causas de aumento de pena (art. 226, CP) devem ser inseridas após os quesitos da tese de defesa e antes da menção a qualquer agravante.

216. Quesito na forma de autoria.

217. Pode-se utilizar o mesmo modelo deste item para o estupro com resultado *lesões graves*, bastando haver a substituição no quesito próprio.

218. Quesito na forma de autoria.

219. Os quesitos da tese defensiva devem ser inseridos antes de qualquer causa de aumento ou qualificadora prevista para o crime. O mesmo se diga em relação ao resultado qualificador (lesões graves ou morte), constante do art. 213, §§ 1.º e 2.º, do Código Penal, que não deixa de ser uma circunstância de elevação da pena.

5. Essas lesões deram causa à morte da vítima?[220-221]

6. [Se forem sustentadas em plenário, ingressam as atenuantes em tantos quesitos quantas forem as causas genéricas de abrandamento da pena – arts. 65 e 66, CP.]

7. [Se forem sustentadas em plenário, ingressam as agravantes em tantos quesitos quantas forem as causas genéricas de elevação da pena – arts. 61 e 62, CP.]

5.4.7 Crime contra a paz pública

5.4.7.1 Associação criminosa

1. Na região de __,[222] ao longo do ano de __,[223] associaram-se três ou mais pessoas,[224] com a finalidade específica de cometer crimes?

2. O réu "T" integrava a associação descrita no quesito anterior?

3. O jurado absolve o acusado?

4. [Se houver, ingressam os quesitos específicos levantados pela defesa, relativos a eventuais causas de diminuição da pena.]

5. [Se forem sustentadas em plenário, ingressam as atenuantes em tantos quesitos quantas forem as causas genéricas de abrandamento da pena – arts. 65 e 66, CP.]

6. [Se forem sustentadas em plenário, ingressam as agravantes em tantos quesitos quantas forem as causas genéricas de elevação da pena – arts. 61 e 62, CP.]

5.4.7.2 Associação criminosa com causa de aumento de pena

1. Na região de __, ao longo do ano de __, associaram-se três ou mais pessoas, com a finalidade específica de cometer crimes?

2. O réu "T" integrava a associação descrita no quesito anterior?

3. O jurado absolve o acusado?

4. [Se houver, ingressam os quesitos específicos levantados pela defesa, relativos a eventuais causas de diminuição da pena.]

---

220. Diversamente da figura do homicídio, em que se inclui o nexo de causalidade entre a violência e o resultado morte no segundo quesito, no caso de estupro seguido de morte (ou lesões graves), deve-se registrar que a morte do ofendido constitui causa de elevação da pena. Na verdade, um resultado qualificador, que permite atingir nova faixa de fixação da pena (reclusão, de 12 a 30 anos). Portanto, a morte da vítima não é elemento constitutivo essencial do tipo penal do estupro, como ocorre no caso do homicídio. Deve ser destacado o resultado qualificador e colocado, em formato de quesitos próprios, após a tese de defesa.

221. Tratando-se de lesões graves, basta substituir o evento *morte* pela descrição das referidas lesões graves.

222. O lugar da associação criminosa é variado, envolvendo, como regra, um bairro, uma região ou uma cidade. Por isso, à falta de uma rua ou avenida determinada, insere-se o local de maneira ampla.

223. A associação criminosa, como regra, envolve um período extenso, não se podendo determinar um dia preciso ou um mês determinado, razão pela qual se insere o tempo aproximado em que foi apurada a sua existência.

224. Exige-se o número mínimo de três pessoas para a tipificação do delito previsto pelo art. 288 do Código Penal. Não cabe mencionar o nome das outras pessoas, pois não estão em julgamento. O quesito votado refere-se apenas a um acusado.

5. A associação criminosa era armada?

E/OU:

6. Na associação criminosa havia a participação de criança ou adolescente?

7. [Se forem sustentadas em plenário, ingressam as atenuantes em tantos quesitos quantas forem as causas genéricas de abrandamento da pena – arts. 65 e 66, CP.]

8. [Se forem sustentadas em plenário, ingressam as agravantes em tantos quesitos quantas forem as causas genéricas de elevação da pena – arts. 61 e 62, CP.]

5.4.7.3 *Constituição de milícia privada*

1. Na região de __,[225] ao longo do ano de __,[226] __ pessoas constituíram (organizaram, mantiveram ou custearam)[227] organização paramilitar (milícia particular, grupo ou esquadrão), com a finalidade de cometer qualquer delito previsto no Código Penal (se possível, indicar qual)?

2. O réu "D" integrava a organização descrita no quesito anterior?

3. O jurado absolve o acusado?

4. [Se houver, ingressam os quesitos específicos levantados pela defesa, relativos a eventuais causas de diminuição da pena.]

5. [Se forem sustentadas em plenário, ingressam as atenuantes em tantos quesitos quantas forem as causas genéricas de abrandamento da pena – arts. 65 e 66, CP.]

6. [Se forem sustentadas em plenário, ingressam as agravantes em tantos quesitos quantas forem as causas genéricas de elevação da pena – arts. 61 e 62, CP.]

5.4.8 *Crimes praticados por particular contra a Administração em geral*

5.4.8.1 *Resistência*

1. Após os fatos descritos na série anterior,[228] houve oposição à execução de ato legal... (descrever o ato. Ex.: "consistente em voz de prisão em flagrante"), mediante violência[229] (des-

---

225. O lugar de atuação da milícia é variado, envolvendo, como regra, um bairro, uma região da cidade ou uma Comarca. Por isso, à falta de uma rua ou avenida determinada, insere-se o local de maneira ampla.

226. A milícia privada, como regra, envolve um período extenso, não se podendo determinar um dia preciso ou um mês determinado, razão pela qual se insere o tempo aproximado em que foi apurada a sua existência.

227. Exige-se o número mínimo de duas pessoas para a tipificação do delito previsto pelo art. 288-A do Código Penal, segundo o nosso entendimento, já que o tipo penal não indica o número mínimo. Não cabe mencionar o nome das outras pessoas, pois não estão em julgamento. O quesito votado refere-se apenas a um acusado.

228. Normalmente, o delito de resistência configura-se, no cenário dos crimes dolosos contra a vida, justamente no momento em que se busca prender o autor do homicídio (ou equivalente). Por isso, é comum inserir no questionário a expressão "após os fatos descritos na série anterior", que cuida da infração dolosa contra a vida. No entanto, pode ocorrer a resistência, no mesmo cenário de um homicídio, por exemplo, embora cometida por pessoa diversa do autor do crime contra a vida. Haveria conexão do mesmo modo, sendo competente o Tribunal do Júri para apreciar ambas as infrações.

229. Pode dar-se a resistência, igualmente, se houver ameaça.

crever a forma da violência. Ex.: "caracterizada pela agressão com vários socos e pontapés nos agentes policiais")?[230]

2. Os policiais eram funcionários competentes para executar... (descrever o ato legal. Ex.: "a ordem de prisão")?[231-232]

3. O réu "N", qualificado a fls. __, concorreu para o crime, opondo-se ao ato tal como descrito nos quesitos anteriores?

4. O jurado absolve o acusado?

5. [Se houver, ingressam os quesitos específicos levantados pela defesa, relativos a eventuais causas de diminuição da pena.][233]

6. Em razão da resistência, o ato __ (descrever qual era) não se realizou?[234]

7. [Se forem sustentadas em plenário, ingressam as atenuantes em tantos quesitos quantas forem as causas genéricas de abrandamento da pena – arts. 65 e 66, CP.]

8. [Se forem sustentadas em plenário, ingressam as agravantes em tantos quesitos quantas forem as causas genéricas de elevação da pena – arts. 61 e 62, CP.]

5.4.8.2 Desacato

1. Após os fatos descritos na série anterior,[235] no interior do Distrito Policial de ___, nesta Comarca, houve desacato... (descrever qual foi o funcionário público. Ex. "à autoridade policial"), por meio de insultos, proferidos em altos brados, tal como... (descrever qual a ofensa. Ex.: "delegado ignorante")?

2. A autoridade policial (ou outro funcionário público) estava no exercício da sua função?[236]

3. O réu "S", qualificado a fls. ___, concorreu para o crime, proferindo o insulto tal como descrito nos quesitos anteriores?

4. O jurado absolve o acusado?

---

230. A violência ou ameaça pode voltar-se contra outras pessoas que estejam auxiliando os funcionários públicos. Se for o caso, basta inseri-las em lugar dos "agentes policiais", como, por exemplo, o agente de segurança "X".

231. Torna-se mais adequado subdividir o tipo penal da resistência (art. 329, CP) para que não se torne extenso e incompreensível aos jurados.

232. Se a violência ou ameaça dirigir-se contra pessoa que auxilia o funcionário público, pode-se redigir da seguinte forma: "O agente de segurança "X" prestava auxílio aos agentes policiais, que eram competentes para executar... (descrever o ato)?".

233. Os quesitos referentes à tese de defesa devem ser inseridos antes das causas de aumento ou qualificadoras previstas para o delito.

234. O quesito será inserido somente em caso de resistência qualificada (art. 329, § 1.º, CP).

235. Normalmente, o delito de desacato configura-se, no cenário dos crimes dolosos contra a vida, justamente no momento em que se busca prender o autor do homicídio (ou equivalente). Por isso, é comum inserir no questionário a expressão "após os fatos descritos na série anterior", que cuida da infração dolosa contra a vida. No entanto, pode ocorrer o desacato, no mesmo cenário de um homicídio, por exemplo, embora cometido por pessoa diversa do autor do crime contra a vida. Haveria conexão do mesmo modo, sendo competente o Tribunal do Júri para apreciar ambas as infrações.

236. Torna-se mais adequado subdividir o tipo penal de desacato (art. 331, CP) para que não se torne extenso e incompreensível aos jurados.

5. [Se houver, ingressam os quesitos específicos levantados pela defesa, relativos a eventuais causas de diminuição da pena.]

6. [Se forem sustentadas em plenário, ingressam as atenuantes em tantos quesitos quantas forem as causas genéricas de abrandamento da pena – arts. 65 e 66, CP.]

7. [Se forem sustentadas em plenário, ingressam as agravantes em tantos quesitos quantas forem as causas genéricas de elevação da pena – arts. 61 e 62, CP.]

5.4.9 Falso testemunho

1. Durante a colheita da prova em plenário,[237] a testemunha[238] "W", qualificada a fls.__, fez afirmação falsa[239] em relação a fato relevante[240] concernente ao processo a que responde o réu "V"?

- Consequências da votação

1. Negado o quesito, o Conselho de Sentença considerou que a testemunha falou a verdade, logo, inexiste crime a ser apurado. Nada se pode fazer contra a referida testemunha.

2. Afirmado o quesito, os jurados reconhecem ter a testemunha falseado a verdade, consistindo, em tese, o delito de falso testemunho (art. 342, CP). Deve haver apuração pela autoridade competente (instaura-se inquérito policial, que poderá servir de base à denúncia do Ministério Público). Lembremos que a afirmação dos jurados não implica em *condenação* da testemunha, nem constitui prejulgamento. Haverá o devido processo legal, com a possibilidade de ampla defesa e contraditório, por parte da testemunha, para que possa ocorrer eventual condenação.

5.5 Teses previstas em lei benéficas à defesa

A modificação introduzida pela Lei 11.689/2008 afeta, diretamente, o contexto das teses defensivas, não quanto ao conteúdo e ao resultado, mas quanto ao modo de reconhecimento. Deixam de existir os quesitos individualizados e desdobrados relativos a cada uma das teses expostas pela defesa (autodefesa e defesa técnica), para, em seus lugares, surgir o quesito único: "o jurado absolve o acusado?".

Esse quesito único é obrigatório e deve constar de todo questionário (art. 483, III, c. c. § 2.º, CPP), ainda que a tese da defesa tenha sido a negativa de autoria ou mesmo a sustentação de que o réu merece ser condenado, porém a uma pena branda. Parece-nos correta essa inserção indispensável, uma vez que há a soberania dos veredictos, como princípio constitucional regente

237. Pode-se fazer referência a outra fase da instrução: "durante a colheita da prova na fase policial"; "durante a colheita da prova na fase de formação da culpa".

238. É preciso ser *testemunha*. Não consideramos pertinente o crime de falso testemunho em relação à vítima ou às pessoas consideradas meramente informantes ou declarantes, vale dizer, que não prestam o compromisso de dizer a verdade (ver a nota 13 ao art. 203 do nosso *Código de Processo Penal comentado*, ou a nota 62 ao art. 342 do nosso *Código Penal comentado*).

239. Conforme a situação concreta, em lugar de *afirmação falsa*, pode cuidar-se de *negar a verdade* ou *calar a verdade*, de acordo com o tipo penal do art. 342 do Código Penal.

240. O fato precisa ser relevante em relação ao processo em julgamento. Afirmações relativas a fatos secundários ou supérfluos não permitem a configuração do delito de falso testemunho, pois o bem jurídico tutelado (administração da justiça) não é lesado.

da instituição do júri, de forma que existe, sempre, a possibilidade de os jurados deliberarem pela absolvição do acusado, ainda que não tenha sido esse o pedido formulado pelas partes.

Assim, exemplificando, a tese da legítima defesa não será desdobrada em vários quesitos e muito menos indagada de uma só vez ("o réu agiu em legítima defesa?"). Passa-se a perguntar ao Conselho de Sentença se o jurado absolve o acusado, vale dizer, por qualquer motivo.

Por isso, cabe ao defensor sustentar, em plenário, todas as teses compatíveis que julgar cabíveis, visando à absolvição do acusado. Os jurados memorizam os argumentos e optam, naturalmente, pela absolvição ou pela condenação. Portanto, ao atingirem o quesito próprio, poderão votar pela absolvição, pouco interessando qual foi a tese mais convincente levantada pela defesa.

É importante observar que vale o alerta do juiz presidente aos jurados, para que estes levem em consideração tanto as teses apresentadas pelo defensor técnico como também a que for exposta pelo próprio réu, em seu interrogatório.

As teses que se tornarão quesitos autônomos, continuando, pois, a antiga sistemática, dizem respeito às causas de diminuição da pena alegadas pela defesa (art. 483, IV, CPP). Embora a lei faça referência exclusiva à alegação da defesa, não vemos óbice algum para que o órgão acusatório, quando convencido da situação fática, não possa invocar, igualmente, em favor do réu, qualquer tese abrangente de causa de diminuição da pena.

Os modelos de quesitos a seguir enumerados, portanto, relacionam-se, como regra, às possíveis causas determinantes da diminuição da pena do acusado.

5.5.1 Arrependimento eficaz

1. No dia ____, às ____ horas, no interior do estabelecimento comercial situado na ____, bairro de ___, nesta Comarca, a vítima F" recebeu tiros de arma de fogo, causando-lhe as lesões descritas no laudo de exame de corpo de delito de fls. ____?

2. O réu "R" concorreu para o crime, desferindo os tiros de arma de fogo na vítima "F"?

3. Assim agindo, deu início à execução de um crime de homicídio, que somente não se consumou por circunstâncias alheias à sua vontade, consistente em ... (descrever, sinteticamente, o obstáculo. Por exemplo, "ter sido impedido pela chegada da polícia militar". A especificação do evento fático faz com que o quesito distancie-se mais do aspecto meramente jurídico da tentativa, conforme previsto no art. 14, II, do Código Penal).[241]

- Consequências da votação

1. Negado o primeiro quesito, absolve-se o réu por ausência de materialidade. Afirmado o primeiro e negado o segundo, absolve-se o acusado por negativa de autoria.

2. Porém, afirmados os dois primeiros, resta a discussão acerca de ter ocorrido uma tentativa de homicídio ou um arrependimento eficaz. Afirmado o quesito, firma-se a tentativa; negado, reconhece-se o arrependimento, deslocando-se a competência para julgar ao juiz presidente.

---

241. A tese do arrependimento eficaz equivale, no Tribunal do Júri, à desclassificação própria. Afinal, o agente desferiu tiros de arma de fogo contra a vítima, mas agiu, após, para salvar-lhe a vida, obtendo êxito. Por isso, não há quesito específico para tanto, nem é caso de absolvição, conforme preceituado pelo art. 15 do Código Penal (responde pelos atos já praticados). Logo, se a tese apresentada for a do arrependimento eficaz, deve o defensor pedir a negativa ao terceiro quesito, pois a interrupção do crime decorreu de fatores *inerentes* à vontade do agente e não *alheios*, como seria o necessário para configurar uma tentativa de homicídio.

5.5.2 *Arrependimento posterior*[242]

1. No dia ___, por volta de __ horas,[243] no interior do estabelecimento comercial situado na ___, bairro de ___, nesta Comarca, houve a subtração de [coisa móvel.] (mencionar qual foi o objeto subtraído. Ex.: "o aparelho de TV, descrito no auto de apreensão de fls. __), pertencente à vítima "L"?

2. O réu "Q", qualificado a fls. ___, concorreu para o crime, subtraindo, para si,[244] o objeto descrito no primeiro quesito?

3. O jurado absolve o acusado?

4. O acusado restituiu o aparelho de TV à vítima, voluntariamente, antes do recebimento da denúncia?[245]

5.5.3 *Concurso formal*[246-247]

Série 1[248]

1. No dia ____, às ____ horas, no interior do estabelecimento comercial situado na ____, bairro de ___, nesta Comarca, a vítima F" recebeu tiros de arma de fogo, causando-lhe as lesões descritas no laudo necroscópico de fls. ____?

---

242. O arrependimento posterior é uma causa de diminuição de pena, prevista no art. 16 do Código Penal, voltada aos crimes patrimoniais ou de efeitos patrimoniais. Por isso, no Tribunal do Júri, fará parte da série relativa aos crimes conexos, como o furto, o estelionato e outros similares.

243. Pode-se inserir "após os fatos descritos na série anterior" (referindo-se ao delito doloso contra a vida) ou "pouco antes dos fatos descritos na série anterior" (idem), dependendo do caso concreto.

244. Ou "para outrem", dependendo da situação fática ocorrida.

245. A simplificação dos quesitos foi a meta principal da reforma trazida pela Lei 11.689/2008. Por isso, no caso de arrependimento posterior, basta a formulação de um único quesito para envolver todas as questões fáticas pertinentes. Inexiste qualquer complexidade na indagação que pudesse determinar a divisão da tese em mais de um quesito.

246. É certo que há posições sustentando ser o concurso formal e também o crime continuado participantes do cenário da aplicação da pena, exclusivo do juiz. Assim não pensamos. Em verdade, ambos os institutos, previstos nos arts. 70 e 71 do Código Penal, constituem autênticos benefícios ao réu, criados pelo legislador, que lhe permitirão obter uma pena menor. Logo, ingressam no contexto das causas de diminuição de pena. Dois homicídios, inicialmente julgados de maneira independente, podem ter as suas penas somadas (art. 69, CP), implicando em maior punição do que aconteceria se fosse reconhecido, por exemplo, o crime continuado (art. 71, CP). Por isso, cabe à defesa sustentar que, em lugar do concurso material, existe, na verdade, um delito continuado. E tal reconhecimento concerne aos jurados, pois se trata de matéria fática, passível de ser incluída no art. 483, IV, do CPP.

247. Pode ocorrer de já ter o órgão acusatório inserido os delitos em formato de concurso formal no contexto da denúncia ou queixa. Porém, se tal situação não se deu, porque a acusação entende ter havido concurso material ou mesmo o concurso formal imperfeito (art. 70, segunda parte, CP), é preciso que a defesa levante a tese do concurso formal próprio, para submissão do quesito específico aos jurados.

248. Está-se diante de um concurso de crimes. Logo, como ilustração, usaremos dois homicídios simples. É preciso que os jurados condenem o réu pelos dois. Após, em série única e destacada, indaga-se a respeito da ocorrência de concurso formal. Essa causa de diminuição de pena valerá para ambos os delitos e somente pode ser colocada, para indagação, após o Conselho de Sentença ter reconhecido a ocorrência de dois delitos. Assim fazendo, permite-se indagar se houve uma só ação, provocando os dois resultados.

2. Essas lesões deram causa à morte da vítima?

3. O réu "R", qualificado a fls. ____, concorreu para o crime, desferindo os disparos de arma de fogo contra a vítima "F"?

4. O jurado absolve o acusado?

Outros quesitos pertinentes.

SÉRIE 2

1. No dia ____, às ____ horas, no interior do estabelecimento comercial situado na ____, bairro de ___, nesta Comarca, a vítima "M" recebeu tiros de arma de fogo, causando-lhe as lesões descritas no laudo necroscópico de fls. ____?

2. Essas lesões deram causa à morte da vítima?

3. O réu "R", qualificado a fls. ____, concorreu para o crime, desferindo os disparos de arma de fogo contra a vítima "M"?

4. O jurado absolve o acusado?

Outros quesitos pertinentes.

SÉRIE 3

1. Os crimes reconhecidos nas séries anteriores resultaram de uma só ação do réu "R", sem ter havido desígnios autônomos?[249]

• Consequências da votação

O reconhecimento, em série única, válida para as duas anteriores, que resultaram em condenação do réu pela prática de dois homicídios simples, proporcionará a fixação da pena em grau menor do que a aplicação do concurso material ou do concurso formal impróprio ou imperfeito (art. 70, *caput*, segunda parte, CP). Por isso, é tese de defesa, que merece ser apresentada aos jurados. Quando acolhida, obriga o juiz presidente a aplicar a pena tal como retratado pelo art. 70, primeira parte, do CP, resultando em sanção mais favorável ao réu. É indiferente a ausência de modelo ou menção específica no art. 483 do Código de Processo Penal em relação ao concurso de crimes. Os princípios constitucionais da plenitude de defesa associado à soberania dos vereditos jamais poderão ser limitados pela lei ordinária.

5.5.4 *Cooperação dolosamente distinta*[250]

SÉRIE 2[251]

1. No dia ___, por volta de __ horas,[252] no interior do estabelecimento comercial situado na ___, bairro de ___, nesta Comarca, houve a subtração de [coisa móvel] (mencionar qual

249. É a figura do concurso formal próprio ou perfeito, prevista no art. 70, *caput*, primeira parte, do CP.

250. Cuida-se de tese benéfica à defesa, surgida no contexto do concurso de agentes (art. 29, § 2.º, CP), propiciando a aplicação de pena menor, desde que seja reconhecida a participação em crime menos grave. A situação é de apreciação fática, concernente aos jurados, obrigando, se reconhecida, o juiz a diminuir a sanção.

251. Exemplificaremos com um crime conexo. Por isso, foi inserido na série 2, contando que a série 1 contenha o delito doloso contra a vida.

252. Pode-se inserir "após os fatos descritos na série anterior" (referindo-se ao delito doloso contra a vida) ou "pouco antes dos fatos descritos na série anterior" (idem), dependendo do caso concreto.

foi o objeto subtraído. Ex.: "o valor, em dinheiro, equivalente a R$ ___, que estava no cofre), pertencente à vítima "B"?

2. O crime foi cometido mediante o emprego de violência, consistente em (descrever a forma da violência ou da grave ameaça ou outro recurso. Ex.: "terem sido desferido tiros de arma de fogo contra a vítima, causando-lhe as lesões descritas no laudo de fls.__")?[253]

3. O réu "H", qualificado a fls. ___, concorreu para o crime, promovendo a subtração, para si e para outrem, do valor contido no cofre?[254]

4. O jurado absolve o acusado?

5. O réu "H" quis participar apenas do crime de roubo?[255-256]

6. Essas lesões causaram a morte da vítima?[257-258]

7. Era previsível ao acusado o resultado mais grave, consistente na morte da vítima?[259]

Outros quesitos pertinentes.

• Consequências da votação

1. A afirmativa aos três primeiros quesitos reconhece que o réu "H" tomou parte, como coautor, no crime de roubo.

2. A negativa ao quarto quesito impede a sua absolvição.

3. O reconhecimento do quinto quesito limita a sua responsabilidade criminal ao campo do delito de roubo – crime menos grave que o latrocínio. Acolhido o quinto, estão prejudicados o sexto e o sétimo.

4. Negado o quinto, deve-se votar o sexto quesito, que diz respeito ao resultado *morte da vítima*. Somente com a afirmativa deste, pode-se analisar a questão referente à previsibi-

---

253. Consultar as notas do roubo simples próprio.

254. Cuida-se de quesito de coautoria, demonstrativo de que, enquanto uns exerciam a violência, o agente "H" recolhia o dinheiro.

255. Lembrar que os quesitos da tese defensiva devem vir antes das causas de aumento do crime, nos mesmos moldes em que se faz no cenário do crime doloso contra a vida.

256. A participação em crime menos grave elimina o agravamento da pena pelo resultado qualificador. Deve ser inserido o quesito antes daquele que disser respeito à morte da vítima.

257. Diversamente da figura do homicídio, em que se inclui o nexo de causalidade entre a violência e o resultado morte no segundo quesito, no caso de roubo seguido de morte, deve-se registrar que a morte do ofendido constitui causa de elevação da pena. Na verdade, um resultado qualificador, que permite atingir nova faixa de fixação da pena (reclusão, de 20 a 30 anos). Portanto, a morte da vítima não é elemento constitutivo essencial do tipo penal do roubo (como é no caso do homicídio). Deve ser destacado o resultado qualificador e colocado, em formato de quesito, após a tese de defesa.

258. Tratando-se de lesões graves, basta substituir o evento *morte* pela descrição das referidas lesões graves.

259. Trata-se de quesito que implica causa de aumento e deve ser requerido pelo órgão acusatório, após tomar conhecimento da tese exposta pela defesa, no sentido de que o réu quis participar de crime menos grave. Embora a lei mencione que as causas de aumento devam constar da pronúncia, esta é uma exceção, pois advém da Parte Geral, não se vincula à tipicidade e, em verdade, liga-se a uma tese defensiva. Torna-se impossível ao acusador levantar a referida causa de aumento sem que, antes, a defesa sinalize para a participação em crime menos grave, o que somente pode dar-se em plenário.

lidade. Portanto, se negado o sexto, não se vota o sétimo e o réu será condenado por roubo. Se, afirmado o sexto, votando-se o sétimo, os jurados o reconhecerem, o réu será condenado por roubo, com a pena aumentada até a metade (art. 29, § 2.º, CP). Caso o sétimo seja negado, o acusado será condenado por roubo apenas, sem o aumento da pena, determinando pela previsibilidade. É natural supor que, negado o quinto, o sexto, quanto ao resultado mais grave, seja reconhecido. Porém, na esteira da soberania dos vereditos, é possível que os jurados neguem tanto o quinto quanto o sexto. E este último pode não ser reconhecido por razões concernentes à inexistência de nexo causal. Por isso, muito embora o Conselho de Sentença tenha afirmado que o réu não queria participar somente de um crime de roubo (negado o quinto quesito), também não se demonstrou, nos autos, ter havido nexo de causalidade entre a violência e o resultado morte. Em razão disso, o acusado termina condenado somente por roubo.

5. Se o órgão acusatório não levantou a causa de aumento relativa à previsibilidade, não será votada pelos jurados, logo, não poderá o juiz provocar o aumento de até metade, por sua própria conta, na sentença condenatória.

5.5.5 Crime continuado[260]

Série 1[261]

1. No dia ____, às ____ horas, no interior do estabelecimento comercial situado na ____, bairro de ___, nesta Comarca, a vítima "F" recebeu tiros de arma de fogo, causando-lhe as lesões descritas no laudo necroscópico de fls. ____?

2. Essas lesões deram causa à morte da vítima?

3. O réu "R", qualificado a fls. ____, concorreu para o crime, desferindo os disparos de arma de fogo contra a vítima "F"?

4. O jurado absolve o acusado?

Outros quesitos pertinentes.

Série 2

1. No dia ____, às ____ horas, no interior do estabelecimento comercial situado na ____, bairro de ___, nesta Comarca, a vítima "M" recebeu tiros de arma de fogo, causando-lhe as lesões descritas no laudo necroscópico de fls. ____?

---

260. Consultar as notas feitas ao concurso formal (subitem 5.5.3) acerca da viabilidade para a inclusão da tese no questionário para apreciação dos jurados. O crime continuado, segundo nos parece, é mais forte ainda que o concurso formal, em matéria de guarnecer o direito de defesa. Tal se dá porque o legislador, por ficção jurídica, considerou o crime continuado um único delito, embora com pena exasperada. Afeta-se, pois, a sua tipicidade, com o reconhecimento da continuidade delitiva. Ilustrando, cinco homicídios podem ser transformados em apenas um, desde que se reconheça o crime continuado. Essa é a razão pela qual não se pode afastá-lo, em hipótese alguma, da apreciação do Conselho de Sentença, em homenagem à plenitude de defesa.

261. Está-se diante de um concurso de crimes. Logo, como ilustração, usaremos dois homicídios simples. É preciso que os jurados condenem o réu pelos dois. Após, em série única e destacada, indaga-se a respeito da ocorrência de crime continuado. Essa *causa de diminuição* de pena valerá para ambos os delitos e somente pode ser colocada, para indagação, após o Conselho de Sentença ter reconhecido a ocorrência de dois delitos. Assim fazendo, permite-se indagar se houve uma continuidade delitiva quanto às ações do réu.

2. Essas lesões deram causa à morte da vítima?

3. O réu "R", qualificado a fls. ____, concorreu para o crime, desferindo os disparos de arma de fogo contra a vítima "M"?

4. O jurado absolve o acusado?

Outros quesitos pertinentes.

Série 3

1. Os crimes reconhecidos nas séries anteriores são da mesma espécie e, pelas condições de tempo, lugar, maneira de execução e outras semelhantes, podem ser havidos como uma continuação um do outro?[262]

- Consequências da votação

O reconhecimento, em série única, válida para as duas anteriores, que resultaram em condenação do réu pela prática de dois homicídios simples, proporcionará a fixação da pena em grau menor do que a aplicação do concurso material. Por isso, é tese de defesa, que merece ser apresentada aos jurados. Quando acolhida, obriga o juiz presidente a aplicar a pena tal como retratado pelo art. 71, do CP, resultando em sanção mais favorável ao réu. É indiferente a ausência de modelo ou menção específica no art. 483 do Código de Processo Penal em relação ao concurso de crimes. Os princípios constitucionais da plenitude de defesa e da soberania dos vereditos jamais poderão ser limitados pela lei ordinária.

5.5.6 Desistência voluntária

Consultar o modelo apresentado para o arrependimento eficaz (subitem 5.5.1), pois o formato é o mesmo.

5.5.7 Embriaguez incompleta decorrente de caso fortuito ou força maior[263]

1. No dia ____, às ____ horas, no interior do estabelecimento comercial situado na ____, bairro de ___, nesta Comarca, a vítima "J" recebeu tiros de arma de fogo, causando-lhe as lesões descritas no laudo necroscópico de fls. ____?

2. Essas lesões deram causa à morte da vítima?

3. O réu "N", qualificado a fls. ____, concorreu para o crime, desferindo os disparos de arma de fogo contra a vítima "J"?

4. O jurado absolve o acusado?

5. O acusado, por embriaguez decorrente de caso fortuito ou força maior, possuía, ao tempo da ação, a plena capacidade de entendimento do caráter ilícito do fato? (conforme o

262. É o reconhecimento do crime continuado (art. 71 do CP). A parte relativa ao disposto no parágrafo único é de avaliação do juiz presidente, no momento de fixar a pena, pois envolve vários fatores componentes da individualização da pena, como culpabilidade, antecedentes, conduta social, personalidade etc.

263. Lembremos que a embriaguez completa por caso fortuito ou força maior é motivo para a absolvição (art. 28, § 1.º, CP). Por isso, se essa for a tese da defesa, será abrangida pelo quesito genérico: o jurado absolve o acusado?

caso, a finalização pode ser: a plena capacidade de determinar-se de acordo com o entendimento do caráter ilícito do fato?)

6. [Se alegadas e constantes da pronúncia, ingressam causas de aumento específicas, como, por exemplo, ter o crime sido cometido contra menor de 14 anos ou mais de 60 anos – art. 121, § 4.º, parte final, CP.]

7. [Se forem sustentadas em plenário, ingressam as atenuantes em tantos quesitos quantas forem as causas genéricas de diminuição da pena – arts. 65 e 66, CP.]

8. [Se forem sustentadas em plenário, ingressam as agravantes em tantos quesitos quantas forem as causas genéricas de elevação da pena – arts. 61 e 62, CP.]

• Consequências da votação

1. A afirmativa ao quinto quesito provoca o afastamento da causa de redução da pena. Entretanto, a negativa ao quinto quesito, benéfica à defesa, determinará a diminuição da pena de um a dois terços.

5.5.8 *Erro de proibição inescusável ou evitável*[264]

1. No dia ___, às ___ horas, no interior da residência situada na _____, bairro de _____, nesta Comarca, foram desferidos golpes com instrumento contundente contra o útero de "V", atingindo o feto em gestação, causando-lhe as lesões descritas no laudo de fls. __?

2. A ré "V" desferiu os golpes com instrumento contundente contra seu próprio útero?

3. Em consequência disso, iniciou a execução de um crime de aborto que somente não se consumou por circunstâncias alheias à sua vontade?[265]

4. O jurado absolve a acusada?

5. A acusada atuou sem consciência da ilicitude do fato, acreditando em notícias falsas divulgadas de que o aborto teria sido aprovado no Brasil, embora tivesse a possibilidade de ter a ciência do ilícito?[266]

6. [Se forem sustentadas em plenário, ingressam as atenuantes em tantos quesitos quantas forem as causas genéricas de abrandamento da pena – arts. 65 e 66, CP.]

7. [Se sustentadas em plenário, ingressam as agravantes em tantos quesitos quantas forem as causas genéricas de elevação da pena – arts. 61 e 62, CP.]

• Consequências da votação

1. A resposta afirmativa ao quinto quesito reconhece o erro de proibição evitável, permitindo a incidência da causa de diminuição da pena de um sexto a um terço (art. 21, *caput*, CP).

---

264. Lembremos que o erro de proibição escusável ou inevitável é motivo para a absolvição (art. 21, *caput*, CP). Por isso, se essa for a tese da defesa, será abrangida pelo quesito genérico: "o jurado absolve o acusado?"

265. Quesito da tentativa inserido conforme a ordem de votação determinada pelo art. 483, § 5.º, do CPP.

266. A simplificação dos quesitos, como meta da reforma trazida pela Lei 11.689/2008, leva à elaboração de quesito único em relação às teses de defesa, quanto à diminuição da pena. Tal se dá em todas as situações em que a indagação, formulada de uma só vez, não prejudique o entendimento, nem torne a pergunta muito complexa.

2. Nada impede que, a despeito de negado esse quesito, insista a defesa, pleiteando a inserção de quesito específico relativo à atenuante do desconhecimento da lei (art. 65, II, CP). As teses não são excludentes. Portanto, é viável que os jurados neguem o erro de proibição evitável, mas concedam a atenuante do desconhecimento da lei, tudo a depender dos argumentos tecidos pela defesa.

5.5.9 *Erro de tipo inescusável ou evitável*

1. No dia ____, às ____ horas, no interior do estabelecimento comercial situado na ____, bairro de ____, nesta Comarca, a vítima "K" recebeu tiros de arma de fogo, causando-lhe as lesões descritas no laudo necroscópico de fls. ____?

2. Essas lesões deram causa à morte da vítima?

3. O réu "B", qualificado a fls. ____, concorreu para o crime, desferindo os disparos de arma de fogo contra a vítima "K"?

4. O jurado absolve o acusado?[267]

5. Houve erro do acusado, derivado de culpa, em relação às circunstâncias fáticas, que, se existissem, tornaria a ação legítima?[268]

6. [Se alegadas e constantes da pronúncia, ingressam causas de aumento específicas, como, por exemplo, ter o crime sido cometido contra menor de 14 anos ou mais de 60 anos – art. 121, § 4.º, parte final, CP.]

7. [Se forem sustentadas em plenário, ingressam as atenuantes em tantos quesitos quantas forem as causas genéricas de diminuição da pena – arts. 65 e 66, CP.]

8. [Se forem alegadas em plenário, ingressam as agravantes em tantos quesitos quantas forem as causas genéricas de elevação da pena – arts. 61 e 62, CP.]

- Consequências da votação

1. Se o quarto quesito for afirmado, o réu será absolvido. Possivelmente, a tese acolhida pode ser o erro de tipo escusável, que ficaria envolto pela generalidade do quesito (o jurado absolve o acusado?).

2. Por isso, como situação provocadora da aplicação de pena menor, cabe à defesa sustentar o erro derivado da culpa no quesito subsequente. Afirmado pelos jurados, ocorrerá a desclassificação do crime, pois desaparece o dolo e emerge a culpa. Caberá ao juiz o julgamento

---

267. Este passa a ser o quesito único, que reúne todas as teses de defesa, visando à absolvição do réu. Por isso, se, em plenário, a defesa alegou legítima defesa putativa (erro de tipo escusável, previsto no art. 20, § 1.º, CP), acolhida a tese, devem os jurados responder afirmativamente a este quesito. Implicará em absolvição do réu.

268. O quesito é necessário para configurar o erro de tipo inescusável ou evitável, que leva à condenação por culpa. Sem a inserção do referido quesito e negado o anterior, referente à absolvição do réu, o juiz ficaria totalmente livre para apreciar o caso, como bem quisesse. Em outras palavras, poderia condenar o réu por homicídio doloso, sem qualquer benefício. Dessa forma, como a tese da defesa era o erro de tipo, fundado na descriminante putativa, há a possibilidade de absolvição, mas também a de desclassificação para a forma culposa do delito. Esta última situação somente pode ser questionada após o quarto quesito que trata da absolvição (tese principal). Em suma, é imperioso permitir à defesa que se valha da tese subsidiária, que é o reconhecimento de ser o erro derivado da culpa. Reconhecido pelos jurados, haverá desclassificação e o juiz poderá condenar o réu pela figura culposa.

da causa. Para os que sustentam que a desclassificação imprópria vincula o magistrado, deverá ocorrer a condenação por delito culposo e outros quesitos poderão ser votados pelos jurados.

5.5.10 *Erro na execução* (aberratio ictus)

SÉRIE 1[269]

1. No dia ____, às ____ horas, no interior do estabelecimento comercial situado na ____, bairro de ___, nesta Comarca, a vítima "W" recebeu tiros de arma de fogo, causando-lhe as lesões descritas no laudo de exame de corpo de delito de fls. ___?

2. Essas lesões deram causa à morte da vítima?

3. O réu "N", qualificado a fls. ____, concorreu para o crime, desferindo os disparos de arma de fogo contra a vítima "W"?[270]

4. O jurado absolve o acusado?

5. [Se alegadas pela defesa, ingressam eventuais causas de diminuição da pena, como, por exemplo, ter o réu agido impelido por motivo de relevante valor moral – art. 121, § 1.º, CP.]

6. [Se alegadas e constantes da pronúncia, ingressam causas de aumento específicas, como, por exemplo, ter o crime sido cometido contra menor de 14 anos ou mais de 60 anos – art. 121, § 4.º, parte final, CP.]

7. [Se forem sustentadas em plenário, ingressam as atenuantes em tantos quesitos quantas forem as causas genéricas de diminuição da pena – arts. 65 e 66, CP.]

8. [Se forem alegadas em plenário, ingressam as agravantes em tantos quesitos quantas forem as causas genéricas de elevação da pena – arts. 61 e 62, CP.]

SÉRIE 2

1. No mesmo dia, hora e local descritos no primeiro quesito da série anterior, "T" recebeu tiros de arma de fogo, causando-lhe as lesões descritas no exame de corpo de delito de fls. ___?

2. Essas lesões deram causa à morte da vítima?

3. Foram os projéteis disparados pelo acusado "N" contra a vítima "W" que, desviando-se da trajetória desejada, atingiram o ofendido "T"?

4. O jurado absolve o acusado?[271]

- Consequências da votação

1. Julgado o crime apresentado na primeira série, confirmando-se a condenação do réu, passa-se à segunda série, onde se vai indagar acerca da segunda vítima, em decorrência do erro na execução.

2. Afirmados os três primeiros quesitos da segunda série, reconhece-se a *aberratio ictus*.

---

269. Na primeira série, constará sempre o delito doloso contra vida, considerado principal, vale dizer, desejado efetivamente pelo agente. Poder ser na forma consumada ou tentada. Somente na segunda série inclui-se o quesito referente à tese do erro na execução. É verdade que a própria acusação pode ter sustentado, desde o início, o cometimento do delito com erro na execução, o que justifica a inclusão no questionário. No entanto, se assim não ocorreu, cabe à defesa levantar a tese da *aberratio ictus*, pois é sempre favorável ao réu, até pelo fato de ser aplicável o concurso formal.

270. Trata-se de quesito relativo à autoria (art. 483, II, CPP).

271. Insere-se na segunda série o quesito genérico da absolvição, pois os jurados podem considerar que o réu merece ser absolvido, por qualquer motivo alegado pela defesa, como, por exemplo, não ter agido com dolo ou culpa.

3. Porém, somente se poderá condenar o réu, com o aumento previsto pelo concurso formal, conforme recomendado pelo art. 73, parte final, do Código Penal, caso seja negado o quarto quesito.

5.5.11 Excesso culposo nas excludentes de ilicitude[272]

1. No dia ____, às ____ horas, no interior do estabelecimento comercial situado na ____, bairro de ____, nesta Comarca, a vítima "D" recebeu tiros de arma de fogo, causando-lhe as lesões descritas no laudo necroscópico de fls. ____?

2. Essas lesões deram causa à morte da vítima?

3. O réu "X", qualificado a fls. ____, concorreu para o crime, desferindo os disparos de arma de fogo contra a vítima "D"?

4. O jurado absolve o acusado?[273]

5. O excesso do acusado derivou de culpa?[274]

6. [Se alegadas e constantes da pronúncia, ingressam causas de aumento específicas, como, por exemplo, ter o crime sido cometido contra menor de 14 anos ou mais de 60 anos – art. 121, § 4.º, parte final, CP.]

7. [Se forem sustentadas em plenário, ingressam as atenuantes em tantos quesitos quantas forem as causas genéricas de diminuição da pena – arts. 65 e 66, CP.]

8. [Se forem alegadas em plenário, ingressam as agravantes em tantos quesitos quantas forem as causas genéricas de elevação da pena – arts. 61 e 62, CP.]

- Consequências da votação

1. Afirmado o quarto quesito, absolve-se o réu. Lembremos que a absolvição deve dar-se, também, ainda que ocorram os excessos acidental e exculpante, causas supralegais de exclusão da culpabilidade.

2. Negado o quarto quesito, porque os jurados podem ter reconhecido o excesso, dependendo da tese sustentada em plenário pela defesa, deve-se votar a qualidade do excesso: se culposo ou doloso. A resposta afirmativa ao quinto quesito reconhece a culpa e provoca a

272. A inserção de quesito genérico e único para abranger todas as teses defensivas, que impliquem absolvição do réu, termina por tolher a avaliação de eventual excesso culposo. Em relação às excludentes de ilicitude, todas podem se configurar com excesso. As consequências seriam as seguintes: a) preenchidos todos os requisitos da excludente alegada, o quarto quesito (o jurado absolve o acusado?) deve ser respondido afirmativamente; b) caso haja excesso exculpante ou acidental, também devem os jurados responder afirmativamente ao quarto quesito, provocando a absolvição do réu; c) se houver excesso doloso, há de se negar a pergunta relativa ao excesso culposo; d) para configurar o excesso culposo, os jurados devem negar o quarto quesito, afastando a absolvição do acusado, mas afirmar o quinto quesito, possibilitando, então, a condenação, em tese, por delito culposo. Em nosso entendimento, haverá a desclassificação imprópria e ficará responsável pelo julgamento o juiz presidente.

273. Este passa a ser o quesito único, que reúne todas as teses de defesa, visando à absolvição do réu. Por isso, se, em plenário, a defesa alegou legítima defesa, acolhida a tese, devem os jurados responder afirmativamente a este quesito. Implicará em absolvição do réu.

274. O quesito é necessário para configurar o excesso culposo, afinal, negado o anterior, implica em condenação. Para limitar a avaliação do juiz, deve-se provocar a votação dos jurados quanto à culpa com que agiu o réu.

desclassificação. Passa a ser competente o juiz presidente, encerrando-se a votação. Para os que entendem que essa decisão vincula o magistrado, deverá este condenar o réu por crime culposo, mas a votação de outros quesitos deve ser concluída pelos jurados. Negado o quinto quesito, reconhece-se o excesso doloso. Logo, a votação continua e, ao final, o juiz presidente aplicará a pena por crime doloso contra a vida.

5.5.12 Inimputabilidade

1. No dia ____, às ____ horas, no interior do estabelecimento comercial situado na ____, bairro de ___, nesta Comarca, a vítima "P" recebeu tiros de arma de fogo, causando-lhe as lesões descritas no laudo necroscópico de fls. ____?

2. Essas lesões deram causa à morte da vítima?

3. O réu "V", qualificado a fls. ____, concorreu para o crime, desferindo os disparos de arma de fogo contra a vítima "P"?

4. O jurado absolve o acusado?[275]

5. O réu, padecendo de doença mental (ou, conforme o caso, em virtude de desenvolvimento mental incompleto ou retardado), era inteiramente incapaz de entender o caráter ilícito do fato (ou, conforme o caso, era inteiramente incapaz de se determinar de acordo com o entendimento do caráter ilícito do fato)?[276]

6. [Se alegadas e constantes da pronúncia, ingressam causas de aumento específicas, como, por exemplo, ter o crime sido cometido contra menor de 14 anos ou mais de 60 anos - art. 121, § 4.º, parte final, CP.]

7. [Se forem sustentadas em plenário, ingressam as atenuantes em tantos quesitos quantas forem as causas genéricas de diminuição da pena - arts. 65 e 66, CP.]

8. [Se forem alegadas em plenário, ingressam as agravantes em tantos quesitos quantas forem as causas genéricas de elevação da pena - arts. 61 e 62, CP.]

- Consequências da votação

1. A defesa pode alegar ter o réu, embora considerado inimputável, agido sob o manto de alguma excludente de ilicitude ou culpabilidade, capaz de gerar a absolvição sem a imposição de medida de segurança. Por isso, *v. g.*, argumenta que houve legítima defesa, pedindo a resposta "sim" ao quarto quesito ("o jurado absolve o acusado?"). Entretanto, como tese subsidiária, afirma que, afastada a legítima defesa, devem os jurados reconhecer ser o réu inimputável. Ora, não é possível incluí-la no mesmo quarto quesito, pois seria impossível saber, em caso de resposta afirmativa, qual delas o Conselho de Sentença estaria acolhendo. Dessa forma, torna-se fundamental que conste em quesito autônomo.

---

275. Este passa a ser o quesito único, que reúne todas as teses de defesa, visando à absolvição do réu. Por isso, se, em plenário, a defesa alegou, exclusivamente, a inimputabilidade do acusado, com base no art. 26, *caput*, do CP, insere-se neste contexto, sem especificação. Porém, se a tese defensiva principal é diversa, vale dizer, pretende-se obter a absolvição do agente por legítima defesa, por exemplo, evitando-se a aplicação de medida de segurança, há necessidade de se inserir a questão da inimputabilidade, constituindo tese subsidiária, em quesito autônomo.

276. Este quesito é indispensável, pois a absolvição em virtude da inimputabilidade reconhecida gera a aplicação de medida de segurança.

2. Afirmado o quarto quesito, o réu será absolvido, sem a imposição de medida de segurança.

3. Negado o quarto quesito, vota-se, então, o quinto, que, acolhido, implicará em absolvição, com imposição de medida de segurança.

4. Negados os quarto e quinto quesitos, o réu será condenado normalmente e receberá pena. Se for doente mental, somente após, em execução criminal, poderá ser avaliado e, conforme a situação, sua pena será transformada em medida de segurança.

5.5.13 Participação de menor importância[277]

1. No dia ____, às ____ horas, no interior do estabelecimento comercial situado na ____, bairro de ____, nesta Comarca, a vítima "O" recebeu tiros de arma de fogo, causando-lhe as lesões descritas no laudo necroscópico de fls. ____?

2. Essas lesões deram causa à morte da vítima?

3. O réu "Q", qualificado a fls. ____, concorreu para o crime, indicando ao executor o local onde se encontrava a vítima?[278]

4. O jurado absolve o acusado?

5. A participação do acusado foi de menor importância?

6. [Se alegadas e constantes da pronúncia, ingressam causas de aumento específicas, como, por exemplo, ter o crime sido cometido contra menor de 14 anos ou mais de 60 anos – art. 121, § 4.º, parte final, CP.]

7. [Se forem sustentadas em plenário, ingressam as atenuantes em tantos quesitos quantas forem as causas genéricas de diminuição da pena – arts. 65 e 66, CP.]

8. [Se forem alegadas em plenário, ingressam as agravantes em tantos quesitos quantas forem as causas genéricas de elevação da pena – arts. 61 e 62, CP.]

- Consequências da votação

1. A negativa ao terceiro quesito, provoca a absolvição, pois os jurados afastaram, por completo, a participação do réu no crime.

2. Afirmado o terceiro e negado o quarto quesito, reconheceu-se a participação do acusado e não lhe foi concedida a absolvição. Ingressa-se, então, na votação do quinto quesito, referente a uma causa de diminuição de pena, que, se acolhida, provocará a redução de um sexto a um terço.

5.5.14 Semi-imputabilidade[279]

1. No dia ____, às ____ horas, no interior do estabelecimento comercial situado na ____, bairro de ____, nesta Comarca, a vítima "I" recebeu tiros de arma de fogo, causando-lhe as lesões descritas no laudo necroscópico de fls. ____?

---

277. Cuida-se de tese benéfica à defesa, surgida no contexto do concurso de agentes (art. 29, § 1.º, CP), propiciando a aplicação de pena menor, desde que seja reconhecida a participação de menor importância. A situação é de apreciação fática, concernente aos jurados, obrigando o juiz, se reconhecida, a diminuir a sanção.

278. Cuida-se de quesito referente à participação.

279. A hipótese de semi-imputabilidade relaciona-se a uma causa de diminuição da pena, nos termos do art. 26, parágrafo único, do Código Penal. Pode ser esta, portanto, a tese da defesa (principal

2. Essas lesões deram causa à morte da vítima?

3. O réu "Z", qualificado a fls. ____, concorreu para o crime, desferindo os disparos de arma de fogo contra a vítima "I"?

4. O jurado absolve o acusado?[280]

5. O réu, padecendo de perturbação da saúde mental (ou, conforme o caso, em virtude de desenvolvimento mental incompleto ou retardado), era inteiramente capaz de entender o caráter ilícito do fato (ou, conforme o caso, era inteiramente capaz de se determinar de acordo com o entendimento do caráter ilícito do fato)?[281]

6. [Se alegadas e constantes da pronúncia, ingressam causas de aumento específicas, como, por exemplo, ter o crime sido cometido contra menor de 14 anos ou mais de 60 anos – art. 121, § 4.º, parte final, CP.]

7. [Se forem sustentadas em plenário, ingressam as atenuantes em tantos quesitos quantas forem as causas genéricas de diminuição da pena – arts. 65 e 66, CP.]

8. [Se forem alegadas em plenário, ingressam as agravantes em tantos quesitos quantas forem as causas genéricas de elevação da pena – arts. 61 e 62, CP.]

- Consequências da votação

1. Se a tese da defesa consistir em inimputabilidade, ingressa no contexto geral do quarto quesito (o jurado absolve o acusado?). Se a resposta for afirmativa, absolve-se o réu e caberá ao juiz impor a medida de segurança cabível (art. 492, II, *c*, CPP).

2. Se for afastada a absolvição, resta, ainda, a possibilidade de se reconhecer, respondendo "não" ao quinto quesito, a semi-imputabilidade, que levará o juiz a condenar o réu, aplicando a diminuição da pena de um a dois terços (art. 26, parágrafo único, CP).

3. Lembremos, ainda, que pode o juiz substituir a pena privativa de liberdade, aplicável ao semi-imputável, por medida de segurança, quando julgar necessário que receba especial tratamento curativo (art. 98, CP).

5.6 Teses supralegais benéficas à defesa

Como mencionamos no item anterior, alterada a sistemática de formulação de quesitos defensivos, não há mais que se desdobrar uma tese qualquer em várias proposições a serem formuladas aos jurados.

Basta a pergunta se o jurado absolve o acusado. Nesse cenário, podem ingressar tanto as teses legais (legítima defesa, estado de necessidade, exercício regular de direito, estrito cumprimento do dever legal etc.) quanto as supralegais (inexigibilidade de conduta diversa, crime de bagatela, estado de necessidade exculpante etc.).

Cabe ao defensor sustentar em plenário a tese que lhe parecer cabível, seja legal ou supralegal, indicando aos jurados qual o quesito que a envolverá ("o jurado absolve o acusado?").

---

ou subsidiária).

280. Este passa a ser o quesito único, que reúne todas as teses de defesa, visando à absolvição do réu. Pode constituir argumento defensivo ter o acusado agido sob a proteção de alguma excludente de ilicitude ou de culpabilidade. Não sendo acolhida, vota-se a indagação pertinente à semi-imputabilidade, causa de diminuição da pena.

281. Deve-se formular sempre o quesito na forma afirmativa (art. 482, parágrafo único, CPP). Por isso, para reconhecer a semi-imputabilidade, deve-se responder "não".

Lembremos que as teses supralegais não são *ilegais*, nem fazem parte de *direito alternativo*. Cuida-se de teses implícitas ao ordenamento jurídico penal, olvidadas pelo legislador no momento de redigir o Código Penal, mas que podem emergir pela força interpretativa da doutrina e da jurisprudência, analisando os demais institutos vigentes.

Dessa forma, é vedado ao defensor expor teses ilegais, cabendo ao juiz presidente zelar pela plenitude de defesa, ou seja, pela qualidade da defesa técnica atuante em favor do réu. Se, porventura, alguma tese juridicamente inexistente for aventada, é preciso haver a intervenção do magistrado, buscando coibir a continuidade da exposição, sob pena de declarar o réu indefeso.

Essa atitude do juiz é indispensável, pois, com o novo modelo de quesito, não se trata, simplesmente, de *deixar de elaborar os quesitos* em relação à tese inadequada, pois os jurados podem levá-la em conta quando forem responder a genérica indagação: "o jurado absolve o acusado?". Desse modo, levantada uma tese ilegal qualquer (ex.: argumenta o defensor que o réu matou um bandido e que "fazer justiça pelas próprias mãos" é um direito de todo cidadão), não pode o juiz presidente permitir a sua exposição em plenário. Assim fazendo, evitará que seja levada em consideração futuramente, no momento de votar os quesitos na sala especial.

Capítulo 6

JULGAMENTO NA SALA ESPECIAL

6.1 Procedimento e sigilo do resultado

Em respeito ao princípio constitucional do sigilo das votações, o julgamento pelo Conselho de Sentença deve ocorrer em sala especial, preferencialmente (art. 485, CPP), o que já é realidade na maior parte das Comarcas. Não existindo a referida sala, o juiz presidente providenciará o esvaziamento do plenário (art. 485, § 1.º, CPP), reservando o espaço aos jurados e às partes (acusação e defesa técnica), com o apoio dos serventuários da justiça.

Tomando seus lugares, o magistrado advertirá as partes de que não será permitida qualquer manifestação ou intervenção nos trabalhos, de modo a perturbar a livre atuação do Conselho de Sentença, podendo determinar a retirada da sala de quem se portar inconvenientemente (art. 485, § 2.º, CPP).

Como juízes naturais da causa, os jurados sempre têm acesso aos autos e aos instrumentos do crime, se o desejarem, muito embora a lei mencione que tal se dá durante a fase do plenário (art. 480, § 3.º, CPP).

Por outro lado, a incomunicabilidade dos membros do Conselho de Sentença será assegurada pela presença do juiz presidente, mas, havendo intervalos para descanso, pela fiscalização de algum funcionário, preferencialmente, um oficial de justiça. Relembremos que a impossibilidade de comunicação envolve somente os assuntos referentes ao processo, podendo, por óbvio, os jurados conversar sobre temas diversos.

A explicação quanto ao método de julgamento – particularmente importante para os novatos no Conselho de Sentença – pode ocorrer, embora deva o magistrado concentrar, ao máximo, a sua explanação quanto ao procedimento a se desenvolver na sala secreta, evitando comentar as teses levantadas pelas partes, bem como as consequências de eventual condenação ou absolvição.

Outro esclarecimento que pode ser apresentado pelo juiz, neste momento, refere-se ao significado dos quesitos. Como havíamos sustentado, detalhar o alcance do questionário em plenário pode ser desaconselhável, até pelo fato de os jurados não se sentirem à vontade para solicitar informes ao magistrado, muitas vezes por timidez ou outro fato relacionado à presença do público.

Nada impede que o juiz-presidente, indagado por qualquer jurado sobre noção teórica sobre algum instituto, também possa esclarecer, como, por exemplo, a diferença entre dolo direto e eventual, desde que o faça em termos sóbrios e imparciais.

Superada a fase de elucidação quanto ao procedimento e sanadas eventuais dúvidas dos jurados, passa-se à distribuição das cédulas "sim" e "não", feitas de papel opaco e facilmente dobráveis, constituindo os votos de cada jurado (art. 486, CPP). O ideal seria a informatização desse processo, incluindo-se, tal como se faz com as urnas eletrônicas para o sufrágio em geral, terminais para todos os membros do Conselho de Sentença, de forma que, pressionada uma tecla, surgisse no terminal do juiz o voto (sem identificação do jurado, naturalmente). Ao final, a votação seria proclamada automaticamente. Não vemos mais sentido em se manter o instrumental constituído de papel e urnas em pano para recolher votos, num mecanismo ultrapassado e lento. Quando os quesitos são muitos, o julgamento em sala secreta torna-se um autêntico sacrifício, tomando tempo indeterminado. Não é demais imaginar que uma chacina, contendo várias vítimas, logo, contando com inúmeras séries para cada réu, no questionário, pode prolongar a votação por tempo demasiado.

Com as cédulas em mãos dos jurados, principia o juiz presidente o julgamento, colocando em votação o primeiro quesito, que será lido em voz alta. Indagando se todos estão preparados a votar, determina o juiz ao primeiro oficial que recolha os votos válidos em certa urna. Em seguida, passa o segundo oficial arrecadando as cédulas que sobraram em outra urna (art. 487, CPP). Tomando a urna dos votos válidos, o magistrado apura o resultado, proclamando-o em voz alta para o registro em termo especial, lavrado pelo escrivão (ex.: "sim", por maioria).

Lembremos que, de maneira positiva, foi alterado o procedimento de divulgação da votação dos jurados. Não se apuram totalmente os votos dados. Ao atingir o quarto voto, em determinado sentido ("sim" ou "não"), deve-se encerrar a apuração. Logo, não há mais sentido em divulgar o escrutínio (ex.: "sim" por 4 votos contra 3). É o disposto pelo art. 483, §§ 1.º e 2.º, CPP, e o correto procedimento para resguardar o sigilo da votação.

Aliás, fosse feita a divulgação do resultado, como se dava anteriormente à reforma de 2008, não haveria a menor possibilidade de se manter o sigilo dos votos. Imagine-se a seguinte apuração, feita pelo juiz em voz alta: "sim, por 7 a zero" ou "sim, por unanimidade". Todos os jurados saberiam exatamente como cada um votou. Se estão incomunicáveis e é vedado divulgar o voto, sob pena de anulação do julgamento, a referida divulgação do resultado fere a integridade do sigilo.

Alguns argumentam que há necessidade de se conhecer o resultado para poder apurar, devidamente, o mérito do veredicto e, consequentemente, auferir argumentos para eventual recurso. Ora, tal posição parece não assimilar que o Conselho de Sentença decide por maioria de votos, pouco interessando se o resultado se deu por 4 x 3 ou 6 x 1. Logo, basta haver quatro jurados acolhendo determinado quesito e está decidido.

Para conferência, o magistrado revê os votos que sobraram na urna da *descarga*. Redistribuem-se os pares de cédulas a cada um dos jurados para que a votação tenha seguimento.

A divulgação exata do *quorum* do julgamento sempre nos pareceu medida indevida, embora fosse prevista em lei. Hoje, não mais é necessária tal divulgação.

Superior Tribunal de Justiça

- "II – O rito previsto no artigo 486 do Código de Processo Penal e seguintes, dispõe que, nos julgamentos do Tribunal do Júri, após as respostas dos jurados a cada um dos quesitos, haverá verificação dos votos e das cédulas não utilizadas, devendo o escrivão registrar em termo próprio o resultado da votação, do julgamento e da conferência das cédulas não utilizadas. III – Em razão da ausência de previsão legal da obrigatoriedade de apresentação das cédulas de votação dos jurados aos presentes à sessão, não há que se cogitar na nulidade do julgamento por tal razão" (HC 411.942/GO, 5.ª T., rel. Félix Fischer, 06.02.2018, v.u.).

Na doutrina, André Mauro Lacerda Azevedo: *Tribunal do Júri...*, p. 203.

Em contrário, sustentando a contagem de todos os votos, como se fazia antes da Lei 11.689/2008, Damásio E. de Jesus e Edilson M. Bonfim, citados por André Estefam (*O novo júri...*, p. 16).

Ademais, se as decisões do Conselho de Sentença são tomadas por maioria de votos (art. 489, CPP) e busca-se assegurar, durante todo o procedimento do julgamento, a incomunicabilidade dos jurados e o sigilo das votações, não se deveria saber como cada um votou ao final. É natural supor que, havendo maioria de votos, não se saiba ao certo o voto dado, porém, em situação de unanimidade, é lógico que o voto era desvendado. O ideal agora foi atingido, interrompendo-se a contagem no exato instante em que o juiz constate ter atingido a maioria, ou seja, quatro votos pelo "sim" ou pelo "não".

O método é correto, pois preserva a opinião do jurado, protegendo-o contra qualquer tipo de pressão ou represália. Não há óbice algum para o recurso, inclusive porque não vemos sentido em se pretender discutir junto aos tribunais togados qual teria sido o motivo que levou o Conselho de Sentença a votar neste ou naquele prisma. A tentativa de interpretação da *vontade* dos jurados, votando "sim" ou "não" a cada quesito apresentado, constitui indevida invasão na livre convicção íntima, não fundamentada, portanto, do Tribunal Popular.

Ademais, jurados mudam de ideia durante a votação; aquele que estava em vias de absolver, pode, vendo-se em minoria, alterar o voto e pretender condenar, ou vice-versa. Nenhum problema existe nisso e não deve o tribunal togado buscar analisar o *conteúdo valorativo* do voto, pois ofensivo ao próprio sistema adotado, que é o da livre convicção.

Registremos que, a cada votação de quesito, pode o jurado consultar os autos e também pedir esclarecimento ao juiz presidente.

Durante o procedimento de votação, nenhuma intervenção das partes é admissível. Devem permanecer em seus lugares acompanhando e fiscalizando a lisura dos trabalhos. Aliás, se impugnação houver, para registro em ata, será no tocante à forma e jamais quanto ao conteúdo.

Ao longo da votação, conforme a resposta dada a um quesito, outro que venha na sequência pode tornar-se prejudicado. O juiz assim o declara e prossegue no questionário – se outros quesitos ainda restarem – ou dá por terminada a votação (art. 490, parágrafo único, CPP). Exemplo: reconhecida a causa de diminuição da pena em crime cometido por violenta emoção, logo após injusta provocação da vítima (art. 121, § 1.º, CP), considera-se prejudicado qualquer quesito que cuide de qualificadoras subjetivas (motivos fútil e torpe, bem como para assegurar a execução, ocultação, impunidade ou vantagem de outro delito, art. 121, § 2.º, I, II e V, CP). Outra ilustração: se os jurados negarem o nexo causal (esses ferimentos deram causa à morte da vítima?), naturalmente, não será votada eventual tese de defesa, que viria a seguir. Houve, na realidade, desclassificação própria e caberá ao juiz presidente deliberar a respeito. Aliás, nessa situação, estão prejudicados todos os quesitos que viriam após o segundo, considerando-se finda a votação.

Considera-se *prejudicialidade absoluta* a situação gerada pelo encerramento da votação aos demais quesitos, quando um deles é reconhecido ou negado. Denomina-se *prejudicialidade relativa* à situação de prosseguimento da votação, considerando-se prejudicado um ou outro quesito, mas sem o encerramento dos trabalhos.

Terminada a votação, assinam o termo especial (art. 488, CPP) o juiz presidente, os jurados e as partes (art. 491, CPP). A falta de juntada do mencionado termo aos autos constitui mera irregularidade.

A única hipótese para a qual admitimos a ocorrência de nulidade do julgamento é se alguma das partes questionar, especificamente, o termo de votação, alegando que as respostas dadas pelos jurados não se coadunam com a sentença do juiz ou que a votação não ocorreu efetivamente. Enfim, necessitando o Tribunal verificar se é verdadeira a afirmação, na ausência do termo, uma alternativa não resta senão anular a sessão de julgamento, determinando que outra se realize. Entretanto, se na sentença o juiz faz menção aos quesitos e sobre isso nenhuma das partes manifestou-se na fase recursal ou mesmo se, da falta do termo, ninguém reclama, a matéria está preclusa, não mais devendo ser conhecida, nem anulado o julgado, posteriormente.

Constitui, ainda, mera irregularidade a falta de assinatura, no termo, de algum jurado, por mero esquecimento. Pode o escrivão lançar certidão de que o jurado esteve presente, possuindo a declaração presunção de veracidade.

6.2 Inviabilidade da repetição da votação

Dispõe o art. 490, *caput*, do CPP que, "se a resposta a qualquer dos quesitos estiver em contradição com outra ou outras já dadas, o presidente, explicando aos jurados em que consiste a contradição, submeterá novamente à votação os quesitos a que se referirem tais respostas".

Embora esteja expressa a possibilidade de renovação da votação, quando houver *contradição nas respostas*, somos da opinião de que este artigo é, como regra, inaplicável, fundamentalmente, por duas razões: a) cabe ao juiz presidente controlar as incompatibilidades na ordem de votação dos quesitos, impedindo que o Conselho de Sentença vote teses ilógicas. Exemplo: se os jurados reconheceram ter o réu cometido o crime por relevante valor moral, não permitirá o magistrado seja votado o quesito referente à qualificadora da futilidade, porque teses inconciliáveis. A afirmação de uma exclui, naturalmente, a outra. Deve considerar prejudicado o quesito da futilidade e assim ficará constando no termo. Se o juiz presidente permitir a votação de quesitos inconciliáveis, a contradição terá sido por ele mesmo plantada, não sendo da responsabilidade do Conselho de Sentença, logo, seria inaplicável o preceituado no art. 490; b) em fiel seguimento ao princípio da soberania dos veredictos, considerando-se que os jurados são leigos e não estão, como já exposto, vinculados a decisões legais, valendo-se do seu senso de justiça e da sua consciência para decidir o caso, não vemos como obrigá-los a votar, novamente, determinadas proposições, somente porque aparentam ser contraditórias, desde que permita um veredicto sólido. Exemplo disso é indagar sobre o excesso, se doloso ou culposo; caso respondam negativamente a ambos, trata-se de excesso acidental, gerando absolvição. O juiz não deve promover outra votação, pretendendo obrigar os jurados a "escolher" entre um excesso e outro. Parece-nos um equívoco do magistrado não aceitar a soberania do júri para decidir livremente.

Entretanto, na hipótese supradescrita (letra *a*), a responsabilidade do juiz presidente, ao permitir uma votação contraditória, na realidade, para que não se anule toda a instrução até aquele momento, cuida-se de maior adequação que ele mesmo reconheça o equívoco e promova a nova votação.

Superior Tribunal de Justiça

- "1. A contradição entre as respostas aos quesitos formulados aos jurados, quando não sanada pela repetição da votação dos quesitos em contradição na própria sessão de julgamento (art. 490 do Código de Processo Penal), acarreta a sua nulidade. 2. Os jurados responderam afirmativamente tanto ao quesito referente ao crime tentado (3.º quesito) quanto ao quesito referente à desistência voluntária (4.º quesito), havendo insanável contradição na conclusão alcançada, pois estes institutos jurídicos são logicamente incompatíveis" (AgRg no AREsp 1.929.954/SC, 6.ª T., rel. Laurita Vaz, 22.02.2022, v.u.).

Capítulo 7

SENTENÇA E ATRIBUIÇÕES DO JUIZ PRESIDENTE

7.1 Formalidades e conteúdo da sentença

Findo o julgamento na sala especial, pelo Conselho de Sentença, cabe ao juiz presidente lavrar a sentença condenatória ou absolutória, conforme o caso. A principal regra a ser observada consiste em não invadir, por qualquer prisma, o mérito da decisão. Portanto, não necessita o magistrado produzir o relatório, nem a fundamentação, bastando o dispositivo (art. 492, I e II, CPP).

Quanto ao relatório, torna-se desnecessário na medida em que já foi feito por ocasião da decisão de pronúncia. Na sequência, houve somente o preparo da sessão plenária e tudo o que se passou nesta ocasião deve constar da ata do julgamento.

Quanto à fundamentação, no mesmo prisma, a parte que cabia ao juiz togado, em relação à apresentação de motivos, foi construída na pronúncia. No mais, o veredito proferido no Tribunal do Júri é, constitucional e legalmente, imotivado, pois lastreado na convicção íntima dos jurados. Descabe, por conta disso, qualquer tipo de comentário do magistrado em relação ao mérito. Se o fizesse, estaria invadindo competência que não lhe diz respeito.

A decisão condenatória deve principiar mencionando que "o conselho de sentença, nesta data, decidiu que o réu Fulano de Tal praticou um homicídio duplamente qualificado. Ante o exposto, condeno-o, como incurso nas penas do art. 121, § 2.º, I e III, do Código Penal, ao cumprimento da pena de...". Após a introdução, resulta a principal atividade do juiz togado no Tribunal do Júri, consistente na fixação da pena.

Se a decisão for absolutória, caberá ao magistrado, de modo simplificado, inserir apenas o inciso pertinente ao caso e de acordo com o art. 386 do Código de Processo Penal: "o conselho de sentença, nesta data, decidiu absolver o réu Fulano. Ante o exposto, absolvo-o, com fundamento no art. 386, VI, do Código de Processo Penal". Não cabe ao juiz tecer qualquer fundamentação para sustentar a absolvição, nem consideração sobre o veredito popular.

Por outro lado, precisa ater-se ao alegado pela defesa em plenário para optar, conforme a situação concreta, pelo inciso compatível do art. 386 do CPP. Se a tese foi o *estado de necessidade*, ilustrando, torna-se mais fácil a escolha, pois o único aplicável é o inciso VI. Entretanto, se a absolvição se der pela negativa ao primeiro quesito, considerando o Conselho de Sentença que a vítima não recebeu golpes de faca, teria reconhecido a "inexistência do fato" (inciso I) ou "não haver prova suficiente da sua existência" (inciso II). Depende, pois, do que foi sustentado pela defesa e acatado pelos jurados.

O dispositivo da sentença, quando condenatória, deve ser minuciosamente constituído e fundamentado. Segue-se, por óbvio, o disposto no Código Penal para a individualização da pena, em caso de qualquer condenação.

O magistrado atém-se, inicialmente, ao primeiro estágio, voltado à escolha do *quantum* da pena privativa de liberdade. Para tanto, vale-se de três fases: a) fixação da pena-base, calcada nos elementos expostos pelo art. 59 do Código Penal (circunstâncias judiciais); b) cômputo das agravantes e atenuantes, enumeradas nos arts. 61 a 66 do Código Penal (circunstâncias legais gerais); c) inserção das causas de aumento e de diminuição da pena, previstas em variados artigos do Código Penal (circunstâncias legais específicas).

A fixação da pena-base, com fundamento no art. 59 do Código Penal (circunstâncias judiciais) é de exclusiva competência do juiz presidente, não devendo ser objeto de apreciação pelos jurados. Justifica-se tal regra pelo fato de inexistir, em lei, clara definição acerca de tais circunstâncias, que precisam ser definidas diretamente pelo julgador. Os jurados, que decidem sob o sistema da livre convicção íntima, sem motivar o veredicto, não têm condições efetivas de delinear cada uma das circunstâncias do referido art. 59.

Supremo Tribunal Federal

- "A dosimetria da pena é conferida exclusivamente ao Juiz Presidente do Tribunal do Júri, não cabendo, aprioristicamente, falar em afastamento das circunstâncias judiciais do artigo 59 pelo Conselho de Sentença (CPP, art. 492, inc. I, *a* e *b*. 2.). O Juiz deve, contudo, no cálculo da pena-base, atentar para a possibilidade da ocorrência de *bis in idem* e de violação dos veredictos do Tribunal Júri, mercê de revalorização de circunstância judicial expressamente prevista em lei como qualificadora ou privilégio, agravante ou atenuante ou causa de aumento ou diminuição." (HC 108146/GO, 1.ª T., rel. Luiz Fux, 05.06.2012, v.u.).

Em seguida, ingressando no segundo estágio, elege o regime de cumprimento da pena: fechado, semiaberto ou aberto, levando em conta o disposto no art. 33 do Código Penal.

Após, passa a analisar, no terceiro estágio, se há benefícios penais a considerar, tais como a substituição da pena por restritivas de direitos ou a aplicação da suspensão condicional da pena.

Não é demais lembrar que, do ponto de vista que temos sustentado, as agravantes e atenuantes a serem aplicadas pelo juiz presidente *devem ter sido reconhecidas pelo júri*. Inviável se torna que, sem qualquer veredito a respeito, o magistrado introduza qualquer agravante sem passar pelo crivo do Tribunal Popular.

Por outro prisma, caso alguma agravante ou atenuante tenha sido apresentada para apreciação do Conselho de Sentença, se for rejeitada, o juiz precisa respeitar o decidido pelo júri. Noutros termos, não pode levar em conta, na sentença, o que foi refutado, expressamente, pelos jurados.

A despeito disso, o art. 492, I, *b*, do CPP, dá a entender que o magistrado pode reconhecer as agravantes e atenuantes que forem alegadas nos debates. Portanto, bastaria o pedido da parte interessada, em plenário, mesmo sem passar pelo Conselho de Sentença, para que o juiz presidente as pudesse considerar.

Para quem dessa forma entender, ainda assim o reconhecimento de agravante ou atenuante, atualmente, *não pode ser feito de ofício*, sem qualquer alegação da parte interessada durante os debates. Afinal, pelo menos, é indispensável o cumprimento exato da lei.

Superior Tribunal de Justiça

- "2. Consoante entendimento deste Superior Tribunal de Justiça, apesar de a Lei n. 11.689/2008 ter tornado desnecessária a quesitação das atenuantes e agravantes, em atendimento ao disposto no art. 492, I, 'b', do Código de Processo Penal, o Juiz Presidente do Tribunal do Júri fixará a pena do paciente considerando apenas as atenuantes e agravantes que tenham sido objeto de debate em plenário. 3. Ainda que seja permitida a valoração de título condenatório pretérito como maus antecedentes, não se pode admitir o seu emprego como vetorial desabonador na dosagem da básica por não ter sido debatida a incidência da agravante da reincidência em plenário, sob pena de usurpação da competência funcional do conselho de sentença de decidir acerca da agravante, ainda que escamoteada como circunstância judicial negativa" (AgRg no HC 748.954/SP, 5.ª T., rel. Ribeiro Dantas, 28.11.2022, v.u.).
- "5. Contudo, as circunstâncias agravantes ou atenuantes, dentre elas a confissão, somente poderão ser consideradas no Tribunal do Júri pelo Juiz presidente, na formulação da dosimetria penal, quando debatidas em Plenário, circunstância não constatada no caso em análise" (HC 664.312/RJ, 5.ª T., rel. Reynaldo Soares da Fonseca, 22.06.2021, v.u.).
- "III – Não obstante a Lei n. 11.689/2008 haver tornado desnecessária a quesitação das atenuantes e agravantes, em atendimento ao disposto no art. 492, I, 'b', do Código de Processo Penal, o Juiz-Presidente do Tribunal do Júri fixará a pena do paciente considerando apenas as atenuantes e agravantes que tenham sido objeto de debate em plenário. Precedentes" (AgRg no RHC 141.440/PR, 5.ª T., rel. Felix Fischer, 30.03.2021, v.u.).
- "6. No caso, esclareceu o Tribunal de Justiça que a atenuante da confissão espontânea não foi apresentada durante os debates em plenário, não sendo possível, assim, a sua aplicação, nos termos do art. 492, inciso I, alínea *b*, do Código de Processo Penal. Tal orientação encontra-se em harmonia com a jurisprudência desta Corte, não havendo, portanto, constrangimento ilegal a ser reparado. Precedentes" (AgRg no HC 469.922/SC, 6.ª T., rel. Antonio Saldanha Palheiro, 15.12.2020, v.u.).
- "2. No procedimento especial do Tribunal do Júri, o reconhecimento das circunstâncias legais genéricas – sejam elas de natureza objetiva ou subjetiva – não fica ao livre arbítrio do julgador, uma vez que, segundo o art. 492, I, 'b', do CPP, é indispensável que elas hajam sido objeto de debates em plenário. Precedentes do STJ" (HC 507.883/RS, 6.ª T., rel. Rogerio Schietti Cruz, 06.06.2019, v.u.).

Quanto às causas de aumento e diminuição da pena, não há dúvida: demandam o reconhecimento pelo Conselho de Sentença (art. 492, I, *c*, CPP). Porém, o *quantum* do aumento ou da diminuição cabe ao juiz presidente.

Em caso de absolvição, estando o réu preso, deve o magistrado determinar a sua soltura imediata, se preso não estiver por outro processo, ao proferir a sentença (art. 492, II, *a*, CPP). Segue-se o princípio constitucional da presunção de inocência, não havendo nenhum sentido em se manter detida a pessoa declarada inocente pelo juiz natural da causa, ou seja, o Tribunal do Júri.

Revogará as medidas restritivas provisoriamente decretadas (art. 492, II, *b*, CPP), como ocorre, por exemplo, com o sequestro de bens, que os tornaram indisponíveis.

Em relação à eventual aplicação de medida de segurança, no caso da denominada absolvição imprópria, dá-se seguimento ao disposto pelo art. 26, *caput*, do Código Penal. Aplica o magistrado a medida de segurança cabível (internação ou submissão a tratamento ambulatorial), pelo prazo mínimo de um a três anos.

Impõe-se, como solenidade no Tribunal do Júri, a leitura da sentença final em voz alta, no plenário, com todos os presentes em pé. O art. 493 do Código de Processo Penal menciona apenas que a leitura seja feita em público, porém, a tradição determina, em respeito ao Tribunal Popular, a postura antes mencionada.

A publicação da decisão dá-se em plenário, após a leitura. Computa-se, então, o prazo para recurso a partir dessa data, nos moldes preconizados pelo art. 798, § 5.º, *b*, do CPP. Além disso, não há necessidade da intimação das partes, que estão presentes e ouviram a leitura da decisão.

Superior Tribunal de Justiça

- "O recurso interposto contra a sentença proferida em plenário do Tribunal do Júri tem o seu prazo contado a partir da data da respectiva sessão de julgamento, nos termos do art. 798, § 5.º, 'b', do Código de Processo Penal" (HC 92484/SP, 6.ª T., rel. Maria Thereza de Assis Moura, j. 05.08.2010, v.u.).

7.1.1 A prisão cautelar

Uma das relevantes deliberações do juiz presidente, em caso de sentença condenatória, é a decisão em relação à mantença ou revogação de prisão cautelar existente, bem como a eventual decretação da prisão provisória em virtude de condenação, caso esteja solto o réu.

Há dois enfoques para analisar: a) o acusado encontra-se preso, durante a fase da formação da culpa; b) o réu está solto e dessa forma compareceu para ser julgado em plenário do Tribunal do Júri.

Na primeira hipótese, como regra, a prisão cautelar deve ser mantida, embora, sempre, com fundamentação. Se o acusado aguardou a fase de formação da culpa detido, cautelarmente, com maior razão, se for condenado a uma pena elevada, deve continuar preso.

Não haveria razão para, antes de proferida a decisão condenatória, manter alguém sob custódia se inexistissem os requisitos da prisão preventiva (art. 312, CPP). Eis por que, havendo condenação, as razões tornam-se ainda mais fortes para não haver a precoce soltura.

Porém, *cada caso é um caso*. Não se deve padronizar o cenário da prisão cautelar.

Um primeiro fator a ser considerado é a necessidade da mantença do recolhimento provisório, que, no momento da prolação da sentença condenatória, contará, ainda, com a avaliação da situação pessoal do acusado. Entretanto, não mais se analisará, isoladamente, se é primário e tem bons antecedentes. A lei impõe a análise dos requisitos da preventiva (art. 492, I, *e*, primeira parte, CPP).

Com a edição da Lei 13.964/2019, acrescentou-se uma parte à referida alínea *e* do inciso I do art. 492. *In verbis*: "mandará o acusado recolher-se ou recomendá-lo-á à prisão em que se encontra, se presentes os requisitos da prisão preventiva, ou, *no caso de condenação a uma pena igual ou superior a 15 (quinze) anos de reclusão, determinará a execução provisória das penas, com expedição do mandado de prisão, se for o caso, sem prejuízo do conhecimento de recursos que vierem a ser interpostos*" (grifamos).

Junto a essa modificação, incluiu-se os §§ 3.º a 6.º: "§ 3.º O presidente poderá, excepcionalmente, deixar de autorizar a execução provisória das penas de que trata a alínea *e* do inciso I do *caput* deste artigo, se houver questão substancial cuja resolução pelo tribunal ao qual competir o julgamento possa plausivelmente levar à revisão da condenação. § 4.º A apelação interposta contra decisão condenatória do Tribunal do Júri a uma pena igual ou superior a 15 (quinze) anos de reclusão não terá efeito suspensivo. § 5.º Excepcionalmente, poderá o tribunal atribuir efeito suspensivo à apelação de que trata o § 4.º deste artigo, quando verificado cumulativamente que o recurso: I – não tem propósito meramente protelatório; e II – levanta questão substancial e que pode resultar em absolvição, anulação da sentença, novo julgamento ou redução da pena para patamar inferior a 15 (quinze) anos de reclusão. § 6.º O pedido de concessão de efeito suspensivo poderá ser feito incidentemente na apelação ou por meio de petição em separado dirigida diretamente ao relator, instruída com cópias da sentença condenatória, das razões da apelação e de prova da tempestividade, das contrarrazões e das demais peças necessárias à compreensão da controvérsia".

Em princípio, após decisão condenatória de primeiro grau, somente se pode decretar a prisão cautelar, impedindo o réu de recorrer em liberdade – se estiver até então solto –, caso estejam presentes os requisitos do art. 312 do CPP. Entretanto, o disposto pelo art. 492, I, *e*, impõe a prisão *automática*, caso a pena aplicada seja igual ou superior a 15 anos de reclusão, expedindo-se mandado de prisão de imediato.

Questionou-se, perante o Supremo Tribunal Federal, essa situação de início imediato do cumprimento da pena, pois a apelação interposta pelo acusado não teria efeito suspensivo. Em julgamento no plenário virtual, a maioria dos ministros decidiu *ampliar* esse cenário, não somente legitimando como constitucional essa mudança, mas afirmando que *toda* decisão condenatória do Tribunal Popular, em face da sua soberania, pode ser de pronto cumprida.

Esta a síntese do julgado: "após o voto-vista do Ministro André Mendonça, que acompanhava integralmente o eminente Relator, no sentido de conhecer do recurso extraordinário e dar-lhe provimento, para negar provimento ao recurso ordinário em *habeas corpus*, anuindo à seguinte tese de julgamento fixada: '*A soberania dos veredictos do Tribunal do Júri autoriza a imediata execução de condenação imposta pelo corpo de jurados, independentemente do total da pena aplicada*'; e do voto do Ministro Edson Fachin, que divergia do Relator e do Ministro Gilmar Mendes, para o fim de reconhecer como ainda constitucional a execução imediata prevista em lei infraconstitucional das penas fixadas acima de quinze anos, em decorrência de condenação pelo tribunal do júri, e no caso concreto, com fundamento diverso do eminente Relator, dava provimento ao recurso para determinar a prisão do recorrido, uma vez que na hipótese a pena em concreto foi quantificada em 26 (vinte e seis) anos e 8 (oito) meses de reclusão, o processo foi destacado pelo Ministro Gilmar Mendes" (Repercussão geral no RE 1.235.340, Pleno, rel. Roberto Barroso, sessão virtual de 30.06.2023 a 07.08.2023, v.u., grifamos). O destaque apontado leva o caso à finalização em sessão plenária presencial; no entanto, dificilmente haverá modificação da posição tomada pelo STF.

Caso seja mantida a tese exposta *supra*, *toda e qualquer* condenação a pena privativa de liberdade, advinda de julgamento pelo júri, será de pronto cumprida, embora o acusado possa apresentar apelação.

Temos sustentado, com firmeza, a soberania do Tribunal Popular, em face do princípio constitucional da soberania dos veredictos (consultar itens 1.1.4 e 10.4.3 desta obra), porém, cremos ser viável compor essa soberania com o duplo grau de jurisdição e a presunção de inocência. Desse modo, proferida decisão condenatória no plenário do júri, caso o réu se valha do direito ao duplo grau de jurisdição, interpõe apelação e deve-se aguardar o trânsito em julgado para impor a execução da pena. Esperar que a decisão se torne definitiva, em nosso entendimento, não fere a soberania dos veredictos, até porque o tribunal pode determinar que outro julgamento seja feito pelo júri, terminando por acarretar, por exemplo, a absolvição. Se a sentença impositiva de pena privativa de liberdade for imediatamente cumprida e, após, o réu terminar absolvido, terá ocorrido um prejuízo insanável. A única hipótese que nos parece perfeitamente adequada ao caso, para impor a prisão ao condenado pelo júri, é a prisão preventiva, cumpridos os requisitos do art. 312 do CPP.

Por ora, tem sido essa a posição adotada pelo Superior Tribunal de Justiça, enquanto se aguarda o término do julgamento da questão pelo Supremo Tribunal Federal.

Superior Tribunal de Justiça

- "1. Prevalece o entendimento de que a execução provisória da pena antes do trânsito em julgado da condenação, inclusive as decorrentes do Tribunal do Júri, viola o princípio constitucional da presunção de inocência. Assim, a prisão antes do esgotamento dos recursos somente poderá ser efetivada em caráter cautelar, de forma individualizada, com a demonstração da presença dos requisitos autorizadores do art. 312 do Código de Processo Penal. 2. 'Questão que teve a repercussão geral reconhecida no Supremo Tribunal Federal, nos autos do RE 1.235.340/SC (Tema 1068), porém, ainda sem definição, razão pela qual privilegia-se a orientação firmada por este Superior Tribunal de Justiça. Precedentes'. (AgRg no HC n. 815.714/RS, Rel. Ministro Ribeiro Dantas, Quinta Turma, julgado em 12/6/2023, *DJe* de 16/6/2023). 3. Hipótese na qual o magistrado Presidente do Tribunal do Júri determinou a execução imediata da pena aplicada, considerando o quantum a que condenado – superior a 15 anos –, nos termos do art. 492, § 4.º, do CPP, em contrariedade, portanto, ao entendimento firmado nesta Corte de que não cabe a prisão para execução provisória de pena. 4. O agravado respondeu a toda a ação penal em liberdade, de modo que o indeferimento do direito de assim recorrer dependeria da demonstração de fato novo que justificasse a decretação da prisão preventiva, com a presença de elementos concretos comprobatórios da presença dos requisitos do artigo 312 do Código de Processo Penal. 5. Agravo desprovido" (AgRg no RHC 188.628/RO, 5.ª T., rel. Reynaldo Soares da Fonseca, j. 21.11.2023, *DJe* 27.11.2023).
- "1. 'A execução antecipada da pena é possível somente após esgotadas as possibilidades de recursos, o que não ocorreu. No âmbito desta Corte Superior, em conformidade com o resultado das ADCs n. 43/DF, n. 44/DF e n. 54/DF, julgadas em 7/11/2019, prevalece o entendimento de que 'é ilegal a prisão preventiva, ou a execução provisória da pena, como decorrência automática da condenação proferida pelo Tribunal do Júri' (HC n. 560.640/ES, Rel. Ministro Sebastião Reis Júnior, 6.ª T., *DJe* 4/12/2020).' (AgRg no HC n. 694.694/SC, relator Ministro Rogerio Schietti Cruz, Sexta Turma, julgado em 7/12/2021, *DJe* de 14/12/2021.) 2. No caso, o mandado de prisão está escorado exclusivamente na execução provisória da pena decorrente de julgamento pelo Tribunal do Júri, o que esta Corte não admite. 3. Ademais, a compreensão majoritária desta Corte Superior é de que a decisão do Tribunal do Júri não é exequível imediatamente, porquanto '[a] soberania dos veredictos não é absoluta e convive em harmonia com o sistema recursal desenhado pela Lei Adjetiva Penal. O fato de a Corte revisora, no julgamento de apelação contra decisão do Tribunal do Júri, não estar legitimada a efetuar o juízo rescisório, não provoca a execução imediata da sentença condenatória, pois permanece incólume a sua competência para efetuar o juízo rescindente e determinar, se for o caso, um novo julgamento, com reexame de fatos e provas' (RHC n. 92.108/RS, relator Ministro Reynaldo Soares da Fonseca, Quinta Turma, julgado em 6/3/2018, *DJe* de 14/3/2018.) 4. Agravo regimental desprovido" (AgRg na PET no RHC 169.177/RS, 6.ª T., rel. Antonio Saldanha Palheiro, 14.11.2022, v.u.).

O efeito suspensivo sempre foi a regra para decisões condenatórias de primeira instância, mas, conforme alteração demonstrada pelo § 3.º do art. 492 do CPP, passa a ser regra no júri e, excepcionalmente, a execução provisória da pena deixará de ser imposta. Essa medida – permitir que a pena não seja de pronto executada – deve alicerçar-se em decisão fundamentada em aspecto relativo a algum fator demonstrativo de que eventual apelo do acusado pode ter sucesso no Tribunal, determinando a anulação do julgamento ou a submissão a outro pelo júri. Não seria o ideal, considerando-se a presunção de inocência até o trânsito em julgado de decisão condenatória, embora seja a tendência do STF. Enquanto o julgamento não termina, deve o juiz manter as regras atuais, vale dizer, não se impõe a execução imediata da pena. Caso seja necessária a prisão do réu, deve-se voltar à preventiva, nos termos do art. 312 do CPP.

Outro ponto surge nesse cenário, vinculando-se ao § 4.º do art. 492 do CPP, cujo teor *veda* o efeito suspensivo a condenações do júri, com pena igual ou superior a 15 anos de reclusão. Nesta hipótese, enfoca-se o efeito da apelação apresentada pelo acusado – não deve ser suspensivo, mas meramente devolutivo –, indicando o intuito de se determinar a execução imediata de penas com esse montante.

Observa-se, entretanto, a cautela legislativa de *pretender o cumprimento imediato da pena* ao mesmo tempo que, como já sinalizado no § 3.º, evitar algum erro judiciário grave. Por isso, no § 5.º, estabelece outra exceção à regra, permitindo que, interposta apelação, recebendo-a o juiz *sem efeito suspensivo* (para penas iguais ou superiores a 15 anos de reclusão), possa o tribunal para o qual é dirigido o apelo atribuir-lhe o efeito suspensivo, vale dizer, o réu não inicia de imediato o cumprimento da sanção, enquanto não apreciado o referido recurso. Para isso, deve-se constatar (competência do relator) cumulativamente que o recurso da defesa não tem o intuito meramente protelatório, associado a qualquer questão substancial ou de extrema importância, que indique algum substrato para absolvição (nesse caso, não pelo tribunal togado, mas por um outro julgamento pelo júri), anulação da sentença (potencial nulidade detectada), novo julgamento (essa é a hipótese correta para gerar uma eventual absolvição pelo segundo julgamento pelo júri) ou redução da pena (conforme o caso, o próprio tribunal togado pode fazê-lo ou, não sendo viável, determinar novo julgamento pelo júri).

As hipóteses mencionadas *restringem* em elevado grau a viabilidade de haver efeito suspensivo para toda condenação do júri, que resulte em pena igual ou superior a 15 anos de reclusão. Novamente, essa deve ser a decisão final do STF no recurso supramencionado, salvo mudança de entendimento dos ministros, quando o caso for levado ao plenário presencial.

Complementando, o § 6.º do art. 492 aponta o mecanismo para a obtenção do efeito suspensivo: no bojo da apelação ou em petição separada dirigida diretamente ao relator, com cópias da sentença condenatória, das razões da apelação, com prova da tempestividade (interposta dentro do prazo legal), das contrarrazões e outras peças necessárias ao entendimento do caso. Parece-nos que a petição separada é o caminho mais eficiente e célere. Negado o pedido pelo relator, cabe agravo regimental à turma. Negado o agravo, pode-se impetrar *habeas corpus* junto ao Superior Tribunal de Justiça e, negada a ordem, pode o interessado dirigir-se ao STF, por recurso ordinário constitucional ou impetrando outro *habeas corpus*.

7.1.1.1 Prisão para cumprimento da pena

O Supremo Tribunal Federal firmou o entendimento, em 2019, de que a prisão, para o cumprimento de pena, somente se dará após o trânsito em julgado da decisão condenatória.

No entanto, sempre foi possível – e continua aplicável – a imposição de prisão preventiva, nos termos do art. 312 do CPP, quando o juiz vislumbrar sua necessidade.

Entretanto, esse entendimento teve relevante alteração no contexto dos julgamentos do Tribunal do Júri, conforme se expôs no item anterior.

7.1.2 O reconhecimento de mais de uma qualificadora

O processo de individualização da pena respeita a estrutura do tipo penal imputado ao réu. Parte-se do tipo básico para o reconhecimento da existência do crime ("matar alguém" – homicídio simples – art. 121, *caput*). Após, buscam-se as circunstâncias do crime. Elas se dividem em qualificadoras e privilégios, causas de aumento e diminuição, agravantes e atenuantes e circunstâncias judiciais.

A circunstância do crime pode ser prevista, pelo legislador, ora como qualificadora, ora como causa de aumento, ora como agravante. Se nada disso ocorrer, pode, ainda, o juiz levar em conta alguma situação peculiar, inserindo-a no contexto do art. 59 do Código Penal.

Ilustrando, o motivo fútil pode ser qualificadora (como no homicídio), mas também funcionar como mera agravante (como no roubo). Entretanto, quando há mais de uma qualificadora, prevista no tipo penal, a utilização de uma delas já é suficiente para alterar a faixa de fixação da pena (no homicídio, passa-se de seis a vinte anos para doze a trinta). As demais, quando reconhecidas, precisam ser encaixadas em outro cenário propício. Por isso, percorre-se a lista das agravantes; encontrando-as nesse contexto, aplica-se como tal. Se porventura não estiver nesse rol, parte-se para o art. 59 do CP.

Em suma, mais de uma qualificadora, reconhecida pelo júri, precisa de consideração pelo juiz na sentença condenatória. A primeira serve para qualificar o delito. As demais, como agravantes. Senão, como circunstâncias judiciais para elevar a pena.

Supremo Tribunal Federal

- "Pena – Qualificadoras. Possível é tomar-se a motivação como qualificadora e considerar-se como circunstância judicial negativa a prática de ato a impossibilitar a defesa do ofendido. (...)" (HC 120137 - RS, 1.ª T., rel. Marco Aurélio, 12.09.2017, v.u.).

7.1.3 As qualificadoras e o seu reconhecimento pelos jurados (inadmissibilidade do reconhecimento como circunstâncias judiciais ou agravantes)

No Tribunal do Júri, é fundamental que as qualificadoras, componentes do tipo derivado do homicídio, tenham sido incluídas na pronúncia para que possam ser apresentadas aos jurados, em plenário.

Na sequência, é preciso o seu reconhecimento pelo Conselho de Sentença para que o juiz presidente possa levá-las em conta na decisão condenatória. Noutros termos, qualificadoras não reconhecidas pelo júri não podem ingressar na sentença condenatória em hipótese alguma, nem como agravantes, nem como circunstâncias judiciais.

Se pudesse o magistrado considerar agravantes ou circunstâncias judiciais descritas como qualificadoras, mas não avaliadas pelos jurados, estar-se-ia diante de tergiversação. Afinal, as circunstâncias do crime podem ser eleitas pelo legislador como qualificadoras, agravantes ou causas de aumento, devendo-se respeitar fielmente o prescrito em lei. Noutros termos, as previsões feitas pelo tipo derivado (qualificadoras) precisam ser reconhecidas pelo júri, sob pena de não serem levadas em conta.

Sob outro aspecto, se forem utilizadas como qualificadoras ou, havendo mais de uma, como agravantes, não podem tornar a fazer parte da pena-base (circunstâncias judiciais), sob pena de se configurar o indevido *bis in idem*.

Supremo Tribunal Federal

- "O Juiz-Presidente do Tribunal do Júri, quando de terceiro julgamento, realizado em função do provimento dado a recurso exclusivo do réu por ocasião do primeiro julgamento, não pode incluir e quesitar circunstância agravante que *per se* qualificaria o crime de homicídio pelo qual o réu foi denunciado sem que tivesse ela sido mencionada na denúncia, na pronúncia e no libelo-crime acusatório. (...) Precedentes" (RHC 103170/RJ, 1.ª T., rel. Dias Toffoli, j. 15.03.2011, v.u.).

7.1.4 Antecedentes do acusado

Permanecemos fiéis à interpretação dada pelo Superior Tribunal de Justiça, exposta na Súmula 444: "é vedada a utilização de inquéritos policiais e ações penais em curso para agravar a pena-base". Em consequência, são considerados *antecedentes criminais* apenas as decisões condenatórias, com trânsito em julgado, ocorridas *antes* da prática do crime, cujo julgamento se realiza. Por motivo lógico, jamais se pode acolher, como antecedentes, eventuais atos infracionais cometidos pelo réu (no julgamento pelo júri, imputável, com mais de 18 anos) na sua fase de menoridade. Aliás, caso aceitos, fere-se, inclusive, preceito constitucional, qual seja o art. 228 da CF: "são penalmente inimputáveis os menores de dezoito anos, sujeitos às normas da legislação especial". Se as crianças e adolescentes são *penalmente* irresponsáveis, por óbvio, o que fizerem antes dos 18 anos não significa nada para fins penais.

Superior Tribunal do Justiça

- "Penal e processual penal. Apuração de crime de tentativa de homicídio. Réu plenamente capaz (adulto maior de 18 anos). Utilização no processo-crime do passado de atos infracionais cometidos pelo réu. Impossibilidade. 1 – A vida pregressa do menor de 18 anos, é dizer, suas passagens pela Vara da Infância e Juventude, por conta de atos infracionais, não podem ser utilizadas para eventual dosimetria de pena nem apresentadas aos jurados em processo criminal, no qual responde por tentativa de homicídio. Precedentes da Quinta e Sexta Turmas. 2 – Impetração substitutiva de recurso ordinário não conhecida, mas concedida a ordem, *ex officio*, para determinar ao juízo de primeiro grau que não leve em consideração, para a dosimetria, as passagens do paciente pela Vara da Infância e Juventude, tampouco dê ao Conselho de Sentença (júri) conhecimento desses documentos" (HC 342.455-DF, 6.ª T., rel. Maria Thereza de Assis Moura, 23.02.2016, v.u.).

7.2 Desclassificação própria e desclassificação imprópria

Ensina Hermínio Alberto Marques Porto ocorrer a desclassificação *própria* quando o Conselho de Sentença altera a figura penal descrita na pronúncia, sem, no entanto, indicar qual. É o que se dá quando há a negativa ao segundo quesito, como no caso de homicídio consumado ("essas lesões deram causa à morte da vítima?").

Ilustrando: negado o primeiro quesito – que diz respeito à materialidade ("no dia X, às 10 horas, na Rua Z, n. 3, em São Paulo, foram desferidos tiros de arma de fogo em Beltrano, causando-lhe as lesões descritas no laudo de fls.?") – estão os jurados adentrando no mérito da infração penal e absolvendo o acusado. Ocorre que, afirmado o primeiro, mas negado o segundo quesito – ("essas lesões deram causa à morte da vítima?") –, não há mais nexo de causalidade estabelecido entre a infração descrita no primeiro quesito (lesões corporais) e o delito doloso contra a vida, o que asseguraria a competência do júri para julgar o caso.

Assim ocorrendo, a competência para julgar a infração desloca-se para o juiz presidente, que lhe poderá dar a configuração que bem entenda e até mesmo absolver o réu, por estar convencido de não ter havido crime. Existindo crime conexo, todos serão julgados pelo magistrado togado, presidente do júri.

Explica, ainda, MARQUES PORTO que a desclassificação *imprópria* acontece quando os jurados afirmam os primeiros quesitos, mas, por conta da votação de outro qualquer – podendo ser ou não tese defensiva – terminam concluindo que não houve dolo, mas simples crime culposo contra a vida. Imagine-se ter o defensor sustentado em plenário que o réu, de fato, disparou sua arma contra a vítima, causando-lhe a morte, mas o fez por imprudência, jamais dolosamente. Haverá o magistrado de incluir um quesito específico, indagando do Conselho de Sentença se a morte adveio da imprudência com que agiu o acusado. Afirmado esse quesito, terá havido a desclassificação imprópria que vincularia o juiz presidente, levando-o a condenar o réu como incurso no art. 121, § 3.º, do Código Penal, bem como faria prosseguir a votação, no tocante aos quesitos pertinentes às agravantes ou atenuantes cabíveis (*Júri*, p. 140-141).

Ainda quanto à desclassificação imprópria, afirma HERMÍNIO ALBERTO MARQUES PORTO: "A sentença condenatória decorrente da desclassificação imprópria é bem distinta, no referente à sua fundamentação das sentenças condenatórias relacionadas com desclassificação própria ou com decisões dos jurados dando procedência integral ou parcial ao libelo, [hoje, não mais existe o libelo] pois possui, por fundamentação, o decidido pelos jurados e, por objeto de aferição obrigatória, matéria de competência do Juiz singular" (*Júri*, p. 142).

Concordamos com a denominação feita a respeito de a desclassificação poder ser dividida entre própria e imprópria, para demonstrar que os jurados podem concluir o seguinte: a) logo de início, não haver nexo causal a vincular a conduta do réu a um tipo penal de homicídio doloso (ou tentativa) contra a vida (desclassificação própria); b) posteriormente, haver inadequação típica, quando forem expressamente indagados a respeito, por ocasião da votação de quesito explícito relativo ao elemento subjetivo do crime, no caso, a culpa (desclassificação imprópria).

Neste último caso, embora não tenham cortado o nexo de causalidade, terminaram afastando o elemento subjetivo que manteria a competência do júri para o julgamento, alterando-o de dolo para culpa.

Sob outro aspecto, sustentamos subsistir a incompetência do júri para prosseguir no julgamento, caso haja, de uma forma ou de outra, a desclassificação do delito, seja por negativa ao segundo quesito, seja por afirmação de um outro, que incluiria o elemento subjetivo da culpa.

Não há diferença substancial entre a desclassificação própria e a imprópria para *efeito* de assegurar a competência constitucional do Tribunal Popular. Inexiste previsão para que o júri delibere, quanto ao mérito, em relação a outros delitos que não os previstos no art. 5.º, XXXVIII, *d*, da Constituição, ou no art. 74, § 1.º, do Código de Processo Penal, salvo quando estiverem julgando delitos conexos ou continentes.

Portanto, se o crime principal, em análise pelo Tribunal do Júri, não é doloso contra a vida, pouco importa como os jurados chegaram a essa conclusão, vale dizer, se houve desclassificação própria ou imprópria, sendo importante assegurar o juiz natural da causa, que passa a ser o magistrado togado, no caso o presidente do Tribunal Popular.

Afirma-se que a desclassificação própria transfere a competência para o juiz presidente porque os jurados, ao negar o quesito referente ao nexo causal, não teriam estabelecido qual seria a figura típica cabível, deixando, pois, o magistrado livre para decidir a respeito. Por outro lado, quando operam a desclassificação imprópria, estariam fixando exatamente o tipo penal no qual está incurso o réu. Com a devida vênia, o problema está concentrado na maneira como são elaborados os quesitos no Brasil, o que conduz a uma certa perplexidade.

O primeiro quesito concentra a materialidade de um delito de lesão corporal dolosa, pois é indagado aos jurados se a vítima sofreu agressão, que lhe causou os ferimentos descritos no laudo inserto nos autos. O dolo, nesse caso, está implícito. E tanto isso é verdade que, afirmado o segundo quesito, confirmando o nexo causal, não havendo outras indagações, está-se considerando praticado um homicídio simples, ou seja, não se pergunta a respeito do dolo. Por isso, poder-se-ia afirmar que, ao votar "sim" ao primeiro quesito, o Tribunal do Júri estaria reconhecendo a figura típica da lesão corporal dolosa, razão pela qual não se poderia dizer, em tese, estar o juiz presidente livre para decidir como quisesse (caso negado o segundo quesito). A tipicidade de uma lesão corporal teria sido reconhecida pelo Conselho de Sentença.

Na realidade, cuida-se de um falso problema, pois o magistrado está livre para julgar como bem quiser, inclusive absolvendo o réu, por negativa de autoria ou qualquer outra causa, justamente porque o júri *não é competente* para decidir o caso, de modo que a sua afirmativa ao primeiro quesito (negado o segundo) tem por consequência afirmar a competência do juiz togado, na sua plenitude, para dar a decisão.

O mesmo deve ocorrer quando o Conselho de Sentença, ainda que tenha afirmado os dois primeiros quesitos e, em tese, reconhecido um homicídio simples num primeiro momento, resolva, votando uma outra indagação, declarar que o elemento subjetivo – componente da configuração do delito – é a culpa. Assim operando, transmitirá a competência para julgar ao juiz presidente, que decidirá com inteira liberdade, visto serem os delitos dolosos contra a vida (e, excepcionalmente, os conexos) os únicos pertinentes ao Tribunal Popular.

Ressaltemos, também, ser caso de desclassificação imprópria quando o Conselho de Sentença reconhece ter havido um homicídio culposo, porque o agente, ao se defender de uma agressão injusta e atual, excedeu-se. Note-se que, apesar de ter ocorrido a afirmação inicial aos primeiros quesitos (materialidade, nexo causal e autoria), termina o Conselho de Sentença reconhecendo que o autor da morte da vítima não estava autorizado pelo ordenamento jurídico a concretizá-la, visto ter agido com excesso – faltando moderação ou o uso dos meios necessários – merecendo, pois, ser condenado a uma infração penal culposa. Esta, no entanto, não lhe cabe julgar. Assim, opera-se a desclassificação e o caso deve ser decidido pelo juiz presidente. Sobre o formato para se incluir a pergunta acerca do excesso culposo, em face da nova sistemática, consultar o Capítulo IV, onde são apresentados os modelos.

Em síntese, pois, havendo a desclassificação própria ou imprópria deve o juiz dar por encerrada a votação, passando a decidir o caso sem qualquer vinculação, inclusive no tocante aos crimes conexos.

7.3 Desclassificação e suspensão condicional do processo

Caso os jurados provoquem a desclassificação de homicídio doloso para culposo, é natural que, em face da pena a este reservada (detenção, de 1 a 3 anos), tenha o réu o direito de obter os benefícios da suspensão condicional do processo (Lei 9.099/1995, art. 89).

Afinal, tal situação somente não lhe era aplicável porque se cuidava de um homicídio doloso, cuja pena foge ao âmbito do benefício. Entretanto, valendo-se da soberania dos veredictos, o Tribunal Popular decidiu tratar-se, em tese, de homicídio culposo, desclassificando a infração penal, logo, é cabível a suspensão condicional do processo, se preenchidos os demais requisitos. Nesse prisma:

Para quem adotar a outra corrente, entendendo que a decisão de desclassificação imprópria vincula o magistrado, cuidando-se de veredito de mérito dos jurados – e não pura desclassificação – deve acolher a posição de não mais ser possível aplicar a suspensão condicional do processo, uma vez que o Conselho de Sentença já condenou o réu. Ao juiz caberia unicamente aplicar a pena.

7.4 Desclassificação e infração de menor potencial ofensivo

Pode ocorrer a desclassificação do delito doloso contra a vida para infração atualmente considerada de menor potencial ofensivo, tal como sucede quando o júri reconhece o primeiro quesito de uma tentativa de homicídio simples, negando o relativo à intenção de matar.

Sendo a lesão corporal de natureza leve, considera-se de menor potencial ofensivo e inclui-se no âmbito da Lei 9.099/1995. Assim acontecendo, concordamos inteiramente com a lição de ADA PELLEGRINI GRINOVER, ANTONIO MAGALHÃES GOMES FILHO, ANTONIO SCARANCE FERNANDES e LUIZ FLÁVIO GOMES: "Quando a desclassificação for para infração de menor potencial ofensivo (...) a competência passa a ser do Juizado Especial Criminal. Transitada em julgado a decisão desclassificatória, os autos serão remetidos ao Juizado competente, onde será designada a audiência prevista nos arts. 70-76 da lei. Não há outra solução, pois a competência dos Juizados para as infrações de menor potencial ofensivo, por ser de ordem material e ter base constitucional, é absoluta (...). Nos locais em que não há Juizado Especial, compete ao próprio juiz do Tribunal do Júri tomar as providências relacionadas com a Lei 9.099, designando a audiência dos arts. 70-76, atuando os institutos despenalizadores aplicáveis à situação concreta" (*Juizados Especiais Criminais*, 3. ed., p. 79).

Entretanto, a Lei 11.313/2006 deu nova redação ao art. 60 da Lei 9.099/1995, sugerindo a possibilidade de prorrogação de competência em casos de conexão e continência de infrações de menor potencial ofensivo com outras, consideradas comuns. *In verbis*: "O Juizado Especial Criminal, provido por juízes togados ou togados e leigos, tem competência para a conciliação, o julgamento e a execução das infrações penais de menor potencial ofensivo, respeitadas as regras de conexão e continência. Parágrafo único. Na reunião de processos, perante o juízo comum ou o tribunal do júri, decorrentes da aplicação das regras de conexão e continência, observar-se-ão os institutos da transação penal e da composição dos danos civis".

Portanto, em interpretação literal, quer-se dizer o seguinte: o JECRIM é competente para conhecer, julgar e executar todas as infrações de menor potencial ofensivo, exceto se houver conexão ou continência. Nessas duas hipóteses, a infração de menor potencial ofensivo seria julgada por Vara comum (*inclusive no tribunal do júri*), desde que o magistrado aplique a transação penal e a composição dos danos civis, quando cabíveis.

Sustentamos a inconstitucionalidade dessa alteração legislativa em nosso *Leis penais e processuais penais comentadas*, vol. 2 (notas 16 e 17 ao art. 60 da Lei 9.099/1995). Afinal, não há sentido algum para tal modificação. A competência do JECRIM advém da Constituição Federal. Inexiste viabilidade jurídica para a legislação ordinária alterá-la. Portanto, se há ou não conexão ou continência com outra infração penal comum (entendida como sendo a que não é de menor potencial ofensivo), pouco importa. O delito comum deve ser julgado pela vara igualmente comum. No presente cenário, o crime doloso contra a vida fica circunscrito ao Júri; infrações de menor potencial ofensivo, a ele conexas, devem seguir ao JECRIM. Se houver desclassificação, impõe-se a mesma solução: será remetida ao Juizado Especial Criminal, seu juiz natural.

Não bastasse, a Lei 11.689/2008, alterando a redação do art. 492 do CPP, introduziu os §§ 1.º e 2.º, onde se admite, expressamente, ser da competência do juiz presidente aplicar os benefícios da Lei 9.099/1995, em casos de desclassificação, quando se depare com infrações de menor potencial ofensivo.

Mantemos o nosso posicionamento a respeito da inconstitucionalidade dos dispositivos, pois a competência do JECRIM advém da Constituição Federal e não poderia ser alterada por lei ordinária.

7.4.1 A representação da vítima no caso de desclassificação para infração de menor potencial ofensivo

Se os jurados, votando os quesitos, desclassificam a infração penal de competência do Júri para outra, da alçada do Juizado Especial Criminal, que dependa de representação do ofendido, como ocorre com a desclassificação de tentativa de homicídio para lesão corporal leve, remetido o feito ao JECRIM, deve-se colher a representação da vítima, intimando-a a comparecer para expressar seu intento.

Não há o cômputo do prazo decadencial de seis meses, como sucede com a ocorrência de lesão corporal leve, pois se trata de uma situação anômala, não prevista pelo legislador nem na Lei 9.099/1995, nem tampouco no Código de Processo Penal, quando cuidou das hipóteses de desclassificação – aliás, nem poderia fazê-lo, pois não existia a lei que criou o Juizado Especial.

Portanto, o caminho mais adequado não é afastar a possibilidade de a vítima desejar a punição do agente pela lesão corporal leve – ainda que por meio de transação – alegando ter havido decadência, pois o crime teria sido cometido há mais de seis meses, afinal, à época da infração, o Estado classificou-a como tentativa de homicídio, logo, de ação pública incondicionada e não colheu a manifestação do ofendido, impedindo-o, pois, de exercer seu legítimo direito de representar, caso fosse possível.

Ora, se meses depois o Tribunal do Júri conclui que houve lesão e não tentativa de homicídio, trata-se de fato superveniente, que altera, completamente, a classificação do delito, mas também insere uma condição de procedibilidade, antes inexistente. Esse fato superveniente deve ser considerado para efeito de não impedir que a vítima exerça seu direito de representação, mas não há necessidade de se permitir a abertura de um prazo de seis meses para tanto. Basta que ela seja intimada a comparecer ao Juizado, manifestando, por termo, seu intento. Caso não deseje a punição do agente, o juiz pode extinguir a sua punibilidade de imediato. Desejando, pode-se ingressar no contexto da transação ou aplicar-se a pena, conforme o caso.

7.5 Atribuições do presidente do Tribunal do Júri

Além de outras previstas pelo Código de Processo Penal, são atribuições do juiz presidente do Tribunal do Júri, conforme disposto pelo art. 497 do CPP, as seguintes: "I – regular a polícia das sessões e prender os desobedientes; II – requisitar o auxílio da força pública, que ficará sob sua exclusiva autoridade; III – dirigir os debates, intervindo em caso de abuso, excesso de linguagem ou mediante requerimento de uma das partes; IV – resolver as questões incidentes, que não dependam de pronunciamento do júri; V – nomear defensor ao acusado, quando considerá-lo indefeso, podendo, neste caso, dissolver o Conselho e designar novo dia para o julgamento, com a nomeação ou a constituição de novo defensor; VI – mandar retirar da sala o acusado que dificultar a realização do julgamento, o qual prosseguirá sem a sua presença; VII – suspender a sessão pelo tempo indispensável à realização das diligências requeridas ou entendidas necessárias, mantida a incomunicabilidade dos jurados; VIII – interromper a sessão por tempo razoável, para proferir sentença e para repouso ou refeição dos jurados; IX – decidir, de ofício, ouvidos o Ministério Público e a defesa, ou a requerimento de qualquer destes, a arguição de extinção da punibilidade; X – resolver as questões de direito suscitadas no curso do julgamento; XI – determinar, de ofício ou a requerimento das partes ou de qualquer jurado, as diligências destinadas a sanar nulidade ou a suprir falta que prejudique o esclarecimento da verdade; XII – regulamentar, durante os debates, a intervenção de uma das partes, quando a outra estiver com a palavra, podendo conceder até 3 (três) minutos para cada aparte requerido, que serão acrescidos ao tempo desta última".

Quanto à polícia das sessões, como presidente que é do Tribunal do Júri, o magistrado é a única autoridade com poder de mando no plenário. Ainda assim, conflitos surgem e o desrespeito à sua figura, por vezes, infelizmente, prevalece.

Há juízes inexperientes, inaptos ou mesmo arbitrários na condução dos trabalhos, mas devemos considerá-los exceções. Por isso, é importante ressaltar que a polícia da sessão cabe, exclusivamente, ao juiz presidente. Em caso de manifestação imprópria e desrespeitosa, pode o magistrado determinar a prisão daquele que se recusar a cessá-la. Vale ressaltar o alerta feito por ADEL EL TASSE: "Ser juiz não é somente recolher-se ao gabinete no último momento processual para, na solidão, proferir o julgamento. A grandeza da judicatura tem seu demonstrativo maior exatamente no Tribunal do Júri, desde que o juiz abandone a função, por muitos pregada e por muitos desenvolvida, de apatia e seja atuante no processo, energicamente repudiando os expedientes em confronto com as normas éticas e de idoneidade, controlando os debates para que fluam na busca da verdade sobre os fatos e não seja a deliberação dos jurados calcada na verificação de quem, promotor ou advogado, gritou mais alto ou foi mais deseducado durante o julgamento" (*Tribunal do Júri*, p. 54).

Os policiais presentes ficam sob ordens exclusivas do juiz presidente, não devendo atender comandos de qualquer outra autoridade.

A direção dos debates é atividade difícil e complexa, pois as partes nem sempre respeitam a autoridade do juiz presidente, conturbando a sessão, através das trocas contínuas de ofensas ou de invasões indevidas na manifestação alheia.

A Lei 11.689/2008 trouxe a inovação de deixar expresso, dentre as atribuições do presidente do Tribunal do Júri, a possibilidade de intervir em caso de abuso, excesso de linguagem ou quando instado a fazê-lo por qualquer das partes.

Portanto, havendo confusão ou distúrbio, durante os debates, é mais que clara a viabilidade de interferência do juiz presidente para fazer cessar as atitudes irregulares, prejudiciais ao bom andamento dos trabalhos.

Ressaltemos, no entanto, deverem as partes acatar a intervenção judicial, como fruto da vontade legislativa e não como capricho pessoal do magistrado, respeitando a ordem imposta e a figura do presidente do Tribunal do Júri.

O aparte já era um direito advindo por força da tradição imposta ao longo do tempo, mas agora se torna algo expresso (art. 497, XII, CPP).

O ideal é que, havendo harmonia e respeito, continuem as partes a se valer do direito ao aparte sem a interferência do juiz presidente. Basta solicitar e a outra poderá conceder a intervenção breve, sem maiores consequências.

Qualquer desvio durante os debates, seja para impedir o abusivo uso do aparte, seja para deferir a sua utilização quando é negado por uma das partes, sistematicamente, cabe a correção ao magistrado.

Durante as manifestações das partes, necessita o juiz controlar o tempo da acusação e da defesa, buscando coibir excessos indevidos. Não deve permitir o chamado *discurso paralelo*, consistente na manifestação sobreposta de uma parte sobre o discurso da outra, tornando impossível entender o que cada um está falando.

Em ato extremado, não mais conseguindo conter as partes, durante os debates, cabe ao juiz dissolver o Conselho, marcar nova sessão de julgamento, tomando as medidas administrativas junto à instituição que regula a atuação da parte culpada pela desordem (Ministério Público, Ordem dos Advogados do Brasil ou Defensoria Pública).

Por outro lado, quando as partes não chegarem, consensualmente, a um acordo quanto à utilização dos apartes, caberá ao juiz discipliná-lo, concedendo um tempo para isso. Ilustrando, o magistrado, a pedido do interessado no aparte, pode conceder cinco minutos; esse período será descontado da outra parte. Tudo depende do caso concreto. O principal é haver o desconto no tempo e a cordialidade de todos para que os debates possam prosseguir normalmente.

A resolução das questões incidentes diz respeito às questões de direito, fora da competência do Conselho de Sentença, merecedoras de decisão, antes que o julgamento chegue ao seu termo final. Ilustrando, é da competência do juiz avaliar – deferindo ou não a sua utilização – a pertinência de determinada prova, considerada ilícita por uma das partes. Os jurados não decidem sobre essa matéria, motivo pelo qual se aguarda a posição do magistrado.

Um dos pontos mais relevantes das atribuições do juiz presidente concerne à preservação da plenitude de defesa, assegurando ao réu a defesa irreparável, dentro do possível. Verificando não ter o defensor uma atuação compatível com a eficiência aguardada no Tribunal do Júri, conforme já exposto em capítulos anteriores, cumpre ao magistrado considerar o acusado indefeso, dissolvendo o Conselho e concedendo prazo para a indicação de outro advogado. Não sendo possível, deve nomear um defensor dativo ou obter a indicação de um defensor público.

Concluir pela ineficiência da defesa não é tarefa fácil. Afinal, inexistem fórmulas precisas para testar e aprovar a atuação de um defensor, seja constituído pelo réu, seja dativo ou público.

O magistrado dever ficar atento, avaliando cada passo dado na linha defensiva, bem como as teses oferecidas e os requerimentos formulados pelo defensor.

Constitui-se ineficiência, como regra, as seguintes condutas: a) deixar de requerer a produção de uma prova fundamental ao réu; b) aquiescer à tese condenatória formulada pela acusação, sem qualquer benefício para o acusado; c) deixar o órgão acusatório apresentar inverdades aos jurados, sem se manifestar de qualquer modo; d) utilizar minimamente o seu tempo para apresentar a tese defensiva (ex.: das duas horas, vale-se de alguns minutos para pedir a absolvição); e) sustentar aos jurados e requerer ao juiz a inclusão no questionário de teses conflitantes, sem a necessária explicação da sua sucessividade ou alternatividade, quando for possível; f) desmentir o réu em plenário, contrariando frontalmente e sem justificativa a tese por ele oferecida em seu interrogatório, que constitui a autodefesa, entre outros fatores similares.

Naturalmente, pode o advogado, até mesmo, pedir a condenação do réu, além de ser viável que se manifeste em menor tempo do que as duas horas a ele reservadas. O que se sustenta é dever o bom defensor saber atuar com eficiência e sempre no melhor interesse do réu. Pode, por exemplo, contrariar o acusado, sem ofendê-lo, nem o indispor diante dos jurados, bastando, para tanto, explicar que a autodefesa é diversa da defesa técnica, podendo ambas coexistir, respeitados os pontos de vista de quem as apresenta. Portanto, o réu pode negar a autoria, visto ser seu direito oferecer a visão que possui do caso, embora o advogado, sem desmerecê-lo, possa sustentar que, não aceitando o Conselho de Sentença tal afirmativa, deve considerar outra tese qualquer, fundada em certas provas dos autos.

O advogado pode falar pouco, mas fazer uma ampla e convincente defesa, embora para tudo haja um limite razoável. A defesa pode suscitar teses aparentemente conflitantes, desde que esclareça aos jurados serem elas de análise sucessiva e ser o seu papel o de levantar todas as possibilidades para a avaliação do Conselho de Sentença.

O defensor pode pedir a condenação, desde que essa seja a hipótese mais favorável ao réu, trazendo-lhe algum tipo de benefício concreto. Em suma, como se disse, não há fórmulas únicas, esgotando as possibilidades de controle da eficiência da defesa, devendo o juiz verificar, caso a caso, o que for mais vantajoso ao acusado.

Insistimos, no entanto, deva haver harmonia entre a autodefesa (manifestação direta do réu ao juiz ou jurados) e defesa técnica (exposição do defensor).

O defensor necessita ser hábil o suficiente para permitir ao réu sustentar o que bem entender em seu interrogatório, sem afrontá-lo, apesar de apresentar aos jurados uma tese alternativa qualquer. Logicamente, há advogados que estão em plena sintonia com os réus, razão pela qual seus clientes terminam oferecendo, no interrogatório, exatamente a tese que será sustentada pela defesa. Mas, é preciso considerar que nem sempre isso ocorre. Há acusados que possuem uma visão particular do que aconteceu e desejam sustentar, de qualquer modo, o seu entendimento. Podem supor que agiram em legítima defesa, quando, na realidade, houve inexigibilidade de conduta diversa ou apenas uma causa de diminuição da pena, como o relevante valor moral ou social. Entretanto, não podem ser privados da autodefesa, consagrada constitucionalmente, devendo ser incluída a tese no questionário, quando possível, e nem podem ficar alheios à defesa técnica.

Por isso, a harmonia entre ambas é essencial. Se o réu sustentar algo que o advogado considere incompatível com um resultado positivo, deve respeitar o alegado, embora termine afirmando tese diversa. Afrontar o réu, desmenti-lo ou ofendê-lo diante dos jurados, para que a defesa técnica predomine, é conduta que pode levar à consideração de estar o acusado indefeso.

O oferecimento de teses defensivas conflitantes, mas apresentadas de maneira sucessiva ou alternativa, é viável. Trata-se, aliás, de dever do advogado levantar todas as linhas possíveis para a defesa do réu.

Não deve, naturalmente, sustentar teses incompatíveis e esdrúxulas (ex.: negar a autoria porque houve erro de tipo), mas pode alegar teses sucessivas, *v.g.*: a) não foi o réu (negativa de autoria); b) se os jurados acreditarem ter o réu sido o autor, deve-se considerar ter havido legítima defesa; c) assim não desejando o Conselho, invoca-se a violenta emoção seguida de injusta provocação da vítima. Não está o defensor sustentando, *ao mesmo tempo*, não ter sido o réu e que ele agiu em legítima defesa. Ao contrário, crê não ter sido o réu, por isso a negativa de autoria. Mas, como o Conselho de Sentença é soberano, caso acredite ter sido o acusado, seria preciso considerar a hipótese de legítima defesa, pois "quem matou" (seja quem for) agiu sob o manto dessa excludente. Negada a tese absolutória, a defesa ainda buscará uma causa de diminuição da pena, demonstrando que "quem matou" (seja quem for), pelo menos agiu sob o domínio de violenta emoção, em seguida à injusta provocação do ofendido. Nenhuma contradição há, pois a sequência de ideias é lógica e será votada sucessivamente. Nessa hipótese, não há ineficiência da defesa.

Conforme já salientamos em capítulo anterior, cremos possível o controle jurisdicional da eficiência da acusação. Não se trata de fiscalizar a atuação do órgão do Ministério Público, nem a qualidade do seu trabalho, mas garantir a efetiva aplicação e concretização do princípio constitucional da soberania dos veredítos, além do princípio da obrigatoriedade da ação penal pública.

Somente pode ser *realmente* soberano o Conselho de Sentença bem informado, possuindo ampla noção das provas dos autos e tendo recebido do órgão acusatório os elementos indispensáveis à formação do seu convencimento. Torna-se nitidamente irregular a conduta do promotor que deixa de sustentar a acusação, pedindo a absolvição do réu em pouquíssimos minutos, como se a sua opinião fosse a única a contar no processo.

Não fornecendo aos jurados a explanação das provas, a visão que se encontra na pronúncia – afinal, houve admissibilidade da acusação –, enfim, deixando de apresentar o que os autos contêm, sonegará informações valiosas e impedindo os jurados de agir soberanamente.

Por outro lado, é possível que o promotor peça a condenação de maneira inadequada, levantando teses conflitantes e incompatíveis, demonstrando nítida inabilidade para a apresentação das provas ou valendo-se de pouquíssimos minutos para apresentar provas complexas. Todos esses aspectos podem levar o magistrado à conclusão de que a sociedade está indefesa e, consequentemente o Conselho de Sentença inapto e incapaz de julgar, deixando de ser efetivamente soberano.

Não seria crível que o respeito à atuação do Promotor fosse tão absoluto a ponto de se permitir que alguém, agindo de má-fé e mancomunado com o réu, por exemplo, pedisse a absolvição, sem oferecer prova alguma aos jurados e sem que o juiz pudesse interferir nesse procedimento ilegal e antiético.

Caso o órgão da acusação apresente devidamente as provas, é natural poder externar a sua opinião pessoal, mesmo sendo pela absolvição do réu, cumprindo postulado que lhe garante independência funcional e uma acusação justa.

Em conclusão, cabe ao juiz exercer um efetivo controle, dentro de seu prudente arbítrio, sobre a acusação produzida em plenário, mormente porque dirigida a um Conselho formado por pessoas leigas, embora soberanas para decidir. Acresça-se a isso a previsão formulada pelo art. 564, III, *l*, do Código de Processo Penal, demonstrando ser nulo o processo quando houver *falta de acusação* ou de defesa, na sessão de julgamento. Observe-se que a *extremada* deficiência da acusação, especialmente quando o promotor deixa de realizá-la, a pretexto de estar pedindo a absolvição do réu, também configura nulidade que deve ser evitada pelo magistrado. É também a posição adotada por Adriano Marrey (*Teoria e prática do júri*, p. 333-334) e José Frederico Marques (*A instituição do júri*, p. 193-194).

O réu tem direito, certamente, de acompanhar o seu julgamento. Porém, deve comportar-se, convenientemente, em plenário. Apresentando atitudes hostis, desrespeitosas ou ameaçadoras pode ser retirado do recinto, a mando do juiz.

Durante os trabalhos, cumpre ao magistrado promover a suspensão da sessão para a realização de alguma diligência indispensável, solicitada pelas partes ou determinada de ofício. No mesmo prisma, pode suspender a sessão para descanso ou refeição dos jurados e dos demais participantes.

A suspensão deve dar-se por tempo indispensável para as diligências ou razoável para o descanso ou refeição. Intervalos muito longos podem provocar o desgaste emocional de todos os atuantes na sessão. Da mesma forma, é defeso ao juiz dedicar-se a outras atividades, enquanto se dá o intervalo, desde que, por conta disso, haja a prorrogação por tempo desmedido.

Havendo requerimento de qualquer das partes (ou mesmo agindo de ofício, ouvindo as partes) em relação à extinção da punibilidade do réu – questão de direito – deve o juiz presidente decidi-la de pronto. Exemplo: durante a sessão, constata-se ter havido, àquela altura, prescrição da pretensão punitiva. Inexiste razão para a continuidade dos trabalhos.

Qualquer outra questão de direito emergente merece avaliação e decisão, de imediato, pelo juiz.

Por derradeiro, tem o magistrado o poder de determinar a realização das diligências imprescindíveis para sanar nulidades ou suprir falta que prejudique o esclarecimento da verdade. Cabe-lhe decidir como aprouver, dentro do seu poder discricionário de determinação de provas e diligências. A parte, quando insatisfeita diante da decisão tomada, consigna seu protesto em ata e o julgamento prossegue. Inexiste supedâneo legal para que qualquer das partes abandone o plenário, a pretexto de não ter deferida a sua pretensão, seja ela qual for. Deve deduzir seu inconformismo em preliminar de eventual recurso, após a prolação da sentença.

Não é demais reafirmar que a impossibilidade de efetivação da diligência, na sessão, pode ser determinante para a dissolução do Conselho com a designação de nova data para o julgamento.

Capítulo 8

ATA DO JULGAMENTO

8.1 Conteúdo, formalidades e direito de apelar

A ata do julgamento é o espelho fiel do desenvolvimento da sessão, *a vida corporificada do sucedido em plenário*, contendo todas as principais ocorrências e protestos feitos pelas partes. Nessa ótica:

Superior Tribunal de Justiça

- "1. Nos termos do art. 495 do Código de Processo Penal, a Ata da Sessão de Julgamento deve conter a descrição dos acontecimentos sucedidos no decorrer da sessão, sendo, por isso, desnecessária a expedição de certidão para atestar os mesmos fatos/atos, tanto mais quando a parte interessada não chega a alegar que algum fato ocorrido durante a sessão do Tribunal do Júri tenha sido omitido na ata" (RMS 59.180/MA, 5.ª T., rel. Reynaldo Soares da Fonseca, 19.02.2019, v.u.).
- "Conforme entendimento desta Corte, eventual nulidade ocorrida no julgamento pelo Júri Popular deve, necessariamente, ser objeto de impugnação pela defesa e constar em ata de julgamento, sob pena de preclusão" (HC 124060/BA, 6.ª T., rel. Maria Thereza de Assis Moura, j. 20.09.2011, v.u.).

Dispõe o art. 495 do CPP que a ata dever conter o seguinte, em particular: "I – a data e a hora da instalação dos trabalhos; II – o magistrado que presidiu a sessão e os jurados presentes; III – os jurados que deixaram de comparecer, com escusa ou sem ela, e as sanções aplicadas; IV – o ofício ou requerimento de isenção ou dispensa; V – o sorteio dos jurados suplentes; VI – o adiamento da sessão, se houver ocorrido, com a indicação do motivo; VII – a abertura da sessão e a presença do Ministério Público, do querelante e do assistente, se houver, e a do defensor do acusado; VIII – o pregão e a sanção imposta, no caso de não comparecimento; IX – as testemunhas dispensadas de depor; X – o recolhimento das testemunhas a lugar de onde umas não pudessem ouvir o depoimento das outras; XI – a verificação das cédulas pelo juiz presidente; XII – a formação do Conselho de Sentença, com o registro dos nomes dos jurados sorteados e recusas; XIII – o compromisso e o interrogatório, com simples referência ao termo; XIV - os debates e as alegações das partes com os respectivos fundamentos; XV - os incidentes; XVI - o julgamento da causa; XVII - a publicidade dos atos da instrução plenária, das diligências e da sentença".

O disposto nos incisos I, II, III, IV, V, VI, VII, VIII, IX, X, XI, XII, XIII, XVI e XVII é pura formalidade, de modo que o escrivão - ou o funcionário que lhe fizer as vezes - pode facilmente captar, compreender e fazer constar. Entretanto, os itens constantes dos incisos XIV e XV são complexos e dependem de conhecimento jurídico. Resumir o conteúdo dos debates orais, com as teses ofertadas, as alegações formuladas, com seus fundamentos, bem como registrar todos os incidentes, parece-nos peculiar tarefa do juiz presidente. Somente este é capaz de dar contorno jurídico a um protesto, sem haver vagueza, indevida imprecisão ou qualquer outro tipo de falha.

O ideal seria a possibilidade de gravar toda a sessão plenária, particularmente os debates orais e, portanto, todas as intercorrências. À falta desse instrumento tecnológico, reduz-se por escrito, em resumo, as ocorrências.

Vale anotar que, em caso de dúvida, é melhor promover a inserção de qualquer evento na ata do que a sua omissão. Afinal, para que o tribunal possa apreciar recurso da parte prejudicada, quanto à matéria controversa, torna-se indispensável haver o devido lançamento na ata de julgamento.

É natural que há protestos completamente inúteis e ilógicos (ex.: requerer fique consignado que determinada parte fala alto demais), o que pode ser ignorado pelo magistrado. No mais, as ocorrências passíveis de gerar nulidades merecem ser consignadas (ex.: fazer constar que um jurado manifestou sua opinião pessoal sobre o caso, descrevendo-se qual teria sido a expressão).

Entretanto, em caso de questão duvidosa, o mais indicado é anotar na ata a ocorrência, permitindo que a parte interessada, posteriormente, apresente a sua argumentação, no tocante ao ponto controverso, junto ao Tribunal.

Tendo em vista a publicação, em plenário, da sentença condenatória, o prazo para apresentar recurso de apelação começa a ser computado imediatamente, nos termos gerais, vale dizer, a partir do dia seguinte (finda a sessão do júri no dia 10, computados cinco dias, atinge-se o dia 15). Por isso, o réu, diretamente, ao ouvir a decisão, pode manifestar o seu intento de apelar, o que se inscreve na ata. O mesmo pode ocorrer em relação ao seu defensor.

8.2 Assinatura da ata

Estabelece o art. 494 do CPP dever a ata de julgamento ser assinada pelo juiz e pelas partes. Não são incluídos os jurados.

Não deixa de ser motivo de grande polêmica a lavratura desse termo, uma vez que a lei determina seja o escrivão o responsável pelo empreendimento, embora se saiba que quem controla a ata, na prática, é o juiz presidente. Em uma Vara do Júri contando com vários plenários e julgamentos ocorrendo ao mesmo tempo, um só escrivão não tem condições de acompanhar todos eles.

Além disso, mantendo-se um escrevente responsável por isso, em cada plenário, é possível que nem mesmo ele tenha condições de entender as teses expostas, com o objetivo de reduzi-las a termo ou os protestos realizados.

Pensamos devesse a lei ter previsto expressamente que a confecção da ata fosse da responsabilidade do juiz presidente, como é a lavratura do termo de audiência e tudo o que nele consta.

Quanto às assinaturas, a Lei 11.689/2008, alterando a redação do art. 494 do CPP, determina a participação do juiz presidente, do Ministério Público ou querelante, do assistente de acusação, se houver, e do defensor. São as partes envolvidas no processo.

Considerando-se que a ata de julgamento é lavrada após o encerramento da sessão, o modelo aspirado poderia conter somente a assinatura do juiz, efetivo responsável pelo documento. Outra solução seria a previsão de que a ata fosse concluída ao término da sessão, logo, os presentes (juiz, promotor, assistente de acusação, se houver, defensor) poderiam assiná-la. Quem se recusasse, por petição, apresentada à parte, demonstraria seus motivos.

Da forma como constou da lei, a ata deve ser assinada pelo magistrado e pelas partes, mas não há a obrigatoriedade de ser lavrada ao final da sessão. Portanto, os envolvidos somente a assinarão posteriormente.

Na essência, cabe ao magistrado o registro das principais ocorrências na ata, de modo que, se agir de má-fé, omitindo inserções importantes, deve-se questionar o fato na órbita disciplinar (e porventura, criminal), já que o juiz teria feito constar (ou omitir) dados falsos em documento público.

A falta da ata sujeitará o responsável (o escrivão) a sanções administrativa e penal. É lógico que precisará ser provada a sua desídia, na seara administrativa, e, no campo penal, o seu dolo, a fim de ser demonstrada alguma figura criminosa (prevaricação, corrupção, falsidade etc.).

Capítulo 9

DOS RECURSOS CABÍVEIS NO ÂMBITO DO JÚRI

9.1 Disposições gerais

9.1.1 O duplo grau de jurisdição e a soberania dos veredictos

O duplo grau de jurisdição e a soberania dos vereditos são princípios constitucionais, que coexistem harmoniosamente. O primeiro constitui garantia individual, prevista implicitamente na Constituição Federal, voltada a assegurar que as decisões proferidas pelos órgãos de primeiro grau do Poder Judiciário não sejam únicas, mas submetidas a um juízo de reavaliação por instância superior.

Estipula o art. 5.º, § 2.º, da CF que "os direitos e garantias expressos nesta Constituição não excluem outros decorrentes do regime e dos princípios por ela adotados, ou dos tratados internacionais em que a República Federativa do Brasil seja parte". A partir desse dispositivo, deve-se fazer a sua conjugação com o previsto no Capítulo III, do Título IV, da Constituição, que cuida da estrutura do Poder Judiciário, dividindo-o em órgãos hierarquizados e atribuindo a cada um deles a possibilidade de rever as decisões uns dos outros. Assim, estabelece o art. 102, II, competir ao Supremo Tribunal Federal "julgar, em recurso ordinário: *a*) o *habeas corpus*, o mandado de segurança, o *habeas data* e o mandado de injunção decididos em única instância pelos Tribunais Superiores, se denegatória a decisão; *b*) o crime político".

Significa, pois, que, havendo o julgamento de *habeas corpus* e denegada a ordem no Superior Tribunal de Justiça, pode o interessado recorrer, ordinariamente – sem se submeter a pré-requisitos específicos –, ao Supremo Tribunal Federal. O mesmo se diga da decisão do juiz federal de primeiro grau, decidindo crime político, contra a qual cabe recurso ordinário diretamente ao Pretório Excelso. Enfim, são exemplos a demonstrar a previsão constitucional do duplo grau de jurisdição, embora implícito.

Não é demais lembrar, ainda, o disposto no art. 5.º, LV, da Constituição, no sentido de que "aos litigantes, em processo judicial ou administrativo, e aos acusados em geral são assegurados o contraditório e ampla defesa, *com os meios e recursos a ela inerentes*" (grifamos), o que evidencia a importância da existência de recursos para o livre e pleno exercício da defesa de réus em processos em geral, especialmente na órbita criminal. Acrescente-se a esses argumentos, a lição de Ada Pellegrini Grinover, Antonio Magalhães Gomes Filho e Antonio Scarance Fernandes, defendendo o *status* constitucional do duplo grau de jurisdição, por meio da ratificação, pelo Brasil, da Convenção Americana dos Direitos Humanos (Pacto de San José da Costa Rica), em 1992 (Decreto 678/1992), conforme previsão do art. 8.º, 2-h (*Recursos no processo penal*, p. 24).

O princípio constitucional da soberania dos vereditos está expressamente assegurado no art. 5.º, XXXVIII, *c*, da Constituição Federal. Significa, como já expusemos em tópico próprio, dever a decisão proferida pelo Conselho de Sentença, no Tribunal do Júri, ser a máxima expressão do julgamento. Portanto, quanto ao mérito da causa, nenhum órgão jurisdicional, composto por magistrados togados, deve avançar, pretendendo substituir os jurados.

Não há princípios absolutos e supremos, devendo haver composição entre todos, mormente os que possuem *status* constitucional. Por isso, afirmar que a soberania dos vereditos populares precisa ser fielmente respeitada não significa afastar a possibilidade de se submeter a decisão prolatada no Tribunal do Júri ao duplo grau de jurisdição.

O ponto relevante é harmonizar os dois princípios. O recurso é viável, embora o mérito deva ser preservado. Nada impede que a parte, sentindo-se prejudicada, ingresse com o recurso cabível. Este, no entanto, se provido, deve remeter o caso a nova avaliação pelo Tribunal Popular. Com isso, garante-se a possibilidade de uma revisão, respeitando-se, ao mesmo tempo, a soberania da instituição do júri.

Supremo Tribunal Federal

- "1. A soberania dos veredictos é garantia constitucional do Tribunal do Júri, órgão competente para o julgamento dos crimes dolosos contra a vida; sendo a única instância exauriente na apreciação dos fatos e provas do processo. Impossibilidade de suas decisões serem materialmente substituídas por decisões proferidas por juízes ou Tribunais togados. Exclusividade na análise do mérito. (...) 4. A apelação não substitui a previsão constitucional de exclusividade do Tribunal do Júri na análise de mérito dos crimes dolosos contra a vida, pois, ao afastar a primeira decisão do Conselho de Sentença, simplesmente, determina novo e definitivo julgamento de mérito pelo próprio Júri" (RHC 218.697 AgR, 1.ª T., rel. Dias Toffoli, rel. p/ acórdão Alexandre de Moraes, j. 14.09.2022, por maioria).

9.1.2 Conceito de recurso

O recurso é o direito que possui a parte, na relação processual, de se insurgir contra decisões judiciais, requerendo a sua revisão, total ou parcial, em instância superior. Segundo Borges da Rosa, o "recurso tem seu fundamento na contingência humana, na falibilidade da cultura, da inteligência, da razão e da memória do homem, por mais culto, perspicaz e experiente que seja". Destina-se, pois, a sanar "os defeitos graves ou substanciais da decisão", "a injustiça da decisão", "a má apreciação da prova", "a errônea interpretação e aplicação da Lei, ou da norma jurídica", "a errônea interpretação das pretensões das partes" e "a errônea apreciação dos fatos e das suas circunstâncias" (*Comentários ao Código de Processo Penal*, p. 693).

9.1.3 Características e efeitos

Os recursos devem ser, como regra, voluntários (a interposição depende de vontade do interessado), tempestivos (interpostos dentro do prazo previsto em lei) e taxativos (obedecem a um rol de possibilidades legais).

Admite-se, como exceção, o denominado *recurso de ofício*, na verdade, um duplo grau de jurisdição necessário. No contexto do júri, havia necessidade de submissão da decisão de absolvição sumária à reavaliação do tribunal (art. 574, II, CPP). Parece-nos revogada essa hipótese (consultar o item 3.2.4.4.3 do Capítulo 3).

O efeito geral dos recursos é o devolutivo, ou seja, permite-se que o tribunal superior, ao qual é dirigido o recurso, reveja integralmente a matéria controversa.

O efeito suspensivo é excepcional, impedindo que a decisão produza consequências desde logo. Há situações que comportam imediata eficácia, como a sentença absolutória, a provocar imediata soltura do réu; outras, no entanto, submetem-se à eficácia contida, como a sentença condenatória, impondo pena privativa de liberdade, que não se executa, senão após o trânsito em julgado.

O efeito regressivo, também excepcional, permite a devolução, ao mesmo órgão prolator da decisão, da possibilidade de seu reexame. É o que acontece com os embargos declaratórios, com o recurso em sentido estrito e com o agravo em execução. Particularmente, no procedimento do júri, a pronúncia ou a impronúncia, interposto o recurso em sentido estrito, pode ser revista pelo mesmo juiz que a proferiu.

9.1.4 Pressupostos de admissibilidade

A verificação dos requisitos processuais de interposição do recurso, para que ele tenha seguimento e seja encaminhado à instância superior, deve ser feita, como regra, pelo órgão que proferiu a decisão. Excepcionalmente, a avaliação da recorribilidade é feita pelo mesmo órgão ao qual será destinado o recurso. Tal situação ocorre quando o órgão *a quo* deixa, indevidamente, de dar seguimento ao recurso e a parte reclama, pelos instrumentos próprios diretamente ao tribunal superior e, também, quando o órgão *ad quem* vai proceder ao julgamento de mérito.

Aliás, da mesma forma que o magistrado de primeiro grau pode *negar seguimento* ao recurso, o tribunal *ad quem* pode *não conhecer* o recurso interposto. Ambas as decisões são juízos de admissibilidade, cuidando de questões processuais.

Quando se determinar o processamento do recurso, não mais cabe ao juízo *a quo* obstar-lhe o seguimento, salvo quando expressamente autorizado em lei.

Há pressupostos de admissibilidade dos recursos. Objetivamente, há de se analisar: a) cabimento: haver previsão legal para a sua interposição; b) adequação: respeito ao recurso indicado em lei para cada tipo de decisão impugnada; c) tempestividade: interposição no prazo legal.

Subjetivamente, deve-se checar: a) interesse da parte: é preciso demonstrar sucumbência em algum ponto pleiteado; b) legitimidade: o oferecimento deve ser feito por quem é parte na relação processual, estando capacitado a fazê-lo ou quando a lei expressamente autorize a interposição por terceiros (art. 598, CPP).

9.1.5 Formalidades para a interposição

Exige a lei processual penal que os recursos sejam apresentados por petição ou por termo nos autos, não se aceitando, pois, a forma verbal.

Entretanto, não se pode dar apego desmesurado às formalidades processuais. É possível que um réu manifeste seu desejo de recorrer, oralmente, assim que toma conhecimento, na audiência ou no plenário do júri, da sentença condenatória, merecendo seu apelo ser devidamente processado, ainda que não tenha havido a redução a termo.

Quando oferecido em segundo grau, deve-se respeitar a forma legal, com petição e razões, sob pena de indeferimento, pois, como regra, submete-se o recurso a criterioso exame de admissibilidade.

9.1.6 *Impedimentos ao processamento ou ao conhecimento dos recursos*

Podem ocorrer fatos alheios aos pressupostos de admissibilidade, que terminam por impedir o processamento ou o conhecimento dos recursos.

São eles: a) desistência: o réu, acompanhado de seu defensor, não mais deseja persistir no inconformismo, solicitando que o recurso cesse seu trâmite. Tal situação não é autorizada ao membro do Ministério Público; b) renúncia: antes mesmo de ser apresentado, pode a parte sucumbida manifestar seu desejo de não recorrer da decisão. Também nesse caso não se ajusta a hipótese ao Ministério Público. O promotor não é obrigado a oferecer recurso, porém, não lhe cabe renunciar. Basta, querendo, deixar escoar o prazo legal para a interposição; c) deserção: o réu deixa de pagar as custas devidas (art. 806, § 2.º, parte final, CPP) ou deixa de promover o traslado de peças dos autos (art. 601, § 1.º, CPP).

9.1.7 *A fungibilidade dos recursos*

Significa que a interposição de um recurso por outro, inexistindo má-fé ou erro grosseiro, não impedirá o seu processamento e conhecimento (art. 579, *caput*, CPP). Caso a parte esteja em dúvida, por exemplo, se é caso de interposição de recurso em sentido estrito ou apelação, mesmo porque a matéria discutida é inédita ou há controvérsia na doutrina ou na jurisprudência, é plausível seja feita qualquer opção, encaminhando-se para a instância superior.

O erro grosseiro, impeditivo do conhecimento, evidencia completa e injustificável ignorância da parte, isto é, havendo nítida indicação na lei quanto ao recurso cabível e nenhuma divergência doutrinária e jurisprudencial, torna-se absurdo o equívoco, justificando-se a sua rejeição.

A má-fé surge em variados aspectos, embora o mais saliente seja a utilização de um determinado recurso unicamente para contornar a perda do prazo daquele que seria o cabível. Exemplo de aceitação da fungibilidade: pode-se conhecer a carta testemunhável como recurso em sentido estrito, quando for denegado seguimento à apelação.

Pode-se utilizar a fungibilidade, igualmente, no campo das ações de impugnação. Em caso de dúvida entre *habeas corpus* e mandado de segurança, ilustrando, para combater uma abusiva quebra de sigilo bancário, fiscal ou telefônico, pode o prejudicado utilizar qualquer deles.

9.1.8 *Aproveitamento do recurso no concurso de agentes*

Adota-se, na legislação brasileira, a teoria unitária ou monística em relação ao concurso de pessoas, cabendo observar que não importa o número de agentes colaborando para a prática da infração penal, pois haverá o reconhecimento de somente um delito. "Quem, de qualquer modo, concorre para o crime incide nas penas a este cominadas, na medida de sua culpabilidade" (art. 29, CP).

Logicamente, se assim é, caso um dos coautores recorra e o Tribunal reconheça a atipicidade da conduta, por exemplo, não tem sentido manter a condenação dos demais – ou mesmo a prisão – somente porque eles não teriam interposto apelo.

Nessa situação, está-se alterando um elemento constitutivo e essencial da configuração do crime, relativo ao fato e não ao autor, razão pela qual deve aproveitar a todos o julgamento proferido. Trata-se da extensão subjetiva do efeito devolutivo do recurso.

Por outro lado, excepciona o art. 580 do CPP a hipótese de benefícios de caráter pessoal. Desse modo, ilustrando, se um dos coautores é menor de 21 anos, a prescrição lhe será computada pela metade. Pode ocorrer, portanto, que sua punibilidade seja julgada extinta, enquanto a dos demais coautores permaneça íntegra.

9.2 Recurso em sentido estrito

9.2.1 Conceito e prazo para interposição

É o recurso cabível para impugnar as decisões interlocutórias, expressamente previstas em lei. Embora essa seja a regra, o Código de Processo Penal terminou por criar exceções. Exemplificando: a) decisão que julga extinta a punibilidade do agente, pertinente ao mérito, uma vez que afasta o direito de punir do Estado e faz terminar o processo; b) decisão que concede ou nega *habeas corpus*, considerando-se este uma autêntica ação constitucional. Para estas, em lugar do recurso em sentido estrito, seria cabível a apelação. Entretanto, não foi essa a previsão legal (art. 581, IX e X, CPP). A decisão de absolvição sumária, nitidamente terminativa e que avalia o mérito da causa, que era impugnável por recurso em sentido estrito (art. 581, VI, CPP), a partir da Lei 11.689/2008, que suprimiu o referido inciso VI do art. 581, passa, corretamente, a ser objeto de apelação. O mesmo se deu em relação à impronúncia. Embora seja uma decisão interlocutória mista, tem conteúdo terminativo e, de fato, deve ser impugnada por apelação. É o que passa a ocorrer a partir da alteração ao inciso IV do art. 581 pela Lei 11.689/2008.

O ideal seria considerar o recurso em sentido estrito como agravo, valendo para todas as decisões interlocutórias – e não somente as enumeradas em lei – aplicando-se, ainda, a apelação para as decisões definitivas, especialmente as que envolverem o mérito. O processamento pode dar-se por instrumento, bem como pode formar-se nos próprios autos do processo principal.

O prazo de interposição é de cinco dias (art. 586, *caput*, CPP), exceto na hipótese do art. 581, XIV, CPP (exclusão ou inclusão de jurado em lista), cujo prazo é de vinte dias.

9.2.2 Cabimento

No contexto do processo do júri, admite-se a interposição de recurso em sentido estrito contra as seguintes decisões: a) não recebimento da denúncia ou queixa (art. 581, I, CPP); b) conclusão da incompetência do juízo (art. 581, II, CPP); c) procedência das exceções, salvo a de suspeição (art. 581, III, CPP); d) pronúncia do réu (art. 581, IV, CPP); e) concessão, negativa, arbitramento, cassação ou julgamento de inidoneidade da fiança, indeferimento de requerimento de prisão preventiva ou revogação da mesma, concessão de liberdade provisória ou relaxamento da prisão em flagrante (art. 581, V, CPP); f) declaração de quebra a fiança ou de perdimento do seu valor (art. 581, VII, CPP); g) decretação da prescrição ou de declaração de extinção de punibilidade (art. 581, VIII, CPP); h) indeferimento do pedido de reconhecimento da prescrição ou de outra causa extintiva da punibilidade (art. 581, IX, CPP); i) concessão ou negativa da ordem de *habeas corpus* (art. 581, X, CPP); j) anulação do processo da instrução criminal, no todo ou em parte (art. 581, XIII, CPP); k) inclusão de jurado na lista geral ou sua exclusão (art. 581, XIV, CPP); l) denegação da apelação ou julgamento de sua deserção (art. 581, XV, CPP); m) determinação de suspensão do processo, em razão de questão prejudicial (art. 581, XVI, CPP); n) decisão do incidente de falsidade (art. 581, XVIII, CPP); o) decisão que recusar homologação à proposta de acordo de não persecução penal, previsto no art. 28-A do Código de Processo Penal (art. 581, XXV, CPP).

As hipóteses previstas no art. 581 do CPP, excluídas do rol acima, dizem respeito à fase de execução penal, foram substituídas por outro recurso ou não mais subsistem no ordenamento jurídico.

9.2.2.1 Não recebimento da denúncia ou queixa

Pode-se interpor recurso em sentido estrito contra a decisão que rejeitou a denúncia ou queixa, embora devesse caber apelação, pois se trata de decisão terminativa do processo.

Quanto à decisão que recebe a peça acusatória, não há previsão legal expressa para recurso. Entretanto, pode-se usar o *habeas corpus* para fazer cessar eventual constrangimento ilegal gerado pelo recebimento de denúncia ou queixa, que não apresentar justa causa para a ação penal.

Caso o órgão acusatório, depois de recebida a denúncia ou queixa, pretenda aditá-la para incluir outro coautor ou mesmo para ampliar a imputação, se o juiz indeferir o pedido, equivale ao não recebimento da peça acusatória, comportando, pois, recurso em sentido estrito. É a interpretação extensiva em relação ao rol do art. 581 do CPP, o que é perfeitamente admissível. Exemplo: durante a instrução, colhendo-se a prova, observa o promotor que o homicídio é qualificado – e não simples, como constou da denúncia. Promove o aditamento, por petição, para que seja incluída a qualificadora cabível. Se o juiz a rejeitar, há a possibilidade de ingresso do recurso em sentido estrito.

O recebimento parcial da denúncia ou queixa é outra possibilidade inserida neste contexto. Admitindo-se que, quanto aos fatos narrados, possa o juiz receber a denúncia ou queixa parcialmente, cabe recurso em sentido estrito em caso de afastamento de fatos, que tenham base no inquérito policial, portanto, justa causa.

Não cabe, por parte do magistrado, a alteração da classificação feita pelo promotor, no momento de receber a denúncia, de forma que inexiste recurso para tanto. Excepcionalmente, caso o juiz modifique a classificação, é preciso considerar duas situações: a) se alterou a classificação por mero erro material do Ministério Público, problema algum há. Imagine-se que o promotor descreveu um homicídio qualificado pela torpeza, mas terminou classificando como simples (art. 121, *caput*, CP). Basta indicar que está recebendo com base no art. 121, § 2.º, I, CP; b) caso o juiz altere a classificação, porque modifica ou valora, de ofício, os fatos narrados na denúncia, prejulgará, o que é inadmissível. Implica em rejeição parcial da denúncia, proporcionando recurso em sentido estrito. Ilustrando, o promotor apresenta denúncia baseada em homicídio qualificado por motivo fútil e o magistrado, considerando incabível a futilidade dos fatos alegados, recebe a peça com fundamento em homicídio simples.

9.2.2.2 Incompetência do juízo

Pode o magistrado declarar a incompetência do juízo de ofício, ou seja, sem provocação de qualquer das partes. Cuida-se de decisão interlocutória, que apenas altera a competência, mas não põe fim ao processo. Cabe recurso em sentido estrito.

Quando houver a interposição de exceção de incompetência aplica-se a hipótese prevista no inciso III do art. 581 do CPP. No caso de o juiz concluir pela competência do juízo, não há recurso, salvo se a decisão for de flagrante ilegalidade, podendo-se ingressar com *habeas corpus*, pois o réu não deve ser processado senão pelo juiz natural.

A desclassificação para infração diversa, não pertencente à competência do Tribunal do Júri, é uma das hipóteses que o juiz possui, terminada a instrução do processo. Exemplo, o magistrado pode considerar que não se tratou de homicídio seguido de furto, mas de autêntico latrocínio. Cuida-se de alteração de competência, impugnável por recurso em sentido estrito, com base no inciso II (concluir pela incompetência do juízo) do art. 581 do CPP.

9.2.2.3 Procedência das exceções

A decisão do juiz que julgar procedente a exceção de coisa julgada, litispendência ou ilegitimidade de parte é terminativa, sem julgamento do mérito. Logo, deveria caber apelação, mas o Código fixa o recurso em sentido estrito.

Rejeitando a exceção relativa a qualquer dessas matérias, não há recurso cabível, podendo a parte prejudicada valer-se do *habeas corpus*, em caso de flagrante ilegalidade, ou aguardar futura e eventual apelação, para reiterar a impugnação.

Registre-se que a procedência da exceção de incompetência não é terminativa, logo se cuida de decisão autenticamente interlocutória, cabendo recurso em sentido estrito. Entretanto, se o magistrado rejeita a exceção, não cabe recurso, exceto em casos de situações teratológicas, evidenciando juízo nitidamente incompetente (ofensivo ao princípio do juiz natural), cabendo, como já frisado anteriormente, *habeas corpus* por parte do réu.

Quanto à exceção de suspeição, caso seja aceita, segundo dispõe o art. 99 do CPP, deverá o magistrado suspender o curso do processo e enviar os autos ao substituto. Há controle do Tribunal de Justiça, pois a designação de magistrado para substituir o suspeito é feita pela Presidência. Logo, o juiz não deve acolher exceção quando a suspeição não for autêntica, sob pena de responsabilidade funcional. Por outro lado, caso não reconheça a suspeição aventada, segue-se o disposto no art. 100 do CPP, determinando-se a remessa dos autos apartados à Instância Superior. Em qualquer caso, não cabe recurso em sentido estrito.

9.2.2.4 Pronúncia

A decisão de pronúncia é interlocutória, mesmo porque julga apenas a admissibilidade da acusação, encaminhando o feito à apreciação do Tribunal do Júri. Não ingressa no mérito, embora profira um julgamento mais apurado do que ocorre com o simples recebimento da denúncia ou queixa.

No caso da impronúncia, entretanto, ocorre uma decisão terminativa, que coloca fim ao processo. Por essa razão, passou à alçada da apelação.

9.2.2.4.1 *Reformatio in pejus*

Por certo, apresentando o acusado recurso em sentido estrito contra a decisão de pronúncia, não pode haver reforma em seu prejuízo. Ilustrando, se houve pronúncia por homicídio simples, recorrendo apenas o réu, é vedado ao tribunal reconhecer o homicídio qualificado.

Tal medida não significa a possibilidade de corrigir meros erros materiais, o que, aliás, poderia o próprio magistrado de primeiro grau fazer.

9.2.2.5 Decisão que envolve a liberdade do acusado

Trata-se de decisão interlocutória, pois diz respeito a uma questão incidental ao processo, concernente à possibilidade de o réu aguardar a decisão do feito em liberdade.

Pode o juiz decidir acerca da fiança, concedendo-a, negando-a, arbitrando valor muito baixo ou excessivo, cassando-a ou mesmo julgando-a não idônea. Nessa parte, a lei prevê tanto situação favorável ao réu quanto desfavorável. Assim, concedida a fiança ou fixado um valor muito baixo, pode o Ministério Público recorrer. Negada, cassada ou considerada inidônea, cabe ao acusado apresentar seu inconformismo.

É sempre possível que, havendo uma decisão desfavorável ao réu, possa este impetrar *habeas corpus*, pois se está diante de norma que envolve a liberdade de locomoção. Ainda assim, prevê a lei (art. 581, V, CPP) a possibilidade de utilização do recurso em sentido estrito.

Tratando-se de prisão preventiva, pode o juiz indeferir o pedido formulado pelo promotor, não acolher a representação feita pelo delegado ou revogar a prisão já decretada, propiciando recurso em sentido estrito por parte do Ministério Público.

Não se cuida, no art. 581 do CPP, das situações envolvendo a decretação da preventiva ou o indeferimento de sua revogação, o que provoca, como alternativa única para o interessado, a impetração de *habeas corpus*. Aliás, no caso de negativa de fiança, cassação ou consideração de sua inidoneidade, como regra, o réu vale-se da referida ação constitucional, que é muito mais célere.

Por outro lado, quando o juiz conceder liberdade provisória, pode o Ministério Público recorrer, mas não cabe recurso em sentido estrito para o réu, que tem o seu pedido de liberdade provisória negado. Deve valer-se do *habeas corpus*.

Finalmente, quando a prisão, por ser ilegal, mereça ser relaxada, caso o juiz o faça, proporciona ao Ministério Público a interposição de recurso em sentido estrito. Quando houver negativa ao relaxamento, somente por *habeas corpus* o interessado pode questionar a decisão.

Especialmente quando se lida com o direito à liberdade, discute-se a possibilidade de impetrar mandado de segurança para dar efeito ao recurso em sentido estrito, que, como regra, não o possui. Na verdade, a parte interessada no referido efeito suspensivo é o Ministério Público, para impedir que réus, considerados perigosos, sejam colocados em liberdade, antes que o recurso em sentido estrito interposto, seja julgado.

Excepcionalmente, os tribunais têm acolhido o mandado de segurança com tal finalidade, buscando evitar que acusados, com elevado potencial de causar outros danos à sociedade, sejam postos em liberdade.

Entretanto, não nos parece deva o tribunal conceder a ordem para dar efeito suspensivo ao recurso em sentido estrito, pois este não o possui; logo, não se trata de garantir direito líquido e certo. Mas, pode-se conceder a segurança para evitar a soltura, uma vez que a decisão do magistrado poderia afrontar diretamente qualquer disposição legal. Tornar-se-ia, então, justificável considerar direito líquido e certo da sociedade, representada pelo Ministério Público, a manutenção da prisão. O mandado de segurança, ao contrário do *habeas corpus*, pode ser usado tanto pelo indivíduo, quanto pelo Ministério Público, uma vez que se destina à proteção de qualquer direito líquido e certo e não exclusivamente ao direito de ir e vir.

O assistente de acusação não tem legitimidade para apresentar recurso em sentido estrito contra decisão judicial determinativa da soltura do réu. A impossibilidade tem fulcro no art. 271 do Código de Processo Penal, que não a prevê. Além disso, trata-se de interesse da sociedade – e não do ofendido – manter o acusado no cárcere, provisoriamente, ou permitir que aguarde seu julgamento definitivo em liberdade.

O querelante (é o ofendido atuando no polo ativo), assumindo a posição de parte principal na demanda, pode apresentar recurso em sentido estrito quanto às decisões concessivas de liberdade ao réu.

9.2.2.6 *Absolvição sumária*

Cuida-se de autêntica sentença terminativa, com julgamento de mérito. Seus fundamentos passam a ser os seguintes: a) está provada a inexistência do fato; b) está provado não ter sido o réu o autor ou partícipe do fato; c) está demonstrado que o fato não constitui infração penal; d) está provado que há causa de exclusão da ilicitude ou da culpabilidade (art. 415, I a IV, CPP).

Deve ser submetida à apelação, não mais cabendo, em nosso entendimento, o denominado *recurso de ofício*, ou seja, o juiz determina a remessa dos autos ao tribunal para a reavaliação da decisão.

Ressalte-se que, havendo crime conexo, não é da competência do juiz, nessa fase processual, apreciá-lo. Caso o tribunal dê provimento à apelação, reformando a decisão de absolvição sumária e pronunciando o acusado, tornarão os autos à origem para que o juiz encaminhe o feito ao Tribunal do Júri, onde será, então, apreciado o delito conexo. Se negar provimento ao recurso, os autos retornarão para que sejam remetidos ao juiz singular competente para julgar o mérito da infração penal conexa.

9.2.2.7 *Quebramento e perda da fiança*

São situações desfavoráveis ao réu, que o autorizam a ingressar com o recurso em sentido estrito (art. 581, VII, CPP). Entretanto, quando houver o quebramento, implicando na obrigação de se recolher à prisão, pode dar ensejo à impetração de *habeas corpus*. Caso o juiz negue o quebramento ou a perda, o Ministério Público somente pode insurgir-se contra a decisão em preliminar de futura apelação, se houver.

9.2.2.8 *Extinção da punibilidade*

Contra essa decisão, que, na essência, é terminativa e de mérito, pois considera afastada a pretensão punitiva do Estado, deveria caber apelação. No entanto, prevê-se o recurso em sentido estrito (art. 581, VIII, CPP).

A redação do inciso VIII em questão é incorreta. Menciona-se a decisão que decretar a prescrição *ou* julgar extinta a punibilidade, por outra causa, sendo certo que a prescrição não deixa de ser uma das causas de extinção da punibilidade. Logo, há nítida redundância.

Se o magistrado decreta extinta a punibilidade, com base na prescrição, pode o réu insurgir-se, apresentando recurso em sentido estrito, para que o mérito em sentido estrito (se culpado ou inocente) seja avaliado. Assim também é o entendimento de Ada, Magalhães e Scarance: "para o processo penal, o mérito propriamente dito jamais terá sido examinado em profundidade e, afastada a causa de extinção da punibilidade pelo tribunal, o processo deverá voltar ao primeiro grau para o julgamento do mérito da pretensão punitiva" (*Recursos no processo penal*, p. 54).

O assistente de acusação, habilitado ou não, pode apresentar recurso em sentido estrito (art. 584, § 1.º, CPP).

9.2.2.9 *Indeferimento da decretação da extinção da punibilidade*

Cabe recurso em sentido estrito (art. 581, IX, CPP). É a contraposição da hipótese anterior, que autoriza o recurso em sentido estrito contra a decisão que julga extinta a punibilidade. No caso deste inciso (indeferimento da extinção da punibilidade), cremos correta a consideração da decisão como interlocutória, pois o processo prossegue normalmente. Bastaria, no entanto, ter feito menção ao indeferimento de causa extintiva da punibilidade, deixando de lado a prescrição, que já está inserida no contexto dos motivos de extinção da punibilidade do réu.

9.2.2.10 Decisão concessiva ou denegatória de habeas corpus

A decisão proferida em *habeas corpus*, uma das modalidades de ação constitucional, é terminativa e julga o mérito da pretensão do impetrante. Deveria, portanto, ser objeto de impugnação por apelação. Entretanto, a lei prevê o recurso em sentido estrito (art. 581, X, CPP).

Não é demais lembrar que, na hipótese de decisão concessiva do *habeas corpus*, cabe o denominado recurso de ofício, obrigando o reexame da decisão por instância superior, conforme art. 574, I, CPP.

9.2.2.11 Decisão anulatória do processo

Cuida-se de típica decisão interlocutória simples, uma vez que cabe o reinício da instrução a partir do ponto anulado pelo juiz. A parte que se sentir prejudicada pela decisão deve interpor recurso em sentido estrito (art. 581, XIII, CPP).

Vale ressaltar, no entanto, que, dificilmente, o recurso será julgado antes da reprodução dos atos processuais, perdendo o sentido prático a sua interposição. Negando o magistrado a anulação do processo, requerida por qualquer das partes, não cabe recurso. Em casos teratológicos, deve-se impugnar o decidido por meio do *habeas corpus,* ao menos quando o prejuízo tiver reflexos nos interesses do réu. Não sendo o caso, em preliminar de futura apelação, pode-se retornar ao tema para apreciação do tribunal.

9.2.2.12 Inclusão ou exclusão de jurado na lista

Tendo em vista a imparcial formação da lista de jurados, o procedimento deve ser de conhecimento geral, publicando-se o resultado final na imprensa e afixando-se no fórum.

Logo, é possível que qualquer pessoa questione a idoneidade de um jurado, incluído na lista (ver art. 439, CPP). Nesse caso, pode o juiz, acolhendo petição da parte interessada, excluí-lo da lista, o que dá margem ao inconformismo daquele que foi extirpado.

Por outro lado, a inclusão de alguém, impugnada e mantida pelo magistrado, também dá lugar à interposição de recurso em sentido estrito (art. 581, XIV, CPP).

Esse recurso, em caráter excepcional, é julgado pelo Presidente do Tribunal de Justiça.

O prazo para a interposição é de vinte dias, contado da data da publicação da lista definitiva dos jurados (art. 586, parágrafo único, CPP).

9.2.2.13 Indeferimento do processamento de apelação ou decretação de deserção

A decisão possui caráter interlocutório, passível de impugnação por via do recurso em sentido estrito (art. 581, XV, CPP).

Por outro lado, se o juiz receber, indevidamente, o recurso de apelação (apresentada fora do prazo, por exemplo), cabe à parte contrária levantar, em preliminar, das contrarrazões, a impossibilidade de conhecimento, mas não se interpõe recurso à parte.

Cabe recurso em sentido estrito, por interpretação extensiva do disposto no inciso XV (denegar ou julgar deserta a apelação), em relação à decisão que julga prejudicada a apelação, por qualquer falha em seu processamento.

Pode ingressar com recurso em sentido estrito o assistente de acusação, desde que tenha sido indeferido o seguimento da sua apelação. A hipótese não tem expressa menção no art. 584, § 1.º, nem no art. 598 do CPP, mas é consequência natural do seu direito de apelar. Sendo denegado, é preciso que a lei lhe garanta o socorro devido.

9.2.2.14 Suspensão do feito em virtude de questão prejudicial

Decidindo o juiz, em relação a questão prejudicial (arts. 92 e 93, CPP), dever ser ela apreciada no juízo cível, por constituir matéria importante para o deslinde da causa criminal, determinará a suspensão do trâmite do processo criminal.

Essa decisão implica quase sempre prejuízo, direto ou indireto, para alguma das partes, interessada no rápido desfecho do processo, por variadas razões (ex.: testemunhas que se esquecem do que viram ou ouviram, provas periciais que podem ficar prejudicadas etc.). Assim, a decisão pode ser impugnada pela via do recurso em sentido estrito (art. 581, XVI, CPP).

A suspensão do processo é faculdade do juiz. Entretanto, nas situações relativas ao estado das pessoas (art. 92, CPP), *deve* o magistrado determinar a suspensão, sob pena de gerar nulidade insanável. Nas outras hipóteses (art. 93, CPP), embora seja recomendável, não é obrigatória a paralisação do feito. Em suma, somente cabe recurso em sentido estrito se houver a suspensão.

9.2.2.15 Julgamento do incidente de falsidade

Cuida-se, de fato, de decisão interlocutória, que verifica ser ou não falso determinado documento – material ou ideologicamente –, produzindo como efeito a manutenção do referido documento nos autos, caso o incidente seja improcedente, ou o seu desentranhamento, não mais sendo utilizado como prova, quando o incidente for procedente.

Logicamente, a despeito da impugnação da decisão ser feita por recurso em sentido estrito, a qualquer momento, pode a questão ser reapreciada, dando-se ao documento o seu devido valor, caso ele ainda esteja entranhado nos autos.

Assim sendo, somente na sentença é que o magistrado irá, realmente, verificar a validade do documento para a apuração da verdade real, sendo natural que torne a tratar do tema.

9.2.3 Subida dos autos

O recurso em sentido estrito, tendo por objeto decisão interlocutória, que não coloca fim ao processo, como regra, deve ser decidido à parte, isto é, sem a paralisação do processo principal, o que ocorreria se os autos deste último subissem ao Tribunal.

Para garantir o prosseguimento do feito, deve-se formar um instrumento, exceto nos casos enumerados no art. 583 do CPP. São eles: a) recurso de ofício, como ocorre na concessão de *habeas corpus* (art. 583, I); b) não recebimento da denúncia ou queixa (art. 583, II); c) procedência das exceções, salvo a de suspeição (art. 583, II); d) pronúncia (art. 583, II). Neste último caso, é incompreensível que o recurso contra a pronúncia suba nos próprios autos, o que prejudica o prosseguimento da instrução, ao mesmo tempo em que o art. 584, § 2.º, preceitua que "o recurso da pronúncia suspenderá tão somente o julgamento". Ora, não se pode instruir o feito, deixando-o pronto para o plenário sem os autos principais; e) decretação da extinção da punibilidade (art. 583, II); f) julgamento de *habeas corpus* (art. 583, II); g) não havendo prejuízo para o prosseguimento da instrução (art. 583, III).

A maioria das situações descritas – extraída a hipótese da pronúncia – provoca a paralisação do andamento do processo principal, motivo pelo qual não há empecilho para o recurso em sentido estrito ser processado nos autos, sem a formação do instrumento. Exemplo de recurso que não prejudica o andamento do processo é o interposto contra decisão que indefere o seguimento da apelação. Já que o recurso em sentido estrito tem efeito suspensivo (art. 584), não existe razão para se formar um instrumento à parte.

A pluralidade de réus, em caso de pronúncia, pode levar à hipótese de que alguns não recorram, transitando em julgado a decisão. Vale, para eles, o encaminhamento do caso à apreciação do Tribunal Popular. Para aquele que recorrer, impõe-se a formação de um traslado, isto é, autos apartados, a fim de que suba o recurso, sem prejuízo do andamento do processo principal.

Por outro lado, estipula o art. 583, parágrafo único, do CPP, que a falta de intimação de um deles faz com que o recurso interposto por outro provoque a formação do mencionado traslado. Subindo por instrumento, significa que os autos principais não seguirão ao Tribunal *ad quem*, pois isso prejudicaria o andamento da instrução e o julgamento do mérito da causa. Tratando-se de decisão interlocutória, objeto da impugnação, é natural que sejam formados autos à parte – instrumento –, remetidos à Instância Superior.

Para tanto, a parte interessada precisa indicar as peças que pretende sejam encartadas nos autos do recurso em sentido estrito (art. 587, *caput*, CPP). O mesmo procedimento pode ser adotado pelo recorrido que, ao se manifestar (art. 588, CPP), também pode indicar peças para compor o instrumento.

As peças obrigatórias são as indispensáveis para que o tribunal possa averiguar os requisitos de admissibilidade do recurso, tais como a tempestividade, o interesse, a adequação e a legitimidade. São elas: a decisão recorrida, a certidão da sua intimação, se por outra forma não for possível checar a oportunidade do recurso, e o termo de interposição (art. 587, parágrafo único, CPP).

9.2.4 Efeito do recurso em sentido estrito

Como regra, é somente devolutivo. Porém, pode ser suspensivo, nas seguintes hipóteses: a) perda da fiança; b) denegação ou julgamento de deserção da apelação.

Quanto à decisão que julgar quebrada a fiança, determina a lei que ela suspenda somente o efeito de perda da metade do seu valor (art. 584, § 3.º, CPP). Porém, sendo concreta a possibilidade de prisão, em virtude do afastamento da fiança, cabe *habeas corpus* para combater a decisão proferida.

9.2.5 Recurso da pronúncia e prisão

Preceitua o art. 585 do CPP que "o réu não poderá recorrer da pronúncia senão depois de preso, salvo se prestar fiança, nos casos em que a lei admitir".

Vale destacar, em primeiro plano, não ser mais automática a prisão por pronúncia. Submete-se ao disposto pelo art. 413, § 3.º, do CPP, indicando o respeito aos requisitos da prisão preventiva.

Assim, o juiz, verificando que o réu é primário e não possui antecedentes, somente pode conduzi-lo ao cárcere, por força de pronúncia, caso haja extrema necessidade, como ocorre, repita-se, quando presentes os requisitos da prisão preventiva (art. 312, CPP).

Por outro lado, sendo reincidente ou registrando maus antecedentes, o caminho para o juiz pode ser a decretação da prisão pela pronúncia, por garantia da ordem pública, salvo se as circunstâncias concretas indicarem de modo contrário. Exemplo disso seria a acusação de um crime de aborto, cuja pena mínima pode girar em torno de um ano de reclusão. Ainda que o réu seja reincidente, podendo o juiz fixar-lhe o cumprimento inicial no regime fechado, o júri pode levar mais de um ano para realizar-se, o que, pela aplicação da detração, faria com que o réu cumprisse a pena integralmente, antes mesmo de ser levado a julgamento, constituindo flagrante injustiça.

Debate-se, atualmente, na jurisprudência, se o recolhimento obrigatório ao cárcere, para ter o recurso apreciado, não seria ofensivo ao princípio da presunção de inocência e, também, à ampla defesa, com os recursos a ela inerentes. As decisões proferidas têm sido conflitantes. Recentemente, entretanto, o Superior Tribunal de Justiça editou a Súmula 347, posicionando--se pelo não impedimento em relação ao conhecimento do recurso, mesmo havendo a fuga ("O conhecimento de recurso de apelação do réu independe de sua prisão").

9.2.6 Processamento

O prazo para a interposição do recurso em sentido estrito é de cinco dias, como já exposto. Oferece-se a petição de interposição, sem necessidade de apresentar, conjuntamente, as razões.

Dentro de dois dias, a contar da intimação da parte recorrente, devem ser apresentadas as razões. Após, por igual prazo, abre-se vista à parte contrária para o oferecimento das contrarrazões.

A redação do art. 588, *caput*, do CPP, dá a entender que o prazo de dois dias corre da data da interposição do recurso, sem qualquer intimação, o que não corresponde à realidade, aplicando-se a regra geral do art. 798, § 5.º, *a*, do CPP. Justifica-se esse entendimento, pois o recorrente, ao apresentar seu recurso, deve aguardar o recebimento pelo juiz e seu regular processamento, para, então, poder apresentar suas razões. Normalmente, forma-se, antes, o instrumento, para que a vista seja aberta.

A intimação do réu, quando for o recorrido, se dará, pessoalmente, ao seu defensor público ou dativo, bem como pela imprensa, cuidando-se de constituído.

Após o decurso do prazo para a apresentação das contrarrazões, ainda que esta peça não seja oferecida, o recurso segue ao juiz, que terá o prazo de dois dias para manter ou reformar a decisão, determinando a inclusão das peças que entender necessárias (art. 589, *caput*, CPP).

Reformando a decisão, a parte contrária, por simples petição, poderá recorrer, se couber, não mais podendo o magistrado alterá-la (art. 589, parágrafo único, CPP). Sem outros arrazoados, determina-se a subida do instrumento.

Lembremos que pode não caber recurso da parte contrária, que foi prejudicada pelo novo entendimento adotado. Exemplificando, quando o juiz reconhece uma exceção de ilegitimidade de parte cabe recurso. Se houver retratação, não caberá recurso, de modo que a outra parte deve conformar-se ou reiterar a questão em preliminar de apelação.

Se o juiz indeferir o processamento do recurso em sentido estrito, cabe a interposição de carta testemunhável.

9.2.6.1 As contrarrazões no caso de rejeição da denúncia ou queixa

Quando o magistrado rejeita a denúncia ou queixa possibilita ao órgão acusatório a interposição de recurso em sentido estrito (art. 581, I).

Não se considera, ainda, *ajuizada* a ação penal, motivo pelo qual o eventual acusado não foi chamado a integrar a relação processual. Seria desnecessário, em tese, colher sua resposta ao recurso, pois nem faz parte do processo. Ocorre que, em homenagem à ampla defesa, sempre se possibilitou que tal situação fosse viabilizada. Antes da modificação havida no processo civil pela Lei 8.952/1994, alterando a redação do art. 296, que previa a intimação do réu para apresentar contrarrazões ao recurso da parte contra o indeferimento da inicial (atualmente, não há mais necessidade de se intimar a parte contrária para contra-arrazoar), usava-se o referido art. 296 como referência, e por analogia, para fazer o mesmo em processo penal.

Posteriormente, no entanto, surgiu o mesmo efeito na Lei 9.099/1995 (art. 82, § 2.º, embora cuidando de apelação), mantendo-se intacta a posição de intimar, no processo comum, o eventual acusado para se manifestar quanto ao recurso em sentido estrito oposto contra a decisão de rejeição da denúncia ou queixa.

Editou o Supremo Tribunal Federal a Súmula 707, nos seguintes termos: "Constitui nulidade a falta de intimação do denunciado para oferecer contrarrazões ao recurso interposto da rejeição da denúncia, não a suprindo a nomeação de defensor dativo".

Vale ressaltar que a mesma regra ocorre no tocante à queixa-crime. Quanto à nulidade, segundo nos parece, é relativa, dependente, pois, da mostra de prejuízo. Pode ocorrer, por exemplo, de, não havendo a intimação, o Tribunal confirmar a rejeição. Logo, não se fala em nulidade, pois nenhum mal adveio ao denunciado.

9.3 Correição parcial

9.3.1 Conceito e processamento

Trata-se de recurso, colocado à disposição das partes, para o fim de corrigir erros de procedimento adotados pelo juiz de primeira instância, na condução do processo, quando provocarem a inversão tumultuária dos atos e fórmulas legais.

É um recurso de natureza residual, somente sendo cabível utilizá-lo se não houver outro recurso especificamente previsto em lei (art. 6.º, I, Lei 5.010/1966).

Há quem sustente o seu caráter puramente administrativo ou disciplinar, abstraindo-se o lado jurisdicional. Em nossa visão, entretanto, correta é a postura adotada pela Justiça Estadual de São Paulo, fazendo com que a correição parcial seja julgada, normalmente, pelas câmaras criminais. Não há participação do Conselho Superior da Magistratura ou outro órgão disciplinar similar. Parece-nos que, se fosse uma reclamação administrativa, poderia ser apresentada diretamente na Corregedoria-Geral da Justiça, para que fosse devidamente instruída (como se faz com qualquer representação contra magistrado), oferecendo o Corregedor-Geral da Justiça o seu relatório e voto junto ao Conselho Superior, do qual é membro. Não é o ideal, pois a Corregedoria tem função eminentemente administrativa e fiscalizadora, não lhe competindo proferir decisões jurisdicionais, que possuam reflexos no processo.

Entretanto, ressalvamos que, na Justiça Federal, há entendimento diverso. O Regimento Interno do Conselho da Justiça Federal da 3.ª Região, por exemplo, no art. 1.º, explicita que "o Conselho da Justiça Federal da 3.ª Região é o órgão do Tribunal Regional Federal incumbido de presidir, nos territórios dos Estados de São Paulo e Mato Grosso do Sul, a *administração* da Justiça Federal de Primeira Instância" (grifamos). No art. 4.º, I, prevê ser da sua competência "decidir correição parcial, requerida pela parte ou pela Procuradoria da República, no prazo de cinco dias, contra ato ou despacho de juiz de que não caiba recurso, ou omissão que importe erro de ofício ou abuso de poder (Lei 5.010/66, art. 6.º, *caput*, I)". Mais adiante (art. 8.º, *caput*, III), o Regimento estipula ser da competência do Corregedor-Geral da Justiça Federal "relatar os processos de correição parcial (RI, art. 23, I), bem como os de representação e justificação da conduta de Magistrados".[1]

Reiteramos, no entanto, que a função administrativa de qualquer Conselho Superior não poderia ampliar-se para abranger atos e decisões proferidas pelo magistrado no processo, de caráter nitidamente jurisdicional. Uma coisa é investigar e punir o juiz que comete abusos; outra, diversa, é consertar equívocos cometidos no trâmite processual. Esta última deveria sempre ser analisada por câmaras ou turmas comuns do Tribunal, mas não por órgão disciplinar.

A correição parcial encontra respaldo na Lei 5.010/1966 (art. 6.º, I), que regula a Justiça Federal de primeira instância.

O processamento da correição deveria obedecer ao rito previsto para o agravo, conforme estabelecido no Código de Processo Civil. A justificativa baseia-se no fato de a previsão feita para a existência da correição parcial contar com singela menção na Lei 5.010/1966, sem qualquer especificação de rito a seguir. Dessa maneira, cabe ao Estado, autorizado pela Constituição Federal (art. 24, XI), legislar concorrentemente sobre procedimento em matéria processual. Ora, criado o recurso por lei federal, mas não disciplinado o seu processamento, coube à lei estadual fazê-lo. No Estado de São Paulo, ilustrando, o art. 94 do Dec.-lei Complementar 3/1969 é explícito: "Observar-se-á, no processo de correição parcial, o rito do agravo de instrumento, ouvido o Ministério Público". Saliente-se que, a essa época, já existia o Código de Processo Penal, com a previsão do recurso em sentido estrito, razão pela qual a intenção da lei foi estabelecer o rito do agravo cível, sem qualquer ligação com o recurso similar do processo penal.

Atualmente, no entanto, modificado que foi o rito do agravo no Código de Processo Civil 1973 (mantido pelo CPC de 2015), deveria a correição parcial obedecer ao mesmo trâmite, dirigindo-se a petição diretamente ao tribunal competente e podendo ser pedido ao relator o efeito suspensivo ativo à correição. Requisitar-se-ia informação ao juiz da causa, intimando-se a parte contrária para responder ao recurso, ouvindo-se o Ministério Público. Seria possível a retratação do magistrado e o relator, também, estaria autorizado a indeferir a correição liminarmente.

Reconhecemos, no entanto, ter prevalecido o entendimento de que a correição parcial segue o rito do recurso em sentido estrito. Dentre os vários argumentos utilizados, estão os seguintes: a) há maior facilidade para o réu fazer valer a autodefesa, ingressando com a correição parcial diretamente ao juiz, que, naturalmente, o acusado já conhece, pois foi citado e interrogado. Haveria maior dificuldade de acesso ao tribunal; b) essa mesma facilidade seria estendida à defesa técnica, mormente do interior dos Estados, que ingressaria com o recurso na própria Comarca, sem necessidade de se dirigir à Capital, onde se encontra o tribunal; c) poderia haver uma sobrecarga de recursos no tribunal, na área criminal, já assoberbado pelo

1. Assim, também, em Minas Gerais: "No procedimento relativo aos processos de competência do Tribunal do Júri, o momento oportuno para apresentação do rol de testemunhas é a defesa prévia do acusado, a ser apresentada no prazo de 10 (dez) dias após a citação. Inteligência do art. 406, § 3.º, do Código de Processo Penal. Apresentada a defesa prévia fora do prazo assinalado, forçoso o reconhecimento da preclusão temporal na apresentação do rol de testemunhas, não havendo que se falar em erro de procedimento, pois que decorre da aplicação de norma processual. Ausente previsão legal de aditamento do rol de testemunhas, apresentado fora do prazo assinalado, também não há que se falar em erro de procedimento no reconhecimento da preclusão consumativa" (Correição Parcial 1.0000.19.096813-1/000, Conselho da Magistratura, rel. Estevão Lucchesi, 03.02.2020, v.u.).

número expressivo de *habeas corpus*; d) o recurso em sentido estrito, na essência, é a figura correlata, em processo penal, ao agravo de instrumento, em processo civil. Logo, é natural que a correição parcial siga o rito do recurso em sentido estrito.

9.3.2 Cabimento

No procedimento do júri, a correição parcial deve ser utilizada sempre que houver a inversão tumultuária do processo, inexistindo outro recurso para questionar a decisão judicial.

Tribunal de Justiça do Rio Grande do Sul

- "Evidenciado o interesse do Ministério Público e justificada a finalidade da manutenção de documentos, incluindo os atinentes às informações do Juizado da Infância e Juventude (ainda que eventual prática ato infracional não possa caracterizar reincidência, tampouco ensejar a consideração negativa do vetor atinente aos antecedentes, pode contribuir para aferição de circunstâncias outras relativas à aplicação da pena, bem assim fornecer subsídios para demonstração, perante o Tribunal do Júri, da viabilidade de, diante de condutas observadas preteritamente, ser capaz o acusado de ter praticado aquela que o levou a julgamento) juntados aos autos, não subsiste decisão que determinou o desentranhamento dos documentos, porquanto, desde que não se mostrem ilícitos, podem esses ser juntados aos autos. Correição deferida" (Correição Parcial Criminal 70083785352, 1.ª Câmara Criminal, rel. Honório Gonçalves da Silva Neto, 26.03.2020, v.u.).

Tribunal de Justiça de São Paulo

- "Correição parcial. Homicídio qualificado tentado. Indeferimento de pedido de instauração de incidente de insanidade mental formulado pela defesa. Documentos que comprovam que o corrigente é portador de epilepsia, associada a quadro depressivo, e que já foi submetido a intervenção urgência. Necessidade de instauração do incidente. Diligência que não causará atraso à marcha processual, pois o corrigente está em liberdade e o julgamento pelo Tribunal do Júri marcado para 05.11.2020. Correição deferida" (Correição Parcial Criminal 2098383-18.2019.8.26.0000, 5.ª C., Tristão Ribeiro, 05.09.2019, v.u.).

9.4 Reclamação

9.4.1 Conceito e processamento

É o recurso, posto à disposição das partes, para combater decisões que deixem de cumprir os julgados dos tribunais, ofendendo a sua autoridade ou usurpando-lhe a competência. Encontra-se previsto, expressamente, no art. 988 do CPC: "caberá reclamação da parte interessada ou do Ministério Público para: I – preservar a competência do tribunal; II – garantir a autoridade das decisões do tribunal; III – garantir a observância de enunciado de súmula vinculante e de decisão do Supremo Tribunal Federal em controle concentrado de constitucionalidade; IV – garantir a observância de acórdão proferido em julgamento de incidente de resolução de demandas repetitivas ou de incidente de assunção de competência; § 1.º A reclamação pode ser proposta perante qualquer tribunal, e seu julgamento compete ao órgão jurisdicional cuja competência se busca preservar ou cuja autoridade se pretenda garantir. § 2.º A reclamação deverá ser instruída com prova documental e dirigida ao presidente do tribunal. § 3.º Assim que recebida, a reclamação será autuada e distribuída ao relator do processo principal, sempre que possível. § 4.º As hipóteses dos incisos III e IV compreendem a aplicação indevida da tese jurídica e sua não aplicação aos casos que a ela correspondam. § 5.º É inadmissível a reclamação: I – proposta após o trânsito em julgado da decisão reclamada; II – proposta para garantir a observância de acórdão de recurso extraordinário com repercussão geral reconhecida ou de acórdão proferido em julgamento de recursos extraordinário ou especial repetitivos, quando não esgotadas as instâncias ordinárias. § 6.º A inadmissibilidade ou o julgamento do recurso interposto contra a decisão proferida pelo órgão reclamado não prejudica a reclamação".

Os Regimentos Internos dos Tribunais também a preveem e disciplinam a sua utilização. Embora tenha forte conotação disciplinar, assim como a correição parcial, pois medidas administrativas podem ser tomadas contra o magistrado, após o seu julgamento, é um autêntico recurso. Afinal, nem sempre está a Corte obrigada a oficiar ao órgão competente para solicitar a punição do magistrado. Por vezes, o equívoco não representa intenção de desatender o julgado superior, sendo inútil tomar providências disciplinares. Além disso, as representações contra juízes não comportam pareceres das partes interessadas, uma vez que o interesse é da Administração e não da parte no processo.

Lembremos que, após a edição da Emenda 45/2004 (Reforma do Judiciário), instituindo a súmula vinculante (atualmente regulamentada pela Lei 11.417/2006), estipulou o art. 103-A, § 3.º, que, "do ato administrativo ou decisão judicial que contrariar a súmula aplicável ou que indevidamente a aplicar, caberá reclamação ao Supremo Tribunal Federal que, julgando-a procedente, anulará o ato administrativo ou cassará a decisão judicial reclamada, e determinará que outra seja proferida com ou sem a aplicação da súmula, conforme o caso".

Apresentado o pedido ao Presidente do Tribunal, será encaminhado, preferencialmente, ao relator da causa principal, que requisitará informações do juiz a quem foi imputada a prática do ato. Poderá o relator, caso necessário, suspender o curso do processo ou do ato. As informações devem seguir em dez dias. O Ministério Público, quando não for o autor do pedido, será sempre ouvido.

Se for julgada procedente a reclamação, a decisão do magistrado será cassada, determinando-se que se tome a medida correta para preservar a autoridade do seu julgado. Competente para apreciá-la é o Plenário do Tribunal (ou o Órgão Especial), sendo o relator aquele que participou do julgamento principal. Embora julgada pelo Pleno (ou Órgão Especial), trata-se de um recurso, com conotação disciplinar.

9.4.2 Cabimento

No cenário do júri, pode a parte valer-se da reclamação como em qualquer outro processo. Um exemplo disso seria o tribunal, concedendo ordem de *habeas corpus*, durante a fase de formação da culpa, determinar a soltura do réu, para que aguarde solto o deslinde da instrução. Entretanto, advindo a decisão de pronúncia, *sem nenhum fundamento ou prova nova*, o magistrado determina a prisão do acusado. Cabe reclamação, visto estar desatendendo a ordem proferida pelo tribunal no sentido de permitir ao réu permanecer em liberdade até a decisão final.

Superior Tribunal de Justiça

- "1. Reclamação ajuizada sob o fundamento de que a decisão proferida por esta Corte Superior no HC 313.376-SC foi descumprida pelo Juízo da Vara do Tribunal do Júri da Capital-SC. 2. Não se verifica contrariedade ao julgado proferido por esta Corte, na medida em que ficou evidenciado que a decisão apontada como reclamada procedeu à anulação das provas produzidas antecipadamente, com o respectivo desentranhamento dos autos, conforme determinação contida no HC 313.376-SC, de modo que, com a renovação dos elementos produzidos por antecipação após a citação do reclamante, o processo transcorreu sem máculas, não havendo falar em vício passível de nulidade. 3. Reclamação julgada improcedente" (Rcl 34.099/SC, 3.ª Seção, rel. Ribeiro Dantas, 13.09.2017, v.u.).

9.5 Apelação

9.5.1 Conceito

Trata-se de recurso contra decisões definitivas, que julgam extinto o processo, apreciando ou não o mérito, e devolvendo ao Tribunal amplo conhecimento da matéria. Essa seria, a nosso ver, a melhor maneira de conceituá-la, embora o Código de Processo Penal tenha preferido considerar *apelação* como o recurso contra as sentenças definitivas, de condenação ou absolvição, e contra as decisões definitivas ou com força de definitivas, não abrangidas pelo recurso em sentido estrito.

Cuida-se de um recurso de aplicação ambígua, justamente porque, conforme o caso, dá margem à confusão com o recurso em sentido estrito, permitindo-se a interposição de apelação até mesmo contra decisões interlocutórias.

O ideal seria reservar o termo *agravo* para as decisões interlocutórias, não terminativas, e a apelação para as decisões terminativas, com ou sem julgamento de mérito, como no processo civil.

O disposto nos arts. 581 e 593 demonstra a falta de uniformidade na previsão de uso dos dois recursos. Tanto o recurso em sentido estrito é usado para contrariar decisões extintivas do processo (ex.: extinção da punibilidade), como a apelação acaba sendo utilizada para impugnar decisões interlocutórias (ex.: homologatórias de laudo de insanidade mental ou que autorizam o levantamento do sequestro).

9.5.2 Cabimento

A apelação é cabível, no prazo de cinco dias, nas seguintes hipóteses, conforme prevê o art. 593 do Código de Processo Penal: a) das sentenças definitivas de condenação ou absolvição, proferidas por juiz singular (art. 593, I); b) das decisões definitivas, ou com força de definitivas, proferidas por juiz singular, nos casos não abrangidos por recurso em sentido estrito (art. 593, II); c) das decisões do Tribunal do Júri, quando: c.1) ocorrer nulidade posterior à pronúncia; c.2) for a sentença do juiz presidente contrária à lei expressa ou à decisão dos jurados; c.3) houver erro ou injustiça no tocante à aplicação da pena ou da medida de segurança; c.4) for a decisão dos jurados manifestamente contrária à prova dos autos (art. 593, III, *a* a *d*).

Interessa-nos, portanto, analisar, principalmente, o disposto no art. 593, III, do CPP, uma vez que são as situações ligadas, particularmente, ao júri.

Por outro lado, a Lei 11.689/2008 trouxe inovações positivas nesse campo. Passou a ser passível de impugnação, por meio de apelação, as decisões de impronúncia e de absolvição sumária.

Quanto ao disposto no art. 593, III, do CPP, em primeiro lugar, convém destacar a legitimidade do Ministério Público para recorrer em favor do réu, pois ao promotor é garantida a independência funcional. Logo, é possível que ele firme convicção quanto à inocência do acusado ou mesmo no sentido de que a pena aplicada foi excessiva. Imagine-se a hipótese do membro do Ministério Público ter pedido a absolvição em plenário, mas o júri, em face da sua soberania, ter condenado o réu. Pode o promotor recorrer da decisão.

Se a ação for de natureza privada, o Ministério Público é parte ilegítima para recorrer da sentença absolutória. Cuida-se de consequência lógica da titularidade da ação penal ter sido conferida ao particular e não ao Estado. Naturalmente, pode apresentar recurso de apelação da decisão condenatória, que não aplicou corretamente a pena ou que, injustamente, sem provas suficientes, condenou o querelado.

No caso de ação penal privada subsidiária da pública, há legitimidade do Ministério Público. Nessa hipótese, há outro contexto, pois a titularidade da ação penal é do Estado e somente foi transferida ao ofendido, diante da inércia inicial do órgão acusatório. Assim, se o particular não desejar recorrer de decisão absolutória, nada impede que o promotor o faça, retomando o polo ativo, que originariamente é seu.

A apelação pode ser total (envolve todo o julgado) ou parcial (abrange somente uma parte dele), o que é expressamente permitido em lei (art. 599, CPP).

9.5.3 As decisões do Tribunal do Júri

Embora se possa argumentar que as decisões do Tribunal Popular poderiam estar inseridas no inciso I do art. 593 (sentenças definitivas de condenação ou absolvição), preferiu a norma processual penal excepcionar o caso do júri, justamente para fazer com que a apelação, nessas hipóteses, ficasse vinculada a uma motivação.

Não se apresenta apelação, no contexto do Tribunal do Júri, por qualquer razão ou inconformismo, mas somente nos casos enumerados nas alíneas do inciso III do art. 593. Garante-se o duplo grau de jurisdição, ao mesmo tempo em que se busca preservar a soberania dos vereditos.

Além disso, a parte somente pode deduzir em apelação matéria que foi objeto de debate em plenário do Tribunal do Júri. Não há cabimento em inovar no grau recursal, oferecendo tese não apreciada pelos jurados.

Quando a parte pretender recorrer, deve oferecer, logo na petição de interposição, qual o motivo que o leva a apelar, deixando expressa a alínea eleita do inciso III do art. 593 do Código de Processo Penal. Posteriormente, no momento de apresentação das razões, fica vinculado ao motivo declinado.

A única possibilidade de alterar o fundamento da apelação ou ampliar o seu inconformismo, abrangendo outras hipóteses do inciso III, é fazê-lo ainda no prazo para apresentar a apelação, oferecendo outra petição nesse sentido. Assim sendo, o Tribunal somente pode julgar nos limites da interposição.

Segundo nos parece, como já exposto, o limite da apelação deve obedecer a tempestividade do recurso, qual seja a petição ou termo de interposição. Por isso, o oferecimento das razões, que se subordina a prazo impróprio (não sujeito a sanção processual caso não respeitado), deve dar-se com base no termo anterior. Há quem sustente possa o apelante indicar exatamente o fundamento de seu recurso (qual alínea do inciso III) nas razões da apelação – e não na petição de interposição. Ver a jurisprudência abaixo citada.

Conferir: Súmula 713 do STF: "O efeito devolutivo da apelação contra decisões do júri é adstrito aos fundamentos da sua interposição".

Supremo Tribunal Federal

- "A apelação da decisão do Júri comporta especificidades, entre as quais a de que não é, por natureza, ampla, cabendo ao advogado, quando da interposição, o ônus de especificar os fundamentos. Assim, eventual ofensa ao princípio da soberania do veredicto do

Tribunal do Júri somente adviria de modo indireto, haja vista que o acolhimento da tese de ofensa à Constituição Federal suscitada desaguaria no exame do próprio cabimento da apelação, matéria disciplinada pela legislação ordinária" (RE 626.436 AgR-RR, 1.ª T., rel. Luiz Fux, 21.05.2013, v.u.).

Superior Tribunal de Justiça

- "O efeito devolutivo do recurso de apelação interposto contra decisão do Tribunal do Júri, por se tratar de recurso de fundamentação vinculada, é restrito aos fundamentos da sua interposição, previstos no inciso III do artigo 593 do Código de Processo Penal, de maneira que a apelação não devolve à instância superior o conhecimento pleno da matéria. Inteligência da Súmula n. 713/STF" (HC 224.642/PB, 6.ª T., rel. Rogerio Schietti Cruz, 22.10.2013, v.u.).
- "1. É consabido que a apelação interposta contra decisão proferida pelo Tribunal do Júri tem caráter restritivo, sendo inviável a atribuição de amplo efeito devolutivo próprio do recurso de apelação contra decisão proferida pelo juízo singular (art. 593, I, do CPP). 2. Configura mera irregularidade a falta de indicação dos dispositivos legais em que se apoia o termo da apelação interposta pela defesa contra decisão do Tribunal do Júri. Não há empecilho no conhecimento do recurso, desde que nas razões se encontrem os fundamentos que ensejaram o apelo e as pretensões da parte estejam perfeitamente delineadas (precedentes do STJ e do STF). 3. No caso, a defesa, no momento da interposição da apelação, conquanto não tenha indicado expressamente as alíneas, requereu a apresentação das razões com base no art. 600, § 4.º, do Código de Processo Penal e, após ser intimada, apresentou tempestivamente as razões, das quais fez constar expressamente os limites em que interposto o recurso. Daí por que não comporta a invocação da Súmula 713/STF como justificativa para não se conhecer, na origem, da apelação" (HC 149966/RS, 6.ª T., rel. Sebastião Reis Júnior, 18.10.2012, v.u.).

9.5.3.1 Nulidade posterior à pronúncia

O surgimento de nulidade posterior à decisão de pronúncia (se surgir em momento anterior, é natural que seja conhecida por ocasião do julgamento da admissibilidade da acusação, isto é, na própria decisão de pronúncia) deve ser questionado, em primeiro plano, no momento da abertura da sessão plenária. Se o juiz presidente considerar grave a falha, pode resolver o ponto controverso, adiando o julgamento e refazendo o ato processual viciado. Mantendo a sessão, cabe à parte levantar, em preliminar de apelação, considerando pertinente, a nulidade ocorrida.

O ideal, no entanto, quando a nulidade for absoluta, é o seu reconhecimento pelo juiz antes mesmo da instalação da sessão plenária, garantindo-se a formação do devido processo legal e evitando-se a realização do julgamento, que, no futuro, não irá subsistir em virtude do vício existente.

Outra situação possível é a arguição da nulidade, em fase posterior à pronúncia, mas rejeitada pelo juiz, dando, então, ensejo ao ingresso de *habeas corpus*, por parte do réu. Torna-se viável que o tribunal conceda a ordem, anulando o feito e determinando o refazimento dos atos processuais.

Destaque-se que a anulação da sentença absolutória, proferida em julgamento do Tribunal do Júri, não tem o condão de restaurar anterior prisão cautelar vigente antes da referida absolvição. Note-se que, em caso de absolvição, se houver prisão preventiva em vigor, deve o magistrado conceder, imediatamente, a liberdade do acusado, revogando-a. Por isso, havendo provimento à apelação do órgão acusatório, com anulação da absolvição, é fundamental haver nova apreciação da necessidade da prisão cautelar, a ser feito pelo juiz de primeiro grau. Não há retorno automático à situação anteriormente vigente.

Além disso, se houver provimento à apelação da defesa (ou mesmo da acusação), anulando-se a sentença condenatória, onde o juiz impediu o acusado de recorrer em liberdade, entendemos deva o Tribunal pronunciar-se acerca da continuidade ou não da prisão cautelar. Afinal, anulada a decisão, em alguns casos, pode-se configurar evidente e abusivo excesso de prazo para a conclusão do feito. Assim sendo, parece-nos cabível a anulação da condenação, com a imediata soltura do réu. Porém, deve-se avaliar o caso concreto, sem padronização do resultado.

9.5.3.2 Contrariedade da sentença do juiz presidente à lei ou à decisão dos jurados

Esta hipótese não cuida de nenhum tipo de afronta ao veredito dos jurados, não atentando contra a soberania popular. Trata-se de um erro do juiz togado, que pode ser corrigido diretamente pelo Tribunal.

Os eventuais equívocos na aplicação da pena são passíveis de reforma, sem necessidade de se proceder a novo julgamento. Ex.: o juiz deixa de aplicar a causa de diminuição de pena prevista no § 1.º do art. 121 do Código Penal, embora tenha o Conselho de Sentença reconhecido a ocorrência do domínio de violenta emoção, logo após injusta provocação da vítima. O Tribunal, nesse caso, aplica diretamente a diminuição.

9.5.3.3 Erro ou injustiça na aplicação da pena ou da medida de segurança

Trata-se de outra hipótese que diz respeito, exclusivamente, à atuação do juiz presidente, não importando em ofensa à soberania do veredito popular. Logo, o Tribunal pode corrigir a distorção diretamente.

A aplicação de penas em patamar muito acima do mínimo legal, quando se tratar de réu primário, sem antecedentes, ou excessivamente brandas para reincidentes, com maus antecedentes, por exemplo, sem ter havido fundamento razoável, podem ser alteradas pela Instância Superior.

O mesmo se diga da aplicação de medidas de segurança incompatíveis com a doença mental apresentada pelo réu.

Observe-se, no entanto, que a exclusão ou inclusão de qualificadoras, privilégios, causas de aumento ou diminuição da pena não podem ser empreendidas pelo Tribunal, uma vez que fazem parte da tipicidade derivada, integrante do crime doloso contra a vida, cuja competência para julgar pertence, com exclusividade, ao Tribunal do Júri.

Se houver decisão equivocada do Conselho de Sentença, reconhecendo, por exemplo, a presença de uma qualificadora manifestamente improcedente e dissociada das provas, é preciso determinar a realização de novo julgamento, o que se faz com base na alínea *d* do inciso III do art. 593 do CPP, e não com fundamento na alínea *c*, não cabendo ao tribunal *ad quem* simplesmente afastá-la, diminuindo a pena.

Nesse sentido:

Superior Tribunal de Justiça

- "1. Esta Corte Superior já firmou o entendimento de que não se pode admitir a desconstituição parcial da sentença proferida pelo Tribunal Popular quanto às qualificadoras ou às privilegiadoras, sob pena de ofensa ao princípio da soberania dos vereditos (art. 5.º,

XXXVIII, da Constituição Federal de 1988) e ao disposto no art. 593, § 3.º, do Código de Processo Penal, que determina a submissão do réu a novo julgamento quando a decisão dos jurados for manifestamente contrária à prova dos autos. 2. Na hipótese, uma vez que o Tribunal *a quo* reconheceu que a decisão dos jurados foi manifestamente contrária a prova dos autos, não caberia a reforma da sentença penal condenatória, mas sim a determinação de realização de novo júri, conforme dispõe a regra prevista no § 3.º do art. 593 do Código de Processo Penal. 3. Ordem concedida, para determinar a submissão do paciente a novo julgamento perante o Tribunal do Júri" (HC 344.183/RS, rel. Rogerio Schietti Cruz, Sexta Turma, j. 21.11.2017, *DJe* 28.11.2017).

- "1. O decote da qualificadora reconhecida pelo Conselho de Sentença, por ocasião do julgamento do recurso de apelação, viola o princípio da soberania dos veredictos (art. 5.º, XXXVIII, *c*, da CF), devendo o réu ser submetido a novo julgamento pelo Tribunal do Júri, relativamente à integralidade dos fatos, nos termos do art. 593, § 3.º, do CPP. (ut, AgRg no REsp 1262454/PR, Rel. Ministro Nefi Cordeiro, Sexta Turma, *DJe* 11.12.2015) (...)" (AgRg nos EDcl no AREsp 1086057/CE, rel. Reynaldo Soares da Fonseca, Quinta Turma, j. 03.10.2017, *DJe* 11.10.2017).

Situação totalmente diversa diz respeito ao modo de utilização das qualificadoras reconhecidas pelo Conselho de Sentença. O juiz presidente e o Tribunal podem considerá-las em fases diversas da aplicação da pena, livremente.

As agravantes e atenuantes, embora não pertençam à tipicidade derivada, constituindo meras circunstâncias genéricas para a elevação ou redução da pena, segundo nos parece, devem ser submetidas à apreciação do Conselho de Sentença. Em contrário pensam ADA, MAGALHÃES e SCARANCE, sustentando que as agravantes e atenuantes, por não constituírem elementos do delito, podem ser corrigidas diretamente pelo tribunal, com base no art. 593, III, *c* (*Recursos no processo penal*, p. 125). Atualmente, considerando-se a posição prevalente na jurisprudência de que as agravantes e atenuantes, *desde que alegadas pelas partes em plenário*, podem ser apreciadas diretamente pelo juiz presidente, por ocasião da sentença condenatória, por via de consequência, também podem ser afastadas pelo tribunal em grau recursal. Entretanto, se houver quesito específico sobre elas, submetido ao Conselho de Sentença, o juiz presidente precisa respeitar o resultado, em nome da soberania dos veredictos, assim como o tribunal em sede de recurso.

9.5.3.4 Decisão dos jurados manifestamente contrária à prova dos autos

A primeira questão a se levantar diz respeito à possível lesão ao princípio constitucional da soberania dos vereditos do Tribunal do Júri. Não há essa possibilidade, desde que o tribunal somente atue em casos excepcionais.

Nessa visão:

Supremo Tribunal Federal

- "A jurisprudência desta Corte é assente no sentido de que o princípio constitucional da soberania dos veredictos não é violado pela realização de novo julgamento do Júri, quando a decisão dos jurados for manifestamente contrária à prova dos autos. Precedentes" (HC 112.472/MG, 2.ª T., rel. Gilmar Mendes, 19.11.2013, v.u.).
- "A jurisprudência deste Supremo Tribunal é firme no sentido de que o princípio constitucional da soberania dos veredictos quando a decisão for manifestamente contrária à prova dos autos não é violado pela determinação de realização de novo julgamento pelo

Tribunal do Júri, pois a pretensão revisional das decisões do Tribunal do Júri convive com a regra da soberania dos veredictos populares. Precedentes" (HC 111207/ES, 2.ª T., rel. Cármen Lúcia, 04.12.2012, v.u.).

- "O princípio constitucional da soberania dos veredictos quando a decisão for manifestamente contrária à prova dos autos não é violado pela determinação de realização de novo julgamento pelo Tribunal do Júri. (Precedentes: HC 104.301/ES, rel. Min. Cármen Lúcia, 1.ª T., *DJe* 04.03.2011; HC 76.994/RJ, rel. Min. Maurício Corrêa, 2.ª T., *DJ* 26.06.1998; HC 102.004/ES, rel. Min. Cármen Lúcia, 1.ª T., *DJe* 08.02.2011; e HC 94.052/PR, rel. Min. Eros Grau, 2.ª T., *DJe* 14.08.2009). A fundamentação do acórdão com fulcro no art. 93, inc. IX, da Constituição Federal não implica o vício de excesso de linguagem. 3. A doutrina do tema assenta, *verbis*: '(...) a simples existência de apelação voltando ao questionamento da decisão dos jurados não constitui, por si só, ofensa ao princípio constitucional da soberania dos veredictos; ao contrário, harmonizam-se os princípios, consagrando-se na hipótese o duplo grau de jurisdição. Além do mais, a Constituição menciona haver soberania dos veredictos, não querendo dizer que exista um só. A isso, devemos acrescentar que os jurados, como seres humanos que são, podem errar e nada impede que o tribunal reveja a decisão, impondo a necessidade de se fazer um novo julgamento. Isto não significa que o juiz togado substituirá o jurado na tarefa de dar a última palavra quanto ao crime doloso contra a vida que lhe for apresentado para julgamento. Por isso, dando provimento ao recurso, por ter o júri decidido contra a prova dos autos, cabe ao Tribunal Popular proferir uma outra decisão. Esta, sim, torna-se soberana' (Nucci, Guilherme de Souza. *Manual de processo penal e execução penal*. 3. ed. Ed. RT, p. 833)" (HC 103805/SP, 1.ª T., rel. Luiz Fux, j. 05.04.2011, v.u.).

A apelação da sentença condenatória ou absolutória, proferida em plenário do Tribunal Popular, com fundamento na contrariedade à prova dos autos é a mais controversa e complexa das hipóteses previstas no art. 593, III, do CPP.

Em muitos casos, o tribunal, ao dar provimento ao apelo, embora não possa invadir o mérito e apenas determine a realização de novo julgamento pelo Tribunal do Júri (atuando outro Conselho de Sentença), está, na essência, revendo a decisão e valorando, sob seu ponto de vista, a prova existente. Tal medida é incabível e inconstitucional.

Não se trata de atribuição do tribunal togado reavaliar a prova e interpretá-la à luz de doutrina ou de jurisprudência majoritária. Cabe-lhe, unicamente, confrontar o veredito dos jurados com as provas colhidas e existentes nos autos, concluindo pela harmonia ou desarmonia entre ambas.

Por isso, ilustrando, o tribunal pode dar provimento à apelação, para submeter o réu a novo julgamento, desde que determinada qualificadora não encontre respaldo algum na prova dos autos. Ex.: a acusação afirmou que, por deter superioridade de armas, o réu tornou impossível a defesa da vítima. Ocorre que, analisada a prova, constata-se que acusado e ofendido tinham exatamente as mesmas armas, em quantidade e qualidade. Logo, inviável manter o julgamento popular, que merece revisão por outros jurados.

Porém, deve negar provimento ao apelo, caso a qualificadora, como fato, exista, embora o tribunal entenda não ser ela juridicamente aceitável. Utilizando o mesmo exemplo supramencionado, é possível que o réu detivesse arma de fogo e a vítima estivesse desarmada. Assim ocorrendo, os jurados afirmaram ter havido recurso que dificultou a defesa do ofendido. Ora, se, realmente, a situação fática era aquela (o réu tinha arma e a vítima não a possuía), a valoração da situação como qualificadora é da competência exclusiva do Conselho de Sentença. Logo, não deve haver invasão de mérito por parte do tribunal togado, determinando novo julgamento, a pretexto de estar a decisão popular em confronto com a jurisprudência da turma ou da câmara.

Em suma, não cabe a anulação do julgamento, quando os jurados optam por uma das correntes de interpretação da prova possíveis de surgir. Não se trata de decisão *manifestamente* contrária à prova, mas se situa no campo da interpretação da prova, o que é bem diferente. Consideramos que a cautela, na anulação das decisões do júri, deve ser redobrada, para não transformar o tribunal togado na real instância de julgamento dos crimes dolosos contra a vida. Conferir:

Superior Tribunal de Justiça

- "1. A Terceira Seção do Superior Tribunal de Justiça consolidou o entendimento de que não ofende a soberania dos veredictos a anulação de decisão do Tribunal do Júri que se mostre manifestamente contrária a prova dos autos, ainda que os jurados tenham respondido positivamente ao quesito genérico de absolvição formulado nos termos do art. 483, § 2.º, do CPP, quando existente tese adicional de inocência. Inteligência dos arts. 593, III, *d* e art. 483, III, ambos do CPP. Precedentes. 2. Agravo regimental improvido" (AgRg no HC 537.861/PE, 6.ª T., rel. Nefi Cordeiro, 17.12.2019, v.u.).

Outro registro relevante diz respeito à prisão cautelar em contraste com o provimento ao apelo para a realização de novo julgamento. Supondo-se ter sido o réu absolvido em primeira instância e colocado em liberdade, o acolhimento da apelação interposta pelo Ministério Público não pode restaurar, automaticamente, os efeitos de eventual prisão preventiva que fora decretada pelo juiz de 1.º grau, sem novos fundamentos.

No entanto, se o acusado foi condenado e está preso cautelarmente, o provimento ao apelo, para a realização de novo julgamento, pode mantê-lo em custódia provisória, uma vez que inalterados os motivos determinantes da prisão. Em hipótese excepcional, pode o tribunal rever a prisão, determinando a soltura do réu, em particular, se vislumbrar um equívoco tanto no veredito quanto na decretação da custódia preventiva.

Conforme dispõe o art. 593, § 3.º, do CPP, a apelação, com base na alínea *d* do inciso III (decisão manifestamente contrária à prova dos autos), somente é viável uma vez. Não fosse assim, haveria a prorrogação infindável dos julgamentos.

Ademais, se, na primeira apelação, considerou o tribunal que a decisão foi manifestamente contrária à prova dos autos, quando o júri condenou o réu sem prova suficiente, por exemplo, determinando novo julgamento, não tem o menor cabimento, quando o Conselho de Sentença, na segunda sessão, absolver o acusado, tornar a haver questionamento sobre o mesmo tema. Afinal, se foi contrária à prova a condenação, não pode também ser contrária à prova a absolvição. Seria interminável a possibilidade de renovação dos veredictos.

Por isso, o correto é permitir que uma única vez seja apresentada a apelação, com base nessa alínea, ainda que as teses se alterem nos dois julgamentos proferidos.

Superior Tribunal de Justiça

- "4. O art. 593, § 3.º, do CPP veda expressamente a interposição de segunda apelação, quando for decisão dos jurados manifestamente contrária à prova dos autos, na hipótese em que o julgamento anterior tiver sido anulado por idêntico fundamento" (AgRg no AREsp 1.137.431/CE, 6.ª T., rel. Nefi Cordeiro, 24.04.2018, v.u.).
- "Determinada a anulação do primeiro júri realizado, em sede de apelo defensivo, em virtude da decisão manifestamente contrária às provas dos autos, inviável novo apelo com base

na mesma questão, a teor do disposto no art. 593, § 3.º, do CPP. A *mens legis* do § 3.º do art. 593 do Estatuto Processual Repressivo consiste justamente em impossibilitar exames repetidos com fulcro em idêntica matéria, ferindo a garantia constitucional da primazia dos veredictos do Conselho de Sentença, que optou por uma das teses expostas, exercitando, assim, a sua soberania, nos termos do art. 5.º, inciso XXXVIII, alínea *c*, da Constituição da República" (HC 119594/RS, 6.ª T., rel. Maria Thereza de Assis Moura, j. 11.10.2011, v.u.).

9.5.3.4.1 Legitimidade recursal do Ministério Público

Conforme dispõe o art. 593, III, *d*, do Código de Processo Penal, justifica-se a interposição de apelação, por qualquer das partes, quando "for a decisão dos jurados manifestamente contrária à prova dos autos". Isso significa que tanto o Ministério Público quanto o defensor podem questionar o veredicto dos jurados, apontando que eles decidiram o caso em desconformidade à prova amealhada nos autos do processo. Portanto, se o júri condena e as provas apontam inexistência de fundamento para demonstrar a autoria, a defesa pode apelar. Se o júri absolve e as provas indicam não haver legítima defesa, como aventado pelo advogado, o MP pode apelar.

Em época recente, o STF indicou a possibilidade de não se legitimar o recurso da acusação, com fundamento nesse dispositivo (decisão contrária à prova dos autos), pois o júri pode absolver o acusado por *qualquer razão*, inclusive por fatores extrapenais, como a clemência. Então, absolvido, não caberia ao órgão acusatório questionar a motivação, porque há soberania dos veredictos, plenitude de defesa e sigilo das votações. Em suma, não se deve invadir essa seara, visto que o Conselho de Sentença faz o que bem quiser (ver julgado citado abaixo).

Por certo, a modificação legislativa ocorrida em 2008 criou o quesito aberto da defesa (art. 483, III, CPP), indagando apenas se o réu deve ser absolvido (nada mais), sem qualquer indicativo do fundamento. Se, anteriormente, sabia-se, com exatidão, qual foi a tese acolhida pelos jurados, na atualidade, não se saberia a razão para absolver o réu. Em face disso, o órgão acusatório não poderia recorrer, afirmando decisão manifestamente contrária à prova dos autos, tendo em vista a *abertura* permitida ao Conselho de Sentença, que pode absolver por qualquer fundamento.

Parece-nos que a amplitude do quesito de absolvição não deveria ser interpretada de maneira inflexível, impossibilitando a apelação do Ministério Público em qualquer hipótese. Eventualmente, a tese defensiva pode ser apenas a negativa de autoria e os jurados absolvem com base no quesito genérico, tendo afirmado a autoria. Inexistindo qualquer substrato processual, calcado em provas, para tanto, possibilita-se um novo julgamento. Até mesmo para se apurar se houve a viabilidade de *clemência* seria relevante existir lastro probatório sustentável. Sob tal prisma, como tese subsidiária, deveria sempre o defensor levantar, claramente, a tese genérica da absolvição pelas razões que julgar cabíveis.

É preciso avaliar o caso concreto, sem estipular um padrão, vale dizer, *nunca* poder recorrer o MP se houver absolvição, afinal, os jurados não decidem com base numa clemência não solicitada pela defesa. Essa hipótese é inviável na prática do júri, pois os jurados não criam alternativas por conta própria, como a concessão de perdão, inclusive porque não podem conversar entre si para que um convença o outro a respeito de uma solução diversa do que foi pedido pelas partes. Fosse um julgamento de *culpado* ou *inocente*, com comunicação entre os jurados, poder-se-ia até considerar um singelo perdão ao réu.

Entretanto, a questão pende de julgamento em plenário do Supremo Tribunal Federal.

Supremo Tribunal Federal

- "1. A soberania dos veredictos é garantia constitucional do Tribunal do Júri, órgão competente para o julgamento dos crimes dolosos contra a vida; sendo a única instância exauriente na apreciação dos fatos e provas do processo. Impossibilidade de suas decisões serem materialmente substituídas por decisões proferidas por juízes ou Tribunais togados. Exclusividade na análise do mérito. 2. A introdução do quesito genérico na legislação processual penal (Lei 11.689/2008) veio claramente com o intuito de simplificar a votação dos jurados – reunindo as teses defensivas em um quesito –, e não para transformar o corpo de jurados em 'um poder incontrastável e ilimitado'. 3. Em nosso ordenamento jurídico, embora soberana enquanto decisão emanada do Juízo Natural constitucionalmente previsto para os crimes dolosos contra a vida, o específico pronunciamento do Tribunal do Júri não é inatacável, incontrastável ou ilimitado, devendo respeito ao duplo grau de jurisdição. Precedentes. 4. A apelação não substitui a previsão constitucional de exclusividade do Tribunal do Júri na análise de mérito dos crimes dolosos contra a vida, pois, ao afastar a primeira decisão do Conselho de Sentença, simplesmente, determina novo e definitivo julgamento de mérito pelo próprio Júri 5. Sendo constitucionalmente possível a realização de um novo julgamento pelo próprio Tribunal do Júri, dentro do sistema acusatório consagrado pelo nosso ordenamento jurídico como garantia do devido processo legal, não é possível o estabelecimento de distinção interpretativa para fins de recursos apelatórios entre acusação e defesa, sob pena de ferimento ao próprio princípio do contraditório, que impõe a condução dialética do processo (par conditio). 6. Agravo Regimental provido" (RHC 218.697 AgR, 1.ª T., rel. Dias Toffoli, rel. p/ acórdão Alexandre de Moraes, j. 14.09.2022, por maioria).

- "A previsão normativa do quesito genérico de absolvição no procedimento penal do júri (CPP, art. 483, III, e respectivo § 2.º), formulada com o objetivo de conferir preeminência à plenitude de defesa, à soberania do pronunciamento do Conselho de Sentença e ao postulado da liberdade de íntima convicção dos jurados, legitima a possibilidade de os jurados – que não estão vinculados a critérios de legalidade estrita – absolverem o réu segundo *razões de índole eminentemente subjetiva ou de natureza destacadamente metajurídica, como, p. ex., o juízo de clemência, ou de equidade, ou de caráter humanitário*, eis que o sistema de íntima convicção dos jurados não os submete ao acervo probatório produzido ao longo do processo penal de conhecimento, inclusive à prova testemunhal realizada perante o próprio plenário do júri. Doutrina e jurisprudência. – Isso significa, portanto, que a *apelação do Ministério Público*, fundada em alegado conflito da deliberação absolutória com a prova dos autos (CPP, art. 593, III, 'd'), caso admitida fosse, implicaria *frontal transgressão aos princípios constitucionais da soberania dos veredictos do Conselho de Sentença, da plenitude de defesa do acusado e do modelo de íntima convicção dos jurados*, que não estão obrigados – ao contrário do que se impõe aos magistrados togados (CF, art. 93, IX) – a decidir de forma necessariamente motivada, mesmo porque lhes é assegurado, como expressiva garantia de ordem constitucional, 'o sigilo das votações' (CF, art. 5.º, XXXVIII, 'b'), daí resultando a incognoscibilidade da apelação interposta pelo 'Parquet'. Magistério doutrinário e jurisprudencial" (HC 178856, 2.ª T., rel. Celso de Mello, 10.10.2020, v.u., grifamos).

Superior Tribunal de Justiça

- "1. A 'Terceira Seção do STJ firmou o entendimento de que a anulação da decisão absolutória do Conselho de Sentença, ainda que por clemência, manifestamente contrária à prova dos autos, segundo o Tribunal de Justiça, por ocasião do exame do recurso de apelação interposto pelo Ministério Público (art. 593, III, *d*, do Código de Processo Penal), não viola a soberania dos veredictos' (AgRg no RHC 158.164/MG, Rel. Ministro Sebastião Reis Júnior, Sexta Turma, julgado em 16/08/2022, *DJe* 22/08/2022). 2. No caso, a Corte local demonstrou fundamentadamente que a decisão do Tribunal do Júri foi manifestamente contrária à prova dos autos. Assim, para alterar a conclusão adotada pela Corte estadual seria necessário o amplo revolvimento do conjunto fático-probatório dos autos, providência incabível no âmbito do *habeas corpus*. 3. Agravo regimental desprovido" (AgRg no HC. 653.008/AL, 6.ª T., rel. Laurita Vaz, julgado em 13.12.2022, v.u.).

- "3. A Terceira Seção desta Corte Superior, ao julgar o HC 313.251/RJ, da relatoria do Ministro Joel Ilan Paciornik, por maioria, uniformizou sua jurisprudência sobre a possibilidade da interposição de recurso ministerial, uma única vez, contra a sentença absolutória do Tribunal do Júri, ainda que por clemência, quando esta for manifestamente contrária à prova dos autos, não havendo que se falar em violação ao princípio da soberania dos veredictos, vencidos este Relator e os Ministros Sebastião Reis Júnior, Reynaldo Soares da Fonseca e Antonio Saldanha Palheiro. 4. Cumpre frisar que o há contradição na resposta dos quesitos quando a negativa de autoria for a única defesa apresentada e, afastado o argumento com a votação positiva quanto ao respectivo quesito, houver a absolvição pelo quesito genérico. Precedentes" (AgRg no HC 769.080/RS, 5.ª T., rel. Ribeiro Dantas, j. 12.12.2022, v.u.).

9.5.4 Princípio da unirrecorribilidade das decisões

Como regra, para cada decisão existe um único recurso cabível, não sendo viável combater um julgado por meio de variados mecanismos.

Além de poder gerar decisões contraditórias, haveria insegurança e ausência de economia processual. Excepciona essa regra o fato de a decisão comportar mais de um fundamento, motivador de mais de um recurso. Ilustrando, é possível que a parte interponha recursos extraordinário e especial, concomitantemente, contra acórdão, desde que a decisão contrarie, por um lado, a Constituição e, por outro, der a lei federal interpretação diversa da que lhe tenha dado outro tribunal.

Diante disso, havendo previsão expressa para a interposição de apelação, não pode a parte optar pelo recurso em sentido estrito, a pretexto de também estar prevista a matéria no contexto do art. 581. É o que ocorre, por exemplo, com a não concessão do *sursis*. Prevê o art. 581, XI, do CPP ser cabível recurso em sentido estrito contra decisão que nega o benefício. Entretanto, se o juiz da condenação for o responsável pela negativa, cabe apelação, pois está sendo questionada parte da sentença de mérito. É o que dispõe o art. 593, § 4.º, do CPP.

9.5.5 A prisão para recorrer

Dispunha o art. 594 do CPP (revogado pela Lei 11.719/2008) não poder o réu apelar em liberdade, salvo se fosse primário e tivesse bons antecedentes, assim reconhecido na sentença condenatória, ou quando condenado por delito do qual se livrasse solto.

Entretanto, atualmente, após a edição das Leis 11.689/2008, 11.719/2008 e 12.403/2011, tornou-se claro que a prisão cautelar concentra-se, exclusivamente, nos requisitos da prisão preventiva (art. 312, CPP).

Por isso, cautelarmente, impõe-se a segregação do acusado, após a condenação no Tribunal do Júri, do mesmo modo que se pode fazer ao longo da instrução ao ser decretada a prisão preventiva. É o conteúdo da Súmula 9 do Superior Tribunal de Justiça, expressando que a prisão cautelar não fere a presunção de inocência.

Parece-nos que somente o caso concreto irá delinear a melhor posição a ser adotada quando uma sentença condenatória é imposta, em plenário do Tribunal do Júri. O réu reincidente, com maus antecedentes, condenado por homicídio consumado, a uma elevada pena, a ser iniciada em regime fechado, representa um potencial risco de dano à sociedade, caso permaneça em liberdade. Por tal motivo, a prisão cautelar se impõe. Entretanto, condenações a penas brandas, muitas delas a cumprir em regime semiaberto ou aberto, não são justificativas para a prisão cautelar, ainda que se constate a reincidência ou os maus antecedentes. A avaliação da necessariedade da custódia provisória não comporta regra fixa, devendo o magistrado ser sensível ao caso concreto.

Supremo Tribunal Federal

- "1. A prisão decorrente de sentença condenatória somente se viabiliza à luz do ordenamento jurídico pátrio se a privação da liberdade do sentenciado contemplar os requisitos de cautelaridade e a situação dos autos evidenciar a real necessidade de sua adoção. Precedentes. 2. O julgamento pelo tribunal do júri que confere novos rumos à ação penal, desclassificando a conduta de tentativa de homicídio para lesão corporal, esvazia a premissa atinente à periculosidade derivada do *modus operandi*. 3. A sentença condenatória que reconhece ser o Paciente primário e portador de bons antecedentes desfigura as alegações de vida marginal para denotar a necessidade de preservação da ordem pública. 4. Ordem concedida" (HC 108431/PE, 1.ª T., rel. Cármen Lúcia, j. 04.10.2011, v.u.).

9.5.5.1 *Alguns fatores para a prisão cautelar*

O magistrado deve avaliar os requisitos indicados pelo art. 312 do Código de Processo Penal, para o fim de se tornar viável a decretação da prisão cautelar, ainda que primário e de bons antecedentes o acusado, após a condenação.

Com relação aos crimes hediondos e equiparados, cenário onde se inclui o homicídio qualificado, cujo início do cumprimento da pena se dá em regime fechado, a autorização para recorrer em liberdade deve ser minuciosamente ponderada. Aliás, impõe o art. 2.º, § 3.º, da Lei 8.072/1990, que, "em caso de sentença condenatória, o juiz decidirá fundamentadamente se o réu poderá apelar em liberdade". Por isso, o recolhimento ao cárcere, para apresentar recurso, pode ser uma medida necessária, até pelo fato de as penas serem elevadas e a gravidade do delito, evidente.

Nesse contexto, considerando-se hedionda a infração penal, verificando-se a reincidência ou os maus antecedentes, conforme o montante da pena aplicada, outra não pode ser a solução senão a decretação da prisão cautelar. Tal medida encontraria lastro na garantia da ordem pública, um dos elementos da prisão preventiva.

9.5.5.2 *O prazo para o julgamento da apelação de réu preso e o princípio da razoabilidade*

O curso do processo penal, em geral, merece ser célere, evitando-se a perda de provas importantes, bem como o advento da prescrição. Além disso, o réu rapidamente julgado tem a sua situação logo definida, sem o prolongamento indevido do natural constrangimento representado pela mera existência do processo-crime.

Por isso, da mesma forma que o juiz de primeira instância precisa assegurar um trâmite processual sem delongas, mormente quando se tratar de acusado detido cautelarmente, torna-se fundamental que o recurso oferecido contra a sentença condenatória, igualmente, possa ser julgado em prazo razoável.

Inexiste um prazo fixo previsto em lei para que a apelação seja apreciada. Destarte, cada caso concreto merece atenta análise por parte dos desembargadores e ministros, concedendo-se, conforme o caso, de ofício, ordem de *habeas corpus*, para que o apelante seja colocado em liberdade se o recurso demorar prazo excessivo para ser julgado.

Em relação ao tempo de prisão cautelar, os tribunais pátrios têm sido cada vez mais restritivos, permitindo a dilação do feito por períodos longos, desde que não se torne flagrante a desídia do Judiciário. Exemplifica-se com o caso de goleiro de importante time brasileiro, que teve a prisão cautelar decretada, há mais de sete anos (sem julgamento da apelação quanto à condenação) e encontra-se em liberdade hoje, em virtude de liminar do STF, que foi cassada no julgamento de mérito do *habeas corpus* impetrado:

- "(...) A decisão soberana do Tribunal popular deve ser respeitada no presente *habeas corpus*, onde não há nenhuma alegação de nulidade ou de condenação manifestamente contrária à prova dos autos, inclusive porque a soberania do veredicto proferido pelo Tribunal do Júri de Contagem foi alicerçada, também, na própria confissão realizada pelo réu em Plenário (f. 6 – sentença), que acarretou diminuição de pena em 3 anos. Por fim, não verifico estar caracterizado excesso de prazo atribuível exclusivamente aos órgãos do Poder Judiciário, tendo em vista a complexidade da causa e os indicativos de que o retardo para o julgamento do apelo seria imputável, ainda que em parte, ao próprio paciente, em seu legítimo exercício do direito constitucional de ampla defesa. O paciente teve sua prisão preventiva decretada em 4 de agosto de 2010. Em março de 2013, veio a ser condenado, pelo Tribunal do Júri da comarca de Contagem, à pena total de 22 anos e 3 meses de reclusão, em regime inicial fechado, pela prática dos delitos de homicídio qualificado, sequestro e cárcere privado qualificado, além de ocultação de cadáver. Durante o processo, porém, duas apelações foram apresentadas pela defesa perante o Tribunal de Justiça de Minas Gerais: (a) a primeira, antes da condenação pelo Júri, contra a decisão do magistrado de primeiro grau que determinara a expedição de certidão de óbito da vítima Elisa Samúdio; e (b) a segunda voltou-se contra a efetiva condenação decretada pelo Tribunal popular. A apelação interposta pela defesa, antes da condenação pelo Júri, contra a decisão do magistrado de primeiro grau que determinara a expedição de certidão de óbito da vítima Elisa Samúdio não foi admitida, tendo o paciente interposto recurso em sentido estrito, cujo julgamento, assim como o da primeira apelação, obviamente, era prejudicial à análise da segunda apelação interposta pela defesa, pois, naquele momento, sustentava a inexistência de óbito da vítima e, consequentemente, a ausência de materialidade do delito. Em face disso, a segunda apelação, interposta contra a condenação decretada pelo Tribunal do Júri, teve seu julgamento sobrestado, em 18.08.2016, até o julgamento de recurso em sentido estrito interposto, que foi julgado e provido, em 21/9/2016, ocasião em que foi determinado o seguimento daquele primeiro apelo. Posteriormente, conforme já apontado, houve confissão do réu/paciente em plenário, com consequente diminuição de pena, e a própria defesa requereu a expedição de guia provisória de execução da pena (fl. 17.160). Nesse sentido, bem assinalou o eminente Procurador-Geral da República: '... malgrado o paciente esteja preso há mais de seis anos (...) a constrição da liberdade se deu por títulos judiciais diversos. Antes, decreto de prisão preventiva. Na situação mais recente, execução provisória da pena, após sentença condenatória. Anote-se que a execução provisória da pena se deu a pedido da própria defesa, na ocasião do recurso de apelação. (...) Como sabido, não é apenas a demora no julgamento definitivo da causa que enseja o reconhecimento, pela jurisprudência, do excesso de prazo apto a justificar uma coação ilegal. Em verdade, para configurar a ilegalidade da prisão é preciso que a mora seja imputada à desídia na tramitação do feito, sem concorrência do réu'. (...) Em hipótese virtualmente idêntica à tratada nestes autos (homicídio qualificado, ocultação de cadáver, decisão de prisão preventiva fundamentada e justificada em elementos concretos, alegação de excesso de prazo em virtude de prisão preventiva que já subsistia há mais de seis anos, com atraso do julgamento imputável, em tese, também à própria defesa do acusado), esta Corte manteve a custódia cautelar e concedeu a ordem unicamente para determinar o célere exame do mérito do habeas corpus impetrado perante o Superior Tribunal de Justiça, mantendo a prisão cautelar (HC 126.808 AgR, rel. Min. Dias Toffoli, Segunda Turma, j. 10.05.2016) (...)". (HC 139612 - MG, Primeira Turma, rel. Alexandre de Moraes, 25.04.2017, data de publicação: 09.06.2017).

9.5.5.3 Deserção

Considerava-se uma desistência, presumida por lei (art. 595, CPP, revogado pela Lei 12.403/2011), do recurso de apelação, caso o réu, sabendo que deveria estar recolhido para seu apelo ser conhecido, fugia do local de sua prisão.

Tratava-se de um impedimento ao conhecimento do recurso. Somente era aplicável à apelação, não podendo ser estendido aos demais recursos.

Há, ainda, possibilidade de deserção, quando não houver o pagamento das custas (ver nota 38 ao art. 806, § 2.º, do nosso *Código de Processo Penal comentado*) e as despesas de traslado (ver art. 601, § 2.º).

9.5.6 Efeitos da apelação

A apelação possui efeito devolutivo, permitindo ao tribunal conhecer, nos limites do alegado pela parte recorrente, a matéria já julgada em primeiro grau.

Quanto ao efeito suspensivo, cuidando-se de apelo contra decisão condenatória, não há dúvida em relação à sua existência. Em face do princípio da presunção de inocência, inexiste qualquer obstáculo ao referido efeito, não mais se aplicando as ressalvas previstas no art. 597 do CPP. No entanto, consultar a nota 7.1.1.1 do Capítulo 7, espelhando a nova posição do STF.

Embora a sentença condenatória tenha efeito suspensivo, é posição dominante – e correta – da jurisprudência pátria ter o sentenciado direito à execução provisória da pena, se estiver preso.

Esta medida, no entanto, é um benefício e uma necessidade, neste caso imposta pela excessiva lentidão no trâmite dos recursos, que podem levar anos para ser apreciados, razão pela qual o réu terminaria sua pena no regime fechado, sem qualquer vantagem.

Dessa forma, admite-se possa ele pleitear ao juiz das execuções criminais a progressão de regime, embora ainda esteja recorrendo da decisão condenatória. Para esse fim, a sentença abrandaria o seu efeito suspensivo.

Os Tribunais Superiores têm admitido, sistematicamente, a execução provisória, desde que se trate de réu preso e com a finalidade de melhorar a sua situação, permitindo-se, por exemplo, a progressão de regime.

Há uma controvérsia: alguns julgados exigem o trânsito em julgado da decisão condenatória para o Ministério Público (ou pelo menos que este não tenha interposto recurso contra a pena, pleiteando o seu aumento). Outros, no entanto, permitem a execução provisória de qualquer modo, ainda que o Ministério Público tenha recorrido da pena. Atualmente, tem sido majoritária a posição de permitir a execução provisória mesmo quando o Estado-acusação ingressa com recurso, não se conformando com a pena. É o nosso entendimento, após depurada reflexão. O acusado tem direito à execução provisória e não pode sujeitar-se à interposição de apelo por parte da acusação, que pode não ter sucesso. Por isso, o ideal é conceder-lhe a execução provisória da pena, tão logo seja legalmente viável. No futuro, se houver provimento ao recurso acusatório, os cálculos da pena serão refeitos e, conforme o caso, pode o réu ser inserido em regime mais rigoroso ou ter o seu livramento condicional revisto.

Cumpre, ainda, ressaltar a edição das Súmulas 716 e 717 do STF, cuidando do tema: 716: "Admite-se a progressão de regime de cumprimento da pena ou a aplicação imediata de regime menos severo nela determinada, antes do trânsito em julgado da sentença condenatória"; 717: "Não impede a progressão de regime de execução da pena, fixada em sentença não transitada em julgado, o fato de o réu se encontrar em prisão especial".

A Lei 13.964/2019 acrescentou os §§ 4.º, 5.º e 6.º ao art. 492 do CPP, nos seguintes termos: "§ 4.º A apelação interposta contra decisão condenatória do Tribunal do Júri a uma pena igual ou superior a 15 (quinze) anos de reclusão não terá efeito suspensivo. § 5.º Excepcionalmente, poderá o tribunal atribuir efeito suspensivo à apelação de que trata o § 4.º deste artigo, quando verificado cumulativamente que o recurso: I – não tem propósito meramente protelatório; e II – levanta questão substancial e que pode resultar em absolvição, anulação da sentença, novo julgamento ou redução da pena para patamar inferior a 15 (quinze) anos de reclusão. § 6.º O pedido de concessão de efeito suspensivo poderá ser feito incidentemente na apelação ou por meio de petição em separado dirigida diretamente ao relator, instruída com cópias da sentença condenatória, das razões da apelação e de prova da tempestividade, das contrarrazões e das demais peças necessárias à compreensão da controvérsia".

Essas alterações se devem à determinação de execução provisória quando o condenado pelo Tribunal do Júri for apenado a 15 anos ou mais de reclusão (art. 492, I, *e*, CPP). Haveria, então, a viabilidade de se conceder efeito suspensivo à apelação, evitando-se a imediata prisão do réu. Por ora, não se pode executar a pena, mesmo com pena igual ou superior a 15 anos, aplicada pelo juiz presidente, após decisão do Tribunal Popular. Conferir no próximo item a atual posição do STF acerca do cumprimento da pena antes do trânsito em julgado.

9.5.6.1 Prisão para cumprimento de pena

Encontra-se aceso o debate nacional – doutrina e jurisprudência – acerca do conteúdo do princípio da presunção de inocência (art. 5.º, LVII, CF). Ninguém será considerado culpado até o trânsito em julgado de sentença condenatória. Em nossa visão, como já expusemos em diversas outras obras de nossa autoria (*Código de Processo Penal comentado*; *Curso de direito processual penal*; *Princípios constitucionais penais e processuais penais*, a título de exemplo), o significado do referido princípio é bem claro: é preciso haver o trânsito em julgado (ausência de viabilidade de qualquer recurso contra a condenação) para que exista um culpado, logo, alguém merecedor de *cumprir pena*. Antes disso, é cabível prisão cautelar, sempre que presentes os requisitos do art. 312 do CPP.

Entretanto, o Pretório Excelso, em Plenário, já debateu esse tema em pelo menos três oportunidades especiais. A primeira, em 2009, negou a viabilidade de prisão do acusado, após o julgamento da decisão condenatória em 2.º grau, para cumprimento de pena. A segunda, em 2016, autorizou a prisão para cumprir a pena. A terceira, em 2019, retornou à posição de 2009. É o que hoje prevalece.

Aguarda-se, ainda, o julgamento pelo Plenário do STF acerca da viabilidade de se executar provisoriamente a pena, quando aplicada pelo juiz presidente, após decisão tomada pelo Tribunal do Júri, em virtude do princípio da soberania dos veredictos.

9.5.7 Processamento

O art. 598 do CPP preceitua que, "nos crimes de competência do Tribunal do Júri, ou do juiz singular, se da sentença não for interposta apelação pelo Ministério Público no prazo legal, o ofendido ou qualquer das pessoas enumeradas no art. 31, ainda que não se tenha habilitado como assistente, poderá interpor apelação, que não terá, porém, efeito suspensivo". No parágrafo único estabelece que "o prazo para interposição desse recurso será de 15 (quinze) dias e correrá do dia em que terminar o do Ministério Público".

Convém ressaltar que, nos crimes de ação pública, a parte em destaque é o Ministério Público, razão pela qual tem ele a preferência para apresentar apelação (denominada *principal*), em caso de sucumbência nos processos do juiz singular ou do júri. A lei confere, no entanto, ao ofendido ou seus sucessores, habilitados ou não como assistentes de acusação, a interposição de apelação, denominada *secundária ou supletiva*, quando o órgão acusatório do Estado não o faz.

O corréu, entretanto, não está legitimado a atuar em lugar do Ministério Público, inclusive pelo fato de ele não ser assistente da acusação (art. 270, CPP). Em tese, pode até haver interesse, pois há infrações – como a tentativa de homicídio recíproca – em que dois indivíduos figuram, ao mesmo tempo, na ação penal, como réus e vítimas. Assim, a absolvição de um poderia levar o outro a desejar recorrer contra a decisão, o que conflita com sua posição de parte na relação processual.

Exceção será feita, caso um dos dois já tenha sido absolvido definitivamente ou excluído da ação penal, por qualquer razão. Perdendo a posição de réu, passa a figurar somente como vítima, podendo recorrer, se o Ministério Público não o fizer. Assim também a posição de Maurício Zanoide de Moraes, mencionando ser essa a corrente majoritária (*Interesse e legitimação para recorrer no processo penal brasileiro*, p. 350-351).

Quanto à amplitude da apelação do ofendido, temos sustentado dever ser a maior possível, não se circunscrevendo apenas à condenação ou absolvição do acusado. Não há mais razão para se defender possa a vítima ingressar no processo penal, como assistente do Ministério Público, exclusivamente para buscar a condenação, que lhe servirá de título executivo na esfera cível, pouco importando qual será o montante da condenação.

O enfoque mais adequado é permitir ao ofendido a busca da justiça, podendo, portanto, participar do processo-crime de maneira ativa, contribuindo para a condenação do réu. Nesse prisma, o ofendido poderia, inclusive, oferecer recurso voltado à majoração da pena, por exemplo, embora não tenha qualquer relação com a questão a ser decidida no cível, em relação à indenização. Adotando a tese do interesse recursal amplo: MIRABETE (*Código de Processo Penal interpretado*, p. 765); ADA, MAGALHÃES e SCARANCE (*Recursos no processo penal*, p. 88 e 132), dentre outros. Firmando a posição do interesse recursal limitado à condenação: GRECO FILHO (*Manual de processo penal*, p. 226); TOURINHO FILHO (*Código de Processo Penal comentado*, v. 2, p. 326), dentre outros.

O prazo legal para o recurso de apelação do ofendido, se estiver habilitado nos autos, uma vez intimado, deve respeitar os cinco dias de praxe. Inexiste razão para o prazo ser de quinze dias, conforme previsão feita no parágrafo único do art. 598 do CPP, pois a vítima já é parte no processo, tomando ciência mais facilmente das decisões nele proferidas. Sobre o tema, há a Súmula 448 do Supremo Tribunal Federal: "O prazo para o assistente recorrer supletivamente começa a correr imediatamente após o transcurso do prazo do Ministério Público".

É preciso ressaltar, no entanto, que o entendimento atual do Pretório Excelso é no sentido de que o prazo corre, quando o assistente está habilitado nos autos, da data da intimação e tem ele o prazo de cinco dias para interpor o recurso. Vige a súmula na parte referente à consideração de ser o recurso do assistente sempre supletivo em relação ao do Ministério Público. Na linha que sustentamos, está a visão de Greco Filho (*Manual de processo penal*, p. 226); Mirabete (*Código de Processo Penal interpretado*, p. 766-767).

Entretanto, caso não esteja habilitado, tem o ofendido o prazo de quinze dias para apelar. Há posição em sentido contrário, sustentando que o prazo para o ofendido recorrer é sempre de quinze dias, estando habilitando ou não. Nessa ótica: Ada, Magalhães e Scarance (*Recursos no processo penal*, p. 134, embora mencionando que o assunto é extremamente polêmico e o STF já chegou a adotar o prazo de cinco dias, para o ofendido habilitado, enquanto o STJ preferiu o prazo de quinze dias).

A ressalva feita (art. 598, *caput*, parte final, CPP) quanto à inexistência de efeito suspensivo não tem mais sentido. Pressupunha-se, nesse caso, que o recurso apresentado pela vítima, ou seus sucessores ou representante legal, teria por fim combater uma sentença absolutória, razão pela qual não poderia, de fato, ter efeito suspensivo. Ocorre que, atualmente, tem-se admitido apelação do ofendido ou seus sucessores para pleitear, por exemplo, o aumento de pena. Se assim for, a vítima estará insurgindo-se contra sentença condenatória, que pode ter, sim, efeito suspensivo, não sendo aplicável a parte final suprarreferida, harmonizando-se com o disposto na primeira parte do art. 597.

A apelação pode ser apresentada por termo (quando o réu o faz diretamente) ou por petição do seu defensor, dirigida ao juiz de primeira instância, a quem cabe conduzir o processamento da apelação. O Ministério Público o fará por petição. Haverá, então, o prazo de oito dias para o oferecimento das razões (art. 600, *caput*, CPP). O assistente de acusação exibirá as razões no prazo de três dias, após o Ministério Público (art. 600, § 1.º, CPP). Se a parte ofendida for a autora da ação penal, o Ministério Público terá vista dos autos no prazo de três dias, após o querelante (art. 600, § 2.º, CPP).

Cumpre salientar que o prazo de cinco dias para a interposição do recurso é fatal, mas o mesmo não ocorre com o de oito dias, para as razões. Afinal, o recurso pode até subir sem elas.

Menciona o art. 600, § 3.º, do CPP, que, em caso de dois ou mais apelantes ou apelados, os prazos serão comuns. Há, no entanto, inviabilidade para seguir esse dispositivo. Em processos complexos, as partes necessitam ter os autos em mãos para estudar o seu conteúdo, confrontar as provas e apresentar as razões, o que se torna impossível quando o prazo é comum e não se concede carga dos autos fora de cartório. Assim, deve o magistrado permitir que os prazos sejam sucessivos, assim como o direito das partes de ter os autos em mãos, salvo se houver motivo de força maior, privilegiando-se a ampla defesa e o princípio do duplo grau de jurisdição.

A apresentação das razões diretamente na superior instância (art. 600, § 4.º, CP) é uma faculdade concedida somente à defesa, pois o promotor responsável pelo processo deve apresentar as razões em primeiro grau. Não haveria sentido que os autos do processo subissem ao Tribunal para, depois, ser aberta vista à acusação, levando o membro do Ministério Público a se deslocar de sua Comarca, dirigindo-se à Corte somente para protocolar as razões.

Por outro lado, não seria viável que um Procurador de Justiça (membro do Ministério Público atuante em 2.º grau) o fizesse, em seu lugar, uma vez que sua função não é arrazoar recursos do Ministério Público, mas oferecer um parecer imparcial sobre o tema. E, por fim, se o promotor da Comarca de origem invocasse o dispositivo e não ficasse responsável pela apresentação das razões, haveria o Procurador-Geral de Justiça de designar um outro promotor para essa tarefa, o que somente conturbaria a carreira.

A defesa, por seu turno, pode pleitear nesse sentido, pois nada impede que exerça a advocacia em qualquer Comarca, motivo pelo qual se torna até mais fácil, caso o escritório do defensor seja na Capital, onde está situado o Tribunal, que o oferecimento das razões seja feito na superior instância e não na Comarca do Interior, onde foi prolatada a sentença.

A falta de intimação das partes para arrazoar em segunda instância, se foi manifestado esse intuito, provoca nulidade, por ter havido cerceamento e desrespeito ao contraditório.

Por outro lado, a ausência de razões não acarreta nulidade, caso tenha sido feita a intimação. O art. 601, *caput*, do CPP, é expresso nesse sentido, além do que prejuízo algum advém ao réu, uma vez que o Tribunal retomará o conhecimento pleno da questão.

Ainda assim, deve o juiz buscar que o recurso seja convenientemente arrazoado pela defesa técnica, especialmente quando é interposto pelo acusado diretamente. Não pode, no entanto, obrigar que o advogado o faça, se ele declina da oportunidade concedida. Em sentido contrário, sustentando que o dispositivo fere o princípio constitucional do contraditório e também a ampla defesa, estão as posições de ADA, MAGALHÃES e SCARANCE (*Recursos no processo penal*, p. 41, 95 e 150).

Parece-nos, entretanto, que se deve distinguir entre a defesa constituída e a defesa dativa ou patrocinada por órgão público. Quando se tratar de defensor constituído pelo réu, a apresentação das razões é uma faculdade, representando parte da estratégia do advogado na condução da causa. No tocante ao defensor público ou dativo, quer-nos parecer seja seu dever oferecer as razões, pois o réu não optou pelo advogado, nem traçou com ele qualquer linha defensiva. Aliás, nem mesmo está custeando seu trabalho.

Quando um réu deseja apelar, havendo outros ainda não julgados ou que não tiverem recorrido, deve haver o desmembramento do feito, providenciando o apelante o traslado das cópias necessárias para a formação do volume que será remetido ao Tribunal (art. 601, § 1.º, CPP). Se não o fizer, importa em deserção, com a ressalva feita no § 2.º do art. 601 do CPP, isto é, no caso de réu pobre ou do Ministério Público.

9.6 Protesto por novo júri

Tratava-se de um recurso especial contra as decisões tomadas pelo Tribunal do Júri, que acarretassem ao réu uma pena igual ou superior a 20 anos, permitindo, pois, uma nova oportunidade de julgamento, anulando-se o anterior.

Era de uso privativo da defesa (pelo réu, pessoalmente, ou por seu defensor). Nas palavras de BENTO DE FARIA, tratava-se de um "favor dispensado à liberdade" (*Código de Processo Penal*, v. 2, p. 328). ENSINA ROGÉRIO LAURIA TUCCI que este recurso foi "inspirado na legislação inglesa, em que, todavia, mais restritamente, dependia de um tribunal superior, instituiu-o em nosso País o Código de Processo Criminal de 1832, cujo art. 308 estava assim redigido: 'Se a pena imposta pelo Júri for de cinco anos de degredo, ou desterro, três de galés ou prisão, ou for de morte, o réu protestará pelo julgamento em novo Júri, que será o da Capital da Província: e sendo a sentença proferida nesta, para o de maior população d'entre os mais vizinhos, designado pelo Juiz de Direito'" (*Tribunal do júri: origem, evolução, características e perspectivas*, p. 69).

Era, de fato, inviável mantê-lo no quadro do sistema recursal brasileiro. Afinal, inexiste pena capital ou de caráter perpétuo, ou outra sorte de pena cruel, no Brasil, razão pela qual uma segunda chance, somente para o contexto da condenação produzida no Tribunal do Júri, onde as penas aplicadas não são as mais elevadas do Código Penal, soava exagerada.

Por outro lado, deve-se ressaltar que, para a existência do protesto, não se levava em consideração uma possibilidade de erro do órgão colegiado que proferiu o veredito, mas única e tão somente o *quantum* da pena, que devia ser igual ou superior a 20 anos. Ora, a pena em si não devia ser o fator exclusivo para justificar a existência do recurso, até por que o latrocínio (julgado em Vara comum) tem, como pena mínima, igualmente 20 anos, sem segunda chance, ao menos no juízo de primeiro grau.

Terminava-se por levar em consideração a associação de dois pontos: *pena severa + decisão proferida por leigos*. Inexistia sentido para se manter a desconfiança sobre o Tribunal do Júri, instituição que conta com a soberania dos vereditos, motivo pelo qual não se deveria nem mesmo alterar a primeira decisão.

Na ótica de Borges da Rosa, o protesto por novo júri somente foi consagrado no Código "por não ter o legislador querido se libertar da tradição vinda do Império, do tempo das penas de morte e galés perpétuas, únicas que, por sua suma gravidade, pareciam justificar tão esquisita espécie de recurso, que atualmente representa uma complicação desnecessária" (*Comentários ao Código de Processo Penal*, p. 725).

Pela sua extinção, encontrava-se a maioria da doutrina brasileira.

9.7 Carta testemunhável

9.7.1 Conceito

É um recurso destinado a provocar o conhecimento ou o processamento de outro, cujo trâmite foi indevidamente obstado pelo juiz. Utiliza-se a carta testemunhável quando não houver outra medida para impugnar a decisão judicial impeditiva do trâmite de algum recurso. Exemplo: o não recebimento de apelação comporta recurso em sentido estrito (art. 581, XV, CPP), não sendo necessária a carta testemunhável. Entretanto, o não recebimento do recurso em sentido estrito dá ensejo à carta testemunhável.

9.7.2 Cabimento e processamento

Dispõe o art. 639 do CPP caber carta testemunhável da decisão que denegar o recurso (inciso I) e da que o admitir, mas obstar o seu processamento para o tribunal (inciso II).

Apresenta-se a petição de interposição, no prazo de 48 horas, diretamente ao escrivão (primeira instância) ou ao secretário do tribunal (segunda instância), que dará recibo ao interessado. O requerente indicará as peças necessárias para compor o traslado (art. 640, CPP). As razões, entretanto, são dirigidas diretamente à Corte *ad quem*.

Embora mencione a lei que o prazo é de 48 horas, tem-se contado, para facilitar o entendimento e porque os prazos processuais podem ser interpretados extensivamente, como sendo de dois dias.

Por outro lado, o início do prazo deve ser computado a partir da intimação da decisão que denegar seguimento ao recurso ou obstar o seu prosseguimento. Não se deve utilizar, como aparentemente está a demonstrar a redação do art. 640 do CPP, a contagem do prazo corrida, vale dizer, a partir da data do despacho que denega o recurso. Fosse assim e haveria uma restrição ao direito de recurso, pois a parte não poderia adivinhar o momento em que o magistrado iria proferir a decisão negando admissibilidade ou seguimento a determinado recurso.

Quanto às peças para traslado, é natural que a parte contrária àquela que apresentou o recurso também possa indicá-las, inclusive pelo fato de o art. 644 do CPP mencionar que há possibilidade do tribunal *ad quem* julgar o mérito do recurso que foi obstado, diretamente, caso o instrumento esteja bem instruído.

O funcionário da Vara ou do tribunal deve encaminhar o recurso ao tribunal superior de qualquer modo. Não o fazendo, será administrativamente apenado (art. 642, CPP). Essa sanção, embora pela letra da lei, possa parecer ser aplicável de plano, sem o devido processo legal, não é mais assim. Após a Constituição de 1988, é preciso considerar que toda sanção, mesmo de ordem administrativa, precisa respeitar o direito ao contraditório e à ampla defesa. Por isso, o escrivão ou secretário do tribunal deve ser processado administrativamente pelo seu superior hierárquico, sofrendo a penalidade cabível, caso não demonstre ter havido justo motivo para impedir a subida da carta ou a entrega do recibo.

Se todas as medidas forem tomadas para que a carta seja recebida e encaminhada ao tribunal e, ainda assim, isto não se der, cabe ao presidente do tribunal *ad quem* avocar (chamar a si) os autos, para que a carta testemunhável possa ser julgada, apurando-se as responsabilidades funcionais em processos administrativos à parte, com relação a quem obstou o prosseguimento.

Após a formação do instrumento, intima-se o testemunhante a apresentar suas razões, em dois dias. Na sequência, por igual prazo, intima-se o testemunhado a oferecer as contrarrazões.

Com as razões e contrarrazões, deve o escrivão abrir conclusão ao juiz, que poderá manter ou reformar a decisão que obstou o seguimento ou a admissão do recurso. Se houver retratação, não há recurso da parte contrária, pois o recurso inicialmente embaraçado terá seu prosseguimento normal, o que não significa que será conhecido e provido pela instância superior. Caso mantenha sua decisão anterior, os autos da carta testemunhável serão encaminhados ao tribunal *ad quem*.

A carta testemunhável não terá efeito suspensivo, mas somente devolutivo (art. 646, CPP).

9.7.3 Opções do Tribunal ao julgar a carta testemunhável

Há quatro alternativas ao tribunal *ad quem*: a) não conhecer a carta testemunhável, por não ser cabível (intempestividade na sua interposição ou ilegitimidade de parte); b) conhecer a carta e dar-lhe provimento, determinando que o recurso obstado suba para seu conhecimento; c) conhecer a carta testemunhável e, ao invés de simplesmente lhe dar provimento, julgar, desde logo, o mérito do recurso obstado, caso existam peças e argumentos suficientes, no instrumento, para essa avaliação; d) conhecer da carta testemunhável e negar-lhe provimento. Tal situação pode ocorrer caso o juiz tenha, corretamente, negado seguimento ao recurso contra o qual se interpôs a carta.

Tribunal de Justiça do Rio Grande do Sul

- "Manutenção do não recebimento parcial do recurso em sentido estrito. Decisão impugnada que não deixou de receber a denúncia, ao contrário do que sustenta o órgão ministerial, mas apenas postergou a análise, deferindo as diligências requeridas pela própria acusação para melhor elucidação dos fatos. Ausência de rejeição da denúncia e, portanto, ausência de preenchimento de qualquer dos incisos do artigo 581 do Código de Processo Penal, cujo rol é taxativo. Recurso desprovido" (Carta Testemunhável 70082455254, 3.ª Câmara Criminal, rel. Diogenes Vicente Hassan Ribeiro, 07.11.2019, v.u.).

9.8 Embargos de declaração

9.8.1 Conceito e cabimento

Cuida-se de recurso posto à disposição de qualquer das partes, voltado ao esclarecimento de dúvidas surgidas no acórdão, quando configurada ambiguidade, obscuridade, contradição ou omissão, permitindo, então, o efetivo conhecimento do teor do julgado, facilitando a sua aplicação e proporcionando, quando for o caso, a interposição de recurso especial ou extraordinário.

O Código de Processo Penal, expressamente, somente prevê o recurso de embargos de declaração contra acórdão (art. 619), mas é de se considerar existente o mesmo instrumento de esclarecimento de ambiguidade, contradição, obscuridade ou omissão voltado à sentença de primeiro grau. Afinal, é o que vem previsto no art. 382 do CPP. Segundo nos parece, trata-se de autêntico recurso de embargos de declaração, a despeito de a lei não lhe ter dado denominação própria.

Ambiguidade é o estado daquilo que possui duplo sentido, gerando equivocidade e incerteza, capaz de comprometer a segurança do afirmado. Obscuridade é o estado daquilo que é difícil de entender, gerando confusão e ininteligência, no receptor da mensagem. Contradição é uma incoerência entre uma afirmação anterior e outra posterior, referentes ao mesmo tema e no mesmo contexto, gerando a impossibilidade de compreensão do julgado. Omissão é a lacuna ou o esquecimento.

Lembremos que não se configura lacuna na decisão o fato de o juiz deixar de comentar argumento por argumento levantado pela parte, pois, no contexto geral do julgado, pode estar nítida a sua intenção de rechaçar todos eles.

Supremo Tribunal Federal

- "Segundo a jurisprudência desta Suprema Corte, desnecessário o exame detalhado de cada argumento suscitado pela parte a ensejar ofensa ao art. 93, IX, da Constituição Federal" (ARE 742.871 AgR-MG, 1.ª T., rel. Rosa Weber, 17.09.2013, v.u.).

Por outro prisma, os embargos de declaração não têm o caráter de reavaliação da valoração feita aos fatos, nem tampouco das provas. Trata-se de recurso exclusivo para situações excepcionais, quando há ambiguidade, obscuridade, contradição ou omissão.

Para a simples correção de erros materiais, constantes da sentença ou do acórdão, não há necessidade da interposição dos embargos. Pode o juiz ou o relator determinar a modificação de meros equívocos materiais que podem ter constado no julgado, por engano de datilografia ou de redação, sem a necessidade de procedimento recursal.

Há embargos de declaração apresentados com a finalidade exclusiva de prequestionar alguma matéria, não abordada pelo julgado, embora tenha sido levantada pela parte, durante a instrução ou na peça recursal, obrigando o magistrado ou o tribunal a decidir expressamente sobre o assunto e, em consequência, possibilitar a interposição de recurso especial ou extraordinário, no futuro.

A respeito, confira-se a Súmula 356 do STF: "O ponto omisso da decisão, sobre o qual não foram opostos embargos declaratórios, não pode ser objeto de recurso extraordinário, por faltar o requisito do prequestionamento". Ver também a Súmula 211 do STJ: "Inadmissível recurso especial quanto à questão que, a despeito da oposição de embargos declaratórios, não foi apreciada pelo tribunal *a quo*".

9.8.2 Processamento

Os embargos de declaração devem ser interpostos em dois dias, contados da intimação da sentença ou do acórdão.

Qualquer das partes que possua legitimidade para recorrer está autorizada a ingressar com embargos de declaração. A manifestação da parte contrária é dispensável, já que o propósito dessa modalidade de recurso é tornar clara a matéria decidida, sem inovar, como regra, modificando o julgado.

A petição dos embargos deverá trazer os pontos em que se reputa a sentença ou o acórdão ambíguo, obscuro, contraditório ou omisso (art. 620, *caput*, CPP). É lógico que, eventualmente, verificando o julgador a viabilidade de modificação do conteúdo do decidido, quando a questão obscura, ambígua, contraditória ou omissa for sanada, pode determinar a intimação da parte contrária. Nesse caso, diz-se terem os embargos o caráter infringente, ou seja, com capacidade para violar o anteriormente julgado.

Aliás, deve-se aceitar esse efeito, que é a modificação substancial do julgado, unicamente quando se cuidar de omissão ou contradição, pois os magistrados haverão de decidir sobre ponto que ainda não tinham abordado ou deverão sanar uma incoerência, situações capazes de alterar o rumo do decidido. Entretanto, a ambiguidade e a obscuridade representam a simples possibilidade de aclarar o que está implícito.

É cabível o indeferimento liminar dos embargos, quando manifestamente improcedente a alegação da parte (art. 620, § 2.º, CPP).

A interposição desse recurso interrompe o prazo para outros. Trata-se de decorrência natural, pois se está buscando o esclarecimento em relação ao que se apresenta confuso ou lacunoso. Logo, primeiramente, deve-se corrigir o equívoco produzido. Não se trata de mera suspensão do prazo que já vinha correndo para a interposição de outro recurso, mas da sua interrupção, possibilitando à parte interessada, após a prolação da decisão dos embargos, retomá-lo por inteiro.

Embora, em tese, seja viável a interposição de *embargos dos embargos*, cuida-se de situação rara. Seria preciso constatar vício na decisão que, supostamente, deveria tornar bem clara a anterior.

Superior Tribunal de Justiça

- "1. O acórdão que, a despeito de conter relevantes omissões na decisão atacada, não acolhe os embargos declaratórios e limita-se a afirmar que a análise deles implicaria revisão das provas e deixa de sanar a contradição apontada, ao esquecer-se de enfrentar importantes fundamentos invocados pelo Ministério Público, cuja análise poderia, por si só, basear decisão diversa daquela exarada pelo órgão julgador, nega vigência aos arts. 619 e 620 do Código de Processo Penal" (AgRg no REsp 1.415.980/RS, 6.ª T., rel. Rogerio Schietti Cruz, 25.06.2019, v.u.).

Tribunal de Justiça do Rio Grande do Sul

- "Os embargos de declaração objetivam sanar omissões, contradições, ambiguidades ou obscuridades na decisão guerreada. Não se prestam, contudo, à rediscussão da matéria já decidida pela Câmara. Hipótese não elencada no artigo 619 do Código de Processo Penal. Embargos rejeitados" (Embargos de Declaração Criminal 70083747683, 3.ª C., rel. Sérgio Miguel Achutti Blattes, 12.03.2020, v.u.).

9.9 Embargos infringentes e de nulidade

9.9.1 Conceito

Cuida-se de recurso privativo da defesa, voltado a garantir uma segunda análise da matéria decidida pela turma julgadora, por ter havido maioria de votos e não unanimidade, ampliando-se o *quorum* do julgamento (art. 609, parágrafo único, CPP).

O recurso obriga que a turma ou câmara seja chamada a decidir em sua integralidade e não apenas com os votos dos magistrados que compuseram a turma julgadora. No Tribunal de

Justiça do Estado de São Paulo, por exemplo, a câmara é composta por cinco desembargadores, participando da turma julgadora apenas três deles. Dessa forma, caso a decisão proferida contra os interesses do réu constituir-se de maioria (dois a um) de votos, cabe a interposição de embargos infringentes, chamando-se o restante da câmara ao julgamento.

Pode ocorrer a manutenção da decisão, embora seja possível inverter o *quorum*, passando de "dois a um" (contra o réu) para "três a dois" (em favor do acusado). A segunda chance conferida ao réu é válida, uma vez que se trata de interesse individual, ligado à ampla defesa, com todos os recursos a ela inerentes.

É preciso haver ao menos um voto favorável ao acusado, sendo que a análise cinge-se à sua conclusão, e não à fundamentação. Por outro lado, ainda que exista condenação unânime, por parte da turma julgadora, mas um dos votos demonstra que, fosse ele acatado, a pena seria menor ou os benefícios penais mais extensos, cabe a interposição dos embargos.

O voto vencido pode ter divergido frontal e integralmente dos demais, propiciando amplo conhecimento pela turma ampliada a respeito da matéria julgada, bem como pode ter apresentado divergência somente em alguns aspectos, limitando, então, o recurso do réu ao tema objeto da controvérsia.

Os embargos *infringentes* e *de nulidade* não constituem dois recursos, mas apenas um. A matéria em discussão pode ligar-se ao mérito propriamente dito, isto é, questão de direito material (infringentes), como pode estar vinculada a tema exclusivamente processual (de nulidade).

Em outros termos, pode-se usar este recurso apenas para discutir matéria vinculada ao mérito (se culpado ou inocente o réu) ou somente em relação a eventual existência de nulidade ocorrida no processo. Porém, sempre quando houver voto vencido em favor do acusado.

9.9.2 Processamento

A defesa tem dez dias, a contar da publicação do acórdão, para interpor os embargos. Não se exige a intimação pessoal do réu e de seu defensor, salvo, no caso deste último, quando se tratar de defensoria pública ou dativa. A intimação do Ministério Público também é pessoal. Por ocasião da interposição, deve o recurso ser devidamente instruído com as razões, pois não será aberta vista para essa finalidade.

Levando-se em consideração que o recurso é voltado, exclusivamente, ao interesse da defesa, pode ser interposto pelo réu, diretamente, pelo seu defensor e também pelo Ministério Público, desde que atuando em favor do acusado.

O recurso somente é cabível em julgamento de apelação, recurso em sentido estrito e agravo em execução (este último, porque foi o recurso instituído pela Lei de Execução Penal em substituição ao recurso em sentido estrito, para as mesmas situações, sendo processado de idêntica maneira), admitindo-se de acórdãos proferidos pelo Tribunal e jamais por Turma Recursal.

É, no entanto, controversa a possibilidade de utilização dos embargos infringentes no agravo em execução, existindo posição que os limita ao contexto da apelação e do recurso em sentido estrito.

Segue-se o procedimento do art. 613 do CPP. Dessa forma, não está prevista a manifestação do embargado, embora certos Regimentos Internos de Tribunais contenham tal previsão, voltando-se particularmente ao assistente de acusação e ao querelante, pois o Ministério Público estaria representado pelo parecer da Procuradoria-Geral da Justiça.

Quando se tratar de ação penal de competência originária, em caso de recebimento de denúncia, ainda que por maioria de votos, não cabem embargos infringentes, pois é hipótese não prevista pelo Código de Processo Penal.

9.10 Recurso extraordinário

9.10.1 Conceito

Trata-se de recurso excepcional, voltado a garantir a harmonia da aplicação da legislação infraconstitucional em face da Constituição Federal, evitando-se que as normas constitucionais sejam desautorizadas por decisões proferidas nos casos concretos pelos tribunais do País.

9.10.2 Cabimento

Tem cabimento o recurso extraordinário nas seguintes hipóteses (art. 102, III, *a* a *d*, CF):

I – Decisão que contraria dispositivo constitucional. Cuida-se da mais lógica das possibilidades, uma vez que o Supremo Tribunal Federal, órgão máximo do Poder Judiciário, tem por finalidade precípua fazer valer as normas constitucionais.

Não se busca o reexame de questões fáticas, pois a Corte Suprema é guardiã da Constituição Federal e não um simples órgão de reavaliação do acerto ou desacerto dos diversos julgados das demais cortes brasileiras, que devem analisar as provas constantes dos autos. A questão de direito é a sua meta maior, sempre que entrar em choque com norma constitucional.

No caso específico do Tribunal Popular, cumpriria debater questões relativas ao cumprimento dos princípios constitucionais garantidos à instituição do júri, a saber: a) plenitude de defesa; b) sigilo das votações; c) soberania dos vereditos; d) competência para os crimes dolosos contra a vida (art. 5.º, XXXVIII, CF).

II – Decisão que declara a inconstitucionalidade de tratado ou de lei federal. O recurso extraordinário torna-se aplicável, se o tribunal, analisando uma lei federal, deixar de aplicá-la por entender que é inconstitucional, pois está, em última análise, ingressando na seara do STF, guardião da Constituição Federal.

O procedimento correto, a ser utilizado pelos tribunais estaduais e regionais, encontra-se previsto pelo art. 97 da Constituição Federal, ou seja, "somente pelo voto da maioria absoluta de seus membros ou dos membros do respectivo órgão especial poderão os tribunais declarar a inconstitucionalidade de lei ou ato normativo do Poder Público". Para tanto, o indicado é seguir o disposto nos arts. 948 a 950 do Código de Processo Civil: arguida, em controle difuso, a inconstitucionalidade de lei ou ato normativo, a câmara ou turma (órgão fracionário da Corte) submeteria a questão ao Plenário. Quando este decidisse, optando pela inconstitucionalidade, obrigaria a câmara ou turma a decidir nesse sentido. Logo, caberia, contra esta decisão, recurso extraordinário. É o teor da Súmula 513 do STF: "A decisão que enseja a interposição de recurso ordinário ou extraordinário não é a do Plenário, que resolve o incidente de inconstitucionalidade, mas a do órgão (Câmaras, Grupos ou Turmas) que completa o julgamento do feito";

III – Decisão que julga válida lei ou ato de governo local contestado em face da Constituição. É possível que uma lei municipal ou estadual seja contestada em face da Constituição Federal, porém mantida e aplicada pela instância inferior.

Nessa hipótese, pode a parte interessada ingressar com recurso extraordinário. Note-se que, além de norma local, permite-se o recurso excepcional quando a instância inferior julgar válido ato de governo (em interpretação ampla, isto é, proveniente de qualquer órgão público, estadual ou municipal) local, considerado, naturalmente, inconstitucional;

IV – Decisão que julga válida lei local contestada em face de lei federal. Esta era uma hipótese adstrita ao Superior Tribunal de Justiça, porém, ao longo dos anos, notou-se que, para validar uma lei estadual ou municipal, em confronto com a lei federal, terminava-se invadindo a área de competência legislativa da União, que possui fundo nitidamente constitucional, abrindo-se a porta para o recurso extraordinário. Afinal, validando a lei local, considera-se, por via oblíqua, inconstitucional a lei federal (cf. Ada, Magalhães e Scarance, *Recursos no processo penal*, 4. ed., p. 279).

Não é preciso que a decisão proferida por Tribunal Estadual ou Regional Federal seja relativa ao mérito, pois qualquer delas, inclusive as interlocutórias, pode ferir a Constituição Federal.

9.10.3 A repercussão geral da questão constitucional

Estabelece o art. 102, § 3.º, da Constituição Federal que, no âmbito do recurso extraordinário, deverá o recorrente demonstrar a *repercussão geral das questões constitucionais* discutidas no caso concreto, nos termos legais, para que o Tribunal possa examinar a admissão do recurso, somente podendo rejeitá-lo pela manifestação de dois terços de seus membros.

Cuida-se da criação de um obstáculo ao processamento do recurso extraordinário, ainda que todos os requisitos estejam preenchidos. Em outros termos, entendeu-se, após a edição da Emenda 45/2004, que o STF poderia evitar o conhecimento de recurso extraordinário, cuja significação política para o Brasil seja irrelevante.

É essencial demonstrar ao Pretório Excelso que a inconstitucionalidade debatida no recurso, uma vez conhecida e julgada (procedente ou improcedente), terá o condão de abranger inúmeras situações similares, solucionando conflitos que nem mesmo chegaram ao Supremo Tribunal Federal ainda.

Há determinados temas, considerados insignificantes para provocar a atuação do STF, cuja repercussão nacional seria, na prática, nula. Por isso, não se processa o recurso extraordinário, mesmo que, em tese, consubstancie qualquer inconstitucionalidade. Mais detalhes podem ser encontrados na nota 1-C ao Capítulo VIII, Título II, Livro III, do nosso *Código de Processo Penal comentado*.

Supremo Tribunal Federal

- "1. A obrigação do recorrente em apresentar formal e motivadamente a preliminar de repercussão geral, que demonstre sob o ponto de vista econômico, político, social ou jurídico, a relevância da questão constitucional debatida que ultrapasse os interesses subjetivos da causa, conforme exigência constitucional e legal (art. 102, § 3.º, da CF/88, c/c art. 1.035, § 2.º, do CPC/2015), não se confunde com meras invocações desacompanhadas de sólidos fundamentos no sentido de que o tema controvertido é portador de ampla repercussão e de suma importância para o cenário econômico, político, social ou jurídico, ou que não interessa única e simplesmente às partes envolvidas na lide, muito menos ainda divagações de que a jurisprudência do Supremo Tribunal Federal é incontroversa no tocante à causa debatida, entre outras de igual patamar argumentativo" (ARE 1.254.747 AgR, 1.ª T., rel. Alexandre de Moraes, 13.03.2020, v.u.).
- "Nos termos da orientação firmada nesta Corte, cabe à parte recorrente demonstrar fundamentadamente a existência de repercussão geral da matéria constitucional em debate no recurso extraordinário, mediante o desenvolvimento de argumentação que, de maneira explícita e clara, revele o ponto em que a matéria veiculada no recurso transcende os limites subjetivos do caso concreto do ponto de vista econômico, político, social ou jurídico. 2. Revela-se deficiente a fundamentação da existência de repercussão geral de recurso extraordinário que se restringe à alegação genérica de que a questão em debate é dotada de repercussão geral. 3. A jurisprudência desta Corte é firme no

sentido de que a pendência de recurso extraordinário interposto de decisão relativa à pronúncia não impede a realização do Júri. Precedentes. Agravo regimental desprovido" (ARE 1.175.292 AgR, 2.ª T., rel. Edson Fachin, 27.09.2019, v.u.).

9.10.4 Processamento

A parte interessada tem o prazo de quinze dias, contado da data da intimação do acórdão, devendo ser o recurso interposto ao Presidente do Tribunal Estadual ou Regional Federal recorrido.

Expõe-se o fato e o direito, demonstrando, sempre, o cabimento do recurso e os principais motivos para justificar a reforma da decisão proferida em segunda instância. Em tópico destacado, sustenta-se a repercussão geral da questão constitucional.

O mesmo prazo de quinze dias será concedido à parte contrária para apresentar as contrarrazões.

Exige-se que a matéria objeto do recurso extraordinário tenha sido apreciada, de algum modo, na decisão recorrida (prequestionamento). Não fosse assim, estaria sendo transferido o conhecimento do tema diretamente ao Tribunal Superior, o que é incompatível com a natureza excepcional do recurso.

Admitido o seu processamento, o processo segue ao Supremo Tribunal Federal para apreciação. Negado o processamento do recurso extraordinário, cabe agravo de instrumento.

Nos termos do art. 638 do CPP: "o recurso extraordinário e o recurso especial serão processados e julgados no Supremo Tribunal Federal e no Superior Tribunal de Justiça na forma estabelecida por leis especiais, pela lei processual civil e pelos respectivos regimentos internos".

9.10.5 Efeito meramente devolutivo

Disciplina o art. 637 do CPP que "o recurso extraordinário não tem efeito suspensivo, e uma vez arrazoados pelo recorrido os autos do traslado, os originais baixarão à primeira instância, para a execução da sentença". Dessa forma, interposto o recurso extraordinário, com ou sem o seu processamento deferido, não se impede a execução da decisão proferida, como regra, em segundo grau.

Concretamente, é viável a expedição de mandado de prisão, se este for o conteúdo do julgado a ser executado.

Atualmente, está em vigor a Súmula 267 do Superior Tribunal de Justiça: "A interposição de recurso, sem efeito suspensivo, contra decisão condenatória não obsta a expedição de mandado de prisão".

O Supremo Tribunal Federal, entretanto, examina a questão em Plenário, atualmente, não possuindo, por ora, posição definida sobre o tema.

9.11 Recurso especial

9.11.1 Conceito

É um recurso excepcional, voltado a garantir a harmonia da aplicação da legislação infraconstitucional, tendo por foco comparativo o disposto em leis federais, evitando-se que estas sejam desautorizadas por decisões proferidas nos casos concretos pelos tribunais do País, além de se buscar evitar que interpretações divergentes, acerca de legislação federal, coloquem em risco a unidade e a credibilidade do sistema federativo.

9.11.2 Cabimento

Tem cabimento o recurso especial nas seguintes situações (art. 105, III, *a* a *c*, CF):

I – Decisão que contraria tratado ou lei federal, ou nega-lhes vigência. Como guardião da legislação federal, o Superior Tribunal de Justiça deve avaliar a decisão, proferida por tribunal inferior, que contrarie tratado ou lei federal, ainda que seja negando-lhe vigência.

A avaliação do que seria uma decisão *contrária* à lei federal (ou tratado) é, por vezes, subjetiva. Ocorre que, para viabilizar a harmonia da aplicação das leis federais em todo o território nacional há, sempre, uma dose elevada de valoração, sem que se possa fixar um conjunto de critérios estritamente objetivos;

II – Decisão que julga válido ato de governo local contestado em face de lei federal. O STJ deve avaliar se um ato de governo (tomado em sentido amplo, equivale ao praticado por qualquer órgão público estadual ou municipal), considerado válido por tribunal inferior, ofendeu o disposto em lei federal;

III – Decisão que dá à lei federal interpretação divergente da que lhe haja atribuído outro Tribunal. Esta é a hipótese mais próxima da finalidade de harmonização da aplicação da legislação federal no território nacional.

A meta é uniformizar o entendimento jurisprudencial de tribunais estaduais ou regionais federais, evitando-se que a mesma lei federal possibilite um número abusivo de interpretações dissonantes, o que colocaria em risco a própria credibilidade do Poder Judiciário.

Não é preciso que a decisão proferida por Tribunal Estadual ou Regional seja relativa ao mérito, pois qualquer delas, inclusive as interlocutórias, pode ferir lei federal ou dar interpretação diversa de outra Corte.

Superior Tribunal de Justiça

- "1. Do primeiro recurso especial, interposto simultaneamente aos embargos infringentes, não se deve conhecer, uma vez que não estava esgotada a jurisdição ordinária. Nesse sentido a Súmula n. 207/STJ: 'É inadmissível recurso especial quando cabíveis embargos infringentes contra o acórdão proferido no Tribunal de Origem'" (AgRg no AREsp 1.533.184/SP, 6.ª T., rel. Antonio Saldanha Palheiro, 24.09.2019, v.u.).

9.11.3 Processamento

A parte interessada tem o prazo de quinze dias, contado da data da intimação do acórdão, devendo ser o recurso interposto ao Presidente do Tribunal Estadual ou Regional Federal recorrido.

Expõe-se o fato e o direito, demonstrando, sempre, o cabimento do recurso e os principais motivos para justificar a reforma da decisão proferida em segunda instância. O mesmo prazo de quinze dias será concedido à parte contrária para apresentar as contrarrazões.

Exige-se que a matéria objeto do recurso especial tenha sido apreciada, de algum modo, na decisão recorrida (prequestionamento). Não fosse assim, estaria sendo transferido o conhecimento do tema diretamente ao Tribunal Superior, o que é incompatível com a natureza excepcional do recurso.

Admitido o seu processamento, o processo segue ao Superior Tribunal de Justiça, para julgamento. Se houver, também, a interposição de recurso extraordinário, em seguida, será o feito remetido ao Supremo Tribunal Federal para apreciação. Negado o processamento do recurso especial, cabe agravo de instrumento. Lembremos o teor da Súmula 123 do STJ: "A decisão que admite, ou não, o recurso especial deve ser fundamentada, com o exame dos seus pressupostos gerais e constitucionais".

Nos termos do art. 638 do CPP: "o recurso extraordinário e o recurso especial serão processados e julgados no Supremo Tribunal Federal e no Superior Tribunal de Justiça na forma estabelecida por leis especiais, pela lei processual civil e pelos respectivos regimentos internos".

9.11.4 Efeito meramente devolutivo

Disciplina o art. 637 do CPP que "o recurso extraordinário não tem efeito suspensivo, e uma vez arrazoados pelo recorrido os autos do traslado, os originais baixarão à primeira instância, para a execução da sentença". O mesmo se aplica ao recurso especial.

Dessa forma, interposto o referido recurso especial, com ou sem o seu processamento deferido, não se impede a execução da decisão proferida, como regra, em segundo grau.

Concretamente, é viável a expedição de mandado de prisão, se este for o conteúdo do julgado a ser executado.

Atualmente, está em vigor a Súmula 267 do Superior Tribunal de Justiça: "A interposição de recurso, sem efeito suspensivo, contra decisão condenatória não obsta a expedição de mandado de prisão".

O Supremo Tribunal Federal, entretanto, examina a questão em Plenário, atualmente, não possuindo, por ora, posição definida sobre o tema.

9.12 Recurso ordinário constitucional

9.12.1 Conceito e cabimento

Há hipóteses, constitucionalmente previstas, em que o processamento de recurso para o Superior Tribunal de Justiça e para o Supremo Tribunal Federal, contra determinadas decisões, dá-se automaticamente, isto é, sem o juízo específico de admissibilidade e conveniência, como ocorre nos casos de recursos especial e extraordinário.

Manifestado o inconformismo da parte, no prazo legal, processa-se o recurso, encaminhando-o ao tribunal competente para julgá-lo.

Em relação ao Supremo Tribunal Federal, cabe recurso ordinário constitucional, na esfera criminal, nas seguintes hipóteses (art. 102, II, CF): a) contra decisões denegatórias de *habeas corpus* decididas por Tribunais Superiores (Superior Tribunal de Justiça, Tribunal Superior Eleitoral e Superior Tribunal Militar); b) contra decisões denegatórias de mandado de segurança decididas por Tribunais Superiores (Superior Tribunal de Justiça, Tribunal Superior Eleitoral e Superior Tribunal Militar); c) contra decisão condenatória ou absolutória proferida por juiz federal de primeira instância em caso de crime político.

Para o Superior Tribunal de Justiça, cabe recurso ordinário constitucional, na esfera criminal, nas seguintes hipóteses (art. 105, II, CF): a) contra decisões denegatórias de *habeas corpus* decididas por Tribunais de Justiça e Tribunais Regionais Federais; b) contra decisões denegatórias de mandado de segurança decididas por Tribunais de Justiça e Tribunais Regionais Federais.

9.12.2 Processamento

Publicada a decisão, tem a parte interessada o prazo de cinco dias para apresentar a petição de interposição do recurso ordinário constitucional, em caso de *habeas corpus*, já acompanhado das razões (art. 30, Lei 8.038/1990). Quanto ao mandado de segurança, o prazo é de quinze dias (art. 33, Lei 8.038/1990).

Após o recebimento, abre-se vista ao Ministério Público, que, em dois dias, oferecerá contrarrazões (ou cinco dias, em caso de mandado de segurança). Na sequência, o recurso é encaminhado ao STF ou STJ, conforme o caso, para julgamento.

Capítulo 10

DAS AÇÕES DE IMPUGNAÇÃO CABÍVEIS NO ÂMBITO DO JÚRI

10.1 Disposições gerais

Há, basicamente, três ações de impugnação, com fundamentos constitucionais, que podem ser utilizadas no contexto do processo penal e, particularmente, no procedimento do júri.

São elas o *habeas corpus* (art. 5.º, LXVIII, CF), o mandado de segurança (art. 5.º, LXIX, CF) e a revisão criminal. Esta última não encontra previsão expressa, porém, da análise conjunta de diversos dispositivos constitucionais, pode-se constatar a sua base como garantia humana fundamental.

O mais comum instrumento de impugnação, que, de recurso, decididamente não se trata, mas ação constitucional, é o *habeas corpus*. Pode-se ajuizá-lo em qualquer fase do procedimento – desde o inquérito policial até a fase de execução penal, questionando decisões jurisdicionais de variadas naturezas, inclusive com trânsito em julgado, sempre em benefício do réu.

Segue-se o mandado de segurança, que tutela qualquer direito líquido e certo, de forma a admitir a sua interposição tanto em prol dos interesses do acusado como em virtude da pretensão do órgão acusatório. Certamente, a sua utilização é mais limitada, mas não menos importante.

A revisão criminal, por seu turno, é ação de índole constitucional, cuja finalidade é a rescisão de um julgado definitivo, desde que o seu conteúdo contenha erro judiciário, conforme as hipóteses legais.

As três modalidades de ações serão mais bem analisadas em tópicos independentes.

10.2 *Habeas corpus*

10.2.1 Conceito

Trata-se de ação de natureza constitucional, destinada a coibir qualquer ilegalidade ou abuso de poder voltado à constrição da liberdade de locomoção. Encontra-se prevista no art.

5.º, LXVIII, da Constituição Federal, e regulada pelos arts. 647 a 667 do Código de Processo Penal. Consultar a nossa obra *Habeas corpus* para mais detalhes.

Não se trata de recurso, como faz crer a sua inserção no Título II do Livro III do Código de Processo Penal, mas, sim, de autêntica garantia humana fundamental, cuja utilização se viabiliza por meio de ação autônoma, podendo, inclusive, ser proposta contra decisão que já transitou em julgado. Considerando-o como autêntica ação e não recurso, igualmente: Pontes de Miranda, *História e prática do* habeas corpus *- Direito constitucional e processual comparado*, p. 126-127; Antonio Magalhães Gomes Filho, O habeas corpus *como instrumento de proteção do direito à liberdade de locomoção*, p. 68; Rogério Lauria Tucci, Habeas corpus, *ação e processo penal*, p. 4-6; Marco Antonio de Barros, *Ministério Público e o* habeas corpus: *tendências atuais*, p. 119; Dante Busana, *Habeas corpus*, p. 106; Dante Busana e Laerte Sampaio, *O Ministério Público no processo de* habeas corpus, p. 316. Em sentido contrário, sustentando tratar-se de um *recurso especial*: Galdino Siqueira, *Curso de processo criminal*, p. 384.

O termo *habeas corpus*, etimologicamente, significa "toma o corpo", isto é, faz-se a apresentação de alguém, que esteja preso, em juízo, para que a ordem de constrição à liberdade seja justificada, podendo o magistrado mantê-la ou revogá-la. Embora atualmente não mais se tenha que fazer a apresentação do preso ao juiz, como regra, continua a autoridade judiciária analisando a legalidade do ato ameaçador ou constringente à liberdade de ir e vir do indivíduo.

Prevê o art. 5.º, LXXVII, da Constituição Federal, que "são gratuitas as ações de *habeas corpus* e *habeas data*, e, na forma da lei, os atos necessários ao exercício da cidadania".

10.2.2 Amplitude

Originalmente, o *habeas corpus* era utilizado para fazer cessar a prisão considerada ilegal. Atualmente, porém, seu alcance tem sido estendido para abranger qualquer ato constritivo direta ou indiretamente à liberdade, ainda que se refira a decisões jurisdicionais não referentes, diretamente, à decretação da prisão.

Note-se o que ocorre com a utilização do *habeas corpus* para trancar o inquérito policial ou a ação penal, quando inexista justa causa para o seu trâmite, bem como quando se utiliza esse instrumento constitucional para impedir o indiciamento injustificado, entre outras medidas. Nada mais lógico, pois são atos ou medidas proferidas em processos (ou procedimentos) criminais, que possuem clara repercussão na liberdade do indivíduo, mesmo que de modo indireto. Afinal, o ajuizamento de ação penal contra alguém provoca evidente constrangimento, havendo registro em sua folha de antecedentes, bem como servindo de base para, a qualquer momento, o juiz decretar medida restritiva da liberdade, em caráter cautelar. Explica Florêncio de Abreu que a ampliação do alcance do *habeas corpus* deveu-se à "ausência, no nosso mecanismo processual, de outros remédios igualmente enérgicos e expeditos para o amparo de outros direitos primários do indivíduo" (*Comentários ao Código de Processo Penal*, v. V, p. 558).

No âmbito do Tribunal do Júri, o *habeas corpus* pode ser utilizado em diversas situações para as quais nem mesmo se prevê qualquer espécie de recurso. São exemplos: a) o recebimento da denúncia ou queixa; b) o indeferimento de produção de prova vital para a defesa, na fase de formação da culpa; c) a pronúncia prolatada em termos inadequados contra o réu, quando já não caiba recurso em sentido estrito; d) a existência de flagrante nulidade durante a formação da culpa, quando já transitou em julgado a decisão de pronúncia; e) o indeferimento da produção de provas importantes na fase de preparação do plenário, que irá prejudicar a defesa na sessão de julgamento, entre outros.

10.2.3 Espécies e restrições

O *habeas corpus* pode ser liberatório, quando a ordem dada tem por finalidade a cessação de determinada ilegalidade já praticada (ex.: soltura de alguém, preso ilegalmente), ou preventivo, quando a ordem concedida visa a assegurar que a ilegalidade ameaçada não chegue a se consumar (ex.: impedir que alguém seja, indevidamente, indiciado).

Prevê o art. 142, § 2.º, da CF, que "não caberá *habeas corpus* em relação a punições disciplinares militares" (Forças Armadas e Polícia Militar). Além disso, é preciso anotar que, durante o estado de defesa (art. 136, CF) e ao longo do estado de sítio (art. 137, CF), muitos direitos e garantias individuais são suspensos, razão pela qual várias ordens e medidas podem resultar em constrições à liberdade, que terminam por afastar, na prática, a utilização do *habeas corpus*, por serem consideradas, durante a vigência da época excepcional, legítimas.

10.2.4 O habeas corpus *e a soberania do Tribunal do Júri*

Durante a instrução, não se pode questionar a possibilidade de utilização do *habeas corpus* para impugnar qualquer decisão jurisdicional, desde que afete, de algum modo, a liberdade de locomoção.

Porém, havendo decisão com trânsito em julgado, deve-se analisar em que medida a interposição de *habeas corpus* poderia afetar a soberania dos vereditos, como garantia da instituição do júri.

Em primeiro lugar, não há qualquer confronto entre *habeas corpus* e a decisão de pronúncia ou outro pronunciamento proferido por juiz singular, uma vez que não está em jogo a soberania do veredito popular.

Entretanto, há duas hipóteses previstas no art. 648, I e VI, do CPP, autorizando a concessão de *habeas corpus*, ainda que haja sentença condenatória com trânsito em julgado.

Se o Tribunal, tomando conhecimento da impetração, verificar que inexistia *justa causa* para a ação penal – exemplo disso seria a nítida ausência de prova da existência do crime (materialidade) –, poderia conceder a ordem para, anulando todo o processo, determinar o trancamento da persecução criminal. Excepcionalmente, surgindo novas provas nesse caso e não tendo ocorrido a prescrição, poderia o Ministério Público propor novamente a ação penal, a ser julgada, futuramente, pelo Tribunal do Júri.

Registre-se que, na hipótese supra, não se trata de decisão de mérito propriamente dita (verificação da veracidade ou não da imputação fática realizada pelo órgão acusatório), subtraindo a competência constitucional dos jurados, implicando no acolhimento ou na rejeição do pedido, mas condição para que subsista a ação penal, possibilitando, então, o julgamento da eventual culpa do acusado.

Por outro lado, pode o Tribunal, em caso de impetração de *habeas corpus*, igualmente, constatar a manifesta nulidade do processo porque inexistiu, por exemplo, o acompanhamento de defensor técnico, tendo o magistrado admitido apenas a presença de estagiário de direito. Anula-se o feito, que já contava com decisão condenatória com trânsito em julgado. Porém, oferecida nova denúncia e reparado o erro, haverá normal julgamento pelo Tribunal Popular.

Essas medidas são válidas, uma vez que o *habeas corpus*, de *status* constitucional, tem por finalidade justamente impedir coações ilegais, de onde quer que elas partam.

Não há afronta à soberania dos vereditos populares, tendo em vista não se estar retirando do Tribunal do Júri a possibilidade de decidir sobre o mérito da causa; ao contrário, corrigem-se erros, cometidos durante a instrução do processo, para que se viabilize um julgamento justo.

O *habeas corpus* em hipótese alguma invade o mérito, condenando ou absolvendo o acusado, e tampouco alterando a pena aplicada. Logo, pode anular o processo, o que redunda na renovação dos atos processuais, até que se atinja, outra vez, a fase de avaliação do mérito, esta, sim, da competência do Tribunal Popular.

10.2.5 Cabimento

É cabível a impetração de *habeas corpus* sempre que "alguém sofrer ou se achar ameaçado de sofrer violência ou coação em sua liberdade de locomoção por ilegalidade ou abuso de poder" (art. 5.º, LXVIII, CF). O art. 647 do CPP prevê: "Dar-se-á *habeas corpus* sempre que alguém sofrer ou se achar na iminência de sofrer violência ou coação ilegal na sua liberdade de ir e vir, salvo nos casos de punição disciplinar".

Em relação ao estado de *iminência* (algo muito próximo, em vias de acontecer), que não constou do texto constitucional, cremos que se deve desconsiderá-lo, permitindo o alargamento da utilização do *habeas corpus* para toda e qualquer ameaça, ainda que não tão próxima como quer fazer crer o disposto no art. 647 do CPP.

No cenário do *habeas corpus*, não se faz referência ao *direito líquido e certo* – nem na norma constitucional, nem tampouco no Código de Processo Penal –, embora seja requisito fundamental, afinal, não se admite qualquer tipo de dilação probatória. Em outros termos, instruindo o *habeas corpus* devem constar todos os documentos necessários para que se possa visualizar a ameaça ilegal.

Não se deve usar a ação constitucional para qualquer tipo de análise do mérito da causa, que demanda exame acurado e minucioso das provas dos autos. O *habeas corpus* é medida urgente, voltada à cessação de ato abusivo à liberdade de ir, vir e ficar.

Descabe, ainda, *habeas corpus* para questionar as punições disciplinares militares. É o disposto no art. 142, § 2.º, da Constituição Federal. Há necessidade, primeiramente, de ser esgotada a instância administrativa. Depois disso, se deve ou não ser mantida a sanção aplicada, trata-se de matéria administrativa comum a ser julgada pelo órgão jurisdicional competente, que é a Justiça Militar (art. 125, §§ 4.º e 5.º, CF). Em situações excepcionais, envolvendo a flagrante ilegalidade do ato, em particular quando emanado de autoridade incompetente, é viável a interposição de *habeas corpus*. Entretanto, repita-se, não se destina a avaliar o mérito da punição, mas tão somente a fazer cessar a constrição.

Nos termos do art. 648 do CPP, considera-se coação ilegal, sujeita ao exame pela via do *habeas corpus*, as seguintes:

I – Constrição sem justa causa: desdobra-se a questão em dois aspectos: a) justa causa para a ordem proferida, que resultou em coação contra alguém; b) justa causa para a existência de processo ou investigação contra alguém, sem que haja lastro probatório suficiente.

Na primeira situação, a falta de justa causa baseia-se na inexistência de provas ou de requisitos legais para que alguém seja detido ou submetido a constrangimento (ex.: decreta-se a prisão preventiva sem que os motivos do art. 312 do CPP estejam nitidamente demonstrados nos autos). Na segunda hipótese, a ausência de justa causa concentra-se na carência de provas a sustentar a existência e manutenção da investigação policial ou do processo criminal. Se a falta de justa causa envolver apenas uma decisão, contra esta será concedida a ordem de *habeas corpus*. Caso diga respeito à ação ou investigação em si, concede-se a ordem para o trancamento do processo ou procedimento investigatório que, normalmente, é o inquérito policial;

II – Duração da prisão por mais tempo do que determina a lei: o investigado ou réu, quando preso, deve ter o procedimento acelerado, de modo que não fique detido por mais tempo do que o razoável.

Há de se verificar cada situação concretamente. Na fase policial, a prisão temporária pode ser decretada por cinco dias, constituindo o prazo fatal para a conclusão da detenção, haja ou não a colheita das provas suficientes. O máximo que se admite é a prorrogação da temporária por outros cinco dias, ao final dos quais deve cessar a constrição. O prazo é fixado em lei (art. 2.º, *caput*, Lei 7.960/1989). Não ocorrendo a soltura, configura-se o constrangimento ilegal.

Em casos de investigação de homicídio qualificado, considerado hediondo, a prisão temporária pode ser decretada por até 30 dias, prorrogáveis por igual período, em caso de extrema e comprovada necessidade (art. 2.º, § 4.º, Lei 8.072/1990).

Quanto à instrução dos processos criminais, inexiste prazo específico. Criou-se um período – obtido pela soma dos prazos previstos no Código de Processo Penal – de 81 dias, tempo considerado suficiente para o término da colheita das provas.

Ocorre que, atualmente, a jurisprudência vem amenizando essa disposição, alegando que somente cada caso poderá ditar se há ou não excesso de prazo para a conclusão da instrução. Logo, já não se fala em 81 dias, mas num prazo *razoável*, sem culpa do juiz ou do órgão acusatório, para a conclusão da instrução.

Esclarecem Aury Lopes Jr. e Gustavo Henrique Badaró: "A natureza do delito e a pena a ele cominada, enquanto critérios da razoabilidade de duração do processo, representam, em essência, o critério da proporcionalidade. Processos que tenham por objeto delitos mais graves e, consequentemente, apenados mais severamente, poderão durar mais tempo do que outros feitos por delitos de pequena gravidade. Todavia, embora o critério da proporcionalidade seja fundamental, na ponderação da duração do processo em relação ao binômio 'natureza do delito – pena cominada', não poderá ser aceito, de forma isolada, como índice de razoabilidade. Levado ao extremo, delitos apenados com prisão perpétua teriam como razoável um processo que durasse toda a vida..." (*Direito ao processo penal no prazo razoável*, p. 56-57).

É importante destacar que não configura excesso de prazo a demora causada pela utilização regular de recurso previsto em lei, tal como o recurso em sentido estrito para questionar a pronúncia. Essa é a regra. Entretanto, pode dar-se a demora abusiva para apreciar o recurso, conforme o volume de trabalho do tribunal ao qual foi dirigido. Cada caso deve ser avaliado em concreto.

III – Constrição ordenada por quem não tem competência para tanto: a legalidade do ato coativo resta, automaticamente, arranhada quando a autoridade não tinha competência para proferir a ordem. Um juiz de direito, atuando em Vara Cível, como regra, não pode decretar a prisão preventiva de um réu, que responde a processo criminal, na Vara do Júri. É autoridade incompetente para esse ato. Logicamente, para se verificar as regras de competência, depende-se da análise das leis de organização judiciária. Afinal, em determinadas Comarcas, o juiz de direito cumula as funções de juiz cível e juiz criminal, motivo pelo qual teria ele condições de decretar uma prisão cautelar em processo-crime;

IV – Cessação do motivo autorizador da constrição: a prisão é uma exceção e a liberdade, a regra. Por isso, deve-se considerar que, findo o motivo gerador da coação, esta deve ser revista e afastada. Exemplo disso seria a decretação da prisão preventiva por conveniência da instrução criminal, sob a alegação de estar o réu ameaçando determinada testemunha. Entretanto, a referida testemunha, após sua oitiva, muda-se para o exterior, não havendo mais razão para a mantença da custódia cautelar;

V – Falta de autorização para alguém prestar fiança, nas hipóteses em que a lei autoriza: caso a lei autorize a obtenção de fiança pelo réu, que se encontra detido, não há razão para a autoridade competente deixar de fixar o seu valor e as condições para a obtenção do benefício. Logicamente, representa constrangimento ilegal manter no cárcere quem pode prestar fiança e ver-se livre;

VI – Processo manifestamente nulo: o processo, em andamento ou findo, que contenha vícios graves, considerados insanáveis, não pode servir para produzir efeitos negativos ao réu ou condenado.

Logicamente, somente se utiliza o *habeas corpus*, em lugar da revisão criminal, no caso de processo findo, quando houver prisão ou quando a situação for teratológica, passível de verificação nítida pelas provas apresentadas com a impetração. No caso do processo em andamento, somente se usa o *habeas corpus*, em lugar do recurso regularmente cabível, quando o prejuízo para o réu for irreparável. Tal pode dar-se pela lentidão no processamento do recurso interposto em se tratando de acusado preso.

O reconhecimento da nulidade de qualquer ato implica, por lógica, a sua renovação, suplantando-se o vício e restaurando-se o devido processo legal (art. 652, CPP);

VII – Extinção da punibilidade: não havendo, para o Estado, direito de punir ou de executar a pena, é incabível manter-se alguém detido. Logo, caso não seja reconhecida a extinção da punibilidade do réu ou do condenado, pelo juiz do processo de conhecimento ou da execução criminal, estando ele preso, cabe a impetração do *habeas corpus*. É o que pode ocorrer em casos de prescrição da pretensão punitiva ou executória.

O rol do art. 648 do Código de Processo Penal é meramente exemplificativo. Outros tipos de coação ilegal podem surgir e também devem ser amparados pelo *habeas corpus*, afinal, no texto constitucional inexiste qualquer limitação para a sua utilização, desde que haja violência ou coação, ilegal ou abusiva, em relação à liberdade de locomoção.

10.2.6 Competência

O primeiro critério a ser verificado é o territorial, buscando-se o lugar onde se dá a coação. Em seguida, analisa-se a qualidade da autoridade coatora, checando-se se possui foro privilegiado.

Como exemplos: a) se alguém é detido para averiguação por delegado da Comarca X, deve ser impetrado *habeas corpus* ao magistrado da Vara Criminal competente da Comarca X. Havendo mais de um, distribui-se o pedido. Se já houver investigação ou processo em andamento, cabe a distribuição por prevenção ao juiz que fiscaliza o feito, competente para analisar o abuso ocorrido – até porque ele poderia conceder a ordem de ofício; b) se um indivíduo é detido por ordem de juiz da Comarca X, conforme o crime imputado ao paciente, elege-se o tribunal competente (Tribunal de Justiça ou Tribunal Regional Federal, conforme seja o delito da alçada estadual ou federal).

Quanto aos Tribunais Superiores, cabe ao Supremo Tribunal Federal julgar, originariamente, o *habeas corpus*, sendo paciente o Presidente da República, o Vice-Presidente, os membros do Congresso Nacional, seus próprios Ministros, o Procurador-Geral da República, os Ministros de Estado, os Comandantes da Marinha, do Exército e da Aeronáutica, os membros de Tribunais Superiores, os do Tribunal de Contas da União e os chefes de missão diplomática de caráter permanente (art. 102, I, *d*, CF), bem como quando o coator for Tribunal Superior ou ainda se o coator ou o paciente for autoridade ou funcionário cujos atos estejam sujeitos diretamente à jurisdição do Supremo Tribunal Federal, ou se tratando de crime sujeito à mesma jurisdição em uma única instância (art. 102, I, *i*, CF).

O STF chamou a si a competência para julgar conflitos de atribuições entre o Ministério Público Federal e o Ministério Público Estadual.

Cabe-lhe, ainda, julgar em recurso ordinário, o *habeas corpus* decidido em única instância pelos Tribunais Superiores, se denegatória a decisão. Cremos razoável a interpretação que inclui o *habeas corpus* decidido em *última* instância pelos Tribunais Superiores. Afinal, se caberia interpor diretamente *habeas corpus* no STF, quando o coator for Tribunal Superior, logicamente, cabe a interpretação extensiva do termo "única" instância. E mais: tal possibilidade vem prevista na competência do STJ, ao falar em "única ou última instância" (art. 105, II, *a*, CF).

Cabe-lhe julgar, em recurso ordinário, o *habeas corpus* decidido em única ou última instância pelos Tribunais Regionais Federais ou pelos Tribunais dos Estados, do Distrito Federal e Territórios, quando a decisão for denegatória.

Cabe ao Superior Tribunal de Justiça julgar, originariamente, o *habeas corpus*, quando o coator ou paciente for o Governador de Estado ou do Distrito Federal, os desembargadores dos Tribunais de Justiça dos Estados e do Distrito Federal, os membros dos Tribunais de Contas dos Estados e do Distrito Federal, os dos Tribunais Regionais Federais, dos Tribunais Regionais Eleitorais e do Trabalho, os membros dos Conselhos ou Tribunais de Contas dos Municípios e os do Ministério Público da União, que oficiem perante tribunais, bem como quando o coator for tribunal sujeito à sua jurisdição, Ministro de Estado ou Comandante da Marinha, do Exército ou da Aeronáutica, ressalvada a competência da Justiça Eleitoral (art. 105, I, *c*, CF).

Lembremos que o Tribunal de Justiça Militar, componente da Justiça Estadual, especializado em julgar policiais militares e integrantes do Corpo de Bombeiros Militares, está sujeito à jurisdição do STJ e não do STM (Superior Tribunal Militar). Este é apenas o órgão de segundo grau da Justiça Militar Federal e não o órgão de cúpula de toda a Justiça Militar no Brasil.

Questão relevante diz respeito à eventual supressão de instância. Não pode o Tribunal Superior, como regra, tomar conhecimento de um *habeas corpus* impetrado por réu ou condenado, tratando de questão não ventilada, expressamente, nem decidida no recurso julgado pelo Tribunal do Estado ou Regional Federal.

Assim, o Superior Tribunal de Justiça não tem apreciado matéria não levantada pelo paciente anteriormente. Se o fizesse, estaria, em tese, suprimindo uma instância. Pode, no entanto, em caso de urgência e relevância, conceder, de ofício, ordem de *habeas corpus* para fazer cessar o constrangimento ilegal, bem como determinar que o Tribunal Estadual ou Regional Federal analise o ponto suscitado.

Quanto aos tribunais inferiores, cabe ao Tribunal Regional Federal julgar, originariamente, o *habeas corpus* quando a autoridade coatora for juiz federal (art. 108, I, *d*, CF). Aos juízes federais compete julgar o *habeas corpus* em matéria criminal de sua competência ou quando o constrangimento tiver origem em ato de autoridade não sujeita diretamente a outra jurisdição (art. 109, VII, CF).

Em relação ao Tribunal de Justiça do Estado estipula o art. 125, § 1.º, da Constituição Federal que "a competência dos tribunais será definida na Constituição do Estado, sendo a lei de organização judiciária de iniciativa do Tribunal de Justiça". Ilustrando, estabelece a Constituição Estadual de São Paulo caber ao Tribunal de Justiça julgar, originariamente, o *habeas corpus*, nos processos cujos recursos forem de sua competência ou quando o coator ou paciente for autoridade diretamente sujeita a sua jurisdição, ressalvada a competência da Justiça Militar (art. 74, IV). Assim, cabe-lhe julgar *habeas corpus* cujo coator ou paciente for o Vice-Governador, os Secretários de Estado, os Deputados Estaduais, o Procurador-Geral de Justiça, o Procurador-Geral do Estado, o Defensor Público Geral e os Prefeitos Municipais.

10.2.7 Legitimidade e processamento

O *habeas corpus* pode ser impetrado por qualquer pessoa, em seu próprio benefício ou de outrem, bem como pelo Ministério Público (art. 654, *caput*, CPP).

A legitimidade ativa cabe a pessoas físicas ou jurídicas, nacionais ou estrangeiras, independentemente de possuir habilitação técnica para tanto.

Denomina-se *impetrante* aquele que ajuíza a ação de *habeas corpus* e *paciente*, a pessoa em favor de quem a ordem é solicitada, nada impedindo que ambos se concentrem no mesmo indivíduo.

Para impetrar *habeas corpus*, não é necessário o patrocínio da causa por advogado. Aliás, o próprio Estatuto da Advocacia (Lei 8.906/1994), reconhecendo a importância desse remédio constitucional, estabelece que "não se inclui na atividade privativa de advocacia a impetração de *habeas corpus* em qualquer instância ou Tribunal" (art. 1.º, § 1.º).

Entretanto, particularmente no contexto do Tribunal do Júri, onde vigora o princípio constitucional da plenitude de defesa, torna-se importante que as ações de *habeas corpus* sejam patrocinadas por defensor habilitado, em lugar de se aceitar o processamento conduzido pelo próprio interessado, muitas vezes leigo, sem que consiga oferecer os melhores argumentos para a concessão da ordem. Justamente por isso é que os Regimentos Internos do Supremo Tribunal Federal (art. 191, I) e do Superior Tribunal de Justiça (art. 201, I) conferem ao relator a faculdade de nomear advogado para acompanhar e defender oralmente o *habeas corpus* impetrado por pessoa que não seja bacharel em Direito.

O promotor (ou procurador da República), que funcione em primeiro grau, acompanhando o desenrolar da investigação criminal ou do processo, tem legitimidade para impetrar *habeas corpus* em favor do indiciado ou acusado. É preciso, no entanto, que ele demonstre efetivo interesse em *beneficiar* o réu e não simplesmente em prejudicá-lo por via indireta. Se houver defesa constituída, é preciso consultá-la, a fim de saber se é interessante ao paciente o julgamento do *habeas corpus*.

Não pode o magistrado que fiscaliza o inquérito ou que preside a instrução impetrar *habeas corpus* em favor do indiciado ou réu. Seria esdrúxula tal opção, uma vez que ele tem poder para fazer cessar qualquer tipo de constrangimento ocorrido contra o indivíduo, processado ou investigado. Aliás, se não fizesse cessar qualquer tipo de abuso, tornar-se-ia a autoridade coatora. Certamente, o juiz, como cidadão, em procedimento alheio à sua jurisdição, pode impetrar *habeas corpus* em favor de terceiro. No mesmo sentido, CELSO DELMANTO, *Da impetração de* habeas corpus *por juízes, promotores e delegados*, p. 287.

Não há sentido algum em se permitir ao delegado, quando atuando como condutor de investigação criminal, impetrar *habeas corpus* em favor da pessoa que ele mesmo indiciou ou, de qualquer modo, investigou. Porém, como cidadão, desvinculado do caso, é natural que possa exercer seu direito constitucional de impetrar *habeas corpus*. Nessa ótica: "A legitimidade ativa no *habeas corpus* vai além dos advogados, vai além da cidadania, vai além de qualquer do povo, porque é direito das gentes, pelo que não pode ser negado ao Delegado de Polícia, como gente" (MAURÍCIO HENRIQUE GUIMARÃES PEREIRA, Habeas corpus *e polícia judiciária*, p. 242). No mesmo sentido, CELSO DELMANTO, *Da impetração de* habeas corpus *por juízes, promotores e delegados*, p. 287.

Quanto à legitimidade passiva, inclui-se a pessoa apontada como coatora, seja autoridade ou não, que deve defender a legalidade do seu ato, ao prestar informações. É possível figurar no polo passivo um corpo estatal, como ocorre com tribunais, Comissões Parlamentares de Inquérito e outros colegiados. Para FREDERICO MARQUES, no entanto, quando se tratar de autoridade, o verdadeiro sujeito passivo é o Estado (*Elementos de direito processual penal*, v.

IV, p. 376). Parece-nos, no entanto, que, no polo passivo, está mesmo a pessoa, ainda que seja autoridade, pois esta será condenada em custas, segundo o espírito do Código de Processo Penal, e responderá por abuso. Atualmente, ressalte-se, não há mais custas em *habeas corpus* (art. 5.º, LXXVII, CF), perdendo o efeito o disposto no art. 653 do CPP.

As informações gozam de presunção de veracidade, devendo ser acompanhadas das cópias pertinentes do processo ou inquérito, conforme o caso. Ressalte-se que, em muitos casos, tratando-se de autoridade, esta se limita a fazer um mero relatório do feito, deixando de sustentar a medida coercitiva empregada, o que é irregular. Entretanto, se enviar a cópia da decisão devidamente fundamentada, demonstrativa da legalidade da decisão tomada, supre-se a falha. Note-se que, deixando de evidenciar a correção do seu ato, pode ser condenada nas custas (ao menos na época de edição do CPP) e processada por abuso de poder (art. 653, CPP), conforme o caso, tornando saliente o seu interesse de que seja considerada legal a medida determinada.

Sobre o tema, Pontes de Miranda diz que "se a autoridade coatora se esquiva a prestar esclarecimentos que lhe foram reiteradamente exigidos, deve ser interpretada tal omissão como tácita confirmação das alegações do impetrante. (...) A informação oficial é crida, salvo prova em contrário; e a autoridade informante responde pela sua veracidade, sob pena de responsabilidade" (*História e prática do* habeas corpus, p. 390). Comungando do mesmo entendimento, confira-se em Dante Busana: "Infelizmente, alguns magistrados consideram tarefa menor prestar informações em *habeas corpus* e a confiam ao escrivão, limitando-se a assinar peça por aquele redigida. Esquecem-se de que a impetração imputa-lhes ilegalidade ou abuso de poder e não tem sentido o juiz, cuja missão é cumprir e fazer cumprir a lei, transferir a terceiros a tarefa de dar contas dessa missão aos tribunais superiores" (*Habeas corpus*, p. 119).

Quanto à possibilidade de figurar no polo passivo do *habeas corpus* o particular, deve-se ressaltar não distinguir a Constituição Federal entre a autoridade e o particular, de modo que é possível impetrar *habeas corpus* contra qualquer pessoa que constranja a liberdade de locomoção de outrem.

É o meio mais seguro e rápido para solucionar o impasse. Imagine-se a prostituta presa em algum lugar pelo rufião. Mais célere pode ser a impetração do *habeas corpus* do que ser a polícia acionada para agir, libertando a vítima. O mesmo se diga dos inúmeros casos de internação irregular em hospitais psiquiátricos ou mesmo da vedação de saída a determinados pacientes que não liquidam seus débitos no nosocômio.

Como ensina Dante Busana, "a polícia pode não querer (ou não julgar prudente) intervir, como, por exemplo, nas hipóteses de internação indevida em manicômio ou outro estabelecimento destinado ao tratamento de moléstias mentais e razão não há para negar à pessoa internada sem motivo legal a proteção do remédio constitucional" (*Habeas corpus*, p. 110). Nessa ótica, igualmente: Ada, Magalhães e Scarance (*Recursos no processo penal*, p. 357), Tourinho Filho (*Código de Processo Penal comentado*, v. 2, p. 465-466); Mirabete (*Código de Processo Penal interpretado*, p. 856-857); Demercian e Maluly (*Curso de processo penal*, p. 445); Magalhães Noronha (*Curso de processo penal*, p. 412), Greco Filho (*Manual de processo penal*, p. 392), questionando tecnicamente esse entendimento, mas acatando em nome da celeridade; Frederico Marques (*Elementos de direito processual penal*, v. IV, p. 376); Marco Antonio de Barros (*Ministério Público e o* habeas corpus: *tendências atuais*, p. 119); Dante Busana e Laerte Sampaio (*O Ministério Público no processo de* habeas corpus, p. 320).

Em contrário: Hélio Tornaghi, sustentando que "a coação exercida por um particular configurará o crime de cárcere privado (CP, art. 148), ou de constrangimento ilegal (CP, art. 146), ou o de ameaça (CP, art. 147), e as providências contra o coator devem ser pedidas à Polícia" (*Curso de processo penal*, v. 2, p. 408). E também: Bento de Faria (*Código de Pro-*

cesso Penal, v. 2, p. 381); PONTES DE MIRANDA (*História e prática do* habeas corpus, p. 444); FLORÊNCIO DE ABREU (*Comentários ao Código de Processo Penal*, v. V, p. 561).

A pessoa jurídica não pode ser paciente, em nosso entendimento, pois o *habeas corpus* protege, direta ou indiretamente, a liberdade de locomoção, o que não lhe diz respeito. Assim também: PONTES DE MIRANDA (História e prática do *habeas corpus*, p. 371). É bem verdade que, após a edição da Lei 9.605/1998, prevendo a possibilidade de ser a pessoa jurídica autora de crime ambiental no Brasil, pode surgir situação de constrangimento ilegal que a atinja, como ocorreria com o ajuizamento de ação penal sem justa causa.

Nessa hipótese, à falta de recurso próprio contra o recebimento da denúncia nesse caso, pode a pessoa jurídica valer-se do mandado de segurança, que é instrumento constitucional para coibir ilegalidade ou abuso de poder não amparado por *habeas corpus* (art. 5.º, LXIX, CF). Assim, pode impetrar mandado de segurança visando ao trancamento da ação penal, caso fique evidente o direito líquido e certo de não ser processada.

A petição deve conter, pelo menos, o seguinte: a) o nome da pessoa que sofre ou está ameaçada de sofrer a constrição e o nome de quem exerce a violência, a coação ou a ameaça; b) a especificação da espécie de constrangimento ou as razões que justificam o temor causado por ameaça; c) a assinatura do impetrante, ou quem puder fazê-lo a seu rogo, bem como a especificação de suas residências.

Além disso, o impetrante pode inserir argumentos jurídicos e a jurisprudência reinante sobre o tema, de modo a demonstrar ser abusivo o ato questionado, com o fim de ser afastado, mediante a concessão da ordem.

Há possibilidade, ainda, de os juízes e tribunais concederem a ordem de *habeas corpus* de ofício, quando, no curso de investigação ou processo, do qual tomarem conhecimento, no exercício da função, verificarem a existência de coação ou a iminência de ato constritivo ilegal (art. 654, § 2.º, CPP).

A interposição do *habeas corpus* e a concessão da ordem para fazer cessar o constrangimento ilegal detectado não impede, naturalmente, o prosseguimento da ação penal (art. 651, CPP). Pode-se conceder a ordem, por exemplo, para provocar a soltura de réu preso além do prazo razoável para a instrução findar, o que não afeta em nada o andamento processual. Porém, se o *habeas corpus* volta-se diretamente à falta de justa causa para a ação penal, uma vez concedida a ordem, tranca-se o processo, justamente porque há conflito entre um e outro.

A concessão de liminar é possível. Não é hipótese expressamente prevista em lei, mas admitida com tranquilidade pela jurisprudência. A primeira liminar ocorreu no *HC* 27.200, impetrado no Superior Tribunal Militar por Arnoldo Wald em favor de E.M.C.M., dada pelo Ministro Almirante de Esquadra José Espíndola, em 31 de agosto de 1964 – logo, em pleno regime militar.

Posteriormente, o Supremo Tribunal Federal, no HC 41.296, impetrado por Sobral Pinto em favor do Governador de Goiás M.B., concedeu liminar, pelo Ministro Gonçalves de Oliveira, em 14 de novembro de 1964, para que não fosse processado o paciente sem autorização prévia da Assembleia Legislativa do Estado (Arnoldo Wald, *As origens da liminar em* habeas corpus *no direito brasileiro*, p. 804).

Acrescenta ALBERTO SILVA FRANCO poder o juiz ou tribunal conceder a tutela cautelar de ofício: "A tutela cautelar mostra-se, nesse caso, de cogente incidência, sendo aplicável até mesmo de ofício. Não se argumente no sentido de que o exercício dessa tutela possa redundar num abuso judicial. As atitudes abusivas, se ocorrentes, serão sempre extraordinárias e não poderão, por isso, representar a contenção do uso normal e regular do poder de cautela" (*Medida liminar em* habeas corpus, p. 72).

Verificando o juiz ou o tribunal, durante o processamento do *habeas corpus*, ter cessado a violência ou a coação ilegal, julgará prejudicado o pedido (art. 659, CPP).

Impõe-se haver celeridade no trâmite processual do *habeas corpus*, devendo o magistrado proferir sua decisão, em 24 horas, tão logo receba as informações da autoridade apontada como coatora (art. 660, *caput*, CPP).

Por outro lado, não se ouve o Ministério Público de primeiro grau, quando o *habeas corpus* é impetrado ao juiz de direito, por falta de previsão legal. Da decisão tomada pelo magistrado deve ser o órgão ministerial cientificado, pois é parte legítima para apresentar recurso ou mesmo impetrar *habeas corpus* contra decisão denegatória do juiz. Além disso, cabe-lhe providenciar a apuração da responsabilidade da autoridade coatora, quando a ordem for concedida e tiver havido abuso de autoridade.

Em defesa da oitiva do membro do Ministério Público em qualquer hipótese está a posição de Hugo Nigro Mazzilli: "Se o Ministério Público não for impetrante nem coator, deve, como fiscal da lei, sempre ser ouvido no *habeas corpus*, antes de qualquer decisão ou sentença, e em qualquer grau de jurisdição, ante a essencialidade de sua função para a prestação jurisdicional em matéria de interesses indisponíveis da coletividade" (O Ministério Público e o *habeas corpus*, p. 415).

Quando interposto, em nível de tribunal, é necessário ouvir o órgão de segundo grau do Ministério Público – Procuradoria-Geral da Justiça ou da República, conforme o caso –, embora não esteja previsto no Código de Processo Penal. A disposição legal advém do Dec.-lei 552/1969.

O querelante não deve ser ouvido, como regra, no *habeas corpus* impetrado pelo querelado, mas é preciso dar-lhe ciência da decisão, concessiva ou denegatória. Conforme o pedido formulado, no entanto, deve ser chamado a intervir, antes do julgamento do *writ*, pois a decisão pode influir, diretamente, no seu direito de ação – como aconteceria no caso de pedido de trancamento da ação penal feito pelo querelado-paciente.

O assistente de acusação não toma parte no *habeas corpus*, pois nenhum interesse pode ter a vítima nessa ação constitucional, voltada a fustigar ato constritivo à liberdade de outrem.

Não se produz prova no processo de *habeas corpus*. Deve o impetrante apresentar, com a inicial, toda a documentação necessária para instruir o pedido. Pode o magistrado ou o tribunal, conforme o caso, requisitar da autoridade coatora, além das informações, outros documentos imprescindíveis à formação do seu convencimento, cabendo, também, à autoridade coatora, de ofício, enviar as peças que entender pertinentes para sustentar sua decisão.

Entretanto, nada deve ultrapassar esse procedimento, sendo incabível qualquer colheita de prova testemunhal ou pericial, já que a questão demanda urgência, em especial como ocorre no *habeas corpus* liberatório.

Ampliando esse entendimento, no entanto, estão as posições de Ada, Magalhães e Scarance: "Também não está excluída, por completo, a possibilidade de produção de outras provas, a testemunhal por exemplo, especialmente quando se trata de pedido visando à expedição da ordem em caráter preventivo, pois nessa situação é preferível dilatar-se o procedimento, para melhor esclarecimento dos fatos, ao invés de não conhecer do *writ* por falta de prova cabal da ameaça" (*Recursos no processo penal*, p. 374). Parece-nos razoável essa posição, desde que efetivamente se trate de *habeas corpus* preventivo. Se a pessoa já está presa, deve ser suficiente a documentação existente no procedimento ou no processo para fundamentar essa medida coercitiva, sem necessidade de outras colheitas.

Hermínio Alberto Marques Porto destaca que não se deve confundir falta de direito líquido e certo com questão complexa, merecedora de exame mais acurado: "O exame das provas, nos limites permissíveis para uma decisão sobre pedido em ordem de *habeas corpus*, certo que não pode ser aprofundado, com análises minudentes e valorativas de fontes informativas colocadas em analítico confronto. Mas, para o necessário exame de coação ilegal, tida na impetração como presente, indispensável sejam as provas – e todas elas – examinadas, ou então restaria a proteção, de fonte constitucional, restrita, com sérios gravames à liberdade individual, às hipóteses nas quais a violência ou a coação ilegal, por ilegitimidade ou abuso de poder, sejam prontamente, à primeira vista, em rápida apreciação superficial do articulado na impetração, identificáveis como ocorrendo ou com a suspeita de possível ocorrência. Não pode ser confundida a 'inexistência de direito líquido e certo com a complexidade do pleito', por isso não constituindo obstáculo a uma decisão jurisdicional de proteção reclamada, a necessidade de estudo de provas, ainda que mais profundo, para a verificação da notícia de direito denunciado como ameaçado ou violado" (*Procedimento do júri e* habeas corpus, p. 103).

Maria Thereza Rocha de Assis Moura e Cleunice A. Valentim Bastos Pitombo concordam: "Impossível e inviável, de igual modo, no âmbito de cognição do *habeas corpus*, estabelecer-se o contraditório ou admitir-se dilação probatória. Esta deve vir pré-constituída e, sempre, documental. Mesmo porque, na maior parte das vezes, a coação ou o constrangimento ilegal está, intimamente, relacionado com questões, exclusivamente, de direito. Tal não significa, contudo, que o Poder Judiciário esteja impedido de examinar prova em *habeas corpus*, em determinadas situações" (Habeas corpus *e advocacia criminal: ordem liminar e âmbito de cognição*, p. 157).

Por derradeiro, vale lembrar não haver impedimento algum para se ingressar com nova impetração, ainda que baseada nos mesmos fatos, uma vez que a decisão proferida, considerando-se, em especial, a denegatória, motivadora de outro pedido, não produz coisa julgada material.

É lógico que o Tribunal, já tendo decidido exatamente a mesma questão, poderá não conhecer do pedido, aguardando, por exemplo, que o indiciado, réu ou condenado cerque-se de novas provas para ingressar com o *habeas corpus*. Eventualmente, no entanto, alterada a composição da Câmara, é possível que o pedido seja concedido.

Diz Pontes de Miranda que "o pedido pode ser renovado tantas vezes quantas forem as denegações, ainda que pelos mesmos fundamentos, recorrendo-se, ou não, para a instância superior, quando a houver, ou renovando-se o pedido, quando se originar dessa a denegação. (...) Não vale, portanto, o *ne bis in idem*, se denegatória a decisão. A concessão pode fazer coisa julgada *material*" (*História e prática do* habeas corpus – *Direito constitucional e processual comparado*, p. 377-378).

10.2.8 Habeas corpus *e matéria do júri*

É preciso cautela para utilizar a ação de impugnação *habeas corpus* no cenário do Tribunal do Júri. Afinal, muitas das questões podem ligar-se a exame de fundo, relativo ao mérito, logo, pertinente a recursos próprios (recurso em sentido estrito, apelação etc.).

A via estreita do *habeas corpus* não se presta a adentrar na essência dos julgamentos, como a verificação de materialidade ou autoria, bem como à análise de cabimento – ou não – das qualificadoras. Por certo, em qualquer situação, quando houver situação teratológica, a determinar nulidade do feito, pode a parte afetada valer desse remédio.

Supremo Tribunal Federal

- "A via eleita é inadequada para fins de reexame do juízo condenatório, mormente na hipótese em que referida conclusão deriva da convicção íntima dos jurados que agem conforme a constitucional soberania dos vereditos" (RHC 162.573 AgR, 2.ª T., rel. Edson Fachin, j. 27.03.2020, v.u.).

No mais, acolhe-se o *habeas corpus* para questionar todo e qualquer tipo de prisão cautelar, em qualquer fase do procedimento do júri.

Supremo Tribunal Federal

- "4. A alegação de excesso de prazo da prisão preventiva é matéria não apreciada pelo Superior Tribunal de Justiça nem pelo Tribunal de Justiça de São Paulo. Dupla supressão de instância. 5. Excepcionalidade do caso, no qual o tempo de duração da custódia cautelar justifica análise da possibilidade de concessão da ordem de ofício: a) pelas circunstâncias do ato praticado e com os fundamentos apresentados nas instâncias antecedentes não se mostra possível o relaxamento imediato da prisão ou a aplicação das medidas cautelares alternativas, previstas no art. 319 do Código de Processo Penal; b) para observância do princípio da razoável duração do processo (inc. LXXVIII do art. 5.º da CR) necessária a adoção de medidas imediatas pelo tribunal de origem para viabilizar o julgamento do paciente com a máxima urgência. 6. Concessão da ordem de ofício apenas para determinar urgência e prioridade do caso ao Tribunal de Justiça de São Paulo quanto à representação de desaforamento (Processo Físico n. 0010885-73.2009.8.26.0482, Vara do Tribunal do Júri e da Infância e Juventude da Comarca de Presidente Prudente), e, ainda, determinar à Vara do Tribunal do Júri prioridade no julgamento do acusado" (HC 155.848 AgR, 2.ª T., rel. Cármen Lúcia, j. 05.11.2019, v.u.).

Superior Tribunal de Justiça

- "3. A jurisprudência desta Corte Superior não admite a prisão preventiva, ou a execução provisória da pena, em decorrência automática da condenação pelo Conselho de Sentença do Tribunal do Júri. Precedentes" (HC 557.436/PE, 5.ª T., rel. Reynaldo Soares da Fonseca, j. 05.03.2020, v.u.).
- "1. A decisão de pronúncia, com amparo no art. 413, § 3.º, do Código de Processo Penal, manteve a prisão cautelar *sub judice*, como forma de resguardar a ordem pública, considerando, em especial, a gravidade concreta dos delitos supostamente praticados pelo Acusado – homicídio duplamente qualificado, cometido contra sua namorada, com posterior ocultação de cadáver, que foi 'encontrado em estrada vicinal coberto de galhos de árvores', o que justifica a custódia preventiva. Também foi mencionada a necessidade de assegurar a realização do Tribunal do Júri, tendo em vista que o Paciente, em outras ocasiões, teria efetuado disparos de arma de fogo contra o veículo de uma das testemunhas, bem como agredido verbalmente e ameaçado outra. 2. As condições pessoais favoráveis, tais como primariedade, bons antecedentes, ocupação lícita e residência fixa, não têm o condão de, por si sós, desconstituir a custódia antecipada, caso estejam presentes outros requisitos de ordem objetiva e subjetiva que autorizem a decretação da medida extrema. 3. Ordem de *habeas corpus* denegada" (HC 529.139/PI, 6.ª T., rel. Laurita Vaz, j. 03.03.2020, v.u.).
- "1. Nos termos do art. 413, § 3.º, do Código de Processo Penal, o Juiz, ao deliberar sobre a admissão da acusação no Tribunal do Júri, deverá decidir de forma motivada sobre a manutenção das constrições eventualmente impostas, firmando o juízo de cautelaridade nos termos do art. 312 do Código de Processo Penal. Precedente. 2. *In casu*, a decisão de pronúncia não indicou fundamentos concretos mínimos para manter a custódia cautelar. Mesmo na decisão que homologou o flagrante e decretou a preventiva não há fundamentos concretos, apenas a indicação de ausência de residência no distrito da culpa e de falta de atividade lícita, fundamentos esses inservíveis para restringir a liberdade do paciente. 3. Não se admite a suplementação de fundamentos por parte de Tribunal para manter paciente preso quando provocado na via do *habeas corpus*, tendo em vista tratar-se de

meio exclusivo de defesa. 4. Ordem concedida, confirmando-se a liminar anteriormente deferida, para garantir ao paciente o direito de responder à ação penal e aos seus recursos em liberdade, salvo se por outro motivo estiver preso e ressalvada a possibilidade de haver decretação de prisão, caso se apresente motivo concreto para tanto" (HC 550.000/MG, 6.ª T., rel. Sebastião Reis Júnior, j. 10.03.2020, v.u.).

- "3. No caso, a prisão preventiva está justificada, pois a decisão que a impôs delineou o *modus operandi* empregado pelo paciente, consistente no desferimento de uma facada no pescoço da vítima, isso após uma discussão no bar em que se encontravam. Some-se a isso o fato de, após os fatos, haver se evadido. Tais circunstâncias denotam a necessidade da sua segregação como forma de acautelar a ordem pública e também por motivos de conveniência da instrução criminal. 4. Ordem parcialmente conhecida e, nessa extensão, denegada" (HC 531.353/RS, 6.ª T., rel. Antonio Saldanha Palheiro, j. 17.12.2019, v.u.).

10.3 Mandado de segurança

10.3.1 Conceito

Trata-se de ação de impugnação, voltada a coibir ilegalidade ou abuso de poder que atinja direito líquido e certo, não amparado por *habeas corpus* ou *habeas data*, desde que se trate de ato proveniente de autoridade pública ou agente de pessoa jurídica no exercício de atribuições do Poder Público (art. 5.º, LXIX, CF).

É autêntica garantia humana fundamental, cuja finalidade é dar amparo aos direitos individuais contra eventuais abusos do Estado. Não se encontra prevista no Código de Processo Penal, mas na Lei 12.016/2009 que regula sua impetração.

10.3.2 Admissibilidade em matéria criminal

Admite-se o emprego do mandado de segurança para assegurar direito líquido e certo da acusação ou da defesa, quando não for caso de impetração de *habeas corpus*. Explica ROGÉRIO LAURIA TUCCI que "podem surgir, no transcorrer da persecução penal, além daquelas concernentes à liberdade, propriamente, de indiciado numa *informatio delicti* ou de acusado numa ação em curso, questões referentes a direito material de outra natureza que não o de liberdade pessoal ou, até mesmo, ao respectivo processo ou ao procedimento em que este se exterioriza: ali, problemas de caráter substancial, relacionados com os interesses materiais conflitantes; aqui, outros, de distinta essência, e atinentes, por certo, às formas processuais, aos esquemas formais diversos assumidos pela *persecutio criminis*" (Habeas corpus, *ação e processo penal*, p. 33).

São exemplos de utilização de mandado de segurança pelo acusado ou seu defensor, em lugar do *habeas corpus*: a) para impedir a injustificada quebra do sigilo fiscal, bancário ou de outros dados (impetração contra o magistrado que deu a ordem); b) para permitir o acesso do advogado aos autos, ainda que o inquérito ou processo tramite em segredo de justiça (impetração contra o juiz, se este deu a ordem, ou contra o delegado, se partiu deste a medida de exclusão do advogado); c) para garantir a presença do advogado durante a produção de alguma prova na fase policial (não significando que o defensor possa manifestar-se, mas somente estar presente), pois se discute prerrogativa do advogado (logo, não cabe *habeas corpus*).

Quanto ao ofendido, pode ajuizar mandado de segurança para garantir o ingresso do assistente de acusação no processo, caso seja impedido por decisão judicial, sem motivo justificado.

Quando se cuidar do órgão acusatório, que se manifesta em nome da sociedade, pode valer-se do mandado de segurança para assegurar qualquer direito líquido e certo, ainda que seja contrário aos interesses do réu. Ilustrando, se o juiz determinar a soltura do acusado ou condenado, agindo contra expressa disposição legal, cabe mandado de segurança, a ser impetrado pela acusação.

10.3.3 Efeito suspensivo a recurso que não o tenha

Há posições doutrinárias e jurisprudenciais sustentando o cabimento do mandado de segurança para dar efeito suspensivo a qualquer recurso que não o possua, desde que envolva questão urgente e relativa a direito líquido e certo.

Por isso, utilizando o mesmo exemplo supramencionado, se o juiz resolver soltar um condenado, sem as cautelas legais, pode o Ministério Público interpor agravo em execução, que não tem, no entanto, efeito suspensivo. Logo, para evitar que o sentenciado seja posto em liberdade, ingressaria com mandado de segurança para conceder efeito suspensivo ao recurso de agravo.

Parece-nos mais adequada, entretanto, a utilização independente do mandado de segurança. Não se pode considerar direito líquido e certo a concessão de efeito suspensivo a recurso que não o possui legalmente. Por isso, o que a ação mandamental visa atacar é o ato judicial, considerado abusivo, de soltura de um condenado, sem as cautelas legais. Logo, deve-se ajuizar o mandado de segurança diretamente contra esse ato, apontando-se como autoridade coatora o magistrado prolator da decisão.

Se o tribunal conceder a ordem, invalidará o ato de soltura, por ferir direito líquido e certo da sociedade. Pouco importa se houve recurso regular ou não. Aliás, em face da celeridade com que é julgado o mandado de segurança, de nada adiantaria, posteriormente, avaliar-se eventual agravo em execução, pois a matéria já teria sido apreciada. Confira-se a posição adotada por Ada, Magalhães e Scarance, em idêntica ótica: "Daí a conclusão de que não parece correta – embora amplamente majoritária, pelo menos em São Paulo – a corrente que subordina a impetração à tempestiva interposição do recurso cabível, nem a quem limita a concessão apenas no sentido de atribuir efeito suspensivo ao recurso interposto. Até o princípio da economia processual justifica a impetração direta da segurança, sem a interposição deste, possibilitando o julgamento da questão no próprio *writ*" (*Recursos no processo penal*, p. 397). No mesmo sentido, defende Ada Pellegrini Grinover, em outro escrito de sua autoria, a autonomia do mandado de segurança para questionar ato jurisdicional, sem necessidade de interposição do recurso próprio, salientando, inclusive, que o próprio Supremo Tribunal Federal já possui precedente nessa ótica: *Mandado de segurança contra ato jurisdicional penal*, p. 16. Igualmente: Carlos Frederico Coelho Nogueira (*Mandado de segurança contra decisão que assegura à testemunha a ser ouvida em inquérito policial fazer-se acompanhar de advogado*, p. 147).

10.3.4 Cabimento

O mandado de segurança não é cabível, como regra, contra ato jurisdicional (Súmula 267, STF: "Não cabe mandado de segurança contra ato judicial passível de recurso ou correição"). Na prática, entretanto, a referida Súmula já foi afastada por inúmeros julgados em todo o País, especialmente em casos teratológicos, isto é, quando aguardar a solução do recurso implicar em perecimento de direito.

No mesmo sentido, não cabe mandado de segurança contra decisão com trânsito em julgado (Súmula 268, STF: "Não cabe mandado de segurança contra decisão judicial com trânsito em julgado"). Parece-nos, realmente, dispensável a utilização do mandado de segurança nesse caso, pois o réu, quando necessário, pode valer-se do *habeas corpus* ou de revisão criminal para fazer cessar algum constrangimento ilegal gerado por sentença com trânsito em julgado. O órgão acusatório não teria tal direito.

Tribunal de Justiça do Rio Grande do Sul

- "1. A impugnação de ato judicial através de mandado de segurança depende da demonstração de flagrante ilegalidade ou de teratologia. 2. No caso dos autos, o Juízo singular determinou, na fase do *judicium causae*, a realização de interrogatório por videoconferência, uma vez que o impetrante encontra-se recolhido em penitenciária federal no Estado do Rio Grande do Norte. 3. Trata-se de medida autorizada pelo artigo 185, § 2.º, do Código de Processo Penal, inserido em capítulo que versa sobre a prova, não vinculado a qualquer procedimento específico. Não há oposição legal à sua aplicação no âmbito do Tribunal do Júri. Embora excepcional, a medida justifica-se pela dificuldade de locomoção do preso e eventual periculosidade, uma vez que determinada sua transferência nos termos da Lei n.º 11.671/2008. (...) Segurança denegada" (MS 70083556449, 1.ª C., rel. Jayme Weingartner Neto, *DJ* 12.02.2020).

10.3.5 Liminar

É cabível a concessão de medida liminar para fazer cessar eventual abuso ou para evitar que o abuso se concretize. Exige-se, para tanto, a constatação do *periculum in mora* (perigo na demora) e do *fumus boni iuris* (fumaça do bom direito).

Na realidade, para que o juiz ou tribunal conceda, liminarmente, uma ordem para coibir o ato impugnado pelo mandado de segurança, torna-se fundamental analisar se a espera pelo julgamento do mérito poderá ser fatal, isto é, não decidida a questão com a urgência merecida e vislumbrando-se, desde logo, a viabilidade jurídica do pedido, seria inútil o prosseguimento da demanda ou traria prejuízos irreparáveis. Exemplo: se o Ministério Público ingressa com mandado de segurança, buscando evitar que um perigoso criminoso seja colocado em liberdade, requer, liminarmente, a suspensão da decisão judicial, que, afinal, se cumprida, poderá tornar inútil o propósito da ação.

10.3.6 Polos ativo e passivo

No polo ativo deve figurar a pessoa que sofre o constrangimento ilegal, podendo ser física ou jurídica. Deve estar representada por advogado, diversamente do que ocorre com o *habeas corpus*. Se o impetrante for o próprio advogado, em defesa de prerrogativa profissional, por exemplo, pode fazê-lo em causa própria.

No polo passivo encontra-se o Estado, representado pela autoridade pública, não se admitindo seja impetrado contra particulares em geral, exceto quando estes exerçam atividade delegada do Poder Público, diante do expresso texto constitucional: "Conceder-se-á mandado de segurança para proteger direito líquido e certo, não amparado por *habeas corpus* ou *habeas data*, quando o responsável pela ilegalidade ou abuso de poder for autoridade pública ou agente de pessoa jurídica no exercício de atribuições do Poder Público" (art. 5.º, LXIX, CF).

Portanto, o polo passivo, no mandado de segurança, é ocupado, como regra, por uma pessoa jurídica de direito público. No caso, se o ato abusivo partir de um juiz, o sujeito passivo é, na realidade, o juízo. Deve haver, sempre, a citação da parte interessada, quando se trata de *writ* contra ato jurisdicional, para contrariar, querendo, o mandado de segurança impetrado, já que pode haver prejuízo a interesse seu, formando-se um litisconsórcio passivo entre o Estado e a parte adversa. Nesse sentido, confira-se a Súmula 701 do STF: "No mandado de segurança impetrado pelo Ministério Público contra decisão proferida em processo penal, é obrigatória a citação do réu como litisconsorte passivo".

10.3.7 Processamento

A petição inicial será apresentada, acompanhada dos documentos necessários, sempre em duas vias. Se houver pedido de liminar, decidido este, determina-se a colheita de informações da autoridade apontada como coatora (para quem se destina uma das vias da inicial e dos documentos).

A autoridade, como representante da pessoa jurídica, prestará os informes necessários, justificando a medida que tomou. Em matéria penal, não há valor da causa preciso.

Quanto ao direito líquido e certo, deve-se focar aquele que pode ser comprovado, de plano, pela apresentação de documentos, não comportando valoração subjetiva de provas.

Aliás, é inadmissível a dilação probatória em mandado de segurança. Nada impede, no entanto, a requisição de algum documento, determinada pelo juiz ou tribunal, ou a juntada, pelo próprio impetrante, após o oferecimento da inicial, de documento faltante.

O prazo decadencial para ajuizamento é de 120 dias, a contar da data em que o ato abusivo é praticado. Em matéria penal, dada a urgência que o caso sempre requer, dificilmente a parte aguardaria tanto tempo para a propositura.

Arcará com as custas e despesas processuais a parte perdedora, mas não há condenação em verba honorária (Súmula 512, STF).

Ao final, se concedida a ordem, a liminar porventura deferida fica absorvida. Caso seja negada a ordem, perde o efeito a liminar concedida (Súmula 405, STF).

O Ministério Público, na esfera criminal, nem sempre será ouvido. Se o réu impetrar mandado de segurança contra ato do delegado, por exemplo, caberá o julgamento ao juiz e será ouvido, como litisconsorte necessário, o órgão acusatório. Sendo impetrante o Ministério Público, não tem sentido ser ouvido, novamente, como *custos legis*.

Por outro lado, ingressando o réu com mandado de segurança, caso a acusação tenha sido promovida pelo ofendido, deve-se ouvi-lo, como litisconsorte necessário, e o representante do Ministério Público, como *custos legis*.

Quando o acusado ajuizar mandado de segurança no Tribunal, contra ato do juiz, será ouvida a Procuradoria-Geral de Justiça (ou Procuradoria- -Geral da República, se na área federal), que atuará como *custos legis*. Não há necessidade de ser litisconsorte o representante do Ministério Público de primeiro grau.

Se o autor do mandado de segurança for o promotor ou procurador da República, contra ato do juiz, dá-se o mesmo: será ouvida a Procuradoria, como *custos legis*.

Denegado ou concedido o mandado de segurança pelo juiz (quando impetrado, por exemplo, contra delegado), cabe apelação da parte interessada. Denegado o mandado de segurança pelo Tribunal de Justiça ou pelo Tribunal Regional Federal, cabe o recurso ordinário constitucional para o STJ (art. 105, II, *b*, CF). Se a denegação couber ao Superior Tribunal de Justiça, ingressa-se com recurso ordinário constitucional dirigido ao Supremo Tribunal Federal (art. 102, II, *a*, CF). Concedida a ordem pelo Tribunal, não cabe recurso, exceto as hipóteses excepcionais do recurso especial ou extraordinário.

10.4 Revisão criminal

10.4.1 Conceito

É uma ação penal de natureza constitutiva e *sui generis*, de competência originária dos tribunais, destinada a rever decisão condenatória, com trânsito em julgado, quando ocorreu erro judiciário.

Trata-se de autêntica ação rescisória na esfera criminal, indevidamente colocada como recurso no Código de Processo Penal. Tem alcance maior do que o previsto na legislação ordinária, adquirindo, igualmente, o contorno de garantia fundamental do indivíduo, na forma de remédio constitucional contra injustas condenações.

É uma ação *sui generis*, pois não há parte contrária, mas somente o autor, questionando um erro judiciário que o vitimou. Extrai-se tal conclusão porque a Constituição Federal (art. 5.º, LXXV) preceitua que "o Estado indenizará o condenado por erro judiciário", além do que, no § 2.º do mesmo art. 5.º, menciona-se que outros direitos e garantias podem ser admitidos, ainda que não estejam expressamente previstos no texto constitucional, desde que sejam compatíveis com os princípios nele adotados.

Essa, na realidade, é a função da revisão criminal: sanar o erro judiciário. É a lição de Frederico Marques, que argumenta estar previsto expressamente o direito a essa ação na Constituição, no contexto da competência do Supremo Tribunal Federal (art. 102, I, *j*). Assim, se os condenados pela Suprema Corte têm direito constitucional à utilização desse instrumento, é natural que os demais, sentenciados por instâncias inferiores, também o possuam, o que lhes garante a isonomia contra o erro judiciário (*Elementos de direito processual penal*, p. 308). Contrário, sustentando tratar-se de um recurso, embora de caráter misto e *sui generis*, está a posição de Magalhães Noronha (*Curso de direito processual penal*, p. 382). Entendendo cuidar-se de ação penal e não de mero recurso está a posição da maioria da doutrina e da jurisprudência.

Sérgio de Oliveira Médici propõe outra conceituação, sem adotar o difundido caráter de ação, nem acolher ser a revisão criminal um mero recurso: "Em nosso entendimento, a revisão constitui meio de impugnação do julgado que se aparta tanto dos recursos como das ações, pois a coisa julgada exclui a possibilidade de interposição de recurso, e, ao requerer a revista da sentença, o condenado não está propriamente *agindo*, mas *reagindo* contra o julgamento, com o argumento da configuração de erro judiciário. A ação penal anteriormente *vista* é então *revista* por meio da revisão que, entretanto, não implica inversão das partes (em sentido processual)" (*Revisão criminal*, p. 148).

10.4.2 Legitimidade

Cabe, primordialmente, ao condenado o ajuizamento da revisão criminal. Pode ser substituído por seu representante legal ou seus sucessores, em rol taxativo – cônjuge, ascendente, descendente ou irmão (art. 623, CPP).

Atualmente, parece-nos viável também ser incluído no contexto relativo ao *cônjuge*, para a finalidade de ingresso de revisão criminal, o(a) companheiro(a), cuja união estável fique claramente demonstrada.

Não nos soa razoável, como entendem alguns (Médici, *Revisão criminal*, p. 155; Ada, Magalhães e Scarance, *Recursos no processo penal*, p. 311), que o Ministério Público possa constituir parte ativa nessa modalidade de ação. A lei não o autoriza a agir, diferentemente do que ocorre no processo, quando atua como parte, podendo recorrer, inclusive, em favor do acusado. Finda a relação processual, transitada em julgado a sentença, não há mais cabimento em se admitir ação proposta por representante do Ministério Público.

Perdeu o interesse, visto inexistir *direito de punir* do Estado nessa ação. Pudesse ele "recorrer" (como sustentam alguns, somente porque a revisão está prevista no contexto dos recursos no Código de Processo Penal), então deveria também ser ouvido, quando a revisão criminal fosse proposta pelo condenado, o que não ocorre. Colhe-se o parecer da Procuradoria-Geral de Justiça, mas não se busca a contestação ao pedido, feita pelo promotor.

Logo, inexiste razão para que o membro do Ministério Público ingresse com ação de revisão criminal. Ademais, para quem concebe que, no polo passivo está o Ministério Público, torna-se ilógico admitir a mesma instituição ingressando com a ação. Estaria ela nos dois polos ao mesmo tempo, o que não se afigura razoável.

Em casos extremados, quando o condenado não quiser ingressar com a ação revisional, mas houver flagrante demonstração de erro judiciário, entendemos cabível a nomeação de defensor, pelo juiz, para tutelar os interesses do sentenciado, a quem caberá, então, a propositura da ação.

Cabe ao Estado providenciar o patrocínio de seus interesses, afinal, são indisponíveis.

Para a propositura da ação de revisão criminal, não há necessidade de prévio recolhimento ao cárcere (Súmula 393, STF: "Para requerer revisão criminal o condenado não é obrigado a recolher-se à prisão").

Não há polo passivo na revisão criminal, embora devesse ter. Há quem defenda figurar no polo passivo o Ministério Público atuante em 2.º grau (cf. ADA, MAGALHÃES e SCARANCE, *Recursos no processo penal*, p. 311). Preferimos, nesse campo, o entendimento sustentado por SÉRGIO DE OLIVEIRA MÉDICI: "O Ministério Público, chamado a opinar na revisão criminal, não representa o Estado ou a União. Manifesta-se livremente, a favor ou contra o pedido, não intervindo na revisão como *parte contrária* ao condenado" (*Revisão criminal*, p. 236-237).

Além disso, se parte fosse, quem deveria ser chamado a integrar o polo passivo seria o representante do Ministério Público de primeiro grau, aquele que lutou e conseguiu a condenação com trânsito em julgado.

Entretanto, o ideal seria a inserção obrigatória, no polo passivo, da Fazenda do Estado, que haveria de combater a revisão do julgado, uma vez que, conforme prevê o art. 630 do CPP, o provimento da revisão criminal pode resultar em reconhecimento ao direito a uma justa indenização pelos prejuízos sofridos.

10.4.3 A revisão criminal e a soberania do Tribunal do Júri

De início, convém destacar a necessidade de se harmonizar o princípio constitucional da instituição do júri – a soberania dos vereditos – com a garantia fundamental à revisão criminal. Pode-se questionar então se, diante da *soberania dos vereditos* (art. 5.º, XXXVIII, *c*, CF), haveria possibilidade jurídica de a revisão criminal absolver um réu condenado definitivamente pelo Tribunal do Júri?

A posição majoritária, atualmente, na doutrina e na jurisprudência, responde afirmativamente à indagação. Invoca-se, para tanto, a prevalência do direito à liberdade, em confronto com a soberania dos vereditos.

Os argumentos favoráveis à revisão criminal contra a decisão final do júri são, basicamente, os seguintes: a) a revisão é uma garantia individual mais importante, podendo superar outra, que é a soberania dos vereditos do Tribunal Popular, porque preserva o direito à liberdade; b) a soberania não pode afrontar os direitos de defesa do réu, devendo prevalecer sempre a ampla defesa; c) a soberania do júri não pode sustentar-se na condenação de um inocente, pois o direito à liberdade, como se disse, é superior; d) a soberania dos veredictos cinge-se apenas ao processo, até que a relação jurídico-processual seja decidida em definitivo; e) a soberania dos veredictos e o júri constituem garantias do direito de liberdade do réu, razão pela qual a absolvição pela revisão criminal estaria de acordo com tais finalidades; f) existem possibilidades legais similares de revisão da decisão do júri, como a apelação e o *habeas corpus*.

Todos esses fundamentos, no entanto, não se coadunam com os fins da instituição do júri. Atribuiu-se, constitucionalmente, soberania aos vereditos populares e tal preceito deve ser assegurado sempre, sob pena de se esvaziar, por completo, a eficiência do Tribunal do Júri. O fato de ser a revisão criminal uma garantia individual, para corrigir eventuais erros judiciários, não afasta, em hipótese alguma, o direito que o povo tem de proceder à necessária revisão do julgado, quando for necessário.

Longe de um instituto ferir o outro, há perfeita possibilidade de harmonização. Somente não se fará o entrelaçamento de ambos se houver deliberada vontade de arranhar a soberania popular. Que mal existe em permitir ao próprio Tribunal do Júri, obviamente por meio de outros jurados, que reveja a decisão condenatória com trânsito em julgado? Assim fazendo, a última decisão continuaria com o povo, assegurando a mencionada soberania dos veredictos.

Por isso, entendendo-se ter sido o réu indevidamente condenado, poderá ocorrer o ajuizamento de revisão criminal, mas apenas para que o tribunal togado proceda ao juízo rescindente, devolvendo ao júri o juízo rescisório. Cabe ao Tribunal Popular a decisão de mérito, avaliando se houve ou não o mencionado erro judiciário.

A análise das provas do processo é sempre relativa e ninguém pode garantir que o tribunal togado seja o único habilitado a procedê-la com sucesso. Diante disso, para compatibilizar a revisão criminal e a soberania dos veredictos, sem que uma garantia supere a outra, pois estabeleceria a indevida hierarquia entre normas constitucionais, é preciso encaminhar o julgamento da revisão criminal ao Tribunal Popular.

O argumento de que a soberania dos veredictos não pode afrontar a ampla defesa é frágil, pois o condenado terá direito a um novo julgamento, a ser feito por seus pares, como determina a Constituição. Logo, há ampla defesa, aliás, deve existir *plenitude de defesa*.

Quanto ao fundamento de que a soberania do júri não pode assentar-se sobre a condenação de um inocente também se pode contrapor que, havendo erro judiciário, leva-se o caso a novo julgamento pelo tribunal competente, isto é, o júri. Dessa forma, decidir se o sentenciado é, realmente, inocente cabe aos jurados e não ao magistrado togado.

Dizer que a soberania acompanha o júri somente até o trânsito em julgado da sentença é negar vigência à Constituição Federal, pois nenhum preceito, em absoluto, assegura tal entendimento. Fosse assim, poder-se-ia dizer que também a ampla defesa acompanha o réu somente até a condenação com trânsito em julgado, afastando-se tal garantia durante a execução da pena, o que seria ilógico.

Finalmente, quanto ao argumento de que há apelação e protesto por novo júri [hoje, o protesto por novo júri foi extinto, mas servia como argumento para os que sustentavam a viabilidade da revisão criminal contra a decisão do júri] para questionar as decisões do júri, deve-se salientar que tais recursos remetem o caso a novo julgamento pelo *próprio* Tribunal Popular, razão pela qual não existe subtração de competência e a soberania é assegurada.

Enfim, a revisão criminal jamais poderia rever, quanto ao mérito, a decisão final do Tribunal do Júri, pois isso significa, em verdade, ofender o preceito constitucional da *soberania dos veredictos*. A harmonia dos dispositivos constitucionais é o melhor caminho. Deve-se realizar o juízo rescindente, quando for o caso, pelo tribunal togado (revisão criminal) para, depois, encaminhar o feito ao juízo rescisório a ser feito pelo Tribunal do Júri (soberania dos vereditos).

Convém, ainda, mencionar o alerta feito por Antonio Scarance Fernandes no sentido de que, apesar de firme a orientação na doutrina e na jurisprudência de que o Tribunal togado pode, em sede de revisão criminal, absolver o réu condenado pelo Tribunal do Júri, sob a argumentação de que se trata a revisão de uma garantia implícita da Constituição em favor do réu, é difícil "afastar a ofensa à soberania, sobrepondo o Tribunal de Justiça a sua vontade àquela manifestada pelos jurados. Por outro lado, é possível garantir a soberania dos vereditos e a revisão criminal. Se há prova nova, ainda não apreciada pelos jurados e que pode, por meio de um juízo prévio de probabilidade, alterar o quadro condenatório, o correto seria cassar a decisão e encaminhar o réu a novo julgamento. O mesmo aconteceria se ficasse demonstrado que uma prova dos autos era falsa. Estaria respeitada a soberania dos jurados e não ficaria o réu impossibilitado de reverter a situação formada. Mas, de qualquer forma, a orientação prevalente é a que, no sistema do Código, de forma mais rápida garante o acusado e faz prevalecer a proteção à liberdade" (*Processo penal constitucional*, p. 166-167). Acolhendo, igualmente, a posição de que a revisão criminal pode ferir a soberania do Tribunal do Júri: Badaró, *Direito processual penal*, t. II, p. 21-22.

Na jurisprudência:

Superior Tribunal de Justiça

- "Penal e processual penal. Recurso especial. Homicídio qualificado. Júri. Revisão criminal. Absolvição. Possibilidade. Ponderação de princípios. Dignidade da pessoa humana. Prevalência sobre a soberania dos veredictos e coisa julgada. Recurso Especial parcialmente conhecido e, nessa extensão, não provido. 1. Havendo o Tribunal de origem consignado que a solução condenatória contrariou a evidência dos autos, inviável rever o entendimento do Tribunal, porquanto importaria em reexame do acervo fático-probatório dos autos, procedimento vedado em recurso especial, por força do Enunciado Sumular n. 7 do Superior Tribunal de Justiça. 2. Diante do conflito entre os princípios da soberania dos vereditos e da dignidade da pessoa humana, ambos sujeitos à tutela constitucional, cabe conferir prevalência a este, considerando-se a repugnância que causa a condenação de um inocente por erro judiciário (REsp 964978/SP). 3. Recurso especial parcialmente conhecido e, nessa extensão, não provido" (REsp 1050816 – SP, Sexta Turma, rel. Rogerio Schietti Cruz, 01.12.2016, data de publicação: 15.12.2016).
- "1. É possível, em sede de revisão criminal, a absolvição, por parte do Tribunal de Justiça, de réu condenado pelo Tribunal do Júri. 2. Em homenagem ao princípio hermenêutico da unidade da Constituição, as normas constitucionais não podem ser interpretadas de forma isolada, mas como preceitos integrados num sistema unitário, de modo a garantir a convivência de valores colidentes, não existindo princípios absolutos no ordenamento jurídico vigente. 3. Diante do conflito entre a garantia da soberania dos veredictos e o direito de liberdade, ambos sujeitos à tutela constitucional, cabe conferir prevalência a este, considerando-se a repugnância que causa a condenação de um inocente por erro judiciário. 4. Não há falar em violação à garantia constitucional da soberania dos veredictos por uma ação revisional que existe, exclusivamente, para flexibilizar uma outra garantia de mesma solidez, qual seja, a segurança jurídica da Coisa Julgada. 5. Em uma análise sistemática do instituto da revisão criminal, observa-se que entre as prerrogativas oferecidas ao Juízo de Revisão está expressamente colocada a possibilidade de absolvição do réu, enquanto a determinação de novo julgamento seria consectário lógico da anulação

do processo" (REsp 964.978/SP, 5.ª T., relator para acórdão Adilson Macabu, rel. Laurita Vaz, 14.08.2012, m.v.). Nesta decisão, a Ministra Laurita Vaz, adotando a nossa posição, votou pelo provimento ao recurso especial para que o juízo rescisório (mérito da revisão criminal) fosse feito pelo Tribunal do Júri – e não pelo Tribunal de Justiça.

10.4.4 Cabimento

Admite-se o ajuizamento de revisão criminal nas seguintes hipóteses:

I – Sentença condenatória contrária ao texto expresso da lei penal ou à evidência dos autos (art. 621, I, CPP): ao referir-se à *lei penal*, deve-se entender não somente as normas referentes ao direito penal (incriminadoras, permissivas ou de qualquer outro tipo), mas também ao direito processual penal. Assim, a sentença proferida com infringência a uma norma prevista no Código de Processo Penal também pode dar ensejo à revisão criminal.

A hipótese do inciso I é clara, demandando afronta ao texto expresso de lei. Eventualmente, se a jurisprudência firmar entendimento de que a lei deve ser interpretada num determinado sentido, cabe revisão criminal, com base na afronta à norma, desde que o magistrado adote posicionamento oposto ao majoritário.

Quanto à contrariedade à evidência dos autos, deve-se compreender o conjunto das provas colhidas. Torna-se indispensável que a decisão condenatória proferida ofenda frontalmente o conjunto probatório constante dos autos. Como ensina Bento de Faria, a "evidência significa a clareza exclusiva de qualquer dúvida, por forma a demonstrar de modo incontestável a certeza do que emerge dos autos em favor do condenado" (*Código de Processo Penal*, v. 2, p. 345).

A mera repetição da análise do valor das provas não deveria dar ensejo ao conhecimento de revisão criminal. Há julgados, entretanto, que aceitam essa ação para o fim de "reavaliar" toda a prova, embora a decisão condenatória com trânsito em julgado tenha analisado a matéria dentro de razoável interpretação da prova.

Parece-nos que o objetivo da revisão não é permitir uma "terceira instância" de julgamento, garantindo ao acusado mais uma oportunidade de ser absolvido ou ter reduzida sua pena, mas, sim, assegurar-lhe a correção de um erro judiciário.

No campo das decisões condenatórias, proferidas pelo Tribunal do Júri, maior cautela se impõe, pois está em jogo a soberania dos vereditos. Pudemos expor, em item anterior, constituir a revisão criminal, cuja procedência invade o mérito da condenação imposta pelo júri, com o fito de absolver o réu, uma afronta ao princípio constitucional da soberania dos vereditos populares.

Porém, é de maior gravidade ainda a procedência da revisão criminal, absolvendo o réu condenado pelo júri, em decisão com trânsito em julgado, quando há, única e tão somente, a reavaliação das mesmas provas existentes nos autos. E mais, quando o tribunal togado não consegue evidenciar terem os jurados extrapolado na interpretação do conjunto probatório. Em outros termos, a decisão de procedência da revisão criminal fornece outra visão das provas, em nível subjetivo, mas não há nenhuma evidência de que o Conselho de Sentença afrontou o conjunto probatório.

II – Sentença condenatória fundada em depoimentos, exames ou documentos comprovadamente falsos (art. 621, II, CPP): a lei utiliza a qualificação *comprovadamente* para denominar o falso em relação às peças constitutivas do conjunto probatório. Não é qualquer suspeita de fraude, vício ou falsidade que levará à reavaliação da condenação com trânsito em julgado.

Torna-se imperiosa a exigência de uma falsidade induvidosa. Embora o ideal fosse apurar o falso testemunho, a falsa perícia ou a falsidade documental em processo à parte, trazendo para os autos da revisão a decisão formal a respeito, nada impede que, na ação revisional, seja apurado o falso. Tal se dá porque a reavaliação do erro judiciário necessita ser célere, implicando, em grande parte dos casos, constrangimento à liberdade individual do sentenciado, motivo pelo qual é possível verificá-la nos autos da revisão. Se assim desejar, pode determinar a produção de prova o relator, valendo-se, inclusive, de carta de ordem para que o juiz de 1.º grau colha os elementos necessários.

Se procedente a revisão criminal, determina-se a apuração criminal da falsidade. Por outro lado, a própria parte interessada na revisão pode requerer ao juízo da condenação a realização de justificação, como procedimento prévio e preparatório da ação revisional.

É fundamental que o depoimento, o exame ou o documento comprovadamente falso tenha sido utilizado para a formação do convencimento do juiz da condenação. Caso se trate de prova inútil, irrelevante ou impertinente, desprezada pelo magistrado para sustentar a decisão condenatória, é natural que não caiba a revisão criminal;

III – Descoberta de novas provas da inocência do condenado ou de circunstância que determine ou autorize diminuição especial da pena, após a sentença (art. 621, III, CPP): enfoca-se o encontro de provas *substancialmente* novas (inéditas, desconhecidas até então do condenado e do Estado), acerca da inocência do réu, abrangendo tanto a autoria, quanto a materialidade do crime.

Outra possibilidade é a descoberta de provas que indiquem circunstância antes desconhecida, mas que viabiliza a diminuição da pena.

Em ambas as situações, cuidando-se de processo julgado pelo Tribunal do Júri, defendemos que a revisão criminal, se procedente, remeta o caso para nova apreciação pelo Tribunal Popular, que ficará encarregado de dar a *palavra final* sobre o feito, seja para absolver o réu, seja para possibilitar-lhe a diminuição da pena.

Em qualquer dessas situações, torna-se requisito indispensável para o ajuizamento da revisão criminal a ocorrência do trânsito em julgado da decisão condenatória. Excepcionalmente, pode-se questionar uma decisão absolutória impositiva de medida de segurança, denominada de *absolutória imprópria*.

Por outro lado, o rol do art. 621 do CPP é taxativo, na medida em que se busca rever uma decisão abrigada pela coisa julgada (art. 5.º, XXXVI, CF), garantia constitucional de proteção ao indivíduo e aos conflitos já compostos pelo Poder Judiciário.

Superior Tribunal de Justiça

- "1. Ao manter a decisão do Conselho de Sentença, o Tribunal de origem considerou a tese segundo a qual não se faz cabível a revisão criminal quando utilizada como nova apelação, com vista ao mero reexame de fatos e provas, não se verificando hipótese de contrariedade ao texto expresso da lei penal ou à evidência dos autos, consoante previsão do art. 621, I, do CPP (AgRg no REsp n. 1.781.148/RJ, Ministro Joel Ilan Paciornik, Quinta Turma, *DJe* 18/10/2019). 2. O Superior Tribunal de Justiça pacificou o entendimento no sentido do não cabimento da revisão criminal quando utilizada como nova apelação, com vista ao mero reexame de fatos e provas, não se verificando hipótese de contrariedade ao texto expresso da lei penal ou à evidência dos autos, consoante previsão do art. 621, I, do CPP (AgRg no REsp n. 1.781.148/RJ, Ministro Joel Ilan Paciornik, Quinta Turma, *DJe* 18/10/2019). 3. Inexistindo elementos capazes de alterar os fundamentos da decisão agravada, subsiste incólume o entendimento nela firmado, não merecendo prosperar o presente agravo. 4. Agravo regimental improvido" (AgRg no AREsp 1.453.128/PE, 6.ª T., rel. Sebastião Reis Júnior, j. 04.02.2020, v.u.).

10.4.5 Processamento

A revisão criminal pode ser ajuizada a qualquer tempo, antes ou depois da extinção da pena (art. 622, *caput*, CPP). Se julgada improcedente, outra ação somente é cabível se fundada em novas provas (art. 622, parágrafo único, CPP), entendendo-se como novas as que forem consideradas inéditas.

O ônus da prova pertence ao acusado, pois seu intuito é desfazer a coisa julgada. Portanto, na dúvida, mantém-se a condenação tal como foi posta, uma vez que já não vige o princípio processual do *in dubio pro reo*, típico da instrução do processo de conhecimento.

Em sentido contrário, amenizando esse ônus, está a lição de SÉRGIO DE OLIVEIRA MÉDICI: "Outro importante reflexo de nosso entendimento recai sobre o chamado *ônus da prova*: como a revisão não consiste em nova ação, mas na reabertura da ação penal finda, inadequada a ampla exigência do encargo probatório por parte do condenado. Sem dúvida que, em alguns casos, o requerente deve juntar documentos ou atos de justificação (se a revisão fundar-se, *e. g.*, em falsidade ou descoberta de novas provas), para propiciar o processamento da revisão. Assim, incumbe ao revisionando a prova das alegações que lançar (art. 156 do Código de Processo Penal [atual *caput* do art. 156 do CPP, com a redação dada pela Lei 11.690/2008]), mas sem acarretar inversão de todo o ônus probatório, como sustentado por doutrinadores e julgadores" (*Revisão criminal*, p. 242).

Se houver extinção da punibilidade no tocante à pretensão punitiva do Estado, ou seja, constatou-se alguma causa de extinção ocorrente antes do trânsito em julgado da sentença condenatória, descabe o ajuizamento de revisão criminal. Isto se dá porque o Estado não tinha o direito de punir e assim foi declarado em decisão judicial. Logo, não haveria motivo algum para o julgamento de revisão criminal.

Entretanto, quando a extinção da punibilidade atinge somente a pretensão executória do Estado, porque a causa de extinção da punibilidade ocorre depois do trânsito em julgado da sentença condenatória, cabe revisão criminal. Tal ocorre porque a decisão do juiz atinge somente os efeitos principais da decisão condenatória, afastando o cumprimento da pena, mas não elide a inscrição da condenação como mau antecedente, nem afeta a sua constituição como título executivo judicial, para a ação civil *ex delicto*, permitindo, ainda, a inscrição do nome do acusado no rol dos culpados. Há, assim, interesse para o ajuizamento da ação revisional.

O órgão competente para o julgamento da revisão criminal é o tribunal, jamais o juízo de primeira instância. Caso a decisão provenha de câmara ou turma de tribunal de segundo grau, cabe ao próprio tribunal o julgamento da revisão, embora, nessa hipótese, não pela mesma câmara, mas pelo grupo reunido de câmaras criminais. Tratando-se de decisão proferida pelo Órgão Especial, cabe ao mesmo colegiado o julgamento da revisão. Quanto aos tribunais superiores, dá-se o mesmo. Ao Supremo Tribunal Federal compete o julgamento de revisão criminal de seus julgados e ao Superior Tribunal de Justiça, o julgamento dos seus.

A revisão criminal deve ser avaliada por um relator desvinculado, completamente, do primeiro julgamento. Busca-se magistrado imparcial, que possa analisar o caso sem qualquer vínculo com a anterior interpretação, já fornecida à prova colhida.

A petição inicial deve ser acompanhada da certidão de haver transitado em julgado a sentença condenatória e com as peças necessárias à comprovação do alegado (art. 625, § 1.º, CPP). Pode ser apensado o pedido aos autos originais do processo onde a condenação foi proferida (art. 625, § 2.º, CPP), além de serem ofertadas outras provas novas conseguidas.

Havendo justificação prévia, para a produção de provas (ex.: inquirição de testemunhas), juntam-se os autos da justificação instruindo o pedido.

Quanto à possibilidade de indeferimento liminar pelo relator, são duas situações distintas: a) pode o relator, certamente, indeferir liminarmente a revisão criminal, quando esta for apresentada sem qualquer prova do alegado, nem tiver sido pedida a realização de justificação. Se o condenado apresentar motivos verossímeis para ter o seu pedido conhecido, indicando onde buscar as provas, pode o relator determinar que isto se dê. Rejeitando, desde logo, o pedido ou a produção de provas indicadas pelo sentenciado, cabe agravo regimental ao grupo de câmaras (ou ao Órgão Especial, conforme o caso). Aliás, havendo indeferimento liminar, deve o relator recorrer de ofício para o órgão colegiado competente, ainda que a parte não apresente agravo regimental; b) pode o relator indeferir o pedido de apensamento dos autos originais, eventualmente feito pelo condenado, quando considerar inconveniente para o interesse da justiça, o que não significa indeferimento liminar da ação revisional. Dessa decisão, não cabe recurso.

Caso a revisão criminal seja processada, determinará o relator que seja colhido o parecer da Procuradoria-Geral de Justiça, o que, mais uma vez, demonstra não ser o Ministério Público parte passiva na ação, nem estar vinculado à defesa da manutenção da decisão condenatória. Emitirá parecer imparcial, como sempre faz ao atuar em segundo grau.

A procedência da revisão criminal permite a alteração da classificação do crime, a absolvição do réu, a modificação da pena ou a anulação do processo (art. 626, *caput*, CPP). Em nenhuma hipótese, poderá agravar a pena do sentenciado (art. 626, parágrafo único, CPP).

Em condenações advindas do Tribunal do Júri, parece-nos cabível, como já expusemos, apenas a anulação do processo, para que seja refeito, a modificação da pena, se o erro for do juiz togado, a alteração da classificação do delito, se, igualmente, o erro provier do magistrado, mas jamais a absolvição do réu, decisão concernente à soberania do Tribunal Popular.

Embora não exista previsão expressa em lei, cuidando da liberação provisória do condenado, tão logo ingresse seu pedido de revisão criminal, cremos seja possível, desde que se trate de situação excepcional. Retrocedendo no tempo, imagine-se o famoso caso dos irmãos Naves, condenados por um homicídio que, evidentemente, não ocorreu, pois o ofendido não havia morrido. Tão logo surgisse a pretensa vítima do homicídio, com prova clara disso, não haveria necessidade de se aguardar todo o trâmite da ação, para, somente ao final, serem libertados os inocentes.

Não existe recurso ordinário contra a decisão proferida na revisão criminal, pois a ação é sempre de competência originária. Logo, cabem embargos de declaração, recurso especial e recurso extraordinário, conforme o caso. Quando se tratar de decisão isolada do relator, cabe o agravo regimental.

Havendo absolvição, todos os direitos atingidos pela condenação são restabelecidos (art. 627, CPP).

Há, ainda, a possibilidade de imposição do dever do Estado de indenizar a vítima do erro judiciário (art. 630, CPP).

Essa decisão é de natureza condenatória, não se tratando de mero efeito da procedência da ação revisional. Justamente por isso, precisa haver requerimento do autor para que seja reconhecido esse direito. Não existindo, o tribunal deixa de declarar o direito à justa indenização, mas não há impedimento para o ingresso, no juízo especial da Fazenda Pública, quando houver, ou outro juízo cível, de ação contra o Estado para a reparação do dano.

Neste caso, porém, deve haver processo de conhecimento para a demonstração do erro judiciário e para o estabelecimento do montante da indenização. Logicamente, juntando o autor cópia do acórdão que deferiu a revisão criminal, a produção de provas fica facilitada.

Estabeleceu a lei uma responsabilidade objetiva do Estado frente ao erro judiciário. Trata-se, a nosso ver, de algo lógico e consequência natural do erro cometido, após o desenvolvimento do devido processo legal. No entanto, melhor seria se a Fazenda do Estado (ou a União) pudesse contestar a revisão criminal, sustentando o acerto da decisão condenatória, quando o caso.

Capítulo 11

ASPECTOS LIGADOS À EXECUÇÃO PENAL

11.1 Progressão de regime

O princípio constitucional da individualização da pena (art. 5.º, XLVI, primeira parte, CF) desdobra-se em individualização legislativa, judiciária e executória. A primeira delas dá-se em nível parlamentar, quando ocorre a criação de um novo tipo penal incriminador, inserindo-se a pena mínima e a pena máxima. A segunda concretiza-se no momento da fixação da pena, na sentença condenatória, ocasião em que o magistrado, valendo-se dos critérios estabelecidos pelo Código Penal, elege o *quantum* cabível. A terceira deve efetivar-se durante o cumprimento da pena, respeitando-se critérios individualizadores, fugindo-se à padronização do condenado e privilegiando-se o mérito de cada um no cenário da reeducação e da ressocialização.

Por isso, uma das linhas principais, assecuratórias da individualização executória da pena, é a possibilidade de progressão de regime. Iniciado o cumprimento da pena em regime fechado, torna-se viável a transferência para regime menos gravoso, no caso o semiaberto. Deste, viabiliza-se a passagem para o regime aberto. Da mesma forma, o sentenciado que der início diretamente no regime semiaberto tem a oportunidade de obter a progressão para o aberto.

A pena de reclusão (cominada aos crimes dolosos contra a vida: homicídio simples e qualificado; induzimento, instigação ou auxílio a suicídio ou automutilação; aborto provocado por terceiro, incluindo a forma qualificada) deve ser cumprida, inicialmente, em regime fechado, semiaberto ou aberto. A pena de detenção (prevista aos crimes dolosos contra a vida: infanticídio; aborto provocado pela gestante ou com seu consentimento) deve ser, inicialmente, cumprida em regime semiaberto ou aberto, salvo necessidade de regressão a regime mais rigoroso (art. 33, *caput*, CP).

Valendo-se da individualização executória da pena, estabeleceu o legislador alguns critérios iniciais para a escolha do regime, em função do *quantum* da pena aplicada. Por isso, condenado a pena superior a oito anos, inicia-se o cumprimento em regime fechado (art. 33, § 2.º, *a*, CP); condenado a pena superior a quatro anos, que não exceda oito, poderá iniciar em regime semiaberto (art. 33, § 2.º, *b*, CP); sentenciado a pena igual ou inferior a quatro anos, poderá iniciar em regime aberto (art. 33, § 2.º, *c*, CP).

Os elementos para a eleição do regime inicial, quando houver opção, referem-se aos requisitos constantes do art. 59 do Código Penal (art. 33, § 3.º, CP).

Conforme será mencionado no próximo item, o STF declarou ser inconstitucional o estabelecimento, por lei, do regime inicial fechado para o cumprimento da pena. É certo que o fez em relação à Lei dos Crimes Hediondos, mas idêntico raciocínio pode ser usado para o disposto no art. 33, § 2.º, do Código Penal. Assim sendo, mesmo para penas superiores a oito anos, pode o magistrado selecionar o mais adequado regime inicial, conforme o art. 59 do Código Penal.

Estabelecido o regime inicial (fechado ou semiaberto), há possibilidade de progressão, respeitando-se requisitos de ordem objetiva e subjetiva. Em nível objetivo, deve-se observar o cumprimento de, pelo menos, 16% da pena no regime anterior. Em nível subjetivo, o preso precisa demonstrar bom comportamento carcerário, comprovado pelo diretor do estabelecimento onde se encontrar (art. 112, § 1.º, Lei 7.210/1984). Temos sustentado que o requisito subjetivo não pode pautar-se exclusivamente pelo atestado de boa conduta carcerária, em particular quando se cuidar de crime violento contra a pessoa, como ocorre nos casos dos crimes dolosos contra a vida.

O processo de individualização executória da pena não pode condicionar o magistrado a decidir de uma maneira padronizada, o que seria um paradoxo. Dessa maneira, conforme a situação peculiar de cada condenado, há possibilidade de se determinar exames mais apurados para analisar o merecimento do preso e sua potencialidade para adaptação no regime mais brando. Nesse contexto, pode ser requisitado o exame criminológico. Conferir o teor da Súmula Vinculante 26 do STF: "Para efeito de progressão de regime no cumprimento de pena por crime hediondo, ou equiparado, o juízo da execução observará a inconstitucionalidade do art. 2.º da Lei n. 8.072, de 25 de julho de 1990, sem prejuízo de avaliar se o condenado preenche, ou não, os requisitos objetivos e subjetivos do benefício, *podendo determinar, para tal fim, de modo fundamentado, a realização de exame criminológico*" (grifamos). E da Súmula 439 do STJ: "Admite-se o *exame criminológico pelas peculiaridades do caso*, desde que em decisão motivada" (grifamos).

Mais detalhes podem ser encontrados na nota 21-A ao art. 33 do nosso *Código Penal comentado*.

Supremo Tribunal Federal

- "Homicídio qualificado e porte de arma. Progressão de regime. Jurisprudência do Supremo Tribunal Federal. 1. A orientação jurisprudencial do Supremo Tribunal Federal é no sentido de que o 'art. 112 da Lei de Execuções Penais – na redação dada pela Lei 10.792/03 – não mais considera indispensável a realização do exame criminológico para fins de progressão de regime. A inovação legal tem o condão de auxiliar o juiz a avaliar o pedido do benefício executório. Os laudos dos exames criminológicos possuem caráter meramente opinativo, não vinculando o juízo, cuja convicção pode se formar com base também em outros elementos constantes dos autos' (HC 123.025, Rel.ª Min.ª Rosa Weber). 2. Para além de observar que a hipótese é de paciente condenado à pena de 60 anos e 21 dias de reclusão, pelos crimes de homicídios qualificados e porte de arma, o fato é que, tal como assentou a autoridade impetrada, 'as instâncias ordinárias indeferiram a progressão de regime ao paciente com amparo em aspectos concretos da execução penal, consistentes em observações desfavoráveis postas em exame criminológico realizado à época, fazendo alusão ao relatório da área de serviço social e ao relatório psicológico'. 3. Agravo regimental a que se nega provimento" (HC 216.268 AgR, 1.ª T., rel. Roberto Barroso, j. 16.08.2022, v.u.).

Superior Tribunal de Justiça

- "1. Na hipótese, o Tribunal *a quo* entendeu pela necessidade de realização de exame criminológico em razão da reincidência do Apenado, da gravidade abstrata do delito (homicídio) e da longa pena a cumprir. Todavia, nos termos da jurisprudência desta Corte Superior, fundamentos abstratos e genéricos, como os apresentados pela Corte de origem, não justificam a exigência de exame criminológico, bem como a análise do preenchimento do requisito subjetivo somente poderá fundar-se em fatos praticados durante a execução penal. 2. Agravo regimental desprovido" (AgRg no HC 544.604/SP, 6.ª T., rel. Laurita Vaz, 04.02.2020, v.u.).

11.1.1 Crimes hediondos

Dos crimes da competência específica do Tribunal do Júri, são considerados hediondos pelo art. 1.º, I, Lei 8.072/1990, o homicídio simples, quando praticado em atividade típica de grupo de extermínio, ainda que praticado por um só agente, bem como o homicídio qualificado.

Não nos parece possível, entretanto, aceitar a existência de um homicídio praticado em atividade típica de grupo de extermínio que não seja qualificado (mediante paga, promessa de recompensa ou outro motivo torpe). Na prática, quem mata agindo como exterminador está motivado pela torpeza, logo, cuida-se de homicídio qualificado.

Em suma, a menção ao homicídio simples, feita no art. 1.º, I, da Lei dos Crimes Hediondos, é inócua.

Cabe ressaltar, ainda, ter a Lei 12.720/2012 introduzido o § 6.º no art. 121 do Código Penal, constando causa de aumento de pena de um terço até a metade, caso o delito seja praticado por milícia privada, sob o pretexto de prestação de serviço de segurança, ou por grupo de extermínio. Nessa hipótese, se o homicídio for assim cometido, deve ser considerado qualificado pela torpeza, sem incidir, também, a causa de aumento pelo mesmo motivo, evitando-se o *bis in idem*. Mas, se houver duas ou mais qualificadoras, uma pode servir para qualificá-lo (crueldade, por exemplo) e a outra (milícia privada) para impor a causa de aumento. De todo modo, o juiz deve considerar tais aspectos para redigir corretamente os quesitos.

A Lei 13.104/2015 introduziu, como qualificadora, o feminicídio (inciso VI), significando matar "a mulher por razões da condição de sexo feminino". Incluiu a Lei 13.142/2015, também, como qualificadora, a morte "contra autoridade ou agente descrito nos arts. 142 e 144 da Constituição Federal, integrantes do sistema prisional e da Força Nacional de Segurança Pública, no exercício da função ou em decorrência dela, ou contra seu cônjuge, companheiro ou parente consanguíneo até terceiro grau, em razão dessa condição". A Lei 13.104/2015 ainda explicitou no § 2.º-A o seguinte: "considera-se que há razões de condição de sexo feminino quando o crime envolve: I – violência doméstica e familiar; II – menosprezo ou discriminação à condição de mulher". Finalmente, inseriu o § 7.º, com alteração introduzida pela Lei 13.771/2018: "a pena do feminicídio é aumentada de 1/3 (um terço) até a metade se o crime for praticado: I – durante a gestação ou nos 3 (três) meses posteriores ao parto; II – contra pessoa menor de 14 (catorze) anos, maior de 60 (sessenta) anos, com deficiência ou portadora de doenças degenerativas que acarretem condição limitante ou de vulnerabilidade física ou mental; III – na presença física ou virtual de descendente ou de ascendente da vítima; IV – em descumprimento das medidas protetivas de urgência previstas nos incisos I, II e III do *caput* do art. 22 da Lei n.º 11.340, de 7 de agosto de 2006".

Temos sustentado que as novas qualificadoras têm caráter objetivo, podendo mesclar-se com as de conotação subjetiva. Ex.: matar a mulher por motivo fútil. Note-se que o agente homicida não mata mulheres porque elas são do sexo feminino; mas, sim, porque foi movido por um ciúme cego, porque se julgou traído, por ânsia de dominação etc. A condição de sexo feminino ao qual se refere o artigo diz respeito à maior fraqueza física da mulher em face do homem. Mais esclarecimentos são fornecidos em nosso *Código Penal comentado* e nosso *Curso de direito penal*, v. 2.

Por outro lado, os crimes hediondos e equiparados (tráfico ilícito de drogas, tortura e terrorismo) possuem prazo diferenciado para a progressão de regime. Em primeiro lugar, deve-se salientar que o regime inicial a ser fixado deveria ser sempre o fechado, independentemente do *quantum* de pena aplicada (art. 2.º, § 1.º, Lei 8.072/1990). Porém, em 27 de junho de 2012, o Plenário do Supremo Tribunal Federal declarou a inconstitucionalidade desse dispositivo, com o fundamento de haver lesão ao princípio constitucional da individualização da pena (art. 5.º, XLVI, CF), pois o regime inicial deve ser estabelecido conforme o caso concreto, de acordo com os elementos do art. 59 do Código Penal (HC 111.840-ES, rel. Dias Toffoli, m.v.).

Assim sendo, para todo delito hediondo, deve o julgador verificar qual o regime inicial cabível, sem se ater a uma predeterminação legal.

Quanto aos prazos, pode haver a passagem para o regime semiaberto, nos termos do art. 112, V a VIII, da Lei de Execução Penal, conforme o caso concreto.

Para os delitos hediondos e equiparados, com maior razão, deve-se aplicar todos os critérios possíveis para a correta individualização executória da pena, não se devendo acolher pura e simplesmente a apresentação do atestado de boa conduta carcerária. Soa-nos fundamental a realização de exame criminológico.

11.2 Remição

Cuida-se do perdão da pena em compensação pela atividade laboral ou pelo estudo desenvolvido pelo sentenciado, durante a execução penal. Cada bloco de três dias de trabalho, contando de seis a oito horas de atividade/dia, ou três dias de estudo, com quatro horas diárias, proporciona o abatimento de um dia de pena.

A remição deve ser declarada mensalmente, pelo juiz, à vista do atestado de trabalho ou da declaração de estudo, fornecido pelo órgão competente, ao qual cabe fiscalizar o bom resultado laborativo ou a frequência a curso. Reconhecida a remição, vale para todos os fins, particularmente para a percepção de benefícios, como progressão de regime, obtenção de livramento condicional, saída temporária etc. Lembremos que, durante a prisão cautelar, computa-se a remição, a ser descontada, no futuro, em caso de condenação.

Para fim de trabalho, a remição é cabível nos regimes fechado e semiaberto; em relação ao estudo, admite-se, também, no regime aberto e durante o cumprimento de livramento condicional.

O estudo pode dar-se em atividade de ensino fundamental, médio, inclusive profissionalizante, ou superior, bem como em requalificação profissional. É possível trabalhar e estudar, no mesmo dia, contando-se todas as horas para fins de remição, desde que haja compatibilidade de horários. Se o condenado concluir, com sucesso, o ensino fundamental, médio ou superior, durante o cumprimento da pena, receberá 1/3 a mais no tempo a remir.

Em caso de falta grave, o juiz pode revogar até 1/3 do tempo remido, conforme as circunstâncias do fato, recomeçando a contagem a partir da data de infração. Em nossa visão, não foi a mais adequada modificação introduzida pela Lei 12.433/2011, ou seja, seria necessário fixar um mínimo e um máximo para a perda (ex.: de 1/6 a 1/3). Do modo como está, o magistrado poderia suprimir apenas um dia do tempo remido e estaria cumprindo a lei literalmente, embora tergiversando em sua finalidade.

De qualquer forma, tendo em vista a viabilidade de escolha do juiz no tocante à perda (até um terço), há necessidade de *fundamentar* essa decisão, sob pena de nulidade. Não tem sentido o magistrado, constatada falta grave, determinar simplesmente a perda de um terço dos dias remidos (o máximo), sem qualquer motivação.

11.3 Livramento condicional

Trata-se de um instituto de política criminal, destinado a permitir a redução do tempo de prisão com a concessão antecipada e provisória da liberdade do condenado, quando é cumprida pena privativa de liberdade, mediante o preenchimento de determinados requisitos e a aceitação de certas condições. É medida penal restritiva da liberdade de locomoção, que se constitui num benefício ao condenado e, portanto, consiste em um direito subjetivo de sua titularidade, integrando um estágio do cumprimento da pena.

O tempo de duração do livramento equivale ao período restante da pena privativa de liberdade a ser cumprida. Exemplo: condenado a 10 anos de reclusão, o sentenciado obtém livramento condicional ao atingir 5 anos de cumprimento da pena. O tempo do benefício será de 5 anos.

São requisitos objetivos: a) *a pena aplicada deve ser igual ou superior a dois anos*; b) *o tempo para o cumprimento da pena varia entre um terço (primário com bons antecedentes), metade (reincidentes em crimes dolosos) e dois terços (condenados por delitos hediondos e equiparados)*. O condenado primário (em crime doloso) e com bons antecedentes faz jus ao livramento condicional, após cumprir *1/3 da pena*. Houve uma lacuna quanto ao primário, que possua maus antecedentes. Não se pode incluí-lo com perfeita adequação nem neste dispositivo, nem no próximo, que cuida do reincidente. Surgiram *duas posições:* 1) *na falta de expressa previsão, deve ser adotada a posição mais favorável ao condenado*, ou seja, o primário, com maus antecedentes, pode receber o livramento quando completar 1/3 da pena; 2) *deve-se fazer a adequação por exclusão*. Não se encaixando no primeiro dispositivo, que, expressamente, exige os bons antecedentes, somente lhe resta o segundo. Assim, o primário com maus antecedentes deve cumprir metade da pena para pleitear o livramento condicional. É a posição que adotamos, pois o art. 83, I, exige "duplo requisito" e é expresso acerca da impossibilidade de concessão do livramento com 1/3 da pena a quem possua maus antecedentes; c) *reparação do dano, desde que o sentenciado tenha condições econômicas para isso*; d) não cometimento de falta grave nos últimos 12 meses. Portanto, se cometer a referida falta, deverá aguardar 12 meses para pleitear novamente o livramento condicional.

São requisitos subjetivos: a) *apresentar bom comportamento durante a execução da pena*. Deve-se analisar se houve a prática de faltas durante o cumprimento da pena, em particular, as graves. Conforme o número de faltas e o conteúdo de cada uma delas, não se deve conceder o benefício, pois o comportamento foi negativo, independentemente do prazo de 12 meses fixado na alínea *b* ao inciso III do art. 83 do CP; b) *apresentar bom desempenho no trabalho*; naturalmente, quando houver oportunidade para isso no presídio; c) *demonstrar aptidão para trabalho honesto*. Esse requisito mereceria ser revisto e revogado, pois extremamente aberto e praticamente impossível de ser comprovado; d) estar demonstrada a *presunção de que não voltará a delinquir*. É um requisito voltado aos condenados por crimes com violência ou grave ameaça à pessoa, exigindo-se o exame criminológico. Assim, faz-se um autêntico prognóstico do que o condenado poderá fazer se colocado em liberdade.

Sob outro aspecto, nos termos do art. 83, V, do Código Penal, há prazo diferenciado: "cumpridos mais de dois terços da pena, nos casos de condenação por crime hediondo, prática de tortura, tráfico ilícito de entorpecentes e drogas afins, tráfico de pessoas e terrorismo, se o apenado não for reincidente específico em crimes dessa natureza". Além de um tempo diverso para o benefício, veda-se o livramento condicional nas hipóteses de reincidência em crimes de mesma *natureza*, ou seja, delitos hediondos ou equiparados. Não importa exatamente a espécie de crime para ser reincidente específico, mas a *natureza* hedionda ou similar do delito.

Saliente-se, ainda, estar o livramento condicional enfraquecido, pois em várias Comarcas onde não há, para o cumprimento do regime aberto, a Casa do Albergado ou estabelecimento similar, determina-se a inserção do sentenciado em regime de albergue domiciliar. Essa situação permite que o condenado tenha vida normal, recolhendo-se em sua própria residência no período noturno, quando não estiver trabalhando e nos finais de semana. Ocorre que, em grande parte, não há fiscalização alguma, de modo que nem mesmo em casa fica o condenado abrigado.

Na medida em que não tenha o dever de se recolher em Casa do Albergado, para cumprir o regime aberto, sendo-lhe muito mais favorável a denominada *prisão albergue domiciliar* (PAD), inexiste razão para solicitar ao juiz da execução criminal a concessão de livramento condicional. O preso tem optado pela progressão do regime fechado ao semiaberto e deste para o aberto, recusando-se a ingressar em livramento condicional. Esse é outro sintoma da ineficiência do sistema carcerário no Brasil.

Superior Tribunal de Justiça

- "1. O art. 83, inc. V, do Código Penal, dispõe que é vedada a concessão de livramento condicional ao reincidente específico por crime hediondo, tráfico ilícito de entorpecentes e drogas afins e terrorismo. 2. Na hipótese, a condição de reincidente específico em duas condenações anteriores, uma por tráfico de drogas e outra por tentativa de homicídio qualificado, obsta a concessão de livramento condicional ao paciente, consoante a regra delineada no art. 83, V, do Código Penal e no art. 44, parágrafo único, da Lei n. 11.343/06" (AgRg no HC 549.723/SP, 5.ª T., rel. Joel Ilan Paciornik, 06.02.2020, v.u.).
- "1. Consoante o art. 83, V, do Código Penal, com redação dada pela Lei n. 8.072/1990, o juiz poderá conceder livramento condicional ao condenado à pena privativa de liberdade igual ou superior a 2 (dois) anos, desde que cumprido mais de dois terços da pena, nos casos de condenação por crime hediondo, prática da tortura, tráfico ilícito de entorpecentes e drogas afins, e terrorismo, se o apenado não for reincidente específico em crimes dessa natureza. 2. Hipótese em que o condenado ostenta condição de reincidente específico em crimes hediondos (homicídio qualificado)" (AgRg no AREsp 1.304.344/RS, 5.ª T., rel. Ribeiro Dantas, 14.08.2018, v.u.).

11.4 Unificação de penas

Unificar significa transformar várias coisas em uma só. Em Direito Penal, por ficção legal, pode-se unificar várias penas em uma, desde que preenchidos determinados requisitos. Tal possibilidade se dá no cenário do concurso formal (art. 70, CP) e do crime continuado (art. 71, CP).

Como regra, o juiz da condenação, verificando a existência de um concurso formal ou de um delito continuado, promoverá a *unificação das penas* do réu na sentença condenatória. Ilustrando, se "A" provoca o aborto de gêmeos, com uma única ação está dando causa ao surgimento de dois resultados. Por isso, configura-se o concurso formal, previsto no art. 70 do Código Penal. Aplica-se a pena de um aborto (art. 125 ou 126, CP, conforme o caso), com o aumento de um sexto até a metade. Outro exemplo: se "B" mata três pessoas, uma após outra, no mesmo contexto, pode concretizar um delito continuado, previsto no art. 71 do Código Penal. O juiz aplica a pena de um homicídio (simples ou qualificado, conforme a situação), acrescida de um sexto a dois terços. Pode valer-se, também, do aumento previsto no art. 71, parágrafo único, do CP.

De todo modo, nem sempre os vários delitos cometidos pelo réu estão sob julgamento pelo mesmo magistrado. É possível que vários delitos, mesmo em continuidade delitiva, sejam conhecidos e julgados em Tribunais do Júri diferentes.

Por isso, prevê o art. 66, III, *a*, da Lei de Execução Penal, caber ao juiz da execução criminal a possibilidade de unificar as penas. Constatada a existência de concurso formal ou crime continuado, durante a execução da pena, torna-se viável aplicar os benefícios previstos pelos arts. 70 e 71 do Código Penal.

No âmbito dos crimes dolosos contra a vida, em especial do homicídio, a aplicação do concurso formal é mais comum quando ocorre o erro na execução (*aberratio ictus*), previsto no art. 73 do Código Penal, com resultado duplo. Assim, ilustrando, "A", pretendendo matar seu desafeto "B", desfere-lhe tiros, que, no entanto, além de atingir a vítima desejada "B", também alcança "C", que se lesiona. Há um resultado duplo, devendo-se aplicar a regra do concurso formal (art. 73, segunda parte, CP).

De outra parte, tornou-se questão controversa a possibilidade de aplicação do crime continuado ao homicídio. Prevalecia a Súmula 605 do STF: "Não se admite continuidade delitiva nos crimes contra a vida". Entretanto, atualmente, não há mais sentido em se aplicar a referida Súmula, diante do expressamente previsto pelo art. 71, parágrafo único, do Código Penal. Em outras palavras, é admissível o crime continuado mesmo nos casos de crimes dolosos, contra vítimas diferentes, cometidos com violência ou grave ameaça à pessoa, bastando o preenchimento dos requisitos do art. 71, *caput*, do CP.

Superior Tribunal de Justiça

- "II – Nos termos do art. 71 do Código Penal, há o crime continuado 'quando o agente, mediante mais de uma ação ou omissão, pratica dois ou mais crimes da mesma espécie e, pelas condições de tempo, lugar, maneira de execução e outras semelhantes, devem os subsequentes ser havidos como continuação do primeiro'. Nesse sentido, para que seja aplicada a regra do crime continuado, a jurisprudência desta Corte Superior de Justiça firmou o entendimento de que necessárias a existência de ações praticadas em idênticas condições de tempo, lugar e modo de execução (requisitos objetivos), além de um liame a indicar a unidade de desígnios (requisito subjetivo)" (AgRg no HC 551.668/RS, 5.ª T., rel. Leopoldo de Arruda Raposo, 10.03.2020, v.u.).

11.5 Agravo em execução

Negando-se qualquer benefício ao condenado, em execução penal, tal como progressão de regime, livramento condicional ou unificação das penas, cabe agravo em execução.

O agravo em execução é o recurso utilizado para impugnar toda decisão proferida pelo juiz da execução criminal, que prejudique direito das partes principais envolvidas no processo. Encontra previsão legal no art. 197 da Lei 7.210/1984 (Lei de Execução Penal): "Das decisões proferidas pelo juiz caberá recurso de agravo, sem efeito suspensivo".

O rito a ser utilizado é o do recurso em sentido estrito. O prazo para a interposição, portanto, é de cinco dias, a contar da ciência da decisão, conforme Súmula 700 do STF: "É de 5 (cinco) dias o prazo para interposição de agravo contra decisão do juiz da execução penal".

Admite-se que o réu o faça diretamente, por termo, desde que, em seguida, o juiz determine a abertura de vista ao advogado, para a apresentação de razões, garantindo-se a ampla defesa.

A legitimidade para o recurso estende-se ao defensor e ao Ministério Público. Acrescente-se, ainda, o representante legal do condenado, seu cônjuge, parente ou descendente, já que podem dar início aos procedimentos da Lei de Execução Penal (art. 195). Não se incluem como legitimados a recorrer nem o Conselho Penitenciário, nem a autoridade administrativa (embora possam dar início ao procedimento, o que lhes foi outorgado apenas para agilizar a instauração dos incidentes e concessão de benefícios).

Aliás, até mesmo o cônjuge, parente ou descendente do sentenciado só pode fazê-lo se for em seu favor. Imagine-se o cônjuge que, não desejando o retorno do condenado para casa, interpõe agravo contra a decisão que lhe concedeu regime mais favorável ou livramento condicional. Naturalmente, não tendo sido esse o espírito da norma, ao legitimar tais pessoas, deve o juiz recusar o processamento do recurso. Aceitá-lo seria ofender a ampla defesa e, mais, o princípio de que o interesse para recorrer é, primordialmente, da parte principal, que, na execução penal, são duas: o Ministério Público e o condenado. Terceiros somente poderiam ingressar se atuassem em benefício dele, o que se daria no caso dos parentes do sentenciado.

O efeito do recurso é meramente devolutivo. Inexiste o efeito suspensivo, salvo em um caso: quando o juiz expedir ordem para desinternar ou liberar o indivíduo sujeito a medida de segurança (art. 179, LEP). No mais, em casos de soltura completamente equivocada, pode o Ministério Público valer-se do mandado de segurança – como já sustentamos em outras situações semelhantes. Para o condenado, a via de solução mais rápida é a utilização do *habeas corpus.*

Superior Tribunal de Justiça

- "1. Preambularmente, impende ressaltar – no que tange à alegação do agravante no sentido de que 'não haveria possibilidade alguma de ser interposto agravo em execução, porquanto, a decisão não foi proferida pelo Juiz da Execução' –, que, conforme diretriz jurisprudencial consolidada por esta Superior Corte de Justiça, as normas da execução penal são igualmente aplicáveis aos presos provisórios. Inteligência do art. 2.º da Lei n. 7.210/84. (...)" (AgRg no HC 409.650/RS, 5.ª T., rel. Reynaldo Soares da Fonseca, 24.04.2018, v.u.).

Capítulo 12

QUESTÕES POLÊMICAS

12.1 Absorção dos crimes relacionados às armas de fogo

De certa forma causa estranheza a alguns a absorção dos crimes relacionados às armas de fogo, como, por exemplo, posse e porte, em situações de crimes dolosos contra a vida. Não há outra solução, entretanto, do ponto de vista técnico e diante da mais estrita legalidade.

O homicídio – cenário próprio para que tal ocorra – é crime de dano. Os delitos de posse e porte ilegal de arma de fogo constituem infrações penais de perigo. É sabido que, em função do conflito aparente de normas, adotado o critério da absorção, o crime de perigo é absorvido pelo mais grave, o crime de dano. Em especial, tal situação deve acontecer quando o delito de perigo é a ponte para o cometimento do crime de dano. Não somente pelo fato de a infração penal mais grave absorver a mais leve, quando produzidas no mesmo contexto, mas também – e sobretudo – pelo fato de um crime servir de meio para a consecução de outro.

O porte ilegal de arma de fogo, em inúmeras hipóteses, termina gerando crimes de dano (roubo, lesão corporal, estupro, dentre outros, mas, em especial, homicídio). Essa é a fundamentação que ampara a absorção. Cometido o delito de homicídio com arma de fogo – de posse e porte proibidos – não mais interessa apurar eventual crime de perigo.

Por isso, desaparecendo o crime relacionado à arma de fogo, caso, posteriormente, haja a absolvição do réu pelo Tribunal do Júri já não se pode rever o crime de perigo. O reconhecimento da legítima defesa, por exemplo, provoca a absolvição do réu pelo crime doloso contra a vida, não mais permitindo que se apure se a arma utilizada era ou não de porte ou posse ilícita.

Do ponto de vista processual, proclamando-se a absorção do crime relativo à arma de fogo, elimina-se a sua ocorrência típica, de modo que não cabe proferir-se sentença *absolutória*. Quando o próprio órgão acusatório denuncia o réu somente por homicídio, considerando o delito pertinente à arma de fogo *consumido* pelo mais grave, o juiz recebe a peça e determina o processamento, não mais analisando o *fato* concernente à arma, de per si. Se, porventura, a acusação incluir o crime relativo à arma na denúncia (ou queixa, conforme o caso), recebendo a peça, ao final da primeira fase, entendendo o magistrado pela *absorção*, assim deve proclamar na fundamentação da sua decisão, sem mais tocar no referido fato. Noutros termos, não lhe cabe *absolver* o acusado pelo crime concernente à arma de fogo no momento da pronúncia, até porque não poderia fazê-lo. Se – e somente para argumentar – considerar o concurso material entre homicídio e porte ilegal de arma, deve pronunciar ambos os delitos (principal e conexo) para apreciação do Tribunal do Júri. Entretanto, se o crime foi consumido pelo mais grave, desaparece e inexiste qualquer decisão a seu respeito: nem pronúncia, nem absolvição, nem impronúncia.

Superior Tribunal de Justiça

- "1. A absorção do crime de porte ilegal de arma de fogo pelo delito de homicídio pressupõe que as condutas tenham sido praticadas em um mesmo contexto fático, guardando entre si uma relação de dependência ou de subordinação. Desse modo, o porte da arma de fogo deve ter como fim, exclusivo, a prática do crime de homicídio para ser absorvido como *ante factum* impunível. Ausente essa vinculação com o crime fim, não há falar em consunção, havendo, pois, crime autônomo de porte ou posse de arma de fogo" (AgRg no HC 684.750/SC, 5.ª T., rel. Ribeiro Dantas, 15.02.2022, v.u.).
- "7. O voto condutor do acórdão estadual demonstrou não ter vinculação exclusiva entre o delito de porte de arma de fogo e o crime de homicídio, de maneira que aquele pudesse ser considerado crime meio e, portanto, *ante factum* impunível. Ao contrário, o Sodalício estadual apontou o porte do artefato pelo réu em outras ocasiões que não a prática do crime de homicídio, tornando inviável a aplicação da regra da consunção, haja vista a existência de crimes autônomos e independentes (HC n. 395.268/SP, Ministra Maria Thereza de Assis moura, Sexta Turma, *DJe* 19/12/2017). 8. A absorção do crime de porte ilegal de arma de fogo pelo de homicídio exige que as condutas tenham sido praticadas no mesmo contexto, guardando relação de dependência ou subordinação, de modo que o porte tenha como fim unicamente a prática do delito de homicídio. A reversão das premissas fáticas deduzidas no acórdão de apelação – que manteve a condenação pela prática de homicídio e de porte ilegal de arma de fogo, em concurso material – implica revisão fático-probatória, providência inadmissível na via eleita, nos termos da Súmula 7/STJ (AgRg no AREsp n. 1.186.399/MS, Ministro Nefi Cordeiro, Sexta Turma, *DJe* 15/5/2018)" (AgRg no REsp 1.687.824/RJ, 6.ª T., rel. Sebastião Reis Junior, 18.02.2020, v.u.).

12.2 Continuidade delitiva no contexto do Tribunal do Júri

O crime continuado é uma das causas genéricas de aumento de pena, previstas na Parte Geral do Código Penal (art. 71), implicando na consideração da existência de mais de uma ação ou omissão, determinando a prática de dois ou mais crimes da mesma espécie, cujas condições de tempo, lugar, maneira de execução e outras circunstâncias semelhantes, permitem concluir ser um delito uma continuação do outro. Assim, aplica-se somente uma pena, com um *aumento* variável de um sexto a dois terços – ou, na pior das hipóteses, utilizando-se do disposto no parágrafo único do mesmo artigo, o juiz pode elevar a pena até o triplo.

Essa causa de aumento, na realidade, atua em benefício do acusado, pois evita a soma das penas, como ocorreria caso fosse aplicado o concurso material. Por tal motivo, pode se constituir em autêntica tese de defesa, merecendo, pois, ser questionada pelo juiz presidente aos jurados.

Não se concebe a teoria adotada por parte da doutrina e da jurisprudência de que se trata de pura matéria de aplicação da pena, devendo ficar inteiramente ao critério do magistrado. Parece-nos um desvio de interpretação, uma vez que, no Tribunal do Júri, impera a soberania dos vereditos, bem como a plenitude de defesa, princípios constitucionais que se encontram acima da lei processual penal ordinária.

Logo, todas as teses admissíveis em direito podem ser invocadas pelas partes. Somente para argumentar, deve-se registrar dever o juiz elaborar quesitos específicos para as agravantes e atenuantes levantadas pelas partes, apesar de serem circunstâncias alheias ao tipo penal, com a finalidade de auxiliar o processo de fixação da pena. Ora, o crime continuado faz parte da tipicidade por extensão, vale dizer, está vinculado ao tipo penal, permitindo a composição de uma figura única, ainda que por ficção jurídica. Com maior razão, portanto, deve ser objeto de quesito específico, já que permite a alteração completa da aplicação da lei penal (ex.: da imputação de quatro homicídios consumados, se reconhecido o crime continuado, passa-se à fixação da pena de somente um homicídio, embora em continuidade delitiva).

O crime continuado é um fato jurídico a merecer a avaliação dos jurados, a fim de reconhecer se houve ou não uma continuação na prática dos vários homicídios. Assim, em respeito à soberania dos vereditos e à plenitude de defesa, somos da opinião de que o juiz deve incluir o quesito pertinente à continuidade delitiva, quando expressamente requerido por qualquer das partes. Entretanto, se ninguém requerer, não havendo deliberação do Conselho de Sentença sobre o assunto, fica o magistrado livre para considerá-lo existente ou não. A tese já foi por nós sustentada anteriormente em nosso *Roteiro prático do júri*, p. 85. É o que também defende Hermínio Alberto Marques Porto (*Júri*, p. 172). Contrário a esse entendimento ver Adriano Marrey (*Teoria e prática do júri*, p. 359), dizendo ser apenas matéria de aplicação da pena, da esfera exclusiva de deliberação do juiz.

Supremo Tribunal Federal

- "O paciente foi condenado por um crime de homicídio qualificado e duas tentativas de homicídio qualificado. Ainda, no tópico da dosimetria, a sentença condenatória reconheceu a circunstância judicial motivos do crime desfavorável. Dessa forma, o aumento na metade, diante da possibilidade de elevação da pena até o triplo, atende aos critérios insertos no parágrafo único do art. 71 do CP, além de se mostrar razoável e proporcional à luz do quadro fático declinado pelas instâncias ordinárias" (HC 162.793 ED, 1.ª T., rel. Alexandre de Morais, 19.11.2018, v.u.).

Superior Tribunal de Justiça

- "6. A continuidade delitiva é uma ficção jurídica que beneficia o agente, segundo a qual vários delitos cometidos são entendidos como desdobramento do primeiro, conforme o preenchimento dos requisitos objetivos e subjetivos. Na espécie, o disparo em direção à Ofendida somente ocorreu porque ela tentou obstaculizar a fuga do Paciente, após ter perpetrado o primeiro delito. Dessa forma, não há liame subjetivo entre as condutas (há desígnios autônomos), motivo pelo qual não é devido reconhecer o crime continuado" (HC 645.285/PE, 6.ª T., rel. Laurita Vaz, 29.03.2022, v.u.).

12.3 Homicídio simples hediondo e questionamento aos jurados

Temos defendido a inviabilidade do reconhecimento da figura relativa ao *homicídio simples hediondo*, quando praticado em atividade típica de grupo de extermínio (art. 1.º, I, da Lei 8.072/90). A imprecisão legislativa foi evidente, redundando em situação ilógica.

Há muito se consolidou o entendimento jurisprudencial no sentido de que a prática de homicídio, em situação típica de grupo de extermínio, tem motivação torpe, logo, é qualificado (art. 121, § 2.º, I, CP). Inexiste possibilidade lógica de se cometer o homicídio, atuando como *justiceiro* ou *exterminador*, ao mesmo tempo em que se classifica a conduta como *simples* (art. 121, *caput*, CP).

Em suma, a atividade do grupo de extermínio é suficiente para qualificar o delito, afastando a forma simples.

No mais, se houver o reconhecimento de se tratar de crime cometido por relevante valor moral ou social, ingressa a figura denominada de *homicídio privilegiado* (art. 121, § 1.º, CP), razão pela qual também não mais é simples, nem se pode falar que a atividade é *típica* de grupo de extermínio.

Para quem assim não entenda, somente para argumentar, acreditando possível a existência de homicídio *simples hediondo*, cremos deva ser formulado quesito específico aos jurados, pois a hipótese não está prevista no art. 121 do Código Penal de maneira expressa e quem a criou, em verdade, foi a Lei dos Crimes Hediondos. Assim, a fonte idealizadora de tal finalidade foi o art. 1.º, I, da Lei 8.072/90, devendo ser objeto de indagação aos jurados, sob pena de se infringir o princípio da legalidade.

Na mesma ótica, MARREY e SILVA FRANCO acentuam "que a hipótese hedionda de homicídio simples não encontra, em razão da precariedade técnica de sua formulação, nenhuma incidência no mundo a realidade fática. É óbvio que o caso de homicídio praticado por grupo de extermínio encontra enquadramento, por sua enorme gravidade, em alguma hipótese de homicídio qualificado, e nunca será ajustável ao tipo de homicídio simples". E, completam, dizendo que, se for considerada essa hipótese, "cuida-se de matéria fática que não pode ser subtraída à apreciação dos Jurados" (*Teoria e prática do júri*, p. 617-618).

Em relação ao homicídio com causa de aumento de pena referente a milícia privada e grupo de extermínio, conferir o disposto no item 5.3.1.7.

12.4 Homicídio privilegiado-qualificado

Tem-se entendido, predominantemente, que, como regra, são compatíveis as qualificadoras objetivas (incisos III e IV do § 2.º do art. 121) com as causas de diminuição do § 1.º, do mesmo artigo (todas são de ordem subjetiva).

Nada impede, em tese, ilustrando, que alguém, por relevante valor moral, use meio cruel para matar outrem. O juiz, então, reconhecidas ambas as circunstâncias, deve utilizar a faixa de fixação da pena prevista para o homicídio qualificado (12 a 30 anos) e proceder à diminuição da pena (1/6 a 1/3).

Porém, o mais indicado é a análise do caso concreto. Imagine-se a utilização de recurso que dificultou ou impediu a defesa da vítima e o domínio de violenta emoção, logo após injusta provocação do ofendido. Difícil concluir, baseando-se em dados hipotéticos apenas, sejam alternativas compatíveis. Afinal, em tese, se houve violenta emoção, nem daria tempo para planejar uma repulsa dificultosa à vítima; enfim, cada caso precisa de análise individual, a fim de verificar a compatibilidade entre as circunstâncias legais.

12.4.1 Feminicídio

A Lei 13.104/2015 incluiu no rol do art. 121, § 2.º, do Código Penal, como qualificadora do homicídio a hipótese de feminicídio (inciso VI – contra a mulher por razões da condição de sexo feminino). Na sequência, inseriu uma norma penal explicativa, no § 2.º-A: "considera-se que há razões de condição de sexo feminino quando o crime envolve: I – violência doméstica e familiar; II – menosprezo ou discriminação à condição de mulher". Finalmente, acresceu a seguinte causa de aumento de pena: § 7.º, com alteração introduzida pela Lei 13.771/2018: "a pena do feminicídio é aumentada de 1/3 (um terço) até a metade se o crime for praticado: I – durante a gestação ou nos 3 (três) meses posteriores ao parto; II – contra pessoa menor de 14 (catorze) anos, maior de 60 (sessenta) anos, com deficiência ou portadora de doenças degenerativas que acarretem condição limitante ou de vulnerabilidade física ou mental; III – na presença física ou virtual de descendente ou de ascendente da vítima; IV – em descumprimento das medidas protetivas de urgência previstas nos incisos I , II e III do *caput* do art. 22 da Lei n.º 11.340, de 7 de agosto de 2006". A eliminação da vida da mulher sempre foi tutelada pelo Direito Penal, na forma do homicídio. Em verdade, não significa o termo "homicídio" apenas eliminar a vida do homem, mas do ser humano. No entanto, diversas normas foram editadas ao longo do tempo, com o exclusivo objetivo de conferir maior proteção à mulher, em face da nítida opressão enfrentada quando em convívio com alguém do sexo masculino, como regra. Culturalmente, em várias partes do mundo, a mulher é inferiorizada sob diversos prismas. Pior ainda, quando é violentada, e até mesmo morta, em razão de costumes, tradições ou regras totalmente questionáveis sob a ótica dos direitos humanos fundamentais. Constitucionalmente, todos são iguais perante a lei. Essa afirmação normativa não basta, tendo em vista que as mulheres continuam a sofrer, especialmente dentro de seus lares, inúmeras formas de violência física e psicológica. Adveio a Lei 11.340/2006 (Lei Maria da Penha) contendo normas explicativas, programáticas e algumas contendo comandos, com o fito de tutelar, de maneira mais eficiente, a condição do sexo feminino, em particular nos relacionamentos domésticos e familiares. O feminicídio é uma continuidade dessa tutela especial, considerando homicídio qualificado e hediondo a conduta de matar a mulher, valendo-se de sua *condição de sexo feminino*.

Trata-se de uma qualificadora *objetiva*, pois se liga ao gênero da vítima: ser mulher. Não aquiescemos à ideia de ser uma qualificadora *subjetiva* (como o motivo torpe ou fútil) somente porque se inseriu a expressão "por razões de condição de sexo feminino". Não é essa a motivação do homicídio. O agente não mata a mulher porque ela é mulher, mas o faz por ódio, raiva, ciúme, disputa familiar, prazer, sadismo, egoísmo, enfim, motivos variados, que podem ser torpes ou fúteis; podem, inclusive, ser moralmente relevantes. Sendo objetiva, pode conviver com outras circunstâncias de cunho puramente subjetivo. Exemplificando, pode-se matar a mulher, no ambiente doméstico, por motivo fútil (em virtude de uma banal discussão entre marido e esposa), incidindo duas qualificadoras: ser mulher e haver motivo fútil. Essa é a real proteção à mulher, com a inserção do feminicídio. Do contrário, seria inútil. Fosse meramente subjetiva (ou até objetivo-subjetiva como pretendem alguns), considerar-se-ia o homicídio com uma só qualificadora (feminicídio), embora cometido por motivação torpe ou fútil. A tutela penal, nesse cenário, é objetiva: proteção à mulher. É essa a lógica adotada pela Lei Maria da Penha. Pune-se a lesão corporal contra a mulher, dentro do lar, como lesão qualificada (art. 129, § 13, CP), independentemente do motivo. Aliás, se for torpe, por exemplo, acrescenta-se a agravante da torpeza. Sob outro aspecto, a qualificadora é objetiva, permitindo o homicídio *privilegiado-qualificado*. O agente mata a mulher em virtude de violenta emoção seguida de injusta provocação da vítima. O companheiro surpreende a companheira tendo relações sexuais com o amante em seu lar, na frente dos filhos pequenos. Violentamente emocionado, elimina a vida da mulher porque é mais forte – condição objetiva, mas o faz porque ela injustamente o provocou. Podem os jurados, levado o caso a julgamento, reconhecer tanto a qualificadora de crime contra a mulher assim como a causa de diminuição do § 1.º do art. 121.

12.5 Júri Federal

O julgamento pelo Tribunal do Júri ocorre, como regra, no âmbito da Justiça Estadual, tendo em vista que os crimes dolosos contra a vida dificilmente costumam envolver matéria da competência de magistrado federal (cf. art. 109, CF).

Porém, convém ressaltar que tanto a Justiça Estadual quanto a Federal constituem órgãos da denominada Justiça comum, motivo pelo qual ambas podem abrigar a instituição do júri, que é, essencialmente, um tribunal colegiado comum. As matérias penais, tidas por especiais, limitam-se, basicamente, a duas: eleitoral e militar. Nas duas hipóteses, entretanto, há a Justiça especial para o julgamento.

É possível que se afigure a competência da Justiça Federal, desde que qualquer das hipóteses constitucionais esteja presente, nos termos do já referido art. 109 da Constituição Federal. Matar um servidor público federal, no exercício da função e em razão dela, pode despertar a atuação da Justiça Federal, logo, instala-se o júri nessa esfera.

Dispõe o art. 4.º do Dec.-lei 253/1967: "Nos crimes de competência da Justiça Federal, que devem ser julgados pelo Tribunal do Júri, observar-se-á o disposto na legislação processual cabendo a sua presidência ao Juiz a que competir o processamento da respectiva ação penal".

Superior Tribunal de Justiça

- "3. Com base no conteúdo probatório disposto nos autos – inclusive com fulcro no parecer antropológico mencionado pela instância de origem –, o crime perpetrado pelos agravantes faz parte, sim, de uma sucessão de atos praticados em decorrência de embates de poder tribal entre os seus clãs e o da vítima. Consequentemente, a competência para o processamento e o julgamento da matéria pertence à Justiça Federal, porquanto verificado interesse da União, particularmente quando relacionado à vida e à convivência indígena, nos termos da jurisprudência deste Superior Tribunal" (AgRg no REsp 1.802.798/AL, 6.ª T., rel. Sebastião Reis Junior, 10.03.2020, v.u.).

12.6 Júri e Justiça Especial

12.6.1 Justiça Eleitoral

Um crime doloso contra a vida pode ser cometido contra servidor da Justiça Eleitoral, em razão de sua função, dando ensejo à discussão acerca da competência para apurá-lo e julgá-lo.

Surgem duas posições:

a) a primeira sustenta ser a Justiça Eleitoral especial, prevista na Constituição em seção à parte no capítulo que cuida do Poder Judiciário, razão pela qual, em função da matéria (*ratione materiae*), seria prevalente quando em confronto com a justiça comum. O Tribunal do Júri também tem *status* constitucional, mas faz parte da justiça comum e não trata de matéria específica, de forma que cederia espaço à Justiça Eleitoral. O exemplo supramencionado, mais detalhado, poderia ser de um integrante de junta eleitoral assassinado por ter descoberto fraudes na urna, no dia do pleito. Há o delito de homicídio conexo com crime eleitoral. Não caberia ao júri decidir o destino do homicida, por ser crime considerado de natureza eleitoral.

É o ensinamento de Suzana de Camargo Gomes: "Havendo conexão entre crimes eleitorais e crimes dolosos contra a vida, o julgamento de todos eles está afeto à Justiça Eleitoral, e não ao Tribunal do Júri. E mais, nesses casos, nem sempre estará presente a competência da Justiça Eleitoral, pois poderá restar afastada se configurada a competência funcional ou por prerrogativa de função outorgada a outros órgãos jurisdicionais pela Constituição Federal. (...) Nesses casos, não há que se cogitar nem mesmo a hipótese da criação de um Tribunal do Júri de natureza eleitoral, posto que não previsto na lei que define a organização dessa instituição, nem tampouco na legislação eleitoral. É que não autoriza a lei a constituição de Tribunal do Júri no âmbito da Justiça Eleitoral, não havendo, destarte, que se falar possa o Juiz Eleitoral realizar a condução e presidência do processo afeto ao tribunal popular, pois, se assim fosse, estaria sendo desrespeitado o art. 5.º, XXXVIII, da CF, que determina tenha a instituição do júri a organização que a lei lhe conferir. Em suma, tratando-se de crimes eleitorais conexos a crimes dolosos contra a vida, o julgamento de todos eles há de ser realizado pela Justiça Eleitoral, a menos que caracterizada, em termos constitucionais, a competência funcional de outros órgãos jurisdicionais" (*Crimes eleitorais*, p. 58-59);

b) a segunda defende que os crimes eleitorais devem ser julgados pela Justiça Eleitoral, que é especial, conforme constitucionalmente previsto. Entretanto, crimes dolosos contra a vida não são, jamais, crimes eleitorais (vide a relação deles no Código Eleitoral). Logo, tratando-se de crimes comuns, o correto é que sejam julgados pelo Tribunal do Júri, constitucionalmente assegurado para tanto (art. 5.º, XXXVIII, *d*).

Não há que se argumentar com eventual conexão entre eles, deslocando o julgamento para a Justiça Eleitoral (matéria especial em relação à do júri), pela simples razão de que a conexão é prevista no Código de Processo Penal e não pode afastar a competência constitucional. Dessa forma, se houver uma fraude eleitoral e, em face disso, o membro da Junta Eleitoral for assassinado, deve haver separação dos julgamentos. O crime eleitoral seguirá para a Justiça Especial, enquanto o crime contra a vida – que eleitoral não é – deve ser julgado pelo Júri. Com isso, garante-se respeito à competência estabelecida pela Constituição Federal para ambas as situações. Não teria sentido invocar a conexão, prevista em lei ordinária, para subtrair do Júri um delito doloso contra a vida, tipicamente de sua competência.

É a posição que nos parece correta, ressaltando, novamente, ser o júri e a matéria a ele atinente de natureza comum, distanciada da especial (eleitoral ou militar). Por outro lado, as competências do Tribunal do Júri e da Justiça Eleitoral possuem *status* constitucional federal. Uma não há que ceder à outra em virtude de mera conexão ou continência, institutos de processo penal, voltados à facilitação da colheita da prova e para a produção de decisões similares em casos semelhantes. No mesmo prisma: Paulo Rangel (*Direito processual penal*, p. 332).

12.6.2 Justiça Militar

Há previsão expressa e destacada na Seção VII do Capítulo do Poder Judiciário, na Constituição Federal, a respeito da Justiça Militar, o que a torna especial em relação ao Tribunal do Júri, órgão da Justiça comum.

Preceitua o art. 124 da Constituição Federal que "à Justiça Militar compete processar e julgar os crimes militares definidos em lei". No parágrafo único, menciona-se dever a lei dispor sobre a organização, o funcionamento e a competência da Justiça Castrense.

Na Constituição Estadual de São Paulo, ilustrando-se, há especificação de que cabe aos Conselhos de Justiça Militar processar e julgar os policiais militares nos crimes militares definidos em lei. Portanto, qualquer militar – seja ele ligado às Forças Armadas, seja à Polícia Militar Estadual – deve ser julgado pela Justiça Militar.

No entanto, preceitua o art. 9.º, § 1.º, do Código Penal Militar (Decreto-lei 1.001/69) o seguinte: "Os crimes de que trata este artigo, quando dolosos contra a vida e cometidos por militares contra civil, serão da competência do Tribunal do Júri". O mesmo vem disposto no art. 125, § 4.º, parte final, da Constituição (Emenda Constitucional 45/2004): "Compete à Justiça Militar estadual processar e julgar os militares dos Estados, nos crimes militares definidos em lei e as ações judiciais contra atos disciplinares militares, ressalvada a competência do júri quando a vítima for civil, cabendo ao tribunal competente decidir sobre a perda do posto e da patente dos oficiais e da graduação das praças".

Diante do acima exposto, os crimes militares não serão julgados pelo Tribunal do Júri, nem por conexão, a menos que sejam os delitos dolosos contra a vida cometidos por militares estaduais contra civis. Nesse caso, já não são considerados delitos militares, mas comuns.

Supremo Tribunal Federal

- "Cabe ao Tribunal do Júri julgar militar, considerado crime doloso, praticado por militar contra a vida de civil – art. 9.º, § 1.º, do Código Penal Militar" (HC 178640, 1.ª T., rel. Marco Aurélio, 13.04.2021, v.u.).
- "1. A competência constitucional do Tribunal do Júri, nos crimes dolosos contra a vida de civil praticado por militar, prevista no art. 125, § 4.º, da Constituição Federal, possui caráter especial em relação à competência da Justiça castrense, de modo que, em tais hipóteses, caberá ao Juízo Militar encaminhar os autos do inquérito policial militar à Justiça comum, nos termos do art. 82, § 2.º, do Código de Processo Penal Militar, Juízo este competente para, no exercício da sua Jurisdição, apreciar eventual existência de causa excludente de ilicitude. 2. Agravo Regimental a que se nega provimento" (RE 1.224.733 AgR, 1.ª T., rel. Alexandre de Moraes, 13.09.2019, v.u.).

Superior Tribunal de Justiça

- "1. A competência da Justiça Militar tem previsão constitucional, ressalvando-se a competência do Tribunal do Júri nos casos em que a vítima for civil, conforme art. 125, § 4.º, da CF. Dessa forma, assentou a Terceira Seção do Superior Tribunal de Justiça, que, nesses casos, o inquérito pode ser conduzido pela Polícia Civil, pois, aplicada a teoria dos poderes implícitos, emerge da competência de processar e julgar, o poder/dever de conduzir administrativamente inquéritos policiais (CC n. 144.919/SP, Rel. Ministro Felix Fischer, Terceira Seção, julgado em 22/6/2016, *DJe* 1.º/7/2016). 2. Por outro lado, a existência de concomitante inquérito promovido pela Polícia Militar, com o intuito de investigar a prática de suposta transgressão militar/crime militar, não existe o apontado constrangimento ilegal, pois, em caso de configuração de crime militar, nos termos do art. 102, 'a', do Código de Processo Penal Militar, o feito será cindido. 3. Agravo regimental improvido" (AgRg no RHC 122.680/PR, 5.ª T., rel. Reynaldo Soares da Fonseca, 03.03.2020, v.u.).

12.7 Mandante e executor: julgamentos separados

Havendo homicídio cometido por executor, a mando de terceiro, embora possam os réus ser julgados no mesmo processo, uma alternativa viável é a ocorrência do desmembramento.

Se tal medida for adotada, surge a questão acerca de qual dos dois concorrentes do crime deveria ser primeiramente julgado.

Não vemos óbice algum para o julgamento de qualquer deles. Afinal, no Tribunal do Júri, prevalece o princípio constitucional da soberania dos vereditos, inexistindo vinculação entre a decisão proferida por um Conselho de Sentença, em determinado julgamento, com outra decisão, prolatada por Conselho de Sentença diverso, em situação diferenciada.

É possível que o primeiro Conselho de Sentença deseje absolver o réu submetido a julgamento, por fatores variados, enquanto o segundo entenda por bem condenar. Ou vice-versa.

Há quem sustente deva sempre o executor ser julgado à frente, sob o argumento de que, absolvido, mormente por afirmação, por exemplo, de ter agido em legítima defesa, não teria sentido o julgamento do mandante. Este, em tese, teria agido em cenário lícito, pois o executor cometeu apenas um fato típico, mas não contra a lei. Portanto, se houvesse a absolvição do executor, prejudicado estaria o julgamento do mandante.

Assim não pensamos. O primeiro Conselho de Sentença é autônomo e soberano. Pode decidir como bem quiser. Se ambos estão pronunciados, aguardando julgamento pelo Tribunal Popular, não há outra medida, respeitada a competência para os crimes dolosos contra a vida, senão colocá-los em avaliação pelo povo. Significa dizer que o segundo Conselho de Sentença, encarregado de julgar, se for o caso, o mandante, pode absolvê-lo ou condená-lo, não se prendendo à primeira decisão proferida.

A bem da verdade, o contrário também pode ocorrer. Julgado em primeiro plano o mandante, pode ser absolvido, o que não impede, em hipótese alguma, o julgamento do executor.

Não há que se buscar uma lógica jurídica, calcada nas provas dos autos, como se o Conselho de Sentença devesse agir tal como um magistrado togado. Essa é a razão pela qual inexiste incoerência entre os dois vereditos.

Outro aspecto interessante, envolvendo o julgamento de mandante e executor, diz respeito à agravante de crime cometido por quem organiza a atividade de outros criminosos.

Em primeiro lugar, vale ressaltar que o autor intelectual do delito (ou mandante) é partícipe do delito (nota 3 ao art. 29 do nosso *Código Penal comentado*), pois não praticou nenhum elemento do tipo penal (quem manda matar, efetivamente, não *executa* o homicídio, por exemplo). Isso não significa que deva ter punição menor. Ao contrário, preceitua o art. 29 do Código Penal que qualquer concorrente do crime (coautor ou partícipe) responde de acordo com sua culpabilidade (grau de reprovação merecido). O mandante, em muitos casos, merece pena mais severa que a aplicada ao executor. Aliás, esse é o motivo de existir a agravante prevista no art. 62, I, do Código Penal.

Por isso, em especial no Tribunal do Júri, se o magistrado propuser o quesito de participação ("Fulano concorreu de qualquer modo para o crime, dirigindo a atividade dos executores?"), para determinar a sua concorrência para o evento e, na sequência, indagar, novamente, porém a título de agravante, se ele foi o dirigente da atividade dos executores, inexiste *bis in idem*. Os quesitos têm fundamentação e objetivação diversas. O primeiro tem por finalidade determinar se Fulano concorreu para o delito. O segundo diz respeito à circunstância agravante.

A Lei 11.689/2008, entretanto, adotou a posição contrária ao que ora sustentamos. Preceitua o art. 469, § 2.º, do CPP, que "determinada a separação dos julgamentos, será julgado em primeiro lugar o acusado a quem foi atribuída a autoria do fato ou, em caso de coautoria, aplicar-se-á o critério de preferência do art. 429".

Parece-nos uma indevida intromissão tanto na soberania do Tribunal do Júri, como também no campo da plenitude de defesa. Afinal, podem os defensores pretender julgar, em primeiro lugar, o mandante, por uma questão de estratégia. Se o juiz não permitir, gera-se cerceamento de defesa.

Outros argumentos foram apresentados no Capítulo 4, item 4.5.2.

Supremo Tribunal Federal

- "Condenação do mandante e absolvição dos executores. Provas autônomas. Soberania do júri popular (...) IV – A condenação de um réu e a absolvição dos outros não pode ser considerada uma aberração jurídica. Não é possível considerar que as provas produzidas em relação a um dos réus sejam iguais para todos os corréus, apesar de estarem denunciados juntamente. A ausência de fundamentação das decisões dos jurados torna inviável saber as razões que os levaram a absolver alguns réus e condenar o outro" (ARE 1.244.436/MG, 2.ª T., rel. Cármen Lúcia, 21.11.2019, v.u.).

Superior Tribunal de Justiça

- "1. Nos julgamentos realizados perante o Tribunal do Júri, em razão da garantia do sigilo das votações e por ser uma decisão que decorre da íntima convicção dos jurados, não é possível estabelecer os motivos pelos quais os juízes leigos chegaram a conclusão de condenar ou absolver o acusado. 2. *Não há nenhum impedimento legal para que se condene o mandante ou outro coautor do crime e se absolva o seu executor ou vice-versa, pois isso dependerá da análise das circunstâncias fático-juridicas de cada caso concreto.* 3. A anulação da sentença condenatória proferida pelo Tribunal do Júri, seguida do trancamento da ação penal por falta de justa causa, configura uma burla ao princípio constitucional da soberania dos veredictos, pois, de forma transversa, se estaria modificando uma decisão tomada pelo Conselho de Sentença em relação aos fatos a ele submetidos. 4. Recurso especial parcialmente provido" (REsp 1.659.996/GO, 6.ª T., rel. Maria Thereza de Assis Moura, 06.02.2018, v.u., grifamos).

12.8 Nulidades no procedimento do júri

Sobreleva o formalismo no procedimento relativo ao Tribunal do Júri, em especial na fase do plenário. É preciso, no entanto, evitar que as formas legais absorvam a essência do processo, cuja missão maior é a realização de justiça, aplicando-se a lei penal ao caso concreto. Nunca é demais relembrar a citação de VIVEIROS DE CASTRO, no sentido de que "o formalismo processual absorveu o magistrado, sugando-lhe a inteligência em seus tentáculos de polvo. Velhos magistrados, de patriarcais barbas brancas e bojudo ventre, discutem, graves e sérios, se deve ser anulado um julgamento do Júri, decidindo finalmente pela afirmativa, porque não consta dos autos ter o oficial de justiça tocado o badalo ao abrir da sessão" (apud Borges da Rosa, *Nulidades do processo*, p. 121). Exagero à parte, vivemos tempos diferenciados atualmente, em que a maior parte dos juízes está preocupada com o resultado útil do processo no qual exercem a jurisdição. Por isso, tem-se consagrado, cada vez mais, o aforismo de que *não há nulidade sem prejuízo*.

Deve-se, sempre, observar o grau e a intensidade da falha processual, vale dizer, o vício do qual padece determinado ato processual pode ser classificado, basicamente, de dois modos: grave e médio. Quando a falha ofender o disposto em lei de maneira grave, gera-se a nulidade absoluta, impossível de ser convalidada, exigindo-se o refazimento do ato. Para esta situação, não há preclusão, podendo-se alegar o vício em qualquer momento, inclusive após o trânsito em julgado, ao menos de decisão condenatória. Há interesse público no reconhecimento dessa espécie de nulidade, pois concernente à lisura do *devido processo legal*.

Se a falha contrastar com a lei vigente em intensidade média, torna-se capaz de gerar a nulidade relativa, admitindo-se a convalidação do ato, sem necessidade de seu refazimento obrigatório. Deve ser alegada em determinado prazo, sob pena de preclusão. O interesse em seu reconhecimento liga-se muito mais à parte do que ao interesse público.

Há falhas consideradas atos *inexistentes*, por gravíssima ofensa à lei, de modo que nem mesmo se pode acolher a validade do ato processual. Independem, pois, de expresso reconhecimento por parte do Judiciário, como regra. Deve-se refazer o ato tal como se não existisse.

Outros defeitos, por serem considerados leves, denominam-se *irregularidades*, não exigindo o refazimento do ato. O simples prosseguimento do processo é capaz de convalidar a falha.

É natural submeter-se o procedimento do júri aos mesmos critérios reinantes para o processo em geral, de modo que, vislumbrada uma nulidade absoluta, deve-se refazer o ato; encontrada uma nulidade relativa, depende-se de provocação do interessado, no prazo legal, sob pena de convalidação.

O ponto mais relevante, no entanto, diz respeito à separação dos atos viciados conforme o seu grau e sua intensidade. Cabe ao magistrado decidir se determinado defeito é grave ou médio, logo, se gera nulidade absoluta ou relativa.

A cautela impõe-se nessa seleção, sempre com o objetivo de evitar a proclamação de nulidades que possam produzir o desfazimento de atos processuais complexos e de difícil reconstituição. Exemplificando, a anulação de um julgamento pelo Tribunal do Júri, que se desenvolveu por semanas, é algo a ser considerado como excepcional. Afinal, ainda que contenha falhas, merece ser validado, pois a dificuldade para a sua renovação pode não compensar o conserto do defeito existente.

Parece-nos deva o Judiciário ponderar, em todos os casos, mas, em particular, quando envolver o julgamento em plenário do Tribunal Popular, se o vício ocorrido coloca em risco a legitimidade e a credulidade das leis processuais penais e, consequentemente, dos direitos e garantias humanas fundamentais. Assim ocorrendo, não temos dúvida em afirmar tratar-se de nulidade absoluta. Se tal não se der, emerge hipótese de nulidade relativa.

Não se poderia admitir, jamais, a validação de um processo, no qual o réu não teve defensor habilitado atuando em seu benefício. Por outro lado, havendo defensor e cuidando-se de atuação razoável, embora não tenha sido ideal, o defeito não é capaz de macular a ampla defesa, como garantia constitucional e processual penal.

O indicativo primeiro a ser trabalhado, na avaliação das falhas processuais, deve concentrar-se nos princípios constitucionais regentes do Tribunal do Júri: plenitude de defesa, sigilo das votações, soberania dos vereditos e competência para o julgamento dos crimes dolosos contra a vida.

Gravíssima ofensa a tais preceitos implica em inexistência do ato. Exemplo: um homicídio doloso julgado em Vara comum, por juiz singular, cuida-se de processo inexistente. Não pode produzir efeito algum e deve ser integralmente reproduzido no juízo competente.

Grave lesão ao princípio constitucional gera a nulidade absoluta. Exemplo: o defensor, em plenário, manifestou-se em cinco minutos, após a fala do órgão acusatório ter-se dado em duas horas. A afronta à plenitude de defesa é evidente e esfacela qualquer chance de ter havido o devido processo legal.

Médio defeito produz nulidade relativa. Exemplo: jurados conversaram entre si sobre fato secundário do processo, sem, no entanto, revelar a convicção íntima ou a intenção de voto. Cuida-se de ato indesejável, mas insuficiente para atentar contra o sigilo da votação. Se alegado a tempo pela parte, pode-se, em tese, anular o julgamento. Caso contrário, mantém-se o processo incólume. E, mais, tratando-se de julgamento em plenário do Tribunal do Júri, parece-nos deva o tribunal ter maior cautela para proclamar a nulidade, pois o prejuízo precisaria estar bem delineado. Se não estiver, ainda que tenha havido a reclamação e o defeito, o melhor caminho é rechaçar a anulação. Depende, pois, do caso concreto.

Falhas leves são meras irregularidades e não devem ser reconhecidas para o fim de refazimento do feito. Exemplo: o tribunal determina novo julgamento, dando provimento à apelação do órgão acusatório, pois entende não ter havido determinada qualificadora, valorando diversamente do que fizeram os jurados a prova produzida. O ideal é respeitar a soberania dos veredictos e somente anular o julgamento se a decisão for *manifestamente* contrária à prova. No entanto, alguns julgados podem invadir a seara da soberania de maneira superficial, constituindo mera irregularidade. Não se deve considerar o acórdão ato processual a ser anulado.

Afora o âmbito do contraste com os princípios constitucionais regentes da instituição do júri, outras falhas podem decorrer do desatendimento de comandos legais, a maior parte deles constante do Código de Processo Penal.

Para isso, novamente, retomamos o anteriormente exposto, salientando dever o Judiciário buscar o máximo equilíbrio e a prudência redobrada para evitar a anulação de processos do Tribunal do Júri, que, por si sós, são complexos, de trâmite lento, com várias fases e variadas formalidades. A tendência do STF tem sido exigir prova do prejuízo para todos os tipos de falhas, mesmo aquelas que a lei considera absolutas (conferir o item 12.8.4).

12.8.1 Nulidades referentes à pronúncia

Devem ser alegadas logo após a sua prolação, por intermédio do recurso em sentido estrito. Eventualmente, tratando-se de nulidade absoluta, comporta até mesmo a interposição de *habeas corpus*, embora ultrapassado o prazo para o referido recurso em sentido estrito.

Porém, quando se cuidar de nulidade relativa, transitando em julgado a pronúncia, convalida-se a falha.

12.8.2 Provocação de vício pela parte ou omissão quanto à alegação

Não se admite, por variados motivos, dentre os quais a questão ética a predominar no processo, possa a parte gerar falhas e vícios nos atos processuais, de modo a justificar, posteriormente, a anulação do feito. Preceitua o art. 565 do CPP: "Nenhuma das partes poderá arguir nulidade a que haja dado causa, ou para que tenha concorrido, ou referente a formalidade cuja observância só à parte contrária interesse".

Ademais, outra *estratégia* da parte pode ser omitir-se, propositadamente, diante de defeito de ato processual visível, sem o alegar no momento oportuno, para que, depois, consiga aventar a nulidade, caso a demanda não apresente resultado favorável ao seu interesse.

Superior Tribunal de Justiça

- "No tocante à suposta nulidade oriunda da intimação da Advogada H. M. M. S., para apresentação das alegações finais, não se depreende qualquer mácula processual, ainda que relativa. Isso porque, conforme consta na certidão de fl. 285, o Paciente foi intimado para constituir novo advogado, no prazo de dez dias, por carta precatória expedida à Primeira Vara de Precatórias do Distrito Federal, e, ainda, no mesmo prazo, proceder na forma do art. 422, do Código de Processo Penal, não tendo, entretanto, cumprido a determinação judicial. Dessa forma, revela-se descabida qualquer alegação, neste momento, de nulidade pelo réu, mesmo porque não se admite arguição de nulidade provocada pela própria Defesa" (RHC 61.596/BA, rel. Sebastião Reis Junior, 30.04.2018).

12.8.3 Nulidades após a pronúncia

Supremo Tribunal Federal

- "No procedimento do Júri, as possíveis nulidades devem ser apresentadas imediatamente, na própria sessão de julgamento, conforme dicção do art. 571, VIII, do Código de Processo Penal. Nessas circunstâncias, não pode a defesa, agora, valer-se de suposto prejuízo decorrente de sua omissão, para invalidar o julgamento. Precedentes" (HC 167.348 ED, 1.ª T., rel. Alexandre de Moraes, 29.03.2019, v.u.).

Superior Tribunal de Justiça

- "As nulidades ocorridas posteriormente à sentença de pronúncia devem ser arguidas depois de anunciado o julgamento e apregoadas as partes, sob pena de preclusão. No caso, a nulidade decorrente do não conhecimento do recurso em sentido estrito somente fora arguida seis anos após a decisão judicial, a despeito do réu ter sido intimado pessoalmente para a prática de outros atos processuais posteriores e ter-se mantido silente, o que demonstra a preclusão do tema" (HC 374752 – MT, Quinta Turma, rel. Min. Reynaldo Soares da Fonseca, 14.02.2017, data de publicação: 17.02.2017, v.u.).

12.8.4 Prova do prejuízo

Supremo Tribunal Federal

- "O entendimento desta Suprema Corte é o de que, para o reconhecimento de eventual nulidade, ainda que absoluta, faz-se necessária a demonstração do prejuízo. Nesse sentido, o Tribunal tem reafirmado que essa demonstração, 'a teor do art. 563 do CPP, é essencial à alegação de nulidade, seja ela relativa ou absoluta, eis que (...) o âmbito normativo do dogma fundamental da disciplina das nulidades *pas de nullité sans grief* compreende as nulidades absolutas' (HC 85.155/SP, Rel. Min. Ellen Gracie)" (HC 174.888 ED, 2.ª T., rel. Ricardo Lewandowski, 25.10.2019, v.u.).
- "*Pas de nullité sans grief*. Necessidade de demonstração de prejuízo concreto pela parte que suscita o vício, podendo ser ela tanto a nulidade absoluta quanto a relativa, pois não se decreta nulidade processual por mera presunção" (ARE 1.031.099 AgR, 2.ª T., rel. Gilmar Mendes, j. 29.06.2018, v.u.).
- "O Supremo Tribunal Federal tem uma jurisprudência consolidada no sentido de que não se proclama nulidade sem a comprovação de prejuízo. Isso porque 'O princípio do *pas de nullité sans grief* exige, em regra, a demonstração de prejuízo concreto à parte que suscita o vício, podendo ser ela tanto a nulidade absoluta quanto a relativa, pois não se decreta nulidade processual por mera presunção' (HC 132.149-AgR, Rel. Min. Luiz Fux)" (HC 154.830 AgR, 1.ª T., rel. Roberto Barroso, j. 29.06.2018, v.u.).

12.9 Teses defensivas envolvendo excludentes supralegais de Direito Penal

Vigora, no contexto do júri, o princípio constitucional da plenitude de defesa. Outra não pode ser a solução indicada senão a conclusão pela obrigatoriedade de aceitação da linha de defesa sustentando aos jurados as teses relacionadas às excludentes supralegais de Direito Penal.

Somente as teses inconstitucionais ou ilegais devem ser afastadas pelo juiz, não permitindo que o defensor as exponha, sob pena de considerar indefeso o réu. Quanto às denominadas excludentes *supralegais* de tipicidade, ilicitude ou culpabilidade, havendo cenário favorável para a sua assimilação tanto pela doutrina como pela jurisprudência, não fica ao critério do juiz presidente acatá-las ou rejeitá-las.

Na dúvida, acerca da legalidade da tese, deve o magistrado permitir a sua exposição aos jurados.

12.9.1 A tese da inexigibilidade de conduta diversa

Trata-se de excludente supralegal de culpabilidade, aceita, majoritariamente, pela doutrina e pela jurisprudência (para obter mais detalhes, consultar a nota 104 ao art. 22 do nosso *Código Penal comentado*), motivo pelo qual pode ser levantada pela defesa em qualquer fase do processo.

Se estiver claramente demonstrada na fase de formação da culpa, o juiz pode, inclusive, reconhecê-la e absolver sumariamente o réu. Do contrário, remete do júri.

Lembremos ainda que a soberania dos vereditos populares, além da plenitude de defesa, permite que seja a tese exposta à apreciação dos jurados. Por outro lado, não há necessidade de quesitação específica, valendo o quesito genérico referente à possibilidade de absolvição do acusado por qualquer motivo.

12.9.2 O excesso exculpante

Essa modalidade de excesso não se encontra expressamente prevista em lei, afinal, o Código Penal refere-se somente aos excessos doloso e culposo (art. 23, parágrafo único). Não significa, no entanto, ser inviável ou ilegal. Ao contrário, decorre da apreciação – e aceitação – da inexigibilidade de conduta diversa.

Ao valer-se de qualquer excludente de ilicitude, o agente pode exceder-se. Esse exagero pode ser considerado escusável, desde que inserido no contexto da ausência de reprovabilidade, desencadeado pela inexigibilidade de outra conduta. Termina-se por afastar a culpabilidade.

Ocorre excesso exculpante quando a pessoa age envolta pelo medo, por perturbação dos sentidos ou diante do efeito surpresa. É possível que alguém, ilustrando, ao se defender de uma agressão injusta, atual, contra direito seu, ultrapasse, motivado pelo pavor em relação ao agressor, os limites da legítima defesa.

Podem, pois, os jurados considerar esse excesso *exculpante*, ou seja, teria sido inexigível ao réu atuar de outro modo, dentro das circunstâncias fáticas que o envolveram.

Não há necessidade de quesito específico para a tese em referência, após a reforma trazida pela Lei 11.689/2008. Basta que a defesa explique aos jurados o que vem a ser o excesso exculpante, solicitando que o Conselho de Sentença vote afirmativamente o quesito: "o jurado absolve o acusado?".

12.9.3 O excesso acidental

Denominado, igualmente, de excesso *inevitável* ou *escusável*, possui inúmeras justificativas, podendo-se recorrer até mesmo ao erro de tipo ou de proibição para fundamentá-lo. Preferimos considerá-lo um excesso meramente acidental, no campo do caso fortuito.

Assim, pode o réu exceder-se, embora pouco, na sua reação defensiva. E os jurados, valendo-se da soberania dos vereditos, constitucionalmente assegurada, podem considerar o referido excesso irrelevante. Para isso, como ocorre com o excesso exculpante, basta que decidam em favor do réu, votando o quesito próprio: "o jurado absolve o acusado?".

12.10 Anulação do julgamento pelo júri e respeito ao princípio da vedação da *reformatio in pejus*

Trata-se de preceito absoluto que, em recurso privativo da defesa, não pode o Tribunal proferir decisão em seu prejuízo. A devolução do conhecimento da matéria pelo órgão judiciário superior restringe-se ao que foi questionado pela defesa, não havendo espaço para piorar a situação do acusado.

Entretanto, há uma situação particular, no contexto do Tribunal do Júri, denominada de *reformatio in pejus* indireta. Em caso de anulação do julgamento, proferido pelo Tribunal Popular, que contou com sentença condenatória, impositiva de determinado *quantum* de pena, por efeito de recurso interposto pela defesa, o que pode haver no segundo julgamento? Noutros termos, é possível que, no segundo julgamento, seja proferida decisão condenatória com pena superior à proferida no primeiro? Se tal medida fosse viável, estaríamos diante da denominada *reformatio in pejus* indireta, ou seja, somente o réu recorreu e o Tribunal anulou o primeiro julgamento, motivo pelo qual a sentença condenatória não lhe poderia ser pior ao final das contas.

Ilustrando: no primeiro julgamento, foi o réu apenado a seis anos de reclusão, pois o júri reconheceu a ocorrência de homicídio simples. Recorre a defesa, alegando nulidade na redação dos quesitos. O Tribunal acolhe o recurso e determina novo julgamento. Neste, o Conselho de Sentença reconhece um homicídio qualificado. Se o juiz proferir decisão condenatória, aplicando doze anos de reclusão, terá havido a reforma em prejuízo do réu, salientando-se que somente ele apelou.

Por outro lado, se o juiz ficar vinculado à decisão anterior (seis anos), tendo o Conselho de Sentença reconhecido o homicídio qualificado, cuja pena parte de doze anos, não estaria respeitando o princípio constitucional da soberania dos vereditos.

Qual princípio deve prevalecer: vedação da *reformatio in pejus* ou soberania dos vereditos?

Em nossa visão, deve haver composição entre eles. Se a defesa, valendo-se também do princípio constitucional da ampla defesa – e, no júri, particularmente, da plenitude da defesa – recorre contra a decisão condenatória (exemplo: de seis anos de reclusão), não pode, em hipótese alguma, terminar gerando prejuízo concreto ao réu. Seria absurdo conceber que, em decorrência de recurso defensivo, no final, o acusado venha a sofrer uma pena muito maior (doze anos de reclusão, por exemplo). A plenitude de defesa seria arrasada pela soberania dos vereditos.

Assim sendo, no segundo julgamento, após a anulação do primeiro, entendemos que o Conselho de Sentença é livre e soberano para decidir como bem quiser, no caso, podendo até reconhecer o homicídio qualificado. Porém, a aplicação da pena cabe ao juiz togado – e não aos jurados – devendo ele respeitar, fielmente, a regra da vedação da *reformatio in pejus*. Sendo desse modo, a sua decisão, embora reconheça a prática de um homicídio qualificado, atentará para a sentença anterior, que lhe serve de limite, para impor a pena máxima de seis anos de reclusão.

O Conselho Popular decide como bem quiser no segundo julgamento, mas o juiz togado deve seguir a regra fundamental de assegurar a plenitude de defesa, sem gerar qualquer prejuízo ao acusado.

Sempre dissemos que a soberania dos vereditos não é absoluta, devendo respeito aos demais princípios constitucionais, igualmente relevantes. Lembremos que mal muito maior comete a jurisprudência ao permitir que a revisão criminal atropele a decisão condenatória do júri e ingresse no mérito, pelo tribunal togado, absolvendo o réu. Isso sim é afronta à soberania dos vereditos.

No mais, anular o primeiro julgamento, a pedido da defesa, somente pode levar a um segundo, com limitação baseada na pena anteriormente aplicada. Dessa forma, o jurado decide como quiser, mas o juiz togado deve observar a vedação da reforma em prejuízo do réu.

Supremo Tribunal Federal

- "Anulados o julgamento pelo tribunal do júri e a correspondente sentença condenatória, transitada em julgado para a acusação, não pode o acusado, na renovação do julgamento, vir a ser condenado a pena maior do que a imposta na sentença anulada, ainda que com base em circunstância não considerada no julgamento anterior (HC nº 89.544/RN, Segunda Turma, Relator o Ministro Cezar Peluso, *DJe* de 15.05.09)" (HC 115.428/RJ, 1.ª R., rel. Dias Toffoli, 11.06.2013, v.u.).

12.11 Competência para o julgamento de induzimento, instigação ou auxílio a suicídio ou a automutilação (art. 122, CP)

Antes da alteração do art. 122 do Código Penal, promovida pela Lei 13.968/2019, modificando a redação, inserindo a figura da *automutilação*, prevendo novas figuras típicas e cominando penas diferenciadas, não havia dúvida: o delito era da competência do Tribunal do Júri, pois considerado um crime doloso contra a vida.

Afinal, o suicídio é uma atitude considerada ilícita[1] pelo ordenamento jurídico brasileiro, embora se houver tentativa, com sobrevivência do suicida, não será ele punido por razões humanitárias. Para não haver punição, entretanto, é preciso que 'não exista agente indutor, instigador ou que promova alguma forma de auxílio ao suicida; caso se encontre esse autor, tipifica-se a figura do art. 122 e concretiza-se uma infração penal contra a vida, resultando em morte (reclusão, de dois a seis anos) ou lesão grave (reclusão, de um a três anos).

A primeira modificação concentrou-se na criação da figura típica do *caput*, até então inexistente, em seu modelo formal, que não depende de nenhum resultado naturalístico: "induzir ou instigar alguém a suicidar-se ou a praticar automutilação ou prestar-lhe auxílio material para que o faça: Pena – reclusão, de 6 (seis) meses a 2 (dois) anos". Nas figuras de induzimento, instigação e auxílio ao suicídio concretiza-se um atentado contra a vida humana, constituindo caso de competência do Tribunal do Júri. Emerge a dúvida quando o induzimento, a instigação ou o auxílio se concentra na automutilação: permanece a competência do Tribunal Popular ou é da alçada do juiz togado? Antes de analisarmos, há outros dispositivos envolvidos no mesmo cenário.

No § 1.º do art. 122, vê-se: "se da automutilação ou da tentativa de suicídio resulta lesão corporal de natureza grave ou gravíssima, nos termos dos §§ 1.º e 2.º do art. 129 deste Código: Pena – reclusão, de 1 (um) a 3 (três) anos". Seguindo o mesmo critério já utilizado, havendo tentativa de suicídio, com resultado lesão grave ou gravíssima, a competência é do júri; porém, e se houver automutilação, com o mesmo resultado? Seria um cenário de delito contra a vida ou apenas contra a integridade física, logo, da competência do juiz singular? Vamos adiante.

---

1. Cuida-se de fato atípico a coação para impedir suicídio, demostrando tratar-se de conduta lícita quem constranger outrem a não cometer o ato ilícito consistente no suicídio ("art. 146. Constranger alguém, mediante violência ou grave ameaça, ou depois de lhe haver reduzido, por qualquer outro meio, a capacidade de resistência, a não fazer o que a lei permite, ou a fazer o que ela não manda: Pena – detenção, de três meses a um ano, ou multa. (...) § 3.º Não se compreendem na disposição deste artigo: (...) II – a coação exercida para impedir suicídio", CP).

No § 2.º desse artigo, encontra-se: "se o suicídio se consuma ou se da automutilação resulta morte: Pena – reclusão, de 2 (dois) a 6 (seis) anos". Havendo suicídio consumado, prevalece a regra conhecida: competência do júri. Se houver automutilação, com resultado morte, segue-se ao Tribunal Popular ou ao juiz togado? Pode-se sustentar que houve morte, logo, perda da vida, como bem jurídico tutelado, resultado de uma atitude dolosa do agente indutor, instigador ou auxiliador da vítima, razão pela qual deve ir ao júri. No entanto, é viável alegar que a automutilação é uma lesão corporal, com resultado morte, razão pela qual o dolo do agente se voltaria primordialmente à lesão, embora tivesse acarretado a morte e o caminho seria da alçada do juízo monocrático.

No § 6.º, pode-se visualizar: "se o crime de que trata o § 1.º deste artigo resulta em lesão corporal de natureza gravíssima e é cometido contra menor de 14 (quatorze) anos ou contra quem, por enfermidade ou deficiência mental, não tem o necessário discernimento para a prática do ato, ou que, por qualquer outra causa, não pode oferecer resistência, responde o agente pelo crime descrito no § 2.º do art. 129 deste Código". Eis uma situação paradoxal. Antes da modificação legislativa de 2019, caso alguém investisse contra um menor de 14 anos, para que ele se suicidasse, mas do ato resultasse lesão grave, havia posição doutrinária apontando para uma tentativa de homicídio, pois o menor não tem discernimento suficiente para compreender a violência contra a sua própria vida (no mesmo prisma, caso a vítima esteja sem discernimento por conta de doença ou deficiência mental ou seja incapaz de ofertar resistência). Assim sendo, seguiria para o júri, sem dúvida. No entanto, com a reforma, o legislador deixou clara a sua posição pela aplicação da pena relativa à lesão gravíssima. Essa alternativa foi um equívoco, em nossa visão, mas consta de lei. Somente por causa da punição se concentrar no cenário da lesão corporal de natureza gravíssima indica deva o crime ser julgado pelo juiz singular? Ou se deve considerar o dolo do agente que, ao fomentar o suicídio de pessoa incapaz de entender está, na realidade, buscando a sua morte? Por isso, seria competência do júri. Mas é possível levar esse incapaz à automutilação, com resultado lesão gravíssima: juiz togado ou Tribunal Popular?

Finalmente, no § 7.º, encontra-se: "se o crime de que trata o § 2.º deste artigo é cometido contra menor de 14 (quatorze) anos ou contra quem não tem o necessário discernimento para a prática do ato, ou que, por qualquer outra causa, não pode oferecer resistência, responde o agente pelo crime de homicídio, nos termos do art. 121 deste Código". Nesse dispositivo, o legislador atuou de maneira acertada, pois quem induz, instiga ou auxilia o incapaz a se matar e isto ocorre, cuida-se de homicídio doloso. Leva-se o caso ao Tribunal do Júri. Porém, se da automutilação praticada pelo incapaz houver o resultado morte, a lei deixa clara a opção legislativa pela punição com fundamento em homicídio, nos termos do art. 121 do CP – e, obviamente, não se trata de homicídio culposo.[2] O dolo é apurado no momento do induzimento, instigação ou auxílio à pessoa incapacitada de compreender o que faz ou de resistir, cujo objetivo é eliminar a sua vida, o que efetivamente ocorre. Portanto, um homicídio doloso, que segue ao Tribunal do Júri. Por ter a lei deixado nítido o tipo penal a ser aplicado tanto havendo automutilação como suicídio, há de se acolher o julgamento pelo Tribunal Popular.

2. Ilustrando, é completamente ilógica a ideia de um adulto incentivar uma criança de 5 anos a saltar pela janela de um apartamento em andar alto do prédio, para que se suicide e encontre os anjos com os quais ele tanto sonha, para, depois que isto se concretiza e o menor morre, responda por homicídio culposo. O dolo é evidente; ninguém o faz por imprudência, quiçá acreditando que o menor vai flutuar e não morrer espatifado no chão.

Retornando às questões que ficaram em aberto. Em todas as hipóteses de automutilação, sem envolver a morte da vítima, seria um crime contra a vida? Segundo nos parece, invocando o entendimento exposto no item 1.1.5 do Capítulo 1 desta obra, devemos responder afirmativamente. Havendo tipificação do caso na figura do art. 122 do Código Penal – um delito doloso contra a vida – deve ir a júri.

Há dois critérios para eleger a competência do júri e avaliar o que consta do art. 5.º, inciso XXXVIII, *d*, da Constituição Federal. Pode-se optar pela análise fiel da intenção do agente, vinculando-a ao resultado atingido e concluir tratar-se de um delito doloso contra a vida. Outra via é avaliar a classificação feita em lei, indicativa da opção do Código Penal pela enumeração dos crimes contra a vida, especificamente, no Capítulo I, do Título I, da Parte Especial, abrangendo os arts. 121 a 126. Excetua-se, por força da norma constitucional, a figura da culpa. Portanto, todas as figuras incriminadoras dos arts. 121, 122, 123, 124, 125 e 126, com dolo, devem ser consideradas crimes dolosos contra a vida, logo, da competência do Tribunal do Júri. Aproveite-se para lembrar que o dispositivo constitucional não é exaustivo: ele assegura que, *pelo menos*, o júri deve apreciar crimes dolosos contra a vida, tanto que todas as infrações penais conexas seguem para apreciação do Tribunal Popular, mesmo não sendo delitos dolosos contra a vida humana.

O critério enunciativo prevaleceu, após intenso debate doutrinário, encaminhando-se ao Tribunal do Júri os delitos fixados no Capítulo I, do Título I, da Parte Especial do Código Penal, permitindo-se o julgamento, também, dos conexos. Tanto é verdade que o Supremo Tribunal Federal editou a Súmula 603: "A competência para o processo e julgamento do latrocínio é do juiz singular e não do Tribunal do Júri". Por que o fez? Justamente pela controvérsia em torno de como eleger o crime doloso contra a vida. Se tivesse prevalecido o primeiro modelo, analisando-se exatamente a intenção do agente e contra qual bem jurídico ele se volta, o roubo seguido de morte, quando há dolo quanto ao roubo e dolo no tocante à morte da vítima deveria ser julgado pelo júri. Afinal, há inúmeros casos nos quais se pode constatar, com nitidez, pelas provas dos autos, que o roubador o fez com dolo (primeiro, vale-se de grave ameaça para subtrair a coisa alheia móvel); encontrando resistência da vítima, emprega violência bem dirigida não apenas a lesioná-la, mas a lhe provocar a morte. Ora, no cenário fático (e jurídico), visualiza-se dolo para matar uma pessoa. Por isso, havia o debate em torno disso.

Entretanto, fechada a questão pelo STF, como se pode ver pela Súmula 603, *todos* os delitos dolosos inseridos no Capítulo I, do Título I, do Código Penal são crimes dolosos contra a vida, não importando o formato concretizado em fatos. Portanto, segundo nos parece, o legislador, preocupado com o *jogo da baleia azul*, cuja finalidade é induzir e instigar muitas pessoas – especialmente adolescentes, pela Internet – a cometer atos violentos contra si mesmas, nos quais se inclui a automutilação – uma forma grave de lesão corporal, que gerou muitas mortes, entendeu haver um crime doloso contra a vida, em última análise. Provocar a automutilação seria atitude equivalente a instigar o suicídio, visto que é meio executório apto para isso. *Mutilar* não é uma simples ofensa à integridade física (uma lesão corporal, como se pode visualizar no art. 129 do Código Penal, que nem usa esse termo). A mutilação é um corte profundo, tirando uma parte ou membro do corpo, constituindo sinônimo de amputar ou decepar. Não é sinônimo de lesionar ou lesar.

Por isso, levar alguém a se automutilar é grave conduta, similar a induzir a pessoa a se suicidar. Ambas as situações são perfeitamente aptas a gerar a morte da vítima e o agente atuou com dolo. Trata-se de delito doloso contra a vida em última análise sempre que se caracterizar qualquer fato típico do art. 122 do Código Penal, devendo-se encaminhar o caso à apreciação do Tribunal do Júri.

12.12 A tese defensiva da legítima defesa da honra no cenário do feminicídio, o julgamento do Supremo Tribunal Federal e seus desdobramentos

Inicia-se este tópico a partir de indispensáveis comentários a institutos de direito penal e de processo penal, à luz da Constituição Federal, a partir de fatos ocorridos em diversas partes do Brasil, no cenário do Tribunal do Júri, além de se levar em consideração as alterações introduzidas, no campo constitucional, pela Carta de 1988, seguidas de modificações no Código de Processo Penal, em 2008.

Em primeiro lugar, é preciso destacar o conteúdo de estrita legalidade ínsito ao art. 23, II, e seu parágrafo único, juntamente com o preceituado pelo art. 25, ambos do Código Penal. Após, deve-se avaliar o art. 5.º, XXXVIII, *a* e *c*, da Constituição de 1988. Na sequência, a reforma legislativa introduzida pela Lei 11.689/2008, no capítulo do Tribunal do Júri.

A legislação penal prevê, como excludente de ilicitude, portanto, fator a afastar o caráter criminoso de uma conduta típica, a legítima defesa (art. 23, II), cujo conteúdo está detalhado no art. 25 do Código Penal. Em linhas gerais, pode-se arguir a legítima defesa para repelir uma injusta agressão, atual ou iminente, contra direito próprio ou de terceiro, fazendo-o com moderação e valendo-se dos meios necessários. Dos cinco requisitos (injusta agressão + atual ou iminente + contra direito seu ou de outrem + uso de meios necessários + uso moderado), dois deles permitem avaliar a intensidade e, conforme o caso, entender-se configurado o excesso punível – ou não. Há uma dose valorativa considerável em relação ao que vem a ser um *meio necessário* e o que se deve entender por *moderação* na prática. Teoricamente, aponta-se ser necessário o meio que se encontra à vista e ao dispor de quem é agredido; a moderação é uma razoável proporção entre a força da agressão e a indispensabilidade da utilização dos meios defensivos para contê-la. Por certo, a legítima defesa, no plano da realidade, compõe uma cena protagonizada por seres humanos, que podem, mesmo quando injustamente agredidos, errar na dose da sua defesa, por inúmeros fatores. O Código Penal elegeu dois deles: excesso doloso (intencional) e excesso culposo (negligente, imprudente ou imperito), prevendo, então, punição pelo resultado lesivo ao agressor, a título de dolo ou de culpa. A doutrina acolhe (e a jurisprudência aprova) a viabilidade de dois excessos exculpantes, calcados na tese da inexigibilidade de conduta diversa (excesso exculpante propriamente dito e excesso acidental). Qualquer dos dois pode, se reconhecido, levar à absolvição por exclusão da culpabilidade.

Um dos temas empolgantes para qualquer acadêmico de direito é conhecer a legítima defesa e todos os seus incontáveis desdobramentos, entre eles, a famosa tese *legítima defesa da honra*. Não há necessidade de se retornar ao passado para apontar elementos em leis já revogadas, no Brasil e em legislação estrangeira, capazes de permitir ao homem traído matar a esposa adúltera ou ao seu amante, em nome da honra e dos laços matrimoniais monogâmicos em sociedades patriarcais. Pode-se transferir o debate para a atualidade, conforme a lei vigente. Em primeiro lugar, a honra é um direito, constitucionalmente assegurado (art. 5.º, X, CF). Em segundo, pode-se afirmar o cabimento da legítima defesa da honra, em contexto particular e valendo-se dos requisitos legais. Ilustrando, se uma pessoa está sendo ofendida em público por agressor incontido, de maneira injusta, espalhando a quem queira ouvir calúnias, difamações e injúrias verbais, aos gritos, nada impede que haja a defesa, utilizando-se a força física para retirar o ofensor de determinado local ou mesmo desferindo-lhe um soco para que se cale. A agressão injusta atual ao direito da vítima (honra) pode ser contida com o uso moderado de meios necessários.

O ponto controverso e impróprio é conduzir a legítima defesa da honra para um terreno completamente inadequado e até mesmo ilógico e inconsequente. Houve quem afirmasse (e ainda há) poder o homem, ferido em seu orgulho (muito mais que qualquer avaliação da honra), de maneira passional, agredir de maneira fatal a pretensa agressora, majoritariamente a mulher, matando-a. Seria o que vulgarmente denomina-se *lavar a honra com sangue*. O contexto não se liga à honra, de maneira autêntica, pois, calcado no ordenamento jurídico, quem pratica a traição conjugal é o verdadeiro infrator da lei, logo, o culpado. Se a honra fosse levada a sério, maculada estaria a reputação da pessoa que traiu e não da parte inocente.

No entanto, Brasil afora, ainda existente a sociedade machista e patriarcal, não foram poucos os julgamentos produzidos pelo Tribunal do Júri (a decisão é proferida por jurados leigos, pessoas da sociedade com valores diversos e não apegadas a mandamentos jurídicos) resultantes em *absolvições* de homens que mataram mulheres, porque estas os teriam traído ou mesmo porque simplesmente romperam a relação e partiram para outro romance. Em verdade, o ciúme obsessivo e o orgulho ferido eram os propulsores dessa violência, que se dava em 99% dos casos no típico cenário machista do homem contra a mulher.[3]

Um divisor de águas, nesse campo, foi o famoso homicídio de Ângela Diniz, cometido pelo namorado Doca Street, em 30 de dezembro de 1976, após o rompimento do relacionamento por parte da vítima. Inconformado, com o orgulho ferido, mesmo que envolvido por ciúme excessivo, o agente desferiu quatro tiros contra ela, três no rosto e um na nuca, deixando-se desfigurada. O colérico delito foi cometido de modo a deixar clara a raiva do agressor, com tiros dados à queima-roupa na face da vítima. Em 18 de outubro de 1979, julgado em Cabo Frio-RJ, no Tribunal do Júri, defendido pelo advogado Evandro Lins e Silva, *não foi absolvido*, mas o resultado lhe foi, obviamente, favorável. O júri acolheu a tese da legítima defesa da honra, embora tenha havido *excesso culposo*. A pena por homicídio culposo é detenção de um a três anos de detenção. O juiz impôs a pena de dois anos e concedeu o benefício da suspensão condicional da penal. Na prática, resultou na sua imediata liberdade.[4]

Registre-se que, por se tratar de crime notório, noticiado à exaustão por toda a mídia da época, houve inúmeras reações da sociedade em prol dos direitos das mulheres. Levado a outro julgamento pelo Tribunal do Júri, em novembro de 1981, defendido por advogado diverso, terminou condenado por homicídio qualificado a quinze anos de reclusão.[5]

O júri espelha o pensamento de parcela da sociedade e, dependendo do acaso e da localidade, pode-se encontrar um Conselho de Sentença apto a absorver exatamente esses

---

3. Pode-se apontar como um crime passional excepcional, que se tornou notório, o homicídio praticado por Dorinha Duval contra seu marido, 16 anos mais jovem, que, durante as brigas, ameaçava deixá-la para ficar com mulher mais jovem. A sua defesa, em primeiro julgamento (1983), também, alegou legítima defesa e ela terminou, como o caso Doca Street, condenada a um ano e seis meses de detenção, por homicídio culposo (excesso culposo na legítima defesa). A decisão foi reformada e, em 1989, em segundo julgamento, condenada por homicídio doloso a seis anos de reclusão, em regime semiaberto. Veja mais em: https://aventurasnahistoria.uol.com.br/noticias/reportagem/a-atriz-brasileira-que-matou-o-marido-oque-aconteceu-com-dorinha--duval.phtml. Acesso em: 10 set. 2021; https://www.terra.com.br/istoegente/148/reportagens/capa_paixao_dorinha_durval.htm. Acesso em: 13 set. 2021; https://www.megacurioso.com.br/estilo-de-vida/118056-caso-dorinha-duval-das-capas-de-revista-as-paginas-policiais.htm. Acesso em: 13 set. 2021.
4. Veja mais em: https://canalcienciascriminais.com.br/crime-passional-doca-street/. Acesso em: 10 set. 2021.
5. O caso *Doca Street* terminou em condenação por homicídio culposo, no primeiro julgamento, embora se tenha conhecimento de *absolvições*, pelo Tribunal Popular, em processos desconhecidos da mídia, aceitando na integralidade a tese da legítima defesa da honra no contexto de homicídio passionais.

valores deturpados de que o homem pode matar a mulher que o trai ou o faz *sofrer por amor*, largando-o para ficar com outro.

Da defesa em Plenário do Tribunal do Júri, em julgamento de 1979, profere Evandro Lins e Silva: "o Júri é uma instituição democrática, que representa o povo dentro da justiça, julgando de consciência, com amplitude de visão, sem peias legais, julgando com o alto sentido finalístico de verificar se alguma pena deve ser aplicada ou se não o deve, se ela é útil ou se ela não é útil, se ela representa alguma vantagem para a sociedade ou não existe essa vantagem. Ao julgar as causas de sua competência, que são os crimes contra a vida, o Júri, necessariamente, há de querer conhecer, precisa conhecer, antes de tudo, as personagens envolvidas na tragédia. Essas personagens devem ser trazidas, com detalhes, ao conhecimento dos jurados: a sua vida, os seus antecedentes, a sua origem, a sua formação, as suas atividades, para se poder formar um juízo, para se poder tomar uma decisão justa, para verificar no binômio acusado-vítima até que ponto a participação da vítima contribui, mais ou menos fortemente, para a deflagração da tragédia. Esse moço é um passional, na conhecida classificação de Enrico Ferri, é um criminoso de ocasião, não é um delinquente habitual. O seu ato de violência é um gesto isolado em sua vida, produto de um desvario, num momento de desespero".[6]

A Constituição de 1988, no art. 5.º, XXXVIII, alíneas *a* e *c*, assegurou ao Tribunal do Júri os princípios da plenitude de defesa e da soberania dos veredictos, conferindo maior força à instituição popular para julgar crimes dolosos contra a vida. Em princípio, ainda hoje, poderiam os defensores de homens matadores de mulheres levantar a *tese* da legítima defesa da honra, conseguindo alcançar uma absolvição ou, como houve no caso Doca Street, uma pena reduzida.

Entretanto, o Tribunal de Justiça, composto por magistrados togados, poderia conhecer apelação interposta pelo Ministério Público, caso isto acontecesse, afirmando tratar-se de decisão manifestamente contrária à prova dos autos, visto inexistir, juridicamente, a *legítima defesa da honra* e determinar um novo julgamento. Contudo, isto era viável porque a referida tese ficava bem clara no questionário formulado pelo juiz presidente e apresentado à apreciação dos jurados. Nos termos do art. 484 do CPP (antes da reforma de 2008), a linha defensiva, quando invocava qualquer excludente de ilicitude, deveria tornar-se detalhada nos quesitos ("art. 484. Os quesitos serão formulados com observância das seguintes regras: (...) III – se o réu apresentar, na sua defesa, ou alegar, nos debates, qualquer fato ou circunstância que por lei isente de pena ou exclua o crime, ou o desclassifique, o juiz formulará os quesitos correspondentes, imediatamente depois dos relativos ao fato principal – redação original, ou III – se o réu apresentar, na sua defesa, ou alegar, nos debates, qualquer fato ou circunstância que por lei isente de pena ou exclua o crime, ou o desclassifique, o juiz formulará os quesitos correspondentes, imediatamente depois dos relativos ao fato principal, inclusive os relativos ao excesso doloso ou culposo quando reconhecida qualquer excludente de ilicitude – redação dada pelo Lei 9.113/1995").

Ilustrando, o questionário, quanto à tese defensiva, seria redigido assim: "3 – o réu Fulano foi injustamente agredido pela vítima Beltrana?; 4 – A agressão era atual ou iminente?; 5 – O réu defendeu direito seu, consistente na honra?; 6 – O réu valeu-se dos meios necessários?; 7 – Utilizou esses meios moderadamente?; 8 – O excesso foi culposo?; 9 – O excesso foi doloso?". Respondendo afirmativamente aos quesitos 3 a 6, estaria reconhecida,

---

6. Disponível em: https://www.oabsp.org.br/sobre-oabsp/grandes-causas/o-caso-doca-street. Acesso em: 10 set. 2021.

na integralidade, a legítima defesa da honra e isto geraria a absolvição. Caso o Conselho de Sentença negasse a moderação (quesito 7), por exemplo, o juiz passaria a indagar como se deu o excesso – se culposo ou doloso. Reconhecido o culposo, a solução seria exatamente a mesma obtida no primeiro julgamento de Doca Street: um homicídio culposo, com pena de detenção de um a três anos.

Surge mais um problema no curso dessa bizarra teoria, em 2008, com a modificação da maioria das normas processuais relativas ao júri. Passa-se a prever, no art. 483, o seguinte: "os quesitos serão formulados na seguinte ordem, indagando sobre: (...) III – se o acusado deve ser absolvido; (...) § 2.º Respondidos afirmativamente por mais de 3 (três) jurados os quesitos relativos aos incisos I e II do caput deste artigo será formulado quesito com a seguinte redação: O jurado absolve o acusado?". Desde o princípio, comentamos essa reforma indicando a intenção legislativa de simplificar ao máximo o questionário apresentado aos jurados para chegar ao veredicto e um dos pontos alterados cingiu-se, exatamente, ao ponto relativo à tese de defesa, que passou a ser *aberta*. Ao perguntar aos jurados se o acusado deve ser absolvido, não se indaga acerca de qualquer motivo. Ora, sendo o Tribunal Popular soberano em suas decisões e não sendo obrigado a fundamentar o voto, que é sigiloso, pode, querendo, absolver um culpado porque entende *cabível*. Pode fazê-lo por clemência e até por espírito vingativo. Um *justiceiro*, pretenso matador de bandidos, pode ser absolvido porque a sociedade ali representada, pelos jurados, entende que ele fez um ótimo trabalho. Pode um bom pai de família, repleto de méritos pessoais, lograr a clemência do júri porque matou uma vítima considerada maldosa e de péssima reputação. O recurso do órgão acusatório passa a ser mais complicado e deve basear-se na ata do julgamento em plenário, onde o juiz presidente precisa registrar a(s) tese(s) levantada(s) pela defesa e apresentada aos jurados. Com isso, seria possível comparar o veredicto de absolvição (se justificável) com a prova produzida nos autos e, havendo flagrante diversidade, pode-se determinar outro julgamento. Segundo nos parece, mesmo a tese da clemência deve ser sustentada em plenário pela defesa para se saber, no contexto das provas, o compasso ou descompasso com o acervo probatório dos autos. O júri é soberano, mas não pode ser considerado um conjunto de semideuses incapazes de errar. Afinal, pode equivocar-se e nada justificaria consagrar a primeira decisão absolutória, dissociada de qualquer contexto, seja da prova, seja da argumentação da defesa. Se assim for, elevada a soberania a esse patamar, poder-se-ia sustentar que toda e qualquer decisão do Tribunal Popular seria definitiva, mesmo condenatória.[7]

No entanto, há debate em andamento no STF a respeito da impossibilidade de recurso por parte da acusação, caso o júri absolva o réu, ao menos no tocante ao quesito genérico (art. 483, § 2.º, CPP), afinal, esse veredicto é imotivado e pode basear-se em qualquer valor acolhido pelos jurados. Existem decisões proferidas nesse sentido.

7. Lembramos do caso do réu que, após ter matado a vítima, por paga, converteu-se a determinada religião e tornou-se pastor. Confessou o delito e seu defensor pediu aos jurados que negassem o quesito referente à autoria. Quando fosse indagado se Fulano desferiu tiros na vítima era para responder "não", pois ali em julgamento já não estava Fulano, mas *outra pessoa*. Fulano não mais existia. A *tese* não foi acolhida. Porém, se tivesse sido, adotada a regra de que o júri tudo pode, não poderia o órgão acusatório recorrer, porque os jurados teriam o poder de afirmar, como pretendia a defesa, que o autor do homicídio desapareceu da face da Terra; em seu lugar, surgiu outra pessoa, com novos valores. Cremos que a linha da defesa foi interessante, embora, juridicamente, não tenha respaldo. O ponto é saber até que ponto o veredicto pode ser impugnado pelo órgão acusatório (e, dentro da soberania, igualmente, pela defesa).

Todo o quadro exposto conduziu ao confronto natural entre o direito do réu à plenitude de defesa, a garantia da soberania dos vereditos do júri, a tese da legítima defesa da honra e os princípios de combate à violência contra a mulher. Poderia o júri, valendo-se dessa liberdade de atuação e do quesito genérico de absolvição – caso nem mesmo seja passível de impugnação pela acusação – acolher a legítima defesa da honra e absolver homens em hipóteses de nítida violência contra a mulher? O STF, colocando em primeiro lugar o princípio mais relevante – dignidade da pessoa humana – e destacando toda a luta da sociedade e dos órgãos estatais para a diminuição e eliminação da violência contra a mulher, o que nos parece uma decisão relevante e necessária, referendou a medida cautelar de arguição de descumprimento de preceito fundamental para indicar como inconstitucional a tese da legítima defesa da honra, vedando a sua arguição no Tribunal do Júri. Eis a ementa do julgado: "referendo de medida cautelar. Arguição de descumprimento de preceito fundamental. Interpretação conforme à Constituição. Artigos 23, inciso II, e 25, *caput* e parágrafo único, do Código Penal e art. 65 do Código de Processo Penal. 'Legítima defesa da honra'. Não incidência de causa excludente de ilicitude. Recurso argumentativo dissonante da dignidade da pessoa humana (art. 1.º, III, da CF), da proteção à vida e da igualdade de gênero (art. 5º, *caput*, da CF). Medida cautelar parcialmente deferida referendada. 1. 'Legítima defesa da honra' não é, tecnicamente, legítima defesa. A traição se encontra inserida no contexto das relações amorosas. Seu desvalor reside no âmbito ético e moral, não havendo direito subjetivo de contra ela agir com violência. Quem pratica feminicídio ou usa de violência com a justificativa de reprimir um adultério não está a se defender, mas a atacar uma mulher de forma desproporcional, covarde e criminosa. O adultério não configura uma agressão injusta apta a excluir a antijuridicidade de um fato típico, pelo que qualquer ato violento perpetrado nesse contexto deve estar sujeito à repressão do direito penal. 2. A 'legítima defesa da honra' é recurso argumentativo/retórico odioso, desumano e cruel utilizado pelas defesas de acusados de feminicídio ou agressões contra a mulher para imputar às vítimas a causa de suas próprias mortes ou lesões. Constitui-se em ranço, na retórica de alguns operadores do direito, de institucionalização da desigualdade entre homens e mulheres e de tolerância e naturalização da violência doméstica, as quais não têm guarida na Constituição de 1988. 3. Tese violadora da dignidade da pessoa humana, dos direitos à vida e à igualdade entre homens e mulheres (art. 1º, inciso III, e art. 5o, *caput* e inciso I, da CF/88), pilares da ordem constitucional brasileira. A ofensa a esses direitos concretiza-se, sobretudo, no estímulo à perpetuação da violência contra a mulher e do feminicídio. O acolhimento da tese tem a potencialidade de estimular práticas violentas contra as mulheres ao exonerar seus perpetradores da devida sanção. 4. A 'legítima defesa da honra' não pode ser invocada como argumento inerente à plenitude de defesa própria do tribunal do júri, a qual não pode constituir instrumento de salvaguarda de práticas ilícitas. Assim, devem prevalecer a dignidade da pessoa humana, a vedação a todas as formas de discriminação, o direito à igualdade e o direito à vida, tendo em vista os riscos elevados e sistêmicos decorrentes da naturalização, da tolerância e do incentivo à cultura da violência doméstica e do feminicídio. 5. Na hipótese de a defesa lançar mão, direta ou indiretamente, da tese da 'legítima defesa da honra' (ou de qualquer argumento que a ela induza), seja na fase pré-processual, na fase processual ou no julgamento perante o tribunal do júri, caracterizada estará a nulidade da prova, do ato processual ou, caso não obstada pelo presidente do júri, dos debates por ocasião da sessão do júri, facultando-se ao titular da acusação recorrer de apelação na forma do art. 593, III, *a*, do Código de Processo Penal. 6. Medida cautelar parcialmente concedida para (i) firmar o entendimento de que a tese da legítima defesa da honra é inconstitucional, por contrariar os princípios constitucionais da dignidade da pessoa humana (art. 1.º, III, da CF), da proteção à vida e da igualdade de gênero (art. 5.º, *caput*, da CF); (ii) conferir interpretação conforme à Constituição aos arts. 23, inciso II, e 25, *caput* e parágrafo único, do Código Penal e ao art. 65 do Código de Processo Penal, de modo a excluir a legítima defesa da honra do âmbito do instituto da legítima defesa; e (iii) obstar à defesa, à acusação, à autoridade policial e ao juízo que utilizem, direta ou indiretamente, a tese de legítima defesa da honra (ou qualquer argumento que induza à tese) nas fases pré-processual ou processual penais, bem como durante o julgamento perante o tribunal do júri, sob pena de nulidade do ato e do julgamento. 7. Medida cautelar referendada" (ADPF 779 MC-REF/DF, Plenário, rel. Dias Toffoli, 15.03.2021, v.u.; essa decisão foi confirmada, em definitivo, em 2023).

Seguem extratos dos votos dos Ministros do STF, enaltecendo pontos relevantes: a) do voto do relator, Ministro Dias Toffoli: "preliminarmente, o autor sustenta o cabimento da arguição de descumprimento fundamental, pois se estaria diante de *controvérsia constitucional relevante*, consubstanciada em decisões do Tribunal de Justiça que ora validam, ora anulam, veredictos do tribunal do júri em que se absolvem réus processados pela prática de feminicídio com fundamento na tese da legítima defesa da honra. Aponta, também, divergências de entendimento sobre o tema entre o Supremo Tribunal Federal e o Superior Tribunal de Justiça. (...) Argumenta o autor que a garantia constitucional de soberania dos veredictos do tribunal do júri, por vezes, acaba legitimando julgamentos contrários aos elementos fático-probatórios produzidos à luz do devido processo legal, passando a mensagem de que é legítimo absolver réus que comprovadamente praticam feminicídio se isso houver ocorrido em defesa de suas honras. Nesse sentido, acrescenta que a 'absolvição quando presentes autoria e materialidade só pode se dar em hipóteses admissíveis para tanto pelo Direito vigente, não por preconceitos ou arbitrariedades em geral do corpo de jurados'. O autor especifica que a presente arguição pretende colocar em discussão o conteúdo jurídico da legítima defesa, de forma a excluir de seu âmbito a proteção à honra do acusado. (...) Em aditamento à inicial: (iii) seja reconhecida conexão ou continência com o ARE n.º 1.225.185/MG-RG, que visa discutir se é possível o júri absolver homicidas por 'clemência' e os limites de tal 'clemência', lembrando-se que a petição inicial defendeu que absolvições pelo quesito genérico em questão só são constitucionalmente admissíveis nas hipóteses de excludentes de ilicitude, a saber, legítima defesa (a genuína, não a 'da honra'), estado de necessidade, estrito cumprimento de dever legal e inexigibilidade de conduta diversa em geral. (...) 1. Da atecnia da tese da 'legítima defesa da honra'. *'Legítima defesa da honra' não é, tecnicamente, legítima defesa.* Tanto é assim que tem sido mais frequentemente utilizada no contexto do tribunal do júri, no qual, em virtude da plenitude da defesa (art. 5º, inciso XXXVIII, da Constituição de 1988), admite-se a utilização de argumentos jurídicos e extrajurídicos. (...) Diante dessa breve exposição do instituto, *salta aos olhos que a 'legítima defesa da honra', na realidade, não configura legítima defesa.* Tenho que a traição se encontra inserida no contexto das relações amorosas, sendo que tanto homens quanto mulheres estão suscetíveis de praticá-la ou de sofrê-la. Seu desvalor reside no *âmbito ético e moral*, não havendo que se falar em um direito subjetivo de contra ela agir com violência. Aliás, *foi imbuído desse espírito e para evitar que a autoridade judiciária absolvesse o agente que agiu movido por ciúme ou outras paixões e emoções que o legislador ordinário inseriu no atual Código Penal a regra do art. 28,* segundo a qual: 'Art. 28. Não excluem a imputabilidade penal: *I – a emoção ou a paixão*'. (...) Portanto, aquele que pratica feminicídio ou usa de violência, com a justificativa de reprimir um adultério não está a se defender, mas a atacar uma mulher de forma desproporcional de forma covarde e criminosa. Assim sendo, o adultério não configura uma agressão injusta apta a excluir a antijuridicidade de um fato típico, pelo que qualquer ato violento perpetrado nesse contexto deve estar sujeito à repressão do direito penal. 2. Da ofensa constitucional à dignidade da pessoa humana, à vedação de discriminação e ao direito à vida e à igualdade. Apesar da alcunha de 'legítima defesa', instituto técnico-jurídico amplamente amparado no direito brasileiro, a chamada 'legítima defesa da honra' corresponde, na realidade, a *recurso argumentativo/retórico odioso, desumano e cruel utilizado pelas defesas de acusados de feminicídio ou agressões contra mulher para imputar às vítimas a causa de suas próprias mortes ou lesões, contribuindo imensamente para a naturalização e a perpetuação da cultura de violência contra as mulheres no Brasil.* (...) Reconheço que a dignidade da pessoa humana é norma constitucional de difícil densificação. No entanto, *entendo ser o caso em análise um daqueles em que a subversão a esse paradigma constitucional* – que é fundamento da República Federativa do Brasil (art. 1.º, inciso III, da Constituição de 1988) – *é dotado de singular clareza,* visto que o argumento da 'legítima defesa da honra' *normaliza e reforça uma compreensão de desvalor da vida da mulher, tomando-a como ser secundário cuja vida pode ser suprimida em prol da afirmação de uma suposta honra masculina.* Isso também está em descompasso com os *objetivos fundamentais* contidos no art. 3.º da Carta Magna, especialmente os seguintes: 'I – construir uma sociedade livre, justa e solidária'; e 'IV – promover o bem de todos, sem preconceitos de origem, raça, sexo, cor, idade e quaisquer outras formas de discriminação'. Trata-se, além do mais, de tese violadora dos direitos à vida e à igualdade entre homens e mulheres (art. 5.º, *caput* e incisos I, da CF), também pilares de nossa ordem constitucional. A ofensa a esses direitos concretiza-se, sobretudo, no *estímulo à perpetuação da violência contra a mulher e do feminicídio.* Com efeito, o acolhimento da tese da legítima defesa da honra tem a *potencialidade de estimular práticas violentas contra as mulheres ao exonerar seus perpetradores da devida sanção.* (...) De outra banda, ressalto que é dever do Estado criar mecanismos para coibir o feminicídio e a violência doméstica, a teor do que dispõe o art. 226, § 8.º, da CF, segundo o qual o 'Estado assegurará a assistência à família na pessoa de cada um dos que a integram, *criando mecanismos para coibir a violência no âmbito de suas relações*' (grifo nosso). Decorre da norma constitucional em tela não somente a obrigação do Estado de adotar condutas positivas, mas também *o dever de não ser conivente e de não estimular a violência doméstica e o feminicídio.* A propósito do feminicídio, a Comissão Interamericana de Direitos Humanos (CIDH), por meio de nota divulgada em 4/2/19, expressou 'sua preocupação pela prevalência alarmante de assassinatos de mulheres por motivo de estereótipo de gênero no Brasil, uma vez que pelo menos 126 mulheres foram mortas no país desde o início do ano'. No ensejo, a Comissão exortou o Brasil 'a implementar estratégias abrangentes para prevenir tais eventos e cumprir sua *obrigação de investigar, julgar e punir os responsáveis;* bem como oferecer proteção e reparação integral a todas as vítimas'. (...) Por todo o exposto, *concluo que o recurso à tese da 'legítima defesa da honra' é prática que não se sustenta à luz da Constituição de 1988, por ofensiva à dignidade da pessoa humana, à vedação de discriminação e aos direitos à igualdade e à vida, não devendo ser veiculada no curso do processo penal nas fases pré-processual e processual, sob pena de nulidade do respectivo ato postulatório e do julgamento, inclusive quando praticado no tribunal do júri.* 3. Tribunal do júri e plenitude de defesa. É certo que a plenitude de defesa é princípio constitucional essencial à instituição do tribunal do júri e está inscrita no rol de direitos e garantias fundamentais da Carta Magna, nos termos do art. 5o, inciso XXXVIII, al. *a*, do texto constitucional. Assim sendo, entendo que a Constituição garante aos réus submetidos ao tribunal do júri plenitude de defesa, no sentido de que são cabíveis argumentos jurídicos e não jurídicos – sociológicos, políticos e morais, por exemplo -, para a formação do convencimento dos jurados. Não obstante, para além de um argumento atécnico e extrajurídico, a *'legítima defesa da honra' é estratagema cruel, subversivo da dignidade da pessoa humana e dos direitos à igualdade e à vida e totalmente discriminatória contra a mulher, por contribuir com a perpetuação da violência doméstica e do feminicídio no país.* (...) Como já tive a oportunidade de consignar, ao citar o Ministro *Celso de Mello,* inexistem garantias individuais de ordem absoluta, mormente com escopo de salvaguardar práticas ilícitas (*v.g.* RHC 132.115, 2.ª T., de *minha relatoria, DJe* de 09.03.2017). (...) Sob essa perspectiva, a *cláusula tutelar da plenitude de defesa,* invocada para sustentar a tese de legítima defesa da honra, *teria a função ultrajante de salvaguardar a prática ilícita do feminicídio ou de qualquer outra forma de violência contra a mulher,* o que é inaceitável em um país em que a vida é considerada o bem jurídico mais valioso do Direito, por opção inequívoca da Constituição de 1988. Há, portanto, a prevalência da dignidade da pessoa humana, da vedação a todas as formas de discriminação, do direito à igualdade e do direito à vida sobre a plenitude da defesa, tendo em vista os riscos elevados e sistêmicos decorrentes da naturalização, da tolerância e do incentivo à cultura da violência doméstica e do feminicídio. (...) 4. Da ressalva quanto ao art. 483, § 2.º, do Código de Processo Penal: a soberania dos veredictos. O autor questiona especificamente as situações em que o feminicida é absolvido com base em 'legítima defesa da honra' na hipótese processual do art. 483, III, § 2.º, do CPP (absolvição genérica ou por clemência). Defende que, nesses casos, o princípio da soberania dos veredictos seja interpretado com temperamentos, para que não coloque à salvo do controle judicial a absolvição com base na aludida tese. O pedido do autor, quanto ao ponto, tem conexão com o que decidido pela Primeira Turma desta Corte no julgamento do HC 178.777/MG, de relatoria do Ministro *Marco Aurélio.* Pleiteava-se, naquela ação, o restabelecimento de decisão absolutória proferida com base no 483, § 2.º, do Código de Processo Penal, a qual *havia sido anulada por contrariedade à prova do processo,* com determinação de novo júri. A Turma deferiu a ordem e restabeleceu a decisão absolutória, com fundamento na impossibilidade de o Ministério Público recorrer de decisão absolutória do tribunal do júri baseada em quesito absolutório genérico (CPP, art. 483 c/c § 2.º) – tendo em vista a soberania dos vereditos, assegurada na Constituição Federal no art. 5.º, inciso XXXVIII, alínea *c.* Os Ministros *Roberto Barroso* e *Alexandre de Moraes* divergiram, enfatizando o fato de que, naquele caso, o acusado havia confessado o feminicídio. Acompanhando as premissas trazidas pelo eminente Relator e seguindo a maioria, votei pelo acolhimento do HC, forte no argumento de que a absolvição ocorrida na forma do art. 483, III, § 2.º, do Código de Processo Penal '*tem natureza genérica, não estando vinculado à prova. Decorre da essência do Júri, segundo a qual o jurado pode absolver o réu com base na livre convicção e independentemente das teses veiculadas, considerados elementos não jurídicos e extraprocessuais.* A pergunta, conforme se depreende do preceito legal, há de ser formulada obrigatoriamente, no que a resposta afirmativa não implica nulidade da decisão, independentemente dos argumentos suscitados, em Plenário, pela defesa' (grifos nossos). Portanto, no meu sentir, não havendo vinculação a teses ou a prova na absolvição do acusado pelos jurados na forma do art. 483, III, § 2.º, do Código de Processo Penal, *não há margem legal para órgão de acusação recorrer dessa decisão sustentando a nulidade do veredicto por contrariedade à prova dos autos.* Isso porque, o quesito versado no art. 483, III, § 2.º, do Código de Processo Penal tem natureza genérica, não estando vinculado a nenhum tipo de prova que tenha sido produzida. Decorre, pois, da essência do júri que os jurados possam absolver o réu com base na *livre convicção e independentemente das teses que foram veiculadas,* considerados elementos não jurídicos e extraprocessuais, pois *não há como avaliar, nessa etapa, o íntimo dos jurados para concluir pelas razões que os levaram ao veredicto absolutório.* (...) Estou convencido, de fato, conforme votei no julgamento do HC 178.777/MG, na Primeira Turma, sobre a impossibilidade de o Ministério Público recorrer de decisão absolutória do tribunal do júri baseada em quesito absolutório genérico (CPP, art. 483, III, c/c § 2.º), tendo em vista a soberania dos vereditos, assegurada na Constituição Federal no art. 5.º, inciso XXXVIII, alínea *c.* Essas razões, aliás, percolarão a inexorável discussão da Corte sobre os limites da liberdade conferida aos jurados pelo art. 483, § 2.º, do

Código de Processo Penal para absolver o acusado, a qual será travada no julgamento do RE no 1.225.185- RG/MG, de relatoria do Ministro *Gilmar Mendes*, cuja repercussão geral foi reconhecida nos seguintes termos: 'Recurso extraordinário com agravo. Penal e processual penal. Tribunal do júri e soberania dos veredictos (art. 5.º, XXXVIII, *c*, CF). *Impugnabilidade de absolvição a partir de quesito genérico (art. 483, III, c/c § 2.º, CPP) por hipótese de decisão manifestamente contrária à prova dos autos (art. 593, III,* d, *CPP)*. Absolvição por clemência e soberania dos veredictos. Manifestação pela existência de repercussão geral' (*DJe* de 22.06.2020). Contudo, por todas as razões levantadas ao longo de minha exposição, *penso ser inaceitável, diante do sublime direito à vida e à dignidade da pessoa humana, que o acusado de feminicídio seja absolvido, na forma do art. 483, III, § 2.º, do Código de Processo Penal, com base na esdrúxula tese da 'legítima defesa da honra'*. Dessa forma, caso a defesa lance mão, direta ou indiretamente, da tese inconstitucional de legítima defesa da honra (ou qualquer argumento que induza à tese), seja na fase pré-processual, processual ou no julgamento perante o tribunal do júri, caracterizada estará a nulidade da prova, do ato processual ou até mesmo dos debates por ocasião da sessão do júri (caso não obstada pelo Presidente do Júri), facultando-se ao titular da acusação recorrer de apelação na forma do art. 593, III, *a*, do Código de Processo Penal" (grifos no original).

Do voto do Ministro Alexandre de Moraes: "na linha do voto proferido pelo Min. Dias Toffoli, entendo que o emprego desse argumento, a fim de convencer o julgador (jurados e magistrados) no sentido da existência de um suposto – e inexistente – direito de legítima defesa da honra, leva à nulidade do ato e do julgamento, impondo seja outro realizado no lugar. A origem do discurso jurídico e social que sustenta o argumento da legítima defesa da honra remonta ao Brasil colonial, tendo sido construído, ao longo de séculos, como salvo-conduto para a prática de crimes violentos contra mulheres. E o que se vê até hoje, infelizmente, é o uso indiscriminado dessa tese como estratégia jurídica para justificar e legitimar homicídios perpetrados por homens contra suas companheiras, nada obstante o número elevadíssimo de feminicídio registrado no Brasil, colocando o país como um dos líderes de casos registrados entre as nações mundiais. Em 2019, levantamento com base nos dados oficiais constantes do Monitor nacional da Violência apontam para uma média de uma mulher assassinada a cada sete horas, por sua simples condição de mulher. Entre as que sobrevivem, os números são igualmente alarmantes. Dados de notificações recebidas entre 2014 e 2018 pelo SINAN – Sistema de Informação de Agravos de Notificação, divulgados pelo Ministério da Saúde, registram que uma mulher é agredida por um homem a cada quatro minutos no Brasil. Uma média de violência e desigualdade alta que ainda se mantém, não obstante os esforços de movimentos, lutas e reinvidicações sociais. E essa realidade, como se sabe, é histórica. Uma análise do Brasil desde os tempos de colônia nos mostra a conformação de um discurso não apenas moral da sociedade, mas também de todo um arcabouço jurídico complacente com a violência contra as mulheres, pensada como mera propriedade do homem. A mulher, antes do casamento, pertencia ao pai, até que o matrimônio concedia ao marido tais direitos de pertencimento. (...) Nossa Constituição Republicana de 1988 reforçou a garantia universal do princípio da igualdade, assegurando que "*homens e mulheres são iguais em direitos e obrigações*" (art. 5.º, I), sendo a mulher titular de todos os direitos fundamentais de dignidade da pessoa humana (art. 1.º, III), da vida (art. 5.º, *caput*), e de todos os demais garantidos pela Constituição, na mesma medida que o homem; além de prever que "*a lei punirá qualquer discriminação atentatória dos direitos e liberdades fundamentais*" (art. 5.º, XLI); e que "*O Estado assegurará a assistência à família na pessoa de cada um dos que a integram, criando mecanismos para coibir a violência no âmbito de suas relações*" (art. 226, § 8.º). Tornou-se obrigatória a ampliação do debate público e o aumento da preocupação social com o problema da violência e da desigualdade da mulher, de que decorreu a adoção de medidas políticas e legais, como a promulgação da Lei da Maria da Penha e a aprovação da qualificadora de feminicídio no crime de homicídio, a consolidação das Delegacias Especializadas no Atendimento à Mulher, a criação de secretarias especializadas na proteção dos direitos da mulher e a adoção dos Planos Nacionais de Política para as Mulheres e do Pacto Nacional de Enfrentamento da Violência contra as Mulheres".

Do voto do Ministro Gilmar Mendes: "nesse cenário, a tese de 'legítima defesa da honra' aflora nas discussões e em alguns casos de julgamentos por jurados para justificar (manifestamente de modo absurdo e inadmissível) atos aberrantes de homens que se sentem traídos e se julgam legitimados a defender a sua honra ao agredir, matar e abusar de outras pessoas. (...) Portanto, reputo como inadmissível a tese da 'legítima defesa da honra', visto que pautada por ranços machistas e patriarcais, que fomentam um ciclo de violência de gênero na sociedade. (...) Por fim, vai bem a proposta do relator ao prever a nulidade do ato e do julgamento se houver a veiculação da tese. Novamente, trata-se de consequência prevista à situação semelhante, nos termos do art. 478 do CPP. Vale destacar que eventual abuso das partes para ensejar dolosamente a anulação de um Júri a partir de tal motivo pode acarretar eventual sanção, a depender do caso concreto e da análise devidamente realizada pelo órgão competente."

Do voto do Ministro Edson Fachin: "como explicitei no voto proferido no ARE 1.225.185 e ora assento de modo específico, é absolutamente contrária à Constituição a interpretação do quesito genérico que implique a repristinação da odiosa figura da legítima defesa da honra. Os avanços da legislação penal no combate a discriminação contra a mulher, como a Lei Maria da Penha e a tipificação do feminicídio, não podem ser simplesmente desconsiderados pela interpretação sem limites da quesitação genérica. É parte da missão constitucional deste Tribunal honrar a luta pela afirmação histórica dos direitos das minorias, não se podendo permitir que, a pretexto de interpretar o direito democrático da cláusula do júri, sejam revigoradas manifestações discriminatórias."

Do voto da Ministra Carmen Lúcia: "a tese jurídica de legítima defesa da honra não tem amparo legal. Construiu-se ela por discurso proferido em julgamentos pelos tribunais e firmou-se como forma de adequar práticas de violência e morte à tolerância vívida na sociedade aos assassinatos praticados por homens contra mulheres tidas por adúlteras ou com comportamento que fugisse ou destoasse do desejado pelo matador. (...) À luz do princípio constitucional da dignidade da pessoa humana, da igualdade de gênero, e do direito fundamental à vida, é urgente e tarda seja afastada a ilicitude da conduta do acusado que tenha praticado crime de homicídio contra a mulher com base na tese jurídica da 'legítima defesa da honra'."

Do voto do Ministro Luís Roberto Barroso: "art. 483, § 2.º, do CPP permite que, a despeito de assentar a materialidade e a autoria do crime doloso contra a vida, o acusado seja absolvido por clemência. Com isso, o argumento poderá, ainda que sub-repticiamente, ser levado em consideração pelos jurados para conceder ao acusado uma absolvição genérica. (...) Portanto, parece justificado, como pretende a autora, que se *exclua* do art. 483, III e § 2º, do Código de Processo Penal a interpretação de que o quesito genérico autoriza a absolvição pela tese de legítima defesa da honra, de modo que o acórdão do Tribunal de Justiça que a anula seja considerado compatível com a garantia da soberania dos vereditos do Tribunal do Júri".

Do voto do Ministro Luiz Fux: "Isso porque, ainda que a defesa, o Ministério Público, os órgãos de persecução penal ou o juiz não articulem, direta ou indiretamente, a tese da legítima defesa da honra, nada impede que os jurados, absolvam um réu acusado de feminicídio, em decisão manifestamente contrária à prova dos autos, por sua íntima convicção de que o fato foi praticado para legítima defesa da honra. Com efeito, a cultura machista, misógina, que ainda impera em nosso país e coloniza as mentes de homens e mulheres, seja de modo refletido ou irrefletido, consciente ou pré-consciente, não precisa de outra prova além dos números da violência doméstica e do feminicídio registrados nas tristes estatísticas policiais. Nestes já tristes tempos de pandemia, é devastador constatar que a violência contra mulheres cresceu ainda mais, revelando quadro em que as vítimas são forçadas a viver enclausuradas com seus algozes. Por tal razão, entendo que, desde logo, é crucial que se estabeleça interpretação conforme à Constituição ao art. 483, III, § 2.º, a fim de impedir interpretação da referida norma que obstaculize a interposição de recurso contra a absolvição por clemência em casos de feminicídio, tentado ou consumado. *Ex positis, sem prejuízo do julgamento do tema 1087,* que trata do tema em maior amplitude, acompanho o voto do Relator, com as ressalvas do Ministro Edson Fachin, e referendo a medida cautelar, em maior extensão, a fim de estabelecer que, em casos de feminicídio, *o disposto no art. 483, III, § 2.º, do CPP não impede a interposição de recurso de apelação contra a absolvição por clemência, quando considerada manifestamente contrária à prova dos autos*" (grifos no original).

É nítida a preocupação do Supremo Tribunal Federal com a indevida teoria da legítima defesa da honra, que não pode dar abrigo a homicidas de mulheres, sob pretextos ilegais e até mesmo imorais, pois calcados em orgulho ferido, machismo e pretensa superioridade masculina, impondo regras de convívio e de relacionamento amoroso às suas parceiras. Por isso, mesmo prestigiando, como sempre fez o Pretório Excelso, os princípios norteadores da instituição do júri, consistentes na plenitude de defesa e na soberania dos veredictos, bem se sabe que nenhum princípio constitucional é absoluto, visto que todos precisam conviver harmonicamente, sob a regência do princípio maior da dignidade da pessoa humana. Por certo, havendo quesito genérico de absolvição, sem especificar qual caminho seguiu o Conselho de Sentença, a solução apontada pelo STF foi considerar *inconstitucional* a tese da legítima defesa da honra, que, a bem da verdade, sempre foi ilegal, pois não se encaixa com a devida adequação ao art. 25 do Código Penal e somente era acolhida no âmbito do Tribunal Popular, cuja visão é diversa da magistratura togada em muitos aspectos. Assim considerando, vedou-se a sua arguição em qualquer fase do processo, sob pena de nulidade do julgamento. Entretanto, há alguns pontos a destacar, pois certamente despertarão controvérsias e debates em torno do cenário do feminicídio em confronto com a plenitude de defesa do acusado, tudo isso contextualizado no Tribunal do Júri.[8] São os seguintes:

a) quando a decisão do STF indica seja vedado à defesa, à acusação, à autoridade policial e ao juízo que utilizem, *direta ou indiretamente*, a legítima defesa da honra (ou *qualquer argumento que induza à tese*), em qualquer fase da persecução penal, sob pena de nulidade do ato e do julgamento, pode-se apontar: a.1) na fase investigatória, em nenhuma hipótese, poderia a autoridade policial encaminhar a colheita da prova para o lado da legítima defesa da honra e, por via de consequência, não seria cabível um pedido de arquivamento do inquérito, por parte da acusação, reconhecendo uma excludente de ilicitude.[9] Mas, para argumentar, se ocorresse, estar-se-ia apontando uma ilegalidade no procedimento da autoridade policial e/ou do Ministério Público. Não há como reconhecer *nulidade na investigação*, pois as falhas de

8. Além do mais, a decisão do STF, ao tutelar o exercício da plenitude de defesa, abriu uma porta que não mais se fechará tão cedo, mormente em face do debate a respeito da absolvição definitiva, sem questionamento pelo órgão acusatório, com base no quesito genérico do art. 483, § 2.º, do CPP, podendo ser até clemência – mesmo não alegada pelo defensor em plenário.
9. Cuida-se de mera hipótese, pois não há notícia ou registro conhecido de que isto tenha efetivamente ocorrido, embora não fosse situação impossível de acontecer em qualquer Comarca do imenso Brasil.

procedimento ligam-se ao processo – assim tem sido a posição dominante nos tribunais e na doutrina. No entanto, tendo havido patente ilegalidade, cabe ao juiz invocar o art. 28 do CPP (ou, na nova redação dada pela Lei 13.964/2019, suspensa por liminar do STF, ser o arquivamento reavaliado por instância superior do MP em revisão direta da própria instituição), enviando os autos ao Procurador-Geral de Justiça, que certamente corrigiria tal situação, indicando outro promotor a oferecer denúncia. Quem invocou a tese inconstitucional e ilegal deve responder no âmbito funcional; a.2) havendo denúncia e, após a fase de formação da culpa, torna-se incabível a absolvição sumária, por decisão judicial, com fundamento na legítima defesa da honra (excludente de ilicitude).[10] Se ocorrer, cabe recurso do Ministério Público e o juiz, também, deve responder funcionalmente por acolher tese rejeitada e vedada pelo STF expressamente; a.3) atingindo o feminicídio a fase de julgamento em plenário do Tribunal do Júri, segundo nos parece, caso seja invocada pela defesa, nos debates, deve o juiz presidente interferir, com ou sem pedido do órgão acusatório, para solicitar ao defensor que cesse imediatamente aquela sustentação, orientando os jurados a desconsiderá-la, mencionando, inclusive, a decisão do Supremo Tribunal Federal; se houver insistência, deve-se dissolver o Conselho de Sentença, considerar o réu indefeso e intimá-lo a constituir outro defensor e, caso não o faça, será defendido por dativo ou por defensor público. Não há nenhum motivo para se prosseguir no julgamento, permitindo que os jurados decidam sobre algo manifestamente ilegal. Portanto, a única possibilidade de isso acontecer precisaria contar com a cobertura do juiz presidente, que não obstaria o prosseguimento e permitiria o julgamento. Cabe ao Ministério Público pleitear o registro em ata e, com certeza, o processo será anulado em superior instância. Entretanto, cremos viável que o magistrado responda funcionalmente pelo desrespeito à decisão do STF. Note-se o registro extraído do voto do Ministro Gilmar Mendes: "vale destacar que eventual abuso das partes para ensejar *dolosamente* a anulação de um Júri a partir de tal motivo pode acarretar eventual sanção, a depender do caso concreto e da análise devidamente realizada pelo órgão competente". Essa antevisão do que pode ocorrer é realística. A parte que utilizar a tese (defesa) com a complacência, por exemplo, da outra (acusação) e, igualmente, do juiz, permite formar um quadro geral de desrespeito ao que foi expressamente vedado pelo STF, por unanimidade de seu Plenário. Logo, há uma infração funcional a ser apurada pelos órgãos da advocacia, do MP e/ou da magistratura. *Obstar* o julgamento é o caminho indicado, senão, poderia haver um plenário atrás de outro, com nulidades sucessivamente reconhecidas, sem chegar a um final, permitindo até mesmo a ocorrência da prescrição;

b) em particular, quando em plenário, a defesa do acusado pode camuflar a tese e levantar aos jurados todos os fatores inerentes à "legítima defesa da honra", sem mencionar uma só vez essa designação. Para tanto, santifica o réu, demoniza a vítima, indica uma traição conjugal, menciona o amor do acusado pela ofendida e, com isso, cria todo o cenário para chegar à absolvição. Seria a forma indireta de levantar a vedada tese. Caberia o mesmo procedimento ao juiz presidente. Advertir o defensor para que não prossiga e, havendo insistência, proceder como indicado no item a.3 supra. Assim perceberam os Ministros Barroso e Fux. O primeiro insere no seu voto que o art. 483, § 2º, do CPP, permite a absolvição por clemência. Assim, o argumento vedado pode ser levado aos jurados *sub-repticiamente* e por eles acolhido. O segundo destaca que nada impede que os jurados absolvam o réu acusado de feminicídio, por íntima convicção de que houve uma defesa da honra, mesmo não alegada expressamente pela defesa. Mas a matéria passa a um campo movediço, sem estabilidade, pois é muito comum em crimes passionais, envolvendo relacionamentos conjugais ou amorosos conturbados, *mesmo*

10. Igualmente, não se tem notícia de decisão judicial nesse sentido, embora não seja impossível.

sem qualquer referência à honra, que o defensor, valendo-se da plenitude de defesa, aprecie destacar todos os pontos positivos da personalidade e da conduta social do acusado, indicando ser a vítima uma pessoa repleta de defeitos graves e, com isso, espelhando que o réu "agiu bem" no caso concreto. Isto, também, estaria vedado? Seria uma forma de abordagem *indireta* da legítima defesa da honra? Assim não nos parece, pois não são somente nos casos passionais que a defesa do réu faz isso. Se o acusado honesto e bem-quisto em sociedade mata uma vítima, com antecedentes criminais e reincidente em grave crime doloso, essa situação será explorada no júri e não pode sequer se falar em honra. É preciso muita cautela para não asfixiar a defesa de réus somente porque foram acusados de feminicídio, pois isto seria uma grave lesão à plenitude de defesa e entraria em choque com julgados do próprio STF, que têm consagrado a intocabilidade da absolvição por clemência. De qualquer forma, uma absolvição nesse quadro pode levar à discussão sobre o caso concreto – se cabe falar em utilização indireta da tese vedada pelo Pretório Excelso;

c) além de estudar a instituição do júri, estivemos atuando como juiz do 3º. Tribunal do Júri da Capital de São Paulo durante 7 anos. Portanto, não somente pelos julgados que temos colhido ao longo dos anos, mas pela própria experiência, podemos afirmar, com segurança, que, depois dos notórios julgamentos de legítima defesa da honra, que foram anulados e novamente julgados na década de 1980, com ênfase ao divisor de águas – o caso Doca Street, ao qual fizemos referência acima – os defensores abandonaram a legítima defesa da honra, em sua maioria, para sustentar o homicídio privilegiado. Alega-se, como fundamento, ter sido o réu injustamente provocado pela vítima, que pode ter cometido uma traição conjugal, descoberta por ele, com o feminicídio na sequência, afinal o acusado estava sob domínio de violenta emoção (art. 121, § 1.º, do Código Penal). Se essa tese for acolhida, embora não haja absolvição, o réu pode ser condenado a quatro anos de reclusão, em regime aberto, por exemplo. Ficará em liberdade (regime de prisão albergue domiciliar). Pode-se até comparar com a condenação de Doca Street, no primeiro julgamento: homicídio culposo (detenção de 2 anos, com *sursis*), quando se levantou expressamente a legítima defesa da honra, mas os jurados entenderam ter havido excesso culposo. Nada muito diferente. Se for uma tentativa de feminicídio, pode até redundar em uma pena idêntica de dois anos, com *sursis*. Portanto, nenhum cenário de legítima defesa da honra foi alegado, nem mesmo indiretamente, pois não há pedido de absolvição (essa tese seria uma excludente de ilicitude). Estaria havendo uma ofensa à dignidade da pessoa humana? A pena branda para um feminicídio encaixar-se-ia no contexto de confronto ao combate à violência contra a mulher? Do mesmo modo, assim não cremos, pois o STF, conhecedor do homicídio privilegiado, no campo passional, não o mencionou em momento algum. A concentração do julgado do Pretório Excelso deu-se no cenário de uma absolvição por legítima defesa da honra. Então, é preciso cautela do juiz para não obstar teses semelhantes, mas não correlacionadas, direta ou indiretamente, à legítima defesa da honra;

d) a legítima defesa da honra, embora tese incompatível com a excludente de ilicitude do art. 25 do Código Penal, por causa da nítida imoderação (não se mata uma pessoa para defesa da honra), pode ser utilizada em qualquer caso, que não tenha a mulher por vítima de um homem, afinal, este foi o cenário vedado pelo STF de maneira bem clara. Entretanto, o homicídio justificado pela defesa da honra, tendo por vítima um homem, também não seria situação apta a provocar lesão à dignidade da pessoa humana? Pode-se invocar o julgado do Pretório Excelso para justificar a reforma desse veredicto, determinando novo julgamento pelo júri? Pode o órgão acusatório pleitear a nulidade da decisão, porque ofensiva à dignidade humana, em atenção ao que foi deliberado pelo Plenário do STF (quando a vítima for mulher)? Será questão a ser avaliada no futuro no caso concreto. Segundo nos parece, abolindo a tese da legítima defesa da honra no campo do feminicídio, louvando-se a dignidade da pessoa humana, ela precisaria ser completamente eliminada dos julgamentos do júri, mesmo quando a vítima for homem;

e) abrindo-se o debate em torno dos limites da plenitude de defesa, com a finalidade de evitar danos incontestes ao regente princípio da dignidade da pessoa humana, tornando inconstitucional a tese da legítima defesa da honra, no tocante a feminicídio, outras questões igualmente relevantes podem surgir. Imagine-se o homicídio de uma vítima, com base em elementos nitidamente discriminatórios (racismo, homofobia, dentre outros). Pode o júri, instado por argumentos de supremacia racial ou de gênero, absolver o réu? Legalmente, inexiste qualquer tese a acompanhar esse veredicto, a não ser a tal clemência, porque os jurados podem nutrir sentimentos racistas ou homofóbicos. Parece-nos indevida essa absolvição, consagrando valores deturpados e negativos em prol dos autênticos valores que a sociedade democrática procura defender, como o respeito à igualdade dos seres humanos e à diversidade em vários setores do comportamento humano. Mantida a decisão do júri, vedando-se qualquer recurso por parte da acusação, está-se transmitindo para a sociedade a *legitimidade* do homicídio, com fundamento em elementos visivelmente discriminatórios, em ferida aberta contra o princípio da dignidade da pessoa humana.[11]

Em conclusão, a decisão do Supremo Tribunal Federal apontando a evidente inconstitucionalidade da tese da legítima defesa da honra, em particular no contexto do feminicídio, deve ser elogiada, em nome do princípio maior da dignidade da pessoa humana. Entretanto, não encerra o debate em relação às absolvições proferidas pelo Tribunal do Júri, quando ingressarem em temática similar, também envolvendo a dignidade humana, em outros cenários, despertando a devida atenção para o entendimento de que o quesito genérico da absolvição não poderia ser impugnado pelo órgão acusatório, mesmo quando a tese de defesa tiver sido lançada em ata e o veredicto final, por conta disso, afrontar diretamente a prova dos autos. Segundo nos parece, até mesmo para conceder clemência o júri precisaria de uma base fática razoável, como indicada, por exemplo, pelo art. 66 do Código Penal (atenuante inominada): "a pena poderá ser ainda atenuada em razão de circunstância relevante, anterior ou posterior ao crime, embora não prevista expressamente em lei". Note-se ser possível avaliar se há, nos autos, prova indicativa de uma circunstância relevante, anterior ou posterior ao delito, mesmo não prevista expressamente na lei penal.

Por outro prisma, para que a tão relevante decisão do STF tenha a devida amplitude e extensão torna-se cauteloso permitir que o órgão acusatório interponha apelação para questionar formatos alternativos de defesa, cujo propósito seja contornar a legítima defesa da honra, mas chegar ao mesmo resultado favorável para o feminicida. Ademais, como já expusemos, há hoje o predomínio de tese alternativa, que, também, avalia o quadro da honra masculina em confronto com a conduta sexual feminina, no cenário do feminicídio, consistente na figura da diminuição de pena do art. 121, § 1.º, do Código Penal (domínio de violenta emoção após injusta provocação da vítima). Tem sido a tese substituta da legítima defesa da honra quando

---

11. Há inúmeros casos concretos de grupos supremacistas raciais, que matam vítimas pertencentes a minorias discriminadas mundo afora (basta pesquisar). Seria admissível permitir a aplicação de clemência a esse tipo de homicida? Apenas para ilustrar, sem ingressar no mérito da acusação ou da defesa: https://g1.globo.com/pr/parana/noticia/2019/08/01/acusados-de-participar-de-grupo-neonazista-vao-a-juri-popular-em-curitiba.ghtml, acesso em 13.09.2021.https://noticias.r7.com/internacional/neonazista-condenado-por-assassinato-de-negro-sera-executado-na-florida-24082017. Acesso em: 13 set. 2021.

alguns homens matam as mulheres, em crimes passionais. Pode-se discutir se isto não seria capaz de atingir a dignidade da pessoa humana, enfraquecendo a luta para a eliminação da violência do homem contra a mulher. Ademais, resta sempre a questão em aberto: *poderia o homem matar a mulher de hábitos sexuais devassos e ser absolvido pela clemência de um júri conservador e machista?* Sem que a defesa tenha invocado a legítima defesa da honra, mas, apenas, apontado que o réu é um verdadeiro *santo* e a vítima, *demonizada*, merecia morrer. Esta porta defensiva estaria, igualmente, fechada? Seria considerada uma forma indireta de se invocar a legítima defesa da honra? Se as respostas forem afirmativas, está-se dando uma amplitude maior que a essência do julgado do Pretório Excelso, que não abordou o homicídio *privilegiado* em ponto algum. Por outro lado, estar-se-ia restringindo, sobremaneira, o princípio constitucional da plenitude defesa.

Enfim, parece-nos que muito debate advirá e a possibilidade do recurso para o órgão acusatório deveria permanecer viável para questionamentos ligados a decisões absolutórias completamente desvinculadas da prova constante dos autos e até mesmo desligadas da tese exposta pela defesa, inscrita em ata. Sempre defendemos a soberania do Tribunal do Júri e, na prática, quando há revisão criminal, temos sustentado que essa reavaliação se faça, igualmente, pelo Tribunal Popular – e não diretamente pelo tribunal togado. Porém, permitir que o júri profira *uma única decisão*, sendo ela absolutória, em caráter absoluto, vedando todo e qualquer recurso da acusação, deixando-se de prestigiar o também princípio constitucional do duplo grau de jurisdição, parece-nos muito rigoroso. Seria conceber absoluto prestígio à soberania não dos veredictos, mas *de um único veredicto*, como se os jurados nunca errassem. Adotar o meio-termo indicaria o mais adequado equilíbrio entre os princípios constitucionais, permitindo-se o recurso do órgão acusatório, quando envolvesse questionável e controversa absolvição, afinal, se provido o apelo, o acusado seria outra vez julgado pelo Tribunal Popular, dessa vez em caráter definitivo, havendo absolvição.

Capítulo 13

ROTEIRO GERAL

1. Investigação: inquérito policial, como regra.[1]

⬇

2. Oferecimento da denúncia ou queixa, contendo o rol das testemunhas, até o máximo de oito.[2] Art. 406, § 2.º, CPP.

⬇

3. Fase da formação da culpa. Recebimento da denúncia ou da queixa: ordena-se a citação do acusado para responder à acusação, por escrito, no prazo de 10 dias.[3] Art. 406, *caput,* CPP.

⬇

4. Apresentação da resposta do acusado, contendo preliminares e toda a matéria do interesse da defesa, incluindo requerimento de provas e apresentação do rol de testemunhas, até o máximo de oito.[4] Art. 406, § 3.º, CPP.

⬇

1. Permanece o inquérito policial como a forma usual para a colheita de provas na fase pré-processual, com o objetivo de formar a *opinio delicti* do órgão acusatório, fornecendo a base de sustentação necessária (justa causa) para a apresentação da denúncia ou queixa. Outras formas de investigação podem ser admitidas, como, por exemplo, o material coletado por uma Comissão Parlamentar de Inquérito. No contexto dos crimes dolosos contra a vida, entretanto, a regra principal é mesmo o inquérito policial.
2. Havendo justa causa para a ação penal, analisando-se as provas colhidas durante a investigação policial, o órgão acusatório, como regra, o Ministério Público, oferece a denúncia.
3. O réu será citado para responder, por escrito, à imputação que lhe foi feita e não mais para ser interrogado, como ocorria no procedimento anterior.
4. É o momento processual adequado para oferecer a defesa prévia, contendo, eventualmente, preliminares que apontem vícios a serem sanados, bem como diligências imprescindíveis, ainda não realizadas (ex.: a juntada do exame necroscópico). Juntam-se, se for o caso, documentos. Pleiteia-se qualquer justificação. Se forem apresentadas exceções (ex.: exceção de suspeição), processam-se em apartado (art. 407, CPP). O oferecimento da peça de defesa é

5. Oferecida a defesa prévia, ouve-se o Ministério Público ou o querelante sobre preliminares e documentos juntados, se houver, em cinco dias.[5] Art. 409, CPP.

⬇

6. Designação de audiência única, no prazo máximo de dez dias, para ouvir: o ofendido, se viável, as testemunhas arroladas pelas partes (as de acusação e, depois, as de defesa), peritos, se requerido pelas partes, acareações e reconhecimento de pessoas ou coisas, igualmente se requerido, e interrogatório do réu. Na sequência, as partes debatem.[6] Art. 411, *caput*, CPP.

⬇

7. Debates orais: acusação, pelo prazo de 20 minutos, prorrogáveis por outros 10; assistente de acusação, se houver, pelo prazo de 10 minutos; defesa, pelo prazo de 20 minutos, prorrogáveis por mais 10; se o assistente se manifestou, a defesa terá mais 10 minutos.[7] Art. 411, §§ 4.º e 6.º, CPP.

⬇

8. Findos os debates, o juiz profere a decisão ou o fará dentro de dez dias. O procedimento deverá ser concluído no prazo máximo de 90 dias.[8] Arts. 411, § 9.º, e 412, CPP.

⬇

---

indispensável, em homenagem à plenitude de defesa. À sua falta, deve o juiz nomear defensor para oferecê-la, em dez dias (art. 408, CPP).

5. É o exercício do contraditório. Afinal, preliminares somente são levantadas para apontar vícios e falhas processuais. Logo, convém ouvir a parte contrária. Quanto aos documentos, são provas novas e é preciso dar conhecimento ao órgão de acusação.
6. Esta é uma das alterações mais ousadas, que pode não ser viabilizada na prática. A obrigatoriedade de se designar a audiência única no prazo máximo de dez dias depende, exclusivamente, da pauta da Vara. Não é possível vencer uma pauta lotada, razão pela qual o referido prazo pode não ser cumprido, por motivo de força maior. A outra situação complexa é a inquirição de todas as pessoas envolvidas no mesmo dia, além de se promover os debates finais entre acusação e defesa. Somente com sorte e máximo empenho de todos conseguir-se-á sucesso.
7. Espera-se que, finalmente, seja privilegiado o princípio da oralidade. As partes devem se dirigir ao magistrado e não empreender ditados para que sejam reduzidos por escrito pelo serventuário da justiça, no termo de audiência. Aliás, no termo, deverá constar apenas o resumo do que foi pedido pela parte. Do contrário, inexistem debates *orais*, continuando a prevalecer a peça escrita, o que somente causa lentidão e atraso.
8. Esses prazos são outras ousadas alterações que, no entanto, podem não ter efeito prático. O juiz deve sentenciar em 10 dias, porém, não se especifica o volume de serviço que cada um possa ter sob sua responsabilidade. Por outro lado, fixa-se o prazo máximo de 90 dias para findar toda a fase de formação da culpa, sem se avaliar o número de processos em trâmite em cada Vara. Por isso, são prazos impróprios, que, se não forem cumpridos, nenhuma sanção acarretam.

9. As opções judiciais: pronúncia, impronúncia, absolvição sumária e desclassificação.
Pronúncia: decisão interlocutória, julgando admissível a acusação, em razão da materialidade do fato e da existência de indícios suficientes de autoria ou de participação. A decisão deve ser fundamentada, sem excesso de linguagem, especificando as circunstâncias qualificadoras e as causas de aumento de pena. Avalia a possibilidade de determinar a prisão cautelar ou revogar a prisão porventura existente. Art. 413, CPP.
Impronúncia: decisão terminativa do processo, sem julgamento de mérito por insuficiência de provas quanto à materialidade ou indícios de autoria ou participação. Art. 414, CPP.
Absolvição sumária: decisão terminativa de mérito, quando for provada a inexistência do fato, não ter sido o acusado seu autor ou partícipe, não ser o fato infração penal ou não estar demonstrada causa de exclusão da ilicitude ou da culpabilidade.[9] Art. 415, CPP.
Desclassificação: decisão interlocutória, considerando o juízo incompetente para julgar o caso, tendo em vista o fato comportar definição jurídica diversa da constante da acusação. Remete-se o processo a outro juiz. Art. 419, CPP.

⬇

10. Proferida a pronúncia, cuida-se da intimação da decisão, nos termos do art. 420 do CPP. Preclusa a referida decisão, encaminham-se os autos ao juiz presidente do Tribunal do Júri.[10] Art. 421, CPP.

⬇

11. Fase da preparação do plenário. O juiz determina a intimação das partes para apresentar o rol das testemunhas (até o máximo de 5), bem como para requererem provas e diligências. Essas provas e diligências podem ser realizadas antes do plenário ou no dia do julgamento, dependendo do requerimento do interessado. Arts. 422 e 423, I, CPP.

⬇

12. Elaboração do relatório do processo pelo juiz, a ser oferecido aos jurados em plenário.[11] Art. 423, II, CPP.

⬇

13. Designação de data para julgamento em plenário. Determina-se a intimação das partes, do ofendido, se possível, das testemunhas, dos peritos, se preciso. Art. 431, CPP. Se não for o juiz presidente do Tribunal do Júri o incumbido do preparo do processo, remete-se o feito ao magistrado competente. Art. 424, CPP.

⬇

---

9. A importante novidade da reforma foi o aumento das possibilidades de absolvição sumária. Entretanto, permaneceu a viabilidade da decisão de impronúncia, quando, em verdade, poderia, também, ser uma decisão absolutória, por insuficiência de provas.
10. Se novas provas surgirem, demonstrando circunstância superveniente, pode-se alterar a classificação do crime, abrindo-se vista ao Ministério Público para eventual aditamento. Art. 421, § 1.º, CPP.
11. O relatório do processo não mais será feito oralmente, mas por escrito. Será sucinto e entregue aos jurados em plenário.

14. Desaforamento: alteração de competência, proporcionando outra Comarca para o julgamento do réu. Essa medida pode ser tomada em caráter excepcional, justamente no momento em que se aguarda a sessão de julgamento, com base nas razões expostas pelos arts. 427 e 428 do CPP.

⬇

15. Abertura da sessão de julgamento. Verificação da presença de, pelo menos, 15 jurados dos 25 sorteados (arts. 462 e 463, CPP).[12] Checar se as partes estão presentes. Faltando alguém, verifica-se se houve justificativa razoável. Não existindo, adia-se a sessão e o juiz toma as providências cabíveis. Cuidando-se do Ministério Público, oficia-se à Procuradoria-Geral da Justiça, comunicando e solicitando a sua interferência para que tal situação não mais ocorra no próximo evento designado. No caso do defensor, oficia-se à OAB, mas também se nomeia outro advogado (dativo ou da defensoria pública) para o patrocínio da causa. O réu não mais está obrigado a comparecer. Precisa, apenas, ser intimado da data marcada. A ausência do assistente de acusação não adia a sessão.

⬇

16. Verificação do comparecimento das testemunhas.[13] As que foram arroladas em caráter de imprescindibilidade, tendo sido intimadas, devem comparecer. Se tal não se der, determina-se a imediata condução coercitiva ou designa-se outra data para tanto, adiando-se a sessão.[14] Art. 461, § 1.º, CPP.

⬇

17. Partes presentes, jurados em número suficiente e testemunhas imprescindíveis: declara-se instalada a sessão. O juiz anuncia o processo a ser julgado. O oficial faz o pregão. Art. 463, CPP.

⬇

18. Preparação para a formação do Conselho de Sentença. O juiz adverte os jurados presentes a respeito de todas as causas de impedimentos e suspeições, lendo o conteúdo dos arts. 448 e 449 do CPP. Desde logo, adverte os jurados, também, que, uma vez sorteados, não poderão manifestar sua opinião sobre o processo, nem devem comunicar-se entre si em relação à causa em julgamento, sob pena de exclusão do Conselho e multa. Art. 466, CPP.

⬇

---

12. A ausência injustificada do jurado implica a imposição de multa de um a dez salários mínimos. Art. 442, CPP.
13. Se todas compareceram, devem ser colocadas em salas separadas (acusação e defesa), permanecendo incomunicáveis. Art. 460, CPP.
14. A testemunha faltante pode ser processada por crime de desobediência, receber multa e, além disso, ser conduzida coercitivamente. Art. 458, CPP.

19. Escolha do Conselho de Sentença (7 jurados). Retirado o nome do jurado da urna, lido em voz alta, levanta-se o sorteado. O juiz indaga à defesa se aceita ou recusa o jurado. Em seguida, se houver aceitação, passa-se a indagação ao Ministério Público. Em caso de aceitação, o jurado é convidado a tomar assento no Conselho de Sentença. Se a defesa recusou, sorteia-se outro. Quando o Ministério Público recusar, igualmente, sorteia-se outro. Cada parte tem até 3 recusas imotivadas ou peremptórias.[15]

⬇

20. Formado o Conselho de Sentença, o juiz se levanta e, com ele, todos os presentes para que se faça o compromisso dos jurados. Exortará o juiz: "Em nome da lei, concito-vos a examinar esta causa com imparcialidade e a proferir a vossa decisão de acordo com a vossa consciência e os ditames da justiça". Após, cada jurado, nominalmente chamado, responderá: "Assim o prometo". Art. 472, CPP.

⬇

21. O juiz determinará a entrega aos jurados das cópias da pronúncia e, se o caso, das decisões posteriores a ela,[16] bem como do relatório do processo. Art. 472, parágrafo único, CPP.

⬇

22. Início da instrução em plenário. Colhem-se as declarações do ofendido, se possível.[17] Após, as testemunhas de acusação serão ouvidas. Na sequência, as testemunhas arroladas pela defesa. Primeiramente, o juiz faz as indagações. Depois, as reperguntas serão feitas diretamente pela parte interessada.[18] Quanto à vítima, primeiro o órgão acusatório, depois a defesa. As testemunhas de acusação serão reperguntadas pelo Ministério Público (e assistente, se houver) e, depois, pela defesa. As de defesa serão reperguntadas pelo defensor e, após, pelo órgão acusatório (MP e, se houver, assistente). Os jurados poderão reperguntar, por intermédio do juiz presidente.[19] Art. 473, CPP.

⬇

15. Se a recusa for motivada, não há limite. Porém, a parte que assim recusar, deve basear-se em algum dos motivos legais (arts. 448 e 449, CPP), levando a prova cabível para apresentar ao juiz no ato da recusa.
16. As decisões posteriores à pronúncia podem ser o acórdão confirmatório da pronúncia ou o acórdão que efetivamente pronunciou o acusado. Pode, ainda, ser uma nova pronúncia, proferida após aditamento feito pelo órgão acusatório.
17. É clara a necessidade de se ouvir a vítima, quando possível, mesmo que as partes não a arrolem. Cabe, pois, ao juiz providenciar a sua intimação para comparecer em plenário.
18. A inquirição do ofendido e das testemunhas será feita diretamente pela parte interessada, vale dizer, sem a intermediação do juiz presidente. Os jurados, entretanto, continuam a reperguntar por meio do magistrado.
19. O registro de todos os depoimentos deve ser feito da forma mais eficiente possível. Por isso, o ideal é a gravação magnética, sendo as fitas ou CDs juntados aos autos, mantidas cópias de segurança no cartório. Pode-se usar, também, a estenotipia. Art. 475, CPP.

23. Interrogatório do réu. Se estiver presente, será convidado a ser interrogado. Pode invocar o direito ao silêncio. Não deverá estar algemado, como regra, durante a sessão e muito menos no momento em que for interrogado.[20] Art. 474, CPP.

⬇

24. Iniciam-se os debates.[21] O Ministério Público fará a acusação, nos limites da pronúncia, podendo levantar agravante inédita.[22] O tempo é de uma hora e meia.[23] Art. 476, *caput*, c. c. art. 477, *caput*, CPP. O assistente de acusação deve dividir o tempo com o MP.

⬇

25. Passa-se a palavra à defesa, que terá o tempo de uma hora e meia.[24] Art. 476, § 3.º, c. c. art. 477, *caput*, CPP.

⬇

26. Finda a exposição da defesa, o juiz consulta a acusação se pretende ir à réplica. Em caso de resposta afirmativa, terá a palavra por uma hora.[25] Após, manifestar-se-á a defesa, em tréplica, por uma hora. As partes poderão ouvir, novamente, qualquer testemunha durante a réplica e a tréplica.[26] Art. 476, § 4.º, CPP.

⬇

---

20. As partes podem reperguntar diretamente ao acusado, segundo dispõe o art. 474, § 1.º, CPP. Somos contrários a esse procedimento, pois podem ser feitas perguntas em forma agressiva e o juiz terá que interferir o tempo todo, para constrangimento geral, inclusive do acusado. Portanto, se o órgão acusatório não se portar de maneira conveniente, cabe ao réu invocar o direito ao silêncio e não responder nada mais ao promotor ou ao assistente. É a plenitude de defesa.
21. Registre-se que, durante os debates, fica vedada a utilização da pronúncia, das decisões posteriores a ela, da determinação do uso de algemas, como argumento de autoridade, bem como do silêncio do réu ou da ausência de interrogatório, sob pena de nulidade (art. 478, I e II, CPP).
22. Documentos ou objetos somente podem ser exibidos em plenário pelas partes, quando disserem respeito ao caso em julgamento, se forem juntados aos autos com a antecedência mínima de três dias úteis, com ciência à parte contrária. Art. 479, CPP.
23. Havendo mais de um acusado no mesmo julgamento em plenário, cada parte terá o tempo máximo de duas horas e meia. Quanto à réplica e à tréplica, o tempo será de duas horas para cada parte.
24. Lembremos que, havendo mais de um réu, o tempo de duas horas e meia deverá ser dividido entre os defensores de cada um deles. Art. 477, § 1.º, CPP.
25. Sustentamos a posição de que a acusação pode ir à réplica ou não, significando facultatividade do órgão acusatório. Portanto, somente tem cabimento abrir espaço para a tréplica *se houve* réplica. Não se pode *treplicar* o que inexistiu precedentemente.
26. Parece-nos lógica a inquirição dessa testemunha, já ouvida, dentro do tempo reservado, para a réplica ou tréplica, da parte que requereu a oitiva. Não se abre espaço novo para isso, pois o tempo em plenário poderia ser estendido em demasia e abusivamente.

27. Terminados os debates, o juiz consultará os jurados se estão preparados para julgar ou se desejam mais algum esclarecimento. Havendo dúvida, sobre qualquer matéria,[27] deverá o juiz prestar o informe necessário. Se a verificação de algum fato depender da produção de prova, que não se pode realizar de imediato, o presidente dissolverá o Conselho de Sentença e marcará outra data, determinando a produção das diligências necessárias. Arts. 480, §§ 1.º e 2.º, e 481, CPP.

⬇

28. Se os jurados estiverem habilitados a julgar, o juiz presidente lerá os quesitos em plenário,[28] indagando das partes se têm algum requerimento ou reclamação a fazer, sob pena de preclusão. Art. 484, CPP. Os protestos levantados pelas partes em relação à redação do questionário, sob qualquer aspecto (quesito mal redigido ou tese exposta em plenário, mas não constante dos quesitos etc.) devem ser decididos de imediato pelo magistrado (deferimento ou indeferimento). De qualquer modo, a decisão constará da ata.

⬇

29. Em plenário, o juiz explicará aos jurados o significado de cada quesito. Art. 484, parágrafo único, CPP.[29]

⬇

30. Na sequência, os jurados, o juiz, o órgão acusatório (MP ou querelante), o assistente, se houver, o defensor e os serventuários da justiça dirigir-se-ão à sala especial para a votação. Art. 485, CPP.

⬇

31. Distribuem-se as cédulas aos jurados, feitas de papel opaco e facilmente dobráveis, contendo sete delas a palavra "sim" e as outras sete a palavra "não". Coloca-se o primeiro quesito em votação. Recolhem-se os votos válidos em uma urna, passada pelo oficial de justiça. Após, recolhem-se os votos que sobraram nas mãos dos jurados, em outra urna, por outro oficial de justiça. O juiz apura os votos válidos, até chegar à maioria de quatro ("sim" ou "não") e suspende a contagem. Divulga-se somente o resultado (o conselho de sentença decidiu que tal situação ocorreu ou que não ocorreu), sem o quórum (4 x 3, 5 x 2, 6 x 1 ou 7 x 0). Conferem-se os votos inválidos. Misturam-se todos e há nova redistribuição para os jurados das cédulas "sim" e "não". Outros quesitos serão votados, até a finalização. Encerrada a votação, assina-se o termo (presidente, jurados e partes).

⬇

27. A lei menciona apenas matéria de fato (art. 480, § 2.º, CPP), mas é evidente que podem existir dúvidas em relação a qualquer tema de direito, afinal, os jurados são leigos. Por isso, cabe ao juiz presidente, que é magistrado togado, prestar o esclarecimento cabível.
28. Naturalmente, o magistrado já os redigiu durante os debates das partes, para tê-los concluídos nessa fase. Não se deve interromper a sessão para que o juiz possa preparar o questionário, pois haverá indevida perda de tempo.
29. Pensamos que a explicação em plenário deve ser sucinta e objetiva. Na sala especial, assim desejando os jurados, pode o juiz detalhar melhor o conteúdo do questionário e as consequências em relação à votação de cada quesito.

32. Elaboração da sentença. Não haverá relatório, nem fundamentação. Se for absolutória, basta mencionar ter sido esta a decisão do Conselho de Sentença e considerar a ação improcedente, com base num dos incisos do art. 386 do CPP, conforme o caso concreto. Se for condenatória, o juiz seguirá o processo de individualização da pena, fixando a pena-base (art. 59, CP), após, as agravantes e atenuantes, para, em seguida, inserir as causas de aumento e diminuição da pena. Decidirá, ainda, se o réu pode recorrer em liberdade, valendo-se dos requisitos da prisão preventiva. Porém, se o acusado for condenado a cumprir uma pena igual ou superior a 15 anos de reclusão, cabe execução imediata (o STF validou essa regra).

⬇

33. A sentença será lida em plenário, à vista de todos, em momento formal, com todos os presentes em pé, por força da tradição. As partes saem intimadas. Encerra-se a sessão.

BIBLIOGRAFIA

ABREU, Florêncio de. *Comentários ao Código de Processo Penal*. Rio de Janeiro: Forense, 1945. vol. V.

ALMEIDA, Dario Martins de. *O livro do jurado*. Coimbra: Almedina, 1977.

ALMEIDA, Joaquim Canuto Mendes de. *Princípios fundamentais do processo penal*. São Paulo: Ed. RT, 1973.

ALMEIDA, Joaquim Canuto Mendes de. *Processo penal, ação e jurisdição*. São Paulo: Ed. RT, 1975.

ALMEIDA JÚNIOR, João Mendes. *Noções ontológicas de Estado, soberania, autonomia, federação, fundação*. São Paulo: Saraiva, 1960.

ALMEIDA JÚNIOR, João Mendes. *O processo criminal brasileiro*. 4. ed. Rio de Janeiro/São Paulo: Freitas Bastos, 1959. vol. 1 e 2.

ALMEIDA, Ricardo Vital de. *O júri no Brasil – Aspectos constitucionais – Soberania e democracia social*. Leme: Edijur, 2005.

ALVES, Roque de Brito. *Crimes contra a vida e o questionário do júri*. Recife: Luci Artes Gráficas, 2006.

ANSANELLI JÚNIOR, Angelo. *O Tribunal do Júri e a soberania dos veredictos*. Rio de Janeiro: Lumen Juris, 2005.

APPIO, Eduardo. *Mandado de segurança criminal*. Porto Alegre: Livraria do Advogado, 1995.

ARAÚJO, Nádia de; ALMEIDA, Ricardo R. O Tribunal do Júri nos Estados Unidos – Sua evolução histórica e algumas reflexões sobre seu estado atual. *Revista Brasileira de Ciências Criminais*. vol. 15. São Paulo: Ed. RT, 1996.

ARRUDA ALVIM. Correição parcial. *Revista dos Tribunais*. vol. 452. p. 11-20. São Paulo. Ed. RT.

AZEVEDO, André Mauro Lacerda. *Tribunal do Júri. Aspectos constitucionais e procedimentais* (atualizado de acordo com a Lei n. 11.689/08). São Paulo: Verbatim, 2011.

AZEVEDO, Vicente de Paula Vicente de. *Curso de direito judiciário penal*. São Paulo: Saraiva, 1985. vol. 1 e 2.

BADARÓ, Gustavo Henrique Righi Ivahy. *Direito processual penal*. Rio de Janeiro: Elsevier, 2008. t. I e II.

BARBOSA, Marcelo Fortes. A acusação no plenário do júri. *Tribunal do júri – Estudo sobre a mais democrática instituição jurídica brasileira*. São Paulo: Ed. RT, 1999.

BARBOSA, Rui. *Comentários à Constituição Federal brasileira*. In: PIRES, Homero (org.). São Paulo: Saraiva, 1934. vol. 6.

BARBOSA, Rui. *O júri sob todos os aspectos*. In: LYRA FILHO, Roberto; SILVA, Mário César da. (orgs.). Rio de Janeiro: Editora Nacional de Direito, 1950.

BARROS, Hamilton Moraes. Notas sobre o júri. *Revista de Jurisprudência do Tribunal de Justiça do Estado da Guanabara*. n. 25. Rio de Janeiro: 1971.

BARROS, Marco Antonio de. *Ministério Público e o* habeas corpus: tendências atuais. In: PENTEADO, Jaques de Camargo (coord.). *Tortura, crime militar,* habeas corpus. São Paulo: Ed. RT, 1997. Coleção Justiça Penal – Críticas e sugestões. vol. 5.

BASTOS, José Tavares. *O júri na República*. Rio de Janeiro/Paris: Garnier, 1909. t. I.

BASTOS, Márcio Thomaz. Júri e mídia. *Tribunal do júri – Estudo sobre a mais democrática instituição jurídica brasileira*. São Paulo: Ed. RT, 1999.

BENTO, Patrícia Stucchi. *Pronúncia – Enfoque constitucional*. São Paulo: Quartier Latin, 2008.

BERLINS, Marcel; DYER, Clare. *The law machine*. 4. ed. London: Penguin Books, 1994.

BITTENCOURT, Edgard de Moura. *A instituição do júri*. São Paulo: Saraiva, 1939.

BONFIM, Edilson Mougenot; PARRA NETO, Domingos. *O novo procedimento do júri*. Comentários à Lei 11.689/2008. São Paulo: Saraiva, 2009.

BUSANA, Dante; SAMPAIO, Laerte J. Castro. *Habeas corpus*.

BUSANA, Dante. *O Ministério Público no processo de* habeas corpus. *Revista dos Tribunais. vol.* 438. p. 315. São Paulo: Ed. RT, abr. 1972.

COSTA, Hélio. Júri – Controle da magistratura togada. *Revista Forense*. vol. 208. Rio de Janeiro: Forense, 1964.

DAVID, Marcel. Jury populaire et souveraineté. *Revue Internationale de Theorie du Droit et de Sociologie Juridique*, vol. 36/37. Paris: LGDJ, 1997.

DAVIES, Malcolm; CROALL, Hazel; TYRER, Jane. *Criminal justice: an introduction to the criminal justice system in England and Wales*. London-New York: Longman, 1995.

DAVIS, Francis Selwyn. Contradição entre as respostas e soberania do júri. *Revista Brasileira de Ciências Criminais*. n. 10. abr.-jun. 1995.

DELMANTO, Celso. Da impetração de *habeas corpus* por juízes, promotores e delegados. *Revista dos Tribunais*. vol. 552. p. 284-287. São Paulo: Ed. RT, out. 1981.

DEMERCIAN, Pedro Henrique; MALULY, Jorge Assaf. *Curso de processo penal*. São Paulo: Atlas, 1999.

DOTTI, René Ariel. Esboço para a reforma do júri. *Revista Forense*, vol. 322, 1993.

DOTTI, René Ariel. A publicidade dos julgamentos e a "sala secreta" do júri. *Revista Jurídica*, n. 186, 1993.

DOTTI, René Ariel. Reforma do procedimento do júri. *Revista Forense*, vol. 334, 1995.

DUTRA, Mário Hoeppner. A evolução do direito penal e o júri. *Revista Forense*, vol. 249, 1975.

ESPÍNOLA FILHO, Eduardo. *Código de Processo Penal brasileiro anotado*. 3. ed. Rio de Janeiro: Borsoi, 1955. vol. 1 a 8.

ESTEFAM, André. *O novo júri*. Lei n. 11.689/2008. 4. ed. São Paulo: Ed. Damásio de Jesus, 2009.

FARIA, Bento de. *Código de Processo Penal*. 2. ed. Rio de Janeiro: Record, 1960. vol. 2.

FERNANDES, Antonio Scarance. *Processo penal constitucional*. São Paulo: Ed. RT, 1999; 4. ed., 2005.

FERNANDES, Antonio Scarance; GOMES FILHO, Antonio Magalhães; GRINOVER, Ada P. *As nulidades no processo penal*. 3. ed. rev. e amp., 2. tir. São Paulo: Malheiros, 1994.

FERNANDES, Antonio Scarance; GOMES FILHO, Antonio Magalhães; GRINOVER, Ada P. *Recursos no processo penal*. São Paulo: Ed. RT, 1996.

FERREIRA, Manuel Cavaleiro de. *A pronúncia*. Lisboa: Cruz-Braga, 1984.

FRAGOSO, Heleno Cláudio. A questão do júri. *Revista Forense*, vol. 193, 1961.

FRANCO, Alberto Silva. Medida liminar em *habeas corpus*. *Revista Brasileira de Ciências Criminais*, número especial de lançamento. São Paulo: Ed. RT, p. 70-74.

Franco, Alberto Silva; Marrey, Adriano; Stoco, Rui. *Teoria e prática do júri*. 6. ed. São Paulo: Ed. RT, 1997; 7. ed., 2000.

Franco, Ary Azevedo. *O júri e a Constituição Federal de 1946*. 2. ed. Rio de Janeiro: Forense, 1956.

Gersão, Eliana. Jurados nos tribunais – Alguns dados da experiência portuguesa. *Cadernos da Revista do Ministério Público*, n. 5, Lisboa, 1991.

Gersão, Eliana. Júri e participação dos cidadãos na Justiça. *Cadernos da Revista do Ministério Público*, n. 41.

Gomes Filho, Antonio Magalhães. *A motivação das decisões penais*. São Paulo: Ed. RT, 2001.

Gomes Filho, Antonio Magalhães. *Presunção de inocência e prisão cautelar*. São Paulo: Saraiva, 1991.

Gomes Filho, Antonio Magalhães. O *habeas corpus* como instrumento de proteção do direito à liberdade de locomoção. In: Penteado, Jaques de Camargo (coord.). *Tortura, crime militar,* habeas corpus. São Paulo: Ed. RT, 1997. *Coleção Justiça Penal – Críticas e sugestões*. vol. 5.

Gomes Filho, Antonio Magalhães; Grinover, Ada P.; Fernandes, Antonio Scarance. *As nulidades no processo penal*. 3. ed. rev. e amp., 2. tir. São Paulo: Malheiros, 1994.

Gomes Filho, Antonio Magalhães; Grinover, Ada P.; Fernandes, Antonio Scarance. *Recursos no processo penal*. São Paulo: Ed. RT, 1996.

Gomes Filho, Antonio Magalhães; Grinover, Ada P.; Fernandes, Antonio Scarance; Gomes, Luiz Flávio. *Juizados Especiais Criminais*: comentários à Lei n. 9.099, de 26.09.1995. 3. ed., 2. tir. São Paulo: Ed. RT, 1999.

Gomes, Suzana de Camargo. *Crimes eleitorais*. São Paulo: Ed. RT, 2000.

Graven, Jean. Évolution, déclin et transformation du jury. *Le jury face au droit pénal moderne*. Journée d'études juridiques Jean Dabin. Bruxelles: Émile Bruylant, 1967.

Greco Filho, Vicente. *Manual de processo penal*. São Paulo: Saraiva, 1991.

Greco Filho, Vicente. Questões polêmicas sobre a pronúncia. *Tribunal do júri – Estudo sobre a mais democrática instituição jurídica brasileira*. São Paulo: Ed. RT, 1999.

Greco Filho, Vicente. *Tutela constitucional das liberdades*. São Paulo: Saraiva, 1989.

Grinover, Ada Pellegrini. A democratização dos tribunais penais: participação popular. *Revista de Processo*, n. 52, 1988.

Grinover, Ada Pellegrini. *Liberdades públicas e processo penal*. 2. ed. São Paulo: Ed. RT, 1982.

Grinover, Ada Pellegrini. *Mandado de segurança contra ato jurisdicional penal*. In: Gonçalves, Aroldo Plínio (coord.). *Mandado de segurança*. Belo Horizonte: Del Rey, 1996.

Grinover, Ada Pellegrini; Gomes Filho, Antonio Magalhães; Fernandes, Antonio Scarance. *As nulidades no processo penal*. 3. ed. rev. amp., 2. tir. São Paulo: Malheiros, 1994.

Grinover, Ada Pellegrini; Gomes Filho, Antonio Magalhães; Fernandes, Antonio Scarance. *Recursos no processo penal*. São Paulo: Ed. RT, 1996.

Ingman, Terence. *The English legal process*. 6. ed. London: Blackstone, 1996.

Lafave, Wayne; Israel, Jerold H. *Criminal procedure*. 2. ed. St. Paul: West Publishing, 1996.

Leal, Victor Nunes. *Coronelismo, enxada e voto*. 3. ed., 1. reimp. Rio de Janeiro: Nova Fronteira, 1997.

Lima, Alcides de Mendonça. Júri – Instituição nociva e arcaica. *Revista Forense*, vol. 196, 1961.

Lopes Jr., Aury; Badaró, Gustavo Henrique. *Direito ao processo penal no prazo razoável*. 2. ed. Rio de Janeiro: Lumen Juris, 2009.

Macieira, António. *Do júri criminal*. Lisboa: Imprensa Nacional, 1914.

Maluly, Jorge Assaf; Demercian, Pedro Henrique. *Curso de processo penal*. São Paulo: Atlas, 1999.

Marques, Jader. *Tribunal do júri*. Considerações críticas à Lei 11.689/08 de acordo com as Leis 11.690/08 e 11.719/08. Porto Alegre: Livraria do Advogado, 2009.

MARQUES, José Frederico. *Elementos de direito processual penal*. Atual. Victor Hugo Machado da Silveira. Campinas: Bookseller, 1997. vol. 1.

MARQUES, José Frederico. Encerramento da formação da culpa no processo penal do júri. *Estudos de direito e processo penal em homenagem a Nélson Hungria*. Rio de Janeiro/São Paulo: Forense, 1962.

MARQUES, José Frederico. *A instituição do júri*. Atual. Hermínio Alberto Marques Porto, José Gonçalves Canosa Neto e Marco Antonio Marques da Silva. Campinas: Bookseller, 1997.

MARQUES, José Frederico. *O júri e sua nova regulamentação legal*. São Paulo: Saraiva, 1948.

MARQUES, José Frederico. *O júri no direito brasileiro*. 2. ed. São Paulo: Saraiva, 1955.

MARQUES, José Frederico. Notas e apontamentos sobre o júri. *RJTJSP*, vol. IX, 1969.

MARQUES, José Frederico. *Tratado de direito processual penal*. São Paulo: Saraiva, 1980. v. 1.

MARQUES, Paulo Edson. O promotor e a reforma da instituição do júri. *Justitia*, vol. 43, 1981.

MARREY, Adriano. A publicidade dos julgamentos e a "sala secreta" no júri. *Revista Jurídica*, vol. 188, jun. 1993.

MARREY, Adriano; FRANCO, Alberto Silva; STOCO, Rui. *Teoria e prática do júri*. 6. ed. São Paulo: Ed. RT, 1997; 7. ed., 2000.

MARTINAGE, Renée. L'évolution du jury en France et en Europe depuis la Révolution de 1789. *Revue Internationale de Droit Penal – La phase décisoire du procès pénal en droit comparé*. Paris: Erès, 1986.

MAXIMILIANO, Carlos. *Comentários à Constituição brasileira*. 5. ed. Rio de Janeiro/São Paulo: Freitas Bastos, 1954. vol. 1 a 3.

MAZZILI, Hugo Nigro. O Ministério Público e o *habeas corpus*. *RT* 618/412, abr. 1987.

MÉDICI, Sérgio de Oliveira. *Revisão criminal*. São Paulo: Ed. RT, 1998. Coleção de Estudos de Processo Penal Prof. Joaquim Canuto Mendes de Almeida, vol. 1.

MIRABETE. *Código de Processo Penal interpretado*. 5. ed. São Paulo: Atlas, 1997.

MIRANDA, Jorge. *Manual de direito constitucional*. 3. ed. Coimbra: Coimbra Ed., 1987. t. I; 1988, t. II; 1987, t. III; 1988, t. IV.

MORAES, Mauricio Zanoide de. *Interesse e legitimação para recorrer no processo penal brasileiro*. São Paulo: Ed. RT, 2000. Coleção de Estudos de Processo Penal Prof. Joaquim Canuto Mendes de Almeida, vol. 4.

MOSSIN, Heráclito Antônio. *Júri*. Crimes e processo. 3. ed. Rio de Janeiro: Gen & Forense, 2009.

MOURA, Maria Thereza Rocha de Assis; PITOMBO, Cleunice A. Valentim Bastos. *Habeas corpus* e advocacia criminal: ordem liminar e âmbito de cognição. In: PENTEADO, Jaques de Camargo (coord.). *Tortura, crime militar, habeas corpus*. São Paulo: Ed. RT, 1997. *Justiça Penal – Críticas e sugestões*, vol. 5.

MOURA, Mario de Assis. *Reforma da instituição do jury (no Estado de São Paulo)*. São Paulo: Saraiva, 1930.

NASSIF, Aramis. *Júri – Instrumento da soberania popular*. 2. ed. Porto Alegre: Livraria do Advogado, 2008.

NOGUEIRA, Carlos Frederico Coelho. *Comentários ao Código de Processo Penal*. São Paulo: Edipro, 2002. vol. 1.

NOGUEIRA, Carlos Frederico Coelho. Mandado de segurança contra decisão judicial que assegura à testemunha a ser ouvida em inquérito policial fazer-se acompanhar de advogado (parecer). *Justitia*, vol. 134, p. 147, 1986.

NORONHA, E. Magalhães. *Curso de direito processual penal*. 17. ed. São Paulo: Saraiva, 1986.

NUCCI, Guilherme de Souza. *Código Penal comentado*. 23. ed. Rio de Janeiro: Forense, 2023.

NUCCI, Guilherme de Souza. *Código de Processo Penal comentado*. 22. ed. Rio de Janeiro: Forense, 2023.

NUCCI, Guilherme de Souza. *Curso de direito processual penal*. 20. ed. Rio de Janeiro: Forense, 2023.

NUCCI, Guilherme de Souza. *Curso de execução penal*. 6. ed. Rio de Janeiro: Forense, 2023

NUCCI, Guilherme de Souza. *Individualização da pena*. 8. ed. Rio de Janeiro: Forense, 2022.

NUCCI, Guilherme de Souza. *Leis penais e processuais penais comentadas*. 15. ed. Rio de Janeiro: Forense, 2023. v. 1 e 2.

NUCCI, Guilherme de Souza. *Princípios constitucionais penais e processuais penais*. 4. ed. Rio de Janeiro: Forense, 2015.

NUCCI, Guilherme de Souza. *Provas no processo penal*. 5. ed. Rio de Janeiro: Forense, 2022.

PARADA NETO, José. A defesa no plenário do júri. *Tribunal do júri – Estudo sobre a mais democrática instituição jurídica brasileira*. São Paulo: Ed. RT, 1999.

PARRA NETO, Domingos; BONFIM, Edilson Mougenot. *O novo procedimento do júri*. Comentários à Lei 11.689/2008. São Paulo: Saraiva, 2009.

PENTEADO, Jacques de Camargo. *Acusação, defesa e julgamento*. Campinas: Millennium, 2001.

PEREIRA, José Ruy Borges. *Tribunal do Júri – Crimes dolosos contra a vida*. 2. ed. São Paulo, 2000.

PIMENTEL, Manoel Pedro. A oratória perante o júri. *RT*, vol. 628, 1988.

PITOMBO, Cleunice A. Valentim Bastos; MOURA, Maria Thereza Rocha de Assis. *Habeas corpus* e advocacia criminal: ordem liminar e âmbito de cognição. In: PENTEADO, Jaques de Camargo (coord.). *Tortura, crime militar,* habeas corpus. São Paulo: Ed. RT, 1997. *Justiça Penal – Críticas e sugestões*, vol. 5.

PITOMBO, Sérgio Marcos de Moraes. Pronúncia e o *in dubio pro societate*. *Boletim do Instituto Manoel Pedro Pimentel*, n. 17, jul.-set. 2001.

PITOMBO, Sérgio Marcos de Moraes. Supressão do libelo. *Tribunal do júri – Estudo sobre a mais democrática instituição jurídica brasileira*. São Paulo: Ed. RT, 1999.

PONTES DE MIRANDA, Francisco Cavalcanti. *História e prática do* habeas corpus – *Direito constitucional e processual comparado*. 2. ed. Rio de Janeiro: José Konfino, 1951.

PORTO, Hermínio Alberto Marques. Julgamento pelo Tribunal do Júri: questionário. *Tribunal do júri – Estudo sobre a mais democrática instituição jurídica brasileira*. São Paulo: Ed. RT, 1999.

PORTO, Hermínio Alberto Marques. Júri – Excepcionalidade da reforma da decisão dos jurados. *Justitia*, vol. 96, 1977.

PORTO, Hermínio Alberto Marques. *Júri (Procedimento e aspectos do julgamento – Questionários)*. 7. ed. São Paulo: Malheiros, 1993; 10. ed., 2001.

PORTO, Hermínio Alberto Marques. Júri – Segunda apelação pelo mérito. *Justitia*, vol. 90, 1975.

PORTO, Hermínio Alberto Marques. Procedimento do júri e *habeas corpus*. In: PENTEADO, Jaques de Camargo (coord.). *Tortura, crime militar,* habeas corpus. São Paulo: Ed. RT, 1997. *Justiça Penal – Críticas e sugestões*, vol. 5.

RAMOS, João Gualberto Garcez. O júri como instrumento de efetividade da reforma penal. *RT*, vol. 699, 1994.

RANGEL, Paulo. *Direito processual penal*. 12. ed. Rio de Janeiro: Lumen Juris, 2007.

RANGEL, Paulo. *Tribunal do Júri – Visão linguística, histórica, social e dogmática*. Rio de Janeiro: Lumen Juris, 2007.

ROMANO, Santi. *Princípios de direito constitucional geral*. Trad. Maria Helena Diniz. São Paulo: Ed. RT, 1977.

ROMEIRO, Jorge Alberto. *Curso de direito penal militar*. São Paulo: Saraiva, 1994.

ROSA, Antônio José M. Feu. *Júri – Comentários & jurisprudência*. São Paulo: ADCOAS, 2000.

ROSA, Inocêncio Borges da. *Comentários ao Código de Processo Penal*. 3. ed. atual. Angelito A. Aiquel. São Paulo: Ed. RT, 1982.

ROSA, Inocêncio Borges da. *Nulidades do processo*. Porto Alegre: Globo, 1935.

SALES, José Luis. O júri na Constituição Federal. *Revista Forense*, vol. 114, 1947.

SANTOS JÚNIOR, Carlos Rafael dos. A extinção da sala secreta nos tribunais do júri. *Revista da Associação dos Juízes do Rio Grande do Sul*, vol. 58, 1993.

SIQUEIRA, Galdino. *Curso de processo criminal* 2. ed. São Paulo: Livraria e Officinas Magalhães, 1917.

STOCO, Rui; FRANCO, Alberto Silva; MARREY, Adriano. Crise existencial do júri no direito brasileiro. *RT*, vol. 664, 1991.

STOCO, Rui. *Teoria e prática do júri*. 6. ed. São Paulo: Ed. RT, 1997; 7. ed., 2000.

TASSE, Adel El. *Tribunal do Júri. Fundamentos - Procedimento - Interpretação em acordo aos princípios constitucionais - Propostas para sua modernização*. 1. ed., 3. tir. Curitiba: Juruá, 2006.

TASSE, Adel El. *O novo rito do Tribunal do Júri, em conformidade com a Lei 11.689/08*. Curitiba: Juruá, 2009.

TJADER, Ricardo Luiz da Costa. O júri segundo as normas da Constituição Federal de 1988. *Revista da Associação dos Juízes do Rio Grande do Sul*, vol. 58, 1993.

TORNAGHI, Hélio. *Compêndio de processo penal*. Rio de Janeiro: José Konfino, 1967. t. I, II, III e IV.

TORNAGHI, Hélio. *Curso de processo penal*. 4. ed. São Paulo: Saraiva, 1987, vol. 1 e 2.

TOURINHO FILHO, Fernando da Costa. *Código de Processo Penal comentado*. 4. ed. São Paulo: Saraiva, 1999. vol. 1 e 2.

TUBENCHLAK, James. *Tribunal do júri - Contradições e soluções*. 4. ed. São Paulo: Saraiva, 1994.

TUCCI, Rogério Lauria. Habeas corpus, *ação e processo penal*. São Paulo: Saraiva, 1978.

TUCCI, Rogério Lauria. *Teoria do direito processual penal*. São Paulo: Ed. RT, 2002.

TUCCI, Rogério Lauria (coord.). Tribunal do Júri: origem, evolução, características e perspectivas. *Tribunal do júri - Estudo sobre a mais democrática instituição jurídica brasileira*. São Paulo: Ed. RT, 1999.

VAINSENCHER, Semira Adler; FARIAS, Ângela Simões. *Condenar ou absolver*: a tendência do júri popular. Rio de Janeiro: Forense, 1997.

VASCONCELOS, José Barros. O júri em face da nova Constituição Federal. *Revista Forense*, vol. 113, 1947.

VISCONTI, Antônio. Júri - Defesa deficiente. *Justitia*, vol. 154, 1991.

WHITAKER, Firmino. *Jury (Estado de S. Paulo)*. 6. ed. São Paulo: Saraiva, 1930.

WOHLERS, Geraldo Luís. Revisão criminal e soberania. *Revista do I Congresso Nacional dos Promotores do Júri*. São Paulo: APMP, 1997.

ÍNDICE ALFABÉTICO-REMISSIVO

(os números citados referem-se aos itens dos capítulos)

A

Q

S

T

V

APÊNDICE

PESQUISA & PERFIL DA REGIÃO ABRANGIDA PELO TERCEIRO TRIBUNAL DO JÚRI DE SÃO PAULO (FORO REGIONAL DE SANTO AMARO)[1]

Observações:

a) Dos 574 jurados ouvidos, nem todos responderam ou souberam responder às indagações abertas.

b) Foram eliminadas as respostas exatamente iguais e as que estavam muito confusas, sem possibilidade de serem entendidas.

1. Esta pesquisa foi realizada em 1997 como parte integrante da tese de Doutoramento do autor, a respeito do Tribunal do Júri, apresentada na PUC-SP em 1998. Os dados não foram atualizados, mas são mantidos para servir de ilustração ao leitor.

PESQUISA

1 – V. S. é jurado(a):

( ) há mais de um ano

( ) há menos de um ano

( ) é a primeira vez que foi convocado

2 – Indique sua escolaridade:

( ) até 1.º grau

( ) até 2.º grau

( ) superior incompleto

( ) superior completo

( ) pós-graduado

3 – V. S. seria jurado(a) espontaneamente, sem ter sido convocado(a)?

( ) sim

( ) não

( ) indiferente

4 – V. S. acha que o jurado(a) deve ser remunerado pelo serviço que presta à Justiça?

( ) sim

( ) não

( ) indiferente

5 – V. S. conhece os princípios constitucionais que regem o Tribunal do Júri no Brasil?

( ) sim

( ) não

( ) alguns

Quais? ____

____

6 – O que V. S. entende por "soberania dos veredictos"? (responder sucintamente)

____

____

7 – O que V. S. entende por "plenitude de defesa"? (responder sucintamente)

____

8 – O jurado(a), no Brasil, decide através de voto sigiloso, em sala secreta (somente com a presença do juiz, do promotor, do advogado e dos funcionários do Tribunal). Esse sistema de votação é:

( ) correto

( ) incorreto

( ) indiferente

9 – V. S. sentir-se-ia à vontade para julgar o caso apresentado, caso a votação fosse feita em plenário (com a presença das partes, do público e do réu)?

( ) sim

( ) não

( ) indiferente

Por quê? ____

____

10 – O jurado(a), durante o julgamento, fica incomunicável (não pode falar sobre o processo com ninguém, nem com os outros jurados). Esse sistema é:

( ) correto

( ) incorreto

( ) indiferente

Fundamente: ____

____

11 – O Tribunal do Júri, no Brasil, julga os crimes dolosos contra a vida (homicídio; induzimento, instigação e auxílio ao suicídio; infanticídio e aborto) e os crimes conexos a estes (praticados no mesmo contexto). V. S. acha que o Tribunal Popular:

( ) deve ser extinto, passando todos os julgamentos para o juiz de direito

( ) deve julgar também outros tipos de crimes, tendo sua competência ampliada

( ) deve continuar existindo, mas julgando menos tipos de crimes, tendo sua competência reduzida

( ) deve continuar exatamente como está hoje

( ) indiferente

12 – Na sua opinião, os julgamentos proferidos no Tribunal do Júri são:

( ) sempre justos

( ) quase sempre justos

( ) sempre injustos

( ) quase sempre injustos

( ) não tenho opinião sobre o assunto

13 – Para ser jurado(a) e dar decisões no Tribunal do Júri, V. S. acha que seria preciso ter conhecimento jurídico?

( ) sim

( ) não

( ) indiferente

Fundamente: ____

____

RESPONDER A PARTIR DAQUI SE JÁ TIVER PARTICIPADO DE ALGUM JULGAMENTO NO TRIBUNAL DO JÚRI

14 – A figura que mais lhe inspira confiança, no Tribunal do Júri, é:

( ) juiz presidente

( ) promotor de justiça

( ) defensor

( ) todos eles, igualmente

( ) nenhum deles

( ) outra opção. Qual? ____________________________________

15 – V. S. compreende plenamente as teses e os argumentos apresentadas pelas partes, durante os debates, permitindo-lhe votar com consciência e de modo seguro?

( ) sim

( ) não

( ) às vezes

Respondendo "não" ou "às vezes", explique como faz para dar seu voto:

____

____

16 – V. S. sente-se constrangido(a) e/ou desconfortável quando as partes (promotor e defensor) discutem com aspereza, trocando ofensas, durante os debates?

( ) sim

( ) não

( ) às vezes

17 – Nesses casos, V. S. acha que o juiz deve interferir, para coibir os abusos:

( ) sempre

( ) nunca

( ) somente se as partes pedirem

( ) indiferente

18 – V. S. acredita nas palavras do réu, quando este é interrogado?

( ) sempre

( ) às vezes

( ) nunca

19 – O fato do réu estar preso e apresentar-se algemado no plenário influencia a formação do seu convencimento, contribuindo para o reconhecimento da culpa do acusado?

( ) sim

( ) não

( ) às vezes

20 – Se o réu optasse por ficar calado, utilizando seu direito ao silêncio, negando-se a ser interrogado, V. S. iria levar em conta tal atitude contra sua defesa?

( ) sim

( ) não

( ) às vezes

Por quê? ____

____

21 – V. S. acha correto o promotor sentar-se ao lado do juiz no plenário?

( ) sim

( ) não

( ) indiferente

22 – O promotor deveria sentar-se ao lado do defensor no plenário?

( ) sim

( ) não

( ) indiferente

23 – V. S. acha importante e/ou essencial a leitura de peças do processo pelo escrivão, antes dos debates das partes?

( ) sim

( ) não

( ) às vezes

( ) indiferente

24 – V. S. acha importante ouvir testemunhas em plenário para a formação do seu convencimento?

( ) sim

( ) não

( ) às vezes

( ) indiferente

25 – V. S. se deixa influenciar pela sentença de pronúncia (decisão do juiz encaminhando o réu a julgamento pelo Tribunal do Júri), caso ela seja lida em plenário?

( ) sim

( ) não

( ) às vezes

( ) indiferente

26 – V. S. considera importante, para formar seu convencimento, a leitura de livros jurídicos ou decisões dos Tribunais Superiores, feita pelas partes?

( ) sim

( ) não

( ) às vezes

( ) indiferente

27 – V. S. acha que o tempo das partes (2 horas para cada um expor suas teses + 30 minutos para cada um falar na réplica e na tréplica) é:

( ) exagerado

( ) suficiente

( ) insuficiente

( ) indiferente

28 – Quando as partes (promotor e defensor) sustentam a mesma tese (pedindo a condenação ou a absolvição do réu), V. S. sente-se compelido(a) a acatar?

( ) sim

( ) não

( ) às vezes

Por quê?____

____

29 – V. S. sabe que é totalmente autônomo(a) para decidir o caso que lhe é apresentado, mesmo quando promotor e defensor não divergem e sustentam a mesma tese (seja para condenar ou para absolver o réu)?

( ) sim

( ) não

30 – Qual sugestão V. S. pode fazer para aperfeiçoar os julgamentos no Tribunal do Júri, especialmente para auxiliar o jurado(a) a formar o seu convencimento?

____

____

31 – V. S. sentir-se-ia mais tranquilo(a) e confortável (se, hipoteticamente, cometesse um crime) sendo julgado(a):

( ) pelo Tribunal do Júri

( ) pelo juiz de direito

( ) indiferente

32 – V. S. acha o sistema de votação, na sala secreta, complexo demais?

( ) sim

( ) não

( ) indiferente

33 – V. S., alguma vez, já teve receio de ser jurado(a), por julgar réus perigosos?

( ) sim

( ) não

( ) indiferente

34 – Na fase de formação do Conselho de Sentença, as partes podem recusar jurados(as) sem dar o motivo. V. S. sentir-se-ia constrangido de ser recusado sem saber a razão? (responder tendo sido ou não recusado)

( ) sim

( ) não

( ) indiferente

Por quê?____

____

Há quanto tempo é jurado:

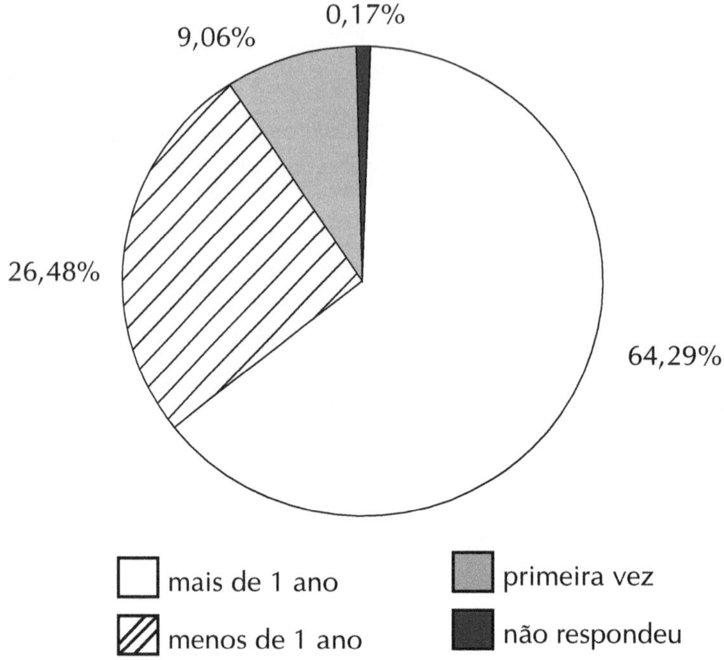

Grau de escolaridade:

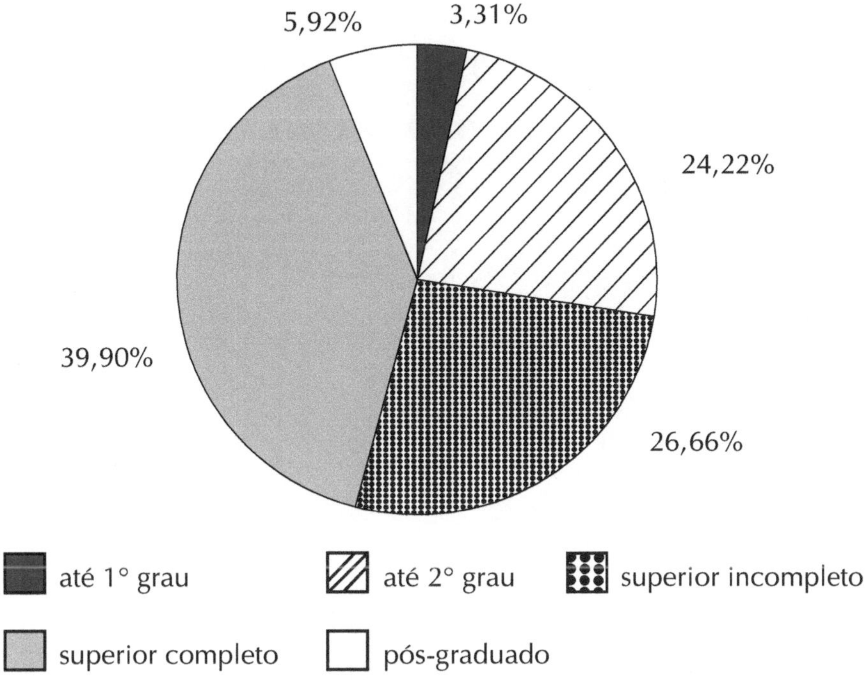

Seria jurado espontaneamente, sem ter sido convocado?

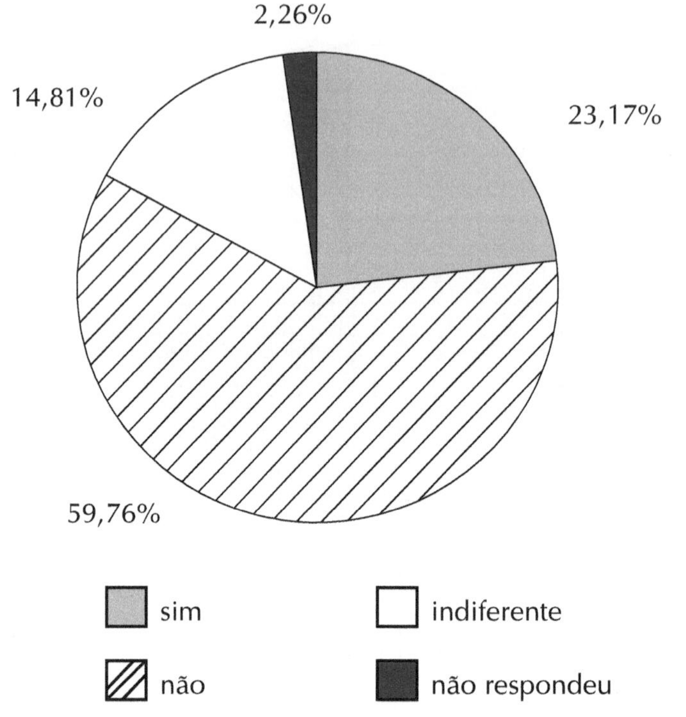

Acha que jurado deve ser remunerado pelo serviço que presta à justiça?

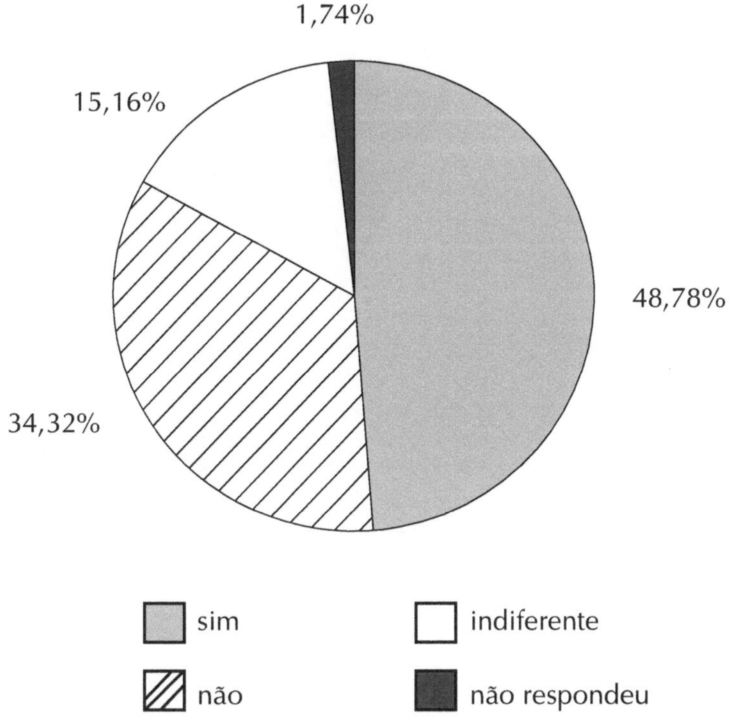

Conhece os princípios constitucionais que regem o Tribunal do Júri no Brasil?

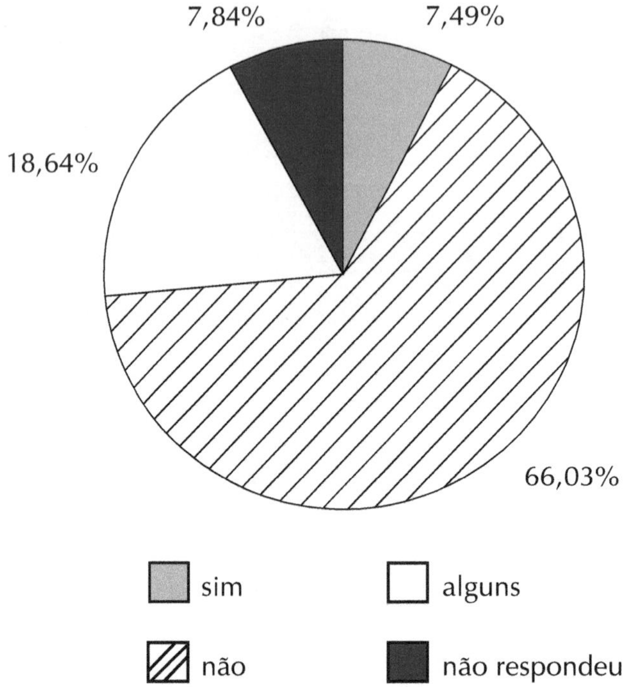

O jurado, no Brasil, decide através de voto sigiloso, em sala secreta (somente com presença do juiz, do promotor, do advogado e dos funcionários do Tribunal). Esse sistema de votação é:

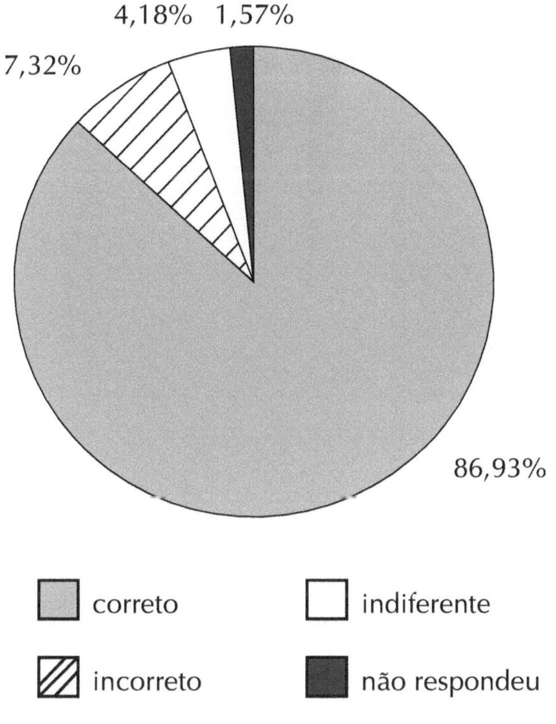

Sentir-se-ia à vontade para julgar o caso apresentado, caso a votação fosse feita em plenário (com a presença das partes, do público e do réu)?

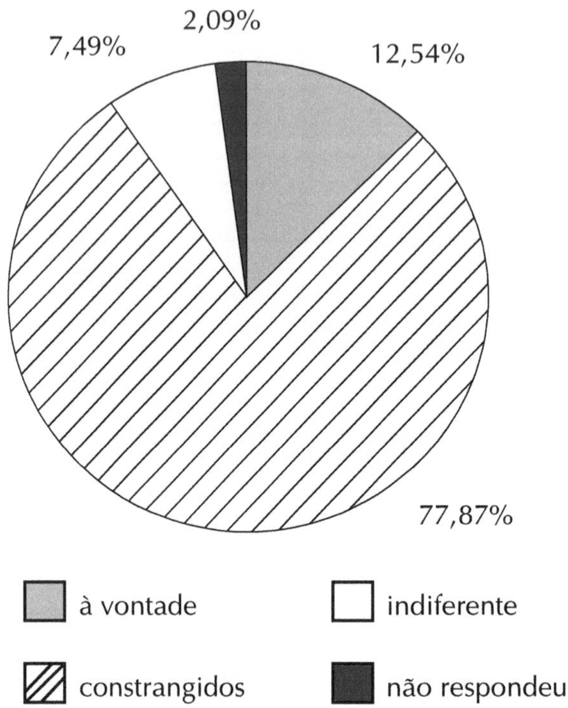

O jurado, durante o julgamento, fica incomunicável (não pode falar o processo com ninguém, nem com os outros jurados). Esse sistema é:

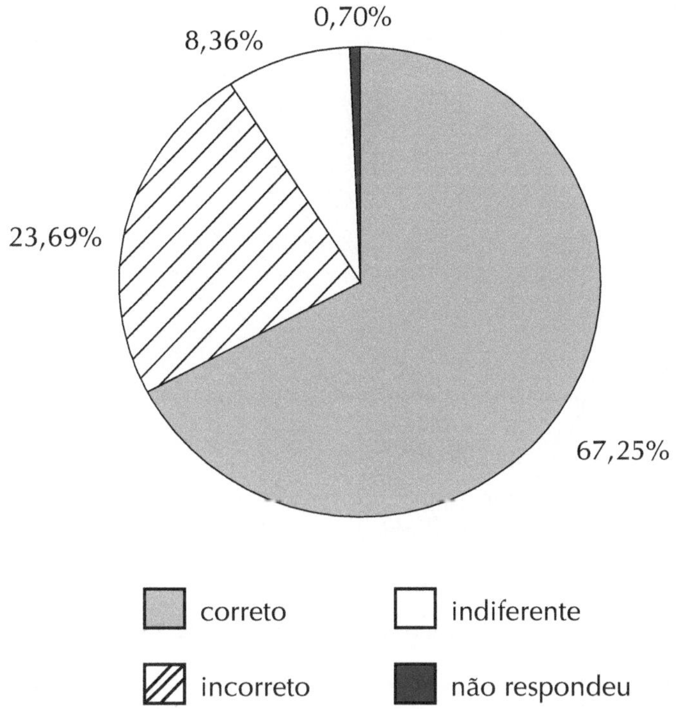

O Tribunal do Júri, no Brasil, julga os crimes dolosos contra a vida (homicídio; induzimento, instigação e auxílio ao suicídio; infanticídio e aborto) e os crimes conexos e estes (praticados no mesmo contexto). Acha que o Tribunal Popular deve:

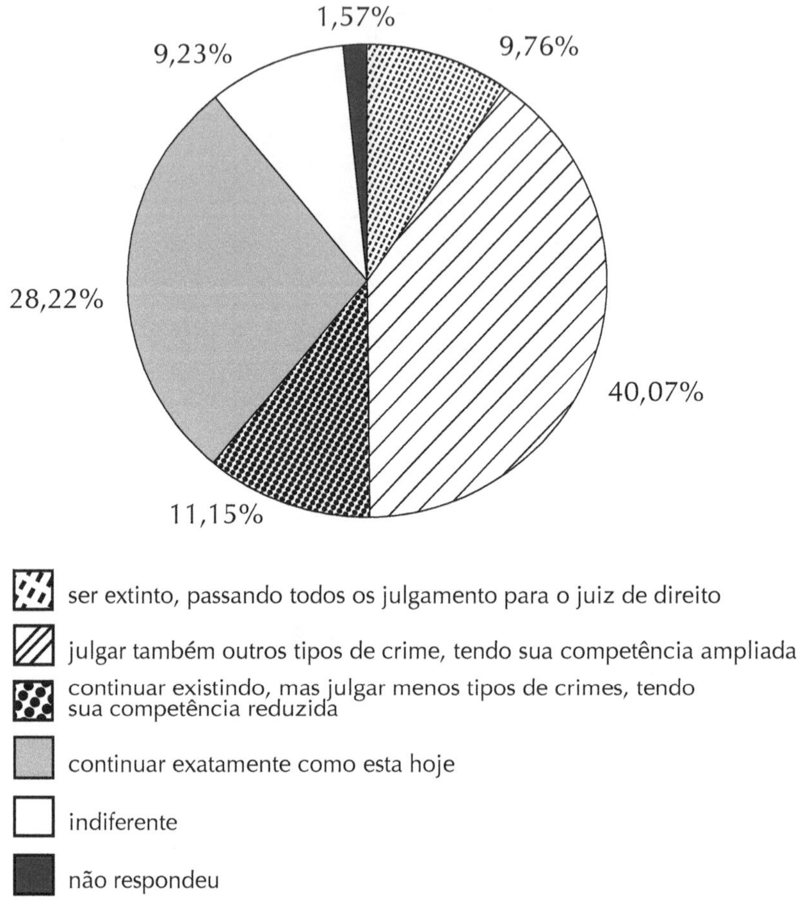

Na sua opinião, os julgamentos proferidos no Tribunal do Júri são:

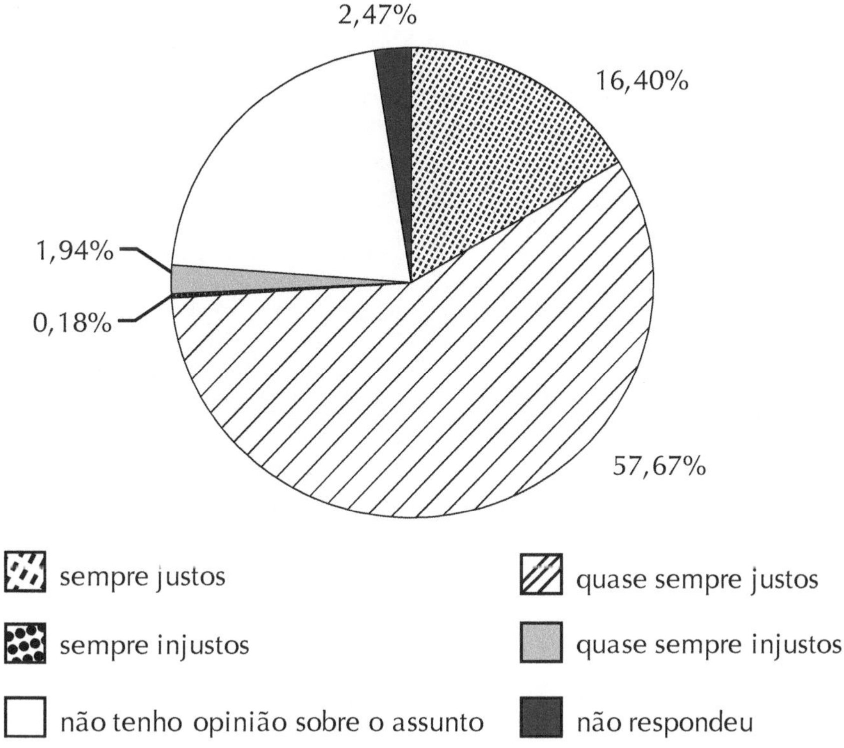

Para ser jurado e dar decisões no Tribunal do Júri, acha que seria preciso ter conhecimento jurídico?

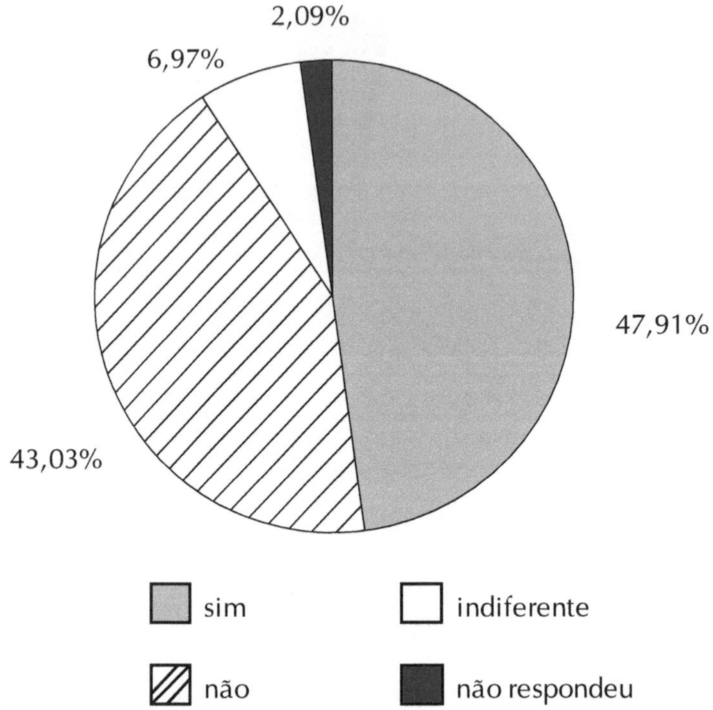

A figura que mais lhe inspira confiança, no Tribunal do Júri, é:

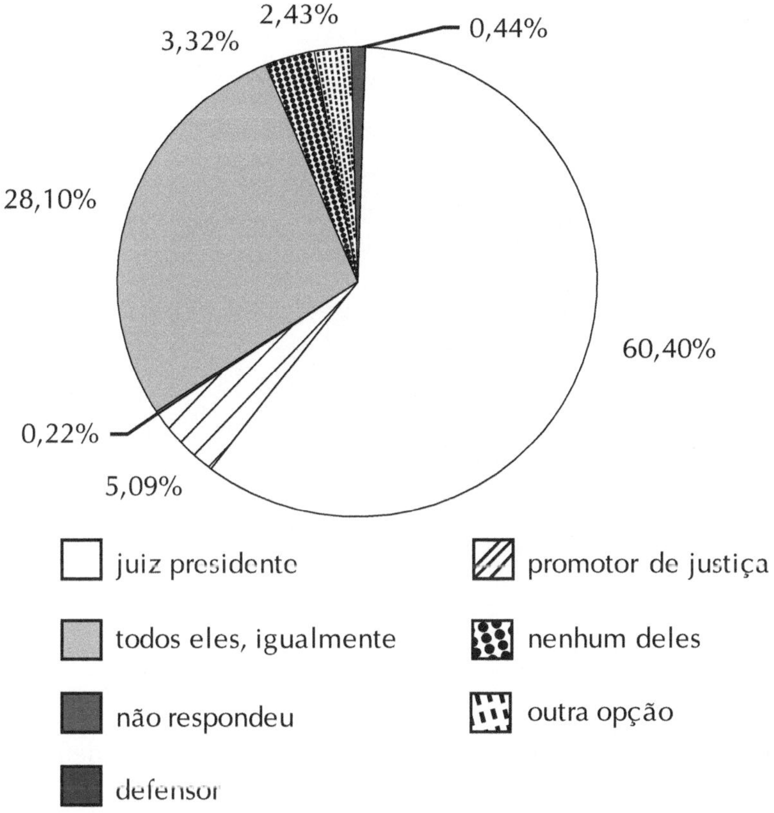

Compreende plenamente as teses e os argumentos apresentados pelas partes, durante os debates, permitindo-lhe votar com consciência e de modo seguro?

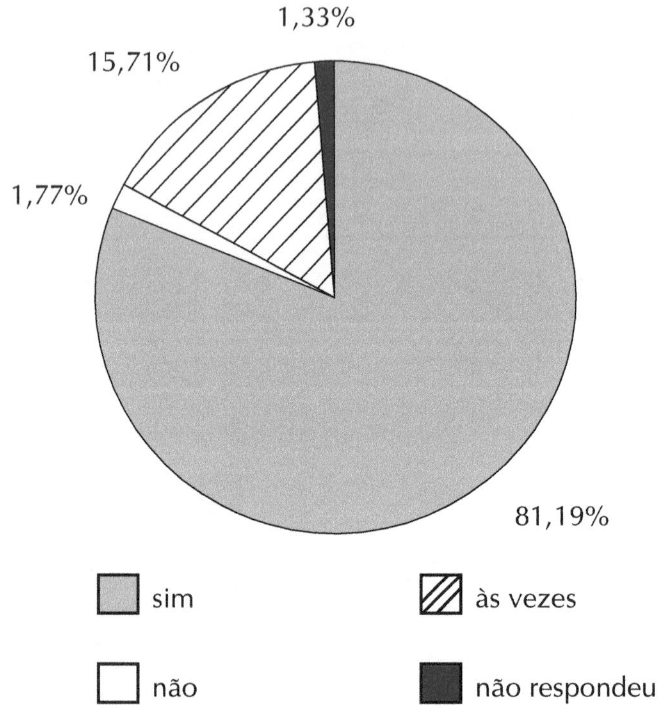

Sente-se constrangido e/ou desconfortável quando as partes (promotor e defensor) discutem com aspereza, trocando ofensas, durante os debates?

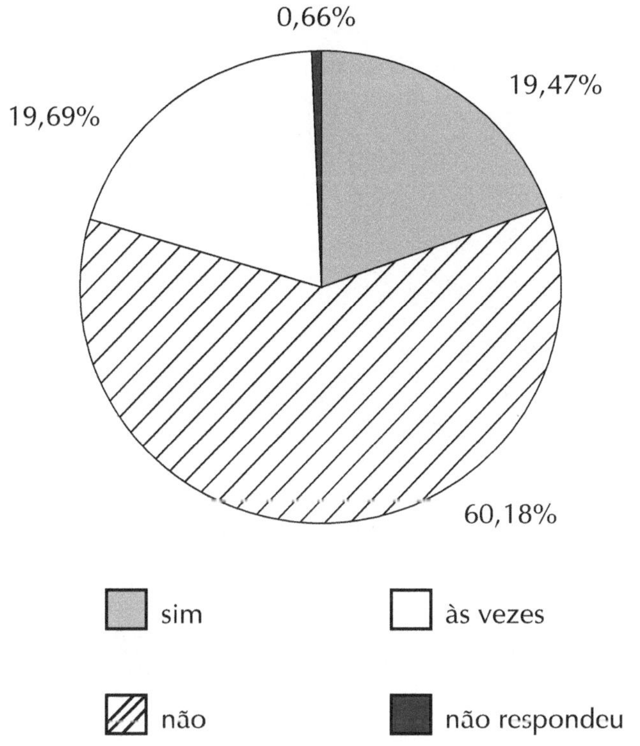

Quando as partes discutem com aspereza, trocando ofensas, durante os debates, acha que o juiz deve interferir, para coibir os abusos?

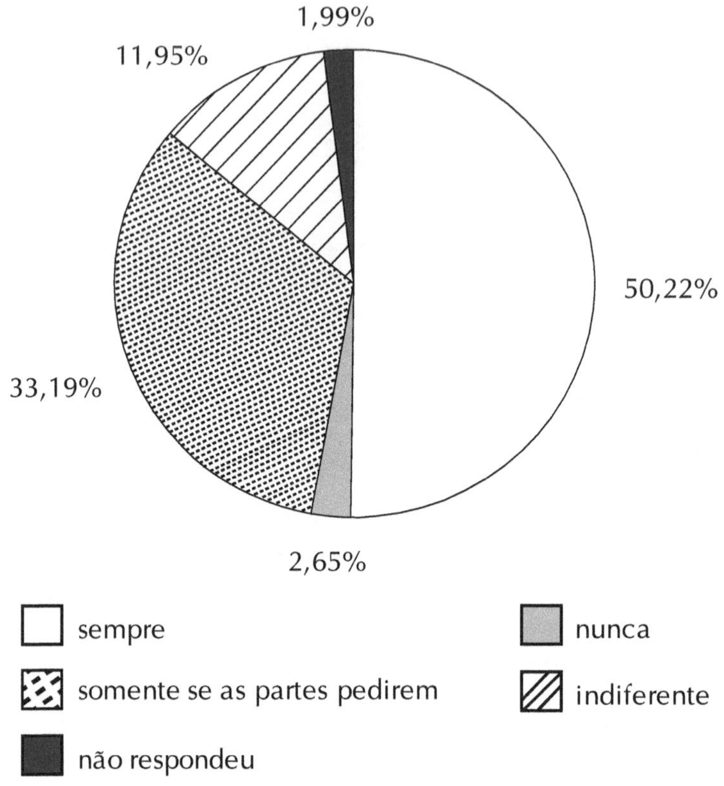

Acredita nas palavras do réu, quando este é interrogado?

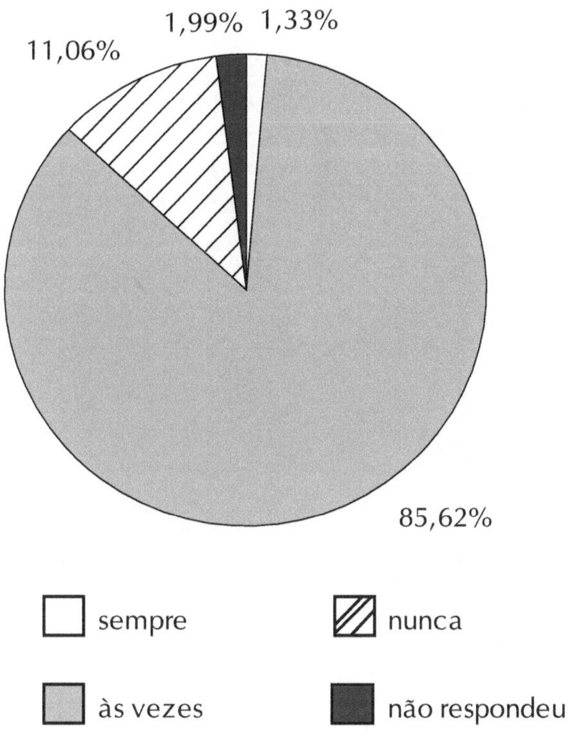

O fato do réu estar preso e apresentar-se algemado no plenário influencia a formação do seu convencimento, contribuindo para o reconhecimento da culpa do acusado?

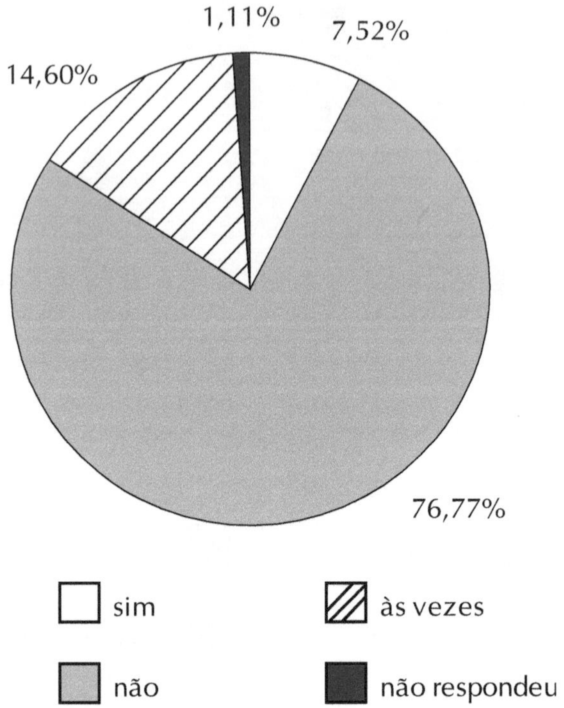

Se o réu optasse por ficar calado, utilizando seu direito ao silêncio, negando-se a ser interrogado, iria levar em conta tal atitude contra sua defesa?

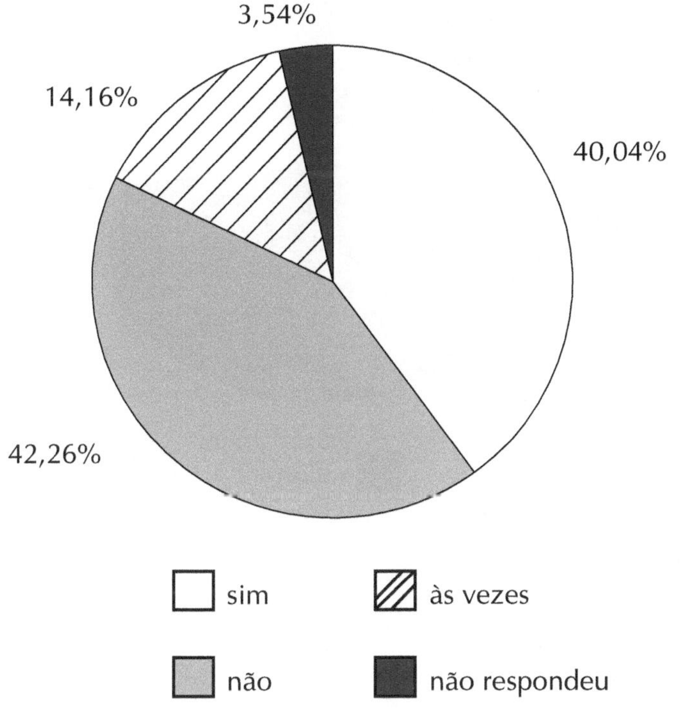

Acha correto o promotor sentar-se ao lado do juiz no plenário?

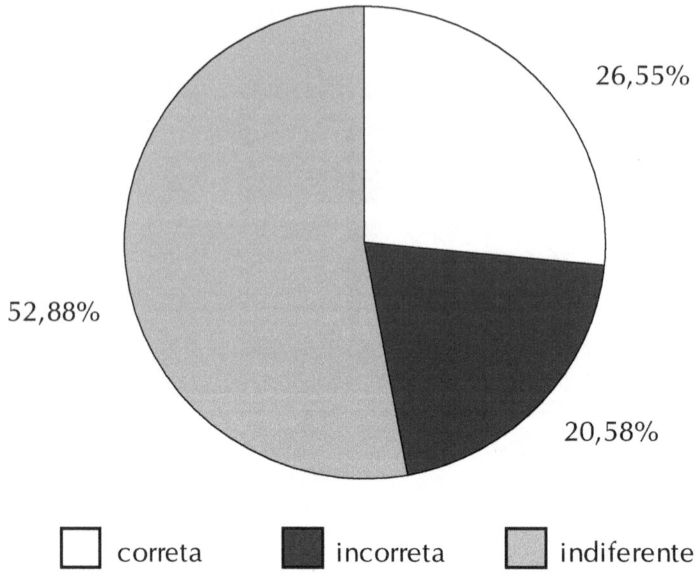

O promotor deveria sentar-se ao lado do defensor no plenário?

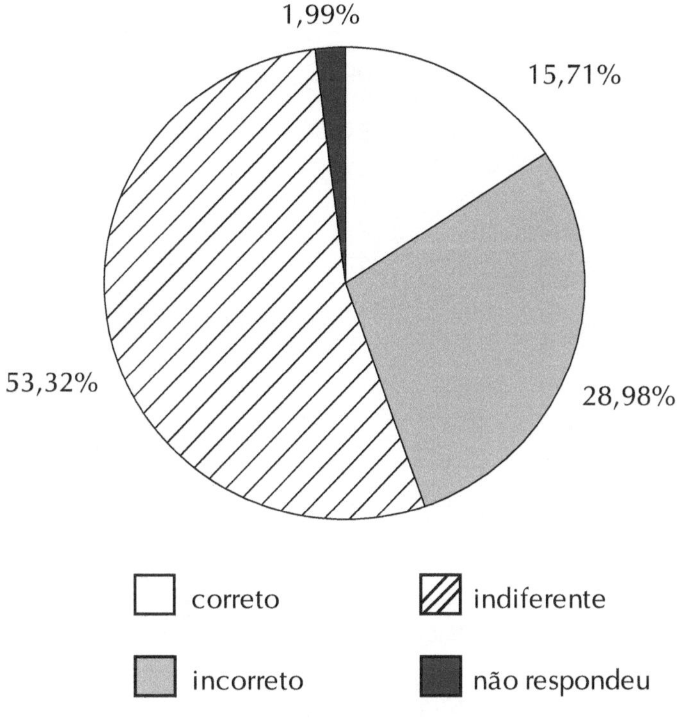

Acha importante e/ou essencial a leitura de peças do processo pelo escrivão, antes dos debates das partes?

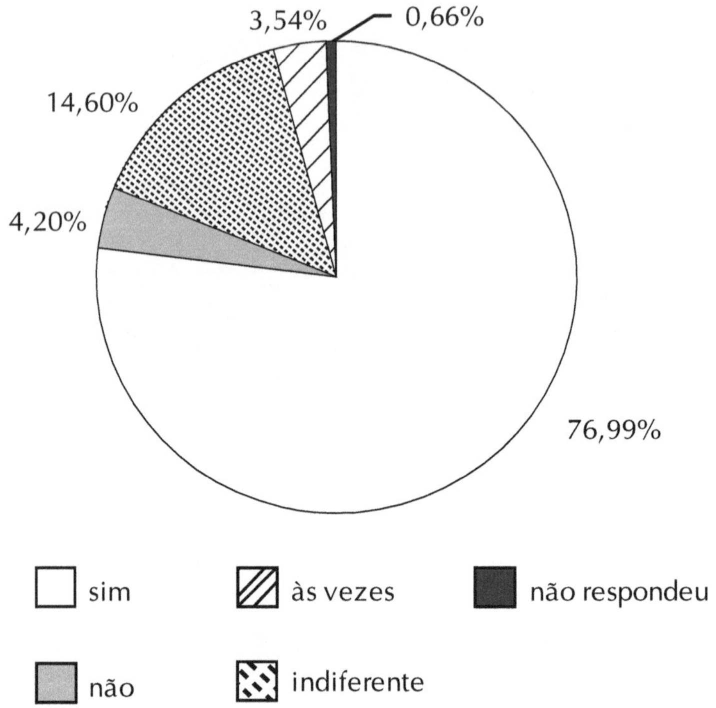

Acha importante ouvir testemunhas em plenário para a formação do seu convencimento?

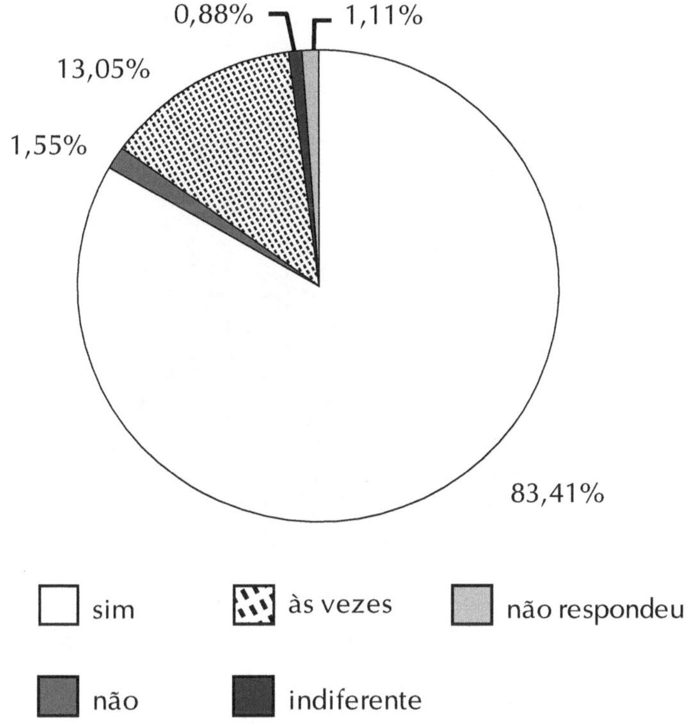

Deixa-se influenciar pela sentença de pronúncia (decisão do juiz encaminhando o réu a julgamento pelo Tribunal do Júri), caso ela seja lida em plenário?

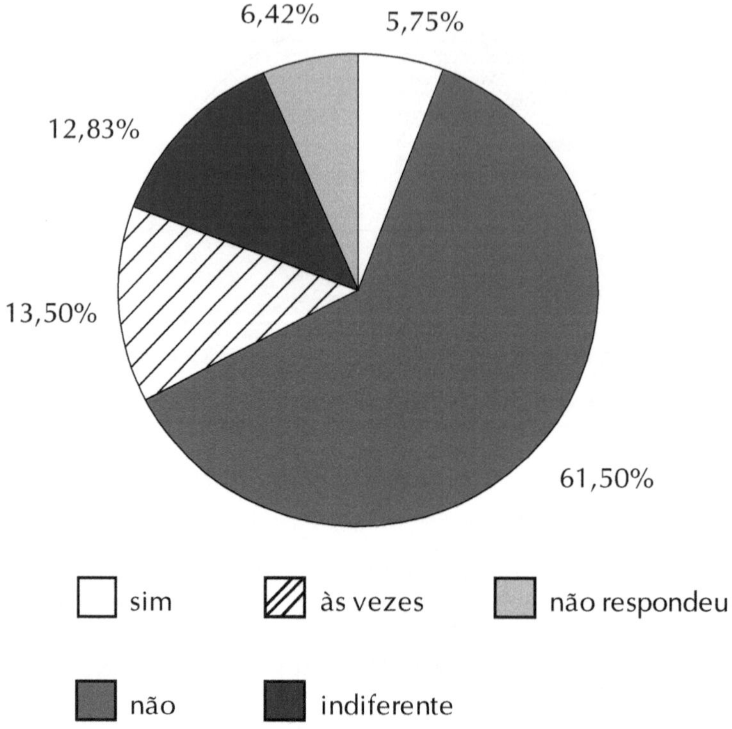

Considera importante, para formar seu convencimento, a leitura de livros jurídicos ou decisões dos Tribunais Superiores, feita pelas partes?

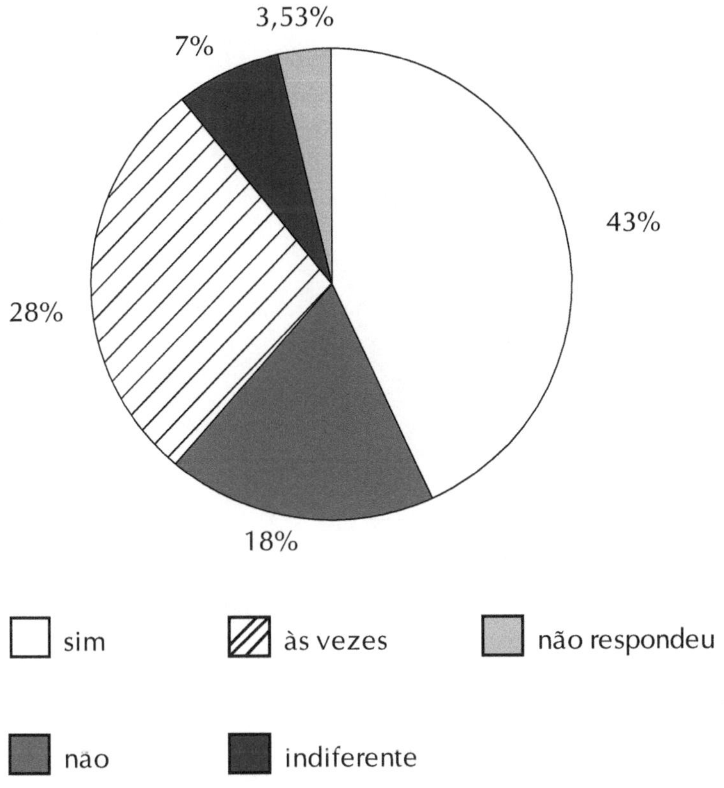

Acha que o tempo das partes (2 horas para cada um expor suas teses + 30 minutos para cada um falar na réplica e na tréplica) é:

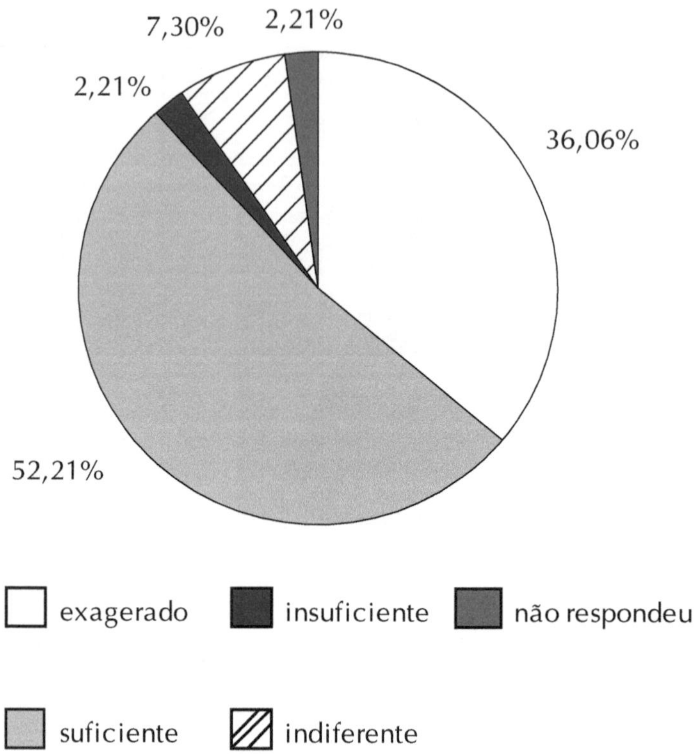

Quando as partes (promotor e defensor) sustentam a mesma tese (pedindo a condenação ou a absolvição do réu), sente-se compelido a acatar?

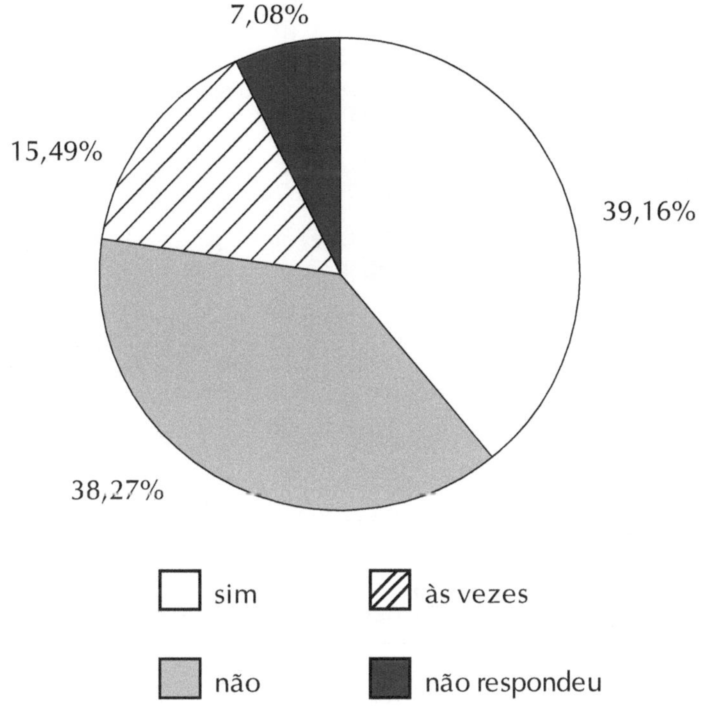

Sabe que é totalmente autônomo para decidir o caso que lhe é apresentado, mesmo quando promotor e defensor não divergem e sustentam a mesma tese (seja para condenar ou para absolver o réu)?

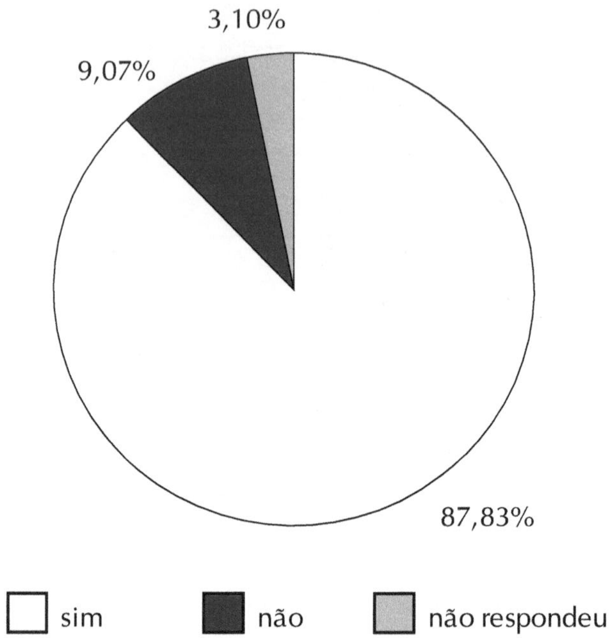

Sentir-se-ia mais tranquilo e confortável (se, hipoteticamente, cometesse um crime) sendo julgado:

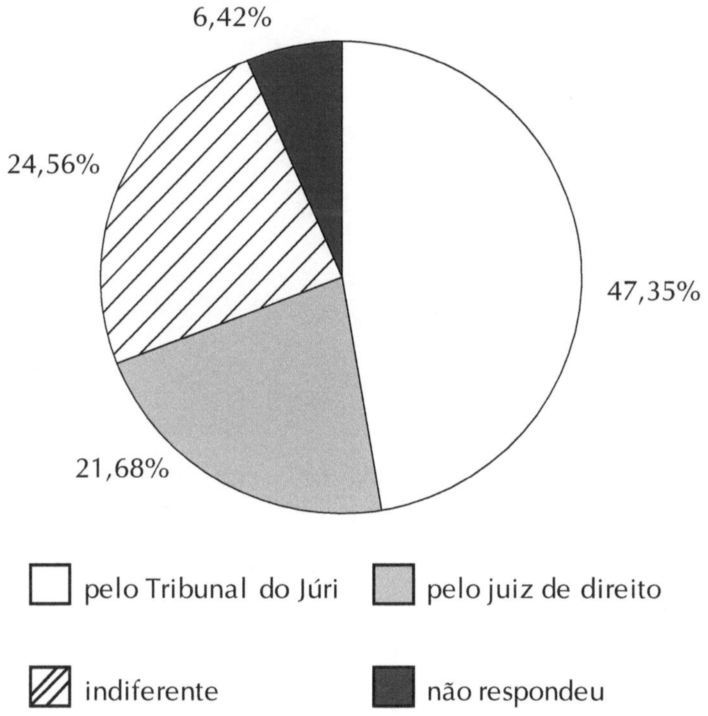

Acha o sistema de votação, na sala secreta, complexo demais?

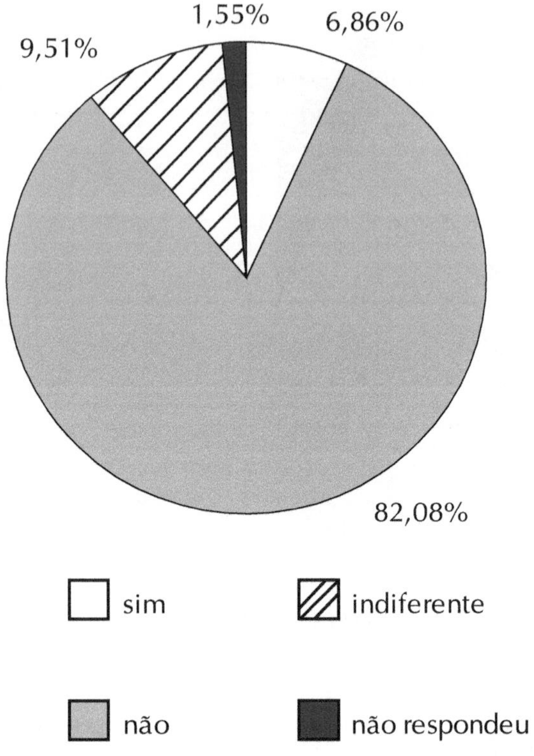

Alguma vez já teve receio de ser jurado, por julgar réus perigosos?

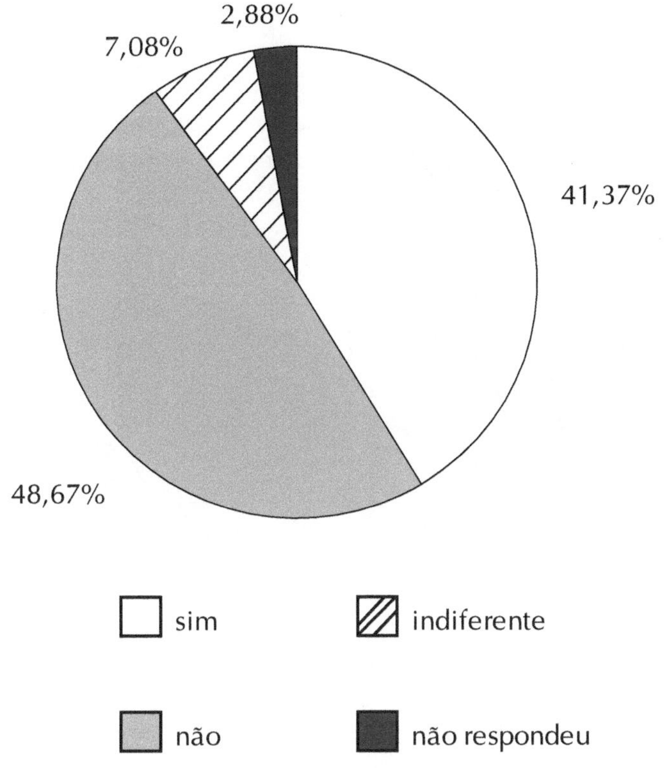

Na fase de formação do Conselho de Sentença, as partes podem recusar jurados sem dar o motivo. Sentir-se-ia constrangido de ser recusado sem saber a razão? (Responder tendo sido ou não recusado)

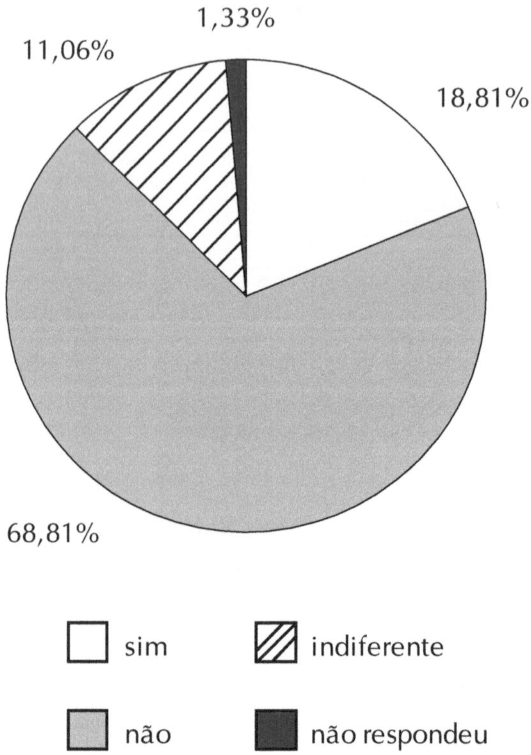

SENTENÇAS PROFERIDAS NAS SESSÕES DE JULGAMENTO DO TERCEIRO TRIBUNAL DO JÚRI FORO REGIONAL II - SANTO AMARO

	Condenatórias	Absolutórias	Total de Julgamentos
1984	03	02	05
1985	12	12	24
1986	51	02	53
1987	65	09	74
1988	72	16	88
1989	56	20	76
1990	45	16	61
1991	63	22	85
1992	68	24	92
1993	96	32	128
1994	123	56	179
1995	133	72	205
1996	153	79	232
1997 até 30/09	148	74	222
TOTAL	**1.088**	**436**	**1.524**

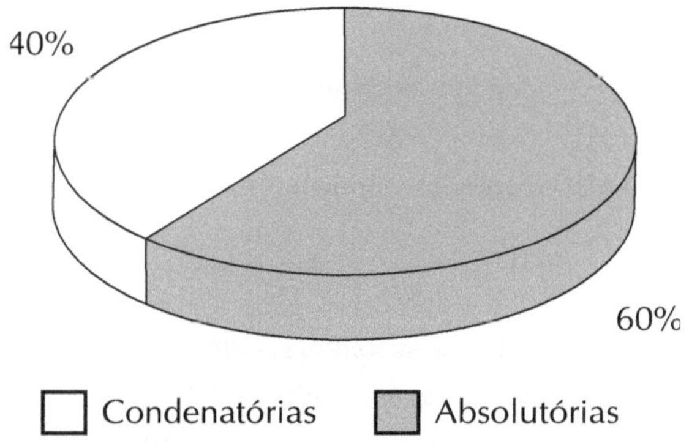

1991 – Uma sentença condenatória com extinção de punibilidade

1992 – Duas sentenças isentas de pena com medida de segurança

1993 – Uma sentença condenatória com extinção de punibilidade

1994 – Uma sentença condenatória com extinção de punibilidade

1995 – Seis sentenças condenatórias com extinção de punibilidade

1996 – Uma sentença condenatória com extinção de punibilidade

PEDIDOS FORMULADOS PELO MINISTÉRIO PÚBLICO EM PLENÁRIO TERCEIRO TRIBUNAL DO JÚRI DE SÃO PAULO

1984 (instalação da Vara)

Pedido de condenação do MP – Sentença Absolutória – **02**
Pedido de Condenação do MP – Sentença Condenatória – **03**

1985

Pedido de Absolvição do MP – Sentença Absolutória – **06**
Pedido de Condenação do MP – Sentença Absolutória – **05**
Pedido de Desclassificação do MP – Sentença Absolutória – **01**
Pedido de Condenação do MP – Sentença Condenatória – **12**

1986

Pedido de Absolvição do MP – Sentença Absolutória – **01**
Pedido de Condenação do MP – Sentença Absolutória – **01**
Pedido de Desclassificação do MP – Sentença Condenatória – **02**
Pedido de Condenação do MP – Sentença Condenatória – **49**

1987

Pedido de Absolvição do MP – Sentença Absolutória – **06**
Pedido de Condenação do MP – Sentença Absolutória – **03**
Pedido de Condenação do MP – Sentença Condenatória – **65**

1988

Pedido de Absolvição do MP – Sentença Absolutória – **08**
Pedido de Condenação do MP – Sentença Absolutória – **07**
Pedido de Desclassificação do MP – Sentença Absolutória – **01**
Pedido de Desclassificação do MP – Sentença Condenatória – **03**
Pedido de Condenação do MP – Sentença Condenatória – **69**

1989

Pedido de Absolvição do MP – Sentença Absolutória – **10**
Pedido de Condenação do MP – Sentença Absolutória – **08**
Pedido de Desclassificação do MP – Sentença Absolutória – **01**
Pedido de Abs. c/ med. segurança – Absolutória c/ med. seg. – **01**

Pedido de Desclassificação do MP – Sentença Condenatória – **01**
Pedido de Condenação do MP – Sentença Condenatória – **55**

1990

Pedido de Absolvição do MP – Sentença Absolutória – **08**
Pedido de Condenação do MP – Sentença Absolutória – **08**
Pedido de Desclassificação do MP – Sentença Condenatória – **04**
Pedido de Condenação do MP – Sentença Condenatória – **41**

1991

Pedido de Absolvição do MP – Sentença Absolutória – **12**
Pedido de Condenação do MP – Sentença Absolutória – **10**
Pedido de Condenação do MP – Sentença Condenatória – **62**
Pedido de Condenação do MP – Sentença Cond. c/ ext. pun. – **01**

1992

Pedido de Condenação do MP – Sentença Absolutória – **08**
Pedido de Condenação do MP – Sentença Absolutória – **11**
MP deixou o cargo do Conselho – Sentença Absolutória – **03**
Pedido de Condenação do MP – Sentença Abs. c/ med. seg. – **02**
Pedido de Desclassificação do MP – Sentença Condenatória – **02**
Pedido de Condenação do MP – Sentença Condenatória – **66**

1993

Pedido de Absolvição do MP – Sentença Absolutória – **13**
Pedido de Condenação do MP – Sentença Absolutória – **18**
MP deixou a cargo do Conselho – Sentença Absolutória – **01**
Pedido de Desclassificação do MP – Sentença Condenatória – **01**
Pedido de Condenação do MP – Sentença Condenatória – **93**
Pedido de Condenação do MP – Sentença Cond. c/ ext. pun. – **01**
MP deixou a cargo do Conselho – Sentença Condenatória – **01**

1994

Pedido de Absolvição do MP – Sentença Absolutória – **24**
Pedido de Condenação do MP – Sentença Absolutória – **30**
Pedido de Desclassificação do MP – Sentença Absolutória – **01**
MP deixou a cargo do Conselho – Sentença Absolutória – **01**
Pedido de Desclassificação do MP – Sentença Condenatória – **05**

Pedido de Condenação do MP – Sentença Condenatória – **117**
Pedido de Condenação do MP – Sentença Cond. c/ ext. pun. – **01**

1995

Pedido de Absolvição do MP – Sentença Condenatória – **01**
Pedido de Absolvição do MP – Sentença Absolutória – **24**
Pedido de Condenação do MP – Sentença Absolutória – **45**
Pedido de Desclassificação do MP – Sentença Absolutória – **01**
Pedido de Abs. c/ med. segurança – Absolutória c/ med. seg. – **01**
Pedido de Condenação do MP – Sentença Abs. c/ med. seg. – **01**
Pedido de Desclassificação do MP – Sentença Condenatória – **07**
Pedido de Condenação do MP – Sentença Condenatória – **124**
Pedido de Condenação do MP – Sentença Cond. c/ ext. pun. – **01**

1996

Pedido de Absolvição do MP – Sentença Absolutória – **26**
Pedido de Condenação do MP – Sentença Absolutória – **47**
Pedido de Abs. c/ med. segurança – Absolutória c/ med. seg. – **01**
MP deixou a cargo do Conselho – Sentença Absolutória – **05**
Pedido de Desclassificação do MP – Sentença Condenatória – **05**
Pedido de Condenação do MP – Sentença Condenatória – **141**
Pedido de Condenação do MP – Sentença Cond. c/ ext. pun. – **05**
Pedido de Desclassificação – Sentença Cond. c/ ext. pun. – **02**

1997 (até 30 de setembro)

Pedido de Absolvição do MP – Sentença Absolutória – **15**
Pedido de Condenação do MP – Sentença Absolutória – **48**
Pedido de Desclassificação do MP – Sentença Absolutória – **03**
Pedido de Abs. c/ med. segurança – Absolutória c/ med. seg. – **01**
MP deixou a cargo do Conselho – Sentença Absolutória – **07**
Pedido de Desclassificação do MP – Sentença Condenatória – **03**
Pedido de Condenação do MP – Sentença Condenatória – **142**
Pedido de Condenação do MP – Sentença Cond. c/ ext. pun. – **01**
Pedido de Condenação do MP – Desclassificação Lei 9.099 – **02**

OBRAS DO AUTOR

Código de Processo Penal Comentado. 23. ed. Rio de Janeiro: Forense, 2024.

Código Penal Comentado. 24. ed. Rio de Janeiro: Forense, 2024.

Código Penal Militar Comentado. 5. ed. Rio de Janeiro: Forense, 2024.

Curso de Direito Penal. Parte geral. 8. ed. Rio de Janeiro: Forense, 2024. vol. 1.

Curso de Direito Penal. Parte especial. 8. ed. Rio de Janeiro: Forense, 2024. vol. 2.

Curso de Direito Penal. Parte especial. 8. ed. Rio de Janeiro: Forense, 2024. vol. 3.

Curso de Direito Processual Penal. 21. ed. Rio de Janeiro: Forense, 2024.

Curso de Execução Penal. 7. ed. Rio de Janeiro: Forense, 2024.

Direito Penal. Partes geral e especial. 9. ed. São Paulo: Método, 2024. Esquemas & Sistemas.

Manual de Direito Penal. 20. ed. Rio de Janeiro: Forense, 2024.

Manual de Processo Penal. 5. ed. Rio de Janeiro: Forense, 2024.

Processo Penal e Execução Penal. 8. ed. São Paulo: Método, 2024. Esquemas & Sistemas.

Tribunal do Júri. 10. ed. Rio de Janeiro: Forense, 2024.

Leis Penais e Processuais Penais Comentadas. 15. ed. Rio de Janeiro: Forense, 2023. vol. 1 e 2.

Habeas Corpus. 4. ed. Rio de Janeiro: Forense, 2022.

Individualização da Pena. 8. ed. Rio de Janeiro: Forense, 2022.

Prática Forense Penal. 14. ed. Rio de Janeiro: Forense, 2022.

Provas no Processo Penal. 5. ed. Rio de Janeiro: Forense, 2022.

Prisão, Medidas Cautelares e Liberdade. 7. ed. Rio de Janeiro: Forense, 2022.

Tratado de Crimes Sexuais. Rio de Janeiro: Forense, 2022.

Código de Processo Penal Militar Comentado. 4. ed. Rio de Janeiro: Forense, 2021.

Criminologia. Rio de Janeiro: Forense, 2021.

Estatuto da Criança e do Adolescente Comentado. 5. ed. Rio de Janeiro: Forense, 2021.

Organização Criminosa. 5. ed. Rio de Janeiro: Forense, 2021.

Pacote Anticrime Comentado. 2. ed. Rio de Janeiro: Forense, 2021.

Execução Penal no Brasil – Estudos e Reflexões. Rio de Janeiro: Forense, 2019 (coordenação e autoria).

Instituições de Direito Público e Privado. Rio de Janeiro: Forense, 2019.

Manual de Processo Penal e Execução Penal. 14. ed. Rio de Janeiro: Forense, 2017.

Direitos Humanos versus *Segurança Pública.* Rio de Janeiro: Forense, 2016.

Corrupção e Anticorrupção. Rio de Janeiro: Forense, 2015.

Crimes contra a Dignidade Sexual. 5. ed. Rio de Janeiro: Forense, 2015.

Princípios Constitucionais Penais e Processuais Penais. 4. ed. Rio de Janeiro: Forense, 2015.

Prostituição, Lenocínio e Tráfico de Pessoas. 2. ed. Rio de Janeiro: Forense, 2015.

Código Penal Comentado – versão compacta. 2. ed. São Paulo: Ed. RT, 2013.

Dicionário Jurídico. São Paulo: Ed. RT, 2013.

Tratado Jurisprudencial e Doutrinário. Direito Penal. 2. ed. São Paulo: Ed. RT, 2012. vol. I e II.

Tratado Jurisprudencial e Doutrinário. Direito Processual Penal. São Paulo: Ed. RT, 2012. vol. I e II.

Doutrinas Essenciais. Direito Processual Penal. Organizador, em conjunto com Maria Thereza Rocha de Assis Moura. São Paulo: Ed. RT, 2012. vol. I a VI.

Doutrinas Essenciais. Direito Penal. Organizador, em conjunto com Alberto Silva Franco. São Paulo: Ed. RT, 2011. vol. I a IX.

Crimes de Trânsito. São Paulo: Juarez de Oliveira, 1999.

Júri – Princípios Constitucionais. São Paulo: Juarez de Oliveira, 1999.

O Valor da Confissão como Meio de Prova no Processo Penal. Com comentários à *Lei da Tortura.* 2. ed. São Paulo: Ed. RT, 1999.

Tratado de Direito Penal. Frederico Marques. Atualizador, em conjunto com outros autores. Campinas: Millenium, 1999. vol. 3.

Tratado de Direito Penal. Frederico Marques. Atualizador, em conjunto com outros autores. Campinas: Millenium, 1999. vol. 4.

Tratado de Direito Penal. Frederico Marques. Atualizador, em conjunto com outros autores. Campinas: Bookseller, 1997. vol. 1.

Tratado de Direito Penal. Frederico Marques. Atualizador, em conjunto com outros autores. Campinas: Bookseller, 1997. vol. 2.

Roteiro Prático do Júri. São Paulo: Oliveira Mendes e Del Rey, 1997.

10 1 2 3 4 5 6 7 8 9
2024